Buch-Updates
Registrieren Sie dieses Buch auf unserer Verlagswebsite. Sie erhalten dann Buch-Updates und weitere, exklusive Informationen zum Thema.

Galileo
BUCH UPDATE

Und so geht's

> Einfach **www.galileodesign.de** aufrufen
<<< Auf das Logo **Buch-Updates** klicken
> Unten genannten **Zugangscode** eingeben

Ihr persönlicher Zugang zu den Buch-Updates 138801012416

Philip Fuchslocher, René Schulze

Webdesign mit Photoshop

Aktuell zu CS4

Liebe Leserin, lieber Leser,

egal, ob Sie Ihre Websites am liebsten im Web-2.0-Look, alternativ-rockig mit Grunge-Elementen oder minimal-puristisch gestalten, am Anfang steht immer der Entwurf in Photoshop: Kunden wollen überzeugt werden, Navigationselemente müssen bis ins Detail gestaltet sein, die Unterseiten der Website brauchen ein Gesicht.

Doch wie kann man Photoshop überhaupt für das Webdesign einsetzen? Was muss man in Bezug auf Farben, Schriften und Bilder wissen? Und wie kann man Designs entwerfen, die später auch realisierbar sind – und zwar mit standardkonformem HTML und CSS? All diese Fragen beantworten Ihnen unsere beiden Autoren Philip Fuchslocher und René Schulze. Sie zeigen Ihnen, worauf es bei der Gestaltung von Websites mit Photoshop CS4 ankommt und führen Sie Schritt für Schritt durch den typischen Webdesign-Workflow. Anhand eines detaillierten Beispielprojekts erleben Sie so den Entstehungsprozess von Anfang an mit und können das Gelernte leicht auf eigene Projekte übertragen. Besonders haben es mir auch die Praxisworkshops aus Teil IV des Buchs angetan: Denn hier schöpfen die Autoren aus dem Vollen und zeigen Ihnen, wie aktuelle Trends wie 3D-Navigationen oder individuell gestaltete Icons mit den richtigen Photoshop-Techniken schnell und kreativ umgesetzt werden können. Lassen Sie sich davon inspirieren! Das benötigte Beispielmaterial sowie hilfreiche Software und Tools finden Sie natürlich auf der DVD zum Buch.

Nun bleibt mir noch, Ihnen viel Spaß beim Entwerfen neuer Websites mit Photoshop zu wünschen. Sollten Sie Fragen, Anmerkungen oder Lob zu diesem Buch haben, freue ich mich über Ihre E-Mail.

Katharina Geißler
Lektorat Galileo Design
katharina.geissler@galileo-press.de

www.galileodesign.de
Galileo Press • Rheinwerkallee 4 • 53227 Bonn

Auf einen Blick

Inhalt

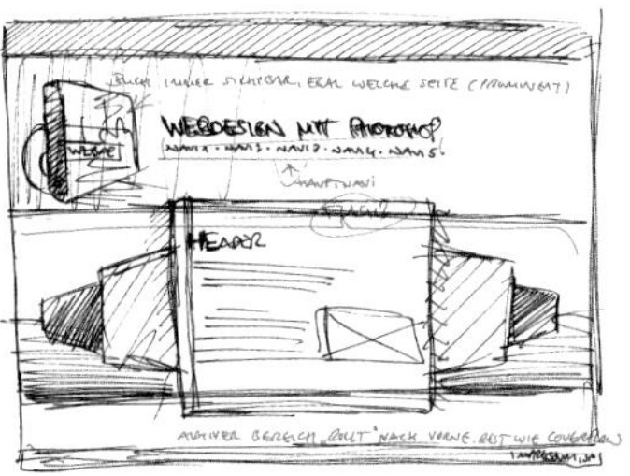

Teil II Planung der Website

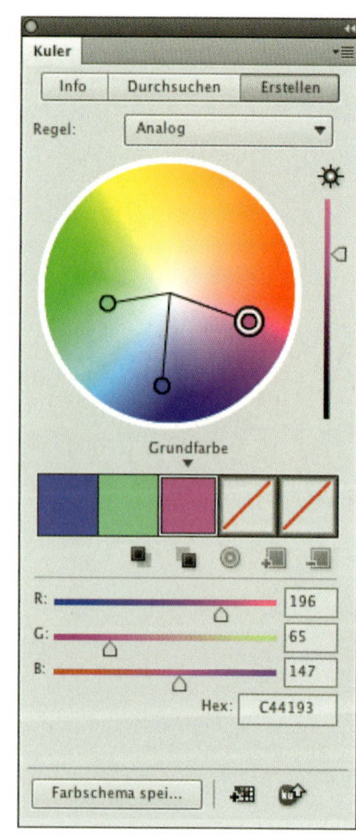
Kuler
Info
Durchsuchen
Erstellen
Regel:
Analog
Grundfarbe
R:
196
G:
65
B:
147
Hex:
C44193
Farbschema spei...

Teil III Ausgabe

Teil V Anhang

Workshops

Bildbearbeitung mit Photoshop CS4

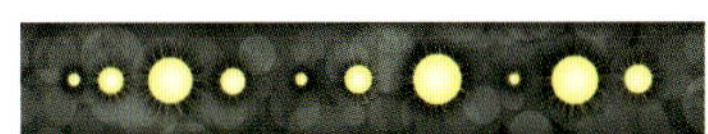

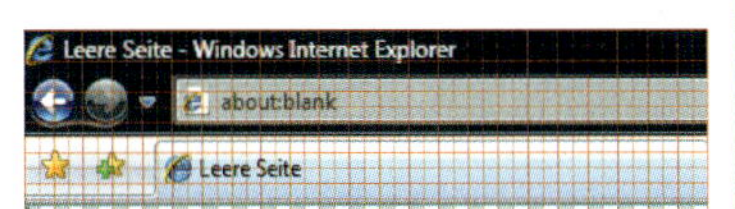

Raster

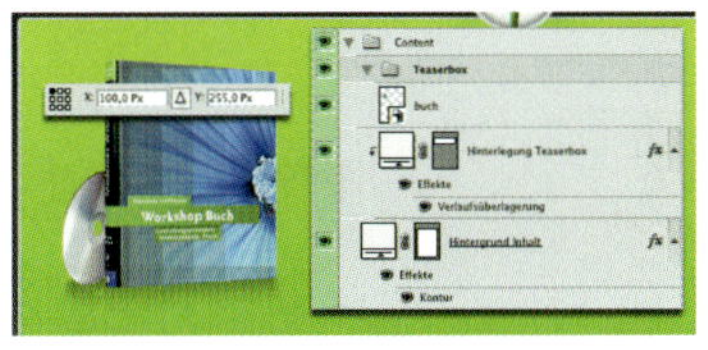

Farbe

Ausarbeiten des Screendesigns

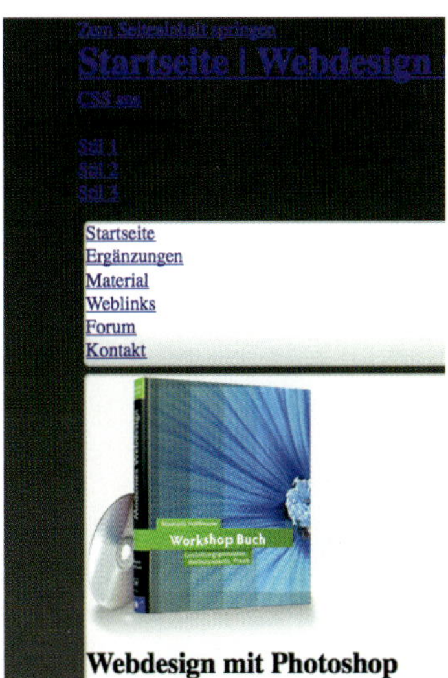

Automatisierung

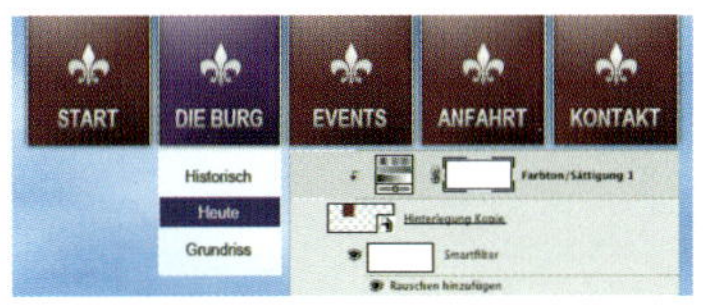

Interface und Animation

Bild & Symbolik

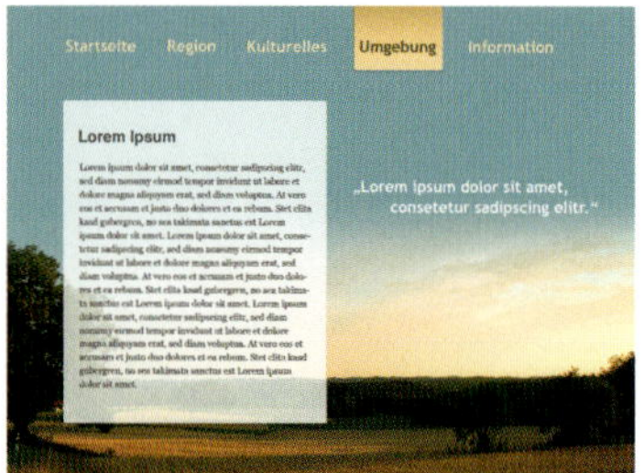

Video-Lektionen

Auf der Buch-DVD finden Sie einige ausgesuchte Video-Lektionen aus dem Video-Training »Adobe Photoshop CS4 für Fortgeschrittene« von Pavel Kaplun (ISBN 978-3-8362-1267-0). Sie finden folgende Filme:

Kapitel 1: Ebenen-Basiswissen

1.1 Mit Ebenenmasken arbeiten (05:53 min)
1.2 Ebenenfüllmethoden (12:44 min)
1.3 Ebenenstile (09:39 min)

Kapitel 2: Freistellen für Fortgeschrittene

2.1 Eine komplexe Lasso-Auswahl erstellen (06:25 min)
2.2 Pfad-Auswahl erstellen (12:01 min)
2.3 Auswahl in Pfad umwandeln (11:01 min)

Kapitel 3: Vektoren und Pfade

3.1 Formebenen (05:49 min)
3.2 Eigene Formen erstellen (04:57 min)
3.3 Texte erstellen und bearbeiten (08:36 min)

Vorwort

Jeder Designbereich bietet seine ganz eigenen, speziellen Herausforderungen. Im Webdesign verhält es sich nicht anders. Neben dem Wissen um konkrete, technische Gegebenheiten, die den Rahmen für Form und Möglichkeit der Gestaltung bilden, bestimmt auch der Umgang mit dem verwendeten Werkzeug maßgeblich die Qualität des Endergebnisses.

Mit diversen Hilfsmitteln lässt sich heutzutage zwar relativ schnell etwas zusammenbauen, das ein Browser als Website darstellt. In der privaten Umgebung noch schmerzlos akzeptabel, zeigen sich die Grenzen eines wenig systematischen Vorgehens bei Projekten mit professionellerem Anspruch doch relativ schnell.

Was erwartet Sie in diesem Buch?

Sie erlernen eine effektive Vorgehensweise, die Gestaltung einer Website zu realisieren. Als Werkzeug der Wahl dient hierbei Photoshop CS4. Besitzer älterer Programmversionen bleiben allerdings nicht außen vor, die meisten der gezeigten Techniken sind versionsunabhängig und können sogar auf ähnliche Software übertragen werden. Von den Grundlagen im Umgang mit Photoshop über die anfängliche Konzeption bis hin zur konkreten Umsetzung in HTML/CSS führen wir Sie durch die jeweiligen Schritte und zeigen auf, was Sie konkret beachten müssen. Tipps und Kniffe aus dem praktischen Alltag eines Webdesigners helfen Ihnen, häufig anstehende Probleme einfach lösen zu können. Somit bleibt Ihnen mehr Zeit, sich auf die wesentlichen, projektspezifischen Aufgaben zu konzentrieren. Neben der Planung und dem allgemeinen Arbeitsfluss bauen Sie verschiedenste Grafikstile nach, vertiefen damit Ihre Photoshop-Kenntnisse, erlernen Design-Grundlagen sowie die für Websites wichtigen Aspekte der Typografie und erarbeiten sich somit ein breites Spektrum an Möglichkeiten, Ihre eigenen Projekte vielfältiger und professioneller realisieren zu können.

Die DVD zum Buch bietet neben den Arbeitsmaterialien und Demoversionen (siehe Kapitel 16, »Die DVD zum Buch«) eine Vielzahl an fertigen Vorlagen und Hilfestellungen. So müssen Sie die erwähnten Webadressen nicht umständlich von Hand abtippen, sondern können im Verzeichnis LINKSAMMLUNG auf eine nach Kapiteln sortierte Liste aller Links zurückgreifen. Selbstverständlich finden Sie diese Inhalte auch auf der Website zum Buch unter *http://www.webdesign-mit-photoshop.de*. Wir laden Sie gleichwohl ein, zusammen mit den Autoren und engagierten Lesern über die hier behandelten Themen zu diskutieren.

An wen richtet sich dieses Buch?

Sie haben sich bereits mit dem Internet im Allgemeinen und Websites im Speziellen beschäftigt? Sie möchten Ihre Design-Kenntnisse erweitern oder sich die technischen Hintergründe des Webdesigns aneignen? Ihr Interesse gilt Photoshop und dem Erstellen von Grafiken für Websites? Dann haben Sie das richtige Werk in der Hand. Vorausgesetzt werden lediglich eine grundlegende Motivation, sich mit den Themen Webdesign und Photoshop auseinandersetzen zu wollen sowie erste Erfahrungen in diesen Bereichen. Doch auch Fortgeschrittene und der ein oder andere Profi gehen nicht leer aus. Der komplette, effektivitätssteigernde Workflow, die vielen Hinweise und Beispiele bereichern und ergänzen bestehendes Wissen.

Danksagung

Dieses Fachbuch hat in seiner Entstehung einen weiten Weg genommen, der nicht ohne außenstehende Hilfe möglich gewesen wäre.

Wir bedanken uns bei allen Freunden und Bekannten, die es mit ihren vielen interessierten Fragen und Anregungen stets geschafft haben, uns zu motivieren, und jedes Tief geschwind wieder in ein Hoch verwandeln konnten.

Ein großes Dankeschön geht an all unsere Probeleser, die während des Schreibprozesses dafür gesorgt haben, dass dieses Fachbuch (hoffentlich) stets verständlich und informativ geschrieben ist. Ganz besonders möchten wir dabei Franziska Klinger danken, die sich in unermüdlichem Praxiseinsatz akribisch durch alle Workshops gearbeitet hat und mit vielen Anregungen die Qualität des Buches verbesserte.

Auch an das Team von Galileo Press geht unser Dank, insbesondere an Katharina Geißler, die dieses Projekt mit ihrem Vertrauen in uns erst ermöglichte. Zusammen mit Manuela Hoffmann, unserer inspirierenden Fachgutachterin, erhielten wir im Endspurt noch viele weitere nützliche Anregungen.

Letztendlich geht unser Dankeschön natürlich auch an alle Autoren und Mentoren, deren Fachwissen uns in den vergangenen Jahren ebenso vorangebracht hat wie die zahlreichen spannenden Diskussionen auf *Photozauber.de* und anderswo im Web.

Wir hoffen, all diese uns entgegengebrachte Unterstützung ebnet Ihnen letztendlich einen Pfad durch dieses Buch, den Sie mit ebenso viel Neugierde und Freude beschreiten können, wie wir sie während des Schreibens empfanden.

Philip Fuchslocher und **René Schulze**

HINWEIS

Weitere Arbeiten und Artikel von den Autoren finden Sie unter *http://www.philip-fuchslocher.de* und *http://www.rene-schulze.info*.

TEIL I
Grundlagen

1 Einführung

1.1 Warum Webdesign über optisches Gefallen hinausgeht

Das Bild einer **Website** ist im Allgemeinen von einer landläufigen Vorstellung geprägt: eine im Browser geöffnete Seite mit Texten, Bildern, Videos und Links, die am Monitor eines Rechners betrachtet wird.

Dies kommt nicht von ungefähr, entspricht es doch der hauptsächlichen und gewohnten Nutzungsweise des Internets. Es handelt sich hierbei um das **W**orld **W**ide **W**eb (**WWW**), ein 1989 von Tim Berners-Lee entwickeltes **Hypertext**-System, das 1993 für die Öffentlichkeit freigegeben wurde. Es macht sich die Netzinfrastruktur zu Nutze, um Dokumente und Informationen global zu verknüpfen. Seitdem stieg die Popularität des Internets, das heute bekanntermaßen neben TV, Telefon und Druckerzeugnissen zu einem der wichtigsten Kommunikationsmedien gehört.

Das hauptsächlich von der Öffentlichkeit verwendete Netzangebot fokussiert sich demzufolge vor allem auf den Teilbereich der Darstellung von Hypertext-Dokumenten. Aufbau und Gestaltung einer Website bilden das noch recht junge Aufgabengebiet **Webdesign**.

Da der Mensch seine Umgebung primär visuell wahrnimmt, so auch den virtuellen Raum, handelt es sich hier um eine entscheidende Ebene der Informationsübergabe. Aus anderen Medien bekannte formale Regeln und Erfahrungen zu Farbe, Formgebung und Anordnung sind leicht auf die digitale Welt anzuwenden, was zum einen für eine nicht zu fremdartige, einfacher zu erfassende Situation sorgt und zum anderen den Ein- oder Umstieg als Designer recht leicht erscheinen lässt. Ein Hauptaugenmerk der Gestaltung bzw. eine oft vorausgesetzte Selbstverständlichkeit ist aber, dass das, was die eigene Umgebung respektive den eigenen Rechner verlässt, bei anderen ebenso ankommt. Der Grund für diese Mutmaßung ist einfach wie berechtigt, nur auf diese Weise kann die Intention des Designs eine konsistente Vermittlung finden und funktionieren.

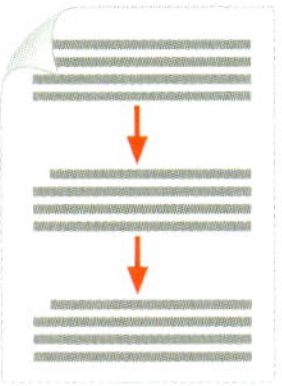

▲ **Abbildung 1.1**
Lineare Informationsdarstellung

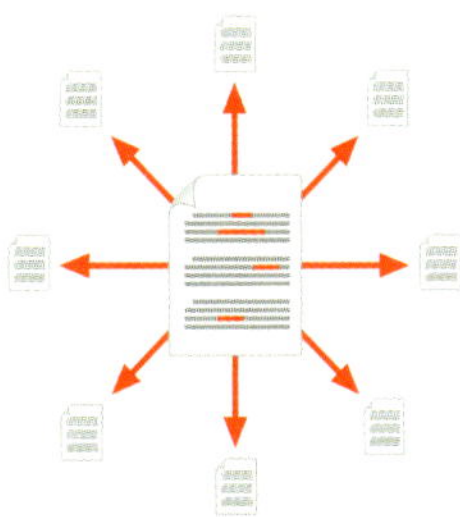

▲ **Abbildung 1.2**
Non-lineare Informationsdarstellung

Hypertext

Hypertext ist ein Konzept zur Organisation und Verknüpfung von Inhalten. Im Gegensatz zu linear aufgebauten Texten können Verweise auf vorherige bzw. nachfolgende Stellen oder außerhalb befindliche Informationsträger die übliche lineare Abhandlung eines Textes durchbrechen und ermöglichen so eine Annäherung an das natürliche, simultane Erfassen der Wirklichkeit.

Sieht man sich jedoch ein wenig um, bemerkt man schnell, dass dieses Konzept für eine Website nicht aufgeht. Es beginnt mit verschiedenen Monitortypen und -größen. Eine mit der Zeit gealterte und unscharf gewordene 15-Zoll-Röhre stellt ein völlig anderes Bild dar als ein gestochen scharfer 30-Zoll-TFT.

Immer häufiger sind nun auch Handys und andere mobile Endgeräte mit der Möglichkeit ausgestattet, sich mit dem World Wide Web zu verbinden. Die Maße und das Darstellungsvermögen der Displays sind hier noch einmal reduzierter. Schwenkt man den Blick ein wenig weiter, verliert sich die postulierte Selbstverständlichkeit immer mehr. So kann es aus technischen Gründen möglich sein, dass gewisse Inhalte nicht angezeigt werden, worunter nicht nur Flash, Videos oder Ton, sondern auch Bilder fallen. Menschen mit mehr oder weniger stark ausgeprägten Sehschwächen (Ersteres nicht selten bei ständiger Arbeit am Monitor) oder gar völliger Blindheit haben ebenfalls das Bedürfnis und das gesellschaftliche Recht, gleichgestellt Informationen aufzunehmen. Schriftvergrößerung oder das Nutzen von Vorleseprogrammen (**Screenreader**) sind probate und häufig verwendete Kompensationsmittel.

Der visuelle Aspekt tritt fortlaufend mehr in den Hintergrund, je universeller die Informationsübermittlung vonstatten geht. Wie löst man also diese Anforderung? – Indem eine Grundlage geschaffen wird, die sich nicht auf die reine Darstellung beschränkt, sondern diese nur als Teil des Ganzen ermöglicht und sich vor allem auf Übermittlung von Daten konzentriert. Die Strukturierung der Inhalte richtet sich demnach nicht nach den visuellen Vorgaben, sondern es geschieht genau andersherum.

Designprinzip

Design ist nicht, wie im Allgemeinen deutschen Sprachgebrauch üblich, als bloßer Prozess der Gestaltung zu verstehen, sondern vor allem als Lösungsansatz für ein bestehendes Problem.

Eine essenzielle Erkenntnis, die sich durch den gesamten Gestaltungsprozess zieht: Das Layout muss sich den Begebenheiten und stellenweise auch Defiziten anpassen können, ohne dabei seine Funktion zu verlieren. Ähnlich einem gut designten Logo, das medienneutral verwertbar sein sollte. Das heißt jedoch nicht, dass der Optik keine oder nur geringfügige Bedeutung beigemessen wird, im Gegenteil, gerade sie trägt dazu bei, eine Website für einen großen Nutzerkreis überhaupt erst effektiv zugänglich zu machen. Sie muss sich aber den Rahmenbedingungen unterordnen, um ihre Daseinsberechtigung im Gesamtkontext zu erhalten.

Dieses von vornherein beachtend, ist es einfacher, flexibel auf veränderliche Anforderungen zu reagieren, ein größeres Klientel und (Such-)Maschinen anzusprechen sowie die Website mit Nachhaltigkeit zu versehen.

Im Verlauf des Buches erfahren Sie mehr über technische Details, Anforderungen sowie Lösungen, insbesondere im Bereich des **Screendesigns**, also über die Strukturierung und optische Aufbereitung von

Daten für die Darstellung am Monitor. Schritt für Schritt begleiten wir Sie über Hürden, die im Prozess der Gestaltung zu überwinden sind, geben Ihnen Werkzeuge und Einblicke in die Hand, um Ihre Ideen umzusetzen, und zeigen auf, was zu beachten ist, um ein Webdesign zu entwickeln, das über das optische Gefallen hinausgeht.

1.2 Wandel im Netz (Web 2.0)

Von jeher sind **Metaphern** ein bewährter Weg, um die vielfältigen Möglichkeiten des abstrakten virtuellen Raums optisch und technisch für Menschen zugänglich zu machen. Eines der bekanntesten Beispiele am Rechner ist das Sinnbild des Schreibtischs als zentraler Arbeitsplatz und Ablage.

Ähnlich verhält es sich mit den Versuchen, Hypertext plausibel erscheinen zu lassen. Von Anfang an gern genutzt ist die **Seitenmetapher**. Ein Ausdruck dessen zeigt sich schon allein in der Namensgebung Webseite/Homepage. Hauptsächlich statische Dokumente vorausgesetzt, die miteinander in Verbindung stehen, ist dies auch sehr nahe liegend und greifbar.

Dieser vergleichende Ansatz hat jedoch Grenzen. Aktuelle Entwicklungen gehen weit über das bekannte Maß der analogen Datenspeicherung hinaus und stellen neue Anforderungen an das Design von Nutzeroberflächen.

Um den beträchtlichen technologischen Fortschritt der letzten Zeit und die veränderte Nutzungsweise der Masse zu verdeutlichen, wird gerne der Ausdruck »Web 2.0« benutzt. Mit ihm wird jedoch das Internet inhaltlich falsch als versionierbares Produkt dargestellt. Gern als griffige Floskel zu Marketingzwecken missbraucht, definiert er weniger spezifische Aspekte oder konkrete Ideen denn allgemeine Tendenzen. So koexistieren neue Techniken auch weiterhin mit älteren Kommunikationsformen (z. B. Forum, Mailinglisten, Usenet).

Memex

Die Idee des Hypertextes entspringt nicht der Neuzeit, sondern besitzt mit ähnlichen Verweissystemen wie Inhaltsverzeichnissen und Querverweisen bereits jahrhundertelang genutzte Vorläufer. Eine interessante Analogisierung der Metapher Hypertext wurde 1945 von Vannevar Bush entwickelt. Seine hypothetische Maschine »Memory Extender«, kurz Memex, sollte in Form eines Schreibtisches mit einem darin integrierten Bildschirm in Kombination mit einem Mikrofilmgerät das Darstellen und Verknüpfen von Dokumenten auf rein elektromechanische Weise ermöglichen.
http://de.wikipedia.org/wiki/Memex

1.2.1 Die Technik

Im Grunde besinnt sich die derzeitige Entwicklung des World Wide Web auf das ursprünglich angedachte Konzept vom parallelen Konsum und Mitwirken an Inhalten. So war der erste Webbrowser (*WorldWideWeb*, später *Nexus*) auch ein Editor, schaffte aber nicht den Sprung vom damals wenig verbreiteten NeXT-Betriebssystem.

In den Anfängen, nachdem eine kritische Masse an Menschen die Möglichkeiten der globalen Vernetzung für sich zu nutzen wussten, standen **statische Seiten** im Vordergrund. Es gab wenige Produzenten, aber viele Konsumenten. Der Umschwung kam mit immer einfacher zu bedienenden Redaktionsfunktionen und -systemen, Websites wurden zunehmend **dynamisch**. Nicht der Browser, sondern die dargestellte Technik selbst war nun zum Werkzeug für Publikationen geworden. Leistungsfähigere Software und Rechner sowie der Ausbau von Breitbandinternetzugängen für immer schnellere Datenübertragungsraten trugen dazu bei, dass vermehrt speicherintensive Medien wie Bilder und Videos Einzug in die Online-Inhalte hielten. Jeder kann sich nun ohne tiefgreifende Technikkenntnisse am Netzgeschehen beteiligen und wird dazu auch animiert. Viele Geschäftskonzepte der so genannten »New Economy« basieren auf der Verarbeitung und Präsentation von Nutzerinhalten, ohne selbst eigene anzubieten (z. B. *http://www.youtube.com* für Videos, *http://www.flickr.com* für Bilder und *http://www.delicious.com* für Bookmarks).

Aktuelle populäre Begriffe und Trends des WWW

Content-Management-Systeme/Blog- und Wikisoftware | Sie ermöglichen, dass – einmal installiert – Nutzer, ohne weitere Kenntnisse der verwendeten Technik, Inhalte veröffentlichen und einfach organisieren können. Beliebt sind vor allem kostenlose Open-Source-Lösungen, hinter denen zumeist eine große Entwicklergemeinschaft steht, die für Aktualität und Funktionsvielfalt sorgt.

Beispiele: TYPO3 (CMS, *http://www.typo3.org*), WordPress (Blog, *http://www.wordpress.org*), MediaWiki (Wiki, *http://www.mediawiki.org*)

Soziale Netzwerke | Sie existieren in unterschiedlichster Ausprägung: um, wie erwähnt, verschiedenste Inhalte in der Gruppe auszutauschen oder als private bzw. kommerzielle Eigenmarketingplattformen zu dienen, auf denen der soziale Kontakt und die Verknüpfung untereinander im Vordergrund steht.

Beispiele: Digg (Nachrichten, *http://www.digg.com*), Xing (Businesskontakte, *http://www.xing.de*), Facebook (private Kontakte, *http://www.facebook.com*)

Online-Datenspeicherung | Nicht nur zur Präsentation, sondern auch zur delokalen Speicherung größerer Datenmengen wird das Internet gebraucht. Online-Festplatten und auf spezielle Formate getrimmte Angebote eröffnen einen weltweiten Zugriff auf eigene Daten.

Beispiele: MobileMe (Online-Festplatte, eMail-Account und Fotogalerie, *http://www.me.com*), GMail (Online-Festplatte und eMail-Account, *mail.google.com*)

Web-Software | Zu den Bemühungen zur Verlagerung der Aktivitäten am eigenen Rechner in die Netzwelt kommen auch Online-Services, die manch lokales Programm obsolet machen. Mittlerweile kann einfache Bürosoftware oder sogar rudimentäre Bildbearbeitung im Internet ausgeführt werden.

Beispiele: Google Text & Tabellen (Office, *docs.google.com*), Thinkfree (Office, *http://www.thinkfree.com*), Photoshop Express (Bildbearbeitung, *http://www.photoshop.com*)

Evolution der Datenfindung und -indexierung | Neben der Katalogisierung von Seiten durch den Einzelnen und der Indizierung des Netzes durch Suchmaschinen etablierte sich das so genannte *Tagging* als weitere Form der Kenntlichmachung von und der Suche nach Informationen. Dabei werden durch die Gemeinschaft Schlagworte an die Inhalte gehängt. Gerade soziale Netzwerke mit nutzergenerierten Inhalten setzen auf die zuletzt genannte Methode.

Entwicklung und Verbreitung von interaktionshaltigen und -fördernden Techniken wie **Feeds** (RSS, Atom – Abonnierung von zeitrelevanten Inhalten wie News oder Blogeinträgen), **AJAX** (asynchrones Nachladen von Daten, wodurch betriebssystemähnliche Oberflächen auf Websites geschaffen werden können), **Login-/Profilsysteme** (zur Verifizierung von Nutzern), **Frameworks** (PHP: Zend Framework, JavaScript: jQuery, CSS: YUI, HTML: YAML – Funktionssammlungen und vorgefertigte Lösungen zur einfacheren Erstellung von funktionsreichen Websites).

Cloud Sourcing | Das Auslagern von rechenintensiven Prozessen auf bereitgestellte und zu mietende Serverfarmen, was mit der nächsten Betriebssystemgeneration der breiten Öffentlichkeit zugänglich gemacht werden soll.

1.2.2 Das Design

Neben dem technischen Fortschritt zeigt sich ein **Wandel im Design**, unter anderem beeinflusst durch bessere Darstellungsmöglichkeiten. Drei Faktoren sind hierfür hauptsächlich verantwortlich:

1. mehr darstellbare Farben
2. größere Monitore
3. funktionsreichere Browser (respektive bessere Interpretationsengines)

Ebenfalls brachte dem Internet der Sprung als ernstzunehmendes Medium ein höheres Bewusstsein für die Qualität von Websites ein, um im stärker werdenden Konkurrenzkampf bestehen zu können. Verschiedene Stilrichtungen und Trends lassen sich über die Jahre hinweg beobachten, zum einen bedingt durch die bessere Hard- und Software, zum anderen durch bestimmte Anforderungen oder aus rein künstlerischem Ansinnen heraus entstanden.

Beispiele für Stilrichtungen wären:

Früher war alles besser ...

... oder auch nicht. Wer sich selbst davon ein Bild machen möchte, kann die Dienste der »Wayback Machine« in Anspruch nehmen und Versionen von Websites im Verlauf der Zeit beobachten. *http://www.archive.org/web/web.php*

Minimalismus | Sehr reduziertes Design. Nur wenige, funktional notwendige Elemente werden verwendet. Es gibt keine bis wenig Verzierung.

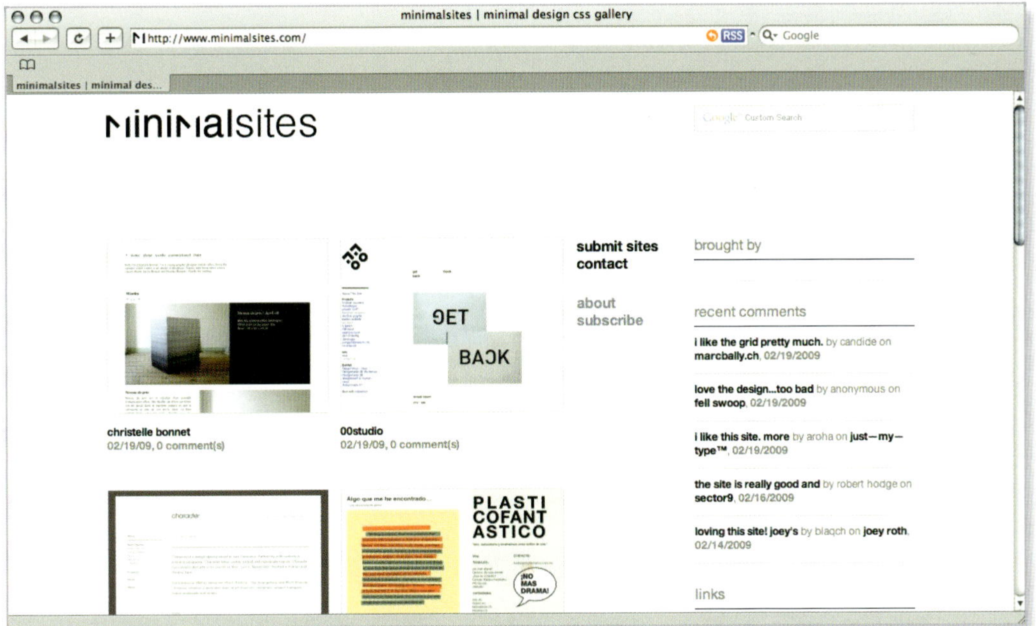

▲ **Abbildung 1.3**
http://www.minimalsites.com

Ornamental | Die Seiten sind mit detailreichen, oft floral anmutenden Verzierungen und Schnörkeln versehen, die aufgrund ihrer geschwungenen Formen ein statisches Layout lebendiger wirken lassen.

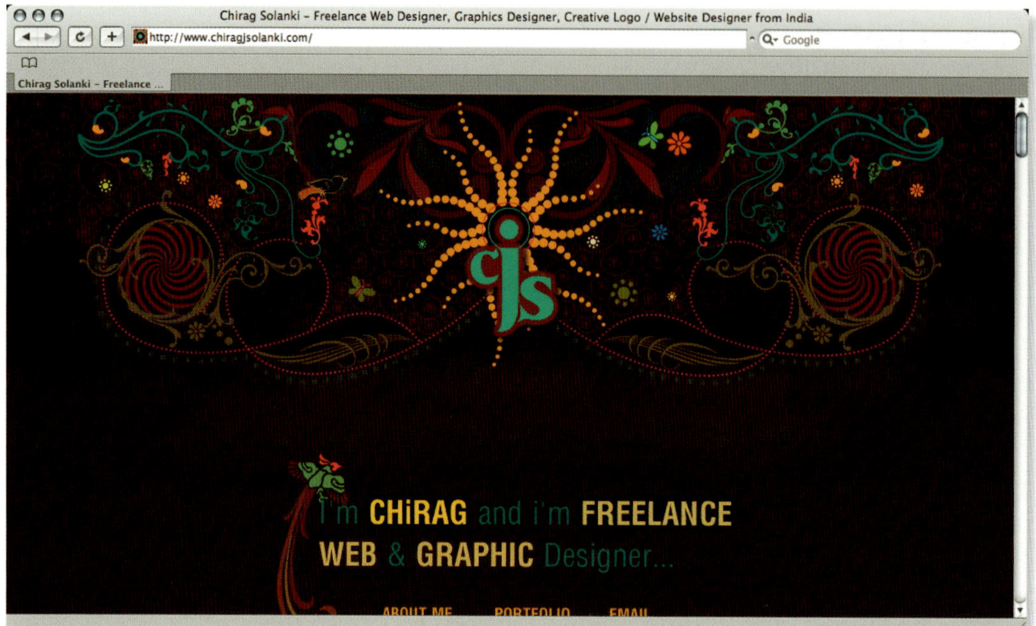

Abbildung 1.4 ▲
http://www.chiragjsolanki.com

Aqua | Apple gilt als Begründer dieses Stils, in dem Verläufe und das Nachahmen spiegelnder und glänzender Oberflächen starken Einfluss finden. Obwohl bereits 2001 ein Trend, erfreut sich dieser Stil in leicht abgewandelter Form insbesondere zu Zeiten des Web 2.0 noch großer Beliebtheit.

Abbildung 1.5 ▼
Der Aqua-Stil auf *http://www.apple.com* (Version von 2001)

Typografie | Schrift dient als Hauptgestaltungsmerkmal. Markante Textformatierungen, die durch ihre Ausdehnung, Form und Farbigkeit das Design anstelle von Bildern und Grafiken gliedern.

▼ **Abbildung 1.6**
http://www.squaredeye.com

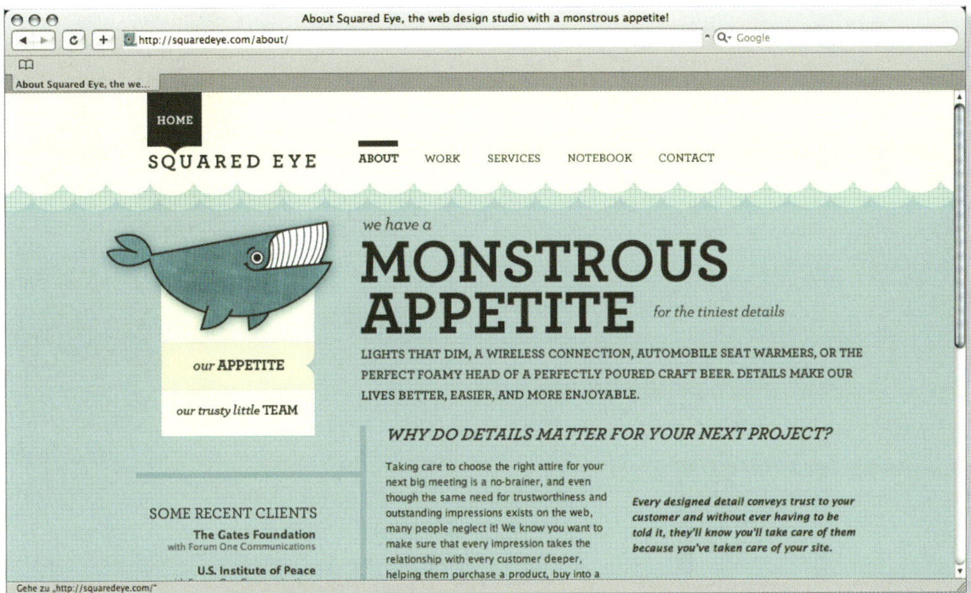

Futurismus | Die Anmutung von Zukunft soll durch primär mechanische und technologische Komponenten hervorgerufen werden. Glühende Elemente und leuchtende Kontrastfarben stehen vor einem meist dunklen Hintergrund.

▼ **Abbildung 1.7**
http://www.wa007.com

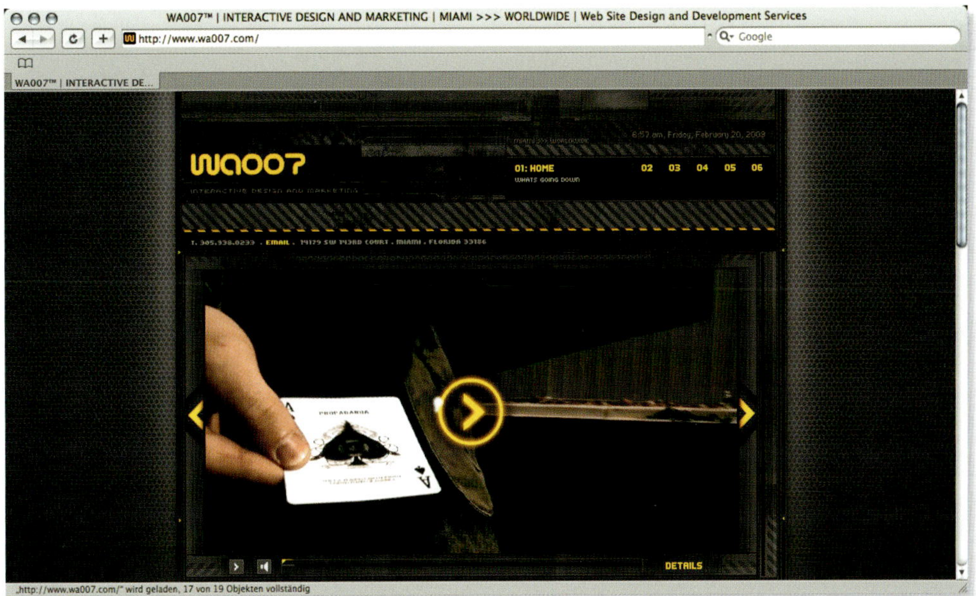

Retro | Verblasste Farben, angerissene Kanten und der Charme von Werbeplakaten aus den 60ern verleihen der Website eine anachronistische Anmutung.

Abbildung 1.8 ▼
http://www.targetscope.com

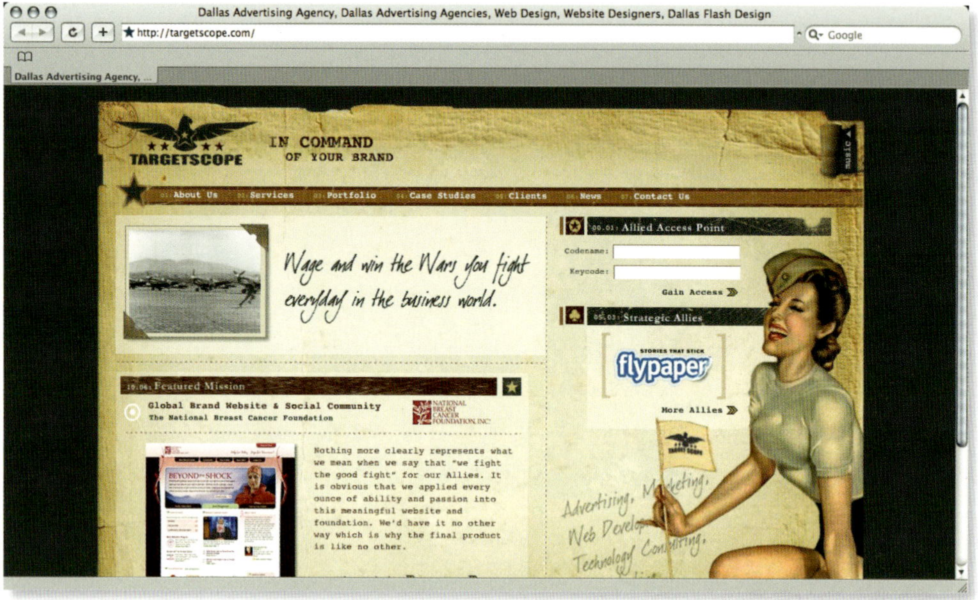

Collagen | Dem analogen Adäquat entsprechend ergeben bei diesem Stil viele Einzelstücke ein großes Gesamtbild. Es geht nicht um Perfektionismus, sondern um einen gewollt chaotischen Eindruck einer wilden Bastelei.

Abbildung 1.9 ▼
http://www.jrvelasco.com

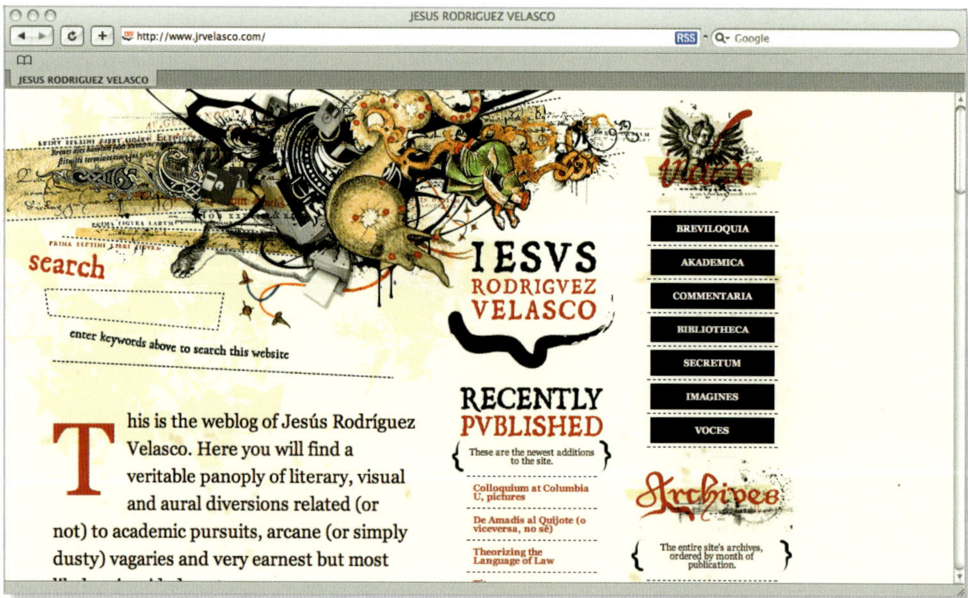

Wasserfarben | Das Aussehen verlaufender Aquarell- oder Wasserfarbe auf nassem Papier bestimmt das Erscheinungsbild.

▼ **Abbildung 1.10**
http://www.bearskinrug.co.uk

Grunge | Dreck, Blut und gern morbid-destruktive Elemente bilden detailreiche, häufig düstere Darstellungen.

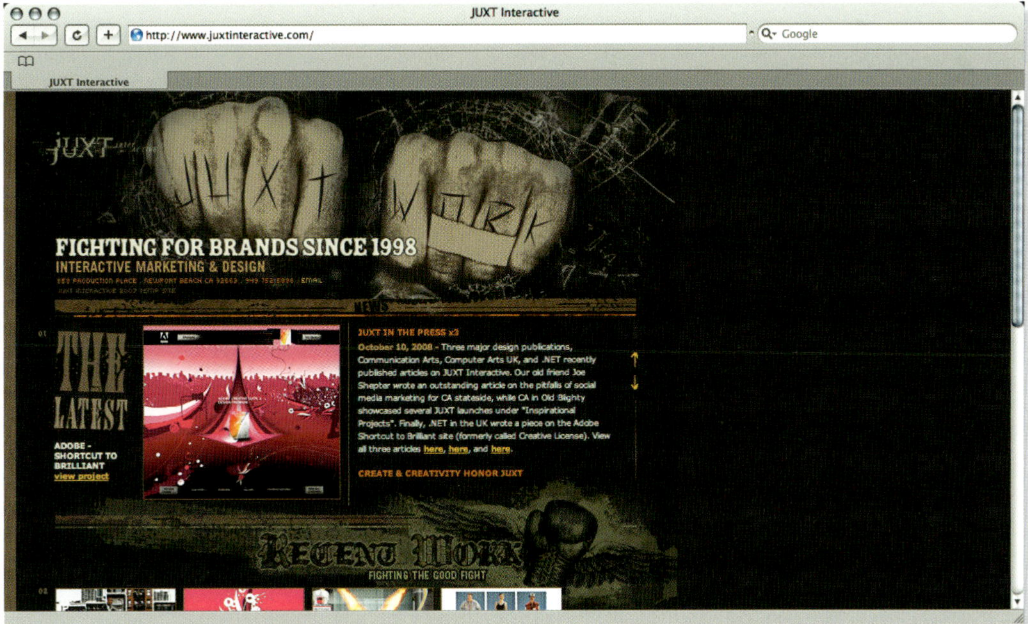

▼ **Abbildung 1.11**
http://www.juxtinteractive.com

Pixelstil | Der bewusste Verzicht auf Kantenglättung und klein gehaltene Elemente nutzen die eigentlich als optisches Defizit zu betrachtende Pixelabstufung, um daraus einen eigenen Stil zu kreieren.

Abbildung 1.12 ▼
http://www.pixelfreak.com

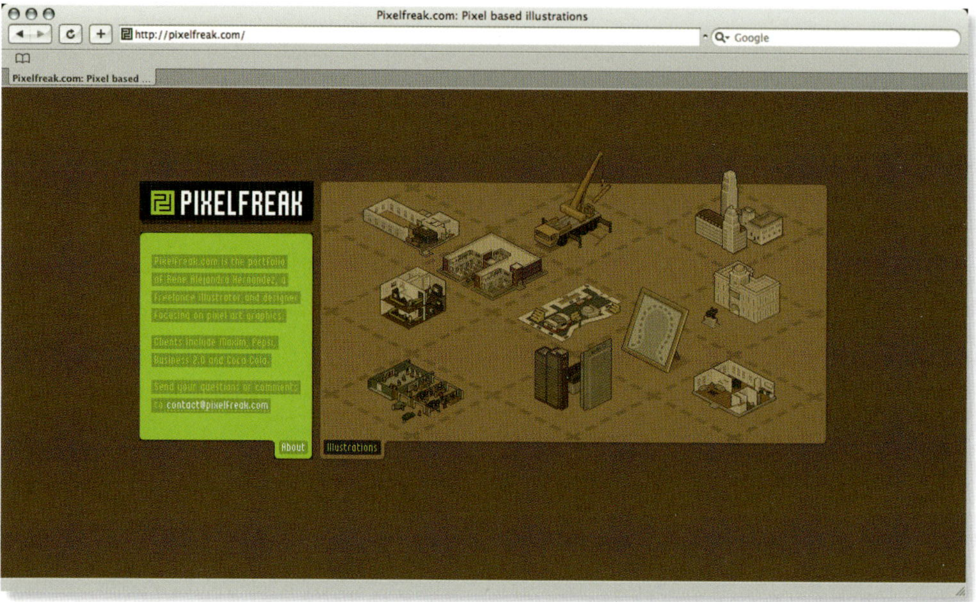

Illustrationen | Hierbei stehen vorrangig großflächige Illustrationen im Vordergrund, die zumeist dem Kopf- oder Fußbereich der Seite zugeordnet sind.

Abbildung 1.13 ▼
http://www.versionsapp.com

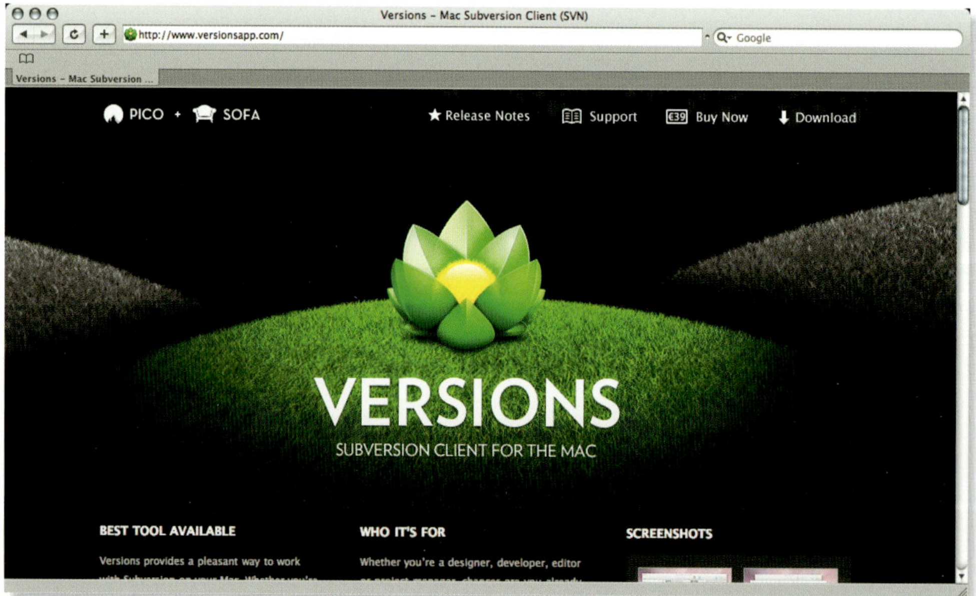

Aktuelle, zum Teil stilübergreifende Trends sind:

- einseitige Layouts (durchgestaltete Layouts, die den Inhalt einer Website auf einer einzigen Seite darstellen)
- Mehrspaltigkeit
- mehr Weißraum als früher
- große Bilder/Illustrationen
- Icons
- große Schrift und Navigation
- große Hintergrundgrafiken
- flexibles Design
- Tabs
- Texturen
- Lightbox-Layer (aus dem Dokumentenfluss brechende Inhaltsebenen mit eigener Navigation – bei temporärer Nutzung wird die eigentliche Seite häufig abgedunkelt)

Durch die zunehmende Interaktionsvielfalt bekommt außerdem das Design von **User Interfaces** eine stärkere Bedeutung. Symbolik und Grammatik entlehnen sich nicht zwangsläufig, aber häufig aus den im Desktopbereich bekannten Vorbildern.

1.3 Software für jeden Zweck

Die Produktpalette von Adobe ist seit der Fusion mit dem ehemaligen Konkurrenten Macromedia deutlich angewachsen und bietet für die unterschiedlichsten Anforderungen maßgeschneiderte Lösungen. Dabei legt Adobe den Schwerpunkt auf die Creative Suites, vorgefertigte Programmpakete, die sich gegenseitig ergänzen und gut ineinander übergreifen.

Speziell für das Erstellen von Websites wird die Adobe Creative Suite CS4 Web Premium angeboten, die sieben Hauptanwendungen und vier Hilfsprogramme beinhaltet. Folgend eine kurze Vorstellung der für das Webdesign relevanten Anwendungen:

▲ **Abbildung 1.14**
Photoshop

Photoshop CS4 | Wie es der Name sagt, ist Photoshop in der Welt der Fotografie zuhause. Die Stärken liegen in der Aufbereitung von Fotografien, komplexen Montagen und der Bereitstellung von Bildmaterial für den Druck. Aufgrund der Funktionsvielfalt lässt es sich für nahezu jeden Gestaltungszweck gebrauchen.

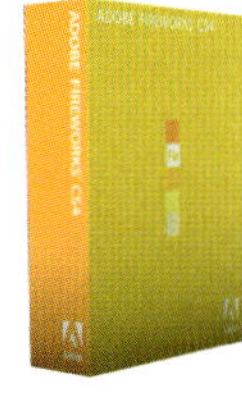

▲ **Abbildung 1.15**
Fireworks

Fireworks CS4 | Fireworks ist ein primär für den Einsatz im Bereich Webdesign konzipiertes Hybridprogramm, das sowohl mit Pixeln als auch Vektoren umgehen kann. Im Vordergrund steht die Möglichkeit,

Screendesign-Templates zu entwerfen und mit Interaktivität zu versehen. Für den Einsatz im Printbereich ist das Programm gänzlich ungeeignet.

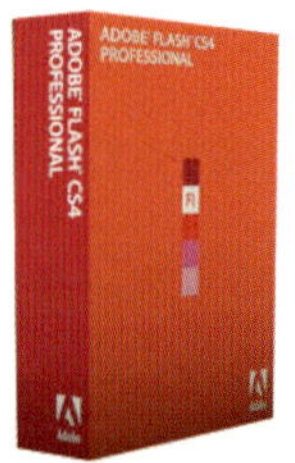

▲ **Abbildung 1.16**
Flash

Flash CS4 | Flash ist ein proprietäres Autorensystem zur Entwicklung multimedialer Inhalte. Früher im Web häufig für Schriftanimationen und zum Umgehen der gestalterischen Einschränkungen von HTML-Seiten verwendet, kommt es heute insbesondere bei interaktiven Applikationen und komplexen Bewegungsabläufen zum Einsatz, die sowohl online als auch offline Verwendung finden. Der Vorteil liegt in der Fähigkeit, Vektordaten zu verarbeiten, was zu recht geringen Dateigrößen führt, die im Internet nach wie vor entscheidend sind.

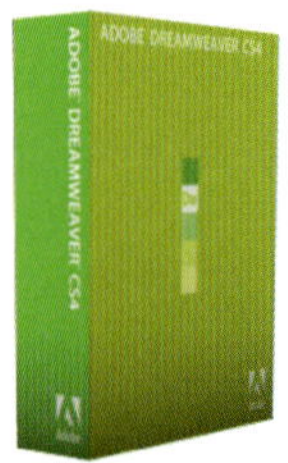

▲ **Abbildung 1.17**
Dreamweaver

Dreamweaver CS4 | Dreamweaver ist ein so genannter WYSIWYG-Editor. Mit seiner Hilfe lassen sich Websites über eine grafische Oberfläche gestalten und veröffentlichen. Die Ausgabe erfolgt in HTML/CSS nach visueller anstatt nach eigentlich korrekter struktureller Priorisierung. Daher raten professionelle Entwickler vom Einsatz derartiger Hilfestellungen ab und vertrauen lieber auf ihre Kenntnisse von sauberem Code und die Hilfestellungen (Codevervollständigung, Syntax-Highlighting) reiner Texteditoren (Textmate/OS X, e/Windows) bzw. für einzelne Aufgabenbereiche spezialisierte Werkzeuge (Coda/OS X, CSSEdit/OS X). Mehr dazu in Kapitel 5, »Raster«.

Jedoch bietet Dreamweaver eine Vielzahl vorgefertigter visueller Hilfsmittel, Module und Bibliotheken, die benötigte Codefragmente vorgefertigt liefern und somit das zügige Erstellen einer Website ohne große technische Vorkenntnisse erlauben.

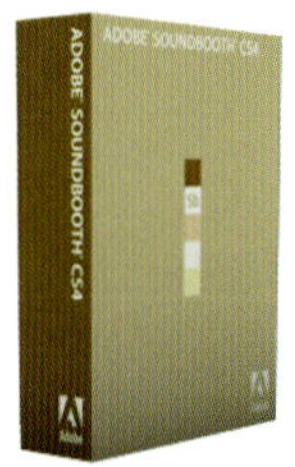

▲ **Abbildung 1.18**
Soundbooth

Soundbooth CS4 | Das mit Version CS3 erstmals eingeführte Soundbooth soll Kreativen die Möglichkeit geben, auch ohne tiefgreifende Kenntnisse der Audiobearbeitung Tonspuren miteinander zu mischen, Störgeräusche herauszufiltern und eigene Klänge zu kreieren.

Positionierung von Fireworks

Im Dr. Web Magazin finden Sie einen Artikel, der die Position von Fireworks innerhalb der Adobe-Produktpalette passend beschreibt: *http://www.drweb.de/magazin/adobe-fireworks-cs4-kein-photoshop-fur-arme/*.

1.4 Webdesign mit Photoshop oder Fireworks?

Wie im vorangegangenen Abschnitt bereits beschrieben, existiert in der Produktpalette von Adobe ein Programm, das explizit für das Erstellen von Screendesigns gedacht und für genau diese Aufgabe auch bestens gerüstet ist: Fireworks.

Warum lohnt es sich also dennoch, Webdesign mit Photoshop zu betreiben, wenn es laut Hersteller eigentlich das falsche Programm dafür ist? Die Gründe dafür sind sowohl objektiver als auch subjektiver Natur, wie die folgenden Seiten aufzeigen sollen.

1.4.1 Photoshop als Marktstandard

Photoshop ist weiterhin der unbestrittene Marktführer im Bereich der digitalen Bildverarbeitung. Auch wenn es vorrangig für die Bearbeitung von Fotografien gedacht ist, ermöglicht es das Erstellen von Grafiken fürs Web.

Viele Agenturen, Büros, Firmen und auch Privatanwender sind im Besitz von (alten) Photoshop-Lizenzen, die eben auch zum Zwecke des Webdesigns eingesetzt werden können. Zudem gehört es bereits länger zum State of the Art, mit Photoshop zu arbeiten, sobald es um Gestaltung jeglicher Gattung geht. Die genannten Umstände führen jedoch zu einer massiven Verbreitung von Photoshop, weit über jene von Fireworks hinaus, was wiederum eine sehr hohe Kompatibilität zur Folge hat: Arbeitet man im Team, ist Photoshop zumeist diejenige Lösung, die in irgendeiner Version auf dem Rechner verfügbar ist und mit der sich viele zumindest im Ansatz einmal beschäftigt haben.

1.4.2 Uneingeschränkte Möglichkeiten

Photoshop ist flexibel. Fireworks nicht. Das ist zugegeben eine provokante und überspitzte These mit folgendem Hintergrund:

Fireworks ist wie bereits erwähnt explizit für das Gestalten und Vorab-Präsentieren von Websites ausgelegt. In diesem Bereich kann Photoshop ihm aus technischer Sicht nicht das Wasser reichen. Der Haken an der Sache: Nach dem Thema Web/Screendesign ist dann auch schon ziemlich schnell Schluss: Die Möglichkeiten, Objekte freizustellen, sind in Photoshop ausgeklügelt und bieten viele verschiedene Ansätze, die je nach Motiv den passenden Ansatz liefern. Es können, im Gegensatz zu Fireworks, Freistellpfade erstellt werden, die von etwas älteren Satzprogrammen zur Anzeige von Objekten mit transparentem Hintergrund benötigt werden. Fireworks verfügt zudem bei weitem nicht über eine solche Vielfalt an Filtern, anhand derer sich Bilder sinnvoll verbessern bzw. kreative Texturen und Muster erstellen lassen.

Natürlich kann man dagegen argumentieren und sagen, Fireworks bleibt schlanker und konzentriert sich auf das, was es soll, während Photoshop als unübersichtliches Allzweckmonster daherkommt. Allerdings liegen selten alle fürs Webdesign benötigten Daten exakt so vor, wie man sie am Ende tatsächlich braucht. Rohmaterial unterschiedlichster Qualität muss verarbeitet und aufgebessert, zusammenmontiert und freigestellt werden. Hier spielt Photoshop also seine Stärke als komplettere Software aus. In Fireworks legt man sich mit dem Kauf auf einen bestimmten Gestaltungsbereich fest.

1.4.3 Vor- und Nachteile von Photoshop

An dieser Stelle nun einige exemplarische Vor- und Nachteile zum Erstellen von Screendesigns mit Photoshop.

Vorteile | Wie bereits oberhalb erwähnt, ist Photoshop der Marktführer im Bereich der digitalen Bildbearbeitung und Erstellung und damit weit verbreitet und akzeptiert. Es lässt sich für nahezu alle Gestaltungszwecke im zweidimensionalen Bereich einsetzen und bietet somit eine ausgesprochen hohe Flexibilität.

Photoshop ist ein pixelbasiertes Programm und spiegelt damit auch die technischen Gegebenheiten heutiger Monitore wider. Bei der Erstellung von Entwürfen lassen sich die einzelnen Bildpunkte genau sehen und erleichtern damit das kleinteilige und vor allem exakte Gestalten.

Des Weiteren verfügt Photoshop über sehr umfangreiche Möglichkeiten, Pinselspitzen zu erstellen, zu modifizieren und zu kombinieren. Die sich daraus ergebende Formvielfalt ermöglicht dem Gestalter ganz neue Dimensionen, die Fireworks nicht im Ansatz bieten kann.

Nachteile | Einzelne Objekte können direkt nur ebenenbasiert gewählt werden. Die Vektorfunktionalität ist beschränkt, womit das nachträgliche Ändern von Größe und Form einzelner Elemente, wie zum Beispiel Buttons, vergleichsweise umständlich ist.

In Photoshop erstellte Designs sind komplett statisch. Um das später einmal angedachte Interaktionsverhalten von Links, Navigation etc. aufzuzeigen, sind separate HTML-Dummies nötig, die Zeit und damit gegebenenfalls auch Budget verbrauchen.

1.4.4 Vor- und Nachteile von Fireworks

An dieser Stelle einige exemplarische Vor- und Nachteile zum Erstellen von Screendesigns mit Fireworks.

Vorteile | Fireworks vereint grundlegende Bildbearbeitungsfähigkeiten von Photoshop, die Vektorfunktionalität von Illustrator und die Möglichkeit einfacher Interaktivität aus Dreamweaver in einer Software. Die Symbiose aus vektor- und pixelbasiertem Arbeiten funktioniert besser als beim »großen Bruder«.

Es lassen sich Musterseiten erstellen, die sich wiederholende Elemente wie Logo, Navigation oder Footer automatisch für jede Seite anzeigen. Interaktivität kann direkt in Fireworks erstellt werden und ermöglicht somit Live-Präsentationen, bei denen nach einem Klick auf ein Element tatsächlich der Inhalt wechselt.

Nachteile | Fireworks ist ein Spezialist für das schnelle Erstellen und Präsentieren von Screendesigns. Da zumeist aber weitere Bearbeitungen von Rohmaterial nötig sind, findet es selten Verwendung als Stand-alone-Software und wird in der Regel mit Photoshop und Illustrator ergänzt.

1.4.5 Fazit

Ein direkter Vergleich zwischen Photoshop und Fireworks ist kaum möglich, zumal beide Programme komplett verschiedene Ansätze verfolgen. Photoshop ist der Allrounder mit dem Schwerpunkt Fotografie und Print, Fireworks hingegen ist auf das Erstellen und Präsentieren von Screendesigns ausgerichtet.

Im Internet finden sich unzählige Diskussionen, welche Software nun die bessere sei. Letztendlich erzielt man mit beiden Anwendungen das gewünschte Ergebnis, und es ist wie eigentlich immer eine Sache der persönlichen Vorliebe.

Die optimale Lösung bietet sich in der Ausnutzung der Stärken beider Anwendungen.

Photoshop vs. Fireworks

Eine Diskussion über die Stärken und Schwächen des jeweiligen Programms finden Sie in Englisch unter *http://www.digital-web.com/articles/photoshop_versus_fireworks/*.

2 Bildbearbeitung mit Photoshop CS4

Voraussetzung für das effiziente Erstellen von Screendesigns ist eine solide Basis im Umgang mit Photoshop. Wir laden Sie ein, uns auf einer kleinen Reise durch die Welt der digitalen Bildbearbeitung zu begleiten, und zeigen Ihnen den grundlegenden Workflow sowie die wichtigsten Funktionen von Photoshop. Darüber hinaus erhalten Sie vertiefende Ausführungen zu den angesprochenen Inhalten.

2.1 Pixel- und Vektorgrafiken

Grundsätzlich gibt es zwei Klassen, in die man digitale Grafiken und Bilder einordnen kann. Das sind zum einen die Pixelgrafiken (auch Rastergrafik oder Bitmap genannt) und zum anderen die Vektorgrafiken. Welche Art die passende ist, leitet sich in der Regel von dem geplanten Einsatzgebiet ab.

Auf Internetseiten kommen fast ausschließlich Pixelgrafiken zum Einsatz, was unter anderem der Tatsache zu verdanken ist, dass die heutigen Browser nur eine sehr mangelhafte Unterstützung für Vektorformate bieten. Diese erfreuen sich hingegen vermehrt innerhalb von Flash-Applikationen großer Beliebtheit.

Bitmap und Bitmap

Der Begriff »Bitmap« ist irreführend, da er für zwei themenverwandte, aber dennoch unterschiedliche Dinge verwendet wird:

- Bezeichnung für die Klasse der Pixel-/Rastergrafiken
- Kurzform für »Windows Bitmap« (.bmp), ein Pixelgrafikformat, das 1990 eingeführt wurde.

2.1.1 Pixelgrafiken

Eine Pixelgrafik ist aus einzelnen, meist quadratischen Bildpunkten aufgebaut. Ein Pixel (Bildpunkt) ist in der Welt der digitalen Bildbearbeitung die kleinstmögliche Einheit.

Jedem Pixel wird ein bestimmter Farbwert zugeordnet. Die Gesamtheit aller Pixel nebeneinander erzeugt im Auge des Betrachters ein homogenes Bild, das umso schärfer und detailreicher wirkt, je mehr Pixel auf gleicher Fläche abgebildet werden. Darauf gehen wir in Abschnitt 2.2, »Auflösung«, noch genauer ein.

Anwendungssoftware

Auswahl pixelbasierter Grafikprogramme: Adobe Photoshop, Corel Photo-Paint, Paint Shop Pro, Pixelmator (Mac), GIMP
Auswahl vektorbasierter Grafikprogramme: Adobe Illustrator, Corel Draw, Microsoft Expression Design, Inkscape

▲ **Abbildung 2.1**
Bild in 100 % Darstellungsgröße

▲ **Abbildung 2.2**
Dasselbe Motiv stark eingezoomt. Die Pixelstruktur wird deutlich sichtbar.

SVG (Scalable Vector Graphic)

Dieses vektorbasierte Format wurde vom W3C entwickelt und ist plattformunabhängig. SVG-Grafiken können problemlos im Browser vergrößert oder verkleinert werden und bieten damit eine willkommene Option für sehschwache Menschen.
Es basiert auf XML und ist ein Klartextformat, dessen Textinhalte von Suchmaschinen indiziert werden können.
Trotz all der Vorteile werden SVG-Grafiken nur unzureichend von den heutigen Browsern unterstützt und sind deswegen kaum im Einsatz.

Vorteile | Jeder Bildpunkt kann bei Bedarf durch gezielte Auswahl einzeln modifiziert werden. Bestimmte Pixel lassen sich zum Beispiel durch Schärfen, Abdunkeln, Umfärben und Löschen anpassen, wodurch sehr flexible Retuschen, Fotomontagen etc. möglich sind.

Nachteile | Änderungen wirken meist destruktiv, Vergrößerungen sind stets verlustbehaftet und somit nur in geringem Umfang sinnvoll. Bei großen Dokumentformaten entstehen schnell riesige Datenmengen, die Speicherplatz und viel Rechnerleistung benötigen.

Einsatzgebiet | Darstellung von komplexen und detailreichen Abbildungen wie zum Beispiel Fotos (Digitalkameras geben grundsätzlich nur Rastergrafiken aus).

Pixel – Ausführliche Definition

Ein Kunstwort, welches aus Picture und Element zusammengefügt wurde. Der Pixel symbolisiert die kleinste, nichtteilbare Farbinformation in einem digitalen, gerasterten Bild, die sich nach dem RGB-Modell aus den drei Grundfarben Rot, Grün und Blau zusammensetzt. Prinzipiell weist er keine räumliche Ausdehnung auf. Infolgedessen ist die Darstellung durch technische oder normbestimmte Ursachen veränderlich. Laut W3C-Festlegung entspricht die Größe des Pixels der Länge, die unter einem Winkel von 0,0027° zu sehen ist, wenn sie aus einer Entfernung von 28 Zoll (Armlänge) betrachtet wird. Die rechteckige (und zumeist quadratische) Form ist das Ergebnis einer konsequent flächendeckenden Anordnung des Rasters und erleichtert die Berechnung sowie die Bearbeitbarkeit.

2.1.2 Vektorgrafiken

Das Aussehen von Vektorgrafiken wird durch den gegenseitigen Bezug einzelner Elemente (Linien, Rechtecke, Kreise ...) innerhalb eines mathematischen Koordinatensystems gesichert und durch das Setzen von so genannten Ankerpunkten ❶, den daran befindlichen Tangenten ❷ und Pfadsegmenten ❸ in die gewünschte Form gebracht (Bézier-Kurve). Zugewiesene Eigenschaften wirken immer auf eine gesamte Vektorform.

Paul Étienne Bézier

Nähere Informationen zum Aufbau der Bézier-Kurve und zu deren Erfinder finden sich unter *http://www.photozauber.de/informativ/fachwissen/sonstige/allgemein/die-bezierkurve/*.

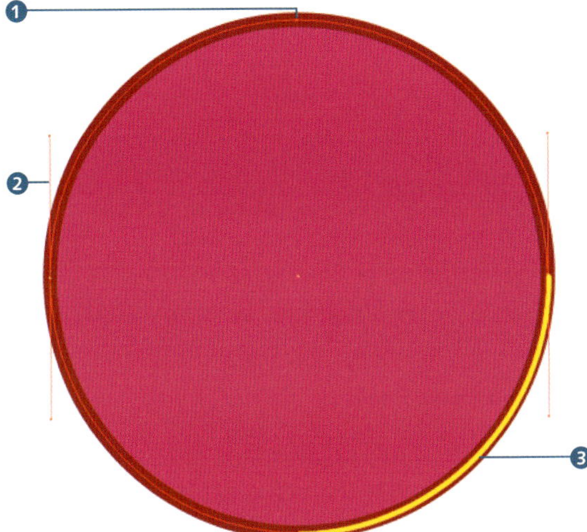

◂ **Abbildung 2.3**
Schematischer Aufbau einer Vektorgrafik

Vorteile | Vektorgrafiken können jederzeit nach Belieben skaliert und bearbeitet werden. Ein Qualitätsverlust tritt nicht ein. Zudem ist die Datengröße im Vergleich deutlich geringer als die von Pixelgrafiken, was sie theoretisch für den Einsatz im Web prädestiniert.

Fotorealistische Vektorkunst

Ein spektakuläres Portfolio verschiedener Vektorkünstler befindet sich im Internet unter *http://basangpanaginip.blogspot.com/2006/07/worlds-most-photorealistic-vector-art.html*.

Nachteile | Das Erstellen und Bearbeiten von Vektorgrafiken geht für Einsteiger bei weitem nicht so intuitiv von der Hand wie die Arbeit mit Pixeln. Für komplexe Formen ist eine längere Einarbeitungszeit nötig. Fotorealistische Abbildungen sind nur unter enorm großem Aufwand und Fachwissen möglich. Zudem müssen Vektorgrafiken an ungeeigneten Ausgabegeräten wie zum Beispiel fast allen Monitoren gerastert (in Pixel zerlegt) werden, was einen hohen Rechenaufwand bedeutet.

▴ **Abbildung 2.4**
Typisches Look & Feel einer Vektorgrafik

Einsatzgebiet | Sie werden generell überall dort genutzt, wo eine Grafik in vielen verschiedenen Medien (z. B. Internet, Printanzeigen, Türschilder, Autobeklebungen ...) und Größen verwertbar sein muss. Das trifft insbesondere beim Logodesign zu. Auch Illustrationen oder Grafiken für flashbasierte Webanwendungen werden häufig als Vektorgrafiken erstellt.

Vektorisieren von Grafiken

Viele Anwender glauben irrtümlich, eine Pixelgrafik könne per Mausklick oder alleine durch das Speichern in einem Vektorformat in eine Vektorgrafik umgewandelt werden, um sie im Anschluss beliebig vergrößern zu können.
Zwar gibt es Anwendungen, die es erlauben, beliebige Bildmotive in ein Vektoradäquat zu konvertieren, die Ergebnisse sind jedoch sowohl aus optischer als auch aus technischer Sicht nicht optimal.
Einfache Formen mit klaren Kanten lassen sich vergleichsweise gut umsetzen, je komplexer und filigraner das Quellmaterial wird, desto inakzeptabler werden die Ergebnisse. Das Aussehen der Flächen und Konturen wird durch die Automatisierung massiv verfälscht.
Programme zum Vektorisieren sind zum Beispiel Adobe Illustrator (Funktion INTERAKTIV ABPAUSEN) oder das kostenlose Online-Tool Vectormagic (*www.vectormagic.com*).

◂ **Abbildung 2.5**
Einfache Grafiken lassen sich gut automatisiert vektorisieren, wie hier zu sehen ist: Ein Pixelbild ❶ wird vektorisiert ❷, und anschließend kann man die zugehörige, relativ saubere Pfadstruktur ❸ erkennen.

◂ **Abbildung 2.6**
Detaillierte Bilder eignen sich nicht zur Vektorisierung. Insbesondere am Stiel der Erdbeere ❹ ist der Qualitätsverlust klar erkennbar. Zudem entsteht ein unsauberer Pfad-Wust ❺.

2.2 Auflösung

Das **Verhältnis von Pixel zur abzubildenden Fläche** bezeichnet man als Auflösung. Je höher die Anzahl an Pixeln auf gleichem Raum, desto höher ist die Auflösung und desto schärfer und detailreicher ist das Motiv.

Dieser Zusammenhang wird auch durch die zugehörige Maßeinheit deutlich. Man spricht von ppi (pixel per inch) bzw. dpi (dots per inch).

Je nach Ausgabemedium sind unterschiedliche Auflösungen nötig. Im Druck rechnet man gerne pauschal mit 300 dpi, wobei die genaue Anforderung immer wesentlich vom Betrachtungsabstand, Druckverfahren, Medium usw. abhängt. Die verarbeitende Druckerei sollte hier erste Anlaufstelle für weitere Auskünfte sein.

Bezogen auf das Thema Webdesign spielt die Auflösung keine bedeutende Rolle, denn es wird ausschließlich mit Pixelabmessungen gearbeitet. Die räumliche Anordnung ist fix durch die technischen Vorgaben des Monitors vorgegeben, auf dem eine Seite dargestellt wird.

Ppi und dpi

Im Zusammenhang mit Auflösung wird gerne pauschal von dpi gesprochen. Korrekt getrennt muss man aber von ppi (pixel per inch) bei elektronisch dargestellten Bildern und von dpi (dots per inch, Anzahl von Druckpunkten) im Printbereich sprechen. Da in Photoshop jedoch alle Angaben in dpi gemacht werden, behalten wir das auch in diesem Buch so bei.

Webdesign und 72 dpi – Ein Mythos

Entgegen vieler Behauptungen ist im Bereich des Screendesigns (als Sammelbegriff für alle am Monitor dargestellten Inhalte) die Auflösung von 72 dpi nicht maßgebend. Vielmehr spielt hier nur die Anzahl der Pixel in Höhe und Breite der Grafik eine Rolle.
Da die Grafik nicht in den Druck gelangt, ist es irrelevant, wie viele Bildpunkte sich auf einem Zoll versammeln würden. Wichtig ist das eigentliche Ausgabemedium, der Monitor. Dieser stellt eine fixe Anzahl von Pixeln dar, die sich in ihrer Dichte nicht beeinflussen lassen.
Der Test kann in Photoshop schnell durchgeführt werden. Öffnen Sie über BILD • BILDGRÖSSE den entsprechenden Dialog, entfernen das Häkchen bei BILD NEUBERECHNEN ❻ und passen die Auflösung nach Belieben an. Die relevanten Pixelmaße und die Dateigröße bleiben unverändert.

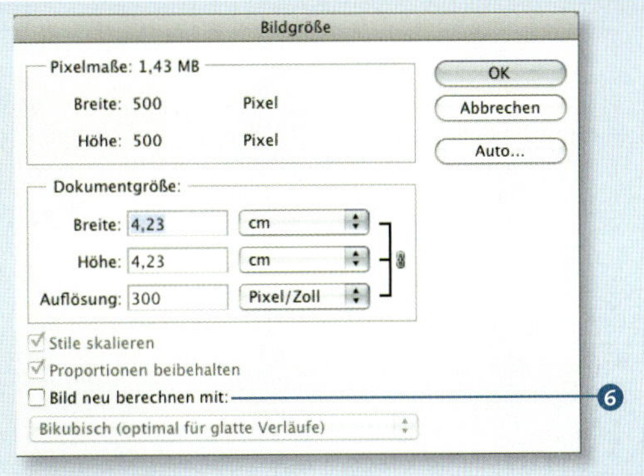

▲ **Abbildung 2.7**
Ohne Bildneuberechnung bleibt die Pixelanzahl stets identisch.

2.2.1 Ändern der Auflösung

Auch wenn explizit für das Webdesign die Auflösung nur zweitrangig ist, ist es dennoch vorteilhaft damit korrekt umgehen zu können, denn oftmals gehen die Leistungen, die man als Webdesigner anbietet einen Schritt über den Tellerrand hinaus und auch für private Projekte kann ein wenig Mehrwissen nicht schaden.

Ein Dokument sollte stets in der später benötigten Auflösung angelegt werden. Nachträgliche Anpassungen sind je nach Vorgehensweise, insbesondere bei der Vergrößerung, nur mit Qualitätseinbußen zu realisieren.

Neuanordnen tatsächlicher Pixel | Die stets verlustfreie Möglichkeit, die Auflösung anzupassen, besteht darin, die vorhandenen Pixel auf der Fläche neu zu verteilen. Daraus ergibt sich immer eine Änderung der Ausgabegröße im Druck. Eine Erhöhung der Auflösung rückt die Bildpunkte beispielsweise dichter zusammen und reduziert das Ausgabeformat.

Auflösung von Digitalkameras

Bilder, die von Digitalkameras geladen werden, liegen nach dem Öffnen meist in einer Auflösung von 72 dpi vor. Aufgrund der hohen Pixelzahl lassen sie sich jedoch problemlos in hochauflösende Versionen umrechnen.

Interpolieren (Neuberechnung) | Mit dieser Methode berechnet Photoshop die Anzahl und das Aussehen der Bildpixel neu. Beim Verkleinern der Auflösung reduziert sich die Pixelanzahl, das Ergebnis sieht aber in der Regel aus wie das Ursprungsmotiv, da keine Zusatzinformationen benötigt werden, sondern Vorhandenes nur wegfällt.

Beim Vergrößern hingegen muss Photoshop neue Bildpunkte hinzufügen. Welches Aussehen diese haben, wird durch die benachbarten Bildpunkte eines Pixels bestimmt. Photoshop analysiert deren Eigenschaften und setzt einen oder mehrere neue Bildpunkte, die optisch eine Mischung aus den Nachbarpixeln sind. Das Ergebnis sind je nach Grad der Auflösungsänderung matschige und verschwommene Bilder.

Abbildung 2.8 ▸
Motiv links mit originaler Auflösung, rechts ein Bildausschnitt nach Zuweisung einer deutlich höheren Auflösung durch Interpolation

2.3 Neue Funktionen in Photoshop CS4

Hinweis

Eine Übersicht aller neuen Features und Verbesserungen in Photoshop CS4 findet sich in Videoform auf Photozauber.de: *http://www.photozauber.de/workshops/videotutorials/photoshop/sonstige/neue-funktionen-photoshopcs4/*.

In diesem Abschnitt möchten wir die neuen Funktionen in Photoshop CS4 knapp anreißen, die aus unserer Sicht zur Produktivität beim Erstellen von Screendesigns beitragen. Auf viele der hier genannten Möglichkeiten wird im weiteren Verlauf des Buches noch ausführlicher eingegangen.

2.3.1 64-Bit-Unterstützung

Wie schon lange erwartet und gefordert wurde, unterstützt Photoshop CS4 nun 64-Bit-Systeme, wenn auch mit einigen Einschränkungen. Neben dem obligatorischen 64-Bit-Prozessor muss ein entsprechend ausgelegtes Windows-Vista-Betriebssystem installiert sein. Der Support für Windows XP wurde von Adobe inzwischen offiziell gestrichen, Photoshop CS4 funktioniert jedoch problemlos auch auf diesem System (im 32-Bit-Modus).

Mac-Nutzer schauen vorerst weiterhin in die 32-Bit-Röhre. Bislang basiert Photoshop für den Mac auf Carbon, der Mac OS-API aus älteren Zeiten (Mac OS 9). Das Umstellen auf das mit Mac OS X eingeführte Cocoa dauert laut Adobe sehr lange, weswegen hier auf eine spätere Photoshop-Version vertröstet wird.

2.3.2 Unterstützung der GPU

Besitzer einer halbwegs aktuellen Grafikkarte mit OpenGL-Unterstützung kommen in den Genuss einiger neuer Darstellungsfeatures, etwa das weiche Zoomen und Scrollen, das Drehen der Arbeitsfläche in Echtzeit bzw. die beschleunigte Anzeige der 3D-Features in der Extended-Version von Photoshop CS4. Dabei wird direkt die Hardware der Grafikkarte angesprochen und so das System entlastet.

Unter Datei • Voreinstellungen • Leistung (am Mac Photoshop • Voreinstellungen • Leistung) lässt sich diese Funktionalität an- oder auch abschalten (ein Neustart von Photoshop ist erforderlich).

2.3.3 Überarbeitete Oberfläche

Die Oberfläche wurde gegenüber der Vorgängerversion in einigen sinnvollen Details überarbeitet. Die Anwendungsleiste ❹ bietet über klar strukturierte Icons die Möglichkeit, die aktuelle Ansicht anzupassen bzw. alle geöffneten Elemente in einem der **voreingestellten Raster** darzustellen.

Das **Steuerungsbedienfeld** ❷, ehemals Optionsleiste genannt (bei diesem zugänglicheren Begriff werden wir in diesem Buch auch bleiben), ist werkzeugsensitiv. Das bedeutet, je nachdem, welche Funktion in Photoshop gerade gewählt ist, ändern sich die hier verfügbaren Parameter.

Die neue **Tab-Ansicht** ❸ bietet bei einer Vielzahl gleichzeitig geöffneter Dateien eine klare Übersicht und erleichtert den schnellen Wechsel zwischen den einzelnen Dokumenten.

Tab-Navigation

Über die Tastenkombination [Strg]/[Ctrl]+[⇆] lässt sich schnell zwischen den einzelnen Tabs durchschalten. Das spart viel Zeit während der täglichen Arbeit.

▲ **Abbildung 2.9**
Detailanpassungen der Oberfläche

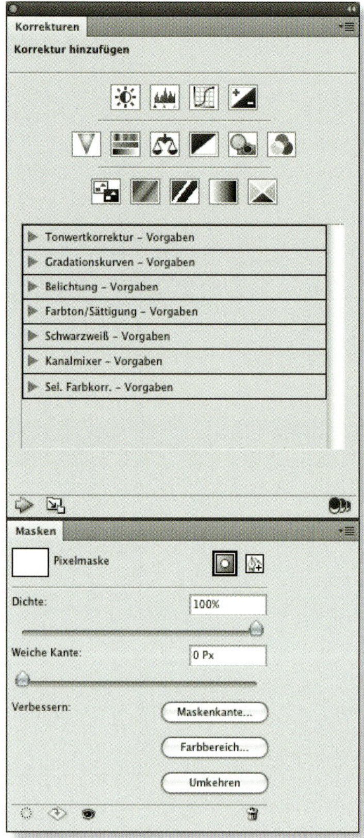

▲ **Abbildung 2.10**
Neue Paletten für Korrekturen und Maskenbearbeitung

Über eine große Schaltfläche ❺ kann schnell zwischen verschiedenen **Arbeitsbereichen** gewechselt werden. Dies spart einen Mausklick im Vergleich zum herkömmlichen Weg über FENSTER • ARBEITSBEREICH.

Die Werkzeugleiste wurde in der Standardversion um das **Ansichtdrehung-Werkzeug** ❶ erweitert, das aber auch jederzeit über die Anwendungsleiste aufgerufen werden kann.

2.3.4 Masken- und Korrekturen-Palette

Mit der neuen Korrekturen- und Masken-Palette erleichtert Photoshop die Arbeit mit den gerade von Anfängern selten beachteten Einstellungsebenen und erlaubt bequeme Anpassungen von Alphakanälen bzw. Ebenenmasken. Dies sind keine wirklichen Neuerungen, aber sie halten wie viele der anderen kleinen Veränderungen in CS4 die Klickwege geringer und sparen somit auf Dauer Zeit.

2.3.5 Verbesserte Montagefunktionen

Das Stapeln und Verrechnen mehrerer Bilder wurde verbessert bzw. um sinnvolle Funktionen ergänzt. So lassen sich mehrere Aufnahmen mit verschiedenen Schärfebereichen kombinieren und automatisch zu einem durchgängig scharfen Bild zusammenrechnen.
Das Zusammenfügen mehrerer Fotos mit **Photomerge** ist hinsichtlich Randverzerrungen optimiert worden. Photoshop geht mit Einzelaufnahmen, die im starken Weitwinkelbereich aufgenommen wurden und womöglich auch eine Vignettierung aufweisen, intelligenter um und liefert nun deutlich realistischere Ergebnisse.

Die neue Funktion **Skalieren (Inhalt bewahren)** ist insbesondere im Hinblick auf Webdesign sehr spannend. Oftmals müssen vorhandene Bilder in ein starkes Querformat gebracht werden, beispielsweise um es als Headergrafik einzufügen. Je nach Ausgangsmotiv ist das nun mit wenigen Klicks und ohne langwierige Retusche-Arbeiten möglich. Photoshop erkennt automatisch Hauptmotiv und Hintergrund und verändert beim Skalieren nur letzteren.

Abbildung 2.11 ▼
Das Ausgangsmotiv ❻ mit herkömmlicher Skalierung ❼ und mit der neuen Funktion SKALIERUNG (INHALT BEWAHREN) ❽

2.3.6 Farbenblindheit simulieren

Eine große Hilfe zum Gestalten barrierefreier Websites sind die beiden neuen Farbproof-Optionen FARBENBLINDHEIT (PROTANOPIE) und FARBENBLINDHEIT (DEUTERANOPIE). Somit lässt sich schnell innerhalb von Photoshop prüfen, ob auch bei diesen Fehlsichtigkeiten genug Kontraste vorliegen, um die Seite akzeptabel bedienen zu können.

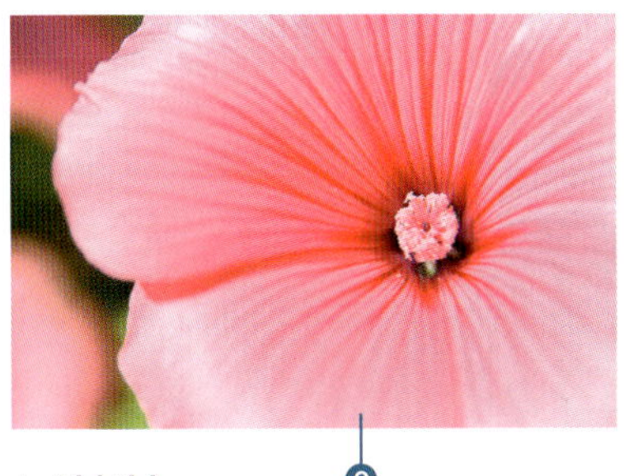

▲ **Abbildung 2.12** 9 10 11
Ein Bildmotiv, wie es von einem Menschen ohne Fehlsichtigkeit wahrgenommen wird 9, bei Protanopie (Rotblindheit) 10 und Deuteranopie (Grünblindheit) 11.

Mehr zum Thema Farbe und Barrierefreiheit ist in Kapitel 6, »Farbe«, zu lesen.

Farbenblindheiten

Von der genetisch bedingten Protanopie (Rotblindheit) bzw. Deuteranopie (Grünblindheit) sind zusammen ca. 2 % der Männer und Frauen betroffen, wobei die Frauen nur einen Minimalanteil von etwa 0,03 % ausmachen.

2.3.7 Online-Anbindung

Die aktuelle Version von Photoshop verfügt an mehreren Stellen über Funktionen, die bei einer aktiven Internetverbindung zusätzliche Hilfen und Ressourcenquellen anbieten.

Zum einen ist das die **Bildschirmfreigabe**, die in jeder CS4-Anwendung im Menü DATEI zu finden ist. Photoshop verbindet sich automatisch mit dem kostenlosen Dienst Adobe Connect Now und ermöglicht es ausgewählten Personen, über das Internet unter anderem den aktuellen Bildschirminhalt einzusehen, zu chatten, auf einem Whiteboard zu zeichnen oder auch aktiv auf den Bildschirm einer anderen Person zuzugreifen.

Aus gestalterischer Sicht ist die direkte Anbindung an die Online-Community **Adobe Kuler** eine große Erleichterung. (Unter *kuler.adobe.com* können Farbkombinationen kreiert und bewertet werden. Photoshop importiert die Inhalte direkt in eine eigene Palette.) Die Farben lassen sich mit einem Mausklick direkt in die Farbfelder-Palette übertragen. Ausführliche Informationen zur Verwendung des Kuler-Bedienfelds sind in Kapitel 6, »Farbe«, zu lesen.

Die dritte Verknüpfung mit den Online-Diensten von Adobe befindet sich im Menü FILTER. Hier kann direkt auf eine Übersicht von **Drittanbieter-Plugins** zugegriffen werden, mit denen sich die Funktionen von Photoshop spezialisieren lassen.

Adobe Connect Now

Die kostenlose »Miniversion« der professionellen E-Learning- und Konferenz-Anwendung Acrobat Connect erlaubt es, Ideen auszutauschen und Projekte online zu besprechen. Derzeit befindet sich dieser Service noch im Beta-Stadium, funktioniert nach ersten Tests allerdings bereits sehr stabil. Weiterführende Informationen finden sich unter *http://www.adobe.com/de/acom/connectnow/*.

2.3.8 Weitere Neuerungen

Mit der Korrekturfunktion **Dynamik** lassen sich Bilder schonend sättigen. Im Vergleich zur bewährten Funktion FARBTON/SÄTTIGUNG findet eine abgestufte Anpassung der Farbwerte statt. Bereits stark gesättigte Farben werden weniger angepasst als solche, die nur eine geringe Sättigung aufweisen.

Bei starker Vergrößerung des Dokuments lässt sich automatisch ein **Pixelraster** einblenden, das bei kleinteiligen Arbeiten (z. B. Icons) nützlich ist, um die Abgrenzung der einzelnen Bildpunkte besser zu erkennen.

Abbildung 2.13 ▶
Das Pixelraster: Benachbarte Pixel mit sehr ähnlichen Farbwerten können nun optisch leichter getrennt werden.

2.4 Einrichten von Photoshop

Jeder Anwender entwickelt im Laufe der Zeit seine eigene Arbeitsweise. Dazu gehören neben bestimmten Techniken auch Tastenkombinationen, Vorlieben für Palettenpositionen und das Erscheinungsbild der Arbeitsumgebung. All dies lässt sich in Photoshop CS4 sehr individuell anpassen und als Vorlage abspeichern.

2.4.1 Die Voreinstellungen

Eine ausführliche Beschreibung aller Voreinstellungen würde an dieser Stelle den Rahmen sprengen. Aus diesem Grund werden wir nur auf die für das Webdesign besonders hilfreichen Punkte eingehen.

Über BEARBEITEN • VOREINSTELLUNGEN bzw. PHOTOSHOP • VOREINSTELLUNGEN (Mac) öffnet sich der entsprechende Dialog.

Allgemeine Voreinstellungen | In diesem Dialog finden Sie folgende Einstellungsmöglichkeiten:

- FARBWÄHLER: Sollte auf ADOBE stehen, um die hier im Buch besprochenen Beispiele nachvollziehen zu können. Wählt man SYSTEM, so zeigt Photoshop beim Öffnen des Farbwählers die jeweils systemeigene (Windows oder OS X) Farbverwaltung, die jedoch in beiden Fällen kaum mit der Funktionalität des Adobe-Farbwählers konkurrieren kann und deswegen auch nicht zu empfehlen ist.

- BILDINTERPOLATION: Der hier aufgeführte Punkt PIXELWIEDERHOLUNG ist keine wirkliche Interpolation und führt bei der klassischen Arbeit mit Photoshop zu unbrauchbaren Bildberechnungen. Der Standardwert BIKUBISCH (OPTIMAL FÜR GLATTE VERLÄUFE) ist für die meisten Zwecke die richtige Wahl. Je nach Anwendungszweck muss hier temporär umgestellt werden.

Benutzeroberfläche | Unter diesem Punkt sind zwei Optionen auswählbar:

- DOKUMENTE ALS REGISTERKARTE ÖFFNEN: Wer die neue Tab-Ansicht nicht mag und lieber im alten Fenstermodus arbeiten will, kann das durch die Deaktivierung dieser Checkbox einstellen. Bereits geöffnete Dokumente bleiben im Tab-Modus.
- TEXTOPTIONEN FÜR BENUTZEROBERFLÄCHE: Wem die Schriften in den Paletten (nicht Menüleiste) zu klein sind, kann hier zwischen drei verschiedenen Darstellungsgrößen wählen. Ein anschließender Neustart von Photoshop ist erforderlich.

Leistung | Die hier genannten Optionen sind die ersten Anlaufstellen, um die Arbeit in Photoshop zu beschleunigen. Je nach Leistungsfähigkeit des Rechners sind hier angepasste Angaben sinnvoll.

- SPEICHERNUTZUNG: Der hier eingetragene Wert wird Photoshop vom freien Arbeitsspeicher zugewiesen. Ein Standardwert von ca. 75 % erweist sich als praktikabel. Eine zu hohe Speicherzuweisung bremst andere, parallel laufende Anwendungen aus.
- VERLAUF UND CACHE: Die Anzahl der PROTOKOLLOBJEKTE gibt an, wie viele Schritte während der Arbeit mit Photoshop rückgängig gemacht werden können. Der Standardwert von 20 ist weit untertrieben. Bei halbwegs aktuellen Rechnern lässt sich gut mit einem Wert von 80 bis 100 arbeiten. Die CACHE-STUFE stellt eine Art Zwischenspeicher für die Darstellung von Bildern und zur Berechnung des Histogramms dar. Je höher der Wert, desto schneller der Bildaufbau. Auch hier gilt: Beim Arbeiten mit einem halbwegs modernen Computer lässt sich problemlos der Maximalwert von 8 einstellen.
- ARBEITSVOLUMES: Hier wird angegeben, wo Photoshop Daten auslagert, die nicht mehr in den Arbeitsspeicher geschrieben werden können. Das Standardlaufwerk ist das gleiche, auf dem auch Photoshop installiert wurde. Es empfiehlt sich, sofern möglich, den Speicherort auf eine physikalische Festplatte zu legen, auf der

Speicher freigeben

Wenn Photoshop während der Arbeit zunehmend langsamer wird, können Sie über den Befehl BEARBEITEN • ENTLEEREN belegten Speicher freigeben. Das Leeren der Inhalte aus dem ZWISCHENSPEICHER bzw. der PROTOKOLLE zeigt den größten Effekt.
Gehen Sie aber gerade mit dem Protokoll vorsichtig um. Einmal entleerte Inhalte lassen sich nicht wiederherstellen!

Volle Arbeitsvolumen

Häufig tritt bei der Arbeit mit Photoshop die Fehlermeldung »Arbeitsvolumen sind voll« auf. Dies hat nichts mit dem Arbeitsspeicher, sondern der Festplatte zu tun, auf die Photoshop Daten auslagert. Um den »Fehler« zu beseitigen, muss Speicherplatz freigegeben oder der Ort für die Arbeitsvolumen angepasst werden.

▲ **Abbildung 2.14**
Eine Fehlermeldung bei nicht ausreichendem Speicher

Speicherbedarf von .psd-Dateien

Dateien im .psd-Format sind im RLE-Komprimierungsverfahren (Run Length Encoded) gespeichert. Das bedeutet, dass je nach Umfang an Ebenen und Alphakanälen die Arbeitsgröße der Datei bis zum 10fachen der Größe auf der Festplatte annehmen kann.

weder das Betriebssystem noch Photoshop installiert sind. Das Auslagern auf eine andere Partition der gleichen Festplatte ist ein Kompromiss.

- GPU-EINSTELLUNGEN: Hier lässt sich, wie bereits in Abschnitt 2.3.2, »Unterstützung der GPU«, beschrieben, die Hardwareunterstützung der Grafikkarte aktivieren bzw. deaktivieren.

Maßeinheiten und Lineale | Hier ist nur ein Punkt hervorzuheben:

- MASSEINHEITEN: Sowohl die Lineale als auch der Text werden auf PIXEL eingestellt. Druckspezifische Einheiten wie mm oder cm sind zum Erstellen von Screendesigns gänzlich ungeeignet.

2.4.2 Arbeitsbereich einrichten

Photoshop ist im Laufe der Zeit immer mächtiger geworden. Die Vielzahl an Funktionen verlangt nach einer Möglichkeit, diese sauber zu strukturieren und den eigenen Bedürfnissen anzupassen. Bereits mit der Version CS3 hat Adobe einen neuen Weg in der Palettendarstellung eingeschlagen, der es erlaubt, unbenötigte Anzeigen auf ein Icon in Minimalgröße zu reduzieren. Das ist auch nötig, wie die Gegenüberstellung der folgenden Screenshots zeigt.

Abbildung 2.15 ▼
Grunddarstellung der Arbeitsoberfläche

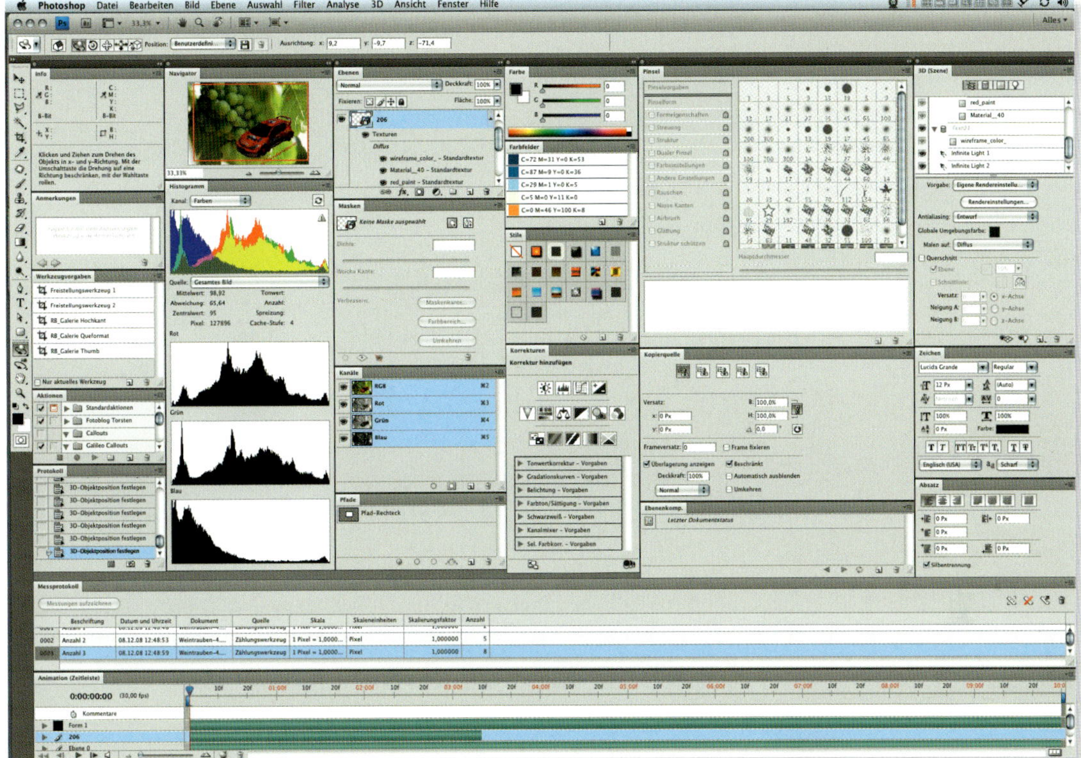

▲ **Abbildung 2.16**
Alle Paletten eingeblendet. Die Arbeitsoberfläche gleicht einem Schlachtfeld.

Die Werkzeugleiste | In der Werkzeugleiste befinden sich alle Werkzeuge, die zur täglichen Arbeit mit Photoshop notwendig sind. Neben einigen Individualfunktionen wie dem Text- oder Hand-Werkzeug lassen sich drei große Gruppen bilden: Malwerkzeuge, Auswahlwerkzeuge und Retuschewerkzeuge. Die Darstellung kann ein- oder auch zweispaltig erfolgen. Per Klick auf den kleinen Doppelpfeil im rechten oberen Eck kann zwischen den beiden Varianten gewechselt werden ❶.

Wechsel zwischen den Funktionen | Rechts neben vielen der einzelnen Icons für die Werkzeuge befindet sich ein kleiner schwarzer Pfeil ❷. Dieser zeigt an, dass in diesem »Fach« mehrere themenverwandte Funktionen gesammelt sind. Um zwischen diesen zu wechseln, gibt es verschiedene Möglichkeiten:

- Ein Mausklick mit anschließendem Halten öffnet ein Flyout-Menü, aus dem das gewünschte Werkzeug gewählt werden kann.
- Ein Mausklick mit gedrückter `Alt`-Taste auf ein Icon wechselt durch die verschiedenen Werkzeuge.

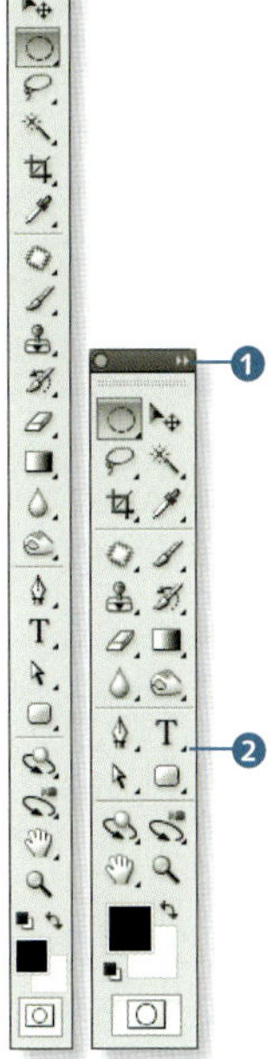

▲ **Abbildung 2.17**
Ein- und zweispaltige Werkzeugpalette

Werkzeuge temporär aufrufen

Bislang war es möglich, durch das Drücken und Halten der Leertaste vorübergehend zum Hand-Werkzeug zu wechseln. Nach dem Loslassen sprang Photoshop automatisch zurück zum zuletzt aktiven Werkzeug. In Photoshop CS4 wurde diese Funktion sinnvoll erweitert und steht nun für jedes Werkzeug zur Verfügung. Das Drücken der jeweiligen Taste (z. B. [M] für das Auswahlrechteck) schaltet zu dem entsprechenden Werkzeug, bis man wieder loslässt.

- Tastaturkürzel: Dieses lässt sich ablesen, wenn man den Mauszeiger kurz über einem Werkzeug ruhen lässt, oder alternativ bei geöffnetem Flyout-Menü. Die Kombination [⇧]+Werkzeugtaste schaltet, wie der [Alt]-Mausklick, durch die Unterpunkte eines Werkzeugfachs. Ein einfaches Drücken des Buchstabens ohne die [⇧]-Taste ruft das aktuell angezeigte Werkzeug in diesem Fach auf.

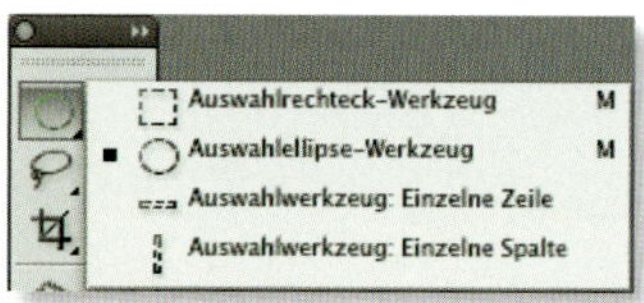

▲ **Abbildung 2.18**
Versteckte Werkzeuge auswählen

Begriff »Paletten«

Offiziell nennen sich die Paletten inzwischen Bedienfelder. Aus dem Alltagsgebrauch der letzten Jahre hat sich jedoch die Bezeichnung Paletten gehalten, weswegen wir diesen Begriff im Buch beibehalten werden.

Paletten (Bedienfelder) | Neben der Werkzeugleiste stellen die verschiedenen Paletten die zentralen Organe für die Arbeit mit Photoshop dar. Mit ihnen werden Ebenen erstellt und verwaltet, Stile sortiert, Farbkorrekturen vorgenommen, Text formatiert und vieles mehr. Auf die meisten dieser Paletten gehen wir später noch im Detail ein. An dieser Stelle nur ein knapper Überblick, wie sie sich organisieren lassen.

Die Standardposition für die Paletten befindet sich im Dock am rechten Bildschirmrand. Die Darstellung kann in drei verschiedenen Detailstufen erfolgen. Die reduzierteste Form ist das Icon. Der linke Rand der Iconleiste kann seitlich aufgezogen werden, um eine ergänzende Textbeschreibung anzeigen zu lassen. Mit einem Klick auf das Icon bzw. Icon mit Text öffnet sich der eigentliche Inhalt der Palette. Sobald ein anderes Icon gewählt wird, öffnet sich diese Palette statt der bereits angezeigten. Auf diese Weise ist es immer nur möglich, ein einzelnes Bedienfeld geöffnet zu haben. Für eine dauerhafte Anzeige der offenen Paletten im Dock klickt man auf den kleinen Doppelpfeil im rechten oberen Eck.

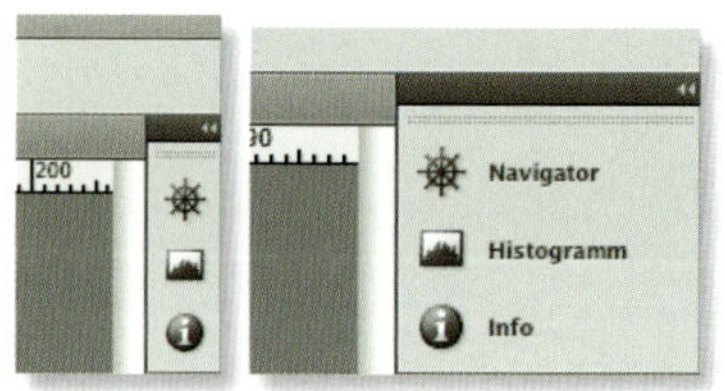

▲ **Abbildung 2.19**
Detailstufen der Paletten: Icon-Ansicht (links), Icon mit Text (rechts)

▲ **Abbildung 2.20**
Temporär ausgeklappte Palette (links) und maximiertes Dock (rechts)

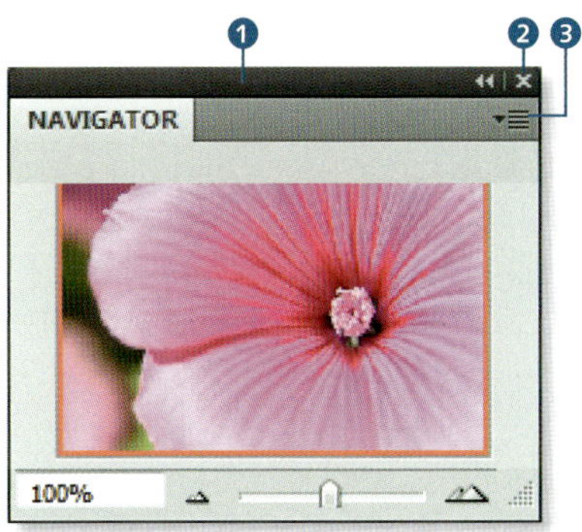

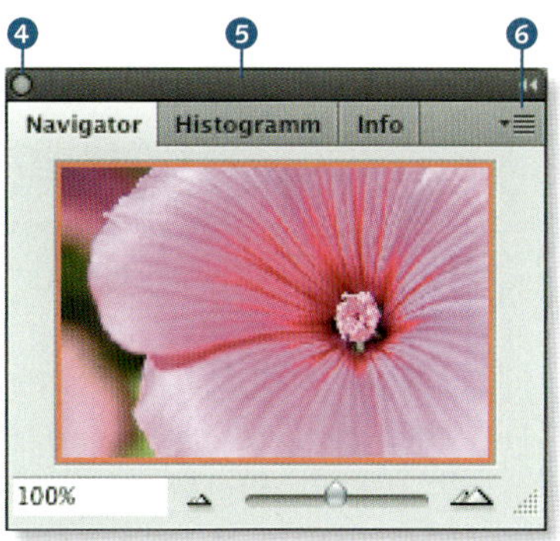

▲ **Abbildung 2.21**
Exemplarische Ansicht einer schwebenden Palette (Mac OS X). Über das Kreuz links oben ❷ lässt sich die Palette schließen. Ein Doppelklick auf die schwarze Leiste ❶ minimiert sie, und das kleine Symbol ❸ unterhalb des Doppelpfeils rechts öffnet das Optionsmenü.

▲ **Abbildung 2.22**
Exemplarische Ansicht einer schwebenden Palette (Windows). Über das Kreuz links oben ❹ lässt sich die Palette schließen, ein Doppelklick auf die Kopfleiste ❺ minimiert sie, und das kleine Strich-Symbol unterhalb des Doppelpfeils ❻ öffnet das Optionsmenü.

Die dauerhafte Ansicht der Paletten hat den Nachteil, dass sie viel Fläche des Monitors einnimmt und dabei auch Funktionen sichtbar macht, die man eigentlich zur besseren Übersicht ausblenden möchte.

Zieht man einen Palettenbereich jedoch nach einem Klick auf die gepunktete Doppellinie oberhalb der gewünschten Gruppierung aus dem Dock, wird diese als separate Palette abgelegt, wie aus älteren Photoshop-Versionen vielleicht noch bekannt. Nun kann sie auf der Arbeitsfläche frei verschoben, per Doppelklick auf den Titel minimiert oder auch ganz geschlossen werden.

Einzelne Registerkarten können per Drag & Drop aus einer Palette gelöst und als eigenständiges Bedienfeld frei platziert oder auch einem anderen ergänzend zugewiesen werden, indem sie neben einen anderen Reiter gezogen werden.

Um zwei Paletten zu verankern, damit sie gemeinsam zu bewegen sind, wird einfach die Oberkante an die Unterkante geschoben.

Paletten ausblenden

Mit der [Tab]-Taste können alle Paletten und die Werkzeugleiste schnell ein- bzw. ausgeblendet werden. Hält man zusätzlich die [Shift]-Taste gedrückt, werden nur die Paletten ausgeblendet, die Werkzeugleiste bleibt sichtbar.

▼ **Abbildung 2.23**
Verschieben von Registerkarten (links) und das Verketten von Paletten (rechts)

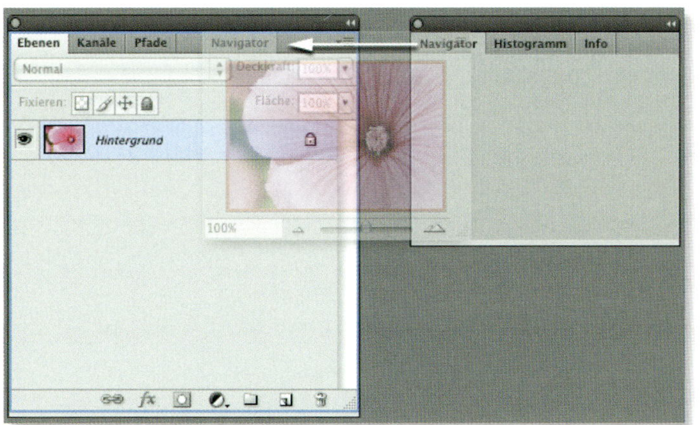

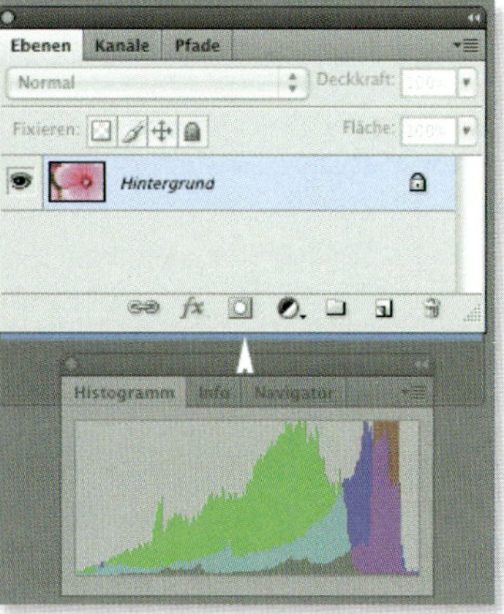

Auf die gleiche Weise können auch die Elemente im Dock angeordnet und kombiniert werden. Photoshop verdeutlicht mit dicken blauen Hilfslinien die resultierende Position der zu verschiebenden Paletten auf der Arbeitsfläche bzw. im Dock.

Tastaturbefehle und Menüs | Wer viel mit Photoshop arbeitet und bestimmte Funktionen regelmäßig aufruft, stellt schnell fest, wie zeitsparend der Weg über Tastaturkürzel im Gegensatz zum mühsamen Klicken durch die Menüs ist.

Ein Großteil der Menübefehle ist bereits mit bestimmten Tastenkombinationen verknüpft. Diese werden direkt in den Menüs neben den Befehlen angezeigt. Es lohnt sich, die Kürzel der häufig verwendeten Funktionen auswendig zu lernen.

Tastaturbefehle anpassen | Darüber hinaus besteht die Möglichkeit, für jeden Menüpunkt einen eigenen Tastaturbefehl anzulegen bzw. einen bestehenden anzupassen. Beispielsweise ist die Kombination [Strg]/[⌘]+[Z] standardmäßig für die Funktion Rückgängig reserviert. Der viel häufiger verwendete Befehl Schritt Rückgängig, der im Grunde das Gleiche bewirkt, nur deutlich leistungsstärker ist, da er mehrere Schritte erlaubt, wird mit [Strg]/[⌘]+[Alt]+[Z] aktiviert. Sinnvoll wäre es, diese Befehle auszutauschen.

Über Bearbeiten • Tastaturbefehle... öffnet sich ein Dialog, in dem aus einer langen Liste jeder beliebige Menübefehl wählbar ist. Nachdem ein Punkt markiert wurde, drückt man nur noch die gewünschte neue Tastenkombination und akzeptiert die Anpassung mit dem entsprechenden Button bzw. mit OK.

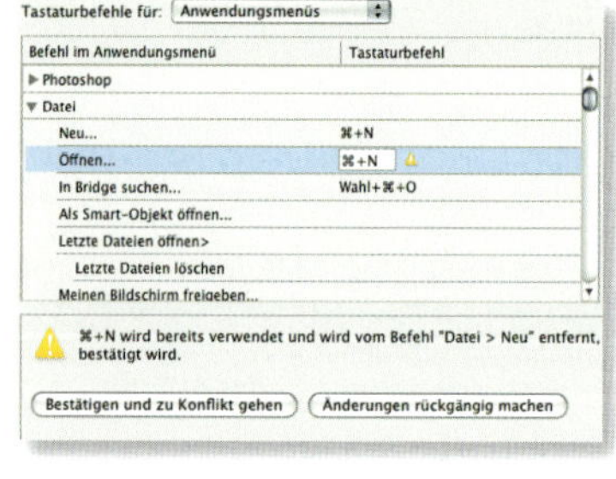

▲ **Abbildung 2.24**
Ist eine eingegebene Tastenkombination bereits anderweitig in Verwendung, warnt Photoshop vor der Doppelbelegung und fragt, wie mit dem Problem umgegangen werden soll.

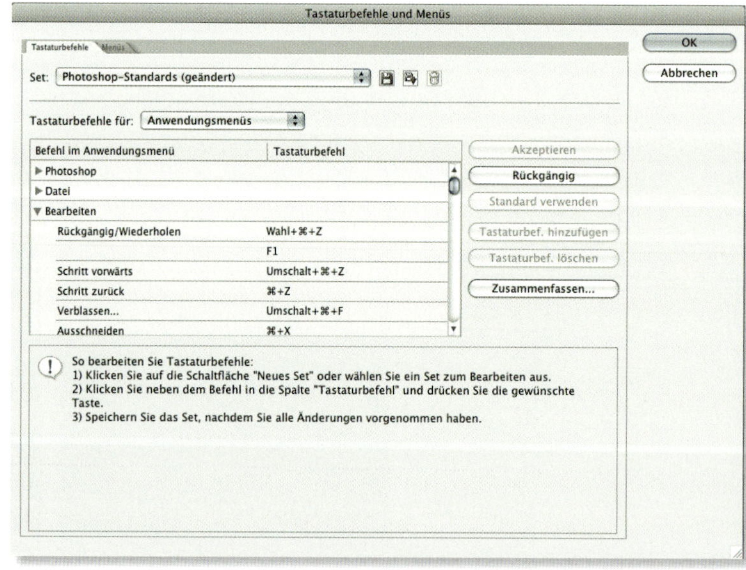

Abbildung 2.25 ▶
Dialog zum Anpassen der Tastaturbefehle

Eine visuelle Unterstützung bietet die Möglichkeit, die Menüansicht anzupassen. Über BEARBEITEN • MENÜS... lassen sich gezielt einzelne Befehle ein- oder auch ausblenden sowie mit farbigen Etiketten versehen, was die Menüs schlanker und übersichtlicher macht.

Mit einem Klick auf das Auge in der Spalte SICHTBARKEIT wird der entsprechende Befehl in dem jeweiligen Menü aktiviert oder deaktiviert. In der Spalte FARBE kann eine von sieben verschiedenen Farben zugewiesen werden.

Versteckte Befehle einblenden

Öffnet man ein Programm-Menü mit gedrückter [Strg]/[⌘]-Taste, so werden auch die versteckten Menüpunkte angezeigt. So lässt sich bei Bedarf schnell auf diese Funktionen zurückgreifen, ohne die Sichtbarkeiten zuvor anpassen zu müssen.

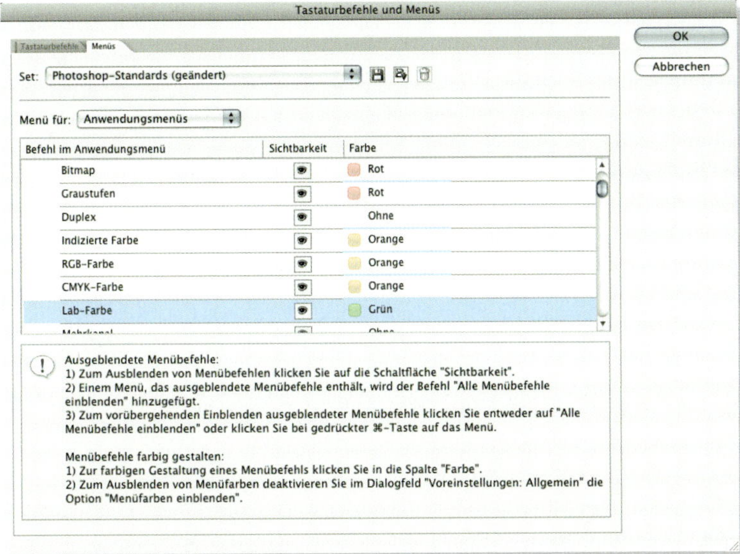

◀ **Abbildung 2.26**
Dialog zum Anpassen der Menüansichten

Arbeitsbereich speichern | Nachdem die Paletten sauber sortiert und positioniert, Tastaturbefehle eingerichtet und die Menüs strukturiert sind, bietet es sich an, den Arbeitsbereich zu sichern, um jederzeit schnell zu exakt diesen Einstellungen zurückzukehren. Denn leider vergisst Photoshop nur allzu gerne die letzten Palettenpositionen und wirft beim Programmstart alles auf die Grundeinstellungen zurück. Aber auch nach einiger Zeit intensiven Arbeitens ist es nicht selten, dass der Bildschirm wieder neu geordnet werden müsste.

Über FENSTER • ARBEITSBEREICH • ARBEITSBEREICH SPEICHERN... lässt sich die aktuelle Konfiguration mit einem möglichst einprägsamen Namen abspeichern. Hierbei kann man noch wählen, welche der getätigten Anpassungen gesichert werden sollen.

Über dasselbe Menü, oder auch über den neuen Schnellzugriff im rechten oberen Programmeck, lässt sie sich nun jederzeit abrufen.

Wie es die vielen Vorlagen von Photoshop bereits zeigen, ist man hier nicht auf eine Konfiguration beschränkt. Je nach anstehender Arbeit können ganz unterschiedliche Oberflächen sinnvoll sein.

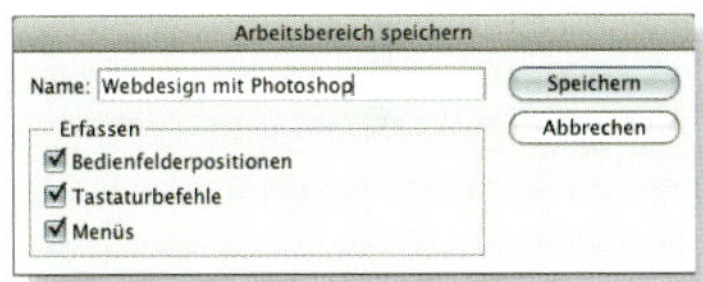

▲ **Abbildung 2.27**
Optionen zum Speichern des Arbeitsbereichs

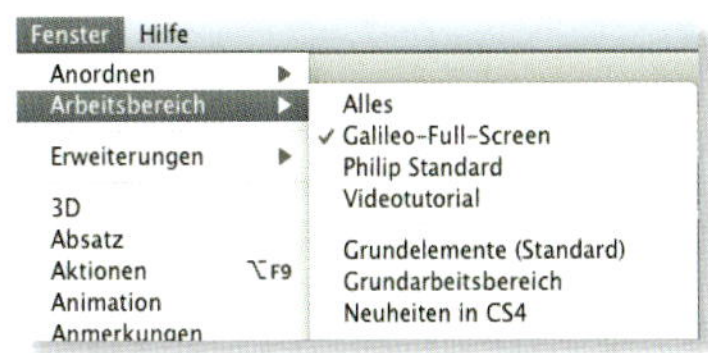

▲ **Abbildung 2.28**
Eigene Arbeitsbereiche werden im Menü an oberster Stelle angezeigt.

Arbeitsbereich-Dateien sichern

Die innerhalb von Photoshop angelegten Arbeitsbereiche befinden sich als eigenständige Dateien auf der Festplatte. Wer besonders viel Zeit in die Konfiguration gesteckt hat und sie über Photoshop hinaus sichern bzw. gerne weitergeben möchte, findet die benötigten Daten hier:

- **Mac OS X:** Library/Preferences/AdobePhotoshop CS4 Settings/WorkSpaces
- **Windows:** C:\Dokumente und Einstellungen\Benutzer\Anwendungsdaten\Adobe\Adobe Photoshop CS4\Adobe Photoshop CS4 Settings\WorkSpaces
  Der Ordner Anwendungsdaten ist ein versteckter Ordner und muss zuerst im Windows Explorer über Extras • Ordneroptionen • Ansicht sichtbar geschaltet werden.

Dokumente anordnen und Bildschirmmodus | In Photoshop CS4 wurden die parallelen Darstellungsmöglichkeiten mehrerer Dokumente deutlich verbessert. Waren zuvor nur sehr rudimentäre Anordnungen möglich, lassen sich die geöffneten Dateien nun in einer Vielzahl an Rastern darstellen, die über das neue Icon in der Anwendungsleiste zu erreichen sind.

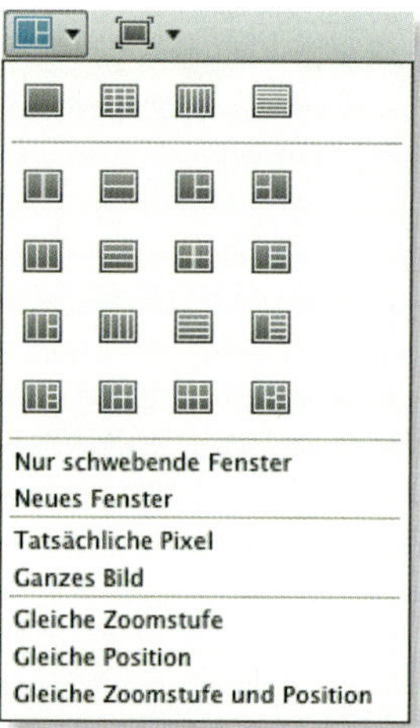

▲ **Abbildung 2.29**
Anordnungsmöglichkeiten vieler Dokumente

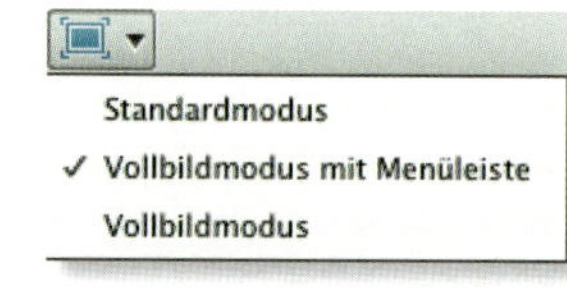

▲ **Abbildung 2.30**
Auswahl des Bildschirmmodus

Farbe der Arbeitsfläche

Die Farbe für die Arbeitsfläche um das Dokument kann unter Bearbeiten/Photoshop • Voreinstellungen • Benutzeroberfläche angepasst werden. Das Standardgrau ist für eine neutrale Farbbeurteilung zu hell und sollte über die Option Benutzerdefiniert auf den RGB-Wert »120/120/120« festgelegt werden.

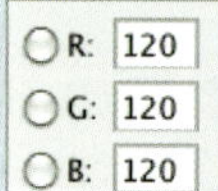

▲ **Abbildung 2.31**
Die Farbe der Arbeitsfläche kann individuell eingestellt werden.

Die Option, verschiedene Bildschirmmodi durchzuschalten, ist unverändert geblieben, hat nun jedoch neben dem Icon für die Dokumentanordnung einen neuen Platz gefunden. Anstatt über dieses Bedienfeld können die drei Modi auch durch mehrmaliges Betätigen der Taste F aktiviert werden.

- Standardmodus: Zeigt alle Menüs und Dokument-Tabs an. Das Dokument lässt sich nur dann mit dem Hand-Werkzeug auf der

Arbeitsfläche verschieben, wenn es über die Grenzen des sichtbaren Bereichs hinausgeht.

- VOLLBILDMODUS MIT MENÜLEISTE: Die Tab-Ansicht und die Statusleiste mit Dokumentinformationen am unteren Bildschirmrand fallen zur Platzersparnis weg. Das Dokument lässt sich in jeder Darstellungsgröße frei über die Arbeitsfläche verschieben.
- VOLLBILDMODUS: Alle Menüleisten und Paletten werden ausgeblendet, um die maximale Bildschirmfläche zur Verfügung zu haben. Durch das Berühren des rechten Bildschirmrands mit der Maus können die Paletten temporär eingeblendet werden. Mit der [⇥]-Taste werden alle Menüs und Paletten eingeblendet.

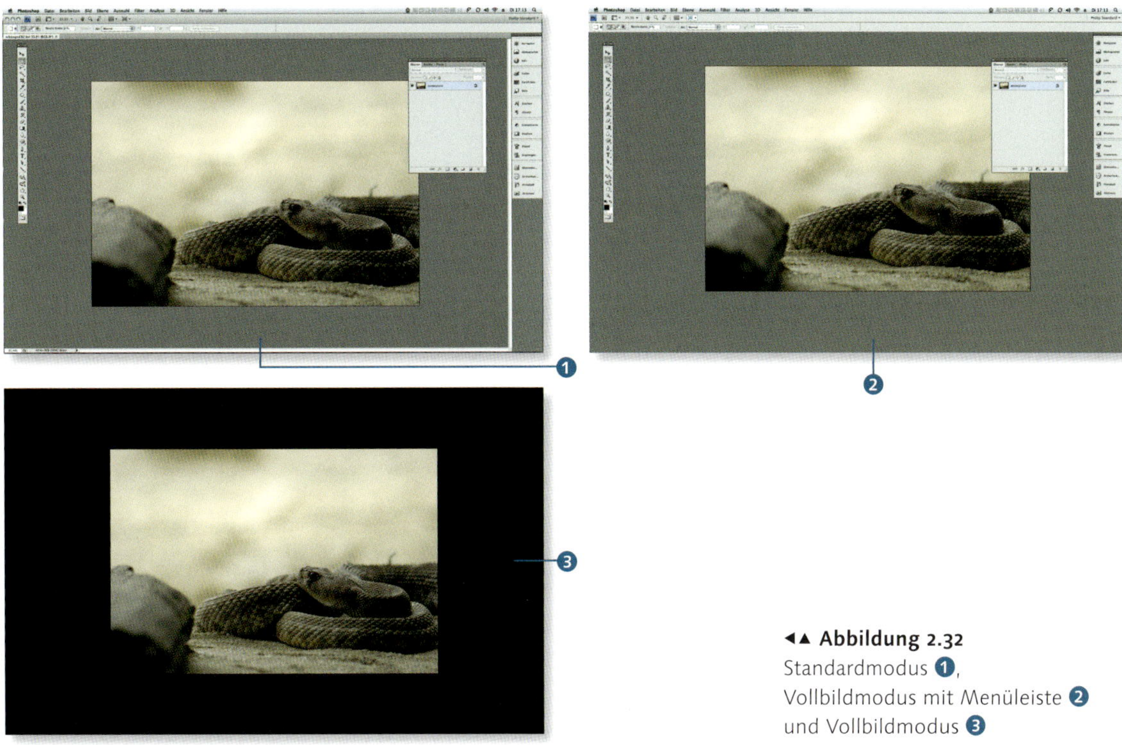

◄▲ **Abbildung 2.32**
Standardmodus ①,
Vollbildmodus mit Menüleiste ②
und Vollbildmodus ③

2.5 Mal- und Retuschewerkzeuge

Mit Photoshop 7 wurde die Funktionalität der Pinselspitzen massiv erweitert und erlaubt seitdem sehr detaillierte und selbst erstellte Pinselspitzen, die sich mit einer Unzahl an Parametern individualisieren lassen. Der Einsatz dieser Spitzen ist zudem nicht auf den Pinsel beschränkt, sondern lässt sich für nahezu alle Retusche- und Malwerkzeuge wie Stempel, Abwedler, Weichzeichner oder Radiergummi anwenden.

Im Folgenden werden die Funktionen und Optionen von Pinselspitzen exemplarisch anhand des Pinsel-Werkzeugs erklärt.

Per Mausklick auf das Pinsel-Werkzeug (oder schneller mit [B]) aktivieren wir es und betrachten zuerst die Optionsleiste im oberen Bereich von Photoshop. Diese ist werkzeugsensitiv, was bedeutet, dass sie je nach gerade aktivierter Funktion andere Einstellungsmöglichkeiten bietet.

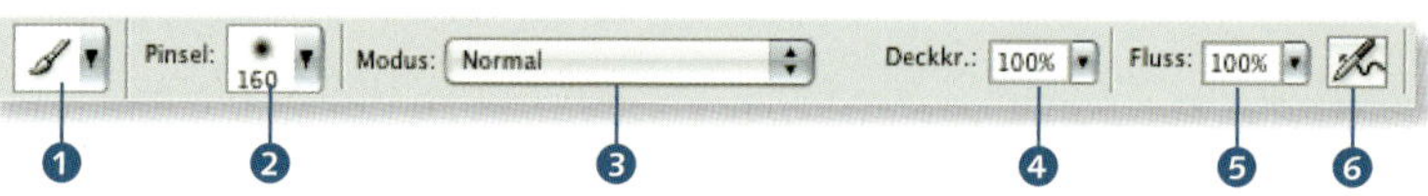

Abbildung 2.33 ▶
Optionsleiste bei aktiviertem Pinsel-Werkzeug

Über das Pinsel-Dropdown-Menü ❷ lassen sich je nach Anforderung verschiedene Werkzeugspitzen anwählen. Die DECKKRAFT ❹ bestimmt, ob unter der aufgetragenen Farbe der Untergrund durchscheinen soll. Je höher der Wert, desto deckender die Farbe. Die Option FLUSS ❺ hat nur Auswirkungen, wenn das nebenstehende Airbrush-Icon ❻ aktiviert ist. In diesem Fall wird zunehmend mehr Farbe aufgetragen, je länger man die Maustaste gedrückt hält. Ein niedriger Wert bei FLUSS bewirkt einen langsameren Farbauftrag. Ohne aktivierten Airbrush, wie es standardmäßig der Fall ist, wird die Farbe sofort zu 100 % aufgetragen.

Die vielen Einstellungsmöglichkeiten hinter MODUS ❸ haben Einfluss darauf, wie die aufzutragende Farbe mit bereits im Bild vorhandener Farbe verrechnet wird. Diese umfangreiche Option soll jedoch nicht Bestandteil dieses Buches zum Thema Webdesign sein. Interessierte können eine Übersicht der verschiedenen Modi in der Photoshop-Hilfe nachschlagen.

Die unter ❷ bis ❻ getätigten Einstellungen können als Werkzeugvorgabe gespeichert werden. Über das Menü ❶ lassen sich diese Voreinstellungen jederzeit schnell aufrufen, ohne alle Einstellungen erneut manuell tätigen zu müssen.

Werkzeugvorgaben

Werkzeugvorgaben lassen sich für jedes beliebige Werkzeug speichern. Entsprechend befindet sich dieses Menü, mit jeweils angepasstem Icon, global an dieser Position.

Workshop: Mit verschiedenen Pinselspitzen arbeiten

Nach all der Theorie erstellen wir nun unter Verwendung verschiedener Pinseleigenschaften eine fiktive Hintergrundgrafik für den Kopfbereich einer Website. Die dazu benötigte Ausgangsdatei und verschiedene Zwischenschritte finden Sie auf der Buch-DVD.

02-BILDBEARBEITUNG/2.5-MAL-UND-RETUSCHEWERKZEUGE/WORKSHOP-01-BANNER_01.PSD

1 Grundelemente setzen

Aktivieren Sie das Pinsel-Werkzeug [B] und wählen als Vordergrundfarbe einen hellen Gelbton. Dazu klicken Sie einmal auf das vordere Farbfeld ❼ in der Werkzeugleiste, schieben den Farbbereich-Regler

❽ in den gelben Bereich und suchen im Anschluss den gewünschten Farbton aus dem großen Farbbereich links ❾.

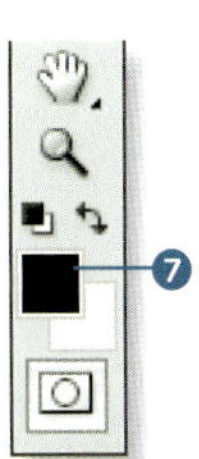

▲ **Abbildung 2.34**
Farbwähler über das Vordergrund-Farbfeld aufrufen

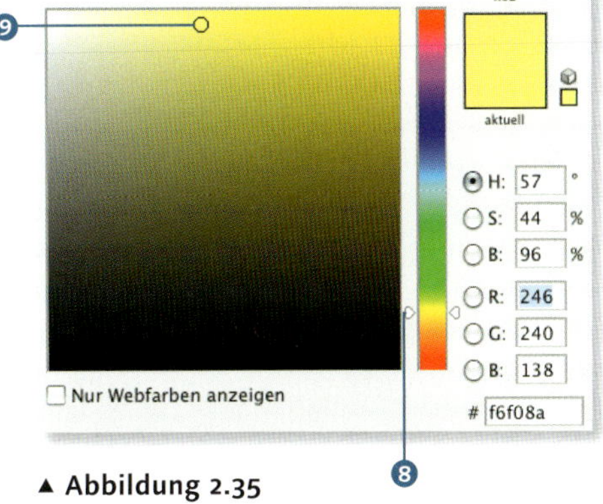

▲ **Abbildung 2.35**
Farbbereich und Farbton festlegen

Wechseln Sie zur Ebenen-Palette (sofern noch nicht eingeblendet, Fenster • Ebenen) und aktivieren mit einem Mausklick die Ebene Lichtpunkte.

Mit einem Rechtsklick irgendwo in das Dokument öffnet sich (bei einem aktivierten Malwerkzeug) direkt am Mauszeiger ein Kontextmenü, in dem sich die Eigenschaften der Pinselspitze einstellen lassen. Dieses Vorgehen ist deutlich schneller als der Weg über die Optionsleiste.

Für den Anfang wählen Sie eine harte Pinselspitze mit einem Durchmesser von 19 Pixel und klicken im Anschluss einmal nahe dem linken Dokumentrand vertikal zentriert auf die Arbeitsfläche, um einen Punkt zu erzeugen. In unregelmäßigen Abständen setzen Sie weitere Punkte auf etwa gleicher Höhe bis zum rechten Bildschirmrand, variieren hier aber mit dem Durchmesser. Dazu reicht ein erneuter Rechtsklick und eine Anpassung des Schiebereglers Hauptdurchmesser (»workshop-01-banner_02.psd«).

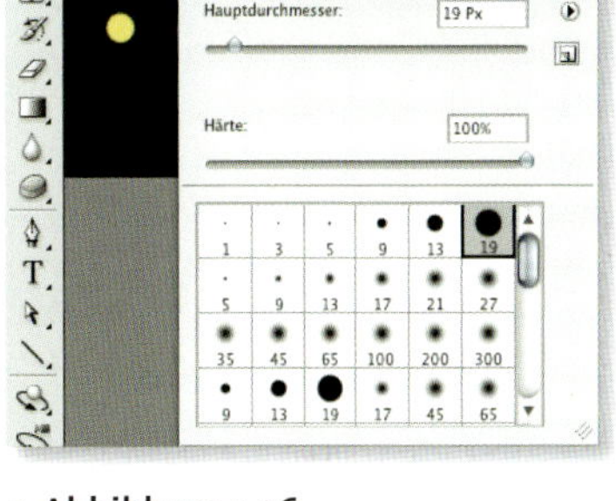

▲ **Abbildung 2.36**
Pinselvorgabe aus dem Kontextmenü wählen

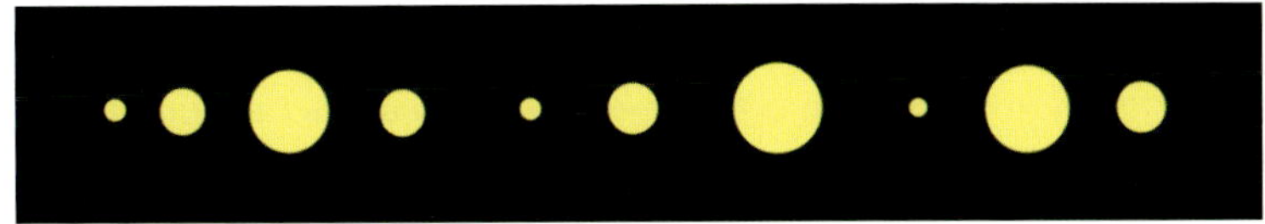

▲ **Abbildung 2.37**
Punkte unterschiedlicher Größe in einer Reihe

2 Pinselspitzen variieren

Mit einem Mausklick in der Ebenen-Palette wechseln Sie auf die Ebene Strahlen, wählen als Vordergrundfarbe einen leicht vom

▲ **Abbildung 2.38**
Pinselspitze »Staubwolke«

bisherigen Gelb abweichenden Orangeton und suchen sich aus dem Kontextmenü des Pinsel-Werkzeugs (Rechtsklick in die Arbeitsfläche) die Spitze STAUBWOLKE. Halten Sie dabei den Mauszeiger kurz über eine der Pinselspitzen, wird deren Bezeichnung in einem Tooltip gezeigt. Alternativ kann über die Palettenoptionen eine Listenansicht gewählt werden.

Mit diesen Einstellungen setzen Sie hinter jeden der gelben Punkte eine dieser Staubwolken. Die Größe der Pinselspitze sollte etwa doppelt so groß sein wie der jeweilige Punkt. Ist die Darstellung der Strahlen zu schwach, verstärkt mehrfaches Klicken an gleicher Stelle den Effekt (»workshop-01-banner_03.psd«).

▲ **Abbildung 2.39**
Punkte mit ergänzten Hintergrundstrahlen

Pinselspitzen-Eigenschaften dynamisch anpassen

Neu in Photoshop CS4 ist die Möglichkeit, den Durchmesser und die Kantenschärfe von Pinselspitzen dynamisch mit Tastatur und Mausbewegung anzupassen. Zieht man bei gedrückter [Strg]/[⌘]- und [Alt]-Taste die Maus mit gehaltener Taste zur Seite, ändert sich die Größe. Bei zusätzlich gedrückter [⇧]-Taste lässt sich auf dieselbe Weise die Kantenschärfe regulieren. Die zu erwartende Pinselform zeigt Photoshop anhand einer blauen Vorschau. Die Farbe kann in den Programmvoreinstellungen unter ZEIGERDARSTELLUNG geändert werden, um einen guten Kontrast zur dominierenden Dokumentfarbe sicherzustellen.

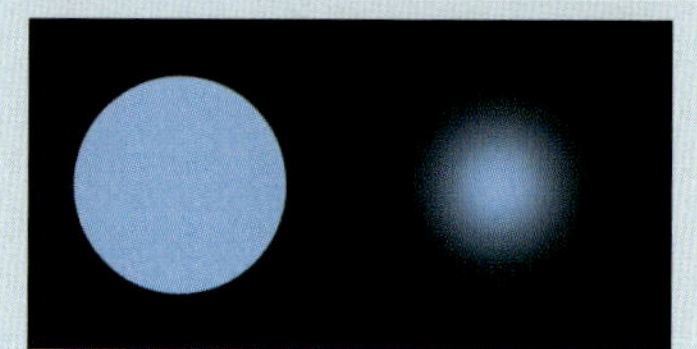

▲ **Abbildung 2.40**
Pinselvorschau bei dynamischer Anpassung

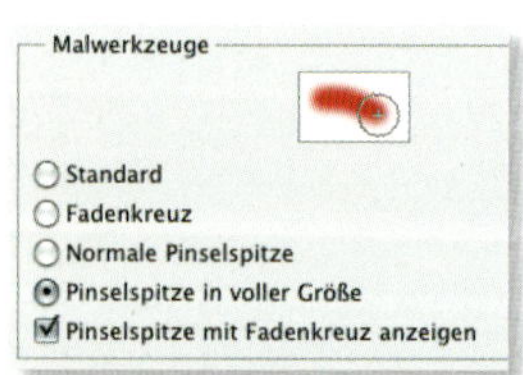

▲ **Abbildung 2.41**
Der Farbauftrag einer weichen Pinselspitze geht über die normal eingestellten Ränder der Pinselvorschau hinaus, die nur den Kernbereich anzeigt. Für eine Darstellung bis zu den äußersten Rändern kann in den Voreinstellungen ZEIGERDARSTELLUNG die Option PINSELSPITZE in voller Größe aktiviert werden.

Für mehr Plastizität wird nun in jeden der gelben Punkte ein kleinerer weißer Punkt mit weicher Kante gesetzt. Aus der Übersicht der Pinselspitzen aktivieren Sie eine beliebige Form der Gruppe RUND WEICH in der zweiten Reihe und reduzieren in der Optionsleiste am oberen Bildschirmrand die DECKKRAFT auf etwa 20%. Damit haben Sie im Anschluss mehr Kontrolle darüber, wie intensiv der Schein und damit auch die dreidimensionale Wirkung ist.

Aktivieren Sie die Ebene LICHTSCHEIN und klicken über jeden gelben Punkt mit den aktuellen Werkzeugeinstellungen. Der Durchmesser sollte jeweils der Größe des gelben Punktes entsprechen. Aufgrund der reduzierten Deckkraft sind nun mehrere Klicks nötig. Wie viele es genau sind, hängt vom subjektiven Empfinden ab (»workshop-01-banner_04.psd«).

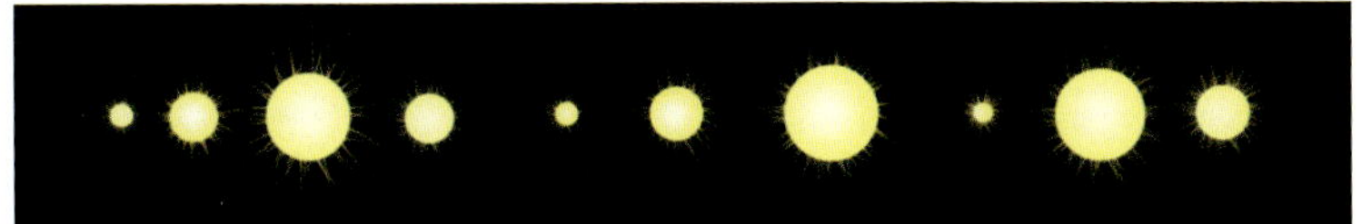

◂ **Abbildung 2.42**
Die weißen Flecken lassen die Kreise als Kugeln erscheinen.

3 Hintergrund strukturieren

Damit der Hintergrund nicht so monoton ist, verleihen Sie ihm nun unter Verwendung der so genannten JITTER mehr Struktur. Jitter bedeutet in Photoshop eine variierte Zuweisung bestimmter Eigenschaften wie Größe, Farbe, Deckkraft etc. Unter Verwendung eines Grafiktabletts lassen sich diese Variationen durch den Zeichendruck oder die Stiftneigung steuern. Mit einer gewöhnlichen Maus lassen sich die Ergebnisse nur automatisiert von Photoshop erzeugen. In vielen Fällen reicht das jedoch schon aus.

Das zentrale Verwaltungsorgan für sämtliche die Pinselspitzen betreffenden Anpassungen ist die Pinsel-Palette. Sie rufen sie über FENSTER • PINSEL auf.

HINWEIS

An dieser Stelle soll nur das Grundverständnis für die Konfiguration vermittelt werden. Durch eigenes Experimentieren mit den verschiedenen Reglern und Optionen erlangt man jedoch schnell selbstständig die nötigen Kenntnisse. Zudem macht das Spielen mit all den Möglichkeiten erfahrungsgemäß einen Heidenspaß.

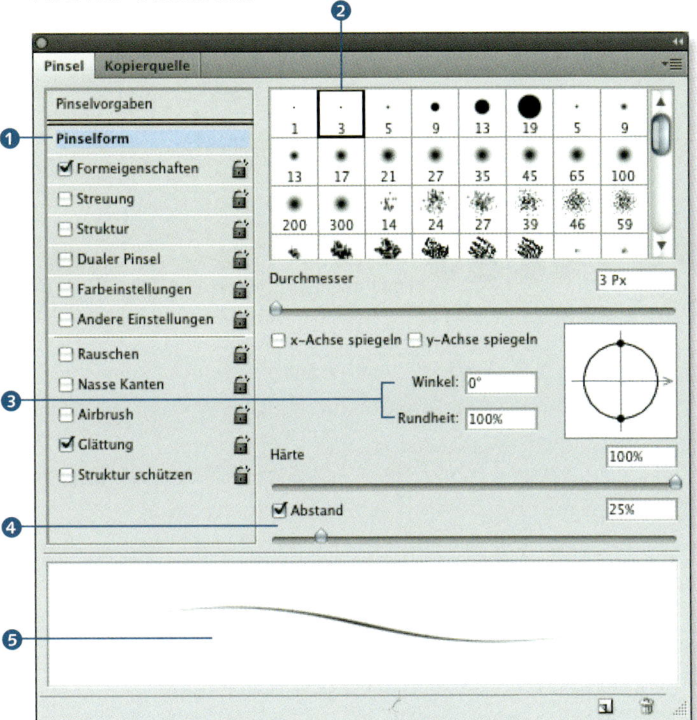

◂ **Abbildung 2.43**
Die Grundeinstellungen der Pinsel-Palette

In der linken Spalte ❶ befinden sich thematisch sortiert die verschiedenen Eigenschaften, in denen sich die Pinselspitzen anpassen lassen. Ein Klick auf das Schloss-Symbol schützt die jeweilige Rubrik vor Änderungen, die Checkboxen aktivieren bzw. deaktivieren deren Auswirkungen.

Seltsames Verhalten?

Mitunter kann es vorkommen, dass eine Linie anstatt glatter Kanten seltsame »Ausbeulungen« zeigt. Dies liegt oft in einem zu großen Malabstand begründet. Eine Reduzierung des Wertes korrigiert dieses Verhalten.

In den Grundeinstellungen (Pinselform) lassen sich, wie bereits aus dem Kontextmenü und der Optionsleiste bekannt, die Pinselform ❷, deren Durchmesser und Härte wählen. Zudem lässt sich die Rundheit und der Winkel einstellen ❸.

Dynamische Pinselvorschau

Hält man den Mauszeiger wenige Sekunden über die Miniatur einer Pinselspitze, aktiviert sich eine dynamische Pinselvorschau. Fährt man im Anschluss über beliebige andere Spitzen, wird deren große Strichvorschau automatisch im unteren Bereich eingeblendet.

Der (Mal)Abstand ❹ definiert, wie weit zwei Elemente der Pinselspitze beim Malen voneinander entfernt sind. Durchgezogene Striche in Photoshop entstehen dadurch, dass die Pinselspitze oft dicht hintereinander aufgetragen wird und somit optisch wie eine homogene Linie wirkt.

Im unteren Bereich des Fensters wird eine Vorschau ❺ gezeigt, wie sich die aktuelle Pinselspitze verhält, sobald sie nicht nur geklickt, sondern gezogen wird, was in der Praxis meist der Fall ist.

Die folgenden Abbildungen zeigen die für unsere Hintergrund-Pinselspitze nötigen Einstellungen in den verschiedenen Rubriken.

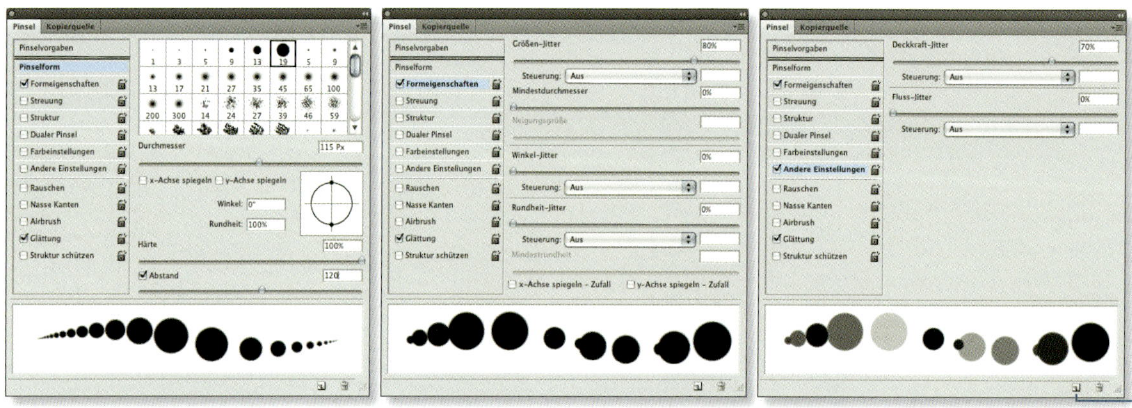

▲ **Abbildung 2.44**
Von links nach rechts: Pinselform, Formeigenschaften und Andere Einstellungen

Der unter Abstand angegebene Wert (Abbildung 2.44, links) führt dazu, dass beim späteren Malen keine durchgezogene Linie, sondern einzelne Punkte entstehen.

Der Grössen-Jitter (Abbildung 2.44, Mitte) veranlasst Photoshop, jeden Punkt unterschiedlich groß abzubilden. Da unter Steuerung der Wert Aus gewählt ist, funktioniert das rein zufällig ohne die Möglichkeit einzugreifen. Wie bereits erwähnt, lassen sich die verschiedenen Jitter-Einstellungen mit einem Grafiktablett besonders gut kontrollieren.

HINWEIS

Photoshop merkt sich die zuletzt eingestellte Pinselspitze zu jedem Werkzeug individuell. Eine Anpassung der Eigenschaften hat also immer nur Auswirkungen auf das aktuell gewählte Werkzeug.

In der Rubrik Andere Einstellungen wurde zudem der Deckkraft-Jitter aktiviert, um jedem Punkt eine andere Deckkraft zu geben. In Kombination mit dem Grössen-Jitter ergibt sich daraus eine lebhafte Pinselstruktur.

Nachdem alle Einstellungen getätigt sind, speichern Sie diese Pinselvorlage ab, um jederzeit wieder in dieser Form darauf zurückgreifen zu können. Das geschieht mit einem Klick auf das Icon Neuen Pinsel erstellen ❻.

Mit der fertigen Pinselspitze malen Sie großzügig auf die zuvor aktivierte Ebene BLENDENFLECKE, ungeachtet dessen, dass die zuvor erstellten Leuchtkugeln dabei teils verdeckt werden. Die Deckkraft reduzieren Sie dabei wieder auf etwa 20 % und pinseln dafür mehrmals über die Fläche, bis sie gut ausgefüllt ist. Für den Radius empfiehlt sich hier ein Wert von ca. 60 px.

Anschließend aktivieren Sie den Radiergummi in der Werkzeugleiste, wählen eine weiche Pinselspitze und löschen über jedem der gelben Punkte die gerade erstellte Struktur. Der Radius für die Radiergummispitze sollte dabei ein Stück über die gelbe Fläche hinausragen. Auch hier empfiehlt sich ein mehrfaches Klicken, um die Intensität der Wirkung zu erhöhen (»workshop-01-banner_04.psd«).

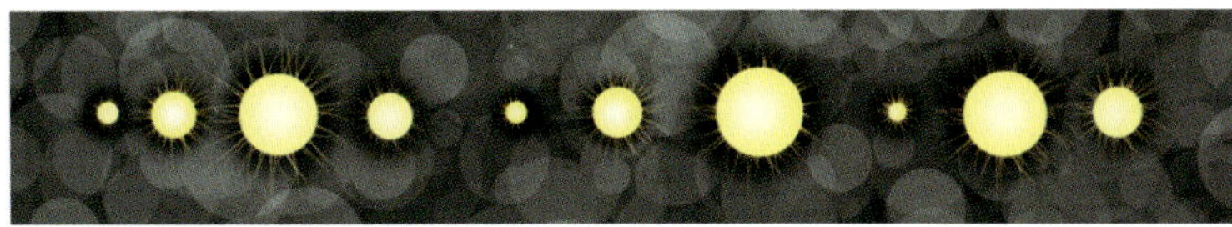

▲ **Abbildung 2.45**
Der Hintergrund erhält Struktur

4 Verlauf hinzufügen

Als Letztes fügen wir an der oberen und der unteren Kante noch einen schwachen Verlauf hinzu. Hierzu verwenden wir eine schwarze, weiche Pinselspitze mit einem Radius von 80 px. Links unterhalb der eigentlichen Grafik auf der Arbeitsfläche setzen wir an und ziehen eine gerade Linie bis zur anderen Seite.

Halten Sie dabei die ⇧-Taste gedrückt, beschränkt Photoshop die Bewegung auf 45°-Winkel. In diesem Fall entsteht eine perfekt gerade Linie. Ist der Farbauftrag zu schwach, wiederholt man diesen Schritt einfach beliebig oft.

HINWEIS

Die hier gezeigte Variante, Verläufe zu erstellen, ist natürlich recht umständlich, zeigt aber die Handhabung der Malwerkzeuge gut auf. In Abschnitt 6.4.5, »Farbflächen und Verläufe«, wird die Arbeit mit dem Verlaufswerkzeug erklärt, das eigentlich für solche Zwecke gedacht ist.

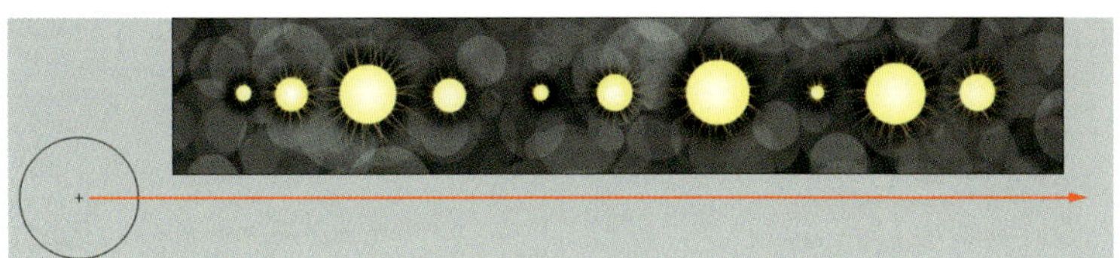

◀ **Abbildung 2.46**
Ziehen mit gedrückter ⇧-Taste

Für den Verlauf an der Oberkante gehen Sie etwas anders vor. Klicken Sie einmal links oberhalb der eigentlichen Grafik und klicken dann ein zweites Mal auf der gegenüberliegenden rechten Seite auf gleicher Höhe. Mit dem zweiten Klick halten wir jedoch zusätzlich die ⇧-Taste gedrückt. Photoshop verbindet nun den ersten und den zweiten Punkt automatisch auf direktem Weg (»workshop-01-banner_05.psd«).

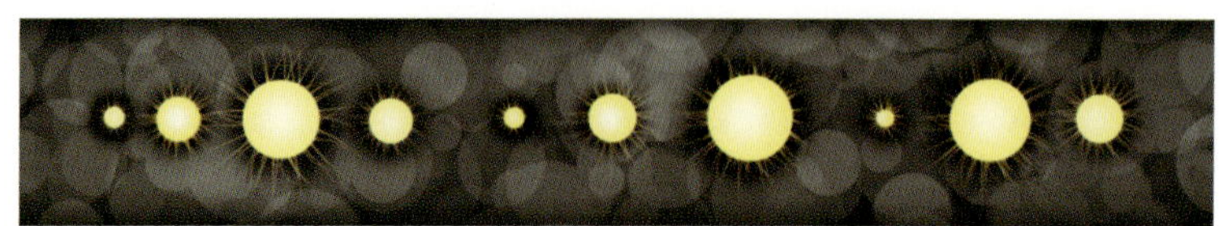

Abbildung 2.47 ▸
Die fertige Grafik

2.6 Zeichenstift und Objekte

Ein bei Anfängern unbeliebtes Werkzeuge ist der ZEICHENSTIFT, auch Pfadwerkzeug genannt. Seine Handhabung ist nur wenig intuitiv und erfordert eine intensive Auseinandersetzung, um dessen Funktionalität zu begreifen. Dann aber entpuppt er sich als eines der mächtigsten Werkzeuge in Photoshop, das man nicht missen möchte.

Wer bereits mit einem Vektorgrafik-Programm wie Adobe Illustrator gearbeitet hat, wird sich mit dem Zeichenstift gleich zurechtfinden, da er in diesen Anwendungen das Standardwerkzeug zum Erstellen von Grafiken ist. Entsprechend erstellt auch der Zeichenstift in Photoshop vektorbasierte Formen, die alle Vorteile mit sich bringen, die in Abschnitt 2.1.2, »Vektorgrafiken«, angesprochen wurden.

2.6.1 Der Aufbau von Pfadobjekten

Beim Erstellen von Grafiken mit dem Zeichenstift-Werkzeug oder den Formobjekten (dazu später mehr) werden so genannte Ankerpunkte (auch als Stützpunkte bezeichnet) gesetzt. Diese unterteilen sich in Eck- und Kurvenpunkte. Durch die Länge und den Winkel daran anliegender Tangenten ergibt sich letztendlich die Form des Objektes.

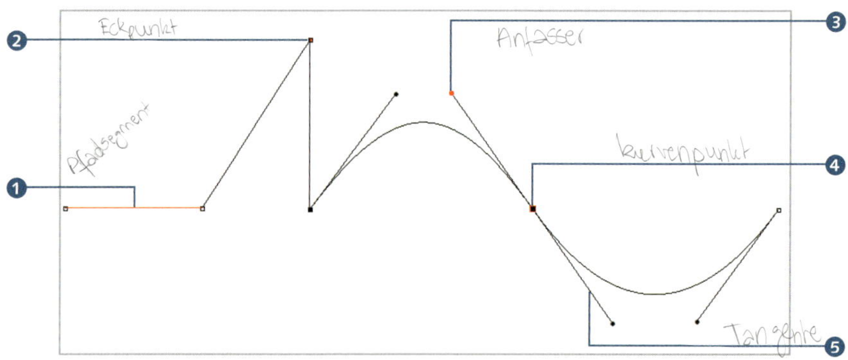

▲ **Abbildung 2.48**
Schematischer Aufbau eines Pfadobjekts

Etwas genauer lassen sich die einzelnen Bestandteile des Pfades wie folgt beschreiben:

- Das Stück zwischen zwei Anker-/Stützpunkten bezeichnet man als Pfadsegment ❶.
- Die Richtung wechselt hart: Hier liegt ein Eckpunkt vor ❷.
- Die Richtung wechselt in einem Schwung: Es liegt ein Übergangspunkt (Kurvenpunkt) vor ❹.
- Die schmalen Linien, die vom Pfad abgehen, sind die Tangenten ❺. Sie bestimmen den weiteren Verlauf der Kurve. (Entlang einer Tangente erhält man immer einen gebogenen Pfadverlauf.)
- Die kleinen runden »Knödel« ❸ an beiden Enden einer Tangente werden als Haltegriffe oder Anfasser bezeichnet. Über sie werden Eigenschaften einer Tangente geregelt.

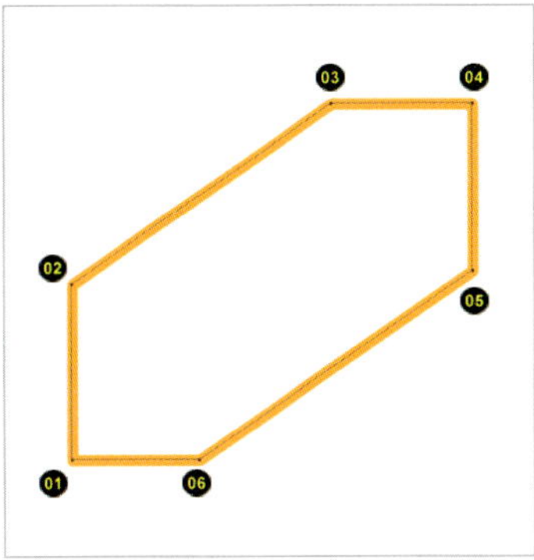

▲ **Abbildung 2.49**
Die Form entsteht durch nachfolgendes Klicken an die nummerierten Punkte 01 bis 06.

2.6.2 Vektorformen erstellen

Linien und Polygone | Die einfachste Möglichkeit, eine Vektorform mit dem Zeichenstift zu erstellen, besteht darin, mit einfachen Mausklicks Ankerpunkte zu setzen. Photoshop verbindet diese auf kürzestem Weg mit einem Pfadsegment. Somit entstehen ausschließlich gerade Formen ohne jegliche Schwünge oder Rundungen. Hält man beim Klicken die ⇧-Taste gedrückt, beschränkt man die Richtung auf 45°-Schritte.

Um die Form zu schließen, klickt man abschließend auf den ersten und damit zugleich letzten Ankerpunkt. Neben dem Cursor wird als Hinweis ein kleiner Kreis angezeigt.

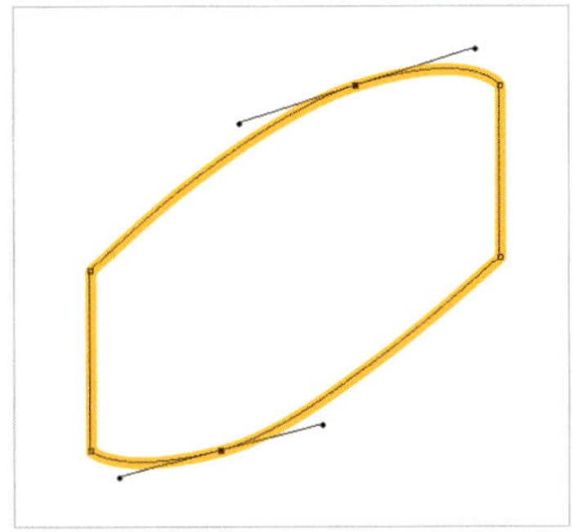

▲ **Abbildung 2.50**
Der Pfad nähert sich einem Wendepunkt entlang der Tangente an.

Kurvenformen | Weniger intuitiv wird es nun mit dem Erstellen von Kurvenformen. Anstatt beim Setzen eines Ankerpunkts nur zu klicken, wird die Maus zusätzlich noch gezogen, um eine Tangente zu erstellen. Dabei lässt sich bereits erkennen, wie das vorangegangene Pfadsegment aussieht. Die größere »Überraschung« stellt für den Anfänger das Folgestück dar, das sich weiter an der eben erstellten Tangente bewegt. Hier ist einfach Übung und Verständnis für das Prinzip des Kurvenaufbaus gefragt: Der gesetzte Ankerpunkt (Wendepunkt) stellt den Scheitel dar, an dem ein Richtungswechsel des Pfades geschieht. Je näher der Pfad dem Scheitel kommt, desto stärker nähert er sich der ausgezogenen Tangente an, bis er sie schließlich im gesetzten Stützpunkt flüchtig berührt und sich dann auf der anderen Seite wieder entfernt.

Je länger die Tangente, desto langsamer und »weicher« wird der Schwung. Eine kurze Tangente bedeutet im Gegensatz einen schnellen und härteren Richtungswechsel.

Um die Form zu schließen, klickt man abschließend auf den ersten und damit zugleich letzten Ankerpunkt. Neben dem Cursor wird als Hinweis ein kleiner Kreis angezeigt.

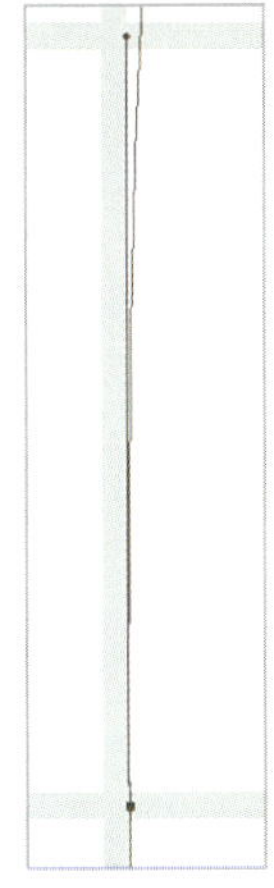

▲ **Abbildung 2.51**
Kurvenannäherung im Zoom

Pfade modifizieren | Eine der größten Stärken von Vektorformen ist die Möglichkeit, sie jederzeit ohne jeglichen Qualitätsverlust zu modifizieren. Dazu stehen verschiedene Werkzeuge zur Auswahl:

- **Pfadauswahl-Werkzeug** [A] : Der schwarze Pfeil wählt das gesamte Pfadkonstrukt und erlaubt das Verschieben und Transformieren als ganze Einheit.
- **Direktauswahl-Werkzeug** [A] : Der weiße Pfeil dient zum Verschieben und Löschen von Ankerpunkten und Pfadsegmenten. Mit einem Mausklick wird ein einzelner Ankerpunkt bzw. ein Pfadsegment gewählt, weitere Punkte oder Segmente können mit zusätzlich gehaltener [⇧]-Taste hinzugefügt werden.
- **Ankerpunkt-hinzufügen-Werkzeug** und **Ankerpunkt-löschen-Werkzeug**: Diese beiden Werkzeuge befinden sich mit dem Zeichenstift im selben Fach der Werkzeugleiste. Mit ihnen lassen sich neue Ankerpunkte auf einem Pfadsegment setzen bzw. vorhandene Ankerpunkte mit einem Klick darauf entfernen. Das explizite Aktivieren in der Werkzeugleiste ist jedoch meist unnötig, da Photoshop beim Überfahren eines Pfadsegments automatisch zu einem der beiden Werkzeuge wechselt und dies mit einem kleinen »+« für das Hinzufügen oder »–« für das Entfernen von Ankerpunkten neben dem Cursor-Symbol signalisiert.
- **Punkt-umwandeln-Werkzeug** : Ebenfalls im selben Fach wie das Pfadwerkzeug, ermöglicht es, einen Wendepunkt mit einem einfachen Mausklick in einen Eckpunkt mit harten Übergängen 1 zu ändern oder andersherum durch Klicken und Ziehen aus einem Eckpunkt heraus einen schwungvollen Übergang zu erzeugen. Dieses Werkzeug kann bei aktiviertem Zeichenstift auch temporär durch Drücken der [Alt]-Taste aktiviert werden.
  Zudem ermöglicht es, einen Wendepunkt zu »teilen«. Zieht man mit dem Punkt-umwandeln-Werkzeug den Anfasser einer Tangente, so lässt sich dieser getrennt vom anderen bewegen. Auf diese Weise kann man innerhalb eines Schwungs einen abrupten Richtungswechsel herbeiführen.

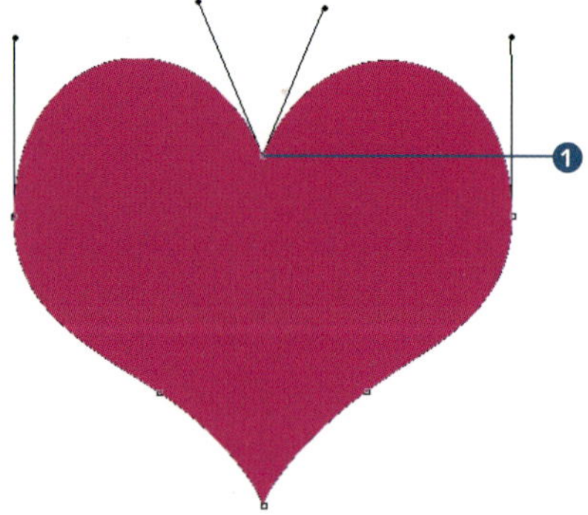

Abbildung 2.52 ▸
Wendepunkte können einseitig in Eckpunkte umgewandelt werden.

Ankerpunkte löschen

Sowohl mit dem Direktauswahl-Werkzeug als auch mit dem Ankerpunkt-löschen-Werkzeug können Ankerpunkte entfernt werden. Die Ergebnisse unterscheiden sich jedoch drastisch:

Mit dem Direktauswahl-Werkzeug werden sowohl Ankerpunkt als auch die daran hängenden Pfadsegmente entfernt, da sie keinen Bezugspunkt mehr haben. Es entsteht ein Loch im Vektorkonstrukt.

Das Ankerpunkt-löschen-Werkzeug hingegen entfernt nur den Ankerpunkt und verbindet automatisch den vor- und nachfolgenden Ankerpunkt auf direktem Wege (unter Einbeziehung bestehender Tangenten). Die Form bleibt also weiterhin geschlossen.

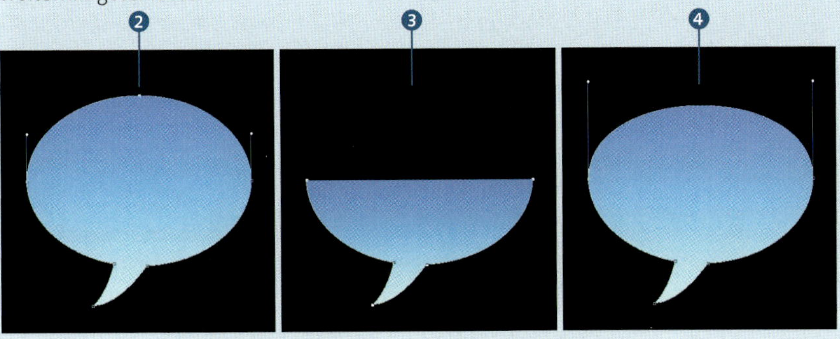

◀ **Abbildung 2.53**
Die Ausgangsform ❷, Löschen mit dem Direktauswahl-Werkzeug ❸ bzw. mit dem Ankerpunkt-löschen-Werkzeug ❹

Workshop: Ein einfaches Objekt nachzeichnen

Der schnellste Weg, den Umgang mit dem Zeichenstift zu lernen, führt über das Nachzeichnen von vorhandenem Bildmaterial. Das wollen wir nun gemeinsam anhand des Motivs eines Leitpfostens beginnen.

02-BILDBEARBEITUNG/2.6-ZEICHENSTIFT-UND-FORMOBJEKTE/WORKSHOP-02-ZEICHENSTIFT.PSD

1 Aufbau der Beispieldatei

Neben dem Motiv enthält die Vorlagedatei zwei Hilfs- und eine Zeichenebene: Die Ebene Ankerpunkte zeigt die Stellen, an denen mit der Maus Stützpunkte erzeugt werden müssen, um die Form zu gestalten. Rote Punkte stehen dabei für Eckpunkte, die einfach nur anzuklicken sind, blaue Punkte symbolisieren Wendepunkte, die das Aufziehen von Tangenten erforderlich machen.

Die Ebene Hilfslinie enthält etwas verschwommen den fertigen Pfad inklusive aller Ankerpunkte und Tangenten samt Anfasser als Bildelement zum Nachzeichnen. Die für den Einstieg beste Übersicht besteht beim Einblenden beider Hilfsebenen.

Die grün markierte »Zeichenebene« ist schließlich die Ebene, auf der gearbeitet wird.

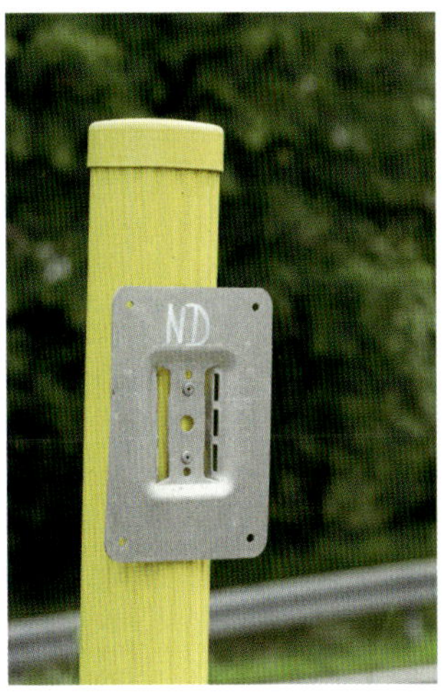

▲ **Abbildung 2.54**
Die Vorlagedatei zu diesem Workshop

2 Nachzeichnen der Vorlage

Mit Hilfe der Vorlage sollte das Nachzeichnen hoffentlich kein Problem mehr sein. An dieser Stelle deshalb nur einige Erläuterungen zu den kniffligen Stellen:

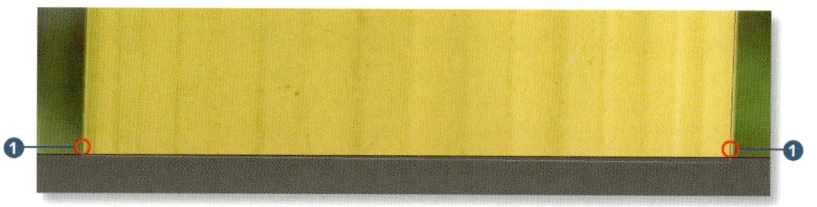

Abbildung 2.55 ▶
Ankerpunkte außerhalb des eigentlichen Motivs setzen

Die in der Vorlagedatei gezeigten Ankerpunkte am unteren Bildrand ❶ können ein Stück unterhalb des eigentlichen Dokuments auf der Arbeitsfläche liegen. Somit spart man sich die Mühe, pixelgenau arbeiten zu müssen. Erstellt man in einem späteren Schritt eine Auswahl aus dem Pfad (siehe Abschnitt 2.5, »Mal- und Retuschewerkzeuge«), wird dieser sowieso auf den Bildbereich beschränkt.

▲ **Abbildung 2.56**
Übergangspunkte erstellen

▲ **Abbildung 2.57**
❸ Original, ❹ Pfad innerhalb des Objekts geführt, ❺ Pfad genau auf der Objektkante geführt

Der weiß markierte Ankerpunkt ❷, der auf den roten Eckpunkt folgt, wird mit zusätzlich gehaltener Alt-Taste gesetzt. Damit erzeugen wir einen Übergang von einem Eck- zu einem Wendepunkt. Das vorangegangene Pfadsegment bleibt eine starre Linie, während das folgende Kurvenstück vollkommen frei bewegt werden kann, indem Sie direkt nach dem Klicken die Maus ziehen und die Tangente wie benötigt positionieren. ■

Tipps zur Arbeit mit dem Zeichenstift:

- Es sollten nur so viele Ankerpunkte gesetzt werden, wie wirklich nötig sind. Das erleichtert die nachträgliche Anpassung.
- Beim Erstellen eines Freistellers (um ein Objekt vom Hintergrund zu lösen) sollte der Pfad immer leicht innerhalb der Objektkontur geführt werden. Das vermeidet hässliche Blitzer.
- Für ein neues Kurvensegment sollte die Länge der Tangente etwa der halben Länge der neue Strecke entsprechen.
- Beim Abschließen eines Pfades in einem Wendepunkt empfiehlt es sich, die Alt-Taste gedrückt zu halten, um den Kurveneingang besser kontrollieren zu können.

2.6.3 Formobjekte

Photoshop bietet eine vorgefertigte Sammlung einfacher Vektorformen, die sich ohne Vorkenntnisse erstellen lassen. Die entsprechenden Werkzeuge befinden sich in der Werkzeugleiste in derselben Gruppe wie der Zeichenstift und lassen sich mit dem Tastaturkürzel U aktivieren. Standardmäßig wird das Rechteck-Werkzeug angezeigt.

Ist ein beliebiges Formwerkzeug aktiviert, bieten sich in der Optionsleiste verschiedene in mehrere Bereiche unterteilte Einstellungsmöglichkeiten.

Die ersten drei Icons ❻ bestimmen, wie das Formobjekt dargestellt werden soll. Sie gelten übrigens genauso für den Zeichenstift. Von links nach rechts:

- Formebene: Photoshop erstellt eine Vektorform, die automatisch mit einer frei definierbaren Farbe gefüllt wird.
- Pfade: Photoshop erstellt eine Vektorform ohne jegliche Füllung.
- Pixel füllen: Photoshop erstellt eine pixelbasierte Form. Die Vorteile der nachträglichen Anpassungsmöglichkeiten von Vektorformen gehen hier verloren. Die Füllfarbe ❽ kann frei vergeben werden.

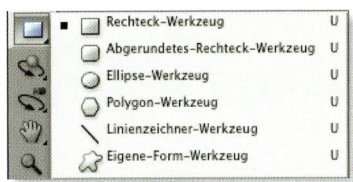

Rechteck-Werkzeug U
Abgerundetes-Rechteck-Werkzeug U
Ellipse-Werkzeug U
Polygon-Werkzeug U
Linienzeichner-Werkzeug U
Eigene-Form-Werkzeug U

▲ **Abbildung 2.58**
Die Formobjekte in der Werkzeugleiste

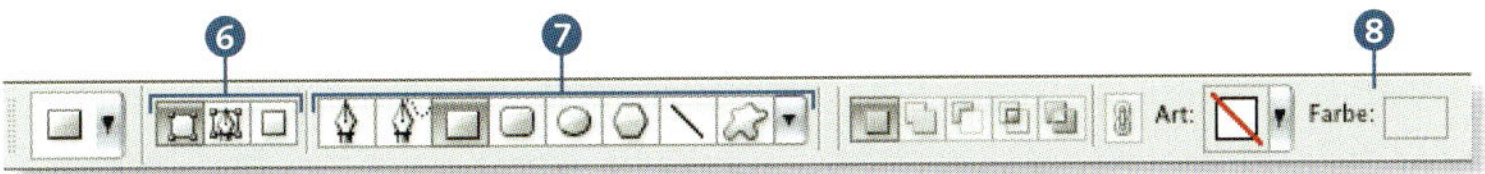

▲ **Abbildung 2.59**
Optionen für Vektorobjekte

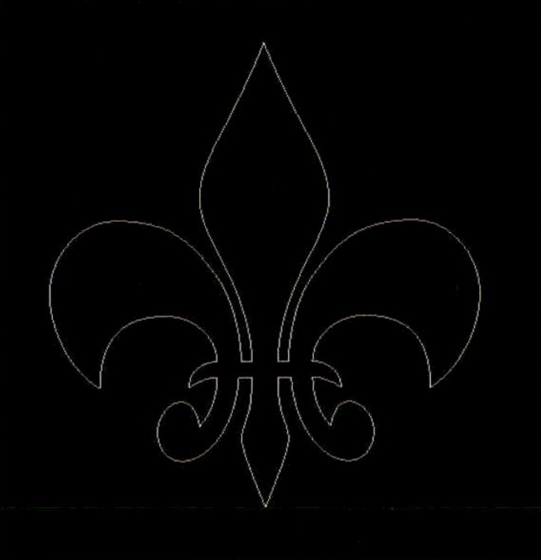

▲ **Abbildung 2.60**
Von links nach rechts: Formebene, Pfade und Pixel füllen

In der zweiten Gruppe ❼ (Abbildung 2.59) lassen sich die verschiedenen Formen anwählen. Neben den Primitiven wie Rechteck, Ellipse oder Polygon kann bei aktiviertem Eigene-Form-Werkzeug ❾ ein Bibliothekselement gewählt werden. Dazu klickt man einfach auf das Dropdown-Menü Form ❿ und wählt die gewünschte Vorlage.

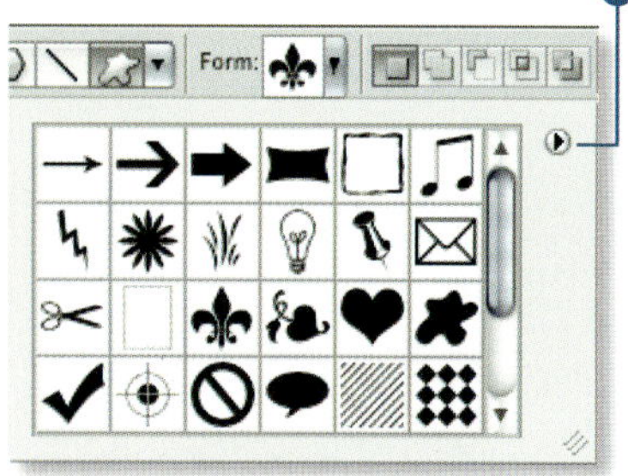

▲ **Abbildung 2.61**
Über das Optionsmenü ⓫ des Form-Dropdowns lassen sich weitere Bibliotheken laden.

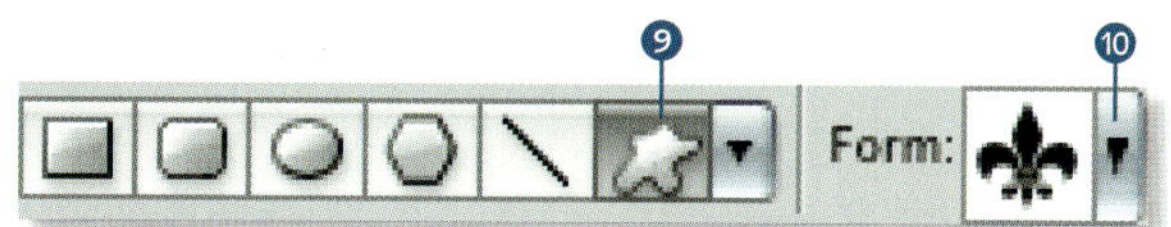

▲ **Abbildung 2.62**
Eigene-Form-Werkzeug und zugehörige Symbolbibliothek

Zum Zeichnen der ausgewählten Objekte muss nun nur noch die gewünschte Größe mit der Maus aufgezogen werden. Hält man dabei die [⇧]-Taste gedrückt, bleiben die Proportionen erhalten.

Elemente, die als Formebene oder Pfad erstellt wurden, können nachträglich mit allen Methoden bearbeitet werden, die unter Abschnitt 2.6.2, »Vektorformen erstellen«, genannt sind. Anstatt von Grund auf mit dem Zeichenstift zu arbeiten, ist es oft zeitsparender, eine vorgefertigte Form aufzuziehen und nachträglich an den gewünschten Stellen zu modifizieren.

TIPP

Hält man beim Erstellen einer Form die Leertaste gedrückt, lässt sich die Position während des Zeichnens neu bestimmen.

2.6.4 Smart-Objekte

Seit Photoshop CS2 gibt es die Möglichkeit, platzierte Inhalte lediglich als Referenz zu einer Quelldatei abzulegen. Das bedeutet, die eigentliche Datei liegt extern auf der Festplatte gespeichert und bleibt in ihrer Größe und Qualität unverändert.

Vorteile von Smart-Objekten | Smart-Objekte bleiben in ihrer ursprünglichen Form und Größe erhalten. Vektordaten werden beim Platzieren nicht gerastert und bieten weiterhin alle charakteristischen Vorteile. Bearbeitet man ein Smart-Objekt, wird nur eine »Kopie« bearbeitet, die jedoch jederzeit auf das Original zurückgreift. Somit lassen sich auch pixelbasierte Smart-Objekte skalieren, ohne Qualitätseinbußen hinnehmen zu müssen. Beim Vergrößern klappt das natürlich nur bis hin zur Originalgröße.

Abbildung 2.63 ▼
In beiden Bildhälften wurde das Originalmotiv auf eine Miniaturgröße reduziert und im Anschluss wieder vergrößert. Links ausgehend von einem Smart-Objekt und rechts von einer normalen Pixelgrafik.

Smart-Objekte können mit so genannten Smart-Filtern versehen werden, die die Bilddaten im Vergleich zu herkömmlichen Filtern nicht zerstören.

Bearbeitet man das Original, mit dem das Smart-Objekt verknüpft ist, passt sich auch der Inhalt in Photoshop an. Das ist insbesondere dann interessant, wenn mit mehreren Kopien einer Quelldatei gearbeitet wird.

Smart-Objekte erstellen | Zum Erstellen von Smart-Objekten gibt es zwei Wege. Zum einen werden über DATEI • PLATZIEREN ins Dokument eingefügte Elemente automatisch in ein Smart-Objekt konvertiert, zum anderen kann jeder beliebige, in Photoshop erstellte Ebeneninhalt über EBENE SMART-OBJEKT IN SMART-OBJEKT KONVERTIEREN in ein Smart-Objekt konvertiert werden.

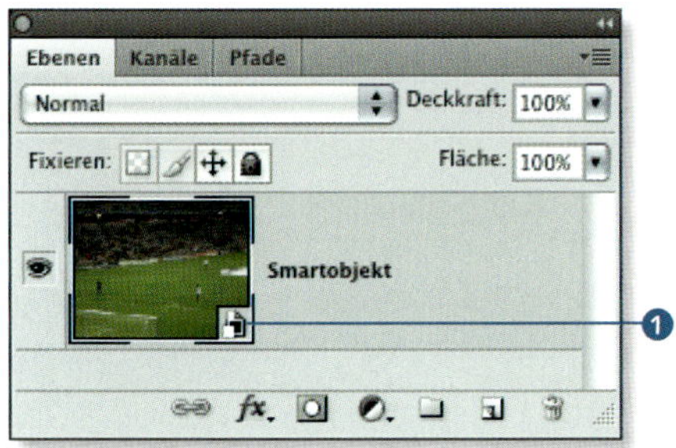

◂ **Abbildung 2.64**
Smart-Objekte werden mit einem kleinen Blattsymbol 1 an der Ebenen-Miniatur gekennzeichnet.

Zur Verdeutlichung, dass es sich um ein Smart-Objekt handelt, wird an der Ebenenminiatur ein kleines Extra-Symbol angezeigt.

Mit Smart-Objekten arbeiten | Smart-Objekte können, wie andere Elemente auch, frei bewegt und skaliert werden. Das Verändern der Inhalte ist jedoch nicht ohne weiteres möglich. Um auf einem Smart-Objekt malen zu können, muss entweder das Original bearbeitet oder aber das Objekt über EBENE • RASTERN • SMART OBJEKT zu einer gewöhnliche Pixelgrafik gerastert werden.

Um den Inhalt eines Smart-Objekts zu bearbeiten, klicken Sie mit rechts auf die Ebenenbezeichnung (nicht Miniatur!) und wählen INHALT BEARBEITEN. Photoshop öffnet die zum platzierten Element gehörige Anwendung (z. B. Illustrator bei Vektordaten). Erledigen Sie hier die gewünschten Anpassungen, und speichern Sie das Dokument. Zurück in Photoshop wird das Smart-Objekt automatisch angepasst.

HINWEIS

Tipps zum praktischen Arbeiten mit Smart-Objekten und Instanzen sowie zum Umgang mit Smart-Filtern finden Sie in Teil IV des Buches.

Duplikate erstellen | Wenn Sie ein Smart-Objekt duplizieren, indem Sie es in der Ebenen-Palette auf das Symbol NEUE EBENE ziehen, ist diese Kopie ebenso mit dem Original verknüpft wie das Ursprungsobjekt. Änderungen am Original wirken sich auf beide so genannten Instanzen aus. Möchten Sie ein Smart-Objekt duplizieren, ohne jedoch in diese Abhängigkeit zu geraten, markieren Sie in der Ebenen-Palette das entsprechende Objekt und wählen EBENE • SMART-

Objekte • Neues Smart-Objekt durch Kopie. Nun ist eine getrennte Bearbeitung möglich.

▲ **Abbildung 2.65**
Die linke Dreiergruppe zeigt oben ❶ das Original und unterhalb zwei Kopien. Die linke Kopie ❷ wurde normal dupliziert, die rechte ❸ über den Befehl Neues Smart-Objekt durch Kopie. Nach der Anpassung des Originals (rechte Dreiergruppe oben ❹) wird nur die normale Kopie ❺ mit angepasst. Das rechte Smart-Objekt ❻ steht vom Original isoliert und wird nicht beeinflusst.

2.7 Ebenen

Ebenen gibt es erst seit Photoshop-Version 4. Davor musste man schon genau überlegen, ob ein Bildelement tatsächlich platziert werden sollte, um es damit endgültig in den Pixelweiten zu versenken, oder nicht. Inzwischen ist die Anzahl der Ebenen unbegrenzt.

Eine Ebene kann man sich wie eine transparente Folie vorstellen, auf die etwas gezeichnet wird. Legt man sie bemalt über eine andere, wird sie an den Stellen verdeckt, an denen die obere Folie Inhalt aufweist.

Auf Photoshop übertragen bedeutet das, dass eine in der Ebenen-Palette oben stehende Ebene die Inhalte der darunter angeordneten Ebenen verdeckt.

Die Verwaltung der Ebenen erfolgt fast ausschließlich über die Ebenen-Palette.

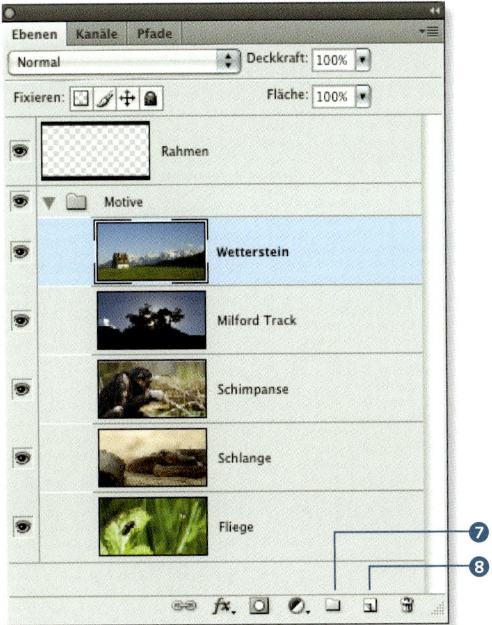

◂ **Abbildung 2.66**
Die Ebenen-Palette

HINWEIS

Auf viele Einstellungs- und Verwaltungsmöglichkeiten von Ebenen gehen wir später noch genauer ein, da sie ein enorm wichtiger Aspekt beim Erstellen von Screendesigns sind. An dieser Stelle wollen wir lediglich einige Basisfunktionen zum grundlegenden Verständnis erläutern.

Über die Palettenoptionen oder das Icon NEUE EBENE in der Fußleiste der Palette (2. Icon von rechts ❽) wird eine neue leere Ebene über der aktuell markierten erstellt. Um die Stapelreihenfolge mehrerer Ebenen zu ändern, passen Sie die Position einfach wie gewünscht per Drag & Drop in der Palette an. Ein dicker Querbalken zeigt dabei die neue Position an.

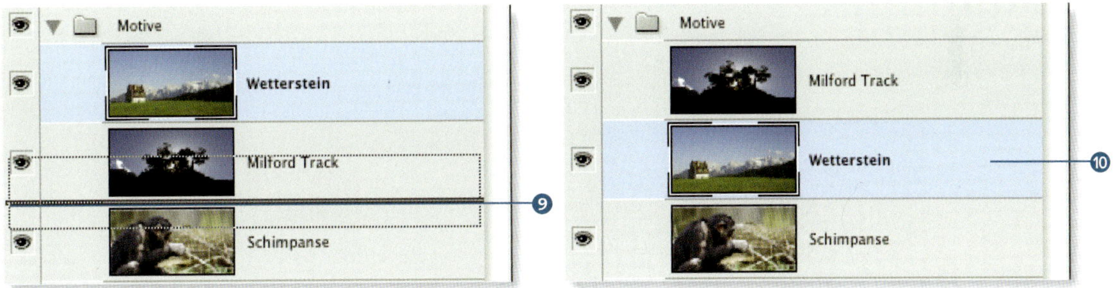

▴ **Abbildung 2.67**
Der graue Balken ❾ symbolisiert die neue Position. Rechts wurde die Ebene WETTERSTEIN ❿ neu positioniert.

Benennung von Ebenen | Einer neu erstellten Ebene sollte immer direkt ein eindeutiger Name zugewiesen werden, um stets den Überblick über den Inhalt bewahren zu können. Eine nachträgliche Änderung des Namens ist mit einem Doppelklick auf die Ebenenbezeichnung oder in den Palettenoptionen unter dem Punkt EBENENEIGENSCHAFTEN möglich.

Hintergrundebenen

Viele Bilder, zum Beispiel solche, die von einer Digitalkamera importiert wurden, weisen beim Öffnen nur eine einzige spezielle Ebene auf: die Hintergrundebene. Sie wird in der Ebenen-Palette an unterster Stelle mit kursiver Bezeichnung dargestellt. Im Gegensatz zu selbst erstellten Ebenen ist sie vor vielen Eingriffen geschützt. So lässt sie sich nicht auf der Arbeitsfläche verschieben und auch nicht in der Ebenenhierarchie anpassen.
Um eine Hintergrundebene voll funktional zu machen, genügt ein Doppelklick auf ihre Bezeichnung mit anschließender Namensvergabe.

Abbildung 2.68 ▶
Gesperrte Hintergrundebene per Doppelklick als normale Ebene speichern

Ebenen, die thematisch zusammengehören, lassen sich zur besseren Organisation in Ebenengruppen zusammenfassen. Das lässt sich einfach mit einem Ordner und darin befindlichen Dateien im Windows Explorer bzw. dem Finder vergleichen. Um eine neue Gruppe zu erstellen, genügt ein Klick auf das Icon NEUE GRUPPE ERSTELLEN in der Fußleiste der Palette (3. Icon von rechts ❼, siehe Abbildung 2.66) oder der Weg über die Palettenoptionen.

Um dem Ordner bestimmte Ebenen zuzuordnen, ziehen Sie diese einfach per Drag & Drop auf das Ordnersymbol.

Abbildung 2.69 ▼
Ebenen in Gruppe verschieben

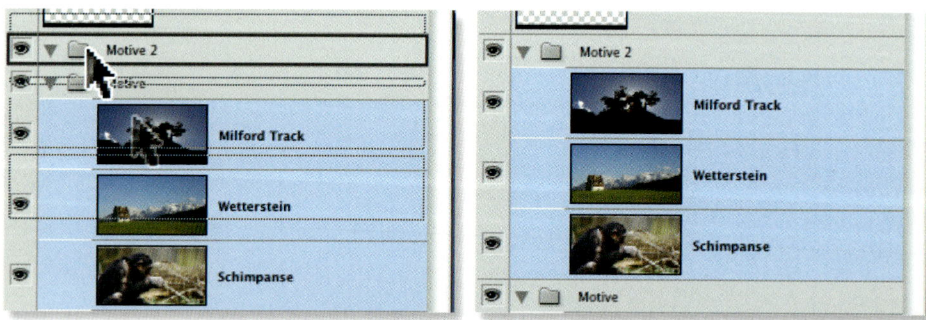

Mehrfachauswahl von Ebenen

Seit Photoshop CS können mehrere Ebenen gleichzeitig ausgewählt werden. Mit gedrückter [Strg]/[⌘]-Taste lassen sich einzelne Ebenen der Auswahl hinzufügen, mit gedrückter [⇧]-Taste werden zusätzlich alle Ebenen zwischen der zuerst und der zuletzt gewählten selektiert.

Mit einem Klick auf das Augensymbol in der linken Spalte ❶ wird der Ebeneninhalt ausgeblendet und gibt die Sicht auf die darunter liegende Ebene frei. Ein erneuter Klick auf das nun leere Kästchen macht den Inhalt wieder sichtbar.

Die Deckkraft der Ebene wird anhand des Schiebereglers hinter dem Dropdown DECKKRAFT ❷ oder auch durch numerische Eingabe geregelt. Je niedriger der angegebene Wert, desto stärker scheinen die Inhalte der darunter liegenden Ebene(n) durch.

TIPP

Klickt man mit gedrückter [Alt]-Taste auf ein Augensymbol, werden alle anderen Ebenen ausgeblendet.

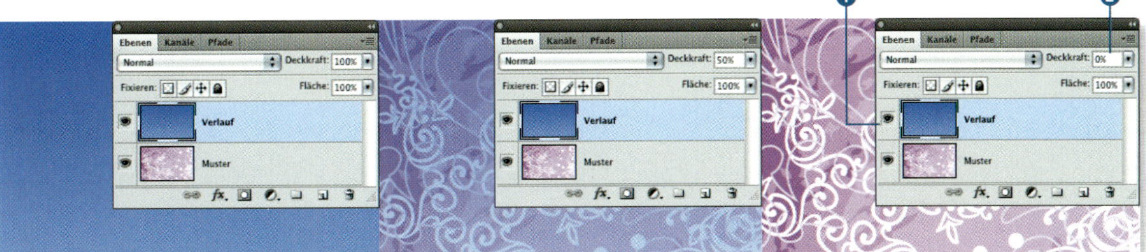

▲ **Abbildung 2.70**
Von links nach rechts: Ebene VERLAUF mit einer Deckkraft von 100%, 50% und 0%

Ebenenmasken und Alphakanäle arbeiten nach dem gleichen Prinzip. Lediglich in ihrer Funktionalität unterscheiden sie sich. Vereinfacht kann man sagen, dass Ebenenmasken die kleinen Schwestern der Alphakanäle sind.

Ebenenmasken | Optisch betrachtet liefert eine Ebenenmaske keine anderen Ergebnisse als der Radiergummi: Sie entfernt Ebeneninhalt. Allerdings geschieht dies mit einem entscheidenden Vorteil: Anstatt die Inhalte tatsächlich zu löschen, werden sie nur ausgeblendet. Die eigentlichen Bildinformationen bleiben unberührt und lassen sich jederzeit ohne Qualitätsverlust rekonstruieren.

Eine Ebenenmaske wird immer einer Ebene zugeordnet, auf die sie wirkt. Zum Erstellen klickt man einfach auf das entsprechende Symbol ❹ in der Icon-Leiste in der Ebenen-Palette oder wählt EBENE • EBENENMASKE • ALLE EINBLENDEN.

Neben der Ebenenminiatur erscheint eine weiß gefärbte, zweite Miniatur, die in ihren Abmessungen ein exaktes Spiegelbild der zugeordneten Ebene darstellt. An der Sichtbarkeit des Motivs ändert sich so weit noch nichts.

Aktiviert man die Ebenenmaske mit einem Mausklick darauf (eine Umrandung ❸ der Maskenminiatur wird angezeigt), kann nun mit nahezu allen Mal- und Zeichenwerkzeugen auf dieser Maske gemalt werden. Alle schwarz gefärbten Bereiche werden im eigentlichen Motiv ausgeblendet, und die darunter liegende Ebene scheint durch. Übermalt man die schwarzen Stellen wieder mit weißer Farbe, kehrt das Bild dort wieder zurück.

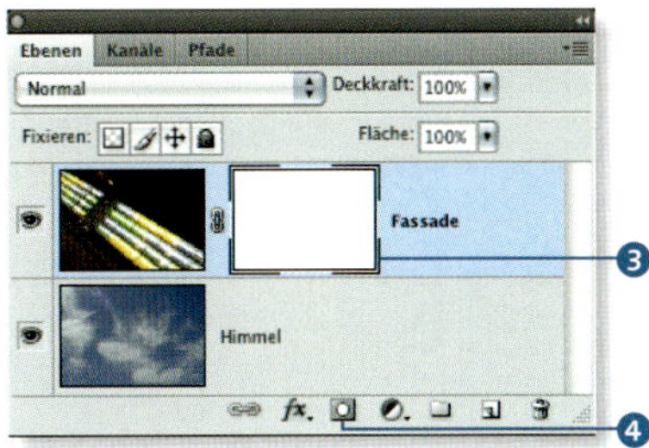

▲ **Abbildung 2.71**
Leere Ebenenmaske

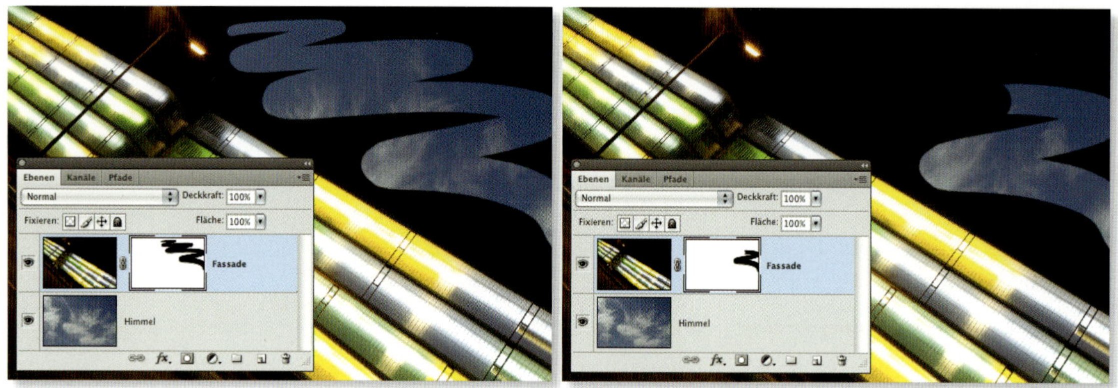

▲ **Abbildung 2.72**
Transparenzerzeugung mit der Ebenenmaske

Ebenenmasken ausblenden

Möchte man die Auswirkungen einer Ebenenmaske ausblenden, ohne sie jedoch ganz zu löschen, reicht ein Klick mit gehaltener ⇧-Taste auf die Miniatur der Maske in der Ebenen-Palette.

Wirklich interessant wird die Arbeit mit Ebenenmasken allerdings erst dadurch, dass man nicht nur in Weiß und Schwarz darauf arbeiten kann, sondern auch mit jeglicher Grauabstufung dazwischen. Je dunkler der Grauton, desto transparenter wird die Ebene an der entsprechenden Stelle. Im Umkehrschluss wird sie immer deckender, je heller das Grau. Auf diese Art und Weise lassen sich pixelgenaue Bereiche in verschiedenen Transparenzgraden darstellen.

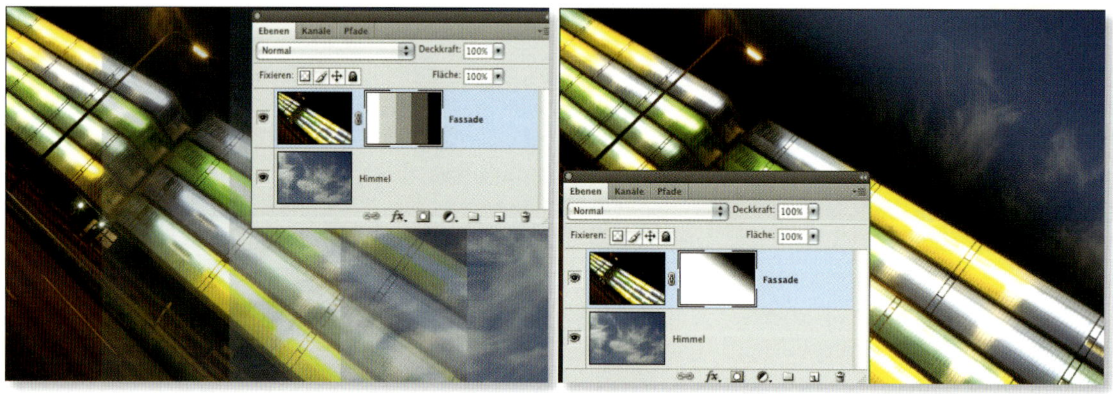

▲ **Abbildung 2.73**
Unterschiedliche Grauwerte erzielen differenzierte Transparenzen

Gehen wir die Funktion der Ebenenmaske einmal anhand der häufig auftretenden Thematik »Zwei Bilder ineinanderführen« praktisch durch.

02-BILDBEARBEITUNG/2.7-EBENEN/
WORKSHOP-03-EBENENMASKE.PSD

Workshop: Weiche Bildübergänge

Die begleitenden Arbeitsdaten finden Sie auf der Buch-DVD.

1 Ebenenmaske hinzufügen

Die Vorlagedatei besitzt zwei Ebenen: ERDBEERE und BLÄTTER. Die Blätter verdecken die untere Ebene komplett, sollen jedoch den Blick auf die Frucht freigeben. Dazu erstellen Sie mit einem Klick auf das Symbol EBENENMASKE HINZUFÜGEN ❷ eine leere Maske

Damit Sie im folgenden Schritt besser wissen, wo der Inhalt der Blätter-Ebene ausgeblendet werden muss, reduzieren Sie zudem die DECKKRAFT ❶ so weit, dass die Erdbeere durchscheint.

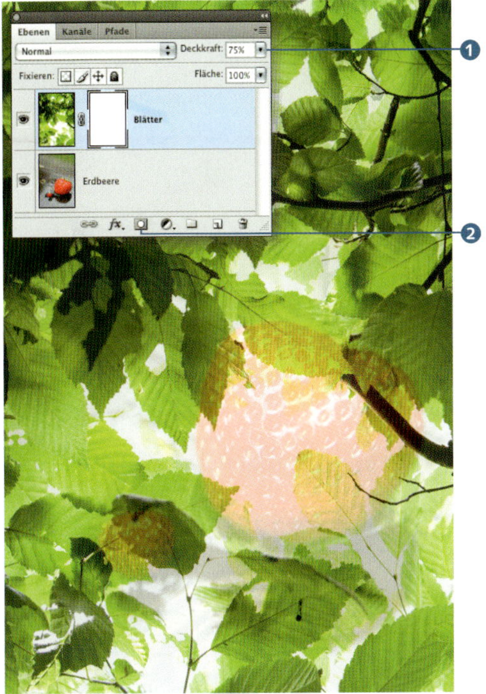

◂ **Abbildung 2.74**
Ebenenmaske vorbereiten

2 Hintergrund strukturieren

Das Anwenden der Maske ist schnell erledigt. Zuerst wählen wir das Verlaufswerkzeug [G] aus der Werkzeugleiste. Dieses teilt sich das Fach mit dem Farbeimer, mit dem sich Flächen schnell einfarbig füllen lassen. Die Ebenenmaske sollte nach dem Erstellen automatisch aktiv sein, zur Sicherheit lässt sich das nochmals prüfen, indem man darauf achtet, ob die Miniatur der Maske schwarz umrandet ist.

Die Vorder- und Hintergrundfarbe stellen Sie auf Schwarz und Weiß und wählen in der Optionsleiste des Verlaufswerkzeugs den radialen Verlauf ❸.

Zum Definieren der transparenten Bereiche müssen Sie schließlich nur noch mit dem Verlaufswerkzeug von etwa der Mitte der Erdbeere bis ein Stück über ihren Rand hinaus ziehen, wie in der folgenden Abbildung zu sehen ist.

Standardfarben

Drückt man die Taste [D], werden die Standardfarben Schwarz und Weiß wiederhergestellt.

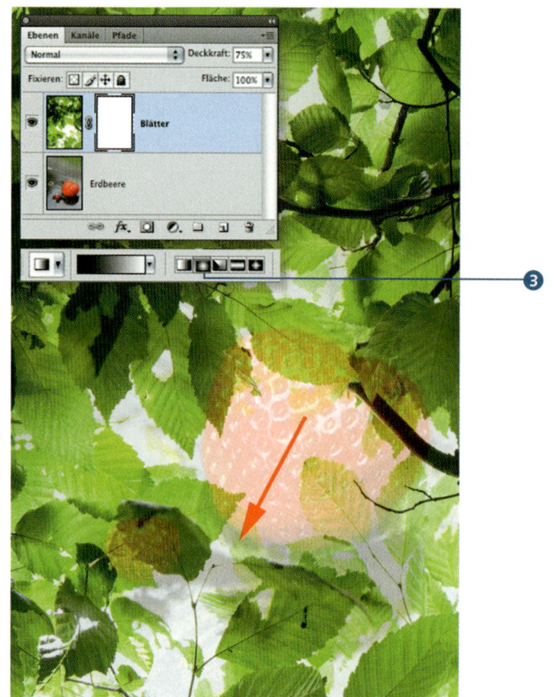

Abbildung 2.75 ▸
Mit dem Verlaufswerkzeug auf der Ebenenmaske wird die Transparenz der Ebene reguliert.

Zu guter Letzt wird die Deckkraft der Blätter-Ebene wieder auf 100 % erhöht.

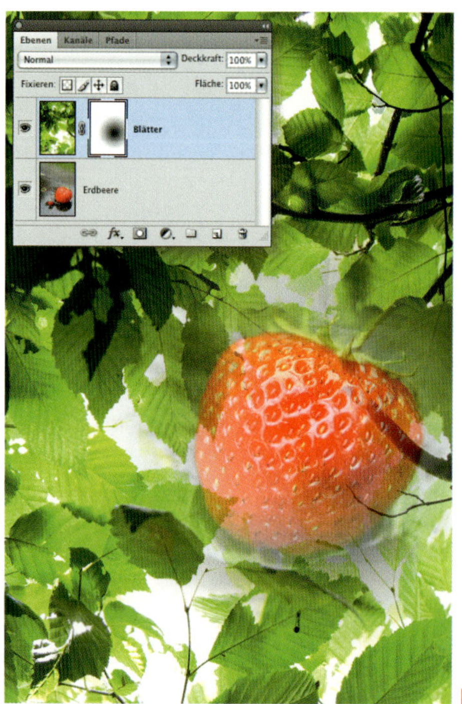

Abbildung 2.76 ▸
Das Endergebnis

Alphakanäle | Vereinfacht gesagt, speichert ein Alphakanal eine zuvor erstellte Auswahl dauerhaft und ermöglicht es, sie jederzeit erneut zu laden. Wie auch die Ebenenmaske ist ein Alphakanal ein Eins-zu-eins-Abbild der Dokumentgröße und beeinflusst deckungsgleich zur Position im Kanal das eigentliche Bild.

Die Auswirkungen sind jedoch nicht strikt an eine Eigenschaft, wie zum Beispiel die Transparenzregelung der Ebenenmaske, gebunden, sondern müssen eher generisch betrachtet werden. Egal welche Bildanpassung vorgenommen wird, sei es das Schärfen, Einfärben oder Löschen von Inhalten, die Helligkeitsverteilung des Alphakanals bestimmt die Auswirkung pixelgenau.

Analog zur Ebenenmaske, bei der schwarze Farbe für 100% Transparenz und weiße Farbe für voll deckend steht, wirken sich Anpassungen auf die schwarzen Bereiche des Kanals gar nicht aus, während weiße Bereiche die volle Änderung erfahren. Die Graustufen dazwischen erzeugen der Helligkeit entsprechende Teilwerte.

Anhand der folgenden Beispiele soll diese Theorie bildhaft verdeutlicht werden.

Auswahl laden

Um den Inhalt eines Alphakanals zu laden und zu nutzen, klickt man entweder mit gedrückter [Strg]/[⌘]-Taste auf die Kanalminiatur oder wählt das erste Icon unten in der Kanäle-Palette (KANAL ALS AUSWAHL LADEN).

◂ **Abbildung 2.77**
Originalmotiv

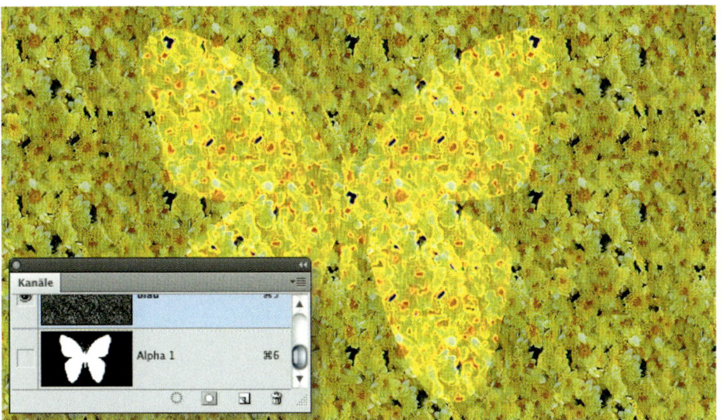

◂ **Abbildung 2.78**
Filter KANTEN BETONEN mit zuvor geladenem Alphakanal. Bereiche, die im Kanal schwarz sind, bleiben von den Auswirkungen des Filters unbeeinflusst.

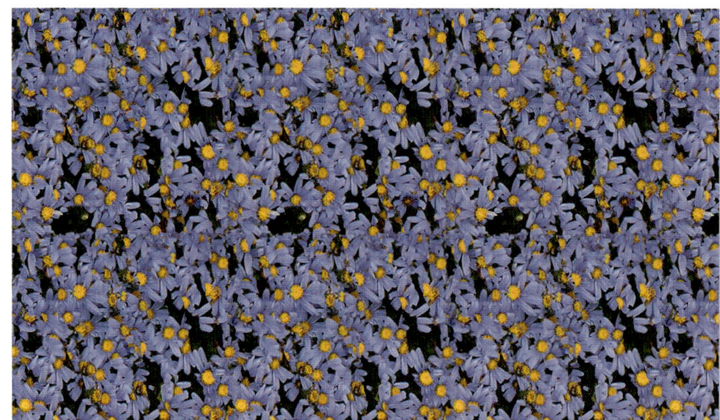

Abbildung 2.79 ►
Originalmotiv

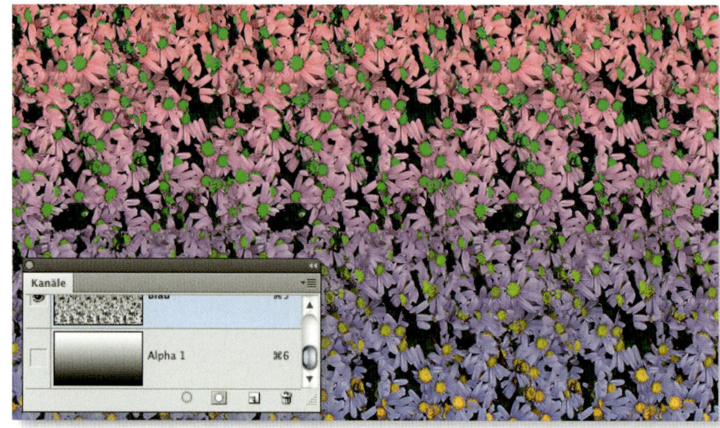

Abbildung 2.80 ►
Änderung des Farbtons mit zuvor geladenem Alphakanal. Durch den Verlauf von Schwarz nach Weiß bleibt die Blütenfarbe am unteren Bildrand wie im Original und wechselt zum oberen Bildrand hin, wo der Alphakanal weiß ist, komplett zu der neuen Farbe.

2.8 Einfache Auswahltechniken

Das A und O der täglichen Arbeit mit Photoshop ist das Selektieren bestimmter Bildausschnitte, um diese gezielt anzupassen. Ist eine Auswahl aktiv, wirken sich Änderungen ausschließlich auf diesen Bildbereich aus.

Entsprechend mächtig sind die verschiedenen Möglichkeiten, die gewünschten Bereiche auszuwählen. Einige davon möchten wir an dieser Stelle vorstellen.

Generell wird eine aktive Auswahl in Form von einer blinkenden Linie dargestellt, die auch gerne als »Ameisenstraße« bezeichnet wird, da sie sich scheinbar bewegt.

Gleiche Proportionen

Wird beim Aufziehen des Rechtecks oder der Ellipse die ⇧-Taste gehalten, erzeugt Photoshop ein Quadrat bzw. einen Kreis.

2.8.1 Auswahlrechteck und Auswahlellipse

Eines der grundlegendsten Auswahlwerkzeuge ist das Auswahlrechteck ⬚. Mit ihm kann eine einfache rechteckige Auswahl erstellt werden ❶. In der Optionsleiste lassen sich über das Dropdown-Menü

ART verschiedene Möglichkeiten angeben, in denen das Rechteck aufgezogen wird. Standardmäßig ist die Größe frei definierbar, alternativ stehen auch eine fixe Größe oder ein festes Seitenverhältnis zur Verfügung.

Analog zu dem Auswahlrechteck erzeugt die Auswahlellipse ovale Auswahlformen ❷. Auch hier lässt sich die Art der Form wie beim Auswahlrechteck festlegen.

▲ **Abbildung 2.81**
Der Aufkleber wurde mit dem Auswahlrechteck selektiert.

▲ **Abbildung 2.82**
Für runde Formen bietet sich die Auswahlellipse an.

Zauberstab und Schnellauswahlwerkzeug | Müssen gleich- oder ähnlichfarbige Bildbereiche gewählt werden, zum Beispiel um dort die Sättigung zu verringern oder eine komplett neue Farbe zuzuweisen, bietet sich der Zauberstab an. Er teilt sich mit dem Schnellauswahlwerkzeug ein Werkzeugfach mit dem Shortcut [W].

Das Prinzip ist schnell erklärt: Man klickt an einem beliebigen Punkt in die Farbfläche, die gewählt werden soll, und Photoshop bezieht automatisch alle der angeklickten Farbe ähnelnden Pixel in die Auswahl mit ein.

▲ **Abbildung 2.84**
Ein Mausklick links oben in den Himmel lädt eine Auswahl der gesamten Fläche bis zur schrägen Begrenzung des grünen Stahlträgers.

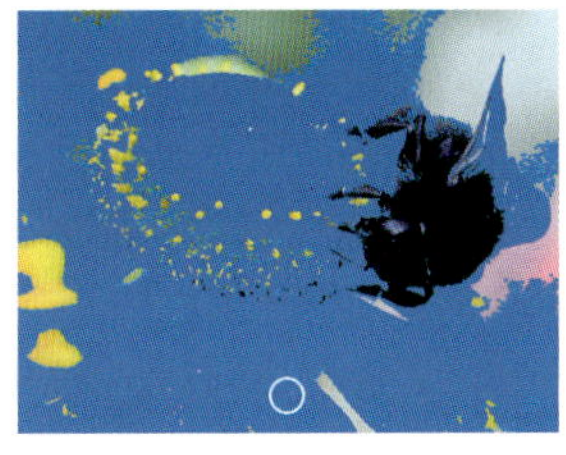

▲ **Abbildung 2.83**
Zauberstab mit verschiedenen Toleranzwerten. Als Quellfarbe wurde das Rot eines Blütenblatts gewählt. Die Auswahl ist zur Verdeutlichung blau eingefärbt. Von oben nach unten: Original, Toleranz 5, Toleranz 30 und Toleranz 100.

HINWEIS

Um der bestehenden Auswahl weitere Farbbereiche hinzuzufügen, klickt man mit gehaltener [⇧]-Taste in einen weiteren Farbbereich. Zum Verkleinern der Auswahl genügt ein Klick mit gedrückter [Alt]-Taste in den ungewollt gewählten Bereich.

In welchem Umfang ähnliche Farbwerte gesucht werden, hängt von den Einstellungen in der Optionsleiste ab.

Abbildung 2.85 ▸
Die Optionsleiste des Zauberstabs

Je höher der Toleranzwert ❶, desto stärker dürfen die Farbwerte von dem als Quelle angeklickten abweichen, um noch in die Auswahl einbezogen zu werden. Standardmäßig selektiert Photoshop nur den Farbbereich, der direkt an den gewählten Bildpunkt angrenzt. Wird der Bereich von einem andersfarbigen Objekt durchbrochen, endet die Auswahl dort. Deaktiviert man die Option BENACHBART ❷, wird diese Einschränkung aufgehoben und die gesamte Ebene einbezogen. Die beiden Abbildungen 2.84 (nur BENACHBART) und 2.86 (ohne BENACHBART) zeigen die Auswirkungen deutlich.

Abbildung 2.86 ▸
Ohne die Option BENACHBART werden gleichfarbige Bildpunkte der gesamten Ebene einbezogen. Eine Begrenzung durch die Stahlträger findet nicht mehr statt.

Das Schnellauswahlwerkzeug arbeitet nach dem gleichen Prinzip. Anstatt in das Bild zu klicken, zieht man hier jedoch zusätzlich die Maus, um den gewünschten Bereich zu vergrößern. Wie tolerant Photoshop weitere Pixel einbezieht, hängt von der Größe der Werkzeugspitze ab, die in diesem Fall ausschließlich in der Optionsleiste angepasst werden kann.

2.9 Schrift in Photoshop

Gleich vorweg: Photoshop ist kein Satzprogramm, in dem mehrseitige Anzeigen und lange Texte verfasst werden sollten. Dafür bieten sich InDesign oder beschränkt auch Illustrator, ebenfalls aus dem Hause Adobe, an.

HINWEIS

In dem später folgenden Kapitel 7, »Typografie«, widmen wir uns ausführlich allen relevanten Aspekten von Schrift und Webdesign.

Dennoch liefert Photoshop professionelle Möglichkeiten, Schrift zu platzieren und zu editieren. Die grundlegendsten davon im Überblick:

Das Text-Werkzeug [T] T befindet sich in der Werkzeugpalette direkt unter dem Zeichenstift, den wir bereits kennengelernt haben. Dass es damit in der Gruppe der Vektorwerkzeuge liegt, ergibt Sinn, denn Schrift besteht in Photoshop grundsätzlich aus Pfaden. Das garantiert das problemlose Skalieren ohne Qualitätseinbußen.

Grundsätzlich gibt es zwei Varianten, Text in Photoshop zu platzieren: Punkt- und Absatztext.

Schrift rastern

Trotz der Vorteile vektorbasierter Schrift ist es mitunter nötig, diese zu rastern, also in Pixel zu zerlegen, um bestimmte Photoshop-Funktionen darauf anwenden zu können.

Punkttext | Bei aktiviertem Text-Werkzeug wird einmal in die Arbeitsfläche geklickt und Text getippt bzw. hineinkopiert. Photoshop führt die Zeile endlos weiter, bis zu einem manuellen Umbruch durch Drücken der Eingabetaste.

Lorem ipsum dolor sit amet, consetetur sadipscing eli

◄ **Abbildung 2.87**
Punkttext ohne automatischen Zeilenumbruch

Absatztext | Bei aktiviertem Text-Werkzeug wird mit der Maus eine Box aufgezogen, die der Größe des Textfeldes entspricht. Photoshop bricht automatisch die Zeile um, wenn der Text am Rand anstößt. Die Größe der Textbox kann während der Textbearbeitung jederzeit verändert werden, indem einer der Eckanfasser gezogen wird.

Texteigenschaften ändern

Zum Ändern von Eigenschaften muss der Text nicht markiert werden; es reicht, die entsprechende Ebene zu markieren. Die Anpassungen wirken sich dann auf den gesamten Textblock aus. Sollen nur bestimmte Wörter verändert werden, ist die gezielte Auswahl mit dem Text-Werkzeug nötig.

Lorem ipsum dolor sit amet, consetetur sadipscing elitr, sed diam nonumy eirmod tempor invidunt ut labore et dolore magna aliquyam erat, sed diam voluptua. At vero eos et accusam et justo duo dolores et ea rebum. Stet clita kasd gubergren, no

◄ **Abbildung 2.88**
Absatztext. Innerhalb einer definierten Textbox bricht Photoshop selbstständig um.

Um die Texteingabe zu beenden, kann wahlweise auf das Häkchen in der Optionsleiste geklickt oder die [Enter]-Taste am Nummernblock der Tastatur betätigt werden.

TIPP

Besitzt man keinen Ziffernblock, wie es an den meisten Notebooks der Fall ist, lässt sich die Texteingabe auch durch die Tastenkombination [Strg]/[⌘]+[↵] beenden.

Schriftbild anpassen | Wie in jeder anderen Anwendung, die Text verarbeitet, lassen sich Schriftart, Schriftgröße, Farbe etc. auch in

Photoshop definieren. Das kann beliebig vor oder nach dem Erstellen des Textinhalts geschehen.

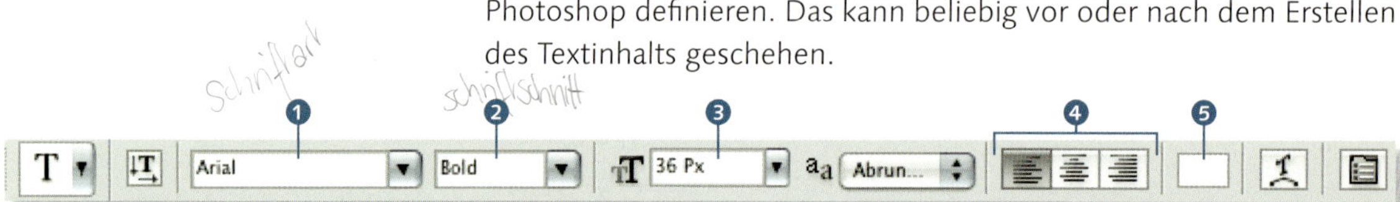

▲ **Abbildung 2.89**
Die Schriftart ❶ bestimmt das grundsätzliche Erscheinungsbild. Auf die verschiedenen Klassen und Vor- und Nachteile bei der Bildschirmdarstellung gehen wir in Kapitel 7, »Typografie«, näher ein.

HINWEIS

In Word besteht die Möglichkeit, jede Schrift zu fetten. Das wird jedoch elektronisch erreicht und zerstört das eigentliche Schriftbild. Die hier in Photoshop angebotenen Schnitte wurden explizit vom Typografen in dieser Form entworfen.

Je nachdem, welche Schriftart gewählt wurde, lassen sich verschiedene Schriftschnitte ❷ auswählen. Die gängigsten sind Fett und Kursiv.

Die Schriftgrösse ❸ definiert die Größe der Buchstaben. Normaler Fließtext auf Papier, also zum Beispiel der Text, den Sie gerade lesen, wird für gewöhnlich in einer Größe von etwa 10 bis 12 Punkt gesetzt. Für die Bildschirmdarstellung gelten hier wieder besondere Regeln, doch auch dazu später mehr.

Die Textausrichtung ❹ bestimmt, ob der Textblock an einer Kante auf gleicher Höhe stehen soll (links- bzw. rechtsbündig) oder mittenzentriert ist. Letzteres sieht man häufig auf Speisekarten oder bei Gedichten.

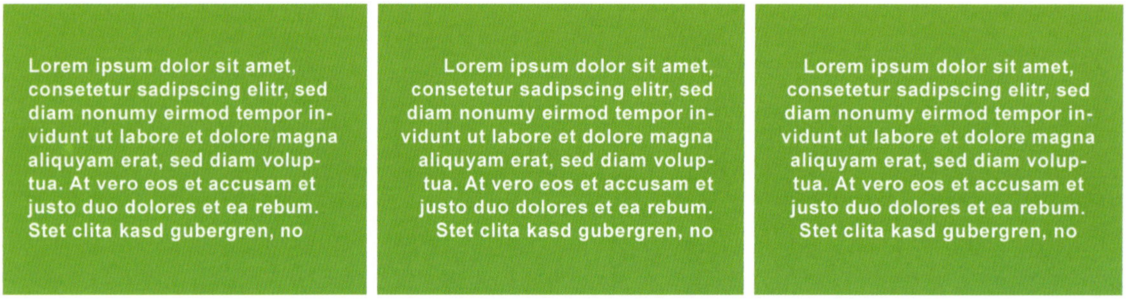

Lorem ipsum dolor sit amet, consetetur sadipscing elitr, sed diam nonumy eirmod tempor invidunt ut labore et dolore magna aliquyam erat, sed diam voluptua. At vero eos et accusam et justo duo dolores et ea rebum. Stet clita kasd gubergren, no

Lorem ipsum dolor sit amet, consetetur sadipscing elitr, sed diam nonumy eirmod tempor invidunt ut labore et dolore magna aliquyam erat, sed diam voluptua. At vero eos et accusam et justo duo dolores et ea rebum. Stet clita kasd gubergren, no

Lorem ipsum dolor sit amet, consetetur sadipscing elitr, sed diam nonumy eirmod tempor invidunt ut labore et dolore magna aliquyam erat, sed diam voluptua. At vero eos et accusam et justo duo dolores et ea rebum. Stet clita kasd gubergren, no

▲ **Abbildung 2.90**
Von links nach rechts: Linksbündig, rechtsbündig, mittenzentriert

Mit einem Klick auf das Farbfeld ❺ kann einzeln markierten Wörtern oder auch dem gesamten Textblock eine beliebige Farbe zugewiesen werden.

Um den Text auf der Arbeitsfläche zu positionieren, verwendet man das Verschieben-Werkzeug [V]. Es befindet sich in der Werkzeugleiste an erster Position.

2.10 Zusammenfassung

Zur Reflexion der Inhalte des vorangegangenen Kapitels hier nochmals die Kerninhalte in knapper Form.

2.10.1 Pixel, Vektor und Auflösung

- **Pixelgrafiken** bestehen aus quadratischen Bildpunkten (Pixel), denen jeweils eine spezifische Farbe zugewiesen wird. Nachträgliche Größenanpassungen sind nur mit Qualitätsverlust möglich.
- **Vektorgrafiken** basieren auf mathematischen Berechnungen und lassen sich flexibel für eine Vielzahl an Ausgabemedien verwenden. Die Handhabung ist im Gegensatz zu Pixelgrafiken weniger intuitiv und der Detailgrad meist deutlich geringer. Dafür lassen sich Vektorgrafiken verlustfrei skalieren.
- Die **Auflösung** (Dichte der vorhandenen Pixel je Zoll) bestimmt die Schärfe und den Detailgrad eines Motivs. Eine hohe Auflösung bedeutet größere Dateien. Beim Gestalten für das Web ist die Auflösung irrelevant, da ausschließlich mit Pixelabmessungen gearbeitet wird.

2.10.2 Arbeitsumgebung Photoshop

- Alle Werkzeuge ermöglichen das Absichern spezifischer Einstellungen als **Werkzeugvorgabe**. Somit lassen sich bestimmte Eigenschaften mit wenigen Mausklicks rekonstruieren.
- **Palettenpositionen** können frei gewählt, Menübefehle farbig markiert und/oder ausgeblendet werden, um eine persönliche »Lieblingsumgebung« einzurichten. Zusammen mit den konfigurierbaren Tastaturbefehlen lassen sich diese Parameter als Arbeitsoberfläche dauerhaft speichern und abrufen.

2.10.3 Basisfunktionen in Photoshop

- Die meisten Werkzeuge arbeiten mit den gleichen **Werkzeugspitzen** und lassen sich durch deren unterschiedliche Eigenschaften (Pinsel-Palette) sehr präzise anpassen und abspeichern.
- Der **Zeichenstift** eignet sich aufgrund seiner sehr flexiblen Handhabung hervorragend zum Freistellen scharfkantiger Objekte oder zum Zeichnen geschwungener Grafiken. Wie auch die Formobjekte basieren die damit erstellten Formen auf Vektoren und lassen sich somit beliebig skalieren.
- **Photoshop arbeitet ebenenbasiert.** Für jedes wichtige Element wird in der Regel eine eigene Ebene verwendet, um diese getrennt von den anderen Inhalten anpassen zu können.
- **Non-destruktives Arbeiten** steht in der Bildbearbeitung ganz weit oben. Anstatt Inhalte mit dem Radiergummi dauerhaft zu löschen,

lässt sich in den meisten Fällen mit einer Ebenenmaske arbeiten, welche die ungewünschten Elemente stattdessen nur ausblendet.

- Das **Erstellen** von Auswahlen ist die Kernfunktion von Photoshop, um Änderungen nur auf bestimmte Bereiche wirken zu lassen oder Teile eines Bildes auszuschneiden und umzusetzen. Je nach Motiv bieten sich verschiedene Verfahren an.

3 Exemplarischer Ablauf einer Website-Erstellung

Ob eine kleine Visitenkartenseite oder eine komplexe Community-Plattform, jedes Projekt setzt sich aus individuellen Schritten zusammen und bedingt in Abhängigkeit von den Anforderungen breit gefächerte Kenntnisse in sehr unterschiedlichen Bereichen wie Design, Programmierung, Konzeption und Marketing. Von der initiierenden Idee bis zum ersten Besucher lassen sich jedoch stetig auftretende Phasen festmachen, die den typischen Charakter der Entwicklung einer Website widerspiegeln.

Dieses kurze Kapitel soll Ihnen helfen, diese Phasen im Zusammenhang betrachten zu können, so dass Sie trotz der später detaillierteren Ausführungen den roten Faden nicht verlieren. Ist Ihnen der typische Ablauf eines Webprojekts geläufig, können Sie bedenkenlos zu Kapitel 4, »Vorüberlegungen«, springen.

3.1 Planung

Bevor der erste Pixel sein digitales Leben in Photoshop beginnt, muss festlegt sein, welchen konkreten **Zielen** sich die Website unterzuordnen hat. Soll ein Produkt beworben oder gar direkt verkauft werden? Dient sie dem Veröffentlichen und Sammeln von Neuigkeiten zu einem bestimmten Thema? Steht eine kommerzielle Motivation im Vordergrund oder handelt es sich eher um das Verfolgen privater Interessen? Ist der wesentliche Rahmen definiert, gilt es über den eigenen Tellerrand zu schauen und sich Gedanken über potenzielle Besucher respektive die **Zielgruppe** zu machen. Merkmale wie Alter, Geschlecht und Herkunft helfen, Erwartungshaltung und mögliches Vorwissen bezüglich des gewählten Projektthemas herauszufinden. Diese Gegenüberstellung von Ziel und Erwartung rahmt das redaktionelle Sammeln der Inhalte für die Website ein. An dieser Stelle sollte beispielsweise bereits über eine mögliche Mehrsprachigkeit nachgedacht werden und sich nun langsam ein **Konzept** herauskristallisieren, wie die Intention der Website sich den spezifischen

Anforderungen der Zielgruppe nähern kann. Das Thema Mehrwert spielt hier eine ebenso große Rolle wie eine gute **Informationsarchitektur**, also das Aufbereiten und Strukturieren der Daten, so dass sie leicht erfasst werden können. Festzulegen ist, wie viele Seiten es geben soll bzw. muss und wie diese inhaltlich aufgebaut sind. In einer Frage zusammengefasst: Was kann den Besucher veranlassen, genau diese Website aufzusuchen und wie wird dieser am besten durch die Informationen geführt?

Sind Sie lediglich die umsetzende Partei, klären Sie mit Ihrem Kunden genau diese Dinge ab und sammeln zudem Informationen über **Corporate Identity** (die Unternehmensidentität, also das abgestimmte, einheitliche Auftreten nach außen) und **Corporate Design** (das Erscheinungsbild, welches sich in Kommunikationsmitteln und eventuellen Produkten reflektiert). Das Erfragen von optischen Präferenzen sowie die Nennung bestehender positiver wie negativer Beispiele helfen bei der Annäherung an eine gemeinsame Vorstellung.

3.2 Gestaltung

Der Designprozess beginnt noch völlig analog mit Bleistift und Papier – die einfachste Weise, schnell Ideen zu **skizzieren** und ihre Wirkung zu testen. Festigen sich erste Vorstellungen, werden die Informationen aus der Planungsphase in Photoshop als so genanntes **Screendesign**, die grafischen Vorlagen für die folgende Umsetzung, in ein optisches Gerüst gesteckt, das Gestaltungsgrundlagen und die technischen Anforderungen bei der Umsetzung berücksichtigt. Die grundsätzliche Ausgestaltung geschieht hierbei vom groben Rahmen hin zu Details, immer mit Bedacht auf genügend Flexibilität, da eine pixelgenaue Darstellung später sowieso nicht möglich sein wird. Ein gutes Layout erfüllt demnach dann seinen Zweck, wenn es entsprechend mit den vielseitigen Zuständen zurechtkommt.

3.3 Umsetzung

Nach dem Ausarbeiten des Screendesigns erfolgt im nächsten Schritt die Erstellung eines so genannten **Templates**, einer HTML-Vorlage, welche die Art der Weiterverwendung offenlässt. Ob die Website unter Zuhilfenahme von Redaktionssystemen betrieben wird oder lediglich aus festen (statischen) Seiten besteht, ist an dieser Stelle unerheblich und auch nicht Gegenstand des Buches.

Das Konzept einer Website verfolgt die **Trennung von Inhalt und Gestaltung** und kapselt damit voneinander unabhängige

Aufgabenbereiche. Aus dem Screendesign müssen somit erst einmal die strukturellen Informationen extrahiert und mit **logischen Auszeichnungen in HTML** (eine Hypertext-Auszeichnungssprache) versehen werden. Für jede Inhaltsart gibt es ein HTML-Äquivalent, z. B. Überschriften, Absätze, Listen oder Tabellen. Erst danach erfolgt die **Formatierung der Struktur mittels CSS** (eine Formatierungssprache für strukturierte Dokumente). Vorteil dieser Methode: Die Stilangaben können sehr leicht ausgetauscht und an bestimmte Umgebungsbedingungen, beispielsweise die Druckansicht, angepasst werden, ohne dass alle Informationen in einem neuen Dokument hinterlegt sein müssen.

Zur Umsetzung gehört ebenfalls eine umfassende **Kontrolle in gängigen Browsern** und gegebenenfalls weitere Anpassungen, da trotz Bemühungen für eine Vereinheitlichung HTML und CSS stellenweise sehr unterschiedlich interpretiert werden.

3.4 Veröffentlichung

Um eine Website im Internet publizieren zu können, müssen die Daten vom eigenen auf einen Rechner **hochgeladen** werden, der dauerhaft mit dem Netz verbunden ist (Server genannt). Das Bereitstellen eines solchen Platzes nennt sich **Hosting** und wird von Seitenbetreibern häufig im Monatsintervall angemietet.

Nach der Veröffentlichung bedarf es weiterer Maßnahmen, um die Aufmerksamkeit von Besuchern zu erlangen. Neben angemessener **Werbung** sollte der Auftritt bei **Suchmaschinen** angemeldet und in entsprechende **Webkataloge** eingetragen werden.

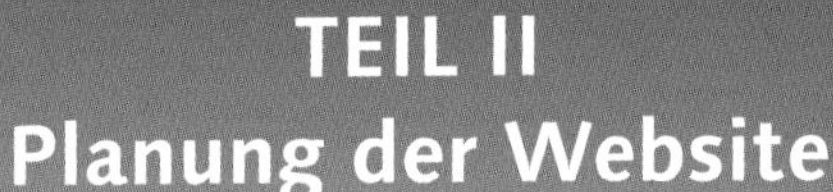

TEIL II
Planung der Website

4 Vorüberlegungen

Für wen mache ich das eigentlich alles? – Auch Webdesigner stellen sich diese Frage relativ häufig.

Sie mutet zwar provokant an, es handelt sich aber nicht um eventuelle selbstkritische Zweifel über die Wahl der gewählten Tätigkeit. Vielmehr steht sie exemplarisch für das, was im Vorfeld der Konzeption und eigentlichen Arbeit an einer Website bedacht werden sollte. Wie auch bei anderen Projekten, ist die Definition von Zielen und Abgrenzungskriterien vor der Produktivphase hilfreich, um den Aufwand besser zu bewältigen.

Damit Sie oder Ihr Kunde ein genaues Bild von dem bekommen, was auf welche Art am Ende ins Internet gelangt, stellen wir in diesem Kapitel weitere wichtige Fragen, die ein Bewusstsein für die anstehenden Aufgaben vermitteln und ihre Lösung im Detail vereinfachen.

Die jeweiligen Aspekte sind mit Beispielen aus dem Entstehungsprozess der Website zum Buch (unter *http://www.webdesign-mit-photoshop.de*) versehen. So erhalten Sie sofort Einblick in die praktische Nutzungsweise des vermittelten Wissens.

4.1 Bedarfsanalyse

Der Erfolg eines Projekts hängt vor allem von der vorherigen Planung ab. Egal ob Sie in einer Gruppe arbeiten oder als Einpersonenbetrieb auftreten, die Gesamtheit einer großen Aufgabe bewältigt sich leichter, wenn man sie in handhabbare Teile gliedert. Ablauf und Zusammenhänge sollten zudem skizziert und mit **Meilensteinen**, also datierten Zwischenzielen, versehen werden. Die Kontrollpunkte dienen zum Abgleich von Soll- und Ist-Zustand des Fortschritts und helfen, den gesetzten Zeitrahmen einzuhalten. Ob Sie dies per Stift und Papier oder unter Zuhilfenahme von Projektvisualisierungssoftware in Angriff nehmen, ist von den eigenen Vorlieben und dem Umfang der Aufgabe abhängig.

Projektmanagement-Software

Die Auswahl auf dem Markt ist groß. Für einen ersten Überblick empfehlen sich folgende Programme:

- Microsoft Project (Windows): *http://office.microsoft.com/project*
- Merlin (Mac): *http://www.projectwizards.net/de/merlin*
- Basecamp (webbasiert): *http://www.basecamphq.com*

Eine größere Übersicht finden Sie unter *http://en.wikipedia.org/wiki/List_of_project_management_software*.

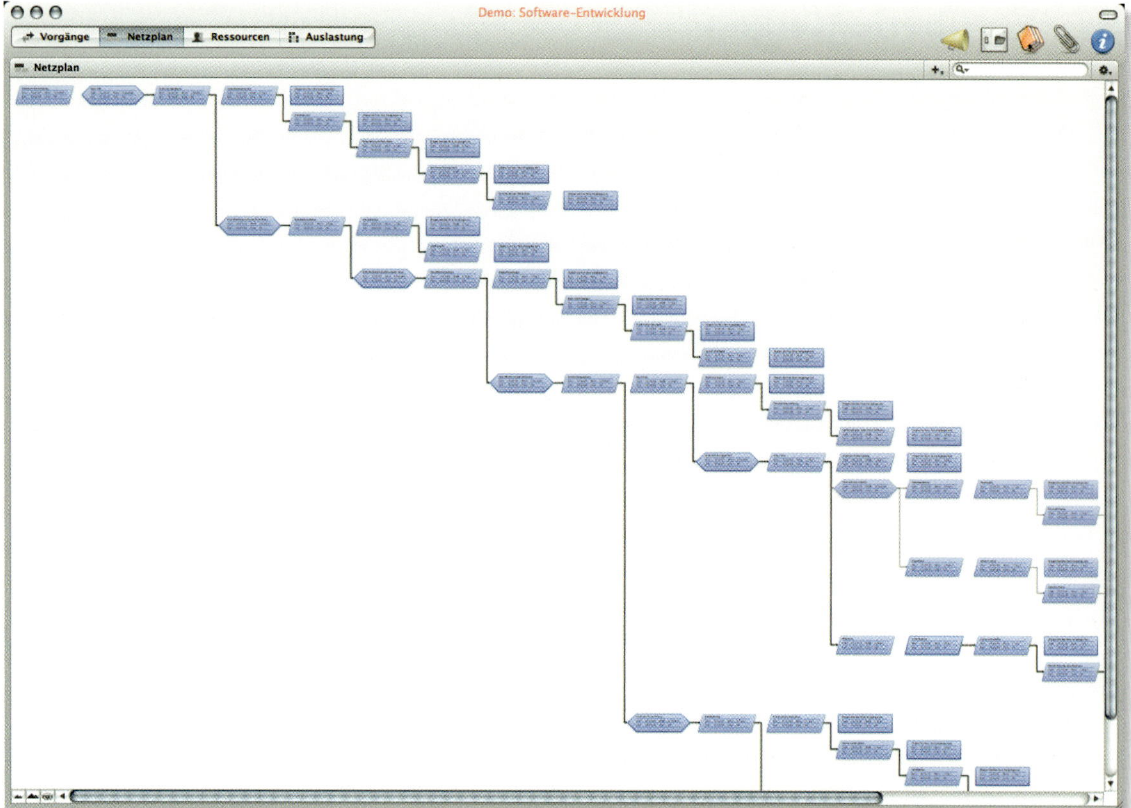

▲ **Abbildung 4.1**
Ein mit Merlin erstellter so genannter **Netzplan**, der Zeitaufwand und Abhängigkeiten eines größeren Projekts darstellt

Die Phase der Bedarfsanalyse für das Projekt gehört zu den wichtigsten. Nehmen Sie sich Zeit, überlegen Sie sich genau, was Sie wollen, und sammeln Sie Ideen zu den folgenden Punkten beim **Brainstorming**:

4.1.1 Ziele des Projekts

Zuerst ist die Frage zu klären: Was soll mit der Website erreicht werden und welchem Zweck dient sie?

Möglichkeiten wären unter anderem:

- Wissenstransfer (Nachrichten, Lexikon, Hilfestellungen usw.)
- Produktwerbung/Verkauf
- Imagepflege
- Portfolio
- Service-/Dienstleistungsangebot (Treiber-Download, Anleitungen, soziales Netzwerk usw.)

Denkbar ist auch eine Bündelung aus den genannten Gebieten. Beachten Sie, dass sich diese in den Inhalten und Funktionen widerspiegeln müssen, da weder Fehlendes noch Zielsetzungsfremdes konstruktiv etwas zum Projekt beiträgt. Die Unterscheidung von **Primär- und Sekundärzielen** ist hierbei recht hilfreich.

Beispiel Buchprojekt | Die primäre Absicht ist, eine informelle Anlaufstelle zu schaffen und somit das Buch zu bewerben. Die sekundäre Aufgabe besteht in der Ergänzung der Buchinhalte durch begleitendes Material und darin, eine Möglichkeit für die Leser – also Sie – zu bieten, die behandelten Themen in einem Forum zu hinterfragen.

4.1.2 Zielgruppe

Wen soll die Seite ansprechen? Eine konkrete Zielvorgabe läuft ins Leere, wenn sie nicht die richtigen Menschen trifft. Spätestens beim zukünftigen Marketing zeigen sich schnell Grenzen auf, wenn es keine Einschränkungen oder Vorgaben bei der Zielgruppe gibt. Aufgrund gegensätzlicher oder in unterschiedlicher Ausprägung vorhandener Interessen können Sie nicht jeden gleichwertig ansprechen. Wer Ihre Inhalte wahrnehmen soll, ist somit die zweite wichtige Komponente der Vorüberlegungen.

Umso wichtiger erscheint dies mit dem Wissen, dass die erste Entscheidung über eine Website innerhalb der ersten **50 Millisekunden** (ca. die Hälfte der Zeit eines Wimpernschlags) getroffen wird und aufgrund des **Halo-Effekts** Auswirkungen auf die weitere Wahrnehmung hat. Das häufig bemühte Zitat »Es gibt keine zweite Chance für den ersten Eindruck« kommt zum Tragen. Der erste Eindruck »überstrahlt« (wie ein Halo) das weitere Urteil. Eine konservative Zielgruppe würde zum Beispiel den präsentierten Inhalt direkt skeptisch betrachten, wenn er zu modern und unkonventionell erscheint, auch wenn er eigentlich dem entspräche, was sie suchen.

Da es aber innerhalb dieser kurzen Zeit nicht möglich ist, weitreichende Erklärungen über Sinn und Vorhaben darzulegen, bedarf es klientelgerechter Eselsbrücken. Versetzen Sie sich also in die Lage Ihrer Besucher und fragen sich, was diese erwarten. Bereits vorgefertigte statistische Auswertungen oder eigene Umfragen helfen hierbei ungemein.

Dieser Effekt lässt sich natürlich nicht nur zur Vermeidung von Abschreckung einsetzen, sondern auch, um das nötige Interesse überhaupt erst einmal zu wecken. In der Gestaltung einer Website äußert sich dies häufig in besonders opulenten Startseiten.

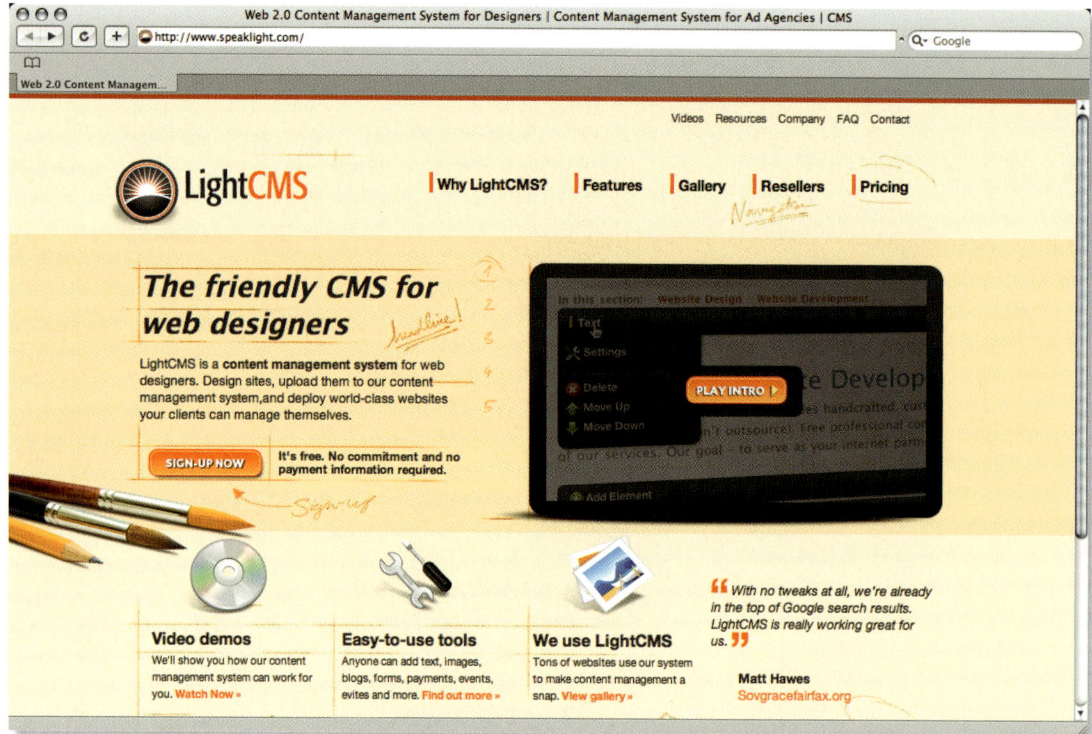

▲ **Abbildung 4.2**
Die Website *http://www.speaklight.com* bedient sich einer aufmerksamkeitsbindenden Teasergrafik auf der Startseite, um das primäre Interesse auf das beworbene Produkt zu lenken.

Hilfe bei der Definition Ihrer Zielgruppe

Das Festlegen der eigenen Zielgruppe involviert die Berücksichtigung verschiedener Faktoren (Alter, Herkunft usw.). Die Zusammenfassung dieser Faktoren ergibt das anzusprechende Klientel. Meist genügt es, offensichtliche Einstellungen und Erwartungen zusammenzutragen und zu beachten. Muss es aber einmal genauer sein, hilft entsprechende Fachliteratur weiter. Dafür exemplarisch sei der Überblick relevanter Merkmale von Prof. Dr. Hans Christian Weis in seiner Publikation »Marketing« genannt:

- **Geografische Merkmale:** Bundesland, Ortsgrößen, Regierungsbezirke, Nielsen-Gebiete (*http://de.wikipedia.org/wiki/Nielsengebiet*)
- **Demografische Merkmale:** Geschlecht, Alter, Familienstand, Beruf, Einkommen, Konfession, Nationalität
- **Psychografische Merkmale:** Persönlichkeitsmerkmale, Lebensstil, soziale Schicht, Einstellung (allgemein)
- **Verhaltensorientierte Merkmale:** Verhaltensmuster, Einstellung (spezifisch), Verwendung, Markentreue

Anhand dieser Daten ist es nun möglich, konkretere Rückschlüsse auf gegebene Voraussetzungen und Erwartungshaltungen zu ziehen und diese für die eigenen Zwecke zu nutzen.

Quelle: Prof. Dr. Hans Christian Weis, Marketing, 14. Auflage, Friedrich Kiehl Verlag GmbH, Seite 130, ISBN: 3470512736

Einfluss auf Inhalt, Gestaltung und zu verwendende Technik hat ebenfalls der Faktor der körperlichen Beeinträchtigung der Besucher. Sehschwächen, Farbfehlsichtigkeit, Blindheit oder die Notwendigkeit, andere Peripherie als Maus und Tastatur nutzen zu müssen, bedürfen weitergehender Rücksichtnahme und der Einhaltung von Standards zur Reduzierung von Barrieren.

Beispiel Buchprojekt | Aufgrund der internetspezifischen Thematik gleichen sich die Zielgruppen des Buches und der Website. Ambitionierte Webdesign-Einsteiger und fortgeschrittene Design-Umsteiger bringen ein notwendiges Interesse und Vorkenntnisse unterschiedlicher Ausprägung für Design und Technik mit. Da von allzu großen körperlichen Beeinträchtigungen in der Mehrheit nicht auszugehen ist, tritt eine Rücksichtnahme in Form erhöhter barrierereduzierender Maßnahmen wie der Verwendung von starken Kontrasten oder einer erweiterten Unterstützung von Screenreadern in den Hintergrund.

4.1.3 Inhalte

Welchen **Nutzen und Mehrwert** bietet der Inhalt dem Besucher?

Nachdem das Interesse des Betrachters gewonnen wurde, gilt es, dieses zu halten. Geben Sie Gründe für Besuch und Verbleib.

Das Erstellen der Inhalte unterscheidet sich vom Prozess des Aufbaus und der Gestaltung einer Website und bedarf oft hoher redaktioneller und kompositorischer Aufwendungen in Text-, Bild- und Videoform, was gerade bei häufigen Aktualisierungen mitzubedenken ist. Im Gegensatz zu dieser klassischen Variante, bei der die Inhalte vom Seitenbetreiber angeboten werden, gibt es seit einiger Zeit verstärkt Websites im Netz, bei denen der Nutzer als Redakteur auftritt. In diesem Fall übernimmt die Seite lediglich die Aufgabe, Funktionen für Ein- und Ausgabe bereitzustellen sowie Kommunikationsmöglichkeiten innerhalb der Gemeinschaft anzubieten. Aber auch Websites mit eher traditionelleren Informationen können von der Interaktion mit dem Besucher profitieren. Beispielsweise bieten Kommentarfunktionen Platz für Meinungsaustausch und schaffen Gründe für einen erneuten Besuch.

Sind alle Inhalte gesammelt, machen Sie sich Gedanken um die **Informationsarchitektur**. Wie erfolgt die Organisation, Strukturierung und Verknüpfung der Informationen und auf welchem Weg erreichen Sie eine optimale Wiederauffindbarkeit. Eventuelle Anforderungen an **Lokalisierung** oder sogar eine von vornherein gewünschte **Internationalisierung** sind ebenfalls einzubeziehen.

Bedenken Sie, dass die zur Verfügung stehenden Techniken wie Begriffswolken oder Bildbetrachtungseffekte (z. B. per Lightbox, siehe Abbildung 4.3) nicht zum Selbstzweck eingesetzt werden dürfen, sondern lediglich die Darstellung unterstützen sollen. Erstellen Sie für den Funktionsumfang der Website ein bindendes **Konzept** und setzen dieses konsequent um.

Lokalisierung und Internationalisierung

Lokalisierung (kurz l10n) steht für das aufwändige nachträgliche Anpassen einer Anwendung oder eines Dokuments an einen fremdsprachigen Zielmarkt.
Internationalisierung (kurz i18n) hingegen beschreibt die Entwicklung einer Anwendung oder eines Dokuments in Hinblick auf die Möglichkeit, sie später leicht lokalisieren zu können.
http://www.w3.org/International/questions/qa-i18n.de.php

Abbildung 4.3 ▲
Eine Lightbox wertet das Betrachten von Bildern auf, indem sie diese im Kontext der Website leuchtkastenähnlich mit abgedunkeltem Hintergrund darstellt. In diesem Beispiel handelt es sich um das jQuery-Plugin FancyBox: *http://fancy.klade.lv*.

An dieser Stelle ist es ebenfalls ratsam, darüber nachzudenken, ob das Nutzen eines **Redaktionssystems** sinnvoll erscheint und ob dem Besucher weiterer Service in Form von Newslettern, Feeds, Kontaktformularen usw. geboten werden soll. Auf der Seite *http://www.opensourcecms.com* sind die bekanntesten kostenlosen Open-Source-Systeme aufgelistet und können direkt ausprobiert werden. Das Einarbeiten in ein solches System ist meist recht zeitaufwändig und setzt häufig grundlegende Kenntnisse einer Webprogrammiersprache wie PHP oder ASP voraus. Aber schon bei einer kleinen Seite mit häufig zu aktualisierenden Inhalten lohnt sich die Verwendung.

Beispiel Buchprojekt | Das Bewerben des Buches erfolgt durch das Anbieten von Leseproben und zusätzlichen Informationen zum Thema. Fragen werden von den Autoren oder engagierten Lesern in einem Forum beantwortet.

4.1.4 Gestaltung

Wie kann die Zielgruppe angesprochen und optimal durch die Website geführt werden, damit deren Inhalt effektiv transportiert wird?

Legen Sie **Layout**, **Stil**, **Farben** und **Typografie** fest, und betrachten Sie das Design dabei als **Problemlösung**. Die Kapitel 5 bis 8 zeigen Grundlagen und Anforderungen der einzelnen Bereiche. Den künstlerischen Selbstzweck und die eigene Kreativität brauchen Sie aber nicht zu vernachlässigen. Beides dient als willkommenes Mittel zur Akzentuierung und Hervorhebung aus der Masse.

Vorgaben aus einem eventuell vorhandenen **Corporate Design** (kurz CD) sind generell einzubeziehen.

Nicht immer müssen Sie das Rad neu erfinden. **Inspiration** durch thematisch verwandte Websites hilft Ihnen bei der Planung und ist legitim, solange Sie die Grenze zum bloßen Kopieren nicht überschreiten. Gerade durch die Übernahme eingebürgerter Anordnungen von Elementen gewinnen Sie beim Besucher aufgrund der Gewohnheit ein erhöhtes Maß an Orientierung. Auch der erste Schritt hin zur Umsetzung geht zügiger vonstatten, da weniger Zeit mit der Verifizierung des eigenen Konzepts verbracht werden muss. Nachteile dieser Methode sind jedoch die schnell als langweilig empfundene Gleichförmigkeit, die fehlende Individualität und damit womöglich auch die mangelnde wichtige Abgrenzung zu Mitbewerbern. Auch besteht die Gefahr, an den individuellen Projektanforderungen vorbeizudenken. Versuchen Sie einen guten Mittelweg zu finden.

Skizzieren Sie Ihre ersten Ideen am besten auf einem Blatt Papier. Seien Sie ungezwungen und probieren verschiedene Ansätze aus, es geht hierbei nicht um Korrektheit oder künstlerischen Mehrwert. Jeder Versuch kostet in dieser Phase nicht mehr als ein paar Striche und kann leicht weiter ausgearbeitet oder, sofern man doch einmal in eine Sackgasse geraten ist, wieder verworfen werden. Nutzen Sie ungezwungene Spontanität von Skizzen, um verschiedene Varianten für die Anordnung der einzelnen Bereiche (Kopf, Navigation, Inhalt, Fuß usw.) auszuprobieren, und halten Details fest, die Sie verwenden möchten. Fixieren Sie sich nicht zwingend auf vorher geplante Elemente. Wenn Ihnen beim Kritzeln der Gedanke kommt, hier und da etwas zu ergänzen oder wegzulassen, tun Sie das. Betrachten Sie jede Skizze als eigenständigen Ansatz, der nichts mit den anderen zu tun haben muss.

Beispiel Buchprojekt | Es wird eine klassische Unterteilung des Layouts in Kopf-, Inhalts- und Fußbereich genutzt. Da es sich um eine gängige Struktur handelt, ist von vornherein eine gute Orientierung gewährleistet.

Der moderne und klare Stil unterstützt die Aussage, dass in dem beworbenen Produkt aktuelle Informationen vorzufinden sind. Der Gebrauch von individuellen Illustrationen und Icons unterstreicht die Fokussierung auf das Thema Gestaltung.

Ein festes Farbschema ist in diesem Fall nicht notwendig. Der daraus resultierende Spielraum bietet somit die Möglichkeit, mittels

Farbwähler im Kopfbereich die Wandelbarkeit von Websites zu demonstrieren.

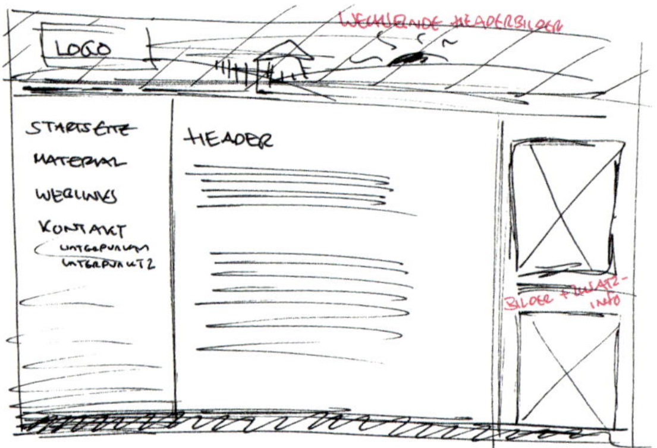

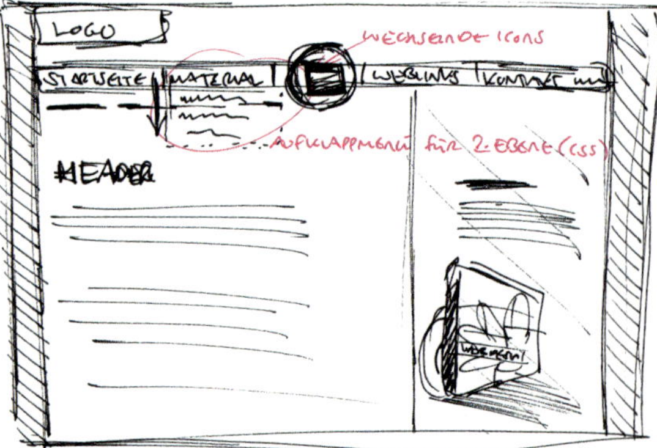

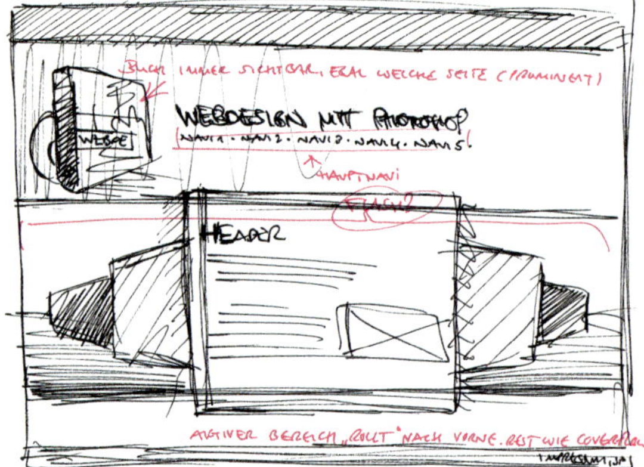

▲ **Abbildung 4.4**
Die ersten Skizzen zeigen verschiedene Strukturierungsversuche und schon grafische Einzelheiten, die später verwendet wurden.

4.1.5 Technik

HTML oder Flash? | Viele Websites existieren vornehmlich als HTML- oder Flash-Variante. HTML stellt den **Standardweg** der Informationsübertragung im World Wide Web dar. Flash hingegen ist lediglich ein **Plug-in** für Browser, aber auf so gut wie jedem Rechner installiert.

Flash bietet den Vorteil weiträumiger gestalterischer Freiheiten und die einfache Möglichkeit, Animationen einzusetzen. Durch die Fähigkeit, skalierbare Vektorgrafiken darzustellen, sind Flash-Seiten von Auflösungen ebenso unabhängig wie vom verwendeten Browser. Es können beliebige Schriftarten verwendet werden, und ein pixelgenaues Arbeiten ist möglich. Mehr grafische Konsistenz ist im Webbereich kaum möglich.

Nachteile sind aber:

- der hohe Preis der Autorensoftware
- die schlechte Indizierung durch Suchmaschinen
- der Aufbau hoher Barrieren für Mensch und Maschine (Screenreader können Inhalte nur bedingt vorlesen, alternative Darstellungen sind nicht möglich)
- ein erhöhter Aufwand beim Pflegen der Inhalte
- die statistische Auswertung der Inhaltsaufrufe gestaltet sich schwierig

Standardisiertes HTML punktet im Gegensatz dazu mit einfacher Pflege (ein kostenloser Texteditor genügt), guter Indizierung durch Suchmaschinen und der Möglichkeit, Inhalte dynamisch und barrierearm darzustellen. Abstriche sind in folgenden Bereichen zu machen:

- unterschiedliche Interpretation der Inhalte durch Browser – pixelgenaue und konsistente Darstellungen sind so nicht hundertprozentig zu gewährleisten
- die Optik richtet sich nach den strukturellen Möglichkeiten – nicht alles kann umgesetzt werden
- Einschränkungen der verwendbaren Schriften

Verwenden Sie Flash dann, wenn die Vorteile der Nutzung von HTML die gestalterischen Nachteile nicht ausgleichen können. Da Flash das Produkt eines Unternehmens ist, würden Sie sich dazu von der Firmenpolitik Adobes abhängig machen.

Ein häufig genutzter Mittelweg ist, Teile der Seite, z. B. Produktpräsentationen, in einem Flash-Film ablaufen zu lassen und den restlichen Aufbau in HTML zu realisieren.

Fällt die Entscheidung zugunsten von HTML aus, sind bei der Verteilung der Inhalte pro Seite die **Ladezeiten** zu beachten. Die meisten Besucher verlassen eine Website, wenn diese nicht nach **10 Sekunden** im Browser erscheint. Das Überfrachten mit Bildern und Videos sollte vermieden werden. Auch dürfen in diesem Fall Bildbeschreibungs- und Titeltexte beim Sammeln der Inhalte nicht fehlen.

Beispiel Buchprojekt | Leichte Redaktion, gute Auffindbarkeit für Suchmaschinen, wenig Einsatz von Animationen und die ausreichenden gestalterischen Möglichkeiten einer standardkonformen HTML-Seite sprechen gegen den Flash-Einsatz.

4.1.6 Marketing

Welche **Alleinstellungsmerkmale** (kurz USP für Unique Selling Proposition) machen das Produkt, das Unternehmen oder den Service aus? Gibt es medienübergreifende Marketingstrategien?

Inhalt sowie Gestaltung sollten die Besonderheiten des eigenen Produkts oder Projekts klar hervorheben. Beim Verkauf Ihrer Ware schaffen Sie Anreize, wenn diese mit digitalen Inhalten verknüpft sind. So könnte zum Beispiel ein Leser zu einem gekauften Buch aktualisierende Downloads oder Zusatzinformationen erhalten.

Kundenfragebogen

Gerade in Zusammenarbeit mit Kunden ist es wichtig, dass schon vor der Planungsphase essenzielle Eckpunkte eines Projekts definiert werden. Aufgrund der Komplexität und Vielfältigkeit möglicher Anforderungen einer Website ist es nicht möglich, von vornherein eine vollständige Checkliste zu erstellen. Um weiterführende Gespräche zumindest anzustoßen, ist die folgende Liste ein guter Anhaltspunkt:

1. Wer ist der Auftraggeber?
2. Wer ist der Ansprechpartner?
3. Was sind die Ziele des Projekts?
4. Wer ist die Zielgruppe (Kunden/Besucher)?
5. Welche Merkmale weist die Zielgruppe auf?
6. Mit welchen Erwartungen kommen Besucher auf die Seite?
7. In welchem Umfeld arbeiten die zu erwartenden Besucher?
8. Welche Inhalte sollen publiziert werden?
9. Ist Mehrsprachigkeit gewünscht?
10. Welche Funktionen soll die Seite aufweisen (CMS, Newsletter etc.)?
11. Soll die Seite vermarktet werden? Falls ja, wie und von wem (Partnerlinks, Flyer)?
12. Gibt es ein Corporate Design oder eine Corporate Identity bzw. zu beachtende Gestaltungsrichtlinien?
13. Nennen Sie zwei bis drei Websites, die Sie gestalterisch ansprechen.
14. Welche Websites betrachten Sie als Negativbeispiele und weshalb?
15. Was ist das Alleinstellungsmerkmal (USP) gegenüber der Konkurrenz?
16. Wie ist die Marktposition des Auftraggebers?
17. Wer sind die wichtigsten (direkten) Konkurrenten?
18. Wird bereits eine Seite betrieben, wenn ja, unter welcher Domain und unter welchen Serverbedingungen?
19. Wann soll die Seite online gehen?
20. Wie und von wem soll die Pflege und Aktualisierung der Seite erfolgen?
21. Gibt es ein Budget?

4.2 Informationsarchitektur und Sitemap

Ziel der Informationsarchitektur ist es, eine benutzerfreundliche Strukturierung von Daten- und Funktionsbeständen zu realisieren. Für eine Website bedeutet dies vor allem die **logische Aufteilung der Inhalte in Seiten und gegebenenfalls Unterseiten**, basierend auf zusammengehörigen Aspekten, die unter einem anschaulichen Oberbegriff gruppiert werden. Beispielsweise ließen sich Anschrift, Telefon-/Faxnummer und eMail-Adresse unter »Kontakt« versammeln.

Die Informationseinheiten müssen außerdem in Beziehung zueinander stehen. Es existieren verschiedene Methoden, diese zu handhaben. Neben einer linearen oder netzartigen Anordnung wird am häufigsten Gebrauch von einer **Baumstruktur** bzw. Hierarchie gemacht. Die Gesamtheit der Beziehungen ergibt gleichzeitig die Art der Navigation des Besuchers durch die Website.

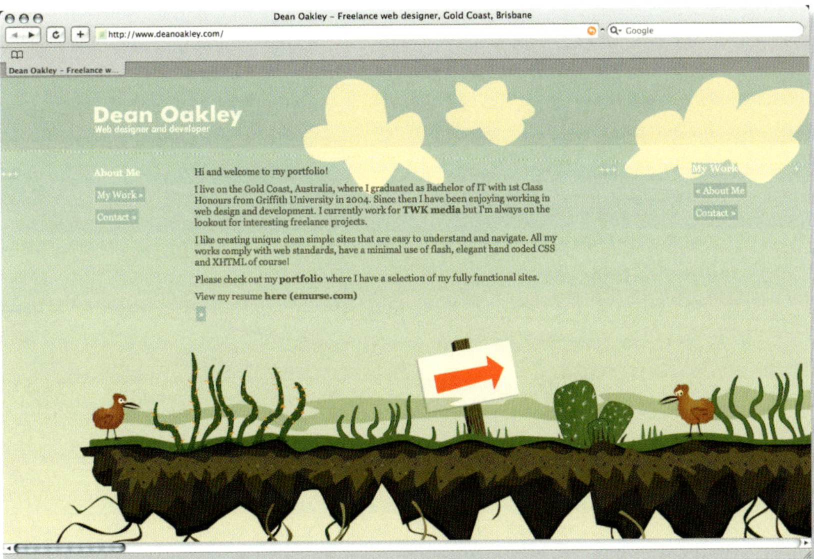

▲ **Abbildung 4.5**
Lineare Anordnung: Dean Oakley stellt alle Informationen und die Arbeiten in seinem Portfolio nebeneinander dar. Per Klick auf eine der Schaltflächen scrollt der Inhalt an die zugehörige Stelle. Es gibt jedoch keine weiteren Seiten oder Unterseiten: *http://www.deanoakley.com*.

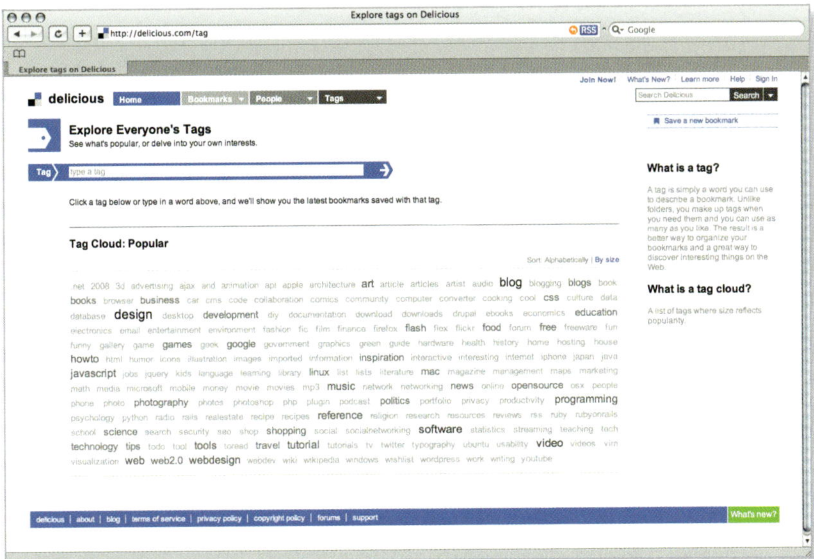

▲ **Abbildung 4.6**
Netzartige Anordnung: Informationseinheiten werden gleichberechtigt ohne Ebenenhierarchie präsentiert und sind miteinander verknüpft. Beispielsweise sind die Artikel der Wikipedia gleichgestellt vor allem über die Suche auffindbar und verweisen aufeinander. Auch Systeme, die hauptsächlich auf das Taggen von Informationen setzen, wie das hier gezeigte *http://www.delicious.com*, verwenden einen ähnlichen Aufbau.

Die Baumstruktur basiert auf Oberbegriffen, denen Unterpunkte zugeordnet sind. Dabei sollten sich im finalen **Menü** auf jeder Ebene nicht mehr als 7 befinden, da davon ausgegangen wird, dass das Kurzzeitgedächtnis nur 7 ± 2 »Chunks« (Block sprachlicher Information) speichern kann. Das Erfassen einer Navigation wird erschwert, je höher die Anzahl ausfällt.

Um die Hierarchie sinnvoll aufzubauen, empfiehlt sich die Unterteilung in folgende Phasen:

- **Festlegen der Inhalte:** Sammeln Sie, wie in Abschnitt 4.1.3 bereits beschrieben, Ihre Inhalte.
- **Analyse vorhandener Inhalte:** Existiert bereits eine Website, untersuchen Sie die Verteilung der Inhalte, und nutzen Sie Statistiken, um die Häufigkeit der Zugriffe festzustellen. Achten Sie auf Diskrepanzen, die sich im geringen Aufruf wichtiger Informationen zeigen. Sollte dies der Fall sein, ist eine Umsortierung ratsam.
- **Analyse der Benutzeranforderungen:** Versetzen Sie sich in die Lage der anzusprechenden Zielgruppe. Mit den zu erwartenden Vorkenntnissen sollten die Informationen leicht auffindbar, und die Beziehung zwischen den Inhalten muss klar ersichtlich sein.
- **Analyse der Eigenanforderungen:** Legen Sie fest, welche Informationen vom Besucher primär wahrgenommen und wie weitere Informationen mit diesen verknüpft werden sollen. Achten Sie explizit auf konsistente Zusammenhänge und haben ein Auge auf die kontextgebundenen Assoziationsmöglichkeiten, um Fehlinterpretationen zu vermeiden.

Hilfreiche Methoden zur Erstellung einer Informationsarchitektur sind **Card-Sorting** und **Wireframes**.

Link-Tipp

Hilfe bei der quantitativen Auswertung erhalten Sie von Joe Lamantias Excel-Vorlage, zu finden unter *http://www.boxesandarrows.com/view/analyzing_card_sort_results_with_a_spreadsheet_template.*

Beim Card-Sorting erhalten mindestens 15 repräsentative Testpersonen alle Menüpunkte auf jeweils einer Karte. Diese sollen innerhalb eines vorgegebenen Zeitrahmens sinnvollen Oberbegriffen zugeordnet werden. Anzahl und Name der Oberbegriffe können entweder festgelegt sein oder sind frei von den Testpersonen zu bestimmen. Die Auswertung der Ergebnisse erfolgt nicht nur nach quantitativen, sondern auch nach qualitativen Parametern. Zu letzteren gehören Fragen wie:

- Welche Begriffe waren schwierig zuzuordnen?
- Welche Begriffe waren schwer verständlich?
- Welche Begriffe wurden falsch interpretiert?

Wireframes hingegen sind Prototypen von Websites und im Grunde nichts anderes als die bereits beschriebenen Skizzen. Sie werden allerdings auch in einer dynamischen Variante gefertigt, die eine funktionierende Navigation enthält und oft zusammen mit einer **Sitemap** präsentiert.

Bei einer Sitemap handelt es sich um die Darstellung einer hierarchischen Struktur aller Einzelseiten einer Website und im Konzeptionsprozess der Informationsarchitektur um eine Zusammenfassung des Organisationstandes. Sie hilft bei der Sichtung und Bewertung der Inhaltsstruktur und wird auf der eigentlichen Website gern zur Suchmaschinenoptimierung und Barrierereduzierung adaptiert.

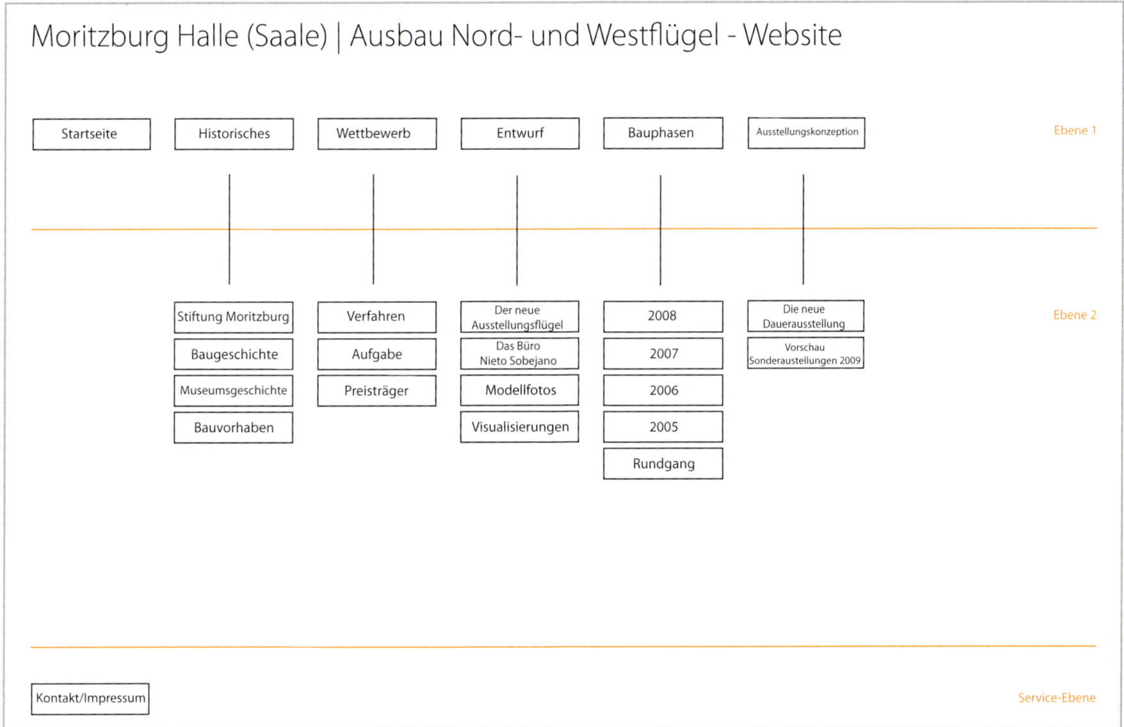

▲ **Abbildung 4.7**
Diese Beispiel-Sitemap bildet die Baumstruktur einer Website und eine ausgelagerte Menüebene ab.

Die Zusammenfassung dieses Kapitels finden Sie auf der nächsten Seite.

4.3 Zusammenfassung

4.3.1 Bedarfsanalyse

Um die zentralen Bedürfnisse abzudecken, sind zu Projektbeginn die folgenden Punkte festzulegen:

- Projektziele
- Zielgruppe
- Inhalte
- Konzept für Struktur und Funktion
- Redaktionssystem – ja oder nein
- Layout, Stil, Farbe, Typografie
- HTML oder Flash
- Marketingmaßnahmen
- Meilensteine

Beachten Sie bei der Planung die nachstehenden Hinweise für ein effizientes Arbeiten:

- Skizzen sparen Zeit.
- Wählen Sie Inhalt und formale Sprache zielgruppenrelevant.
- Das erste bleibende Urteil wird nach 50 Millisekunden gefällt.
- Besucher verlassen häufig die Website, wenn sie länger als 10 Sekunden lädt.
- Flash ist rein audiovisuell und nur auf Rechnern zu betrachten, andere Geräte (z. B. Handys) und körperlich beeinträchtigte Besucher werden ausgeschlossen.

4.3.2 Informationsarchitektur und Sitemap

Behalten Sie bei der Strukturierung der Inhalte Ihrer Website die genannten Tipps im Hinterkopf:

- Inhalte in Seiten und Unterseiten logisch aufteilen (Baumstruktur)
- nicht mehr als 7 Punkte pro Menüebene
- Vorgehen nach dem Schema: Analyse vorhandener Inhalte → Analyse der Benutzeranforderungen → Analyse der Eigenanforderungen
- Verwenden von Hilfsmethoden (Card-Sorting, Wireframes)
- Zusammenfassen der Organisationsstruktur mittels Sitemap

5 Raster

Sicherlich würden Sie nun gern Photoshop starten und sich mit dem Buch an das Erstellen des ersten Screendesigns machen. Bevor es jedoch zur Kür kommen kann, steht die »Pflicht« ins Haus, denn es muss bekannt sein, welchen technischen und logischen Bedingungen sich eine Website unterwirft. Die Trennung von Gestaltung und Inhalt wird, wie bereits in Abschnitt 1.1, »Warum Webdesign über optisches Gefallen hinausgeht«, angesprochen, seit einigen Jahren als wichtigstes Kriterium genannt. Um was es sich hier genau handelt, in welchen Zusammenhängen es zu verstehen ist und welche Auswirkungen es auf die gestalterische Arbeit hat, klärt dieses Kapitel.

So lernen Sie in der Pflicht den Spaß an unserem Vorhaben kennen und schaffen am Ende eine Arbeit, die mehr ist als bloße optische Gefälligkeit.

5.1 Rahmenbedingungen im Webdesign

5.1.1 Grundlagen und Anforderungen

Um die Grundregeln der webspezifischen Gestaltung nachvollziehen zu können, sollte eine Website nicht als statisches Konstrukt aufgefasst werden. Sie ist – im Gegensatz zu diesem Buch – kein unveränderlicher, fertig geformter Informationsträger, sondern besteht aus einer strukturierten Ansammlung von Daten, einem darauf basierenden Designvorschlag, der im Browser des Nutzers abgebildet wird, sowie interaktiven Elementen. Die Anzeige erfolgt durch das Zusammensetzen einzelner Bestandteile und deren Interpretation mittels definierter Standards.

Die Bereiche lassen sich in ihrer hierarchischen Anordnung aufsteigend wie folgt benennen:

- Inhalt (Redaktion)
- Gliederung (Webentwicklung)
- Darstellung (Webdesign)
- Interaktion (Webentwicklung)

Aufgabenteilung

Das Prinzip der voneinander abgekapselten Aufgabenstellung entlehnt sich aus den in der Programmierung üblichen Entwurfsmustern. Eines der bekanntesten Beispiele ist die **M**odel-**V**iew-**C**ontroller-Struktur (MVC), welche die Teilbereiche eines Programmablaufs in Speicher-, Präsentations- und Steuerschicht aufteilt und damit bei größeren Anwendungen für eine notwendige Ordnung sorgt. *http://de.wikipedia.org/wiki/MVC*

Die Problemlösungen zu diesen Schichten sind zwar voneinander unabhängig zu behandeln, bauen aber dennoch aufeinander auf und greifen ineinander über.

▲ **Abbildung 5.1**
Website-Schichtenmodell: Inhalt ①, strukturiert mit HTML ②, formatiert mit CSS ③ und durch JavaScript mit Interaktivität versehen ④

Der **Inhalt** stellt nichts weiter dar als die redaktionell zusammengetragenen und an die Netzöffentlichkeit zu übermittelnden Rohinformationen. Hierbei kann es sich um Texte, Bilder, Ton, Videos und weitere multimediale Formate wie Flash und PDF handeln.

Die **Gliederung** der Inhalte übernehmen speziell auf die Bedürfnisse des Web ausgerichtete Formate wie **H**yper **T**ext **M**arkup **L**anguage (HTML) und E**x**tensible **M**arkup **L**anguage (XML). Sie gehören zur Gruppe der Auszeichnungs- bzw. Markup-Sprachen. An dieser Stelle erfolgt lediglich eine semantische, also inhaltsrelevante Markierung sowie die Verknüpfung und hierarchische Aufteilung der Informationen.

Semantik

Die Semantik beschäftigt sich mit der Bedeutung von Wörtern und Zeichen. Im Falle von HTML verbindet man damit das Kennzeichnen von Bereichen in Abhängigkeit von der Bedeutung des Inhalts. Auf diese Weise wird das maschinelle Auslesen und die Weiterverarbeitung der gekennzeichneten Abschnitte vereinfacht.

Für die **Darstellung** und Formatierung sorgen so genannte Stylesheet-Sprachen wie **C**ascading **S**tyle **S**heets (CSS) oder E**x**tensible **S**tylesheet **L**anguage (XSL) – kurz auch nur »Stylesheets« genannt. Deren Daten werden getrennt von der oben genannten Dokumentenstruktur abgelegt und enthalten Angaben über beispielsweise Position, Größe und Farbe eines Elements.

Zur **Interaktion** gehören manipulative Techniken wie JavaScript, welche die Dokumentstruktur auslesen, beeinflussen und somit ein erweitertes Funktions- wie Resonanzverhalten der Seite implementieren können. Ein Beispiel hierfür sind Suchfelder, die bereits bei der Eingabe Treffer anbieten.

Keine fixe Darstellung | Die Anzeige einer Website ist demnach keine absolute Konstante, die unumstößlich mit den Inhalten verbunden ist, sondern lediglich ein im Kontext stehender Teilaspekt des Ganzen, der in Abhängigkeit von der Umgebung interpretiert wird. So ist auch die Darstellung von Schriften und Farben je nach Rahmenbedingungen – stellenweise sogar zwangsweise – flexibel, beispielsweise bei nicht installierten Schriftarten oder Displays mit eingeschränkter Farbwiedergabe.

Erreicht werden soll eine Informationsübermittlung, die größtmögliche Unabhängigkeit vom Betrachtungsgerät/-medium (Computer, PDA, Smartphone, Blatt Papier) und der verwendeten Software bietet, um eine hohe Empfangsreichweite zu gewährleisten. Dies gilt ebenso für Menschen mit körperlichen Beeinträchtigungen, die oftmals nicht die als selbstverständlich angenommenen Peripherien wie Monitor, Maus und Tastatur nutzen können, sondern entweder auf ausweichende Hilfsapparaturen angewiesen sind oder gänzlich darauf verzichten müssen.

Das Internet als globale demokratisch-anarchische Institution strebt in seinen Grundprinzipien die Gleichstellung aller Beteiligten an. Somit sollte der Ausschluss jeglicher der Masse gegenüber benachteiligter Gruppierungen möglichst vermieden werden.

Die erste praktische Konfrontation mit der Flexibilität der Darstellung zeigt sich an der gewohnten Anpassung einer Website an den Ausdruck per angeschlossenen Drucker sowie eine optimierte Ausgabe für mobile Endgeräte mit sehr kleinen Bildschirmen. So wird in beiden Fällen auf dasselbe Dokument zurückgegriffen, es wird aber mittels unterschiedlicher Stylesheets an die formalen Bedingungen der Ausgabegeräte angeglichen.

▼ Abbildung 5.2
Dasselbe Dokument (Startseite von *http://www.bluewin.ch*), für unterschiedliche Ausgabemedien formatiert. Von links nach rechts: Monitordarstellung (Safari), Druckansicht (Vorschau, Mac OS X) und die Darstellung für mobile Endgeräte (iPhone).

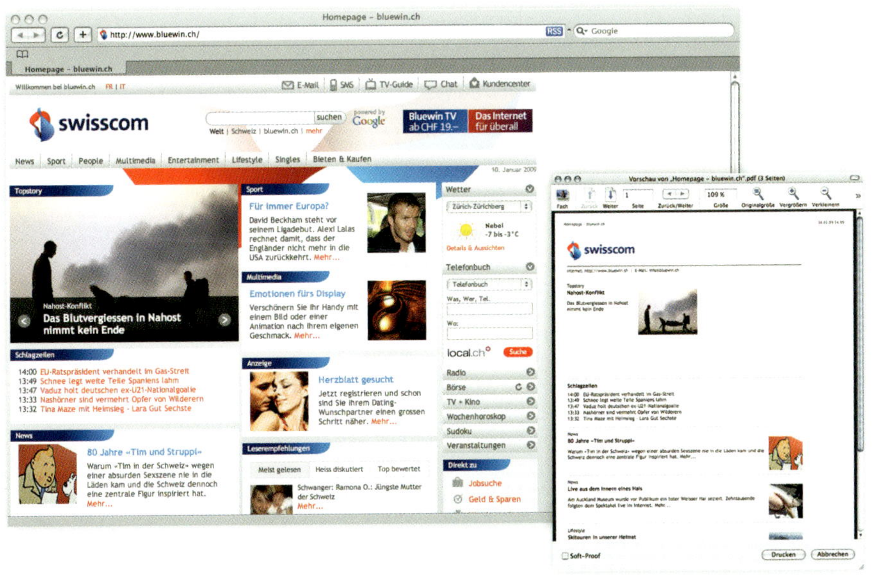

Ohne klare Trennung von Inhalt und Formatierung wäre dies nur bedingt möglich. Der Inhalt müsste in jeder gewünschten Variante separat vorliegen. Da sich Technik wie Software aber beständig weiterentwickeln und oftmals die Ressourcen für eine stete Anpassung der eigenen Website nicht vorhanden sind, bedarf es adaptiver Konzepte zur Speicherung und Darbietung von Daten.

5.1.2 Standards

Um die Interpretation der Struktur und Formatierung von Websites zu steuern und sicherzustellen, dass Beschriebenes in adäquater Form umgesetzt wird, werden festdefinierte Standards benötigt, an denen sich die erstellende und lesende Partei orientieren und im Idealfall auch bindend halten kann. Diese Methode garantiert auch für die Zukunft die Möglichkeit, Dokumente abwärtskompatibel in neueren Anzeigegeräten darzustellen, und vereinfacht den lesenden Zugriff auf gewünschte Informationen, was wiederum die Entwicklung von neuen Konzepten erleichtert.

Proprietäre Formate

Neben den hier genannten offenen Formaten gibt es außerdem noch so genannte proprietäre bzw. geschlossene. Diese werden häufig nur von einer Firma bzw. Gruppierung verwaltet und entwickelt, was den Nachteil einer unkalkulierbaren Abhängigkeit für Drittverwerter mit sich bringt. Doc (Microsoft), Flash und PDF (beide Adobe) sind bekannte Beispiele aus diesem Bereich.

Für das Web gibt es eine Vielzahl von Spezifikationen, die unterschiedliche Aufgabenbereiche abdecken und hauptsächlich durch das World Wide Web Consortium (W3C) entwickelt und festgelegt werden. Gegründet wurde es 1994 von Tim Berners-Lee, dem Erfinder des Word Wide Web, und setzt sich hauptsächlich aus Vertretern der Industrie zusammen. Trotz der enormen Wichtigkeit dieser Arbeit ist das W3C keine zwischenstaatlich anerkannte Organisation und somit auch nicht berechtigt, ISO-Normen herauszugeben. Alle Festlegungen sind in der offiziellen Bezeichnung mit »W3C Recommendations« (W3C-Empfehlungen) und nicht mit »Standards« benannt. Dies tut ihrer Allgemeingültigkeit jedoch keinen Abbruch.

Folgend sind die wichtigsten Standards kategorisiert und mit entsprechenden Erklärungen belegt:

Auszeichnungssprachen | HTML 4.01, (X)HTML 1.0, (X)HTML 1.1, XML 1.0 und RSS dienen zur semantischen Strukturierung von Inhalten. Ohne Auszeichnung wäre es aus technischer Sicht kaum möglich, Daten zu erfassen, voneinander zu trennen bzw. eine gültige Zuordnung zu treffen. Für Websites werden hauptsächlich die HTML und (X)HTML-Varianten verwendet. XML hingegen findet sich aufgrund der frei definierbaren Syntax häufiger in offenen Datenformaten wieder. **R**eally **S**imply **S**yndication (RSS) zur Aufbereitung von News-Feeds ist eine Erweiterung von XML respektive mit XML spezifiziert. Feeds bieten sich wunderbar an, um das Zusammenspiel von Browser und Dokument zu verdeutlichen, da eine zu HTML äquivalente, aber vereinfachte Verfahrensweise zum Einsatz kommt.

Das News-Feed-Konzept

Ausgehend von dem **Problem**, dass Seiten mit relativ großem Anteil an zeitrelevanten und wenigen statischen Inhalten eine Möglichkeit benötigten, um Nutzer und Besucher schnell und aufwandsarm über neue Nachrichten zu informieren. Zwar sind Newsletter für regelmäßige Intervallbenachrichtigungen ein etabliertes Mittel, jedoch nicht sonderlich effektiv bei tagesaktuellen oder nur sehr unregelmäßig erscheinenden Informationen.
Der **Lösungsgedanke**: Auf dem Server wird eine Datei angeboten, die hauptsächlich Datum, Autor, Überschrift und den Teaser/Inhalt enthält und vom Nutzer abonniert, also regelmäßig abgerufen werden kann. Im Gegensatz zum Newsletter wechselt hier das Prinzip von der aktiven zur passiven Übermittlung von Daten.
Die **Umsetzung** etablierte sich mit dem genannten RSS-Format als Trägermedium (gleichzusetzen mit HTML) und RSS-/News-Readern als Empfangs- und Interpreter-Software (ähnlich den gängigen Browsern). In Letzterer sind vom Nutzer alle gewünschten Feeds eingetragen und gleichzeitig abrufbar. Der Reader empfängt die Informationen und ist durch die semantische Auszeichnung in der Lage, sie zu lesen und auszuwerten. Es erfolgt ein Abgleich auf neue Datensätze und die Anzeige eventueller Neueintragungen.

▲ **Abbildung 5.3**
Das von der Mozilla Foundation eingeführte Logo für News-Feeds

Dieses Prinzip setzte sich vor allem bei Bloglesern durch, um den themenspezifischen Tagebüchern besser folgen zu können. Mittlerweile bietet fast jede Seite mit Newsbereich einen eigenen Feed an, und Browser sind in der Lage, externe News-Reader durch eigene Funktionalitäten zu ersetzen.

Auf *http://www.rss-verzeichnis.de/rss-reader.php* finden Sie einen Überblick über erhältliche Reader-Software und ein Verzeichnis einiger Feeds als erste Orientierung. Ein Tipp in eigener Sache: Die News der Website zum Buch *http://www.webdesign-mit-photoshop* können Sie ebenfalls abonnieren und werden damit über Ergänzungen, Korrekturen und Aktualisierungen informiert.

Anwendungsbeispiel in (X)HTML | Die Auszeichnung erfolgt mittels **Tags**, denen **Attribute** zugeordnet sein können. Es wird zwischen umschließenden und alleinstehenden Tags unterschieden. Umschließende rahmen Inhalt, wie z. B. Text, mit einem Start-Tag und einem End-Tag ein:

```
<element attributname="attributwert">Ausgezeichneter
Inhalt</element>
```

◀ **Listing 5.1**
Ein mit einem Start- und End-Tag ausgezeichneter Inhalt

Alleinstehende schließen sich hingegen selbst:

```
<element />
```

◀ **Listing 5.2**
Ein alleinstehender Tag

Attribute sind Zusatzinformationen zum Element und stellenweise optional, in manchen Fällen aber zwingend erforderlich, wie beispielsweise der Verweis in einem Link:

Listing 5.3 ▶
Anchor-Tags erfordern ein href-Attribut.

```
<a href="http://www.webdesign-mit-photoshop.de/">
Webdesign mit Photoshop</a>
```

Ein in (X)HTML strukturierter Text mit Überschrift und Link würde folgendermaßen aussehen:

Listing 5.4 ▶
Beispiel für einen mit (X)HTML ausgezeichneten Inhalt

```
<h1>Überschrift erster Ordnung</h1>
<p>Absatz mit Blindtext und einem <a href="http://www.
webdesign-mit-photoshop.de">Link</a> zur Veranschauli-
chung der Funktionsweise von Auszeichnungssprachen.
<br />Der Break-Tag setzt einen Umbruch und setzt den
nachfolgenden Text in eine neue Zeile.</p>
```

In Kapitel 10, »Umsetzung«, erfahren Sie mehr darüber, wie Sie selbst vollständige HTML-Dokumente erstellen können.

Präsentationssprachen | CSS 1, CSS 2.1, CSS 3 (in Entwicklung) und XSL kommen zum Einsatz, um strukturierte Dokumente formal anzupassen. Sie definieren das Aussehen der ausgezeichneten Bereiche in Abhängigkeit vom aufrufenden Medium. CSS-Anweisungen lassen sich explizit für

- Bildschirme (screen),
- Screenreader (speech/aural),
- Braille-Reader (embossed),
- Handheld (handheld),
- Drucker (print),
- Beamer (projection),
- Ausgabegeräte mit feststehenden Zeichentypen, wie Fernschreiber (tty),
- TV-Geräte (tv)

oder für alle Medientypen gleichzeitig angeben. Die vom Inhalt gelöste Formbeschreibung erlaubt damit die aufwandslose Wiederverwendung für die genannten Medientypen.

Ex**t**ensible **S**tylesheet **L**anguage (XSL) ist das XML-Äquivalent zu CSS. Deren Untersprache **XSL T**ransformation (XSLT) bietet als erweiterte Funktionalität die Beschreibung der Transformation von einem XML-Format in ein anderes.

Anwendungsbeispiel in CSS 1 | Eine CSS-Anweisung setzt sich zusammen aus dem **Selektor**, der den zu formatierenden Bereich benennt, und einem **Anweisungsblock**, der die gewünschten Formatoptionen und deren Werte enthält.

```
Selektor {
   Formatname: Formatwert;
}
```

◂ **Listing 5.5**
Aufbau einer CSS-Anweisung

Das Code-Beispiel unter Auszeichnungssprachen ließe sich mit diesen Anweisungen in Form bringen:

```
h1 {
   color: #ffcc33;
   font-weight: bold;
}
p {
   color: #141414;
   margin-bottom: 1.4em;
}
a {
   font-style: italic;
   text-decoration: none;
}
```

◂ **Listing 5.6**
CSS-Anweisungen für unser (X)HTML-Beispiel

Die Überschrift (`h1`) erhält eine Schriftfarbe (angegeben als Hexadezimalwert) und einen Schriftschnitt (`bold` – fett), der Absatz (`p`) ebenfalls eine Schriftfarbe (`color`) und einen Abstand nach unten (mittels der schriftgrößenrelativen Einheit `em` – mehr dazu in Abschnitt 10.3, »Formatierung per Stylesheet«) und der Link (`a`) einen Schriftschnitt (`italic` – kursiv) sowie die Anweisung, keinen Unterstrich zu nutzen (`text-decoration: none;`), der vom Browser normalerweise standardmäßig hinzugefügt werden würde.

Objektmodelle | Das **D**ocument **O**bject **L**evel (in den Versionen DOM 1, DOM 2 und DOM 3 Core) definiert den Zugriff auf ein HTML- oder XML-Dokument. Vereinfacht gesagt, erlaubt es das Lesen und die Manipulation von Eigenschaften und/oder die Position einzelner Elemente bzw. des gesamten **Dokumentenbaums**. Dieser setzt sich aus der Wurzelebene (document), allen Kindelementen (ein Beispielpfad: HTML > BODY > DIV > DIV > H1 > A) und deren Eigenschaften zusammen.

Das DOM wird benötigt, um mit JavaScript dynamische Manipulationen der Seite zu realisieren (DOM-Scripting).

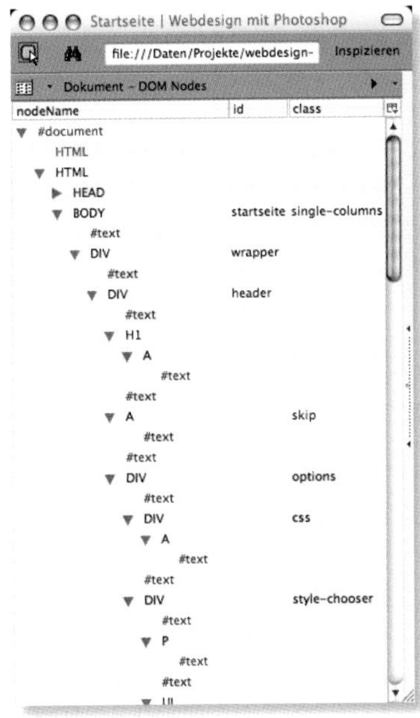

▴ **Abbildung 5.4**
Darstellung des DOM mit dem Firefox-Add-on DOM Inspector

Interaktion | Einsatz findet die Skriptsprache **JavaScript**, wenn die rein statische Natur einer normalen HTML-Datei nicht ausreicht, um eine gewünschte Funktionalität anzubieten. Durch Zugriff auf das DOM ist es möglich, ereignis- oder zeitrelative (Klick, Tastendruck, Mausbewegung usw.) Veränderungen am Dokument vorzunehmen. Dies

Effekte mit Mehrwert

Eine spannende Sammlung verschiedener moderner JavaScript-Beispiele zum Ausprobieren findet sich auf der Seite *http://miniajax.com*.

geschieht direkt auf dem Rechner des Seitenbesuchers (clientseitig) und beansprucht damit die lokalen Kapazitäten des Computers.

Häufige Anwendungsgebiete sind:

- Nachladen von Daten ohne Aktualisierung der Seite per Ajax-Technik (**A**synchronous **J**avaScript **a**nd **X**ML)
- Animationseffekte (z. B. Seitenbereiche nach einem Klick aufrollen lassen)
- Öffnen von Popups
- Prüfung von Formulareingaben vor dem Versenden

Der Einsatz von dynamischen Elementen auf einer Website sollte mit Bedacht erfolgen, da der Nutzer JavaScript im Browser deaktivieren bzw. aufgrund körperlicher oder technischer Einschränkungen nicht darauf zurückgreifen kann. Sicherheitstechnische Aspekte wären ein Grund für den Verzicht, da ungeschützte Seiten so genanntes **Cross Site Scripting** (XSS) erlauben und Inhalte im falschen Kontext darstellen können. Gerade beim Online-Banking ein schwerwiegendes Problem. Weitere Informationen finden Sie unter *http://de.wikipedia.org/wiki/Cross-Site_Scripting*.

Im Bestfall sind JavaScript-Funktionen **optional** (unobtrusive), das heißt, der Zugriff auf Informationen und Seitenfunktionen bleibt auch bei einer Nicht-Verwendung rudimentär erhalten.

Ein Anwendungsbeispiel in JavaScript:

```
var browser = navigator.userAgent;
alert('Ihr aktuell verwendeter Browser:\n' + browser);
```

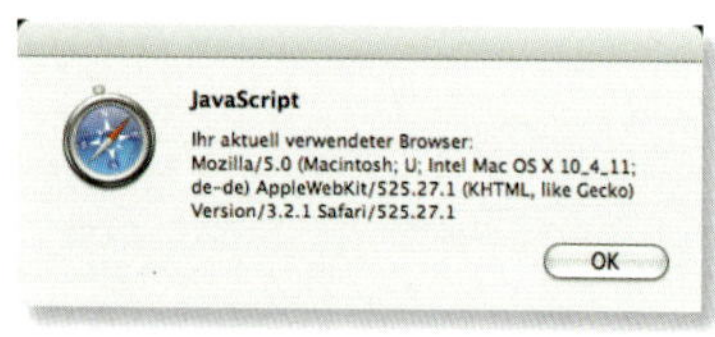

▲ **Abbildung 5.5**
In diesem Beispiel wurde Safari auf einem Macintosh verwendet.

Es wird die Variable `browser` deklariert und mit der vollständigen Bezeichnung des Browser gefüllt. Der Befehl `alert` öffnet ein Dialogfenster (siehe Abbildung 5.5).

Barrierearmut | WCAG 1, WCAG 2, WAI, BITV Priorität I & II und BIENE definieren Richtlinien und Empfehlungen, um die Zugänglichkeit einer Website zu erhöhen und assistive Technologien wie Screenreader zu unterstützen. Die Anforderung der **Barrierefreiheit** kann aufgrund technischer Beschränkungen nie vollständig erfüllt werden. Daher spricht man semantisch korrekter von **Barrierearmut**.

Die **W**eb **C**ontent **A**ccessibility **G**uidelines, herausgegeben von der **W**eb **A**ccessibility **I**nitiative (WAI) des W3C, beschreiben notwendige Schritte und Konzepte, um die gegebenen Hürden zu mindern respektive nicht weiter zu erhöhen. Das gleiche Ziel verfolgt die Ergänzung des **B**ehinderten**g**leichstellungs**g**esetzes (BGG), die **B**arrierefreie **I**nformations**t**echnik-**V**erordnung (BITV). Sie ist in Deutschland für alle öffentlich-rechtlichen Websites (Behörden der Bundesverwaltung im Intra- wie Internet) bindend und basiert auf den WCAG 1. Die

Richtlinien im Netz

- WCAG 1: *http://www.w3.org/TR/WCAG10/*
- WCAG 2: *http://www.w3.org/TR/WCAG20/*
- BITV Priorität I & II: *http://bundesrecht.juris.de/bitv/*
- BIENE: *http://www.biene-award.de/award/kriterien/*

Als interessante Idee für die zukünftige Entwicklung des Internets kann das semantische Web genannt werden. Die in Abschnitt 5.1.3, »Vorteile von Standards«, bereits erwähnte semantische Suche ist eine Folgetechnologie auf Basis dieser Grundlage. Es werden Beziehungen zwischen Informationen in ein Bedeutungsverhältnis gesetzt (Subjekt, Prädikat, Objekt); sie ermöglichen es, im globalen Kontext bisher nicht erkannte Zusammenhänge zwischen verschiedenen Wissensgebieten zu entdecken. Das Internet könnte sich in konsequenter Folge dessen als technisch-assoziationsfähige Entität in die Gesellschaft integrieren.

Ob es dazu kommen wird und unter welchen technischen Voraussetzungen, bleibt abzuwarten. Die von Tim Berners-Lee angedachte Nutzung der Standards **R**esource **D**escription **F**ramework (RDF) und XML setzt die Mitwirkung von Website-Erstellern voraus, was angesichts des momentan geringen Mehrwerts im größeren Rahmen unwahrscheinlich ist. Heuristische Verfahren zur Interpretation von unstrukturierten Daten wären eine Alternative.

CSS-Hacks

Schwächen in der CSS-Interpretations-Engine werden ausgenutzt, um bestimmte Browser und deren Versionsnummern auszuschließen oder direkt anzusprechen. So ist es möglich, besser auf Darstellungsfehler zu reagieren, die ebenfalls oft durch eigentlich fehlerhafte CSS-Anweisungen korrigiert werden.

Da auf diese Weise mit jeder neuen Softwareversion die Gefahr neuer Inkompatibilitäten besteht, sind CSS-Hacks nur im notwendigen Maße anzuwenden und idealerweise von den restlichen Stilangaben zu separieren.

5.1.5 Praxisbezug

Nachdem Sie nun einen Einblick »hinter die Kulissen« der Website-Erstellung bekommen haben, sind Sie bestens darauf vorbereitet, die Bedingungen der praktischen Umsetzung eines **Screen**designs zu erfahren. Wir beschäftigen uns nachfolgend also hauptsächlich mit der Darstellung einer Website auf Computern mit handelsüblichen Monitoren.

Handelsüblich bedeutet: Es gilt eine Auflösungsspanne von aktuell **1024×768** bis **1920×1200 Pixeln** zu beachten. Kleinere und größere Pixelmaße können aufgrund ihres geringen Vorkommens vernachlässigt werden.

Größe | Im Gegensatz zu fixen Medien, wie einem Blatt Papier, sind Websites flexible Konstrukte. Übersteigt ihre Größe den gegebenen Anzeigebereich, den so genannten **Viewport**, können die nicht sichtbaren Teile per Steuerelement, wie zum Beispiel eine Pfeilnavigation oder Scrollbalken, durch horizontale oder vertikale Bewegung (Scrollen) erreicht werden. Der Viewport stellt für das Webdesign ein wichtiges Maß dar. Er bestimmt, wie viel der Nutzer vom Dokument gleichzeitig sehen kann und welche Arbeitsfläche das Layout haben sollte. So ist es beispielsweise wichtig, dass bei einem Erstbesuch die zentrale Navigation ersichtlich ist, um eine grundlegende Orientierung zu gewährleisten.

Die verfügbare Auflösung bildet jedoch nicht die volle nutzbare Größe ab. Je nach Einstellung und Vorliebe des Nutzers sowie seiner Browserwahl kann durch Menü- und Favoritenleisten nur ein Bruchteil des Platzes zur Verfügung stehen.

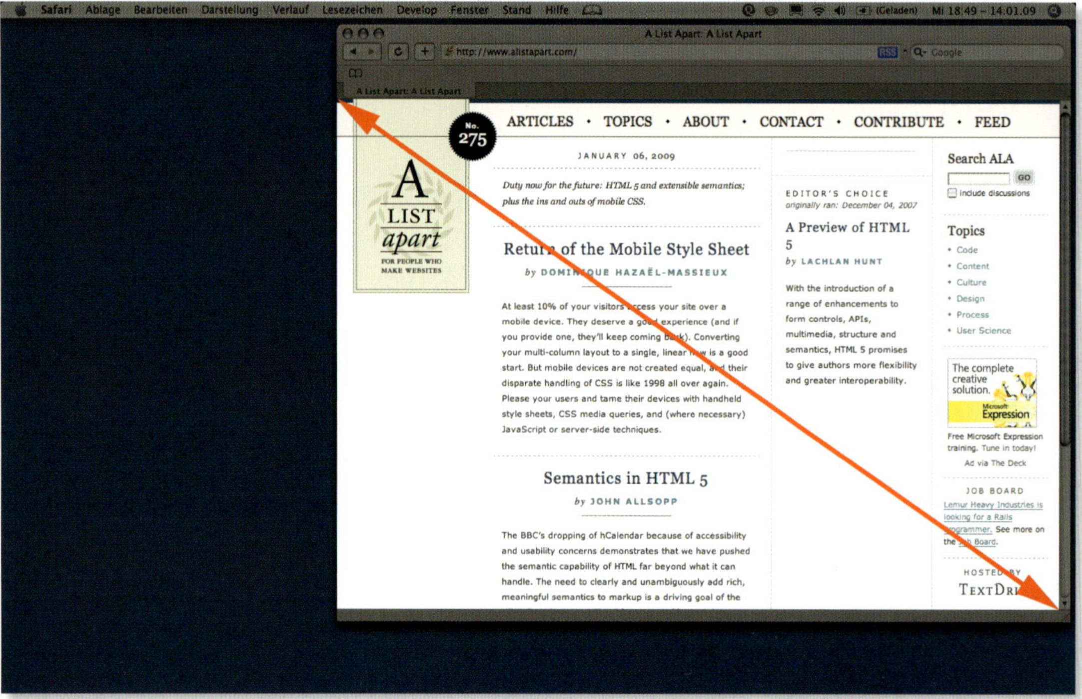

▲ **Abbildung 5.7**
Der Viewport einer Seite ist meist bedeutend kleiner eingestellt, als es die verfügbare Auflösung anbietet.

Es hat sich aufgrund der Lesegewohnheit westlicher Internetnutzer eingebürgert, Websites vertikal skalieren zu lassen und bevorzugt die Seitenbreite zu kontrollieren. Ausgehend von der Nutzung eines maximierten Fensters bei 1024 Pixeln in der Breite ist die sicherste zu verwendende maximale Weite **968 Pixel**. Dieser Wert besitzt plattform- und browserübergreifende Gültigkeit und wurde durch Subtraktion von Seitenrändern und Scrollbar-Breiten gebildet (Quelle: *http://die.netzspielwiese.de/blog/webdesign/2006-05/viewports-fuer-verschiedene-bildschirmaufloesungen-und-browser*).

Skalierbarkeit | Zu beachten ist weiterhin, dass die Größe des Browserfensters vom Nutzer geändert werden kann und die Website auch bei geringer Viewport-Größe übersichtlich zu navigieren sein sollte. Das Platzieren von relevanten Elementen auf der linken Seite wirkt hierbei unterstützend und entspricht der allgemeinen Nutzungsgewohnheit.

Auch kann der Nutzer die Schriftgröße den eigenen Bedürfnissen entsprechend anpassen (Strg/⌘++ zur Schriftvergrößerung und (Strg/⌘+- zur Verkleinerung). Das Layout sollte auf diese Veränderung flexibel genug reagieren können.

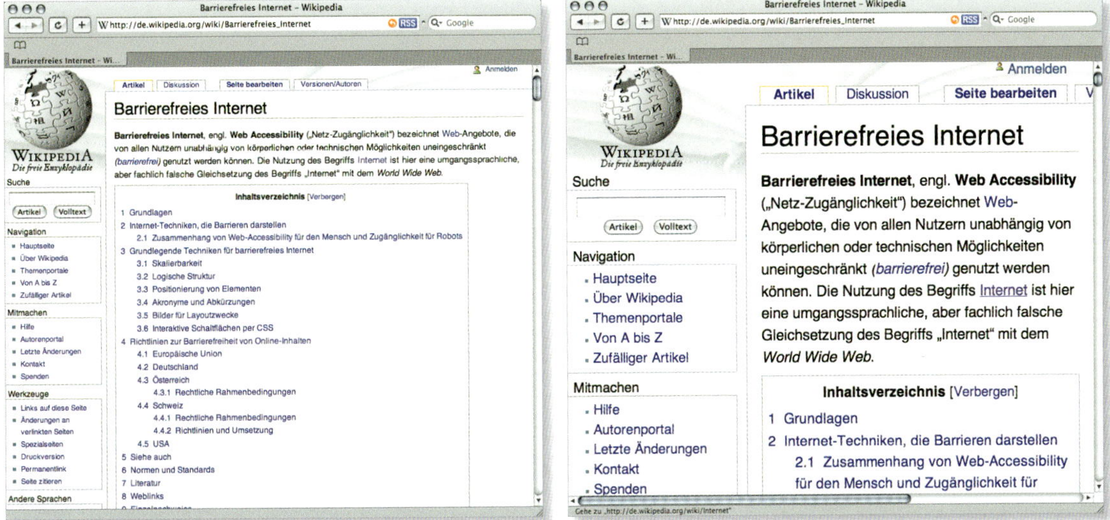

▲ **Abbildung 5.8**
Schriftgrößenskalierung

Deaktivierung | Ebenfalls können Bilder, Skripte und Plug-ins (Flash, PDF) deaktiviert sein. So besteht der Anspruch an ein Screendesign, alternativ ohne Layoutgrafiken auszukommen und stattdessen nur mit Fonds, also farbigen Hintergründen, zu arbeiten.

Verwenden Sie nun das erworbene theoretische Wissen, um den Grundstein für das Praxisprojekt dieses Buches zu legen.

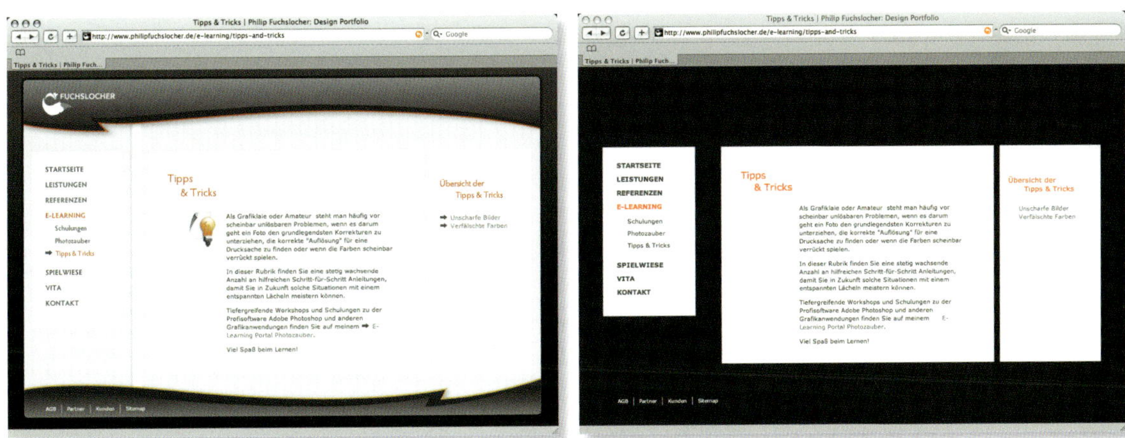

▲ **Abbildung 5.9**
Die Seite *http://www.philip-fuchslocher.de* in normaler Ansicht (links) und mit deaktivierten Bildern und JavaScript (rechts). Trotz fehlender Komponenten kann der Inhalt problemlos wahrgenommen werden.

Workshop: Template erstellen

Ein Template ist eine generische Vorlage, die einmal angelegt immer wieder als Ausgangsbasis für gleich aufgebaute Dokumente verwendet werden kann.

Speichern!

Nichts lässt sich bei der Arbeit am Computer häufiger predigen als die Aufforderung, häufig und regelmäßig zu speichern. Die Tastenkombination [Strg]/[⌘]+[S] sollte während der Arbeit mit Photoshop zu einem Automatismus nach jedem wichtigen Arbeitsschritt werden.

1 Größen definieren

Über Datei • Neu öffnen Sie den grundlegenden Dialog zur Einstellung der Dokumenteigenschaften.

Das Dokument wird mit Template-1024 betitelt ①, also mit einer klaren Aussage darüber, was man darin vorfindet.

In dem Aufklappmenü Vorgabe ② liegen bereits viele vorgefertigte Konfigurationen für die unterschiedlichsten Einsatzgebiete. Für unsere Zwecke benötigen wir den Unterpunkt Web. Unter Grösse lässt sich nun eine webspezifische Vorgabe auswählen ③, in unserem Fall besagte 1024 × 768.

Offene Dokumente auslesen

Sind bereits Dokumente in Photoshop geöffnet, finden Sie diese im Vorgabe-Menü im unteren Bereich des Neu-Dialogs aufgelistet. Durch das Anwählen eines dieser Punkte übernimmt Photoshop die Eigenschaften dieser Datei automatisch in den Dialog.

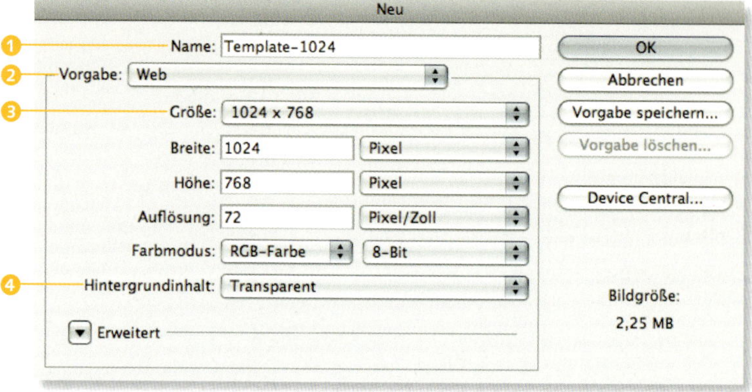

▲ **Abbildung 5.10**
Eigenschaften des Neu-Dialogs

Eigene Vorgaben speichern

Verwenden Sie häufig ein bestimmtes eigenes Format, empfiehlt es sich, dieses als eigene Vorlage abzuspeichern. Über das Menü Vorgabe lässt es sich danach schnell abrufen. Nachdem Sie alle Einstellungen bezüglich Größe, Auflösung etc. getätigt haben, klicken Sie auf die Schaltfläche Vorgabe speichern ⑤. In dem daraufhin erscheinenden Dialogfeld vergeben Sie einen passenden Namen und markieren, welche Eigenschaften in der Vorgabe gesichert werden sollen. Nach dem Bestätigen mit OK befindet sich der neue Eintrag in der Vorgabe-Liste an unterster Position.

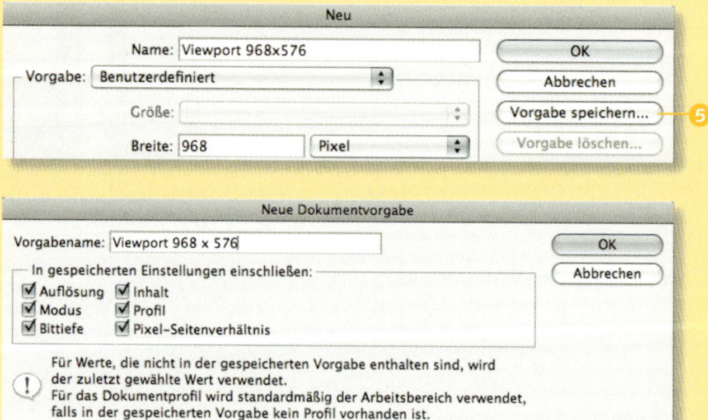

Abbildung 5.11 ▶
Ablegen einer Dokumentvorgabe für einen klassischen Viewport ohne Browserumgebung

Abschließend in diesem Schritt stellen Sie den HINTERGRUNDINHALT ④ auf TRANSPARENT, bestätigen mit OK und sichern das Dokument über DATEI • SPEICHERN als Photoshop-Dokument im Format ».psd«.

00-BEISPIELPROJEKT/TEMPLATE-ERSTELLEN/BROWSERRAHMEN-IE-1024.PSD

2 Browserrahmen einfügen

Um während der Arbeit am Design eine reale Umgebung zu simulieren, blenden viele Webdesigner ein Browserfenster als Rahmenelement ein. Dieses Vorgehen bietet zudem den Vorteil, dass im Falle einer Präsentation auch der Kunde eine bessere Vorstellung der endgültigen Ansicht bekommt.

Öffnen Sie die Datei »Browserrahmen-IE-1024.psd« aus dem Workshop-Verzeichnis und stellen den Darstellungsmodus in der Anwendungsleiste auf 2 ÜBEREINANDER ⑥.

Bei aktiviertem Verschieben-Werkzeug ⑦ wird der Inhalt der Datei mit dem Browserrahmen ⑧ in das zuvor angelegte, noch leere Dokument geschoben. Photoshop fügt die Ebene des Quelldokuments mit der gleichen Bezeichnung oberhalb der im Zieldokument markierten Ebene ein.

▲ **Abbildung 5.12**
Beide Dokumente werden übereinander angezeigt.

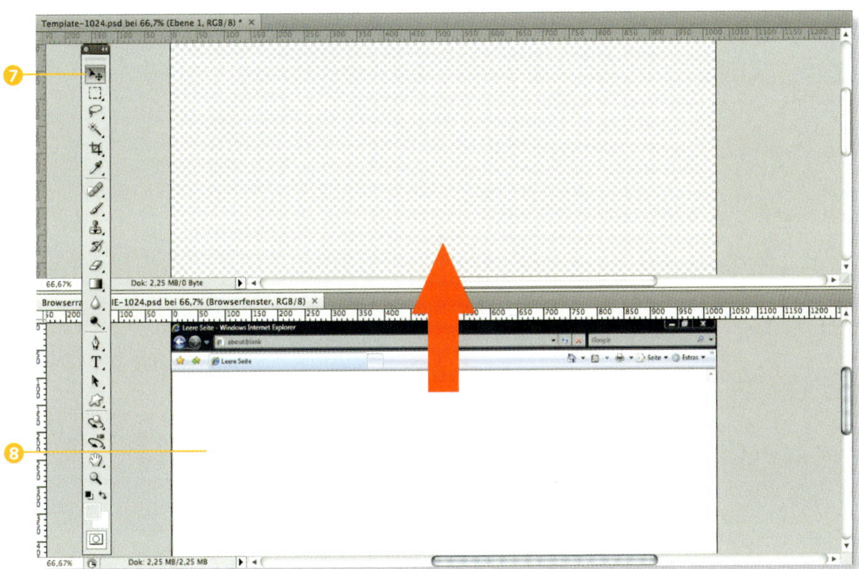

▲ **Abbildung 5.13**
Bildinhalte von einem Dokument in ein anderes verschieben

Ausgerichtetes Kopieren

Hält man beim Verschieben von Inhalten zwischen zwei Dokumenten die ⇧-Taste gedrückt, positioniert Photoshop den kopierten Inhalt im neuen Dokument an exakt gleicher Position wie im Ausgangsdokument. Das funktioniert jedoch nur bei identischer Dokumentgröße.

▲ **Abbildung 5.14**
Darstellung auf ein Dokument fokussieren

Um wieder zur großen Ansicht mit nur einem Dokument zu gelangen, muss der Darstellungsmodus ALLE ZUSAMMENLEGEN gewählt werden. Achten Sie darauf, dass zum Weiterarbeiten in der Tab-Leiste die Datei »Template-1024.psd« aktiviert ist.

Markieren Sie in der Ebenen-Palette die Ebene BROWSERFENSTER, wählen das Auswahlrechteck aus der Werkzeugleiste und ziehen eine rechteckige Auswahl über die gesamte weiße Fläche innerhalb des Fensters. Durch das anschließende Drücken der Taste [←] oder [Entf] löschen Sie diesen nicht benötigten Bildinhalt heraus. Zoomen Sie dabei ein Stück ein, um die Innenkanten des Browserrahmens genau zu treffen. Die Breite der Auswahl sollte am Ende 1004 Pixel betragen.

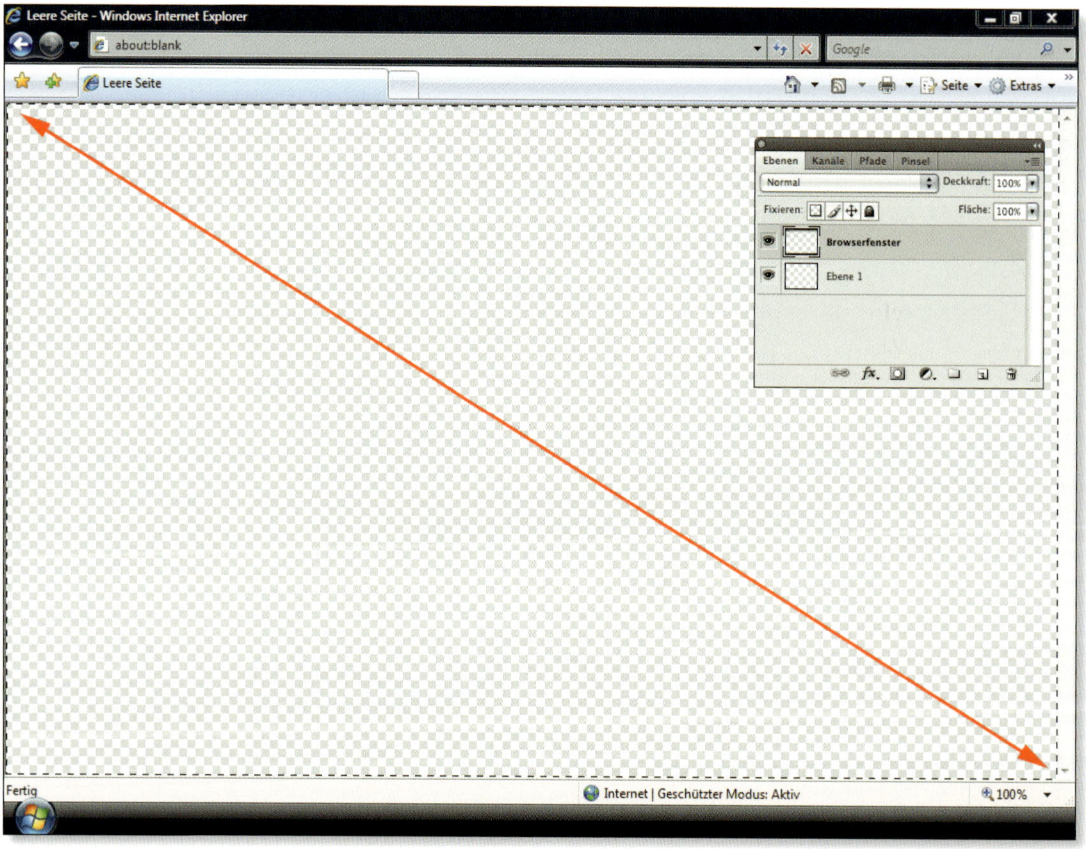

▲ **Abbildung 5.15**
Inhalt des Browserfensters löschen

3 Viewport definieren

Um den vertikalen Viewport und damit die seitliche Begrenzung zur Gestaltung zu definieren, erstellen Sie zuerst eine neue Ebene und benennen diese mit VIEWPORT.

Blenden Sie dann die Linealanzeige über Ansicht • Lineale ein. Am besten merken Sie sich hierfür gleich den Shortcut Strg/⌘+R – Sie werden ihn häufig brauchen.

Die Maßeinheit sollte auf »Pixel« stehen. Ist das nicht der Fall, lässt sich die Anzeige schnell mit einem Rechtsklick in eine der Linealleisten anpassen.

In unserem Beispielprojekt arbeiten wir mit einem zentrierten Design. Das bedeutet, ausgehend von der Mitte des Dokuments muss zu beiden Seiten eine Orientierung erstellt werden. Dabei gibt es einen kleinen Stolperstein: Aufgrund der rechts abgebildeten Browserleiste verschiebt sich der Mittelpunkt der effektiven Arbeitsfläche ein Stück nach links. Für eine korrekte Definition des Viewports muss also von dem Inhalt des Browserrahmens ausgegangen werden.

Der schnellste Weg zum Ermitteln der Breite führt über den Zauberstab. Klicken Sie mit diesem bei aktivierter Ebene Browserfenster irgendwo in die transparente Fläche inmitten des Dokuments und öffnen dann die Info-Palette über Fenster • Info (oder kurz F8). Lesen Sie den Wert ab, der unter X: eingetragen steht. In unserem Fall sollten es 1004 Pixel sein.

Die Mitte des Arbeitsbereichs liegt damit also bei ca. 502 Pixel.

Optionen zuschalten

Viele Funktionen, die in Photoshop über die Icons einer Palette ausgeführt werden, folgen programmintern festgelegten Vorgaben. Für mehr Kontrolle führt man den Mausklick mit zusätzlich gehaltener Alt-Taste aus.

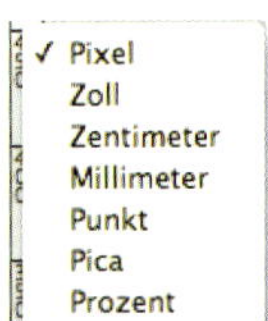

▲ **Abbildung 5.16**
Die Maßeinheit der Lineale lässt sich schnell über das Kontextmenü anpassen.

4 Linealmittelpunkt setzen

Setzen Sie den Mittelpunkt des Lineals an diese Position, indem Sie in das kleine Eck klicken, wo sich beide Lineale treffen, und dann das beim Ziehen erscheinende Fadenkreuz mit der Maus an die gewünschte horizontale Stelle setzen. Beachten Sie dabei die Angaben in der Info-Palette.

Hinweis

Sollte die Auswahl des Zauberstabs zu groß werden, prüfen Sie den eingegebenen Toleranzwert in der Optionsleiste. Der Standardwert beträgt 32.

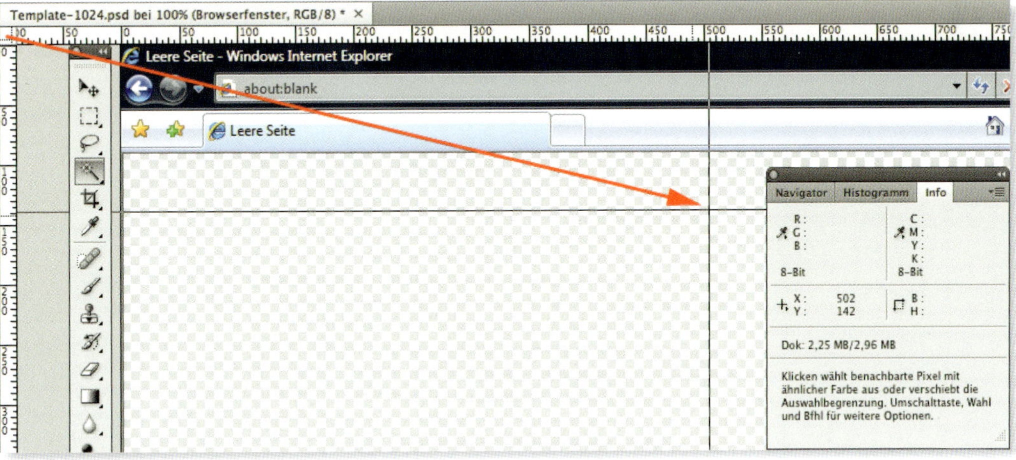

▲ **Abbildung 5.17**
Mittelpunkt der Lineale neu setzen

Relativer Mittelpunkt

Auch wenn in diesem Beispiel exakt ausgemessen wird, ist an dieser Stelle ein pixelgenaues Arbeiten nicht nötig. Sobald die Website im Browser dargestellt wird, errechnet dieser den Mittelpunkt automatisch. Ausschlaggebend ist die Breite des Viewports an sich.

Wie Sie feststellen werden, verändert sich die Anzeige der Lineale. An der soeben markierten Stelle liegt der neue Nullpunkt, von dem sich nach links und rechts die Skala aufbaut.

Wählen Sie das Auswahlwerkzeug: Einzelne Spalte ①, das im selben Fach liegt wie das Auswahlrechteck, klicken Sie damit an beliebiger Stelle in das Dokument und ziehen es an die Position X=–484 links des Mittelpunkts.

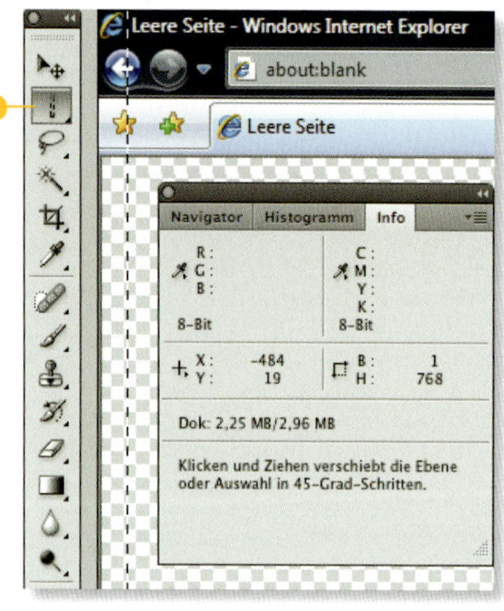

Abbildung 5.18 ▸
Linken Viewport einrichten

Aktivieren Sie in der Farbfelder-Palette (Fenster • Farbfelder) eine kräftige Signalfarbe wie zum Beispiel das an erster Stelle stehende Rot, und füllen Sie die Auswahl über Bearbeiten • Fläche füllen und anschließend Verwenden • Vordergrundfarbe ②. Achten Sie dabei darauf, dass die Ebene Viewport weiterhin gewählt ist.

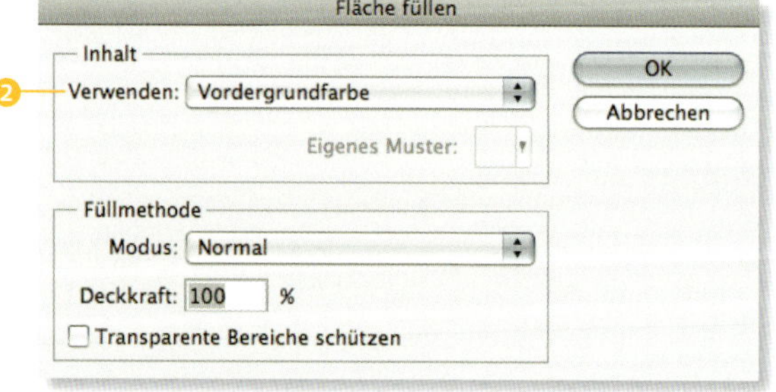

Abbildung 5.19 ▸
Auswahl mit Signalfarbe füllen

Verfahren Sie für die Begrenzung auf der rechten Seite (X-Wert: 484) nach dem gleichen Schema.

5 Feinschliff am Dokument

Zu guter Letzt passen Sie noch einige Details an dem bisherigen Template an.

Erstellen Sie eine neue Ebenengruppe 4 mit der Bezeichnung »Rahmenelemente«. Schieben Sie die Ebenen BROWSERFENSTER und VIEWPORT in die Gruppe, wobei die Stapelreihenfolge erhalten bleiben soll. (Browser über Viewport)

Mit einem Rechtsklick auf die Ebenengruppe öffnen Sie das Kontextmenü und wählen die GRUPPENEIGENSCHAFTEN... Weisen Sie als Farbe Grau zu, und bestätigen Sie mit OK.

Mit einem Klick auf das kleine Schlosssymbol 3 sperren Sie die gesamte Gruppe und verhindern, dass Sie versehentlich Änderungen in Aussehen oder Position daran vornehmen.

Benennen Sie abschließend EBENE 1 in HINTERGRUND um und speichern das fertige Template.

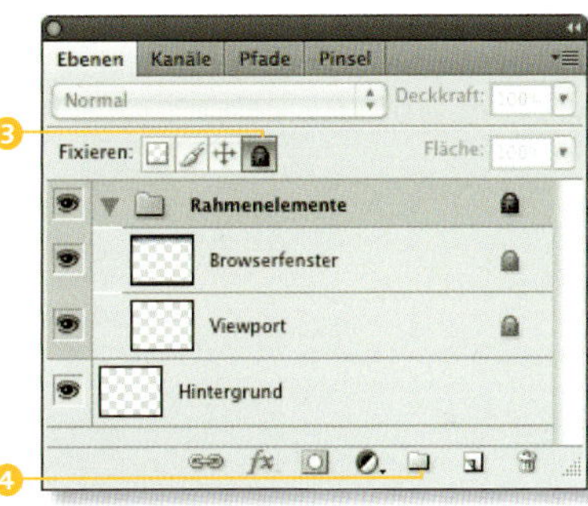

▲ **Abbildung 5.20**
Anpassungen in der Ebenenpalette

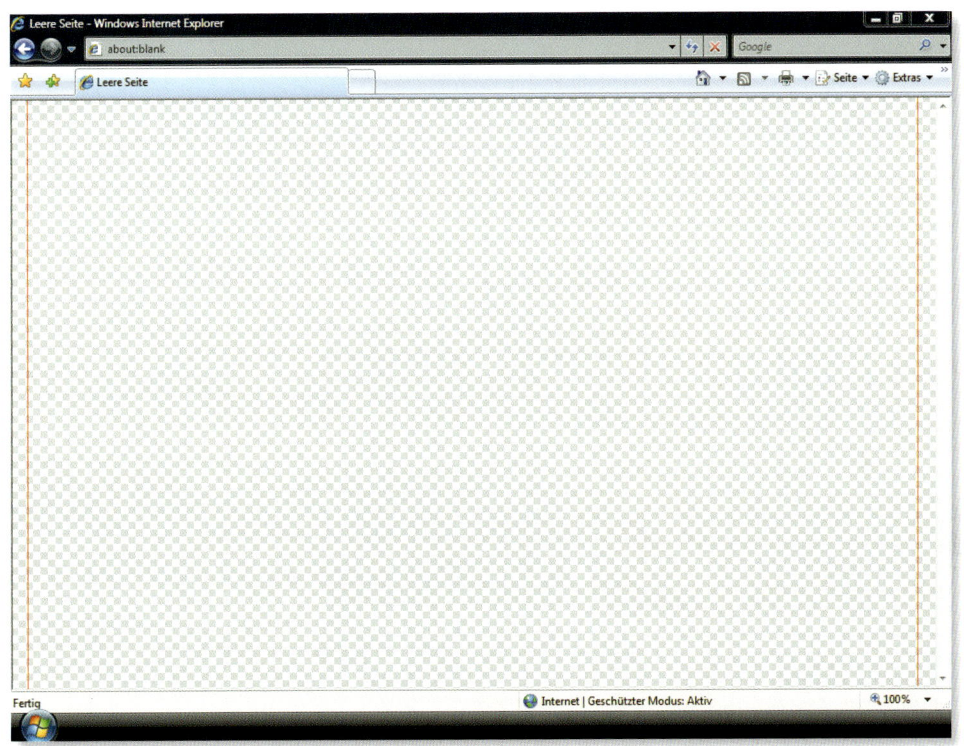

▲ **Abbildung 5.21**
Das fertige Rohtemplate

Nachdem der Rahmen für den Gestaltungsbereich festgelegt wurde, ist es an der Zeit, einen Blick auf die verschiedenen Darstellungsmöglichkeiten zu werfen, die sich durch eine flexible Fenstergröße ergeben.

Die fertige Datei finden Sie unter: 00-BEISPIELPROJEKT/TEMPLATE-ERSTELLEN/TEMPLATE-1024.PSD.

Layoutarten | Neben dem bereits beschriebenen **fixen Layout**, in dem ein fester Wert für die Breite vergeben wird und das somit leicht zu handhaben ist, gibt es außerdem noch **liquide** und **elastische** Varianten.

Liquid bedeutet, die Breite prozentual abhängig vom Viewport anzulegen und so die optisch vorteilhafte Flexibilität zu erhalten, auf verschiedene Auflösungen und Browserfenstereinstellungen reagieren zu können.

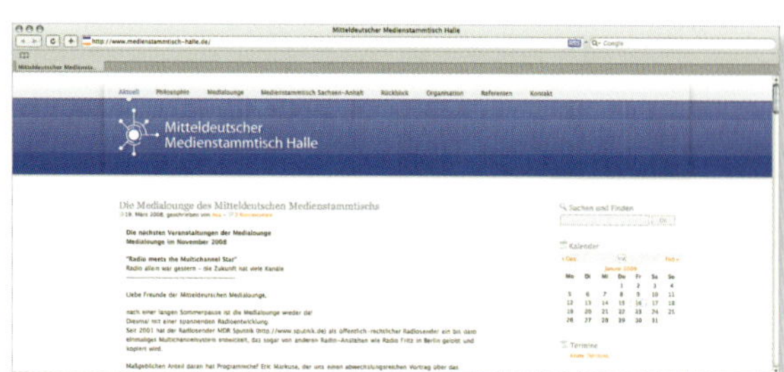

▲ **Abbildung 5.22**
Der Auftritt des Medienstammtischs Halle (*http://www.medienstammtisch-halle.de*) nutzt ein liquides Layout, das sich an die Viewport-Größe anpasst.

Elastische Layouts hingegen sind abhängig von der aktuell gewählten Schriftgröße des Nutzers und brechen auch bei sehr hohen Schriftvergrößerungen nicht.

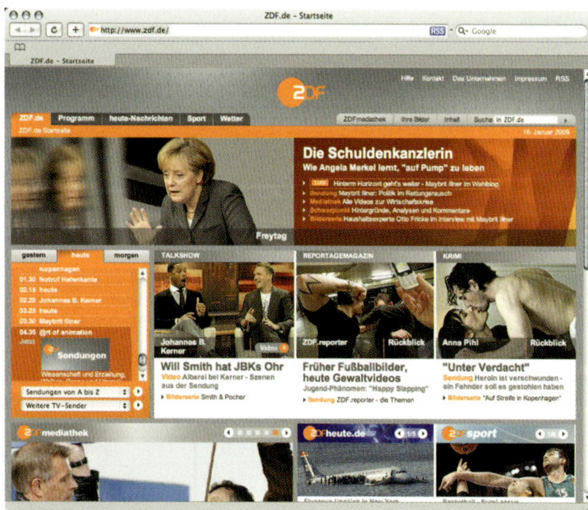

▲ **Abbildung 5.23**
Trotz komplexer und stark bebilderter Inhalte passt sich die Website des ZDF (*http://www.zdf.de*) an die gewählte Schriftgröße an.

Der größte Nachteil der flexiblen Layouts ist ihre **schwere optische Beherrschbarkeit**. Zwar ist es in beiden Fällen möglich, minimale und maximale Werte zu vergeben und damit die Varianz einzugrenzen, dennoch bedarf es eines ausgefeilten Konzepts, das sich wiederholbare Grafikbereiche zunutze macht und mit wenigen optischen

Voraussetzungen auskommt. Allerdings ist auch dies mit ein wenig Übung zu meistern, zumal Sie stets im Hinterkopf behalten sollten, dass sich die Optik den strukturellen Möglichkeiten unterzuordnen hat.

Abweichende Farbdarstellung | Grundsätzlich sind Grafiken für das Internet im sRGB-Modus anzulegen, dem kleinsten, gemeinsamen Farbraum aller halbwegs modernen Bildschirme. Dennoch kann es zu Abweichungen kommen. Röhrenmonitore werden mit der Zeit unscharf und verlieren an Helligkeit, günstige TFTs sind vom Hersteller aus marktschreierischen Gründen oft viel zu kontrastreich und gesättigt eingestellt worden. Selten ist vorauszusetzen, dass ein Nutzer einen farbkalibrierten Monitor sein Eigen nennt. Hinzu kommt, dass die wenigsten Browser Farbmanagement unterstützen. Vorreiter sind Safari und Firefox 3 (sofern im Letzteren manuell in der »about:config« aktiviert), der große Rest kommt ohne aus.

Farbmanagement in Firefox 3

Wie Sie Farbmanagement im Firefox 3 einrichten, erfahren Sie in Abschnitt 6.3.3, »Webdesign und Farbmanagement«.

Auch betriebssystembedingte Ungleichheiten sind zu beachten, so nutzt Apple einen anderen Standardgammawert für OS X als Microsoft für Windows. Die Folge: Farben wirken am Mac blasser. (In OS X Snow Leopard soll das übrigens an Windows angepasst werden.) Mehr zum Thema Farbmanagement finden Sie in Kapitel 6, »Farbe«.

5.2 Gliederung logischer Bereiche

Eine Website besteht aus verschiedenen Informationseinheiten, die unterschiedliche Funktionalitäten abdecken. Ihre Zuordnung ist ein wesentlicher Faktor dafür, ob sich eine Website gut navigieren und inhaltlich erfassen lässt.

5.2.1 Rahmenelemente

Sich auf jeder Seite wiederholende Bereiche ohne primäre Navigationsfunktion zählen zu den Rahmenelementen. Dazu gehören der **Seitenkopf** (Header) und der **Seitenfuß** (Footer). Ihre Aufgabe besteht hauptsächlich darin, die auf den Unterseiten dargebotenen Informationen in einem zusammenhängenden Kontext zu binden und dem Nutzer ein Gefühl von Orientierung zu verschaffen. Logo, Copyright-Angaben, Links zu RSS-Feeds und feststehende Vermerke wie Sponsoren zählen beispielsweise dazu.

5.2.2 Navigation

Navigationsbereiche können ebenfalls den Rahmenelementen zugeordnet sein, jedoch haben sie die essenzielle Aufgabe der **Leitung des Nutzers** durch den gesamten Webauftritt. Sie werden nach ihrer

Wichtigkeit für die Führung in Primär-, Sekundär- und Tertiärnavigation unterteilt. Zu ihnen gehören

- horizontale und vertikale Menüs,
- Pulldown-Listen,
- Page-Browser (Seitenzahlen),
- generische Menüs (zum Beispiel die Wiederholung der ersten Menüebene im Footer),
- Textlinks (im Inhaltsbereich),
- Navigationspfade (Breadcrums – eine Abbildung der aktuellen Seitenposition),
- Imagemaps (Bilder mit verlinkten Bereichen),
- Ankermenüs (bzw. Sprungmarken zu bestimmten Inhaltsbereichen auf derselben Seite),
- Suchfelder,
- alphabetische Indexe,
- Baumnavigation,
- Sitemaps und
- individuelle Navigationstypen (Begriffswolken/Tag-Clouds, Tabs).

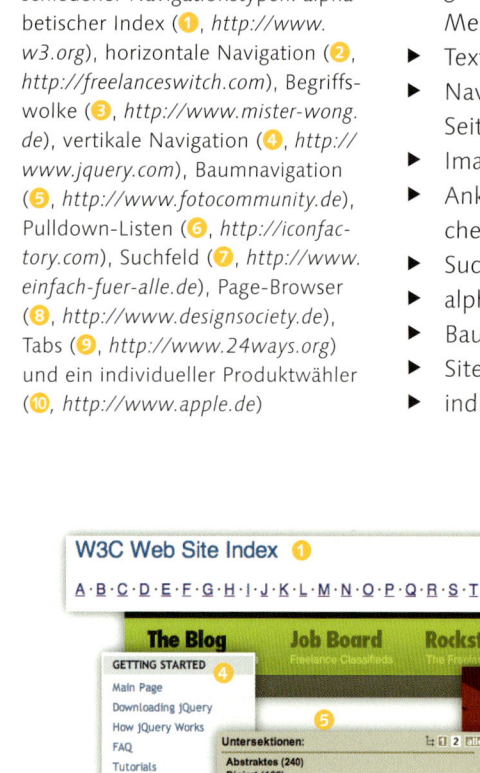

Abbildung 5.24 ▼
Eine kleine Zusammenstellung verschiedener Navigationstypen: alphabetischer Index (1, *http://www.w3.org*), horizontale Navigation (2, *http://freelanceswitch.com*), Begriffswolke (3, *http://www.mister-wong.de*), vertikale Navigation (4, *http://www.jquery.com*), Baumnavigation (5, *http://www.fotocommunity.de*), Pulldown-Listen (6, *http://iconfactory.com*), Suchfeld (7, *http://www.einfach-fuer-alle.de*), Page-Browser (8, *http://www.designsociety.de*), Tabs (9, *http://www.24ways.org*) und ein individueller Produktwähler (10, *http://www.apple.de*)

Primäre Navigationspunkte (das Hauptmenü mit seinen Unterebenen) sollten eine höhere Wichtigkeit und optische Präsenz erfahren als die sekundären (Page-Browser, generische Menüs) oder Hilfskonstrukte wie die Breadcrum-Navigation (tertiär), die lediglich die Nutzung vereinfachen. Welche Art hierbei jeweils zum Einsatz kommt, hängt von der Konzeption und den gestalterischen Vorlieben ab.

Die Darstellung der Menüebenen erfolgt idealerweise in absteigender, optischer und struktureller Wichtigkeit. Es sollte immer klar ersichtlich sein, in welcher Überkategorie sich eine Unterseite befindet. Ebenfalls nicht zu vernachlässigen ist die Darstellung der aktuellen Position des Nutzers im Kontext der gesamten Website.

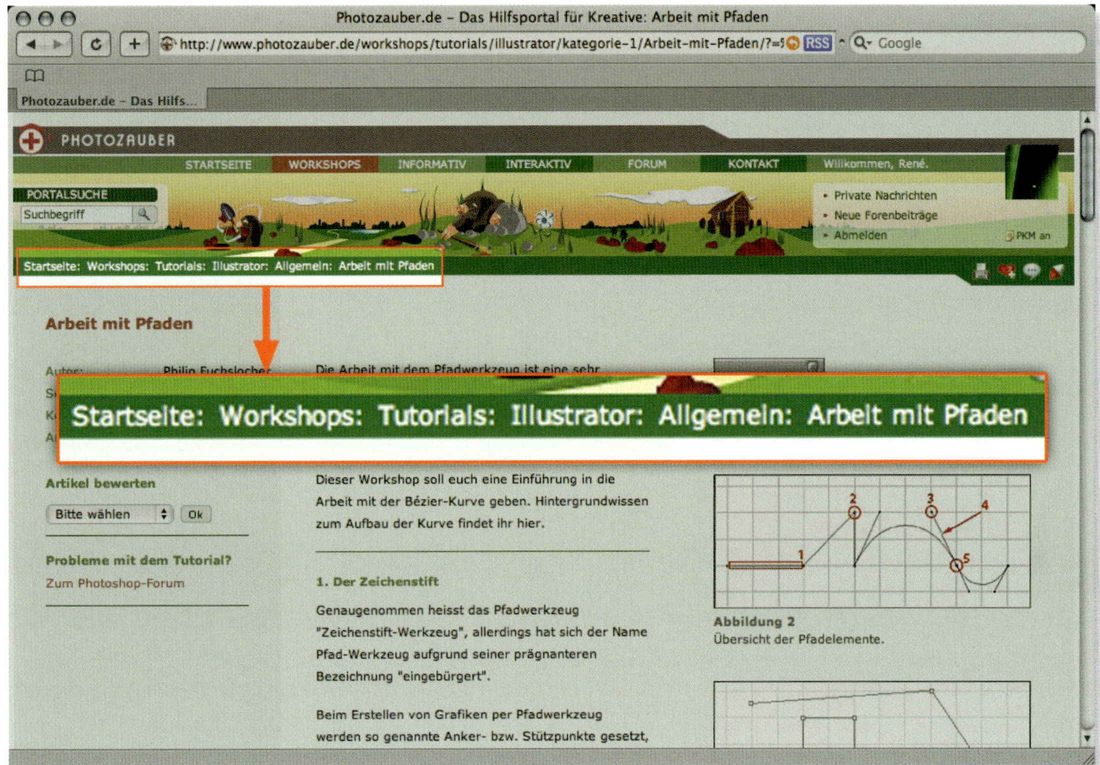

▲ **Abbildung 5.25**
Die Inhalte auf der Seite *http://www.photozauber.de* sind stark untergliedert, so dass die Anzeige der aktuellen Position durch eine Breadcrumb-Navigation gelöst wurde.

5.2.3 Inhaltsbereiche

Der Inhaltsbereich (Content) umfasst die eigentlichen Informationen des Dokuments, in Text-, Bild- und multimedialer Form. Eine Unterteilung in mehrere Spalten (zumeist zwei) wird häufig dann eingesetzt, wenn zum generellen Inhalt weitere Zusätze vermittelt werden sollen. Bilderspalten und Linkmenüs sind an dieser Stelle als Beispiele zu nennen.

Abbildung 5.26 ▶
Eines sehr klaren Layouts mit zweispaltigem Inhalt bedient sich die Seite der Stiftung Moritzburg (*http://www.stiftung-moritzburg.de*). Bilder und dem Text zugeordnete Zusatzinformationen finden in der rechten Spalte Platz.

Workshop: Logische Bereiche vorbereiten

Die aufgezeigte Strukturierung einer Website lässt sich gut auf die Ebenen-Palette von Photoshop übertragen. Somit behält man beim Gestalten einen besseren Überblick und erleichtert auch anderen Personen, die an dem Projekt arbeiten, zum Beispiel dem Webentwickler, das Verständnis des Aufbaus.

00-BEISPIELPROJEKT/TEMPLATE-ERSTELLEN/TEMPLATE-1024.PSD.

Öffnen Sie die Datei »template-1024.psd«. Markieren Sie in der Ebenen-Palette die Ebene HINTERGRUND und erstellen insgesamt vier Ebenenordner. Klicken Sie dazu mit gedrückter `Alt`-Taste auf das entsprechende Symbol in der Ebenen-Palette, und benennen Sie die einzelnen Gruppen mit HEADER, NAVIGATION, CONTENT und FOOTER. Weisen Sie beim Erstellen den verschiedenen Ordnern zudem noch unterschiedliche Farben zu, um sie optisch noch besser voneinander zu trennen. Auch das erleichtert später das Auffinden der gewünschten Inhalte.

Abbildung 5.27 ▼
Benennung und Farbmarkierung der Ebenengruppen

Bringen Sie abschließend die Hierarchie der einzelnen Gruppen in der Ebenen-Palette in die Reihenfolge, die Abbildung 5.28 zeigt.

◂ **Abbildung 5.28**
Ebenengruppen anordnen

Die fertige Vorlage finden Sie als Photoshop-Datei auf der Buch-DVD: 00-BEISPIELPROJEKT/STARTSEITE/START-SEITE-01.PSD

5.3 Gestaltungsgrundlagen

»Ordnung braucht nur der Dumme, das Genie beherrscht das Chaos.«

Wenn wir dieser Weisheit von Albert Einstein folgten, hätten wir es mit jeglicher Gestaltung leichter. Da man allerdings nicht davon ausgehen kann, dass jeder Mensch ein Genie ist, welches das Chaos versteht, das andere produzieren, gibt es sinnvolle Gestaltungsregeln, die es erleichtern, dargestellte Inhalte zu erfassen.

Eine klare Strukturierung und der optische Bezug der dargebotenen Informationen zueinander erleichtert es dem Leser, sich schnell zurechtzufinden und das gewünschte Wissen ohne langes Suchen aufzufinden und zu erfassen.

Neben Farbe und Kontrast – beides Themen, auf die wir im nächsten Kapitel eingehen werden – gibt es die Möglichkeit, durch den formalen Aufbau und die räumliche Verteilung der Elemente den Leser gezielt zu führen.

5.3.1 Raster

Beim Gestalten von Websites sollten gleiche Elemente immer wieder an der gleichen Stelle auftauchen. Die Navigation besitzt einen festen Platz innerhalb des Layouts, der sich nicht ändern sollte, egal auf welcher Unterseite man sich gerade befindet. Auch der Hauptinhalt liegt innerhalb einer vorgegebenen Fläche, ebenso wie zum Beispiel der Footer. Auf diese Weise lernt der Besucher einer Internetseite schnell, wo er nach welchen Informationen bzw. Steuerelementen zu suchen hat, und wird nicht mit jedem Seitenwechsel innerhalb derselben Webpräsenz aufs Neue vor Unbekanntes gestellt.

Um diese Konsistenz zu wahren, arbeitet man mit so genannten Rastern. Dieses ist im Grunde nichts anderes als eine horizontale und vertikale Zerlegung der Arbeitsfläche durch Linien oder Balken. Diese

Hinweis

Auf seiner Blog-Site *www.subtraction.com* hat Khoi Vinh ein PDF mit dem Titel »Grids Are Good« veröffentlicht, das in Zusammenarbeit mit Mark Boulton verfasst wurde und in vielen kleinen Schritten das konsequente Aufbereiten eines Rasters beschreibt.

Unterteilungen werden bei der anschließenden Gestaltung als Hilfskonstrukte zum Ausrichten der verschiedenen Elemente verwendet. Wichtig ist die Betonung auf »Hilfskonstrukt«. Das Raster darf nicht als Gitter betrachtet werden, hinter dem das Design wie ein Gefangener eingekerkert sitzt, sondern als nützliche Stütze während der Gestaltung.

Erzwungene Scrollbalken

Viele Designer bevorzugen es, die Scrollbalken per Formatierung ständig einzublenden, selbst wenn es keine weiteren Inhalte zu sehen gibt, nur um das Springen des Inhalts zu vermeiden. Das ist aus Nutzerführungssicht vollkommen falsch, da es dem Besucher vermeintliche weitere Inhalte vorgaukelt, die nicht existieren.

Dokumentraster | Die einfachste Variante, Inhalte geordnet zueinander zu platzieren, führt über die Verwendung eines Dokumentrasters. Hierbei erfolgt eine gleichmäßige Zerlegung der Arbeitsfläche in beide Richtungen. In Photoshop lässt sich dieses Raster in Form gepunkteter Linien ohne große Vorbereitung einblenden und ermöglicht somit eine schnelle, grundlegende Lösung.

Gestaltungsraster | Um die Unzahl verschiedener Inhalte, wie Logo, Buttons, Navigationen, Überschriften, Textblöcke, Zwischenüberschriften, Formulare, Grafiken etc. besser zu organisieren, empfiehlt es sich gerade bei umfangreichen Seiten, anstatt des Dokumentrasters bzw. basierend auf ihm mit einem Gestaltungsraster zu arbeiten, das die Platzierung der verschiedenen Inhaltsbereiche genau festlegt. Innerhalb dieser Bereiche kann es dann zu Variationen kommen, die jedoch immer wieder das gleiche Schema aufweisen und somit beim Betrachter für eine verbesserte Orientierung sorgen.

Abbildung 5.29 ▼
Die Seite der Volkswagen AG unterteilt sich in das Service-Menü (grün), den Header-Bereich (gelb), den Navigationsblock (rot) und den Inhaltsbereich (lila). Der Inhalt ist dabei in weitere vier Spalten gegliedert, die eine flexiblere Positionierung verschiedener Elemente ermöglichen.

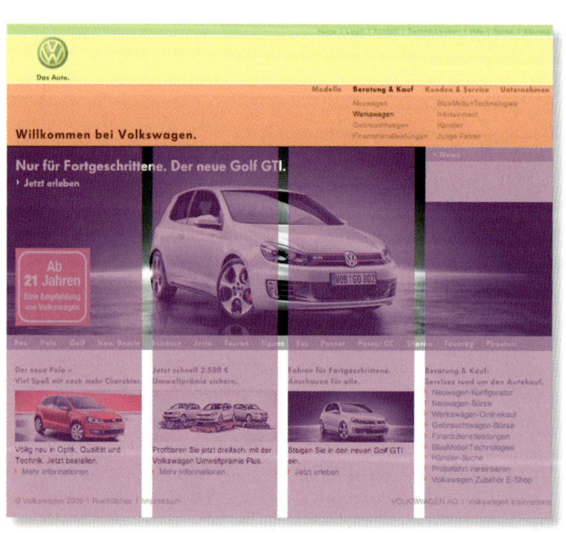

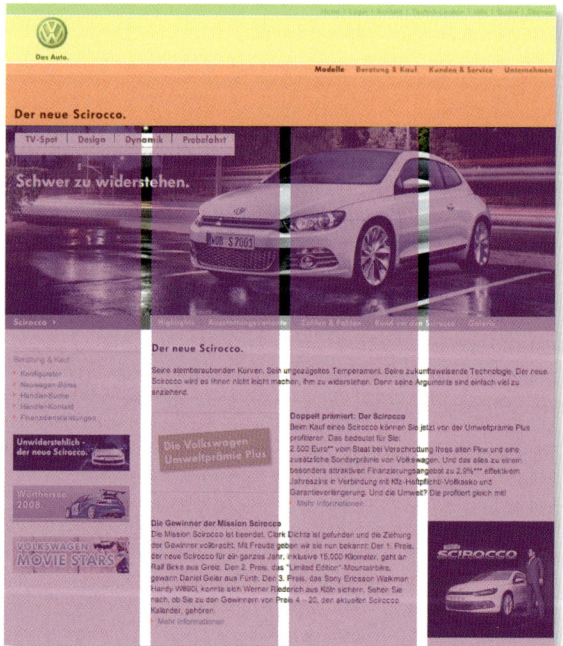

Registerhaltigkeit

Im Printbereich sollte neben dem Raster zudem auf die Registerhaltigkeit geachtet werden. Die Grundlinie des Textes muss dabei auf der Vorder- und Rückseite eines Blattes identisch sein, um ein hässliches Durchscheinen versetzter Zeilen zu vermeiden. Diese Problematik existiert am Bildschirm in dieser Form zwar nicht, dennoch sollte zwingend darauf geachtet werden, dass beständig dargestellte Bild- oder Textobjekte stets an exakt gleicher Position liegen. Selbst ein Pixel Verschiebung führt zu auffälligen und unschönen Sprüngen beim Seitenwechsel.

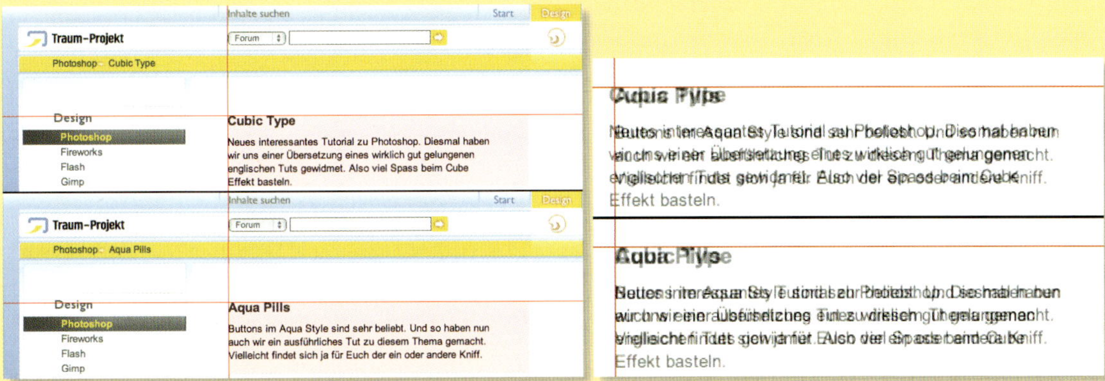

▲ **Abbildung 5.30**
Unsauber positionierte Elemente können hässlich springen.

Abbildung links: Folgen zwei Seiten mit ähnlichem Inhalt, wie in diesem Fall zwei Tutorial-Seiten direkt aufeinander, werden unsaubere Positionierungen sofort sichtbar.
Abbildung rechts: Oben: Der Text im oberen Abschnitt wurde versehentlich leicht versetzt positioniert. Bei einem Wechsel zwischen beiden Seiten kommt es zu einem hässlichen Sprung. Das fällt insbesondere bei Bildschirmpräsentationen sofort auf. Unten: Die Texte stehen identisch übereinander.

Workshop: Photoshop-Raster einrichten

Öffnen Sie in Photoshop über Bearbeiten/Photoshop • Voreinstellungen • Hilfslinien, Raster und Slices... den Dialog zum Einrichten des Rasters.

Die Farbe ① des Rasters sollte, wie bei Hilfslinien auch, immer in gutem Kontrast zu der dominierenden Farbe des Dokuments stehen. Im Fall unseres Projekts belassen wir sie erst einmal bei dem Standardgrau. Die Art ② bleibt ebenfalls auf der voreingestellten Auswahl Linien.

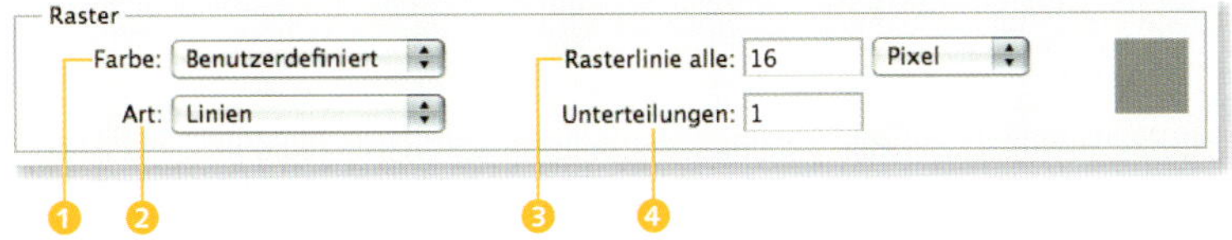

◀ **Abbildung 5.31**
Einstellmöglichkeiten für das Dokumentraster

Den Wert für Rasterlinie alle ③ legen Sie auf 16 Pixel fest. Jedes Rasterfeld misst damit 16 Pixel in Breite und Höhe. Den Wert für Unterteilungen ④ setzen Sie auf »1«.

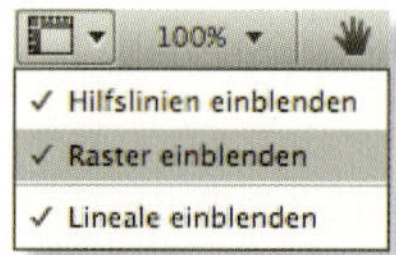

▲ **Abbildung 5.32**
Raster ein- und ausblenden über die Anwendungsleiste

Um das Raster einzublenden, wählen Sie ANSICHT • EINBLENDEN • RASTER oder gehen den Weg über das Icon EXTRAS ANZEIGEN in der Anwendungsleiste.

Im Dokument sieht das dann so aus:

Sie finden die Workshop-Datei mit dem aktuellen Stand unter 00-BEISPIELPROJEKT/STARTSEITE/STARTSEITE-02.PSD.

Abbildung 5.33 ►
Arbeitsdokument mit eingeblendetem Raster

Browserrahmen und Raster

Verwendet man ein 8er bzw. 16er Raster zum Gestalten, empfiehlt es sich, ohne das umschließende Browserfenster zu arbeiten. Das Raster in Photoshop beginnt immer am linken Dokumentrand und wird, bezogen auf die eigentliche Arbeitsfläche, durch den Browserrahmen falsch dargestellt. In unserem Workshop arbeiten wir dennoch mit dem Photoshop-Raster. Zum einen stellt die Verschiebung bei unserem zentrierten Layout kein großes Problem dar, zum anderen sollen die Funktionen des programmeigenen Rasters erklärt werden.

8er und 16er Raster für Screendesigns

Gestaltet man für die Ausgabe auf einem Display, bietet sich ein Raster mit einer Kantenlänge von 8 oder 16 Pixeln an. Alle gängigen Auflösungen von Mobiltelefonen, Smartphones, Notebooks und Monitoren haben diesen Wert als gemeinsamen Teiler. Somit erhält man jederzeit eine perfekt sitzende und flächendeckende Aufteilung.
Stellt man in Photoshop den Wert für RASTERLINIE ALLE auf 16 Pixel, hat man ein Raster mit feiner und flexibler Dichte, die sich bei Bedarf durch Erhöhung des Wertes UNTERTEILUNGEN auf »2« optisch differenziert noch genauer als 8er Raster darstellen lässt.

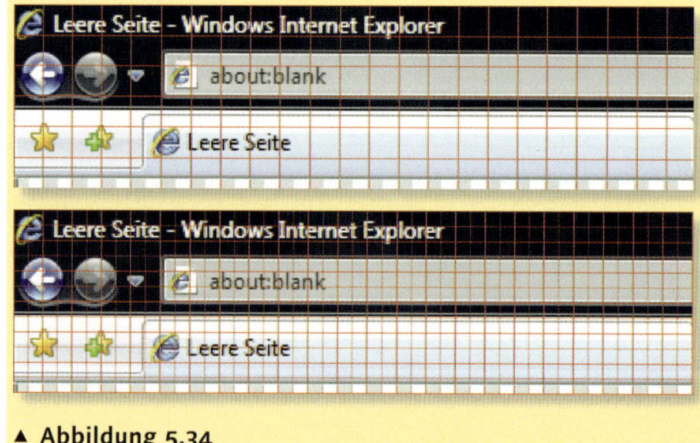

▲ **Abbildung 5.34**
16er Raster ohne weitere Unterteilung (links) und mit Unterteilung (rechts).

Workshop: Manuelles Raster einrichten (optional)

Im Tippkasten »Browserrahmen und Raster« wurde auf die Problematik hingewiesen, dass das Photoshop-Raster, ausgehend vom linken oberen Eck, eine fixe Position hat. Wünscht man sich hier mehr Flexibilität, lässt sich schnell ein manuelles Raster einrichten.

1 Muster anlegen

Erstellen Sie dazu ein neues Dokument in den Abmessungen der gewünschten Rastergröße mit einem transparenten Hintergrund. In diesem Beispiel greifen wir erneut die 16 Pixel auf.

Füllen Sie am oberen und rechten Rand eine 1 Pixel starke Auswahl mit der Farbe, die Ihr Raster zeigen soll ❶, und legen Sie dieses Dokument über BEARBEITEN • MUSTER FESTLEGEN... als Muster fest. In dem erscheinenden Muster-Dialog geben Sie eine passende Bezeichnung ein, z. B. »16er Raster« ❷.

HINWEIS

Um ein Muster festlegen zu können, darf keine aktive Auswahl vorhanden sein. Über AUSWAHL • AUSWAHL AUFHEBEN oder kurz [Strg]/[⌘]+[D] heben Sie alle bestehenden Selektionen auf.

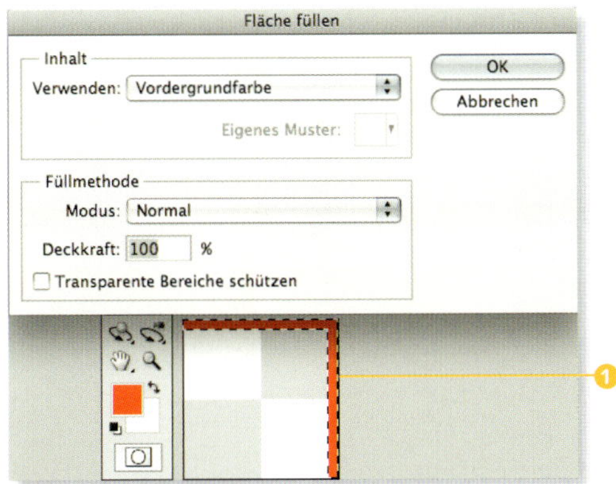

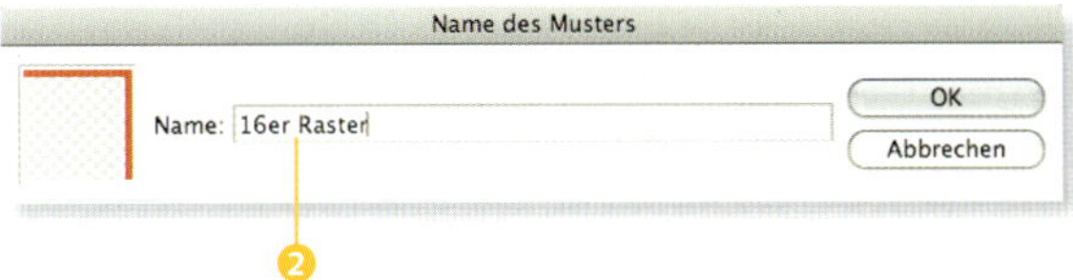

◄▲ **Abbildung 5.35**
Muster erstellen ❶ und festlegen ❷

2 Gitterdatei erstellen

Legen Sie eine neue Datei mit einer Breite von 2000 Pixeln, einer Höhe von 5000 Pixeln und transparentem Hintergrund an.

Über BEARBEITEN • FLÄCHE FÜLLEN • VERWENDEN • MUSTER weisen Sie die zuvor erstellte Grafik als Füllmuster zu. Wählen Sie dazu im noch geöffneten Dialog FLÄCHE FÜLLEN unter EIGENES MUSTER ❸ die entsprechende Miniatur und bestätigen mit OK.

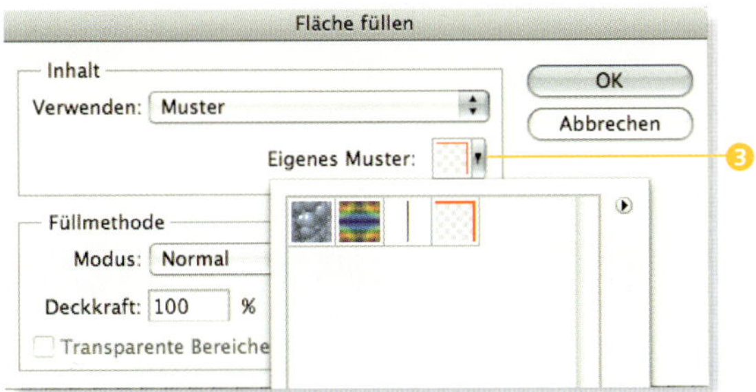

◄ **Abbildung 5.36**
Das zuvor erstellte Muster anwenden

Abschließend kopieren Sie die Ebene mit dem erstellten Raster in Ihr eigentliches Arbeitsdokument, wo es sich frei positionieren, ein- und ausblenden lässt.

Der Haken an dieser Variante: Im Gegensatz zum nativen Photoshop-Raster lässt sich die Größe nur durch erneutes Anlegen des Musters ändern. Zudem können Objekte nicht magnetisch an den Linien ausgerichtet werden. ■

Fibonacci-Zahlenfolge

Die um 1200 von dem Mathematiker Leonardo Fibonacci (eigentlich Leonardo von Pisa) entwickelte Zahlenfolge 1, 1, 2, 3, 5, 8, 13, 21, 34, ... wird häufig mit dem goldenen Schnitt in Verbindung gebracht. Man erhält jeweils die Folgezahl durch die Addition der beiden vorhergehenden Zahlen. Werden die Verhältnisse von zwei aufeinander folgenden Zahlen ermittelt, ergibt sich annähernd der Wert des goldenen Schnitts: 3:2=1,5; 5:3=1,66667; 34:21=1,61905.

Die grafische Umsetzung dieser Zahlenfolge ist überraschend häufig in der Natur zu finden, zum Beispiel in der Anordnung der Kerne einer Sonnenblume oder auf Tannenzapfen.

Der goldene Schnitt | Ursprünglich stellte der goldene Schnitt das Verhältnis zweier Zahlen zueinander dar. Heute ist er vorrangig aus der Kunst oder Fotografie bekannt und beschreibt die Aufteilung von Streckenverhältnissen, die wir als besonders harmonisch betrachten.

Die ersten Beschreibungen zum goldenen Schnitt gehen auf den Mathematiker Euklid zurück, der noch vor Christus lebte. Damals hatte er noch die Bezeichnung »proportio habens medium et duo extrema«, was frei übersetzt in etwa »Teilung im äußeren und mittleren Verhältnis« bedeutet. Unter dem Theologen und Mathematiker Luca Pacioli, der im 15. Jahrhundert lebte, änderte sich die Bezeichnung zu »divina proportione«, also dem »göttlichen Verhältnis«. Mit dem 19. Jahrhundert wurde dann die endgültige Bezeichnung »goldener Schnitt« übernommen und bis heute behalten.

Das korrekte Teilungsverhältnis für den goldenen Schnitt beträgt in etwa 1:1,618.

Um von der Gesamtstrecke die beiden Teilstrecken zu erhalten, geht man folgendermaßen vor:

Gesamtstrecke geteilt durch 1,618 = Große Strecke
Gesamtstrecke minus große Strecke = Kleine Strecke

Am Beispiel einer Strecke von 1000 Pixeln würde sich also eine große Strecke von 618 Pixeln ergeben (1000/1,618) und eine kurze Strecke von 382 Pixeln (1000–618).

▲ **Abbildung 5.37**
Oben: Gesamtstrecke; unten: im goldenen Schnitt (1:1,618) geteilte Strecken

Im Bereich der Gestaltung, speziell für das Entwerfen von Websites, lassen sich mit dem goldenen Schnitt schnell Richtwerte für die harmonische Raumaufteilung des Inhaltsbereichs schaffen. Sehen wir uns das einmal in der Praxis an unserem Beispielprojekt an.

Workshop: Inhaltsbereich im goldenen Schnitt teilen

Verwenden Sie die Vorlage »startseite-01.psd« von der DVD.

00-BEISPIELPROJEKT/STARTSEITE/STARTSEITE-01.PSD

Der Inhaltsbereich soll in zwei Spalten aufgeteilt werden: den Hauptbereich und eine Seitenleiste mit weiterführenden Informationen und Interaktionsmöglichkeiten. Gehen Sie dazu vor wie folgt:

1 Dokument ausmessen

Die gesamte Breite des Layouts ohne Hintergrund soll 880 Pixel betragen. Wenden Sie den goldenen Schnitt auf diesen Wert an, erhalten Sie zwei Streckenabschnitte mit einer Länge von etwa 544 Pixeln (880/1,618) und 336 Pixeln (880–544).

Setzen Sie den Nullpunkt zuerst auf die Standardeinstellung (siehe Tippkasten »Nullpunkt zurücksetzen«) und ziehen ihn danach aus dem Linealkreuz an die Position X=18, Y=90 (1), um das linke obere Eck innerhalb des Viewports als Referenzpunkt für die Lineale zu bestimmen.

Nullpunkt zurücksetzen

Sollten die Lineale nicht im linken oberen Eck mit dem Wert 0 beginnen, setzen Sie den Nullpunkt auf die Ursprungswerte zurück, indem Sie doppelt auf das Linealkreuz klicken.

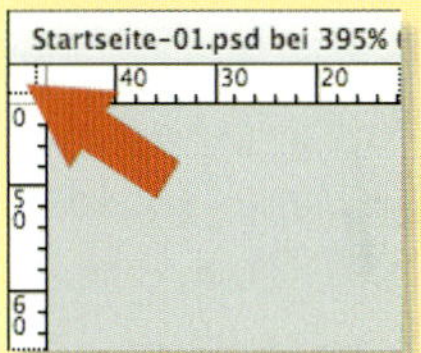

▲ **Abbildung 5.38**
Nullpunkt wiederherstellen

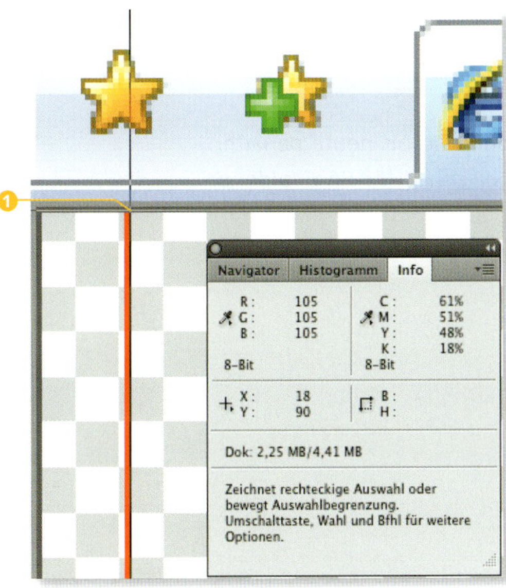

◀ **Abbildung 5.39**
Nullpunkt auf den Viewport justieren

2 Hilfslinien positionieren

Erstellen Sie nun drei vertikale Hilfslinien an den Positionen 44, 588 und 924. Die erste und die dritte Hilfslinie definieren die Breite des gesamten Inhaltsbereichs. Die zweite Hilfslinie teilt diese Breite im goldenen Schnitt und trennt den Inhalt in die gewünschten Spalten.

So angenehm die Proportionen des goldenen Schnitts auch sind, bieten sie sich ohne Anpassung für die Inhaltsgliederung nur bedingt an. Die Seitenspalte ist für unsere Zwecke ein Stück zu breit. Aus diesem Grund verwenden wir die jetzige Teilung nur als Orientierung und verschieben die zweite Hilfslinie dezent auf die Position 620.

Goldener Schnitt als Richtwert

Betrachten Sie den goldenen Schnitt nicht als Zwang, sondern mehr als Richtwert, um den herum Sie sich bewegen können. Im Laufe der Zeit werden Sie ein Gespür dafür bekommen.

Abbildung 5.40 ▶
Das fertig vorbereitete Dokument

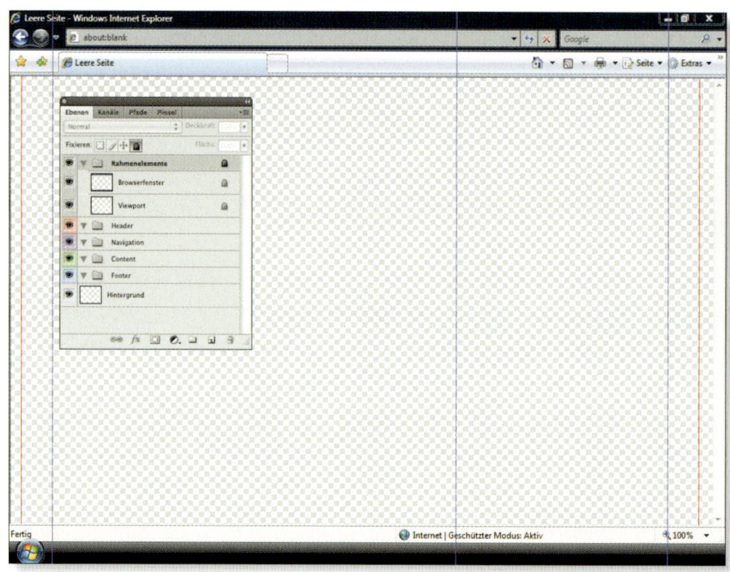

Sie finden die fertige Datei auf der Buch-DVD im Ordner 00-BEISPIEL-PROJEKT/STARTSEITE/STARTSEITE-02.PSD.

Speichern Sie das für die Gestaltung endgültig vorbereitete Dokument ab. ■

Kamera-Hilfsgitter

Die meisten Digitalkameras bieten heutzutage die Option, sich ein Gitter im Sucher anzeigen zu lassen, anhand dessen sich die Bildaufteilung gemäß der erwähnten Drittelregel beurteilen lässt.

Die Drittelregel | Es ist mitunter schwer, aus dem Kopf heraus den goldenen Schnitt genau zu treffen. Beim Gestalten auf Papier oder am Computer lassen sich die gewünschten Verhältnisse leicht berechnen, beim Fotografieren hingegen sieht es anders aus. Um dennoch einen Richtwert für einen harmonischen Bildaufbau zu haben, lässt sich die Drittelregel anwenden. Sie besagt, dass ein Bild zu drei gleichen Teilen aufgeteilt wird. Das Hauptmotiv (bzw. die Hauptmotive) legt man auf eine der Achsen. Die Schnittpunkte einer Horizontalen und einer Vertikalen bieten sich dabei als optisch besonders starkes Zentrum an.

Abbildung 5.41 ▶
Die roten Linien unterteilen das Motiv in drei gleiche Bereiche. Man erkennt, dass die Wassergischt direkt aus dem Schnittpunkt unten links austritt und sich um die linke Vertikale verteilt. Im Vergleich dazu die Aufteilung im goldenen Schnitt, symbolisiert durch die gelben Linien.

5.3.2 Aufmerksamkeitsgesetze

Wenn wir Informationen aufnehmen, egal von welcher Quelle, ist es naturgegeben, die für uns wichtige Information zu erfassen und unwichtige auszublenden (selektive Aufmerksamkeit, sehr schön an diesem lustigen Beispiel zu erkennen: *http://www.youtube.com/watch?v=47LCLoidJh4*). Wie gut das funktioniert, wird zum einen von der Gestaltung beeinflusst und zum anderen von den Erfahrungswerten des Besuchers mit dem verwendeten Medium.

Unter Einbeziehung der Aufmerksamkeitsgesetze kann der Designer die Gesetzmäßigkeiten der menschlichen Interessen nutzen, um dem Leser sowohl die Suche nach den gewünschten Informationen zu erleichtern als auch ihn gezielt zu den Inhalten steuern, die der Betreiber der Seite als wichtig erachtet.

Das Intensitätsgesetz | Da nicht alle Elemente gleichzeitig betrachtet werden können, reagiert der Mensch zuerst auf solche, die besonders intensive Sinnesreize auslösen. Das kann zum Beispiel durch schnelle Bewegungen (Animation), hohe Kontraste, laute Geräusche oder helles Licht geschehen.

▲ **Abbildung 5.42**
Intensitätsunterschiede: 1 Kontrast, 2 Größe, 3 Schärfe

Farbgesetze | Farben können je nach Eigenfarbe und ihrer Umgebung unterschiedliche Anmutungen und Wirkungen hervorrufen. Eine ausführliche Beschreibung zu den verschiedenen Kontrasten und Farbwirkungen finden Sie im Folgekapitel zur Farbe.

Das Ausnahmegesetz | Ein Element, dessen Eigenschaft sich deutlich von der Umgebung abhebt, wird als Erstes wahrgenommen. Diese Eigenschaft macht man sich im Webdesign häufig zunutze, beispielsweise um im Text einen bestimmten Abschnitt als Link 4 zu markieren (andere Farbigkeit, Unterstrich) oder das momentan aktive Navigationselement 5 zu verdeutlichen.

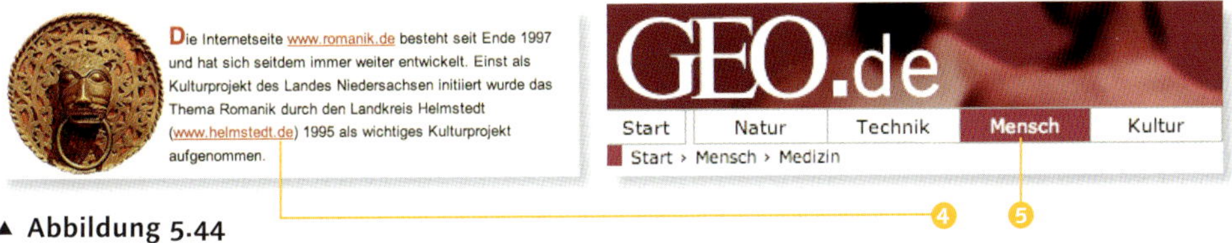

▲ **Abbildung 5.44**
Links: *http://www.romanik.de*, rechts: *http://www.geo.de*

Chunking

George A. Miller formuliert 1956 die Chunking-Hypothese, die besagt, dass das menschliche Kurzzeitgedächtnis 7 +/– 2 Chunks speichern kann und genetisch determiniert ist. Bezogen auf Webdesign lässt sich ein Chunk auf ein Inhaltselement reduzieren. Durch das optische Gliedern von Inhalten können gleiche Einheiten, wie zum Beispiel eine Aufzählung von Stichpunkten, zu einem Chunk zusammengefasst werden. In Verbindung mit Navigationen im weiteren Verlauf des Buches gehen wir noch näher auf dieses Thema ein. Weitere Informationen finden Sie unter *http://www.coaching-kiste.de/index.html?chunking.htm*.

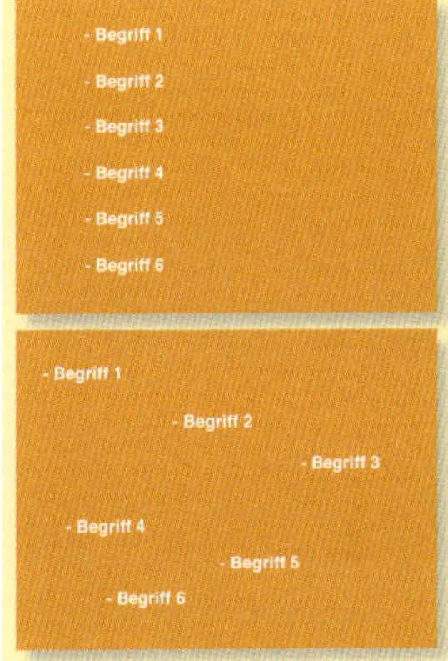

▲ **Abbildung 5.43**
Die Listenpunkte stehen oben logisch beisammen und werden als eine Einheit wahrgenommen. Die unstrukturierte Anordnung unten erschwert das Erfassen.

HINWEIS

Auf der Webseite *http://www.kommdesign.de/texte/* befinden sich ausführliche weiterführende Informationen zur Aufmerksamkeitsregulierung und Wahrnehmung.

Das Gewöhnungsgesetz | Erfährt man einen bestimmten Reiz immer und immer wieder, gewöhnen wir uns daran und nehmen ihn nicht mehr als auffällig wahr. Wenn wir beispielsweise aus dem nassgrauen deutschen Winter nach Australien fliegen, nehmen wir die dortige Wärme als etwas Besonderes und Wohltuendes wahr. Nach einiger Zeit betrachten wir sie jedoch als Selbstverständlichkeit, der Reiz daran geht verloren.

Das Größengesetz | Wenn man es genau betrachtet, ist das Größengesetz bereits Bestandteil des Intensitätsgesetzes. Ein großes Element wird gegenüber einem kleinen Element schneller wahrgenommen (siehe auch Abbildung 5.43).

Das Dissonanzgesetz | Im Laufe unseres Lebens ordnen wir einem Begriff, einem Ding etc. ein bestimmtes Aussehen zu. Die Sonne ist gelb, ein Hund hat vier Beine usw.

Widerspricht das, was wir sehen, unseren Gewohnheiten, hat dies eine erhöhte Aufmerksamkeit zur Folge.

▲ **Abbildung 5.45**
Die Katze rechts fällt aufgrund ihres dritten Auges sofort auf, während die linke Abbildung das gelernte Aussehen einer Katze darstellt.

Das Positionsgesetz | Werden Objekte im zentralen Blickfeld positioniert, ist die Wahrscheinlichkeit höher, dass sie zuerst wahrgenommen werden. Inhalte, die am Rand oder auf einer Website sogar außerhalb des Viewports, also außerhalb des sicheren sichtbaren Bereichs liegen und erst ein Scrollen an diese Position verlangen, finden wenig bis gar keine Beachtung.

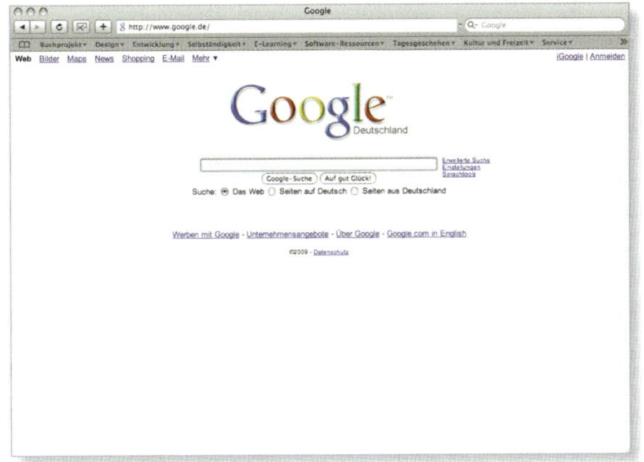

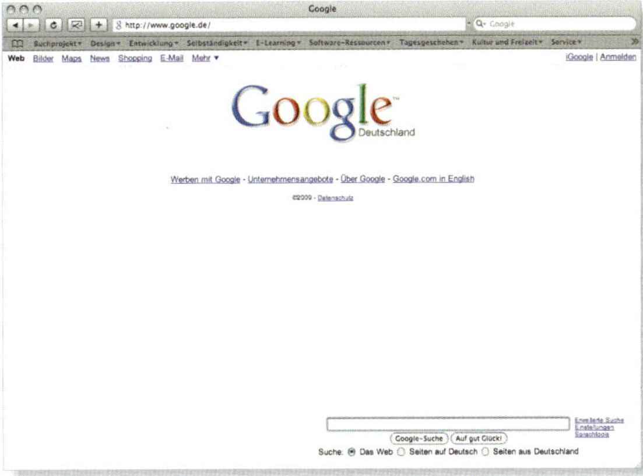

▲ **Abbildung 5.46**
Links: normaler Google-Startbildschirm. Rechts: Das Eingabeformular wurde an den unteren rechten Rand gesetzt und rutscht sofort aus dem automatisch anvisierten Blickfeld.

5.3.3 Formale Regeln

Anknüpfend an die Regeln zur Aufmerksamkeitssteuerung finden Sie im folgenden Abschnitt einige Grundlagen, wie Gestaltungselemente durch ihren formalen Bezug zueinander auf den Betrachter wirken.

Gesetz der Ähnlichkeit | Das menschliche Gehirn bildet aus dicht beieinanderliegenden ähnlichen Elementen automatisch eine Gruppe, die als Gesamtheit aufgefasst wird. So wird im unterhalb gezeigten Beispiel sowohl die Hauptnavigation (weiß und in Großbuchstaben geschrieben) als auch die aufgeklappte Sekundärnavigation (grau, Groß- und Kleinschreibung) jeweils als eigener inhaltlicher Block erkannt und nicht jeder Listenpunkt im Einzelnen.

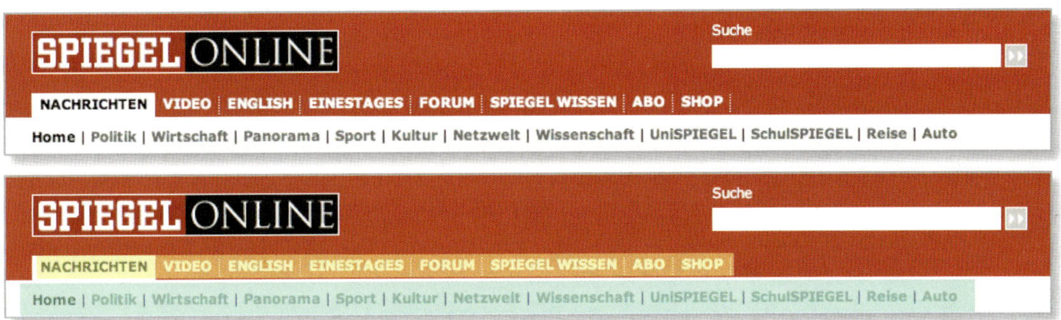

▲ **Abbildung 5.47**
Die Primär- und Sekundärnavigation, gelb bzw. türkis markiert, werden als getrennte, aber in sich geschlossene Einheiten aufgefasst.

Gesetz der Nähe | Elemente mit gleichem Aussehen werden, entsprechend Ihrer räumlichen Distanz zueinander, in Gruppen eingeteilt. Obwohl die Blumen im nachstehenden Beispiel optisch keinerlei Unterschied aufweisen, erkennen wir im blauen Block vertikale und im grünen Block horizontale Linien.

Abbildung 5.48 ►
Der leicht erhöhte Abstand zu den Nachbarelementen lässt uns die Formen als Gruppen sehen. Die Einzelform wird aufgelöst.

Gesetz der Geschlossenheit | Elemente, die von einer geschlossenen Form umgeben werden, fassen wir als eine Gruppe auf. Betrachtet man die blauen Linien in der linken Bildhälfte ①, sieht man darin mehrere vertikale Striche. Verbindet man jeweils zwei Linien an ihren oberen und unteren Enden, sind es nicht mehr vier einzelne Striche, sondern eine geschlossene, rechteckige Gesamtform, die als eine Einheit gedeutet wird ②.

Im Bereich des Webdesigns lässt sich dieser Umstand beim Gestalten von Tabellen, Infoboxen oder auch Schaltflächen zunutze machen.

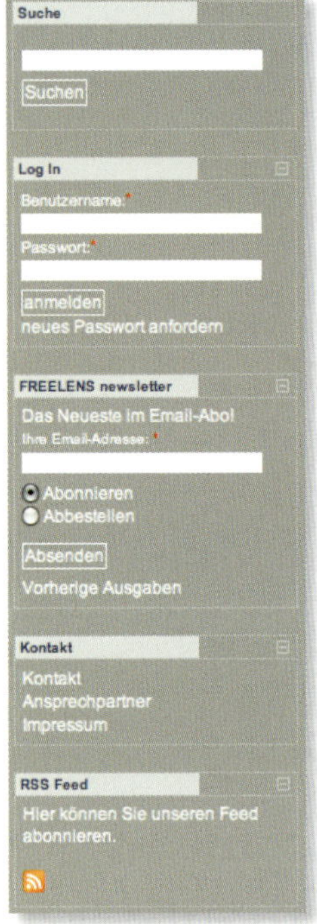

▲ **Abbildung 5.49**
Die Darstellung der Optionen in der rechten Spalte der Seite *http://www.freelens.com* demonstriert, wie sich unterschiedliche Bereiche anhand des Gesetzes der Geschlossenheit sauber voneinander trennen lassen.

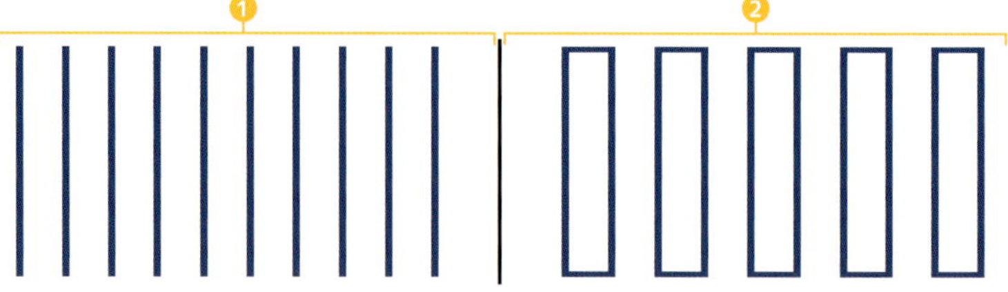

▲ **Abbildung 5.50**
Einzelne Linien wirken als trennende Elemente. Verbunden ergeben Sie in sich geschlossene Einheiten.

Im Umkehrschluss gilt, dass Elemente, die durch Linien getrennt oder in zwei verschiedenen geschlossenen Formen platziert werden, unweigerlich zwei Einheiten bilden, die sich kaum mehr in direktem Kontext betrachten lassen.

Trennung von Figur und Grund | Ein Motiv besteht aus der Eigenform (Figur) und der Umgebung (Grund). In der Regel ist die Figur klar als solche erkennbar. In manchen Fällen aber, ob bewusst eingesetzt oder unabsichtlich, kann es zu einer visuellen Täuschung kommen, dem so genannten Kippbild. Dem Betrachter bieten sich dann zwei Möglichkeiten, das Bild wahrzunehmen. Figur und Grund können sich in ihrer Bedeutung tauschen, so dass die invertierte Darstellung einen völlig neuen Sinn ergibt.

▲ **Abbildung 5.51**
Klassisches Kippbild: die Rubin'sche Vase

5.4 Zusammenfassung

5.4.1 Rahmenbedingungen im Webdesign

- Websites sind keine statischen Gebilde, die auf jedem Medium gleichartig dargestellt werden (können). Vielmehr bilden sie in ihrer Erscheinung flexible Informationsträger, deren übergeordnete Aufgabe eine optimale Übertragung und medienspezifische Wiedergabe der Inhalte ist.
- Die Anordnung und Strukturierung der Inhalte im Dokument selbst erfolgt nach semantischen und nicht nach optischen Aspekten. Letztere werden erst mit der Formatierung per ausgelagerte Stilangaben realisiert.
- Das Einhalten von etablierten und anerkannten Standards sorgt für eine nachhaltig nutzbare Qualität in der webspezifischen Datenaufbereitung. Vorteile spiegeln sich auch in reduzierten Kosten und Aufwand wider.
- Noch gibt es Unterschiede in der Interpretation der Standards (z. B. HTML, CSS und JavaScript) zwischen den marktführenden Browsern. Einzelanpassungen und Kompromisse sind notwendiger Alltag.
- Viewport, Skalierbarkeit, nutzerspezifische Einstellungen sowie die Layoutart müssen bereits im Designprozess Beachtung finden.

5.4.2 Gliederung logischer Bereiche

- Die optische Gliederung erfolgt nach der Funktionalität und Wichtigkeit der einzelnen Inhaltsbereiche. So sollte die Navigation einen klar erkennbaren Mechanismus aufweisen und dem Nutzer stets zur Verfügung stehen.
- Hauptsächlich unterteilt man in Rahmenelemente, Navigation und Inhaltsbereich.

5.4.3 Gestaltungsgrundlagen

- Das Verwenden von Rastern erleichtert das konsequente und einheitliche Gestalten von Websites. Das Raster sollte jedoch mehr als Orientierung denn als Zwang betrachtet werden.
- Harmonische Raumaufteilungen erhält man durch den goldenen Schnitt (Streckenverhältnis 1:1,618) oder auch vereinfacht durch die Drittelregel, die eine Fläche horizontal und vertikal in drei gleiche Teile gliedert.
- Der gezielte Einsatz der Aufmerksamkeitsgesetze beeinflusst den Besucher in der Art und Weise, wie er die Inhalte wahrnimmt.
- Die Beachtung formaler Gesetze gliedert verschiedene Inhaltselemente in zugehörige Gruppen und erleichtert dem Besucher die Orientierung.

6 Farbe

Um effektiv mit Farbe umgehen zu können, bedarf es einiger Grundkenntnisse darüber, wie sich Farben eigentlich zusammensetzen und welche Wirkungen sie auf den Betrachter ausüben können. Abseits der hier vorgestellten Theorie ist der beste Lehrmeister die Natur. Flora und Fauna bieten uns zahlreiche beeindruckende Farben, sei es im Einzelnen oder in Kombination miteinander. Wer hier die Augen offen hält und aufmerksam beobachtet, findet einen nahezu unerschöpflichen Ressourcen-Pool.

▾ Abbildung 6.1
Beispiele der unerschöpflichen Farbvielfalt der Natur. Die schönen Aufnahmen wurden freundlicherweise von Nele Goetz (*http://www.april-design.de*) bereitgestellt.

6.1 Farbmischung und Farblehre

6.1.1 Farblehren

Es gibt eine große Anzahl von Farblehren, theoretischen Beschreibungen, wie einzelne Farben in Verbindung zueinander stehen, sich durch Mischung zu weiteren Farben ergänzen und Harmonien bzw. Disharmonien bilden. Zu den bekannteren zählen der Farbkreis nach Goethe und Itten, die Farbtheorie nach Küppers und auch die umfangreichen Studien von Künstlern wie Runge, El Greco, Cézanne oder Delacroix.

Das Thema Farblehre ist ein zu umfangreicher Komplex, als dass er hier vollständig abgehandelt werden kann. In diesem Buch zum Thema Webdesign wollen wir uns auf das grundlegende Mischverhalten von Farben (additiv und subtraktiv), die Betrachtung des in Photoshop gebräuchlichen Farbkreises und die daraus abzuleitenden

Hintergrund Licht

Behält man die Bezeichnung »Lichtfarbmischung« im Hinterkopf, versteht man das Prinzip etwas leichter: Je mehr Farbe (Licht) aufgetragen wird, desto heller wird das Ergebnis, im Maximalfall also weiß. Je weniger Farbe (Licht) aufgetragen wird, desto dunkler wird das Ergebnis, bis hin zu Schwarz. Ohne Licht ist nichts zu sehen, ganz wie im wirklichen Leben.

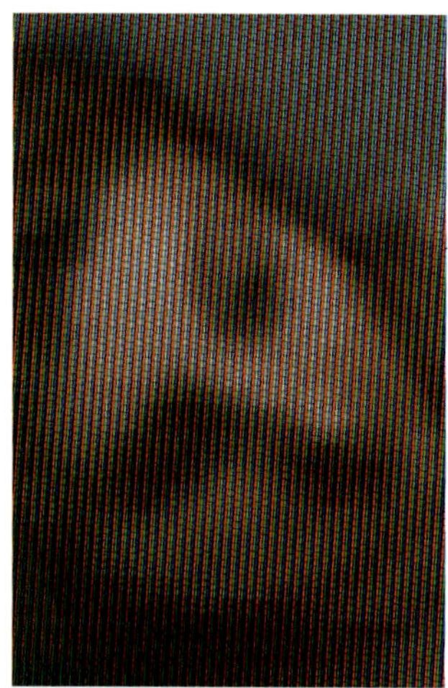

▲ **Abbildung 6.2**
Detailansicht eines Fernsehbildes. Es kommen ausschließlich die Grundfarben zum Einsatz. Aus der Ferne betrachtet, verschmelzen die Farben zu einem homogenen Bild. Die Lichtintensität der jeweiligen Leuchtstäbchen steuert den exakten Farbton.

Auf der Buch-DVD finden Sie eine Datei, in der Sie die verschiedenen Farben frei bewegen und durch deren Überlappung und Anpassung der Deckkraft Sie das Farbmischverhalten simulieren können: 06-FARBE/6.1-FARBMISCHUNG_UND_FARBLEHRE/RGB_FARBMISCHUNG.PSD.

Harmonieregeln beschränken. Weiterführende nützliche Informationen zu den historischen und neuzeitlichen Farblehren finden Sie hier:

- *http://www.farbtipps.de/farblehre/empedokles/*
- *http://de.wikipedia.org/wiki/Farbkreis*

6.1.2 Additive Farbmischung (RGB)

Die additive Farbmischung, auch Lichtmischung genannt, kommt immer dann zum Einsatz, wenn an oder für Displays gestaltet wird. Dabei spielt es keine Rolle, ob es sich um einen Fernseher, einen Computerbildschirm, Handys, Spielkonsolen etc. handelt.

Die drei Grundfarben (*Primärfarben*) der additiven Farbmischung sind **R**ot, **G**rün und **B**lau (abgekürzt RGB). Kombiniert man jeweils zwei dieser Grundfarben miteinander, ergeben sich die so genannten Sekundärfarben Cyan, Magenta und Gelb. Die Mischung aller drei Farben bildet ein reines Weiß. Das Fehlen jeglicher Farbe führt zu Schwarz.

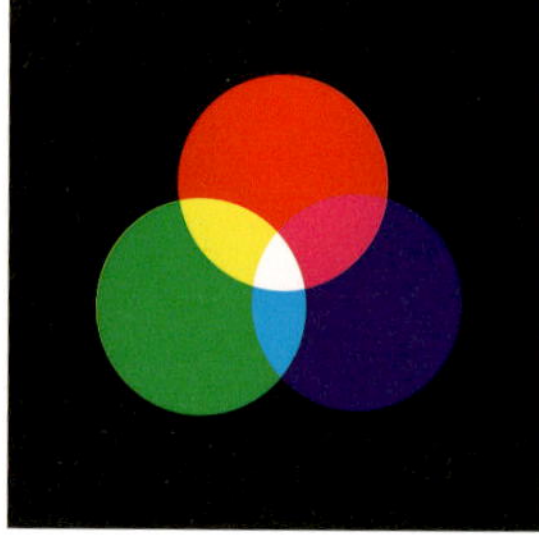

▲ **Abbildung 6.3**
Die Primärfarben der additiven Farbmischung: Rot, Grün und Blau. Das Mischen der Primärfarben ergibt die Sekundärfarben Cyan, Magenta und Gelb bzw. Weiß.

Um all die vielen Zwischentöne wie Orange, Violett etc. zu erhalten, werden die Primär- und Sekundärfarben in unterschiedlichen Verhältnissen gemischt. Die folgende Abbildungsreihe zeigt die Auswirkung variierender Lichtstärke auf die Mischfarbe.

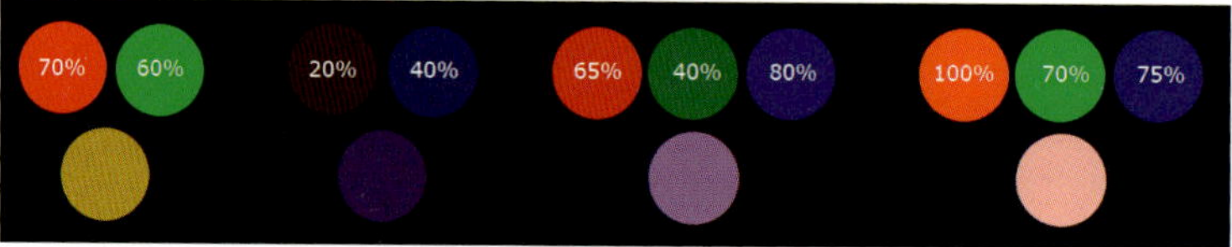

▲ **Abbildung 6.4**
Die obere Reihe ergibt kombiniert die Farbigkeit in der unteren Reihe. Der Prozentwert gibt die Intensität der jeweilige Farbe an.

Der hinter der additiven Farbmischung stehende RGB-Modus ist das Standard-Arbeitsumfeld beim Gestalten von Websites.

Workshop: Farbkanäle in Photoshop

Der folgende Workshop soll Sie für das Prinzip der Farbmischung in Photoshop sensibilisieren. Die einzelnen Farbkanäle geben dabei Aufschluss über die Gesamtfarbigkeit eines Bildes und eventuelle Fehlerquellen bei Farbstichen.

1 Endmotiv analysieren

Öffnen Sie die fünf Vorlagedateien »farbmischung-zettel...« aus dem Ordner 06-FARBE/6.1-FARBMISCHUNG_UND_FARBLEHRE der Begleit-DVD, und blenden Sie die Datei »farbmischung-zettel.jpg« ein.

06-FARBE/6.1-FARBMISCHUNG_UND_FARBLEHRE

◀ **Abbildung 6.5**
Drei farblich klar getrennte Bereiche bestimmen den Bildaufbau

Sie sehen drei Notizzettel, jeweils annähernd in einer der drei Primärfarben Rot, Grün und Blau. Wechseln Sie in die Kanäle-Palette, und klicken Sie nacheinander auf die einzelnen Kanäle, um diese separat zu betrachten. Achten Sie dabei darauf, die Miniatur oder den Text zu erwischen. Ein Klick auf das Augensymbol blendet den jeweiligen Kanal lediglich aus.

▼ **Abbildung 6.6**
Von links nach rechts: Rot-Kanal, Grün-Kanal und Blau-Kanal

Es fällt auf, dass in jedem Kanal ein anderer Bereich besonders hell ist. Im Rot-Kanal ist es im Bild links, wo der rote Zettel liegt, im Grün-Kanal der mittlere Zettel und im Blau-Kanal der Bereich am rechten

Neutrales Grau

Mischt man die Primärfarben zu gleichen Teilen, ergibt sich stets ein neutrales Grau. Dessen Helligkeit hängt von der Intensität der Farben ab.

Bildrand. Je heller der Grauwert also in einem Farbkanal ist, desto intensiver wirkt die entsprechende Farbe im Gesamtbild.
Der Untergrund, auf dem die Zettel liegen, ist im eigentlichen Motiv als helles Grau zu erkennen. Entsprechend weist jeder Farbkanal in diesen Bereichen einen hellen Wert auf. Sie erinnern sich? Die Mischung aller Primärfarben ergibt Weiß.

Im Vergleich dazu ist die schwarze Schrift auf den Zetteln auch in allen Kanälen schwarz. Hier fehlt jegliches Licht respektive Farbe.

2 Rot-Kanal aufbauen

Wechseln Sie zu dem Dokument »farbmischung-zettel-rot.jpg«, markieren mit Strg/⌘+A das gesamte Bild und kopieren es über Bearbeiten • Kopieren (Strg/⌘+C) in die Zwischenablage.

In der Tab-Leiste aktivieren Sie das Dokument »farbmischung-zettel-blank.jpg« und wählen in der Kanäle-Palette den Kanal Rot. Vergewissern Sie sich auch hier, dass Sie nicht versehentlich nur das Augensymbol angeklickt haben. Fügen Sie das zuvor kopierte Bild über Bearbeiten • Einfügen (Strg/⌘+V) in den Kanal ein.

Abbildung 6.7 ▲
Der Rot-Kanal wird mit Helligkeitsinformationen gefüllt.

Das Ergebnis dieser Aktion ist eine Türkis-Färbung der bislang weißen Datei, an der Sie bereits die zuvor analysierten Zettel erkennen können. Wenn Sie sich nun wundern, warum das Motiv türkis anstatt rot wird, wo Sie doch gerade Inhalte in den Rot-Kanal kopiert haben, hier die Erklärung:

6.2.1 Farben im Internet

Im Jahr 1995 wurde eine websichere Farbpalette eingeführt, die diejenigen Farben beinhaltete, die sicher von jedem System dargestellt werden konnten. Der Hintergrund davon waren die damaligen Grafikkarten, die nicht mehr als 256 verschiedene Farben produzieren konnten. Von diesen waren zudem einige für die Betriebssysteme reserviert, so dass letztendlich eine Palette mit 216 Farben übrig blieb.

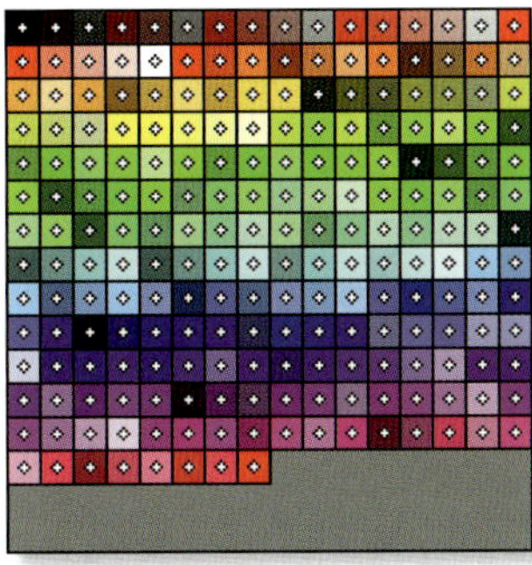

◂ **Abbildung 6.15**
Übersicht der websicheren Farben

Heutzutage spielt diese Palette kaum mehr eine Rolle, da moderne Grafikkarten und Monitore problemlos mit 16 und 24 Bit umgehen können. Die Hersteller von Mobilgeräten mit einer eingeschränkten Farbwiedergabe von 8 Bit (256 Farben) konnten sich zudem bislang auf keinen gemeinsamen Nenner einigen, wodurch auch hier die Sinnhaftigkeit der websicheren Palette in Frage gestellt werden darf. Es spricht also nichts dagegen, bei der Farbgestaltung fürs Web aus dem Vollen zu schöpfen.

Werte für Farben im Web können in CSS in zwei verschiedenen Varianten angegeben werden:

Zum einen in **Hexadezimal-Codes** in der Form `#CC0066`. Jeweils zwei Farbwerte entsprechen dabei einem Kanal. Die ersten beiden stehen für den Rot-, die mittleren für den Grün- und die letzten beiden für den Blau-Kanal. Zum anderen können auch hier reguläre **RGB-Werte** benannt werden. Das sieht dann zum Beispiel so aus: `rgb(204,0,102)`.

Für welche Variante Sie sich entscheiden, ist eine Sache der persönlichen Vorliebe. Der Farbwähler in Photoshop zeigt für beide Fälle die entsprechenden Werte an.

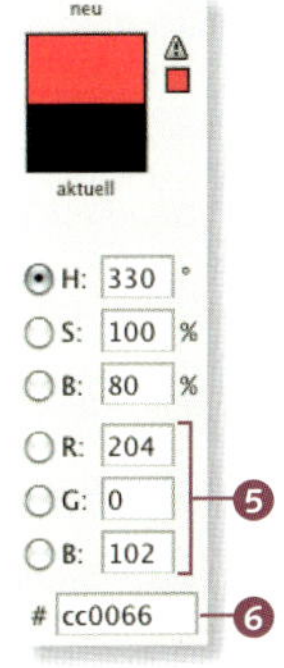

▴ **Abbildung 6.16**
Anzeige der RGB- 5 bzw. Hex-Werte 6

6.2.2 Bitmap

Der Bitmap-Modus ist der »spartanischste« aller Farbmodi. Es lassen sich ausschließlich schwarze und weiße Pixel darstellen, was folglich zu einer sehr geringen Dateigröße führt. Graue Zwischenabstufungen gibt es nicht. Dieser Modus empfiehlt sich, wenn Bilder für die

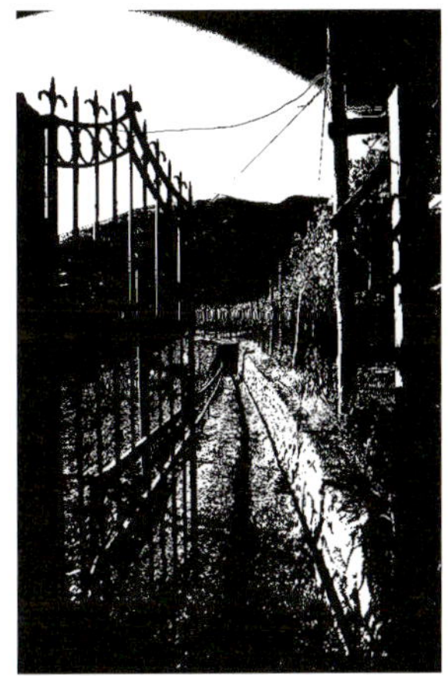

▴ **Abbildung 6.17**
Beispiel für ein Bitmap-Bild

Ausgabe an Geräten aufbereitet werden, die ohnehin nicht mehr als zwei Farben (Schwarz und Weiß) beherrschen, wie es zum Beispiel bei SW-Laserdruckern der Fall ist. Grauabstufungen werden durch so genanntes Rastern, also die geschickte Verteilung von großen und kleinen Druckpunkten simuliert.

Neben dieser praktischen Anwendung lassen sich im Bitmap-Modus auch leicht Bilder im Retro-Effekt simulieren, wie er in Zeitungen früher zu sehen war.

6.2.3 Graustufen

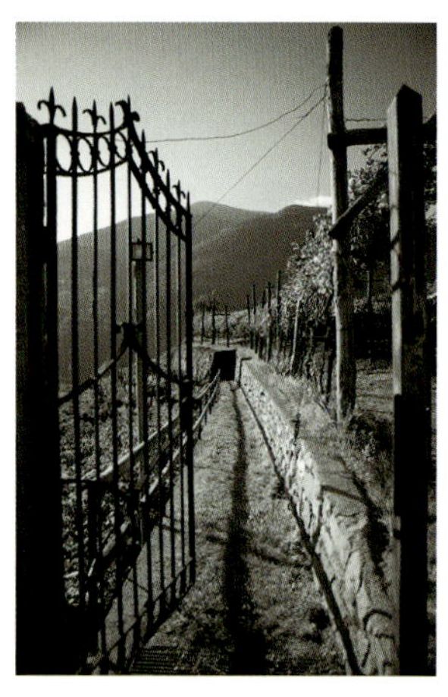

▲ **Abbildung 6.18**
Beispiel für ein Graustufen-Bild

Wie es der Name bereits sagt, enthalten Bilder im Graustufenmodus keine Farbinformationen. Sie enthalten einen einzigen Kanal, der für die Helligkeit der Pixel verantwortlich ist. Es sind bis zu 256 verschiedene Grauabstufungen möglich, was einer Farbtiefe von 8 Bit entspricht. Zu der Farbtiefe lesen Sie in Abschnitt 6.2.6 näheres.

Farben im Graustufenmodus werden in Helligkeitswerten zwischen 0 und 255 angegeben, wobei 0 Schwarz entspricht und der Wert 255 Weiß.

Graustufenbilder können einen besonderen Charme verleihen oder auch als Orientierungshilfe dienen. Im Webdesign werden in Bildergalerien häufig die Miniaturbilder in Graustufen angezeigt und beim Überfahren mit der Maus bunt eingefärbt, um den Aktiv-Status zu verdeutlichen.

6.2.4 CMYK

▲ **Abbildung 6.19**
Beispiel für ein CMYK-Bild

Der CMYK-Modus ist die Arbeitsumgebung für den Druckbereich. Bilder bauen sich aus den Grundfarben Cyan, Magenta, Gelb und Schwarz auf, wobei Schwarz nur zur Stärkung der Kontraste dient. Aufgrund des vierten Kanals sind Bilder im CMYK-Modus etwa ein Drittel größer als Bilder im RGB-Modus.

Farben im CMYK-Modus werden in Prozentwerten je Kanal angegeben, also zum Beispiel C=80 M=35 Y=40 K=15 für ein Petrolgrün. Ein höherer Wert bedeutet einen stärkeren Farbauftrag.

Viele Funktionen von Photoshop stehen in diesem Modus nicht zur Verfügung. In der Regel wird empfohlen, die Bildbearbeitung im RGB-Modus zu erledigen und erst vor der Übergabe an den Druck in den CMYK-Modus zu wechseln. Im letzten Feinschliff kann hier zum Beispiel noch nachgeschärft werden.

Der Farbraum des CMYK-Modus mit allen produzierbaren Farben ist deutlich kleiner als der RGB-Farbraum. Insbesondere stark leuchtende und gesättigte Farben lassen sich mit normalen Druckfarben nicht darstellen. Das sollte bei der Arbeit an Bildern beachtet werden. Über den Farbproof lässt sich das spätere Druckbild simulieren.

Farbproof und Farbumfang-Warnung

In Photoshop lassen sich andere Umgebungen über die so genannten Softproofs simulieren. Dazu lassen sich aus dem Menü Ansicht • Proof einrichten verschiedene Vorgaben wählen, wie auch der CMYK-Arbeitsfarbraum. Wird der Proof anschließend über Ansicht • Farbproof (Strg/⌘+Y) aktiviert, ändert Photoshop die Farbdarstellung temporär entsprechend der zu simulierenden Umgebung. Eine tatsächliche Umrechnung findet nicht statt.
Über Ansicht • Farbumfang-Warnung lässt sich zudem mit einer Signalfarbe anzeigen, welche Farben bei einer Farbraumkonvertierung nicht eins zu eins übernommen werden können.

▲ **Abbildung 6.20**
Links: Das stark gesättigte Motiv. Rechts: Die Farbumfang-Warnung weist auf problematische Bereiche hin.

6.2.5 RGB

Der RGB-Modus wurde im vorangegangenen Abschnitt bereits ausführlich behandelt. Er baut sich aus den drei Kanälen Rot, Grün und Blau auf, die in der Regel eine Farbtiefe von 8 Bit, also 256 Helligkeitsabstufungen darstellen. Insgesamt sind somit also ca. 16,7 Millionen Farben möglich. Der RGB-Farbraum ist die native Umgebung, mit der Monitore, Fernseher, Handys etc. arbeiten. Aus diesem Grund ist er auch die einzig sinnvolle Arbeitsumgebung für das Erstellen von Screendesigns.

Farbwerte in diesem Modus werden durch drei Zahlen definiert, die den jeweiligen Helligkeitswert in einem der drei Farbkanäle definieren, also zum Beispiel RGB 200/80/100 für die Farbe Fuchsia.

Alle im Buch folgenden Workshops und Beschreibungen basieren auf der Arbeit im RGB-Modus, sofern nicht explizit anderes beschrieben wird.

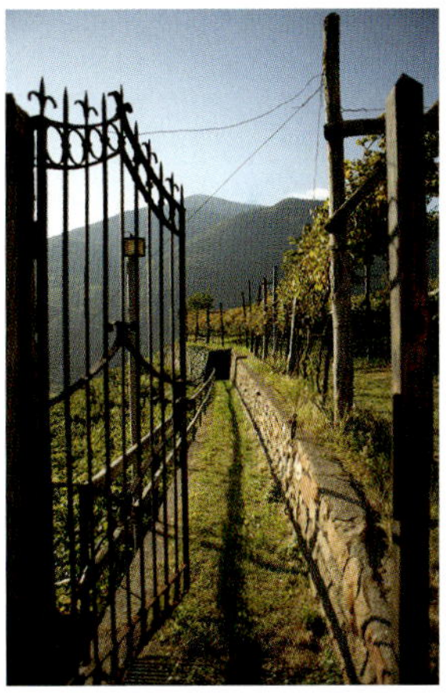

▲ **Abbildung 6.21**
Beispiel für ein RGB-Bild. (Die Sättigung ist gegenüber dem CMYK-Bild simuliert, da dieses Buch den RGB-Farbraum technisch bedingt nicht darstellen kann. Aber das wissen Sie ja inzwischen bereits.)

6.2.6 Farbtiefe

In den vergangenen Absätzen war häufiger von der Farbtiefe zu lesen. Diese beschreibt die maximal mögliche Anzahl an verschiedenen Farben in einem Bild bzw. an einem Ausgabegerät wie einem Computerbildschirm oder einer Grafikkarte.

Ein Bit entspricht der Fähigkeit, zwei verschiedene Helligkeiten darstellen zu können, so zum Beispiel Blau und Schwarz. Als Basis für die Berechnung wird der Wert 2 verwendet. Ein Bit sind also 2^1 = 2 Farben. 2 Bit entsprechen 2^2 = 4 Farben (z. B. Hellblau, mittleres Blau, Dunkelblau und Schwarz). Führt man diese Reihe fort bis zu den bereits mehrfach genannten 8 Bit, erhält man 2^8 = 256 Helligkeitsabstufungen, die in jedem Farbkanal eines RGB-Bildes abgebildet werden können. Dieser Wert wird Ihnen im Verlauf des Buches noch mehrfach begegnen.

Abbildung 6.22 ▼
Höhere Farbtiefen erlauben mehr farbliche Abstufungen

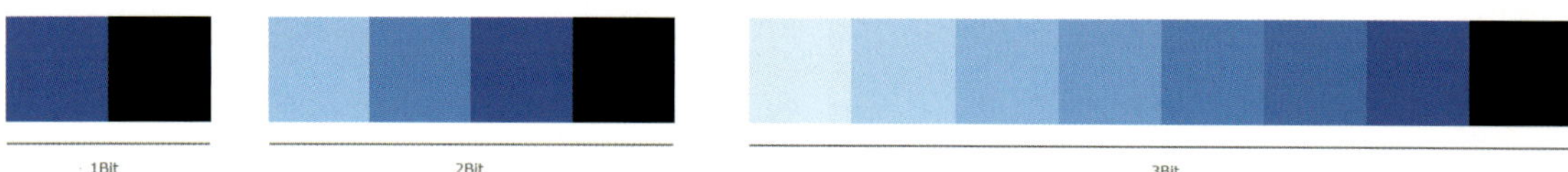

Für die Bildbearbeitung in Heimanwenderbereichen sind 8-Bit-Daten in vielen Belangen ausreichend. Gerade im professionellen Umfeld stößt man jedoch in extremen Helligkeitsbereichen schnell an die Grenzen. Sowohl im 3D-Bereich als auch in der professionellen Fotografie wird mit höheren Farbtiefen gearbeitet, um das letzte bisschen Qualität aus einem Motiv zu kitzeln.

Auch wenn heutige Consumer-Monitore diese erweiterte Farbtiefe nicht darstellen können, arbeitet Photoshop intern dennoch damit und erlaubt so einen schonenderen Umgang mit den Daten, bevor Sie abschließend, je nach Verwendungszweck, doch auf 8 Bit heruntergerechnet werden.

Extreme Farbtiefe: HDR-Fotografie

Als Extrembeispiel sei hier die aktuell sehr beliebte HDR-Fotografie zu nennen. Selbst professionelle Kameras bieten nicht mehr als 14 Bit Farbtiefe und schaffen es somit nicht, sowohl ins Sonnenlicht getauchte Bereiche als auch tiefe Kernschatten gleichermaßen optimal zu belichten, dazu sind die Helligkeitsunterschiede zu gewaltig. Aus diesem Grund werden mehrere Aufnahmen gemacht und später mit einer dafür ausgelegten Software zu einem Gesamtbild mit enormem Dynamikumfang montiert. Die hiernach vorliegenden Daten können Farbtiefen von bis zu 32 Bit je Kanal aufweisen, was exakt 4.294.967.296 Helligkeitsabstufungen entspricht.

Abbildung 6.23 ►
Beispiel für eine HDR-Aufnahme mit sichtbar erweitertem Dynamik-Umfang

6.3 Farbmanagement

Farbmanagement beschäftigt sich mit der Problematik, wie die Farbigkeit von Bildern durch verschiedene Ein- und Ausgabemedien, wie Scanner, Monitor oder Drucker, konsistent ausgegeben werden kann.

▼ Abbildung 6.24
Ohne Farbmanagement ist ein einheitliches Erscheinungsbild kaum möglich.

6.3.1 Das Problem: Farbinkonsistenz

Jedes technische Gerät, das Farbe verarbeitet, tut dies auf eine andere Weise. Zum einen liegt das an der technisch bedingten Begrenzung des Farbumfangs, zum anderen an den Werkseinstellungen des Herstellers.

Fast alle gängigen TFT-Monitore arbeiten mit dem so genannten sRGB-Farbraum.

Die Anzahl an Farben, die ein Drucker auf Papier abzubilden vermag, ist deutlich beschränkter als jene, die ein durchschnittlicher Computermonitor darstellen kann. Insbesondere leuchtende Farben lassen sich nicht ohne Verwendung von kostenintensiven Spezialfarben drucken. Aber auch zwischen verschiedenen Monitoren kann es deutliche Unterschiede im möglichen Farbumfang geben. Teure Monitore, die sich vorrangig an professionelle Anwender richten, nutzen den Adobe-RGB-Farbraum mitunter komplett aus.

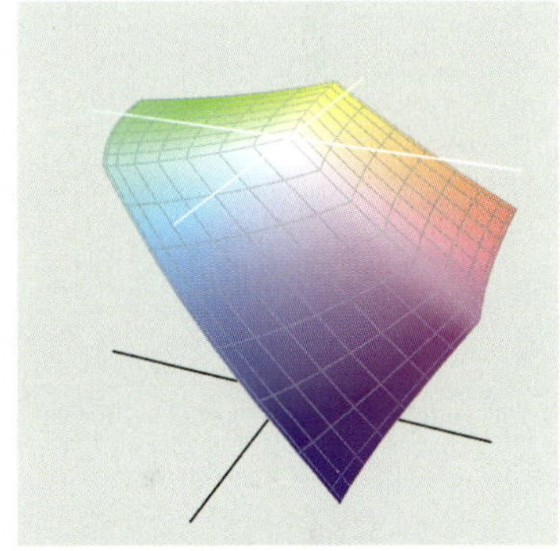

▲ Abbildung 6.25
Dreidimensionale Darstellung des sRGB-Farbraums aus dem Apple-Dienstprogramm ColorSync

sRGB und Adobe RGB

Der sRGB-Farbraum ist ein im Jahre 1996 von HP und Microsoft entwickelter internationaler Standard zur geräteunabhängigen Farbkontrolle. Er soll eine einfache Möglichkeit darstellen, auch Heimanwendern eine verbindliche Basis zur Farbdarstellung zu bieten. Entsprechend arbeitet heute nahezu jedes Consumer-Endgerät mit diesem verbindlich definierten Farbraum.

Der Nachteil dieses Farbraums liegt in dem geringen Umfang. Da viele verschiedene Ausgabegeräte wie auch Drucker einbezogen werden müssen, sinkt der gemeinsame Nenner auf einen verhältnismäßig geringen Wert. Hingegen bietet der Adobe-RGB-Farbraum, der standardmäßig in Photoshop für die Druckumgebung verwendet wird, einen größeren Umfang. Auch gehobene Digitalkameras bieten die Möglichkeit, Aufnahmen nicht in sRGB, sondern in Adobe RGB zu machen.

Bei der Erstellung von Screendesigns kommt primär der sRGB-Farbraum zum Einsatz.

Eine mitunter interaktive Erklärung des sRGB-Farbraums finden Sie unter *http://www.prad.de/new/monitore/specials/srgb/srgb-special.html.*

Neben diesen technischen Einschränkungen spielen auch die Werkseinstellungen eine wichtige Rolle. Sony liefert seine Geräte gerne mit besonders knallig erscheinenden Farben aus. Stellt man solch einen Monitor neben ein anderes Fabrikat, lassen sich massive Abweichungen erkennen. Betrachten Sie einmal in einem Elektronikmarkt in der Fernsehabteilung die verschiedenen Geräte. Die Unterschiede sind gravierend.

Letztendlich spielt auch die Lichtsituation am Arbeitsplatz und die Farbigkeit der Systemoberfläche eine wichtige Rolle. Sie sehen also, es kommen viele Faktoren zusammen, die das Erscheinungsbild beeinflussen. Für Heimanwender ist es sehr schwer, ein wirklich konsequentes Farbmanagement zu betreiben, zumal die Thematik in ihrer Komplexität ganze Berufsgruppen beschäftigt.

6.3.2 Die Lösung: Kalibrierung und Profilierung

Um die genannten Unterschiede auf einen Nenner zu bringen, gibt es das so genannte Farbmanagement. Hier lassen sich zwei Varianten unterscheiden:

Info-PDFs

Kostenlose und gut aufgemachte Dokumente zum Thema Farbmanagement finden Sie beim pd-eff-Verlag (*http://www.pd-eff.de/seiten/archiv.html*) oder bei cleverprinting (*http://www.cleverprinting.de/ratgeber2008.html*).

Softwarekalibrierung | Die Farb- und Helligkeitsdarstellung wird über eine spezielle Software wie zum Beispiel Adobe Gamma, das bis Version CS3 mit Photoshop ausgeliefert wird, oder den Kalibrierungs-Assistenten unter Mac OS X geregelt. Über diverse Regler werden hier Kontraste und Farben angeglichen, und letztendlich wird ein zum Monitor passendes Farbprofil erstellt:

- Windows: Start • Systemsteuerung • Adobe Gamma
- Mac OS X: Systemeinstellungen • Monitore • Farben • Kalibrieren...

Kalibrierung und Profilierung

Diese beiden Begriffe werden gerne vermischt, bedeuten jedoch verschiedene Dinge. Die Kalibrierung schafft einheitliche Rahmenbedingungen für die im Anschluss folgende Profilierung. Diese vermisst dann die Eigenschaften des Gerätes und notiert sie in dem Farbprofil (ICC-Profil). Als Beispiel soll hier eine Waage dienen: Bevor man Gewicht darauflegt, muss sie auf den Wert 0 tariert werden (Kalibrierung), sonst erhält man beim Auswerten des Gewichts (Profilieren) verfälschte Ergebnisse.

Hardwarekalibrierung | Anhand eines so genanntes Colorimeters, eines Gerätes, das an den Monitor gehängt wird, werden alle relevanten Daten automatisch ausgemessen, und anschließend wird das zugehörige Profil erstellt. Im Gegensatz zur Softwarekalibrierung sind die Ergebnisse qualitativ viel hochwertiger. Allerdings kosten Colorimeter je nach Ausführung und Funktionalität zwischen 100 und weit über 1 000 Euro.

Die in jedem der beiden Fälle erstellten Farbprofile enthalten eine genaue Definition des Farbraums des kalibrierten Gerätes und bieten damit eine korrektere Darstellung als die generischen Profile, die vom Hersteller geliefert werden.

Um letztendlich einen konsequenten Workflow zu erhalten, muss jedes Gerät, das am Ein- und Ausgabeprozess beteiligt ist, kalibriert werden. Mit jedem Bearbeitungsschritt wird dann das jeweilige Profil mit an die Datei »geklebt«, so dass es im Folgenden korrekt interpretiert werden kann. Diese Interpretation kann natürlich nur mit Anwendungen erfolgen, die mit solchen Profilen umgehen können. Zu diesen gehört auch Photoshop.

6.3.3 Webdesign und Farbmanagement

So »leicht« sich ein Monitor für die Ausgabe im Druck einrichten lässt, umso schwerer wird es beim Webdesign. Ein Druckerzeugnis sieht, einmal auf Papier gebracht, stets identisch aus (extreme Lichtsituationen, unter denen es betrachtet wird, einmal außer Acht gelassen).

Hingegen wird auf jedem Monitor Farbe anders dargestellt, wie Sie ja bereits weiter oben erfahren haben. Die Lösung wäre theoretisch auch hier Farbmanagement, allerdings können Sie nicht erwarten, dass jeder Computerbesitzer seinen Monitor regelmäßig kalibriert. Dieser Umstand ist sicherlich wünschenswert, allerdings derzeit reine Utopie.

Mit dem sRGB-Farbraum wurde bereits ein Schritt in die richtige Richtung getan, um diese Problematik zu begrenzen. Weitere Bestrebungen folgen durch die Fähigkeit von aktuellen Browsern, Farbprofile zu erkennen und zu interpretieren. Derzeit sind es jedoch nur der Firefox 3 und Safari, die es unterstützen. Der jüngst erschienene Internet Explorer 8 verzichtet weiterhin auf dieses Feature. Doch auch hier ist der Flaschenhals wieder der Benutzer. Einerseits muss er einen dieser Browser installiert haben, andererseits muss die Unterstützung für Farbmanagement auch aktiviert sein. Das ist, gerade im Firefox, derzeit nicht intuitiv möglich.

Es sind also viele Faktoren, die passend zueinander eintreffen müssen, damit Ihr Bild auch auf anderen Monitoren aussieht, wie Sie es sich vorstellen. Zum jetzigen Zeitpunkt ist Farbtreue im Internet noch ein Glücksspiel, mit dem man sich arrangieren muss, aber dennoch lohnt es sich, diese Thematik zu verfolgen.

Farbmanagement im Browser

Eine interessante Demonstration der Auswertung verschiedener Farbprofile bei aktiviertem bzw. deaktiviertem Farbmanagement im Browser finden Sie auf der Website von Foto Beitinger: *http://foto.beitinger.de/browser_farbmanagement/index.html*

Farbmanagement im Firefox 3 einrichten

Öffnen Sie den Browser, und tippen Sie in der Adressleiste »about:config« ein. Wichtig ist, dass Sie sowohl »http://« als auch »www.« weglassen. Den folgenden Warndialog bestätigen Sie, in dem Sie versprechen, vorsichtig zu sein.

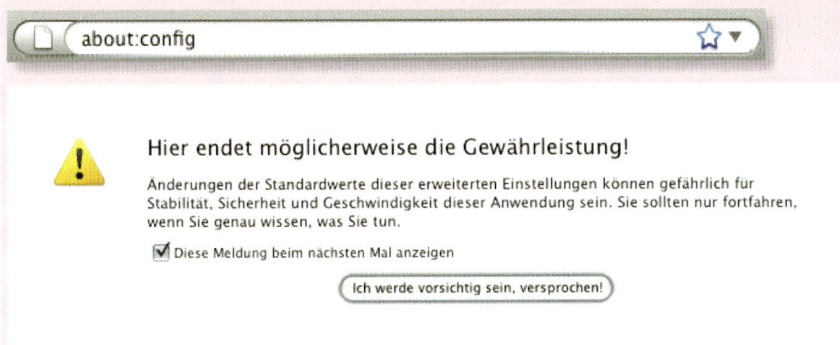

◂ **Abbildung 6.26**
Konfiguration von Firefox aufrufen

Tippen Sie im Feld FILTER »gfx.color« ein und klicken danach doppelt auf den Eintrag GFX.COLOR_MANAGEMENT.ENABLED ①. Der Wert unter ② sollte danach auf TRUE stehen.

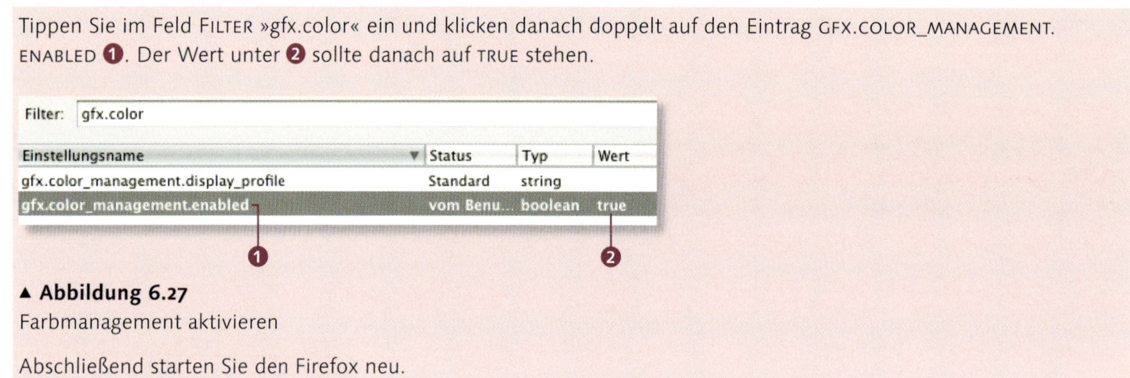

▲ **Abbildung 6.27**
Farbmanagement aktivieren

Abschließend starten Sie den Firefox neu.

6.3.4 Farbeinstellungen in Photoshop

Um Photoshop grundlegend für den Einsatz zum Webdesign einzurichten, stellen Sie den RGB-Arbeitsfarbraum auf sRGB. Damit arbeiten Sie direkt im reduzierten Farbraum und schränken zu große Farbabweichungen auf anderen Monitoren im Vorfeld ein.

Öffnen Sie dazu über BEARBEITEN • FARBEINSTELLUNGEN (Strg/⌘+⇧+K) die Farbeinstellungen, und wählen Sie unter ARBEITSFARBRÄUME aus dem Dropdown-Menü RGB ③ das sRGB-Profil.

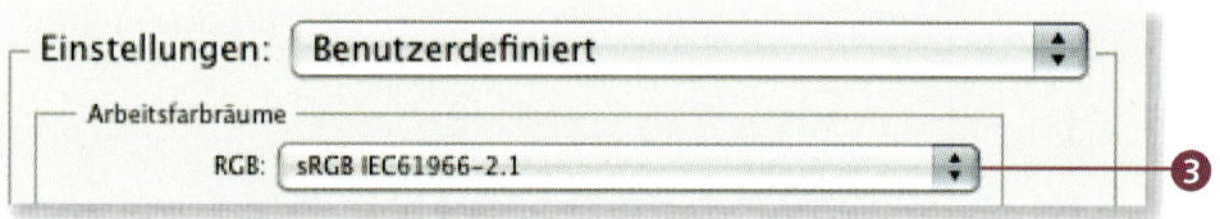

▲ **Abbildung 6.28**
sRGB als Arbeitsprofil auswählen

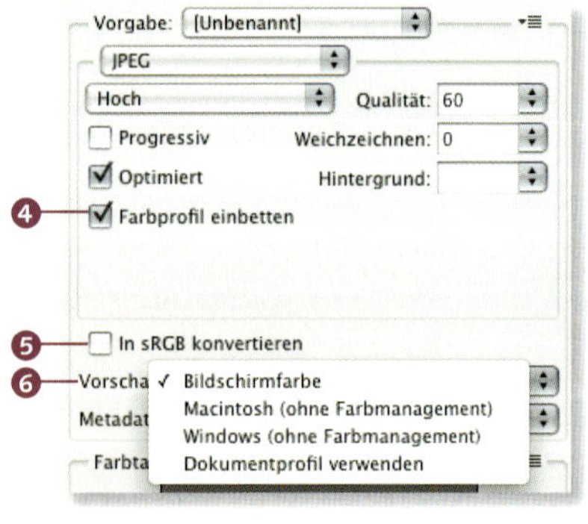

▲ **Abbildung 6.29**
Einstelloptionen im Export-Dialog

Bei der Ausgabe von Bildern über den Befehl DATEI • FÜR WEB UND GERÄTE SPEICHERN haben Sie die Möglichkeit, das Dokumentprofil, also sRGB einzubetten ④. Farbmanagementfähige Browser können dieses dann auswerten und korrekt darstellen. Das funktioniert allerdings nur mit .jpg- und .png-Dateien. Gif-Bilder sind aufgrund ihrer generell sehr eingeschränkten Farbwiedergabe (256 Farben) nicht farbmanagementfähig.

Über die Checkbox IN SRGB KONVERTIEREN ⑤ lässt sich das Bild auch nachträglich in dieses Profil umwandeln, allerdings empfiehlt es sich, diesen Schritt zuvor in Photoshop zu erledigen, um notfalls kleinere Korrekturen vorzunehmen.

Das Dropdown-Menü VORSCHAU ⑥ bietet Simulationen unterschiedlicher Umgebungen, anhand derer Sie einschätzen können, ob insbesondere an den Kontrasten noch etwas geändert werden muss. Unter Windows und OS X werden unterschiedliche Werte verwendet, was eine deutlich höhere Grundhelligkeit am Macintosh mit sich bringt.

HINWEIS

Ausführliche Informationen zum Export von Bildern finden Sie in Kapitel 9, »Layoutübergabe«.

6.4 Arbeiten mit Farbe in Photoshop

Zum Definieren und Verwalten von Farben gibt es in Photoshop drei zentrale Dialoge: den Farbwähler, die Farbe- und die Farbfelder-Palette. Als zusätzliches Werkzeug dient die Pipette.

Sowohl mit dem Farbwähler als auch mit der Farbe-Palette lassen sich Farben unter den verschiedensten Aspekten definieren und anpassen. Die Farbfelder-Palette dient zur Organisation und Sicherung zuvor definierter Farben.

6.4.1 Pipette

Mit der Pipette [I] können Sie einen beliebigen Farbton auf Ihrem Bildschirm abgreifen. Klicken Sie dazu einfach mit dem Werkzeug auf die gewünschte Stelle. Photoshop legt als Vordergrundfarbe den an dieser Stelle befindlichen Wert fest. Wenn Sie Farben außerhalb von Photoshop von Ihrem Monitor aufnehmen möchten, klicken Sie mit der Pipette erst einmal innerhalb der Anwendung und ziehen dann mit gedrückter Maustaste an die gewünschte Stelle des Bildschirms.

Im Steuerungsbedienfeld lassen sich zwei wichtige Pipettenoptionen regeln:

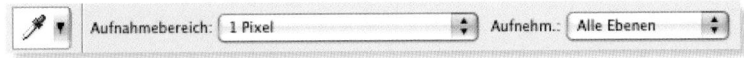

◂ **Abbildung 6.30**
Optionen des Pipette-Werkzeugs

Aufnahmebereich | Hier legen Sie fest, in welchem Umfeld Photoshop Pixel zur Farbberechnung einbezieht. Bei Retuschearbeiten und Bildkorrekturen empfiehlt sich ein Aufnahmebereich von 3×3 oder 5×5 Pixeln, um einen realistischen Durchschnitt zu erhalten.

Beim Entwerfen von Screendesigns geht es hingegen meist um exakte Farbwerte, weswegen die Einstellung 1×1 hier grundsätzlich die bessere Wahl ist.

Zoomen Sie zum Ausmessen eines Bildpunkts stark ein, um auch genau dorthin zu treffen, wo Sie es möchten.

Aufnehm. | Hier haben Sie die Wahl zwischen zwei Optionen:

- **Alle Ebenen:** Es wird exakt der Wert gemessen, der sich unter der Pipette befindet. Transparenzen oder Ebenenmodi beeinflussen den Wert.
- **Aktuelle Ebene:** Es wird nur der ursprüngliche Farbwert der aktuellen Ebene ausgemessen. Reduzierte Ebenendeckkraft oder andere Anpassungen werden ignoriert.

Fehlerquelle Transparenzen

Arbeiten Sie ohne Transparenzen, so spielt es keine Rolle, welchen Wert Sie unter AUFNEHM. verwenden. Besitzen Ihre Ebenen jedoch unterschiedliche Deckkraft, wird es etwas komplizierter.
Die Option ALLE EBENEN greift, wie erwähnt, auch Transparenzen mit auf. Haben Sie zum Beispiel eine Hinterlegung mit einer Ebenendeckkraft von 95 % gestaltet, nimmt Photoshop diesen helleren Wert. Füllen Sie bei einer späteren Erweiterung der Fläche diese mit dem ausgemessenen Farbton, wird dieser aufgrund der zudem zugewiesenen Transparenz noch heller. Belassen Sie hingegen die Deckkraft bei 100 %, da der Farbton ja eigentlich übereinstimmt, werden Sie spätestens dann eine Unstimmigkeit bemerken, wenn durch einen Teil der Fläche der Hintergrund hindurchscheint und durch den anderen nicht.

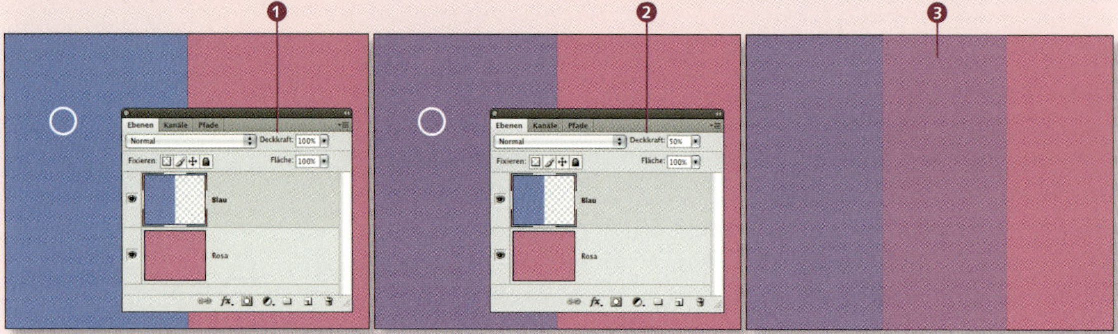

▲ **Abbildung 6.31**
Links: Der eigentliche Blauwert, ohne reduzierte Deckkraft ❶. Die blaue Fläche wurde auf 50 % abgeblendet und mit der Pipette, Option ALLE EBENEN, ausgemessen ❷. Der ermittelte Farbwert wurde, ebenfalls mit 50 % Deckkraft, neben die bestehende Fläche gesetzt ❸.

6.4.2 Farbwähler

Per Mausklick auf das Farbfeld der Vorder- bzw. Hintergrundfarbe öffnet sich der Farbwähler. Hier lassen sich innerhalb eines großen Dialogs die Farbwerte aller gängigen Farbmodelle wie RGB, CMYK oder HEX ablesen oder eintragen.

Abbildung 6.32 ▸
Standardanzeige des Farbwählers

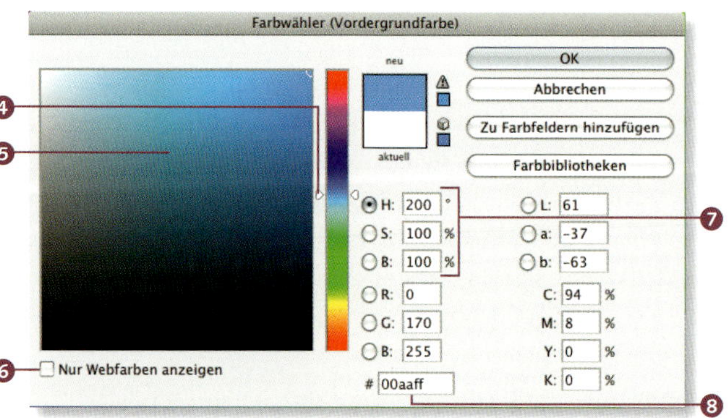

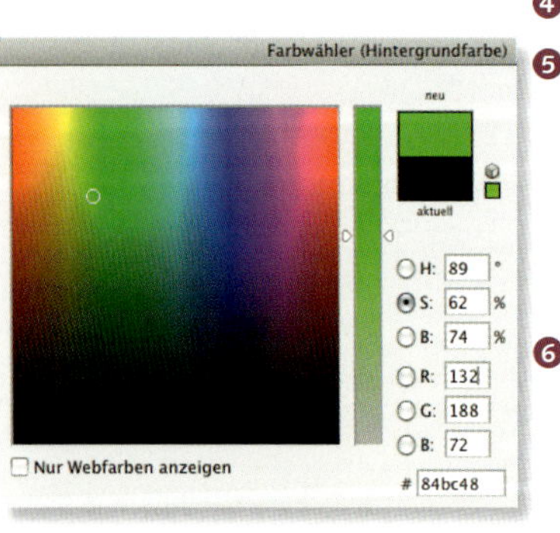

▲ **Abbildung 6.33**
Farbregler mit fixiertem Sättigungs- bzw. Helligkeitswert

Visuelle Farbbestimmung | Über die Radiobuttons vor den Eingabefeldern ❼ bestimmen Sie, welche Informationen im Schieberegler ❹ und dem Farbfeld ❺ angezeigt werden. Standardmäßig ist das Feld H (Hue = Farbton) markiert.

Mit dieser Einstellung wird innerhalb der großen Fläche ❺ ein fixer Farbton angezeigt, dessen Helligkeit (y-Achse) und Sättigung (x-Achse) durch Verschieben der Maus nach Augenmaß eingestellt werden kann. Über den Schieberegler ❹ wandern Sie den Farbkreis entlang und stellen den passenden Farbton ein.

Wechseln Sie von dem Wert H auf zum Beispiel S (Saturation = Sättigung) oder B (Brightness = Helligkeit), ändert sich die Darstellung der Farbflächen und Balken. Anstatt des Farbtons lässt sich nun in dem Balken ❹ entweder die Sättigung oder die Helligkeit regeln, während im großen Farbfeld die anderen Parameter durch Ziehen eingestellt werden.

Auf diese Weise lässt sich eine bestimmte Eigenschaft fixieren. Das Abstufen einer Farbe in verschiedener Sättigung erfolgt somit beispielsweise im ersten Schritt durch das Definieren von Farbton und Helligkeit. Danach wird der Regler am Balken einfach an die gewünschte Position gebracht, ohne die anderen Werte versehentlich zu ändern.

Wenn Sie ausschließlich mit websicheren Farben arbeiten wollen (wovon wir Ihnen aber abraten, sofern es nicht zwingende Gründe dafür gibt), aktivieren Sie die Checkbox Nur Webfarben anzeigen ❻ im linken unteren Eck.

Standardfarben

Durch Drücken der Taste [D] können Sie die beiden Standardfarben Schwarz und Weiß wiederherstellen.

Farben tauschen

Vorder- und Hintergrundfarbe lassen sich mit der [X]-Taste austauschen. So lässt sich zum Beispiel während der Arbeit auf einer Ebenenmaske schnell zwischen »Inhalte ausblenden« und »Inhalte zeigen« wechseln.

◂ **Abbildung 6.34**
Nur Webfarben anzeigen

Numerische Farbbestimmung | Anstatt intuitiv, aber unpräzise die Farbe mit der Maus zurechtzuziehen, können Sie auch exakte Farbwerte in die Textfelder einfügen. Tragen Sie dazu einfach die RGB-Werte, den Hexwert ❽ oder auch den CMYK-Wert in die entsprechenden Boxen ein.

Sie können natürlich auch Nutzen aus beiden Varianten ziehen. Wählen Sie einen ansprechenden Farbwert per Maus, markieren Sie die zugehörigen Zahlenwerte, und kopieren Sie diese ([Strg]/[⌘]+[C]) in eine andere Anwendung, wie zum Beispiel den HTML-Editor. Dieses Vorgehen findet in der Praxis häufig Verwendung, da es schneller geht, als die Werte manuell abzutippen.

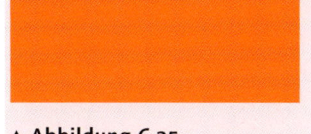

RGB-Werte

In der numerischen Eingabe für RGB-Farben spiegelt sich die zuvor besprochene Farbtiefe wider. Jeder Kanal enthält bis zu 256 Helligkeitsabstufungen. Entsprechend können Sie im Farbwähler Werte zwischen 0 und 255 eintragen. Je höher der Wert, desto dominanter ist die Farbe, zum Beispiel bedeutet 255/100/0 maximal Rot, moderat Grün und kein Blau.

▴ **Abbildung 6.35**
RGB 255/100/0

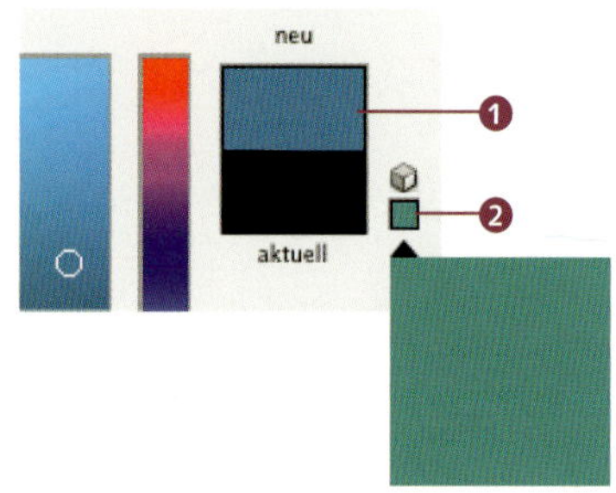

▲ **Abbildung 6.36**
Per Klick springt Photoshop zur nächsten websicheren Farbe.

Das doppelte Farbfeld ❶ zeigt Ihnen unten die vor dem Öffnen des Farbwählers zuletzt angewählte Farbe und darüber die neu ausgewählte. Auf diese Weise können Sie schnell eine Farbigkeit korrigieren, ohne dabei das ursprüngliche Aussehen aus den Augen zu verlieren, oder auch zwei Farben aufeinander abstimmen. Als Beispiel wäre hier das Definieren zweier Farben für den so genannte Hover-Effekt zu nennen. Überfährt man im Browser einen Hyperlink, ändert sich die Farbe, um Interaktivität zu symbolisieren.

Das kleine Feld mit dem Würfel darüber ❷ erscheint immer dann, wenn Sie eine Farbe gewählt haben, die nicht als websicher gilt. Per Klick auf das Feld wählt Photoshop automatisch die nächste Farbe, die in die Webfarbpalette fällt. Auch hier gilt wieder: Webfarben sind antiquiert. Ignorieren Sie diese »Warnung« einfach.

Farbbestimmung mit der Pipette | Die letzte Möglichkeit, eine Farbe zu definieren, besteht darin, die Maus an eine beliebige Stelle außerhalb des Farbwählers zu bewegen und per Mausklick die darunter befindliche Farbe festzulegen.

Hinweis

Wechselt man von einem Farbmodus zu Graustufen, bleibt der untere Farbbalken dennoch farbig. Der kleine Schieberegler oberhalb zeigt jedoch den Helligkeitswert der jeweiligen Farbe und lässt sich regulär anpassen. Auf diese Weise lässt sich auch schnell der Helligkeitsunterschied zwischen zwei Farben prüfen.

6.4.3 Die Farbe-Palette

Die Farbe-Palette ist so etwas wie die Miniaturausgabe des Farbwählers mit dem Vorteil, dass sie als Palette jederzeit sichtbar sein kann und somit schnell erreichbar ist.

Über das Optionsmenü lässt sich einstellen, welchen Farbmodus die Schieberegler darstellen sollen. Die Definition der Farben erfolgt dann über das Ziehen der Regler, die numerische Eingabe in die Textfelder oder durch das Abgreifen einer Farbe aus dem kleinen Verlaufsfeld am unteren Rand.

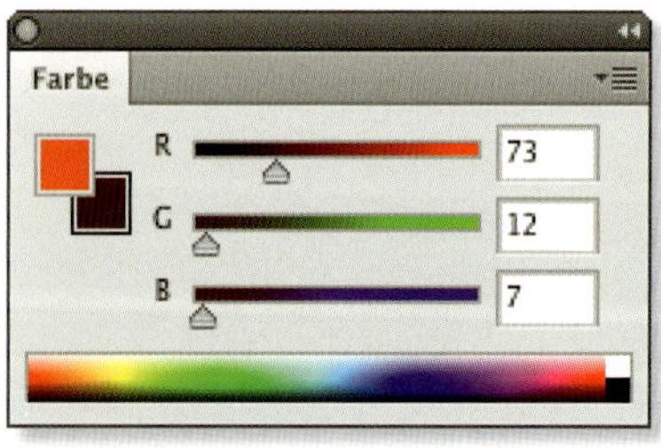

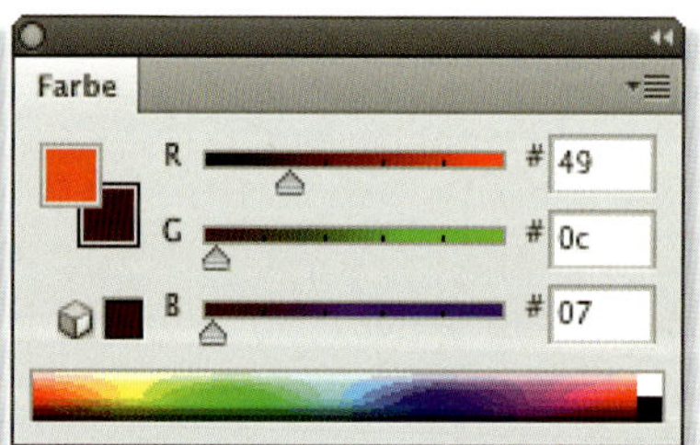

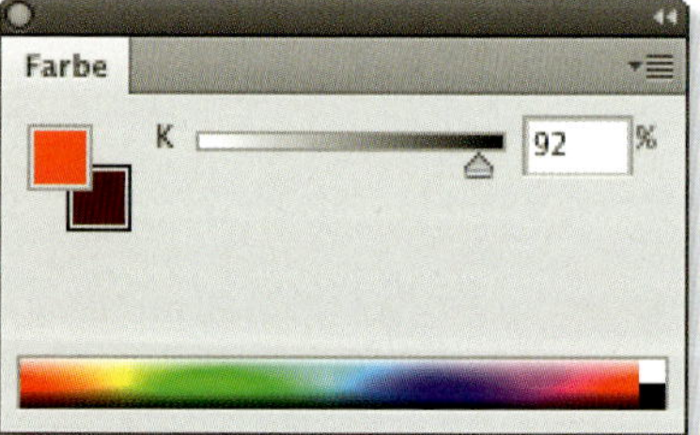

▲ **Abbildung 6.37**
Von links nach rechts: Farbwähler im RGB-, Web- und Graustufenmodus

Des Weiteren lässt sich über das Menü die aktuelle Farbe als HTML exportieren. Das bedeutet, dass Photoshop den Farbwert direkt in den benötigten Codeschnipsel für den HTML-Editor platziert. Das sieht dann so aus: `color="#c900df"`.

Über die Option Balken websicher machen stellt Photoshop im unteren Farbaufnahme-Bereich nur noch websichere Farben dar. Allerdings empfiehlt es sich aufgrund der besseren Übersicht, zur Farbaufnahme ohne numerische Eingabe den Farbwähler zu verwenden.

6.4.4 Die Farbfelder-Palette

Im Gegensatz zu den bisher vorgestellten Werkzeugen und Dialogen dient die Farbfelder-Palette nur zur Verwaltung von zuvor definierten Farben.

Um der Palette eine Farbe anzufügen, klicken Sie auf das Symbol NEUES FARBFELD AUS DER VORDERGRUNDFARBE ERSTELLEN ❸. Photoshop ergänzt die Farbpalette, wie es der Name unmissverständlich erklärt, um die aktuelle Vordergrundfarbe. Halten Sie während des Klicks die [Alt]-Taste gedrückt, können Sie zudem eine Bezeichnung für die Farbe angeben. Diese wird sichtbar, wenn Sie anstatt der Miniaturansicht aus dem Optionsmenü eine der beiden Listenansichten wählen.

Erleichtern Sie sich die Arbeit, indem Sie den Farbnamen noch um dessen Funktion ergänzen. So vermeiden Sie versehentliche Farbabweichungen und erhalten ein durchgängiges Erscheinungsbild.

Um ein Farbfeld zu löschen, ziehen Sie es auf das kleine Mülleimersymbol ❹ am unteren Rand der Palette.

▲ **Abbildung 6.38**
Übersicht der Standardfarben in Photoshop

▲ **Abbildung 6.39**
Neben jeder Farbe wird in der Listenansicht eine knappe Beschreibung angezeigt.

Farbfelder-Vorgaben | Für ein neues Projekt empfiehlt es sich, mit einer leeren Farbfelder-Palette zu beginnen, die Sie nach und nach mit den benötigten Farben füllen. Die Fülle an vorhandenen Standardfarben sorgt dabei nur für Unübersichtlichkeit.

Über das Optionsmenü der Farbfelder-Palette öffnen Sie den Vorgaben-Manager und wählen alle Farben, indem Sie einmal auf das erste Feld klicken und dann mit gedrückter [⇧]-Taste auf das letzte Feld. Über den Button LÖSCHEN leeren Sie dann die Liste.

Einzelne Farbfelder können Sie durch mehrfaches Klicken bei gehaltener [Strg]/[⌘]-Taste auswählen.

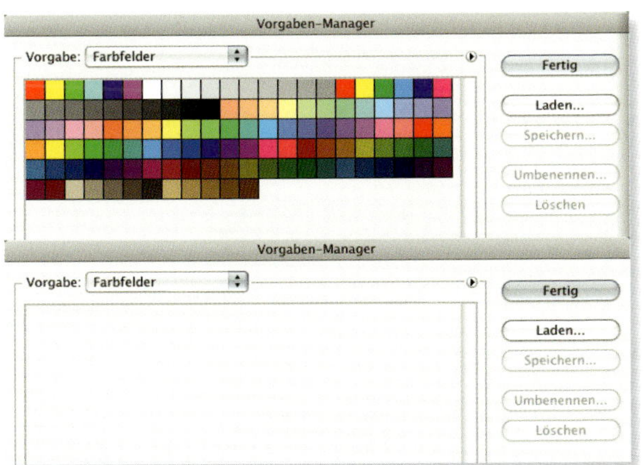

◄ **Abbildung 6.40**
Farbliste leeren

Farbfeldbibliotheken | Eigene Farbzusammenstellungen sollten Sie unbedingt als Farbfeldbibliothek in einer Datei abspeichern. Zum einen haben Sie damit ein sicheres Backup für den Fall, dass Photoshop die Voreinstellungen, unter die auch eigene ungesicherte Farben fallen, verliert, zum anderen werden Sie für andere Projekte sowieso wieder neue Farbgebungen kreieren, wobei Altlasten nur stören. Davon abgesehen lassen sich diese Bibliotheken auch auf anderen Computern öffnen und bieten sich entsprechend für Teamarbeit an.

Über FARBFELDOPTIONEN • FARBFELDER SPEICHERN... können Sie die Inhalte der Palette in einer .aco-Datei abspeichern. Um eine gesicherte Bibliothek in Photoshop zu laden, verwenden Sie den Befehl FARBFELDER LADEN... oder FARBFELDER ERSETZEN... aus dem Optionsmenü. Das Laden hängt die neuen Farbfelder an die bestehenden an, andernfalls werden bestehende Inhalte gelöscht und durch die zu ladende Palette ersetzt.

HINWEIS

Achten Sie generell beim Gestalten darauf, das funktionsverwandte Elemente auch gleiche Eigenschaften besitzen. Verwenden Sie beispielsweise nicht für jede Seite unterschiedliche Farben für Hyperlinks. Weisen Sie stattdessen jedem interaktiven Element die gleiche Farbigkeit zu, egal ob Textlinks oder eine Pfeilgrafik, die zu weiterführenden Informationen führt.

Abbildung 6.41 ▸
Farbbibliothek für Photoshop (links) und programmübergreifend (rechts)

Um die Standardfarben von Photoshop wiederherzustellen, wählen Sie FARBFELDER ZURÜCKSETZEN.

Austausch von Farbfeldern

Farbfeldbibliotheken können auch anwendungsübergreifend für Illustrator und InDesign gespeichert werden. Wählen Sie dazu im Palettenmenü den Eintrag FARBFELDER FÜR AUSTAUSCH SPEICHERN. Photoshop erzeugt auf diese Weise ASE-Dateien (Adobe Swatch Exchange).

6.4.5 Farbflächen und Verläufe

Farbflächen | Um bestimmte Bereiche des Bildes flächig mit einer Farbe zu füllen, gibt es zwei Methoden.

Zum einen können Sie den Fülleimer [G] verwenden. Per Klick auf eine Stelle des Bildes werden die darunter liegende Farbe und angrenzende Farbwerte mit der Vordergrundfarbe gefüllt. Die Optionen für den Farbeimer entsprechen denen des Zauberstabs, der in Kapitel 2, »Bildbearbeitung mit Photoshop CS4«, besprochen wurde. Im Grunde macht der Fülleimer also nichts anderes, als im Hintergrund eine Selektion mit dem Zauberstab zu erstellen und diese Auswahl farbig zu füllen.

Abbildung 6.42 ▾
Per Mausklick auf eine Fläche wird diese mit der Vordergrundfarbe gefüllt.

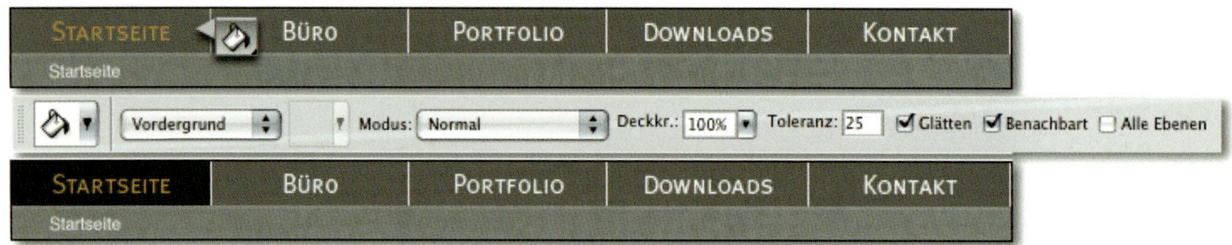

Die andere Variante führt über den Menübefehl BEARBEITEN • FLÄCHE FÜLLEN. Photoshop füllt entweder eine bestehende Auswahl oder die gesamte Ebene mit der Vorder- bzw. Hintergrundfarbe, unabhängig von bereits vorhandenen Farben.

Schnelle Farbzuweisung

Der schnellste Weg, eine Auswahl bzw. Ebene vollflächig zu füllen, geht über die Tastenkombination [Alt]+[←] (Vordergrundfarbe) bzw. [Strg]/[⌘]+[←] (Hintergrundfarbe). Die Kombination [⇧]+[←] oder [⇧]+[F5] öffnet den FLÄCHE FÜLLEN-Dialog.

Farbverläufe | Um Verläufe zu erstellen, gibt es in Photoshop das Verlaufswerkzeug. Im einfachsten Fall erstellt es einen Verlauf von der Vordergrundfarbe zur Hintergrundfarbe.

Mit einem Mausklick wird der Startpunkt des Verlaufs bestimmt und bei gedrückter Maustaste bis zum Endpunkt gezogen. Hält man dabei die [⇧]-Taste gedrückt, lassen sich die Verläufe auf 45°-Winkel beschränken.

Im Steuerungsbedienfeld lassen sich weitere grundlegende Einstellungen treffen.

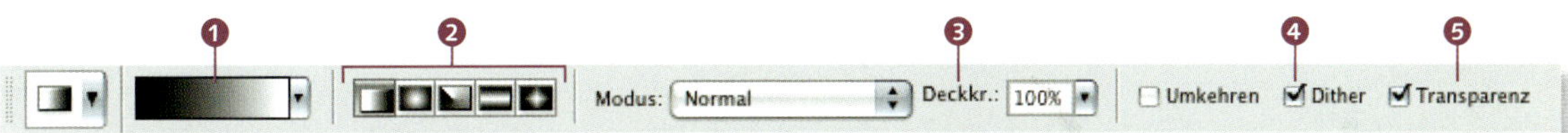

▲ **Abbildung 6.43**
Die Optionen des Verlaufswerkzeugs

Über das Dropdown-Menü ❶ lassen sich verschiedene Verlaufsarten wählen. Die ersten beiden sind die gebräuchlichsten: VORDER- ZU HINTERGRUNDFARBE und VORDERGRUNDFARBE ZU TRANSPARENT. Allen anderen Verläufen sind fixe Farbwerte zugewiesen.

Die DECKKRAFT ❸ bestimmt, ob der Verlauf voll deckend ist oder aber einen bestimmten Grad an Transparenz aufweisen soll. Die Option DITHER ❹ fügt dem Verlauf eine schwache Störung hinzu, die hässliche Streifenbildung vermindert. Die Checkbox TRANSPARENZ ❺ muss aktiviert sein, wenn ein Verlauf mit transparenten Anteilen verwendet wird. Ansonsten bleibt der Verlauf deckend.

Über die fünf Symbole ❷ lässt sich die Verlaufsrichtung bestimmen. Möglich sind LINEAR, RADIAL, VERLAUFSWINKEL, REFLEKTIERT und RAUTE.

▲ **Abbildung 6.44**
Linearer Verlauf ❻, radialer Verlauf ❼, Verlaufswinkel ❽, reflektierter Verlauf ❾, Rauteverlauf ❿

Verlaufshintergründe und Dither

Häufig kommt es vor, dass Hintergründe einer Website einen Verlauf aufweisen. In der Praxis wird hierfür nur ein schmaler Streifen verwendet, der durch eine Anweisung an den Browser mehrfach wiederholt nebeneinandergesetzt wird. Das lässt sich in Photoshop simulieren, indem man einen 1 px breiten Streifen des Verlaufs extrem in die Breite zieht.
Die eigentlich sinnvolle Eigenschaft des Dithers, nämlich unregelmäßige Störungen zu setzen, wird nun aber zu einem enormen Nachteil. Die »Fehlpixel« werden mit dem Verlauf in die Breite gestreckt und erzeugen genau das, was durch den Dither eigentlich vermieden werden soll: hässliche Streifenbildung, auch Banding genannt.
Erstellen Sie Verläufe, die für einen Rapport angedacht sind, ist 1 px Breite ohne die Option Dither die beste Lösung.

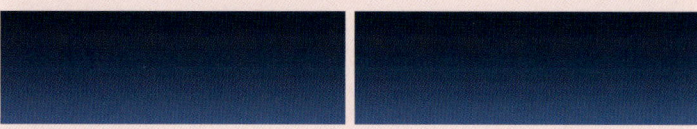

▲ **Abbildung 6.45**
Links mit Dither, rechts ohne

Workshop: Farben für das Projekt definieren

1 Vorbereitung

00-Beispielprojekt/Startseite/Startseite-02.psd, 00-Beispielprojekt/Farben-definieren/Farbvorlage.tif

Öffnen Sie die Datei »startseite-02.psd« von der Begleit-DVD und die Datei »Farbvorlage.tif«. Kopieren Sie den Inhalt der Farbvorlage in das Workshop-Projekt, und löschen Sie über den Vorgaben-Manager der Farbfelder-Palette sämtliche vorhandenen Einträge, wie in Kapitel 6.4.4, »Die Farbfelder-Palette«, im Abschnitt »Farbfelder-Vorgaben« beschrieben.

2 Farben erstellen

Legen Sie nun Schritt für Schritt die in der Vorlagedatei abgebildeten Farben in der Farbfelder-Palette fest. Verwenden Sie zur Definition der Farben dabei für die ersten drei Einträge ❶ die Farbe-Palette ❻. Dabei müssen Sie für jede Farbe den dargestellten Farbraum über die Paletten-Optionen anpassen. Per [Alt]-Klick auf das Neue Farbe-Symbol ❺ speichern Sie die jeweils eingestellte Farbe und können zudem die passende Bezeichnung ❹ eintragen.

Legen Sie den zweiten Block Farben ❷ über die Eingabe der Werte im Farbwähler fest und den letzten Block mit fünf Farben ❸ über die Pipette.

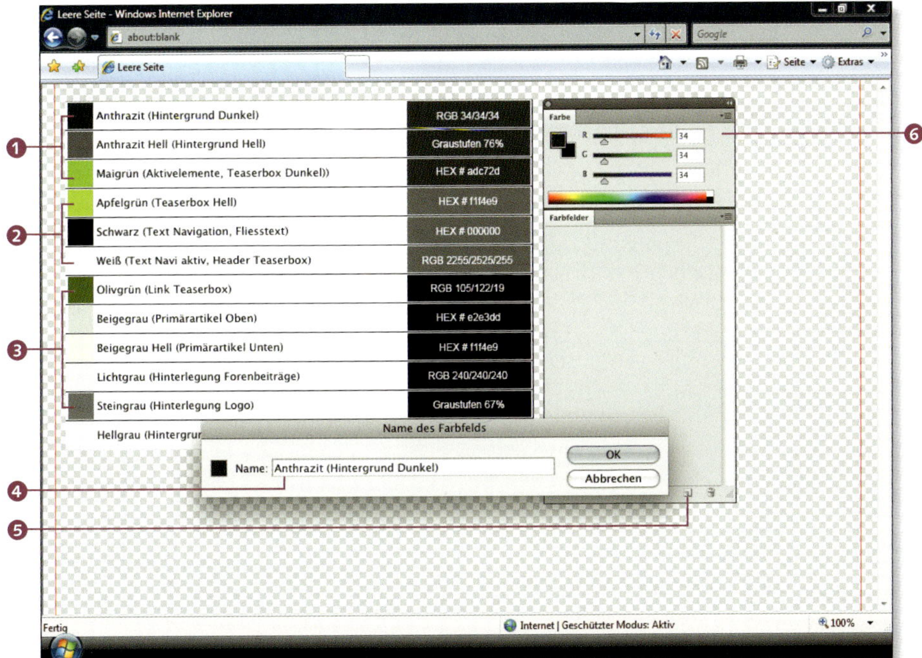

▲ **Abbildung 6.46**
Farbmischung über die Farbe-Palette

3 Farben sortieren

Bei der Verwendung vieler Farben empfiehlt sich eine thematische Gruppierung: Farben in der Navigation, für Hinterlegungen, für Text etc. Bei mehreren ähnlichen Farben, wie in unserem Fall den hellen Grautönen, lohnt es sich zudem, eine kontrastierende Farbgruppe dazwischenzuschieben (hier die Anthrazit-Töne). Die damit erzielte Gliederung erleichtert das Heraussuchen des gewünschten Farbtons.

Öffnen Sie erneut den Vorgaben-Manager aus der Farbfelder-Palette, und wählen Sie aus dem Optionsmenü ❼ eine der beiden Listenansichten. Durch einfaches Drag & Drop ziehen Sie die Farben innerhalb der Liste an die Position, die in der rechten Abbildung dargestellt ist.

▼ **Abbildung 6.47**
Farben sortieren im Vorgaben-Manager

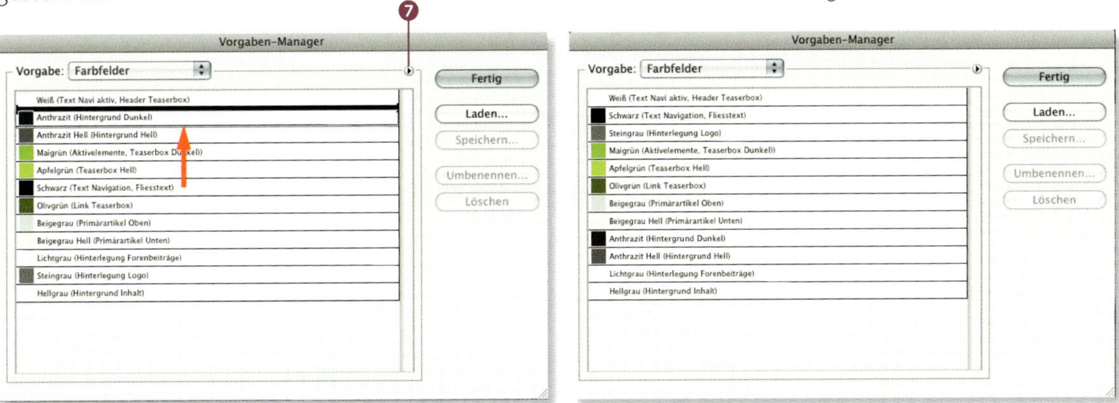

Die fertig eingerichtete Bibliothek finden Sie auch auf der Begleit-DVD im Verzeichnis 00-BEISPIELPROJEKT/FARBEN-DEFINIEREN/WEBDESIGN MIT PHOTOSHOP_SORTIERT.ACO.

HINWEIS

Über die Farbfelder-Palette oder die Pipette aufgenommene Farben werden immer als Vordergrundfarbe definiert. Um eine zuvor gewählte Farbe also nicht zu überschreiben, müssen Sie Vorder- und Hintergrundfarbe austauschen.

Speichern Sie die fertige Farbfeldpalette als Datei auf Ihrer Festplatte ab.

4 Hintergrund erstellen

Beginnen Sie nun mit dem ersten gestalterischen Schritt des Webdesign-Projekts. Löschen Sie zunächst die Ebene mit der Farbfeldvorlage, und aktivieren Sie die Ebene HINTERGRUND ⓭.

Anschließend klicken Sie in der Farbfelder-Palette auf den Eintrag ANTHRAZIT ⓫, wechseln Vorder- und Hintergrundfarbe mit einem Druck auf die Taste [X] und wählen dann die Farbe ANTHRAZIT HELL ⓬.

Aktivieren Sie das Verlaufswerkzeug ❿, und vergewissern Sie sich, dass die Verlaufsart auf LINEAR ❾ und VORDER- ZU HINTERGRUNDFARBE ❽ steht. Tauschen Sie Vorder- und Hintergrundfarbe erneut durch das Drücken der Taste [X] aus und ziehen einen Verlauf vom oberen Rand des Viewports bis zum unteren ⓮. Halten Sie dabei die [⇧]-Taste gedrückt, um einen geraden Verlauf zu erhalten.

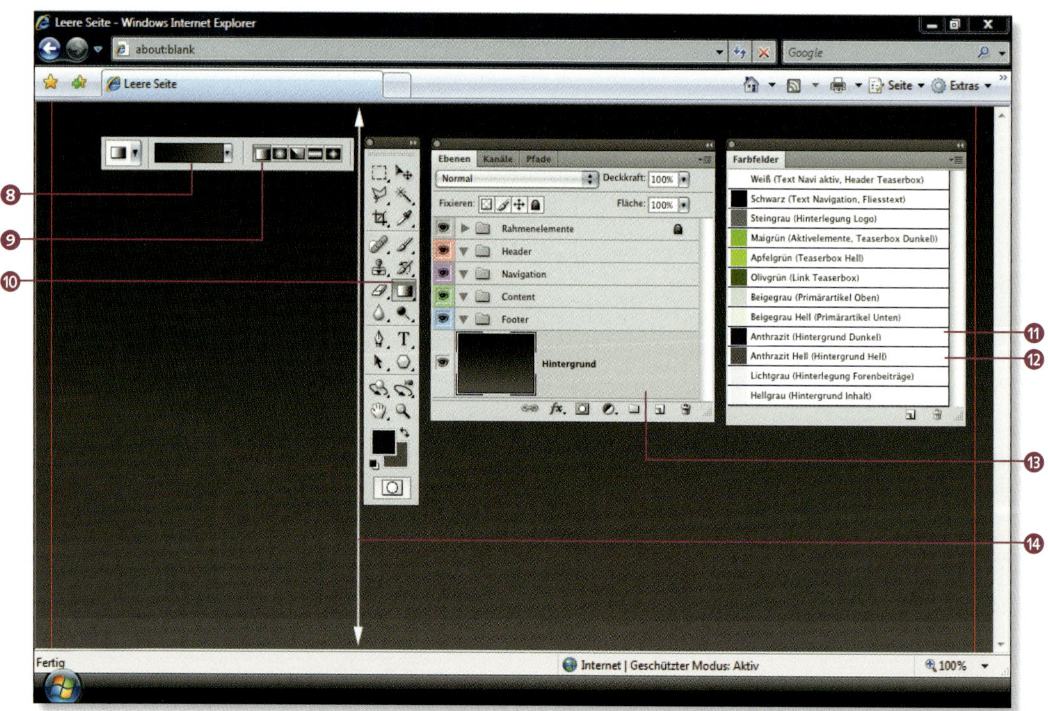

▲ **Abbildung 6.48**
Erstellen des Hintergrundverlaufs

Speichern Sie das Dokument ab. Sie finden die Workshop-Datei mit dem aktuellen Stand unter 00-BEISPIELPROJEKT/FARBEN_DEFINIEREN/STARTSEITE_03.PSD. ■

6.4.6 Adobe Kuler

Adobe Kuler (*http://kuler.adobe.com*) ist eine von Adobe initiierte Plattform im Internet, auf der Sie sich farbliche Inspirationen besorgen können. Unzählige Farbkombinationen, nach Themen und Stimmung sortiert, lassen sich durchforsten, nach eigenen Wünschen anpassen und herunterladen. Natürlich ist es, ganz im Gedanken einer Community, auch möglich, eigene Farbkreationen für die Öffentlichkeit bereitzustellen.

In Photoshop CS4 wurde eine direkte Schnittstelle zu dieser Plattform geschaffen, die es Ihnen erlaubt, direkt innerhalb der Anwendung die Online-Inhalte zu durchsuchen, anzupassen und per Mausklick in Photoshop zu importieren.

Über FENSTER • ERWEITERUNGEN • KULER öffnen Sie die dazu benötigte Palette und bekommen direkt die neusten Kreationen in einer Liste angezeigt.

Über die Schaltflächen ❶ an oberster Position lässt sich zwischen den Nutzungsbedingungen, der Farbwahl und dem Bearbeitungsmodus wechseln.

Gibt man im Suchfeld ❷ ein Stichwort ein, lässt sich die Onlinebibliothek nach dazu passenden Farbvarianten durchsuchen. Anhand der beiden Dropdown-Menüs ❸ kann der Kuler-Inhalt nach weiteren Kriterien wie Bewertung, Neueste, Häufigkeit etc. gefiltert werden. Die Möglichkeit, Suchergebnisse anhand dieser Kriterien noch weiter einzuschränken, besteht aktuell leider noch nicht.

Im Hauptfenster ❺ werden die vorhandenen Farbkombinationen angezeigt und lassen sich über das kleine Menü ❹ bzw. die Symbole am unteren Palettenrand ❻ direkt in die Farbfelder-Palette übertragen bzw. bearbeiten. Die Doppelpfeile erlauben die Ansicht weiterer Suchergebnisse.

Farbharmonien bearbeiten | Das Bearbeiten von Farbkombinationen in der Kuler-Palette (siehe Abbildung 6.50) erfolgt insgesamt sehr intuitiv. An dieser Stelle entsprechend nur einige grundlegende Hinweise.

In dem Menü REGEL ❼ können verschiedene Harmonieregeln gewählt werden, auf deren Basis die Farben anschließend bearbeitet werden. Eine Übersicht verschiedener Harmonien und Kontraste finden Sie in Abschnitt 6.5, »Farbharmonien und Kontraste«.

Die Punkte im Farbkreis ❽ zeigen Ihnen die aktuell eingestellten Farben, die zusätzlich als Kästchen in der Farbleiste ❿ angezeigt werden. Durch einfaches Ziehen mit der Maus verändern Sie die einzelnen Farben bzw. passen über den Regler ❾ deren Helligkeit an.

Alternativ können Sie auch über die RGB-Regler oder Hexwerte die Farben exakt definieren ⓫.

Index Farbe

Das Buch »Index Farbe« (bzw. seit kurzem auch »Index Farbe 2«), das beim Verlag mitp erschienen ist, ist ein nützlicher Begleiter zur Arbeit mit Farbe. Sie finden hier nach Themen, Stimmungen und Epochen sortierte Farbzusammenstellungen.

HINWEIS

Um Kuler nutzen zu können, müssen Sie lediglich mit dem Internet verbunden sein. Eine kostenlose Anmeldung ist erst dann erforderlich, wenn Sie eigene Farbkombinationen hochladen möchten.

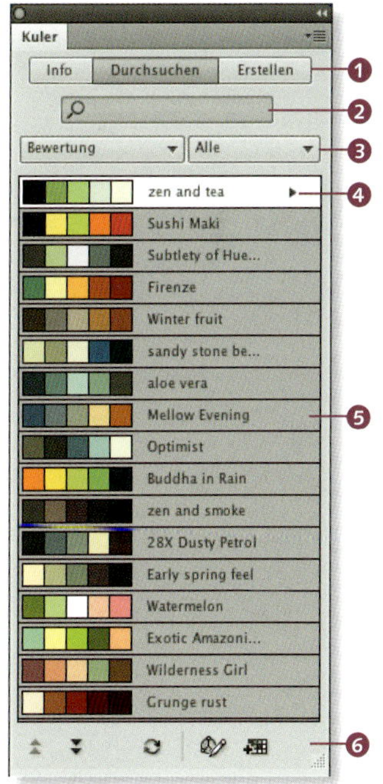

▲ **Abbildung 6.49**
Die Farbwahl-Ansicht der Kuler-Palette

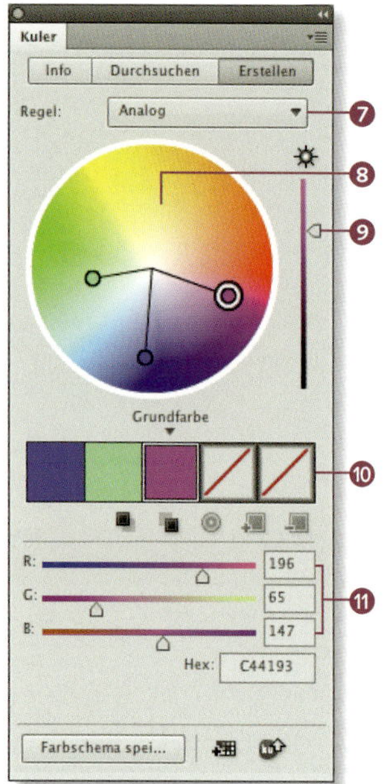

▲ **Abbildung 6.50**
Erstellen eigener Harmonien in Kuler

Die mit einem Doppelkreis markierte Farbe (hier das trübe Magenta) zeigt die Grundfarbe, auf deren Basis die anderen Töne berechnet werden. Je nach Harmonie- bzw. Kontrastregel sind hier feste Abstände im Farbkreis vorgegeben. Verändern Sie die Grundfarbe, bewegen sich die anderen Farben im gleichen Verhältnis mit.

Um die Grundfarbe zu wechseln, markieren Sie eines der anderen Farbfelder, und klicken Sie auf das Kreissymbol. Zum Entfernen einer Farbe markieren Sie diese und drücken auf das Symbol DIESE FARBE AUS DEM FARBSCHEMA ENTFERNEN. Zum Hinzufügen einer neuen Farbe wählen Sie ein leeres Farbfeld und wählen NEUE FARBE ZUM FARBSCHEMA HINZUFÜGEN.

Auf der Buch-DVD finden Sie im Ordner 06-FARBE/6.5-FARBHARMONIEN_UND_KONTRASTE den Farbkreis als PDF-Dokument zum Ausdrucken.

6.5 Farbharmonien und Kontraste

Äquivalent zum formalen Aufbau aus dem vorangegangenen Kapitel gibt es auch zum Thema Farbe wissenswerte Grundlagen, die bei der Planung und Gestaltung einer Website hilfreich sind. Alle hier aufgezeigten Harmonien beruhen auf dem eingangs besprochenen Farbkreis.

6.5.1 Harmonien und Disharmonien

Farbharmonien sorgen für eine angenehme, beruhigende Wirkung auf den Betrachter. Ergänzen sich zwei oder mehr Farben nicht harmonisch, spricht man von einer Disharmonie, die beim Betrachter Abneigung hervorruft.

Harmonie der Nachbarfarbe | Im Farbkreis direkt nebeneinander liegende Farben wirken besonders harmonisch.

▲ **Abbildung 6.51**
Beispielharmonie: Nachbarfarbe

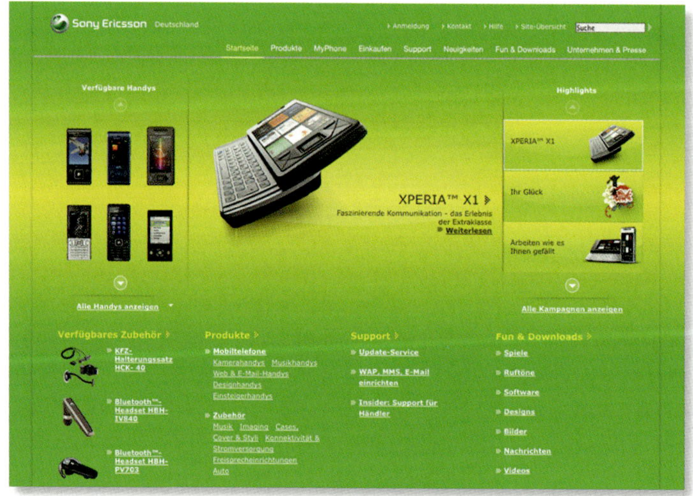

Abbildung 6.52 ▶
http://www.sonyericsson.de

Kombination warmer bzw. kalter Farben | Es werden nur warme (z. B. Rot-/Orangetöne) oder kühle (z. B. Türkis, Blau) miteinander kombiniert.

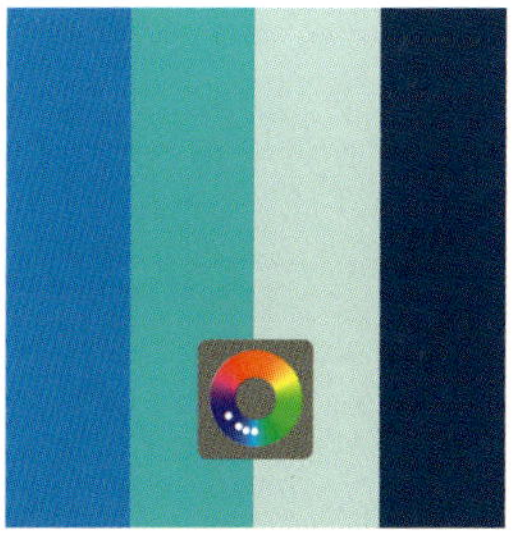

▲ **Abbildung 6.53**
Beispielharmonie: kalte Farben

◀ **Abbildung 6.54**
http://www.icebrrg.com

Bunt/Unbunt | Bunte Farben werden mit ungesättigten Farben gemischt.

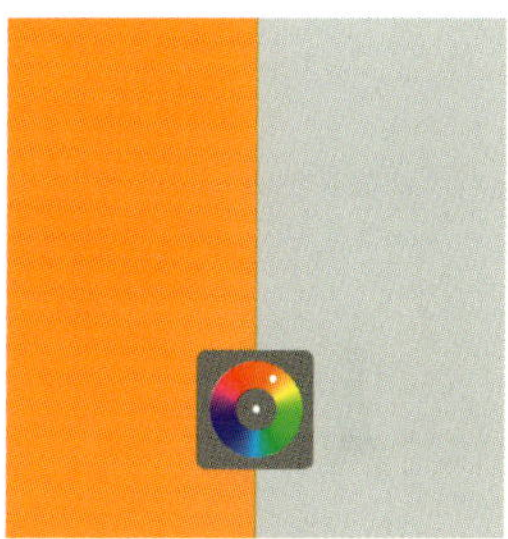

▲ **Abbildung 6.55**
Beispielharmonie: Bunt/Unbunt

▲ **Abbildung 6.56**
http://www.curlee.com

6.5.2 Farbkontraste

Kontraste helfen, Abgrenzungen zu schaffen, und vereinfachen es dem Betrachter, benachbarte Elemente dennoch als eigenständige Bereiche zu erkennen.

HINWEIS

Die jedem Kontrast zugeordneten Farbkreisminiaturen in der Seitenspalte geben eine grobe Auskunft über die Lage auf dem Farbkreis. Aufgrund fehlender Helligkeits- und Sättigungsunterschiede sind die Miniaturen nur als Orientierung zu verstehen. Grauwerte werden durch einen Punkt in der Mitte des Kreises simuliert.

Komplementärkontrast | Eine Farbe wird mit der ihr auf dem Farbkreis gegenüberliegenden Farbe ergänzt. Verwendet man besonders kräftige Farben, kann dieser Kontrast sehr unangenehm im Auge des Betrachters wirken.

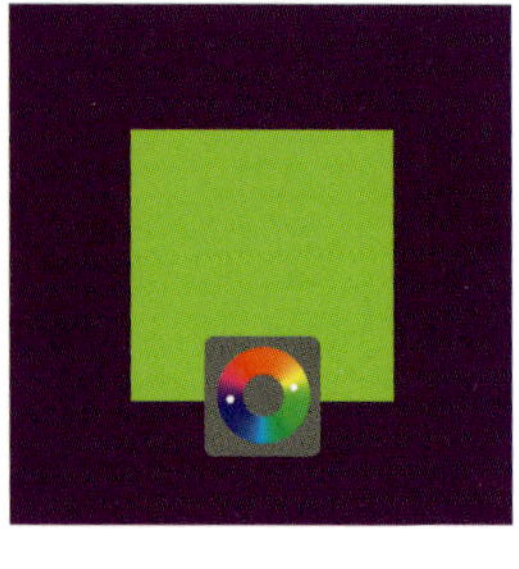

▲ **Abbildung 6.57**
Beispielkontrast: Komplementär

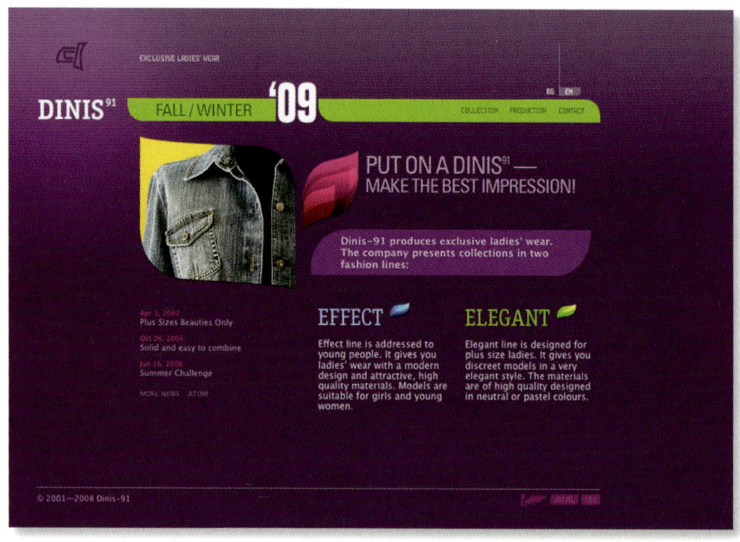

Abbildung 6.58 ▶
http://www.dinis91.com

Warm-Kalt-Kontrast | Kalte und warme Farbtöne werden gegenübergestellt.

▲ **Abbildung 6.59**
Beispielkontrast: Warm/Kalt

Abbildung 6.60 ▶
http://billyhughes.oph.gov.au

Quantitätskontrast | Der Kontrast entsteht einerseits durch die Leuchtkraft der verwendeten Farben und andererseits durch ihr Größen-/Mengenverhältnis zueinander.

Richtwerte für die Leuchtkraft von reinen Farben (nicht mit Schwarz oder Weiß getrübt) sind:

- Gelb: 9
- Orange: 8
- Rot: 6
- Grün: 6
- Blau: 4
- Violett: 3

Für eine harmonische Kombination von zwei Farben müssen deren Flächenverhältnisse in Bezug auf die Leuchtkraft der Farben umgekehrt werden.

Ein Beispiel anhand der Kombination Gelb/Rot. Das Leuchtkraftverhältnis beträgt 9:6 (3:2). Diese Werte werden gedreht, so dass ein Flächenanteil von 3 (Rot) zu 2 (Gelb) entsteht.

▼ **Abbildung 6.61**
Links: Ausgewogenes Verhältnis der Leuchtkraft (Verhältnis 3:2). Nach rechts abnehmende Fläche des roten Quadrats – das Gelb überstrahlt das Rot immer mehr.

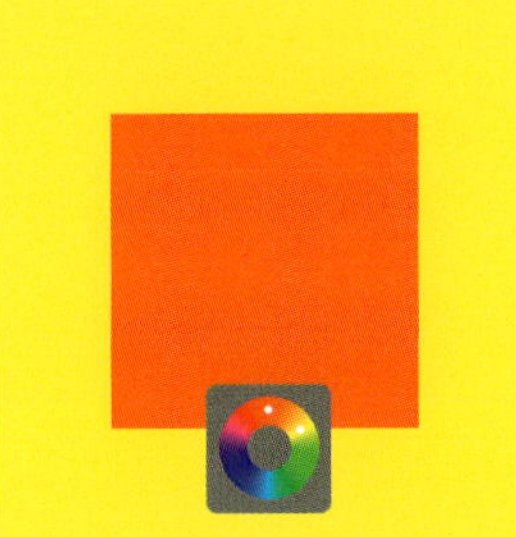

Qualitätskontrast | Reine Farben werden mit getrübten gemischt. Die Trübung kann durch das Beimischen von Schwarz, Weiß, Grau oder der Komplementärfarbe erfolgen.

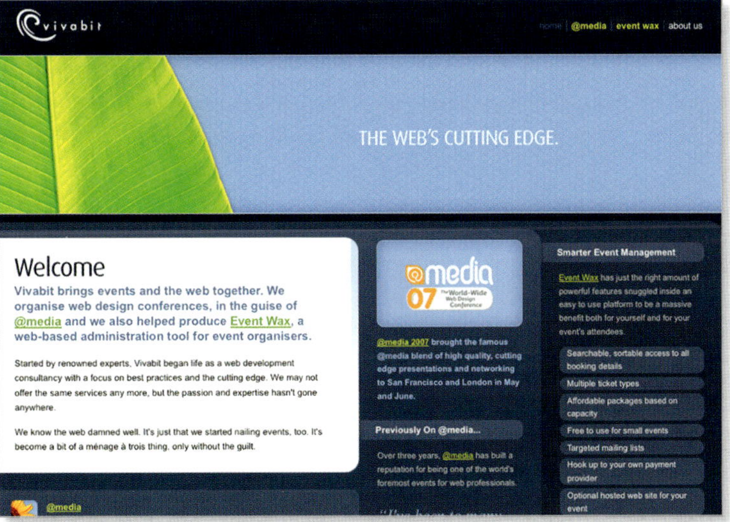

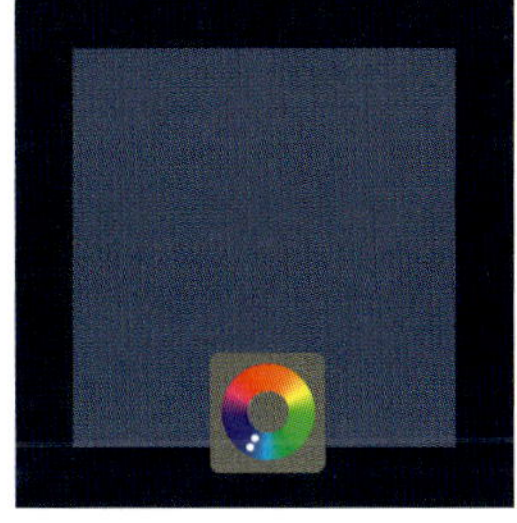

▲ **Abbildung 6.62**
Beispielkontrast: Qualität

◀ **Abbildung 6.63**
http://www.vivabit.com

Hell-Dunkel-Kontrast | Helle Farben werden mit dunklen Farben gemischt. Die Helligkeit (nicht gleichzusetzen mit Farbigkeit!) einer Farbe lässt sich sehr gut erkennen, wenn man sie in Graustufen umwandelt (Bild • Modus • Graustufen) und gegen eine andere umgewandelte Farbe hält. Als Richtwerte können hier die unter Quantitätskontrast genannten Leuchtkräfte der Farben genommen werden.

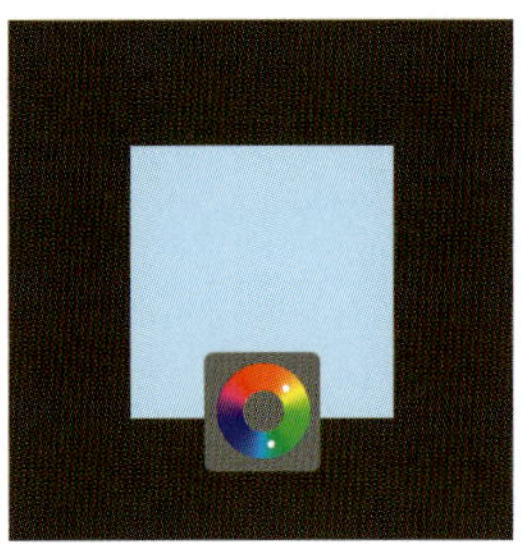

▲ **Abbildung 6.64**
Beispielkontrast: Hell/Dunkel

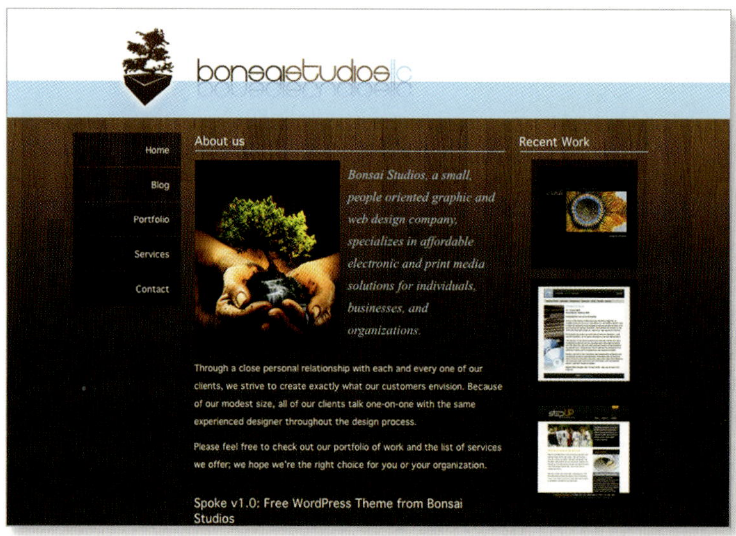

▲ **Abbildung 6.65**
http://www.bonsaistudios.com

Kontrastprüfung per Graustufenansicht

Bei der Farbgestaltung einer Website sollte darauf geachtet werden, dass die verwendeten Farben auch in einer reinen Graustufendarstellung noch ausreichend Kontraste bieten. Nicht jeder Besucher sieht die Website zwangsläufig bunt. Innerhalb von Photoshop können Sie zur Kontrolle an der obersten Position in der Ebenen-Palette eine Einstellungsebene »Farbton/Sättigung« erstellen (Ebene • Neue Einstellungsebene • Farbton/Sättigung), deren Sättigungswert Sie auf 0 setzen. Lassen Sie diese Ebene generell ausgeblendet, um normal arbeiten zu können. Um die Kontrastwirkung zu prüfen, blenden Sie die Ebene temporär ein.

▲ **Abbildung 6.66**
Navigation in Farbe und in Graustufen umgewandelt. Der fehlende Kontrast macht das Element unbrauchbar.

Bereits veröffentlichte Websites können Sie unter *www.graybit.com* auf Kontrastverhalten prüfen.

Unbunt-Bunt-Kontrast | Zwei Farben unterschiedlicher Strahlkraft werden miteinander gemischt. Dabei muss es sich bei einer der Farben nicht zwingend um einen Grauton handeln. Es wäre zum Beispiel auch die Kombination eines Pastelltons mit einer stark gesättigten, reinen Farbe möglich.

▲ **Abbildung 6.68**
http://www.pikaboo.be/

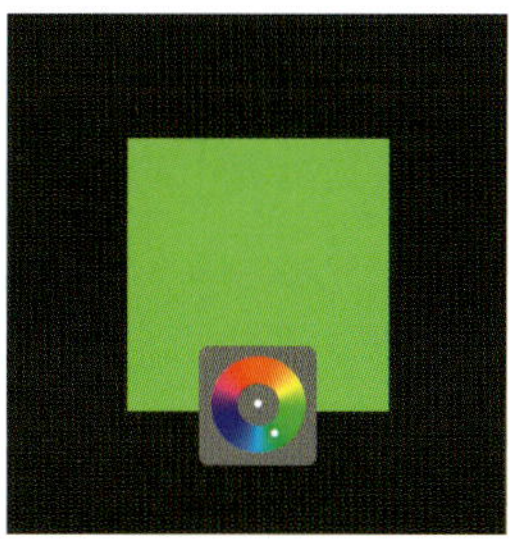

▲ **Abbildung 6.67**
Beispielkontrast: Unbunt/Bunt

6.5.3 Farbklänge

Eine weitere Möglichkeit, zueinander harmonische Farben zu ermitteln, ist das Setzen gleicher Abstände auf dem Farbkreis. Bei drei voneinander gleich weit entfernten Farben spricht man von einer Triade, bei vier Farben von einer Tetrade und bei fünf von einem Pentagramm.

◂ **Abbildung 6.69**
Von links nach rechts: Triade, Tetrade und Pentagramm

Workshop: Farbklänge in Photoshop erstellen

Die hier vorgestellten Farbklänge und die meisten der Harmonien und Kontraste lassen sich, ausgehend von einer Basisfarbe, in Photoshop sehr schnell umsetzen. Hier zwei Beispiele:

1 Tetrade erstellen

Geben Sie im Farbwähler die unter ❶ (H, S und B) eingetragenen Werte ein, um einen dunklen Orangeton zu definieren. Ausgehend von diesem Wert müssen nun drei weitere Farben angelegt werden, die alle in gleichem Abstand zueinander stehen.

Ein Kreis hat bekanntlich 360°. Teilt man diesen Wert durch 4 (bzw. allgemein entsprechend durch die Anzahl an gewünschten Farben des Farbklangs), erhält man Abschnitte zu je 90°. Jede weitere Farbe muss auf dem Farbkreis also um 90° verschoben werden. Erhöhen Sie den Farbton-Wert im Eingabefeld H ❶ dazu einfach dreimal in 90°-Schritten.

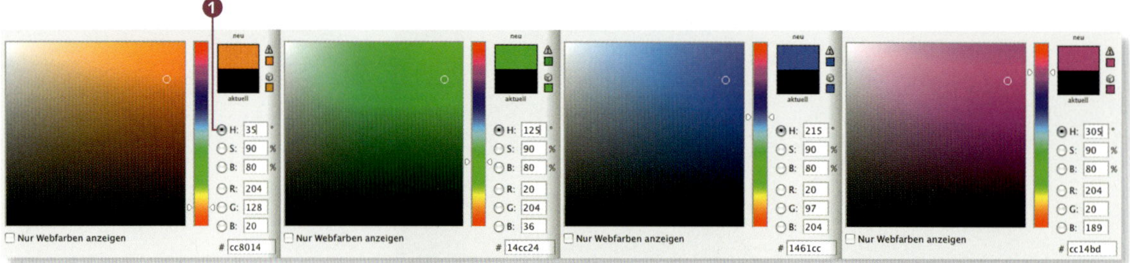

▲ **Abbildung 6.70**
Mit einer schrittweisen Erhöhung des Farbton-Winkels legen Sie schnell einen harmonischen Farbklang fest.

Nach jedem Schritt empfiehlt es sich, die ermittelte Farbe als Farbfeld zu sichern, um später bequem darauf zurückgreifen zu können.

2 Komplementärkontrast erstellen

Das Prinzip ist hier identisch mit dem der Tetrade. Sie definieren eine Basisfarbe und erhöhen den Farbton-Wert um 180°, um an die gegenüberliegende Seite des Farbkreises zu springen. ■

6.6 Farbpsychologie

6.6.1 Bedeutung von Farben

Neben der rein optischen Gefälligkeit bestimmter Farben und Kombinationen besitzen Farben zudem eine symbolische Bedeutung, die sich in verschiedenen Kulturen stark unterscheiden kann. In der westlichen Welt steht Schwarz als Zeichen für Trauer und Tod, in östlichen Kulturen wie Japan hingegen wird Weiß als Symbolik dafür verwendet. Die folgende Auflistung zeigt eine knappe Übersicht gängiger Farbsymbolik:

- **Rot**: Aktivität, Bewegung, Warnung, Sexualität
- **Orange**: Optimismus, Lebensfreude, Energie, Fröhlichkeit
- **Gelb**: Heiterkeit, Behaglichkeit, Intelligenz, Helligkeit
- **Grün**: Harmonie, Wachstum, Hoffnung, Natur, Geld
- **Blau**: Erholung, Entspannung, Distanz, Akzeptanz
- **Violett**: Religion

Bedeutung von Farben

Eine ausführliche Auflistung der Bedeutung verschiedener Farben finden Sie hier: *http://www.farbenundleben.de/kultur/religion_kultur.htm*

- **Rosa**: Weich, Gesund, Weiblich
- **Schwarz**: Tod, Seriosität, Dramatik, Klassik
- **Weiß**: Reinheit, Sauberkeit, Winter

6.6.2 Multikulturelle Websites

Gestaltet man eine Website, die eine spezielle kulturelle Gruppe ansprechen soll, lohnt es sich, zuvor über die dortigen Besonderheiten zu recherchieren, nicht nur, was die Farbigkeit betrifft. Firmen wie Nestlé oder McDonald's haben beispielsweise grundlegend unterschiedliche Websites für verschiedene Regionen, die auf die dortigen Ansprüche und Gegebenheiten abgestimmt sind.

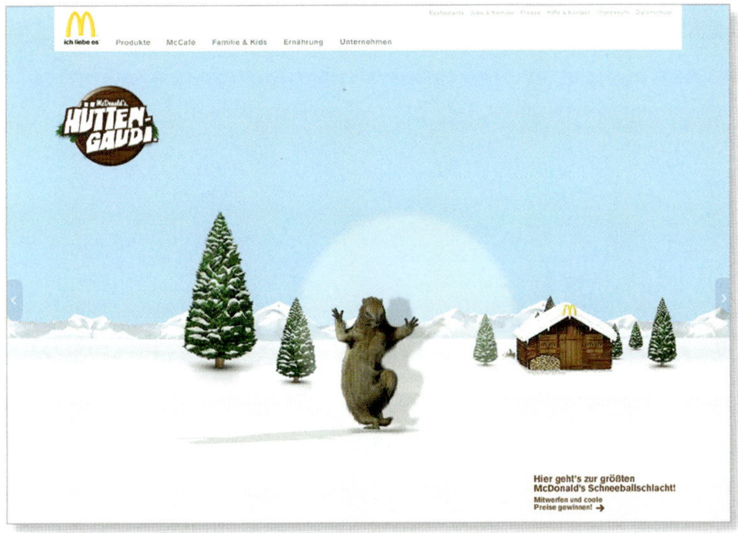

◂ **Abbildung 6.71**
McDonald's Deutschland

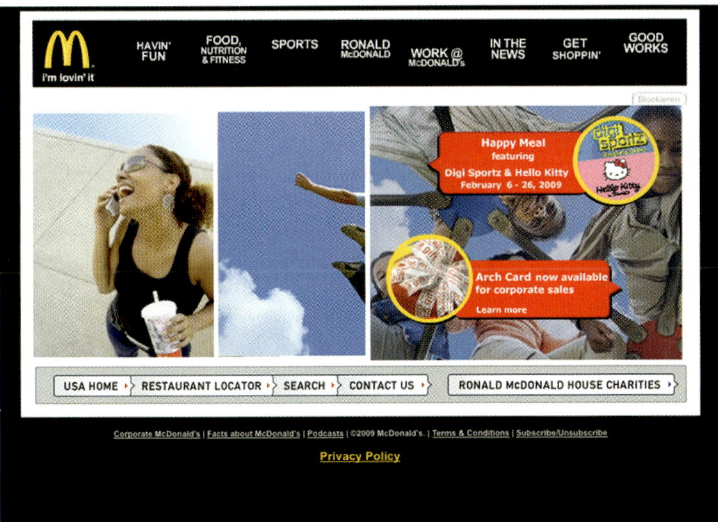

◂ **Abbildung 6.72**
McDonald's USA

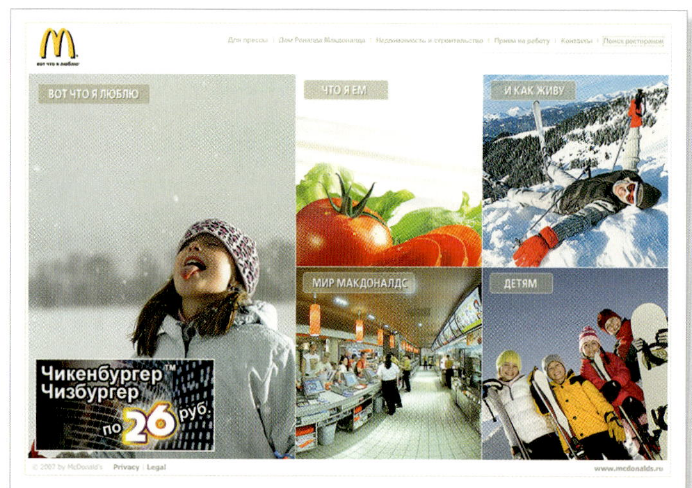

Abbildung 6.73 ▸
McDonald's Russland

Abbildung 6.74 ▸
McDonald's Taiwan

Abbildung 6.75 ▸
McDonald's Korea

Die amerikanische Website spielt zum Beispiel stark auf den lässigen Lifestyle an, das hippe und ausgelassene Plaudern am Handy, während nebenbei die »Coke« getrunken wird; oder auch die motiviert und dynamisch wirkende Gruppe Jugendlicher. Die Website-Varianten aus Fernost demonstrieren hingegen die Vorliebe für quietschbunte Farben und eine eher schrille Aufmachung, wie auch das sehr eigenwillige Tanzvideo auf der koreanischen Seite unterstreicht.

6.7 Farbe und Barrierefreiheit

6.7.1 Farbfehlsichtigkeiten und Farbblindheit

In Deutschland liegt die Farbfehlsichtigkeit der männlichen Bevölkerung bei etwa 8%, die der weiblichen hingegen nur bei ca. 0,4%. Am häufigsten vorkommend sind die Protanopie und die Deuteranopie (Dichromaten), die eine Fehlsichtigkeit im Bereich der Rot- und Grüntöne verursachen.

Helligkeitsunterschiede

Im Gegensatz zur Farbe Grün hat Rot eine höhere Leuchtkraft. Farbenblinde können aufgrund dieser Helligkeitsdifferenz oftmals Rot- und Grüntöne unterscheiden, je »matter« die Töne werden, desto problematischer wird es jedoch.

Protanopie | Rot, Gelb, Braun und Grün werden verwechselt, Violett und Blau sowie Dunkelrot und Schwarz können nicht unterschieden werden.

Deuteranopie | Wie Protanopie, keine Einschränkung bei den Farben Dunkelrot und Schwarz.

Achromatopsie | Dabei handelt es sich um eine sehr seltene Sehschwäche. Anstatt Farben werden ausschließlich Graustufen dargestellt. Zudem sind Menschen mit dieser Erkrankung besonders lichtempfindlich. Die Sehschärfe eines Achromaten liegt bei etwa 10%.

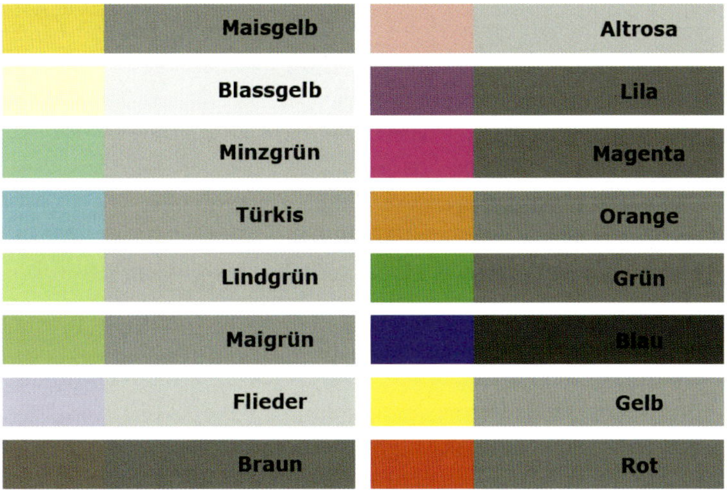

Maisgelb
Blassgelb
Minzgrün
Türkis
Lindgrün
Maigrün
Flieder
Braun
Altrosa
Lila
Magenta
Orange
Grün
Blau
Gelb
Rot

◂ **Abbildung 6.76**
Farbwahrnehmung von an Achromatopsie Erkrankten

▲ **Abbildung 6.77**
Website *coalmarch.com*: Normalansicht ①, Protanopie ②, Deuteranopie ③, Achromatopsie ④

6.7.2 Planen für Barrierefreiheit

Mit der richtigen Wahl an Farben und dem Bewusstsein, diese nicht als alleiniges Auszeichnungsmerkmal zu verwenden, können Sie Websites schon barrierefrei, zumindest aber barrierearm konzipieren. Hier einige Punkte, die Sie beachten sollten:

- Websites müssen auch ohne Farbe erkennbar sein. Prüfen Sie das, indem Sie Ihr Design temporär in Graustufen umwandeln.
- Die Verwendung von Rot- und Grüntönen im gleichen Helligkeitsbereich macht eine Website für rot-grün-blinde Menschen unbrauchbar.
- Farbe darf nicht das einzige Unterscheidungsmerkmal sein: Links im Text zudem auch unterstreichen oder fett darstellen, Pflichtfelder oder Fehlermarkierungen zusätzlich hervorheben.
- Geringe Kontraste zwischen Inhalt und Hintergrund sind schwer lesbar und sollten vermieden werden.
- Der massive Einsatz von Komplementärfarben ermüdet das Auge und strengt den Leser an.
- Farben sollen in CSS, nicht in HTML definiert sein.

Farbkontraste prüfen

Der Kontrast zweier Farben lässt sich mit dem Luminosity Contrast Ration Analyser testen: *http://juicystudio.com/services/luminositycontrastratio.php*

Bei der Planung für barrierearmes Webdesign geht es nicht darum, bestimmte Farben nicht verwenden zu dürfen, sondern darauf zu achten, dass deren Kontrastverhalten zu den anderen Farben keine Ausgrenzung behinderter Personen zur Folge hat.

Die Zusammenfassung zu diesem Kapitel finden Sie auf der nächsten Seite.

6.8 Zusammenfassung

6.8.1 Grundlagenwissen Farbe

- Für Webdesign ist der RGB-Farbmodus mit additiver Farbmischung ausschlaggebend. Die subtraktive Farbmischung (CMYK) spielt nur im Druck eine Rolle.
- Der sRGB-Farbraum ist der grundlegende gemeinsame Nenner für farbkonsistentes Arbeiten im Web und wird als Arbeitsumfeld fürs Webdesign verwendet.
- Farbmanagement im Webdesign ist derzeit, aufgrund vieler zu erfüllender Voraussetzungen, noch keine praxistaugliche Angelegenheit.
- Websichere Farben spielen heutzutage nur noch eine zu vernachlässigende Rolle.

6.8.2 Arbeiten mit Farbe in Photoshop

- Farbwähler und Farbe-Palette dienen zur Farbdefinition, die Farbfelder-Palette zur Verwaltung.
- In den Farbeinstellungen sollte zum Webdesign der sRGB-Farbraum eingestellt sein.
- Das Verwenden von Farbproof und Schwarz-Weiß-Vorschau ermöglicht es, den Entwurf unter anderen Bedingungen zu testen.
- Farbfelder-Paletten können (programmübergreifend) für den Austausch als Datei gespeichert werden.

6.8.3 Harmonien, Kontraste und Barrierefreiheit

- Der Farbkreis gibt Aufschluss über angenehme Farbkombinationen bzw. beißende Kontraste.
- Farben haben neben der Farbigkeit an sich noch weiterführenden, symbolischen Charakter, der je nach Kultur andere Bedeutungen hat.
- Webseiten sollten auch in Graustufen klar erkennbar und zu strukturieren sein.

7 Typografie

Von Einsteigern wird Schrift fälschlicherweise oftmals lediglich als Informationsträger betrachtet, der keinen gestalterischen Einfluss besitzt. So findet man in Fachforen immer wieder ambitionierte Hobbygrafiker, die ihre Screendesigns komplett ohne Textinhalt präsentieren, da für sie lediglich die Rahmenelemente und Grafiken zur Gestaltung zählen.

Doch Typografie ist viel mehr als bloßes Beiwerk. Jede Schrift hat ihren eigenen Charakter, kann eine bestimmte Stimmung vermitteln und Aufmerksamkeit erregen. Gute Typografie verschafft dem Leser Orientierung und ermuntert zum Lesen. Schlechte Typografie hingegen kann ein noch so schönes »Drumherum« zerstören, wenn sie den Leser abschreckt.

Kalligrafie und Typografie

Im Vergleich zur künstlerisch sehr betonten Kalligrafie ist die Typografie funktional ausgelegt und soll ein angenehmes Lesen und Aufnehmen der Informationen ermöglichen.

Auch wenn die Schriftarten innerhalb eines Fließtextes aufgrund der wenigen Standardschriften nur rudimentär variieren können, lassen sich Überschriften beispielsweise durch Flash-Elemente ersetzen oder aber Grafikelemente mit beliebigen Schriften versehen.

In diesem Kapitel lernen Sie entsprechend, welche grundlegenden Regeln Sie beachten sollten und welche speziellen Anforderungen es beim Verwenden von Schrift im Webdesign gibt.

Das Gestalten mit Schrift ist ein immens umfangreiches und spannendes Thema, das aus Platzgründen an dieser Stelle nur angeschnitten werden kann. Auf den nächsten Seiten werden wir versuchen, Ihnen eine Basis zu schaffen, die Sie in die Welt der Buchstaben einführt und vor typografischen Sünden bewahrt.

7.1 Schriftaufbau und Klassifikation

HINWEIS

Detaillierte Informationen zur Herkunft all der hier genannten Begriffe aus dem Bleisatz finden Sie unter *http://de.wikipedia.org/wiki/Letter*.

7.1.1 Zeichenmaße

Ein Buchstabe zeichnet sich durch viele Eigenschaften aus, die ihn eindeutig charakterisieren. Die nachstehenden Abbildungen zeigen Ihnen die für Sie wichtigsten Merkmale.

▲ **Abbildung 7.1**
Analyse eines Einzelbuchstabens

Der bei jedem Buchstaben individuelle schmale Abstand vor und nach dem Zeichen (magentafarbene Balken) wird als **Vor-** bzw. **Nachbreite** bezeichnet. Er sorgt für einen korrekten Abstand zu vorangegangenen bzw. Folgebuchstaben. Auch ober- und unterhalb eines Buchstabens gibt es noch kleine Zugaben, die für ausreichend Platz zwischen den Buchstaben sorgen. Zusammen mit der eigentlichen Buchstabenbreite ergibt sich die **Dickte** eines Buchstabens (gestrichelte Linie). Der gelb markierte Freiraum wird **Fleisch** genannt und variiert je nach Buchstabentyp. Bei hohen Schriftgraden muss aufgrund dieser Unterschiede der Buchstabenabstand angepasst werden, um ein optisches Gleichgewicht zu schaffen. Dazu später mehr. Der Bereich innerhalb einer Buchstabenform (orange) hat den interessant klingenden Namen **Punze**. Man unterscheidet hier zwischen der geschlossenen Punze, die vollständig vom Buchstaben umfasst ist, wie das obere Dreieck des »A«, und der offenen Punze, die nur unvollständig eingerahmt ist, wie der Bereich unterhalb des Querbalkens zeigt.

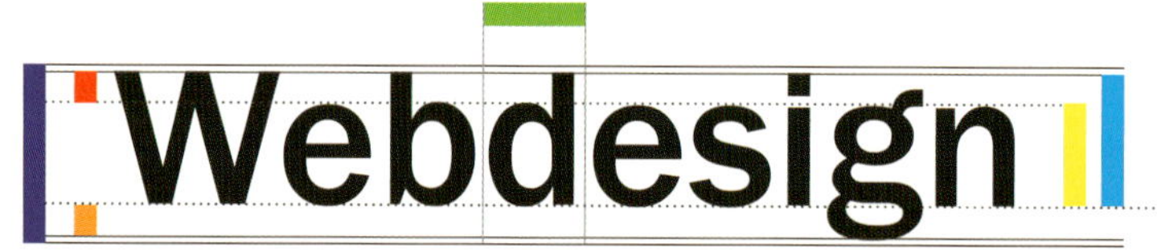

Abbildung 7.2 ▶
Die wichtigsten Schrifteigenschaften im Überblick

Die untere gestrichelte Linie in Abbildung 7.2 ist die **Grundlinie**, auf der alle Buchstaben ausgerichtet sind. Buchstaben mit Rundungen an der Unterkante, wie zum Beispiel das »e« oder »s«, ragen leicht darüber hinaus, um eine optische Ausgewogenheit zu schaffen.

Der gelbe Balken zeigt die so genannte **Mittellänge** oder auch **x-Höhe** an. Sie entspricht der Höhe eines Kleinbuchstabens wie e, c, x etc. ohne **Unterlänge**. Diese ist durch den orangefarbenen Balken gekennzeichnet und entspricht der Strecke von Grundlinie bis zur Unterkante eines Kleinbuchstabens wie dem »g«. Äquivalent dazu entspricht die **Oberlänge** (roter Balken) der Verlängerung eines Kleinbuchstabens wie »b« oder »d« bis zu dessen Oberkante.

Die Strecke von der Grundlinie bis zur Oberlänge wird als **Versalhöhe** bezeichnet, was den Fachbegriff für Großbuchstaben, nämlich **Versalien** oder alternativ **Majuskeln** widerspiegelt. (Kleinbuchstaben werden in der Fachsprache auch als **Gemeine** oder **Minuskeln** bezeichnet.) Die gesamte Strecke von Unterlänge bis Oberlänge inklusive eines kleinen Zuschlags an beiden Seiten ergibt die **Schriftgröße**. Der Zuschlag kommt aus dem traditionellen Bleisatz, mit dem ein Mindestabstand für Buchstaben in nachfolgenden Zeilen festgelegt wurde.

Der grüne Balken zeigt letztendlich die **Dickte** eines Buchstabens im Kontext eines gesamten Wortes.

7.1.2 Schriftklassifikation

Im Laufe der letzten Jahrhunderte haben sich viele verschiedene Schrifttypen entwickelt, die sich vereinfacht in die Gruppen Antiqua-Schriften mit Serifen, Antiqua-Schriften ohne Serifen, Antiqua-Varianten, Schreibschriften und gebrochene Schriften einteilen lassen. Der Einfachheit halber verzichtet man jedoch in der Regel auf die Benennung »Antiqua«. Man spricht zum Beispiel von »Serifenlosen«.

DIN 16518

In der DIN-Norm 16518 sind die bis heute entwickelten Schriften in insgesamt zehn Gruppen aufgeteilt. Je nach Zeitepoche besitzt jede dieser Klassifikationen bestimmte Merkmale, die sie charakterisieren. Nähere Informationen dazu finden Sie unter *http://www.typografie.info/typowiki/index.php?title=Schriftklassifikation_nach_DIN.*

Serifenschriften | Diese Schriftklasse fällt durch die kleinen Häkchen auf, die an den Enden der Buchstabenformen zu sehen sind. Sie leiten das Auge des Lesers und machen es somit angenehmer, lange Texte zu lesen.

Hamburgefons

▲ **Abbildung 7.3**
Die Schriftart »Palatino«: Serifen führen das Auge beim Lesen.

Serifenlose Schriften | Serifenlose Schriften (auch Groteske genannt) kommen ohne Schnörkel und Verzierungen aus. Sie wirken technisch und werden als modern empfunden. Für Texte im Internet kommen meistens Schriften aus dieser Familie zum Einsatz, da sie am Bildschirm besser dargestellt werden können als Schriften mit Serifen.

Hamburgefons

▲ **Abbildung 7.4**
Die Schriftart »Helvetica Bold«: gerade Schriftenden

Antiqua-Varianten | In diese Gruppe fallen nahezu alle verspielten und experimentellen Schriften, die man auf unzähligen Seiten im Internet herunterladen kann.

Hamburgefons

▲ **Abbildung 7.6**
Die Schriftart »Linotype SinahSans LT Black Condensed«

Schriftart ≠ Schriftart

Weil zwei Schriften gleich heißen, bedeutet es nicht, dass sie auch identisch aussehen. Es gibt mehrere Hersteller von Schriften, wie Adobe, Linotype oder ITC, die ihren Schriftsätzen eine persönliche Note verleihen. Somit kann sich das Schriftbild sichtbar unterscheiden. Wenn Sie ein Projekt von anderen übernehmen, verlangen Sie am besten die verwendeten Schriften dazu, um Fehler zu vermeiden.

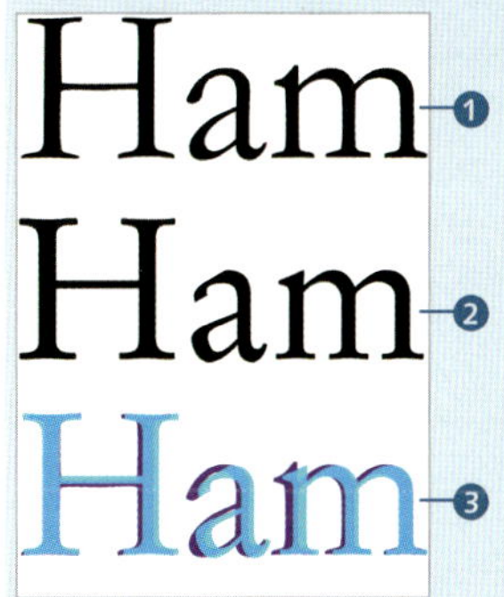

▲ **Abbildung 7.5**
Monotype Garamond ❶, Stempel Garamond ❷ und beide Schriften in gleicher Größe leicht transparent übereinandergelegt ❸. Der Formunterschied ist deutlich.

Schreibschriften | Schreibschriften simulieren den handschriftlichen Charakter in digitaler Form. Aufgrund der oftmals filigranen Strichstärke der Buchstaben eignen sich Schriften dieser Kategorie erst bei größerer Darstellung im Web.

Abbildung 7.7 ▸
Schriftart »Scriptina«

Gebrochene Schriften | Das auffällige Merkmal dieser Schriften, deren bekannteste Vertreter die Frakturschriften sind, zeigt sich in den gebrochenen Rundungen, die nicht in einem Schwung durchgezeichnet sind, sondern mehrfach zerlegt abgebildet werden. Zudem wechselt die Strichstärke extrem zwischen dünn und dick.

Hamburgefons

Abbildung 7.8 ▸
Schriftart »Linotype Richmond Fraktur Regular«

7.1.3 Stimmungsvermittlung durch Schriften

Die Wahl der verwendeten Schriftart sollte keine willkürliche Entscheidung sein, sondern bewusst getroffen werden. Mit klassischen Schriften ist man grundsätzlich schon einmal auf der sichereren Seite, allerdings umgeht man damit auch die Möglichkeit, den Inhalt des Textes durch ein passendes Schriftbild zu unterstreichen. Für längere Fließtexte sind zu ausgefallene Schriften sicherlich ungeeignet, aber für einige Schlagworte und kurze Absätze spricht nichts dagegen.

DIE RÖMERFESTSPIELE IN TRIER FINDEN DIESES JAHR NICHT AN DER BASILIKA, SONDERN DIREKT UM DIE PORTA NIGRA STATT. AUF DIESE WEISE VERSUCHT DIE STADT, MEHR TOURISTEN IN DER TRADITIONELLE VOLKSSPEKTAKEL EINZUBINDEN.

Abbildung 7.9 ▸
Das Thema »Römer« wird durch die dafür schon nahezu klischeehafte Schriftart »Trajan« bekräftigt.

Der kleine Asiate am Eck bietet Ihnen leckerste Mittagsmenüs zu unschlagbar günstigen Preisen. Wir freuen uns auf Ihren nächsten Besuch.

Abbildung 7.10 ▸
In Anlehnung an chinesische Schriftzeichen vermittelt die Schrift »Linotype Chineze Light« asiatisches Flair.

Wo Licht ist, findet man bekanntlich auch immer Schatten. So lässt sich mit einer unpassend gewählten Schriftart der Inhalt eines Textes komplett falsch vermitteln.

Unser modernes Unternehmen bietet Ihnen die fortschrittlichsten Methoden der Auswertung marktrelevanter Daten im New Business. Up to Date ist unser Motto!

▲ **Abbildung 7.11**
Dass dieses Unternehmen angeblich mit modernsten Methoden arbeitet, mag man bei der Wahl dieser altertümlichen Schrift kaum glauben.

Bezugsquellen für Schriften

Im Internet finden sich verschiedenste Anbieter, die kostenpflichtige und kostenlose Schriftarten zum Download anbieten. Hier ein Auszug. Weitere Links finden Sie auf der Website zum Buch (*www.webdesign-mit-photoshop.de*).

Kostenpflichtig | Der Mehrwert an den mitunter teuren Schriften liegt in der langen Entwicklungszeit und der damit einhergehenden hohen Qualität, die sich in einem ausgewogenen Schriftbild zeigt. Nicht umsonst ist das Entwerfen einer guten Schriftart eine Arbeit von Monaten bis hin zu Jahren.

- **Fontshop**: Großer Anbieter von nahezu allen Schriftherstellern: *http://www.fontshop.de/*
- **Fontdiner**: Erschwingliche Fontsets: *http://www.fontdiner.com/main.html*
- **Thirstype**: Schöne und exklusive Fonts: *http://www.vllg.com/Thirstype/*
- **Font-O-Rama**: Ebenfalls sehr liebevoll gestaltete Schriften zu humanen Preisen: *http://www.font-o-rama.com/*

Kostenlos | Die kostenlosen Archive bieten eine Vielzahl verschiedener Schriften. Im Vergleich zu den kommerziellen Varianten sind sie jedoch in den meisten Fällen mit weniger Sorgfalt entworfen, was sich zum Beispiel in der Ausarbeitung der Buchstabenabstände zueinander und im beschränkten Zeichensatz (z. B. fehlende Umlaute und Sonderzeichen) ausdrückt.

- **Abstract Fonts**: *http://www.abstractfonts.com/*
- **Bitmap**: Spezielle Pixelfonts: *http://www.dsg4.com/04/extra/bitmap/index.html*
- **Coolfonts**: Separate PC- und Mac-Rubrik: *http://www.coolfonts.de/*
- **Dafont**: Eines der größten und bekanntesten Freefont-Archive: *http://www.dafont.com/*
- **Designer in Action**: Überschauliches Archiv mit qualitativ hochwertigen Schriften: *http://www.designerinaction.de/fonts/index.php*

7.1.4 Schriftschnitte und Schriftfamilien

Viele Schriften, im kostenpflichtigen Bereich nahezu alle, werden in verschiedenen Schnitten angeboten. Neben dem Standardsatz gibt es meistens wenigstens noch eine fette und eine kursive Variante. Eine Zusammenstellung mehrerer Schnitte in einem Schriftsatz wird auch als *Schriftfamilie* bezeichnet.

Schriften erkennen

Wenn Sie eine Schrift entdecken, die Ihnen gefällt, können Sie diese online identifizieren lassen. Speichern Sie einen Textausschnitt als Bild ab und laden ihn bei WhatTheFont! hoch. Die Ergebnisse wissen meist zu überzeugen. *http://new.myfonts.com/WhatTheFont*

Ein anderer Weg, den Namen einer Schriftart zu erfahren, führt über identifont. Über die Beantwortung mehrerer Fragen zu Form und Aufbau der Schrift gelangen Sie zu Schriftvorschlägen, die Ihrer Beschreibung entsprechen: *http://www.identifont.com/index.html*.

Faux Fett und Kursiv

Textverarbeitungsprogramme wie Word bieten zu jeder Schriftart die Möglichkeit, den Text zu fetten oder auch kursiv zu stellen. Diese Auszeichnungen werden elektronisch erzwungen und führen zu einer Beschädigung des Schriftbildes, da die Strichstärke nicht mehr auf Buchstabenabstände und Leerräume abgestimmt ist. Vom Schriftdesigner angelegte Schnitte sind hingegen exakt austariert.

Abbildung 7.12 ►
Die Adobe Jenson Pro in vielen verschiedenen Schnitten, die je nach Einsatzzweck optimiert sind

Adobe Jenson Pro Light	**Adobe Jenson Pro Semibold**
Adobe Jenson Pro Light Italic	***Adobe Jenson Pro Semibold Italic***
Adobe Jenson Pro Light Caption	**Adobe Jenson Pro Semibold Caption**
Adobe Jenson Pro Light Italic Caption	***Adobe Jenson Pro Semibold Italic Caption***
Adobe Jenson Pro Light Display	Adobe Jenson Pro Semibold Display
Adobe Jenson Pro Light Italic Display	***Adobe Jenson Pro Semibold Italic Display***
Adobe Jenson Pro Light Subhead	**Adobe Jenson Pro Semibold Subhead**
Adobe Jenson Pro Light Italic Subhead	***Adobe Jenson Pro Semibold Italic Subhead***
Adobe Jenson Pro Regular	**Adobe Jenson Pro Bold**
Adobe Jenson Pro Italic	***Adobe Jenson Pro Bold Italic***
Adobe Jenson Pro Caption	**Adobe Jenson Pro Bold Caption**
Adobe Jenson Pro Italic Caption	***Adobe Jenson Pro Bold Italic Caption***
Adobe Jenson Pro Display	**Adobe Jenson Pro Bold Display**
Adobe Jenson Pro Italic Display	***Adobe Jenson Pro Bold Italic Display***
Adobe Jenson Pro Subhead	**Adobe Jenson Pro Bold Subhead**
Adobe Jenson Pro Italic Subhead	***Adobe Jenson Pro Bold Italic Subhead***

Eine Auflistung geläufiger Schriftschnitte in der westlichen Typografie finden Sie unter *http://www.typolexikon.de/s/schriftschnitt.html*.

Schriften mischen | Zur besseren Gliederung können unterschiedliche Textbereiche in verschiedenen Schriftarten gesetzt werden. Eine klassische Trennung wäre zum Beispiel das Verwenden einer Grotesken für die Überschrift und einer Serifenschrift für den folgenden Text.

Abbildung 7.13 ►
Harmonische Schriftmischung: Myriad Pro (Überschrift) und Minion Pro für den Fließtext

Lorem ipsum dolor sit amet, consetetur sadipscing elitr, sed diam nonumy eirmod tempor invidunt ut labore et dolore magna aliquyam erat, sed diam voluptua. At vero eos et accusam et justo duo dolores et ea rebum. Stet clita kasd gubergren, no sea takimata sanctus est Lorem ipsum dolor sit amet. Lorem ipsum dolor sit amet, consetetur sadipscing elitr.

Sed diam nonumy eirmod tempor invidunt ut labore et dolore magna aliquyam erat, sed diam voluptua. At vero eos et accusam et justo duo dolores et ea rebum. Stet clita kasd gubergren, no sea takimata sanctus est Lorem ipsum dolor sit amet.

Das Mischen verschiedener Schriftarten bedarf typografischen Feingespürs, denn auch hier kann die falsche Wahl schnell nach hinten losgehen. Versuchen Sie als Richtlinie erst einmal nur Schriften zu mischen, die eine ähnliche Strichstärke besitzen, und lassen Sie sich von Design-Zeitschriften und Magazinen inspirieren.

Abbildung 7.14 ►
Negativbeispiel: Die Schriften Bodoni und Gill Sans beißen sich.

Lorem ipsum dolor sit amet, consetetur sadipscing elitr, sed diam nonumy eirmod tempor invidunt ut labore et dolore magna aliquyam erat, sed diam voluptua. At vero eos et accusam et justo duo dolores et ea rebum. Stet clita kasd gubergren, no sea takimata sanctus est Lorem ipsum dolor sit amet. Lorem ipsum dolor sit amet, consetetur sadipscing elitr.

Sed diam nonumy eirmod tempor invidunt ut labore et dolore magna aliquyam erat, sed diam voluptua. At vero eos et accusam et justo duo dolores et ea rebum. Stet clita kasd gubergren, no sea takimata sanctus est Lorem ipsum dolor sit amet.

Innerhalb einer Schriftfamilie können Sie sich dagegen bedenkenlos bewegen, da die Schnitte exakt aufeinander abgestimmt sind. So steigert auch die Kombination von kursiv und normal die Kontrastwirkung.

Lorem ipsum dolor sit amet, consetetur sadipscing elitr, sed diam nonumy eirmod tempor invidunt ut labore et dolore magna aliquyam erat, sed diam voluptua. At vero eos et accusam et justo duo dolores et ea rebum. Stet clita kasd gubergren, no sea takimata sanctus est Lorem ipsum dolor sit amet. Lorem ipsum dolor sit amet, consetetur sadipscing elitr.

Sed diam nonumy eirmod tempor invidunt ut labore et dolore magna aliquyam erat, sed diam voluptua. At vero eos et accusam et justo duo dolores et ea rebum. Stet clita kasd gubergren, no sea takimata sanctus est Lorem ipsum dolor sit amet.

◂ **Abbildung 7.15**
Harmonische Mischung von Meta Bold und Meta Normal

7.2 Text- und Absatzformatierung

Die folgenden Seiten zeigen Ihnen, wie Sie Texte sinnvoll ausrichten und Buchstaben- bzw. Zeilenabstände optimal anpassen.

7.2.1 Satzausrichtung

Man unterscheidet insgesamt vier einfache Ausrichtungsarten, in denen Text gesetzt werden kann: **linksbündig** und **rechtsbündig** (auch Flattersatz genannt), **zentriert** und **Blocksatz**.

Am gebräuchlichsten ist neben dem Blocksatz der **linksbündige Flattersatz**. Alle Textzeilen beginnen hier am linken Rand auf einer gemeinsamen vertikalen Höhe und »flattern« rechtsseitig unregelmäßig aus. Sobald ein Wort oder eine Silbe nicht mehr in die aktuelle Zeile passt, wird sie in die Folgezeile umgebrochen, und das vorangegangene Zeilenende bleibt leer.

Rauhsatz

Wird in einem Flattersatz ein manueller Zeilenumbruch vorgenommen, um zu extreme Längenunterschiede einzelner Zeilen zu vermeiden, wird vom Rauhsatz gesprochen. Korrigiert man auf diese Weise nach, sollte auf eine zu starke Ebenmäßigkeit am flatternden Rand verzichtet werden, um die Wirkung eines schlecht gesetzten Blocksatzes zu vermeiden. Von einer Verwendung des Rauhsatzes im Web ist strikt abzuraten.

Lorem ipsum dolor sit amet, consetetur sadipscing elitr, sed diam nonumy eirmod tempor invidunt ut labore et dolore magna aliquyam erat, sed diam voluptua. At vero eos et accusam et justo duo dolores et ea rebum. Stet clita kasd gubergren, no sea takimata sanctus est Lorem ipsum dolor sit amet. Lorem ipsum dolor sit amet, consetetur sadipscing elitr, sed diam nonumy eirmod tempor invidunt ut labore et dolore magna aliquyam erat, sed diam voluptua. At vero eos et accusam et justo duo dolores et ea rebum. Stet clita kasd gubergren, no sea takimata sanctus est Lorem ipsum dolor sit amet.

◂ **Abbildung 7.16**
Beispiel für den linksbündigen Flattersatz

Analog zu dem linksbündigen Flattersatz existiert auch der **rechtsbündige Flattersatz**. Dieser kommt in der Regel nur in Tabellen, linken Marginalien (Seitenspalten), Bildlegenden oder auch Überschriften vor. Ansonsten widerspricht er der westlichen Lesegewohnheit und ermüdet das Auge sehr schnell.

Lorem ipsum dolor sit amet, consetetur sadipscing elitr, sed diam nonumy eirmod tempor invidunt ut labore et dolore magna aliquyam erat, sed diam voluptua. At vero eos et accusam et justo duo dolores et ea rebum. Stet clita kasd gubergren, no sea takimata sanctus est Lorem ipsum dolor sit amet. Lorem ipsum dolor sit amet, consetetur sadipscing elitr, sed diam nonumy eirmod tempor invidunt ut labore et dolore magna aliquyam erat, sed diam voluptua. At vero eos et accusam et justo duo dolores et ea rebum. Stet clita kasd gubergren, no sea takimata sanctus est Lorem ipsum dolor sit amet.

Abbildung 7.17 ▶
Beispiel für den rechtsbündigen Flattersatz

Zentrierter Text | In Gedichten, Überschriften und kurzen Texten findet zentrierter Text hauptsächlich seine Verwendung. Ausgehend von der Mittelachse erstreckt sich der Zeileninhalt gleichermaßen zu beiden Seiten.

Lorem ipsum dolor sit amet, consetetur sadipscing elitr, sed diam nonumy eirmod tempor invidunt ut labore et dolore magna aliquyam erat, sed diam voluptua. At vero eos et accusam et justo duo dolores et ea rebum. Stet clita kasd gubergren, no sea takimata sanctus est Lorem ipsum dolor sit amet. Lorem ipsum dolor sit amet, consetetur sadipscing elitr, sed diam nonumy eirmod tempor invidunt ut labore et dolore magna aliquyam erat, sed diam voluptua. At vero eos et accusam et justo duo dolores et ea rebum. Stet clita kasd gubergren, no sea takimata sanctus est Lorem ipsum dolor sit amet.

Abbildung 7.18 ▶
Beispiel für eine zentrierte Ausrichtung

Blocksatz im Web

Im Internet erweist sich die Verwendung von Blocksatz als besonders problematisch. Durch die Unfähigkeit von Browsern zur Silbentrennung und die Möglichkeit des Benutzers, Schriftgrößen nach Belieben zu ändern, entstehen sehr schnell riesige Löcher in den Zeilen und machen das Lesen äußerst unangenehm.

Blocksatz | Beim Blocksatz wird Text gleichzeitig links- und rechtsbündig ausgerichtet, die Zeilen sind also alle gleich breit. Alle Zeilen werden auf eine einheitliche Länge gebracht, was durch das Dehnen der Wortzwischenräume (auch Austreiben genannt) erreicht wird. Gerade bei schmalen Textspalten kann das zu einem unruhigen Schriftbild führen, was durch die langen Wörter in der deutschen Sprache noch begünstigt wird.

Lorem ipsum dolor sit amet, consetetur sadipscing elitr, sed diam nonumy eirmod tempor invidunt ut labore et dolore magna aliquyam erat, sed diam voluptua. At vero eos et accusam et justo duo dolores et ea rebum. Stet clita kasd gubergren, no sea takimata sanctus est Lorem ipsum dolor sit amet. Lorem ipsum dolor sit amet, consetetur sadipscing elitr, sed diam nonumy eirmod tempor invidunt ut labore et dolore magna aliquyam erat, sed diam voluptua. At vero eos et accusam et justo duo dolores et ea rebum. Stet clita kasd gubergren, no sea takimata sanctus est Lorem ipsum dolor sit amet.

Abbildung 7.19 ▶
Beispiel für den Blocksatz

Die Zeilenbreite für den Blocksatz sollte zwischen 45 und 75 Zeichen liegen. Generell gilt, unabhängig von der Satzausrichtung, eine Zeilenbreite von 55 bis 60 Zeichen als optimal. Zu lange bzw. zu kurze Zeilen hemmen den Lesefluss, da der Leser zu oft in die Folgezeile springen muss bzw. das Auge in zu langen Zeilen keinen Halt mehr hat und leicht »verrutscht«.

Satzausrichtung in Photoshop | Um in Photoshop einem Textblock eine der genannten Ausrichtungen zuzuweisen, verwenden Sie die entsprechenden Symbole in der Absatz-Palette (Fenster • Absatz). Der Text muss dazu zwingend als Absatztext, nicht als Punkttext angelegt sein. (Siehe Abschnitt 2.9, »Schrift in Photoshop«.)

▲ **Abbildung 7.20**
Wahl des Absatzformats in Photoshop

7.2.2 Schriftbild anpassen

Haben Sie sich für das grundlegende Schriftbild wie Schriftart, Schriftgröße und Farbe entschieden, erfolgt der Feinschliff, die so genannte Mikrotypografie. Zu ihr gehören Aspekte wie Zeilenabstand oder das Ausgleichen von Wort- und Buchstabenzwischenräumen.

Mikrotypografie

Eine Auflistung aller zur Mikrotypografie gehörenden Elemente finden Sie unter: *http://www.typolexikon.de/m/mikrotypographie.html*

Zeilenabstand | Der Standardwert für den Zeilenabstand (ZAB) beträgt 120 % der Schriftgröße und wird von Photoshop unter Verwendung des Wertes Auto in der Zeichen-Palette verwendet. Gemessen wird der Zeilenabstand von Grundlinie zu Grundlinie zweier aufeinander folgender Zeilen. Bei einer Schriftgröße von 10 pt ergibt sich also beispielsweise ein Zeilenabstand von 12 pt.

Lorem ipsum dolor sit amet, consetetur sadipscing elitr, sed diam nonumy eirmod tempor invidunt ut labore et dolore magna aliquyam erat, sed diam voluptua. At vero eos et accusam et justo duo dolores et ea rebum. Stet clita kasd gubergren, no sea takimata sanctus est Lorem ipsum dolor sit amet. Lorem ipsum dolor sit amet, consetetur sadipscing elitr, sed diam nonumy eirmod tempor invidunt ut labore et dolore magna aliquyam erat, sed

Lorem ipsum dolor sit amet, consetetur sadipscing elitr, sed diam nonumy eirmod tempor invidunt ut labore et dolore magna aliquyam erat, sed diam voluptua. At vero eos et accusam et justo duo dolores et ea rebum. Stet clita kasd gubergren, no sea takimata sanctus est Lorem ipsum dolor sit amet. Lorem ipsum dolor sit amet, consetetur sadipscing elitr, sed diam nonumy eirmod tempor invidunt ut labore et dolore magna aliquyam erat, sed diam voluptua. At vero eos et accusam et justo duo dolores et ea rebum. Stet clita kasd gubergren, no sea takimata sanctus est Lorem

◄ **Abbildung 7.21**
Schrift: Hypatia Sans Pro, 10 pt. Links mit einem ZAB von 12 pt, rechts mit 9 pt. Die gute Lesbarkeit wird drastisch reduziert.

- Dieser Standardwert von 120 % bedarf jedoch je nach Einsatzgebiet noch einer Anpassung.
- Längere Zeilen erfordern einen größeren Zeilenabstand.
- Größere Schriften erfordern einen größeren Zeilenabstand.
- Längere Texte im Web lassen sich mit einem ZAB von etwa 140 % angenehmer lesen.

Vertikaler Rhythmus

Da aufgrund verschiedener Schriftgrade (z. B. Überschrift und Fließtext) unterschiedliche Zeilenabstände verwendet werden, arbeitet man mit einem so genannten vertikalen Rhythmus. Dabei wird der Zeilenabstand stets prozentual zur zugehörigen Schriftgröße berechnet. Nähere Informationen dazu finden Sie unter *http://24ways.org/2006/compose-to-a-vertical-rhythm*.

Um den Zeilenabstand in Photoshop anzupassen, tragen Sie in der Zeichen-Palette den gewünschten Wert in das Eingabefeld neben der Schriftgröße ein.

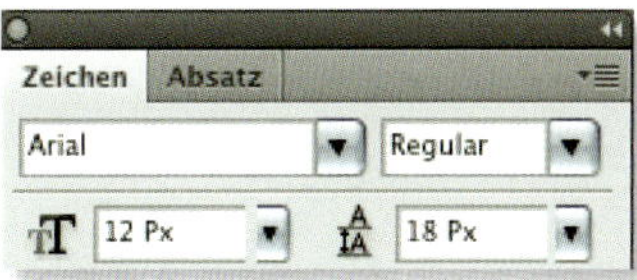

▲ **Abbildung 7.22**
ZAB in Photoshop

Laufweite | Die Laufweite bestimmt, wie dicht die einzelnen Buchstaben in einem Wort beieinanderliegen. Die Erhöhung der Laufweite wird auch als Sperren bezeichnet und kommt zum Einsatz, wenn Versalwörter, also Begriffe in Großbuchstaben, verwendet werden. Das ist gerne bei Überschriften oder Auszeichnungen im Text der Fall.

Hurenkind

Unter einem Hurenkind versteht man die letzte Zeile eines Absatzes, die auf eine neue Seite gerutscht ist.

Daneben lässt sich mit leichter Reduzierung bzw. Erhöhung der Laufweite der Textfluss korrigieren, und ungewollte Umbrüche bzw. das Auftreten von Fehldarstellungen wie Hurenkindern lassen sich vermeiden. Das übertriebene Dehnen der Laufweite kann die Lesbarkeit wiederum verschlechtern.

WEBDESIGN MIT PHOTOSHOP

WEBDESIGN MIT PHOTOSHOP

W E B D E S I G N M I T P H O T O S H O P

Abbildung 7.23 ▸
Von oben nach unten: normale Laufweite, Laufweite 75, Laufweite 400

Um die Laufweite in Photoshop anzupassen, markieren Sie die zu bearbeitenden Wörter oder Absätze, und tragen Sie den gewünschten Wert in das Feld für die Laufweite in der Zeichen-Palette ein.

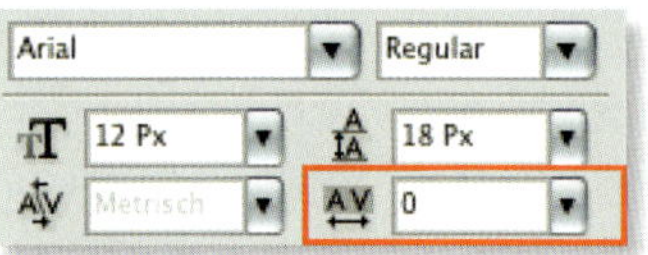

▴ **Abbildung 7.24**
Laufweite in Photoshop

Kerning | Das Kerning bzw. Unterschneiden beschreibt den Abstand zwischen zwei einzelnen Buchstaben. Im Gegensatz zur Laufweite lässt sich damit gezielt ein Buchstabenpaar korrigieren, nicht aber der Textfluss im Gesamten.

Je nach der Form von zwei Buchstaben, die nebeneinanderstehen, können sich optisch größere oder kleinere Leerräume ergeben. Um ein einheitliches Schriftbild zu erhalten, passt man diese Abstände manuell durch die Erhöhung bzw. Reduzierung dieser Leerräume an. Je größer die Schrift, desto auffälliger dieser Effekt. In der Praxis wird dieser Ausgleich bei Überschriften ab ca. 18 pt vorgenommen. Für lange Fließtexte lohnt sich der damit verbundene Aufwand nicht.

Unterschneidungstabellen

Die meisten Schriften bieten in so genannten Unterschneidungstabellen vorgegebene Werte, mit denen bestimmte Buchstabenpaare unterschnitten werden. Ganz ohne eine manuelle Korrektur kommt man jedoch selten aus.

DOMKIRCHE

DOMKIRCHE

Abbildung 7.25 ▸
Oben: Zwischen dem »D« und dem »O« entstehen aufgrund der Rundungen große Lücken. Das »I« und das »R« kleben hingegen dicht aufeinander.
Unten: Die Abstände wurden angepasst, um ein einheitliches Erscheinungsbild zu garantieren.

In Photoshop passen Sie den Buchstabenabstand an, indem Sie in der Zeichen-Palette einen positiven bzw. negativen Geviert-Wert in das Feld Abstand zwischen zwei Zeichen einstellen eintragen.

Konkrete Angaben können wir Ihnen hier nicht vermitteln, da je nach Schriftart, Schriftgröße und Buchstabenkombination individuelle Werte nötig sind. Probieren Sie einfach ein wenig herum, mit der Zeit entwickeln Sie ein Auge für den Ausgleich.

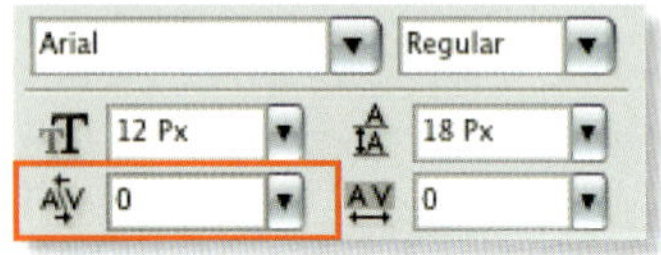

▴ **Abbildung 7.26**
Unterschneiden in Photoshop

Geviert

Ein Geviert ist eine Maßeinheit in der Typografie, deren Wert immer der aktuell verwendeten Schriftgröße entspricht. Bei einer 12-pt-Schrift entspricht ein Geviert also einer Strecke von 12 pt, bei einer 20-pt-Schrift hingegen 20 pt.
Die für die Angabe zum Kerning bzw. zur Laufweite verwendeten Werte in Photoshop beschreiben 1/1000-Geviert. Die Eingabe von 100 bei einer Schriftgröße von 10 pt bedeutet also 100/1000 (1/10) Geviert, also 10 pt/10 = 1 pt.

Beachten Sie bei aller Liebe zum Detail, die Sie beim Feilen an der Mikrotypografie entwickeln, dass sich die Textdarstellung aufgrund anwenderspezifischer Einstellungen im Browser gegenüber Photoshop massiv ändern kann. Verwenden Sie stattdessen Grafiken oder Flash-Elemente, wenn eine präzise Darstellung unumgänglich ist. Dies sollte jedoch nur in Ausnahmefällen geschehen. Greifen Sie, wo immer möglich, auf browsergenerierten Text zurück.

Grauwert

Die Hell-dunkel-Wirkung der Textfläche wird als Grauwert bezeichnet und ist entscheidend für die gute Lesbarkeit von Text. Eine gut ausgeglichene Schrift betrachtet sich in längeren Textpassagen gleichmäßig. Bei schlecht erstellten Schriftsätzen bzw. mangelndem Ausgleich fallen hingegen teils fleckige Bereiche auf, wenn Buchstabenpaare nicht sauber aufeinander abgestimmt sind und die Abstände vereinzelt zu dicht bzw. zu weit voneinander festgelegt sind.
Der Grauwert lässt sich gut mit halb zusammengekniffenen Augen und etwas erhöhtem Abstand zum Text kontrollieren.

7.2.3 Ziffern

Die meisten Schriftsätze ermöglichen lediglich eine Variante der Schriftdarstellung, die so genannten Versalziffern (auch Majuskel- oder Tabellenziffern genannt). Charakteristisch für sie ist die gleiche Breite (Dickte), gleiche Höhe und gemeinsame Grundlinie. Damit ergeben sich vor allem in Tabellen und Listen Vorteile in der Darstellung.

Innerhalb eines Textes sind jedoch Ziffern mit unterschiedlicher Breite und vertikaler Ausdehnung deutlich attraktiver. So verfügen insbesondere Expert-Fonts, also besonders umfangreiche Schriftsätze, neben den Versalziffern noch über eine zweite Variante, die Minuskel- oder auch Mediävalziffern.

1234567890 1234567890

◀ **Abbildung 7.27**
Versalziffern (links) und Mediävalziffern (rechts)

In Photoshop aktivieren Sie den Mediävalziffernsatz, sofern vorhanden, über das Optionsmenü der Zeichen-Palette: OpenType Rennaissance-Antiqua.

HINWEIS

Eine Übersicht über die nicht ganz intuitiven Auswirkungen der OpenType-Funktionen in Photoshop finden Sie hier: *http://www.typografie.info/typowiki/index.php?title=OpenType-Funktionen_in_Photoshop_und_Illustrator*.

Schreibregeln | Für die korrekte Trennung von Ziffern mit den richtigen Abständen gibt es viele Regeln. Hier die für das Webdesign relevantesten:

- **Telefon und Telefax:** Nummernblöcke über vier Ziffern werden von rechts nach links in Zweiergruppen gegliedert, mit einem Achtel-Geviert Abstand (Kerning-Wert in Photoshop: 125). Die Vorwahl wird durch einen etwas größeren Abstand (Viertel-Geviert, in Photoshop 250) und optional in Klammern notiert.

Abbildung 7.28 ▸
Exemplarische Gliederung einer Telefonnummer

(089) 55 46 89 73

¼ Geviert ⅛ Geviert

- **Kontonummern und Bankleitzahlen:** Bankleitzahlen werden in Klammern mit dem Kürzel BLZ begonnen. Danach erfolgt eine Abtrennung mit einem Viertel-Geviert zur eigentlichen Zahl. Diese wird von links nach rechts in zwei Dreier- und eine Zweiergruppe gegliedert, jeweils mit einem Abstand von einem Achtel-Geviert. Die Kontonummer folgt mit einem Viertel-Geviert Abstand nach der Klammer und wird von rechts nach links in Dreiergruppen mit jeweils Achtel-Geviert Abstand aufgeteilt.

Abbildung 7.29 ▸
Exemplarische Gliederung einer Kontoangabe

(BLZ 701 500 00) 5 622 347

¼ Geviert ⅛ Geviert ¼ Geviert ⅛ Geviert

- **Postleitzahlen:** Postleitzahlen werden in Deutschland ohne Unterteilung in einem Block geschrieben.

7.2.4 Allgemeine Hinweise zu Schrift am Monitor

Diese Hinweise sollen Ihnen einige Anhaltspunkte bei der Gestaltung in Photoshop geben und helfen, Sie vor bösen Überraschungen bei der späteren Umsetzung im Browser zu bewahren.

- Achten Sie auf einen guten Kontrast zwischen Schrift und Hintergrund.
- Vermeiden Sie es, schwarzen Text auf reines Weiß zu setzen. Trüben Sie das Weiß leicht zu einem schwachen hellgrau, um ein angenehmeres Lesen längerer Texte zu ermöglichen.
- Vermeiden Sie lange Textpassagen mit heller Schrift auf dunklem Hintergrund. Das ermüdet die Augen des Lesers unnötig.
- Schriften unter 10 px Größe sind aufgrund der Kantenglättung schwer zu lesen.
- Schriften mit Serifen sollten erst ab einer Größe von etwa 16 px eingesetzt werden. Bei kleineren Schriftgraden werden die Serifen als verschwommene Klumpen angezeigt und verschlechtern die Lesbarkeit.

Eine Auflistung von typografischen Sünden im Web finden Sie auch auf den Seiten des Smashing Magazine *http://www.smashingmagazine.com/2008/08/11/top-ten-web-typography-sins/?cp=all.*

7.2.5 Weiterführende Literatur

Wenn Sie sich tiefgreifender mit dem wirklich spannenden Thema Typografie beschäftigen möchten, empfehlen wir Ihnen einen Blick in die folgende Literatur.

- **Über Schrift:** Ein angenehm unterhaltsames Büchlein über Sinn und Merkmale guter Typografie, mit zahlreichen Positiv- und Negativbeispielen aus dem richtigen Leben. Ganz »nebenbei« auch eine gute Inspirationsquelle aufgrund der vielen gezeigten Schrifttypen.
  Spiekermann, Verlag Hermann Schmidt Mainz, ISBN 978-3-87439-661-5
- **Erste Hilfe in Typografie:** Mit vielen anschaulichen Beispielen und Analysen wird der Leser in die Grundlagen der Typografie eingeführt. Der dazu noch günstige Preis macht es zu einer Pflichtlektüre.
  Willberg und Forssman, Verlag Hermann Schmidt Mainz, ISBN 978-3-87439-474-1
- **Schriften erkennen:** Dieses Buch vermittelt Ihnen die spezifischen Charakteristika der verschiedenen Satzschriften, von Antiqua, über Serifenlose und gebrochene Schriften. Daneben erfahren Sie zu jeder der vielen vorgestellten Schriftarten eine kurze Hintergrundgeschichte und lernen, für welchen gestalterischen Einsatz sie sich besonders eignen.
  Sauthoff, Wendt, Willberg, Verlag Hermann Schmidt Mainz, ISBN 978-3-87439-418-5
- **Mut zur Typografie:** Das optimale Nachschlagewerk zum Thema Typografie. Neben der Einführung in die Schriftgestaltung und wesentliche Gestaltungsregeln lernen Sie praktische Hintergründe, Schreibregeln, das Arbeiten mit Tabellen und Diagrammen und vieles mehr. Eine unbedingte Empfehlung.
  Gulbins und Kahrmann, Springer-Verlag, ISBN 978-3-540-67541-9
- **Anatomie der Buchstaben:** Ein wunderbares Lehrbuch nicht nur im inhaltlichen Sinne. Neben der fundierten und sehr detaillierten Wissensvermittlung vom Buchstabenaufbau und Nanotypografie im Allgemeinen ist es ebenfalls auch ein schöner Bildband durch die typografische Landschaft.
  Karen Cheng, Verlag Hermann Schmidt Main, ISBN 978-3-87439-689-9

7.3 Schrift und Webdesign

DTP

Desk**t**op **P**ublishing beschreibt das Setzen von hochwertigen Dokumenten am Rechner, die später in Form von Broschüren, Zeitschriften oder Büchern als Druckerzeugnis oder digitale Publikation veröffentlicht werden. Gängige Programme sind Adobe InDesign, QuarkXPress und Corel Ventura.

Wie die Überschrift vermuten lässt, gelten für die Verwendung von Schrift im Web eigene Gesetzmäßigkeiten. So sind vor allem die typografischen Mittel innerhalb einer Website nicht so reichhaltig umsetzbar, wie es vielleicht wünschenswert wäre. Gerade bei der Formatierung von Schriften stößt man häufig gegen die variierenden Einstellungen des Besuchers oder die veränderlichen Voraussetzungen des Browsers und Betriebssystems. Daher sollte man von vornherein vor allem die Erwartungen an eine konsistente Darstellung zurücknehmen. Das heißt jedoch nicht, dass die Gestaltungsmöglichkeiten gering sind, die Einschränkungen beziehen sich lediglich auf den Vergleich zu den Gestaltungsoptionen im DTP-Bereich.

7.3.1 Schriftfamilien

Der wohl am häufigsten kritisierte Mangel beim Webdesign ist die wenig reichhaltige Menge an verwendbaren Schriften. Zwei Ursachen sind für dieses Problem verantwortlich:

1. Eine Schnittmenge der auf den meisten Systemen installierten Schriftarten ist zwar vorhanden, aber denkbar gering und auch nicht zu 100% vorauszusetzen. Die Schriften, die zu diesem Pool gehören, nennt man im Webbereich auch **System- oder Standardschriftarten**. Zu ihnen gehören:

Arial **Arial Black**

Times New Roman

Impact Verdana

Trebuchet MS

Georgia

Courier New

Comic Sans MS

Abbildung 7.30 ▸
Diese neun sind nur auf einem Bruchteil der Systeme, die auf das World Wide Web zugreifen können, nicht verfügbar.

Die Anzahl wird vorrangig durch die von den Betriebssystemen oder weit verbreiteten Office-Paketen mitgelieferten Schriften beeinflusst. Neue Systemversionen enthalten meist neue Schriften: Entscheidet sich Microsoft für Windows und Apple für OS X für das Mitliefern einer gleichen Schrift, entsteht daraus eine für das Web nutzbare, neue Standardschriftart, zumindest sobald sich die betreffenden Versionen etabliert haben. Dieser Prozess braucht Zeit und befriedigt kaum die wachsenden Bedürfnisse an die gestalterische Vielfalt von Websites.

2. Es existiert keine standardisierte und damit verlässliche Methode, um extern mitgelieferte Schriften im Browser einzubetten, wie es zum Beispiel bei PDFs möglich ist. Zwar gab es vor Jahren mit TrueDoc von Bitstream und WEFT (Web Embedding Fonts Tool) von Microsoft erste Lösungsansätze für das Einbinden systemfremder Schriften, jedoch konnte sich keine der Methoden durchsetzen, und beide verschwanden irgendwann in der Bedeutungslosigkeit. Auch wenn es dank des Engagements der Safari-Entwickler, die 2008 den ehemaligen und mittlerweile aufgrund mangelnder Unterstützung wieder verworfenen CSS-Standard @font-face in ihren Browser einbauten, zu einer lebhaften Debatte über Sinn und mögliche Umsetzungen kam, so dürfte auch an dieser Front noch einige Zeit vergehen, bis diese Technik tatsächlich massentauglich eingesetzt werden kann.

@font-face

Weiterführendes zu der aktuellen Diskussion finden Sie auf dem Blog von Ralf Herrmann unter *http://opentype.info/blog/2008/04/19/font-face-survey-results/*.

Dennoch gibt es drei interessante Lösungsansätze, die wir kurz vorstellen möchten:

Schriftverwandte | CSS ermöglicht die Angabe einer Liste mehrerer Schriftarten, die von vorn nach hinten auf Existenz überprüft werden. Die erste vorhandene kommt dann zum Einsatz. Dies kann man sich zunutze machen, um weniger verbreitete Schriften anzusprechen und, sofern sie nicht installiert sind, alternativ einen zumindest ähnlichen Ersatz darstellen zu lassen. Auf diese Weise ist zumindest ein Teil des Besucherkreises in der Lage, die optimale Fassung des Designs zu sehen, ohne dabei den Rest völlig auszuschließen.

Hierzu gibt es mehrere Strategien: zum einen die bewusste Angabe der Schriftarten aufsteigend nach ihrer wahrscheinlichen Verbreitung sortiert und zum anderen das Zusammenfassen von Schriftverwandten. So ist beispielsweise die »Lucida Grande« vorrangig nur auf dem Mac zu finden. Unter Windows existiert die Variante »Lucida Sans Unicode«. Beide sehen sich relativ ähnlich.

hamburgefonstiv123 ❶
hamburgefonstiv123 ❷

◂ **Abbildung 7.31**
»Lucida Grande« (Mac) ❶ und »Lucida Sans Unicode« (Windows) ❷

Weitere häufig genutzte Verwandtschaften sind:

hamburgefonstiv123 ❶
hamburgefonstiv123 ❷
hamburgefonstiv123 ❸

Abbildung 7.32 ▸
»Helvetica Neue« (Mac) ❶, »Helvetica« (Mac) ❷ und »Arial« (Mac/Windows) ❸

hamburgefonstiv123 ❹
hamburgefonstiv123 ❺
hamburgefonstiv123 ❻

Abbildung 7.33 ▸
»Adobe Garamond Pro« ❹, »Garamond« ❺ und »Georgia« (Mac/Windows) ❻

hamburgefonstiv123 ❼
hamburgefonstiv123 ❽

Abbildung 7.34 ▸
»Tahoma« (Windows) ❼ und »Verdana« (Mac/Windows) ❽

Typetester

In einer hübschen Benutzeroberfläche verbaut, lässt die Seite *http://www.typetester.org* den direkten Vergleich diverser Schriftarten im Browser zu.

Damit erweitert sich das anfänglich sehr geringe Repertoire doch beträchtlich. Sollte tatsächlich einmal keine der gelisteten Schriften auf einem Rechner installiert sein, fügt man stets noch eine der generischen Bezeichnungen »serif«, »sans-serif«, »cursive«, »fantasy« oder »monospace« an. Der Browser nutzt in diesem Fall entsprechende vorher eingestellte Standardschriften.

Flash | Erfordert das komplette Design aus einem erfindlichen Grund den Gebrauch einer speziellen Schriftart, bleibt prinzipiell nur die Option, die Realisierung in Flash anzugehen. Sollen nur bestimmte Bereiche entsprechend ausgestaltet werden, empfiehlt sich der Einsatz von **S**calable **I**nman **F**lash **R**eplacement, kurz **sIFR**. Mittels JavaScript und einer dynamisch mit Text befüllbaren Flash-Datei lassen sich beispielsweise Überschriften in jedwede Type setzen. Sind JavaScript oder Flash deaktiviert bzw. ist Letzteres nicht installiert, wird der eigentliche Text dargestellt. Die leichte Handhabung und Flexibilität machen diese Methode recht attraktiv. Weder ist es nötig, Bilder von einem Server-Skript generieren zu lassen, noch muss in Photoshop selbst Hand angelegt werden (*http://www.mikeindustries.com/sifr*).

Image-Replacement | Als letzter Lösungsansatz kommen so genannte Image-Replacement-Techniken in Frage. Ohne im Moment auf die konkrete Umsetzung einzugehen, ersetzt man, kurz gesagt, einfach die betreffende Textstelle mit einem Bild. In Kapitel 10, »Umsetzung«, erklären wir später die genaue Handhabung.

7.3.2 Antialiasing

Auch die Kantenglättung ist ein einzuberechnender Faktor, der nicht vorherbestimmt oder beeinflusst werden kann. Sie wird genutzt, um Schriften durch Verringerung des Treppeneffekts am Bildschirm besser lesbar zu machen. Standardmäßig ist diese auf allen modernen Betriebssystemen eingeschaltet, kann aber vom Nutzer auch deaktiviert werden. Dies hat vor allem eine deutliche Verringerung des Textgrauwerts zur Folge und dünnt vor allem höhere Schriftgrößen merklich aus.

Es empfiehlt sich in Photoshop zwar grundsätzlich, die Glättungsmethode Schärfer einzustellen, um den ausgegebenen Text im Browser bestmöglich zu simulieren, das Umstellen auf Ohne sollte aber schon während des Designprozesses genutzt werden, um ein Bild des Layouts ohne Schriftantialiasing zu erhalten.

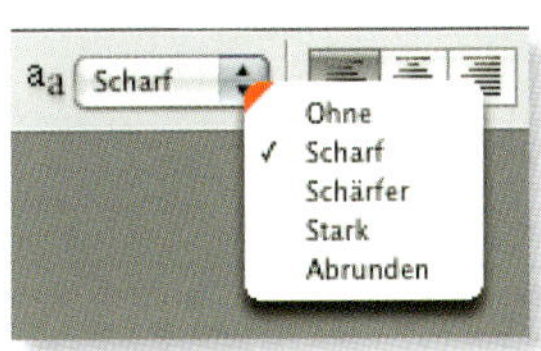

▲ **Abbildung 7.35**
Antialiasing in Photoshop einstellen

◀ **Abbildung 7.36**
Kantenglättung unter OS X ❾, Windows ❿ und keine Kantenglättung ⓫ (Windows)

7.3.3 Einheiten

Schriftgrößen lassen sich in den folgenden Einheiten angeben:

- **px** (Pixel)
- **em** (ungefähr ein Geviert)
- **ex** (Höhe des x der Schrift)
- **%** (Prozent, basierend auf der Standardschriftgröße des Browsers – meist 16 px)
- **cm** (Zentimeter)
- **mm** (Millimeter)

- **in** (Inch/Zoll)
- **pt** (Punkt, 1 **pt** entspricht 1/72 in)
- **pc** (Picas, 1 **pc** entspricht 12 pt)

Doch keines der genannten Maße erlaubt eine systemübergreifende, einheitliche Definition der Größe. Mag es bei relativen Angaben wie em und % noch einleuchtend erscheinen, dass diese je nach Ausgangsbedingung veränderlich sind, erscheint die Vorstellung, dass ein gewohntes cm oder Zoll ebenfalls ungleich interpretiert wird, eher verwirrend. Die Antwort liegt in der unterschiedlichen Umrechnungsgrundlage der Betriebssysteme. Während Windows 96 dpi als Grundwert annimmt, sind es bei OS X oder Linux standardmäßig nur 72. Unter Windows ist ein Zoll also kürzer als unter anderen Systemen, und damit sind es auch alle anderen absoluten Einheiten. Selbst ein Pixel ist relativ und wird je nach Bildschirm und Herstellervorstellung unterschiedlich groß ausgegeben.

Hinzu kommt, dass einige Browser, wie der Internet Explorer 7, Opera und neuerdings auch Firefox, über eine Zoom-Funktion verfügen, die Einfluss auf die Größe eines Pixels in den Formatierungsangaben (CSS) nimmt.

Wie beim Antialiasing gibt es auch hier keine direkte Einflussmöglichkeit. Schriftgrößen sollten daher am besten von Anfang an relativ zueinander festgelegt werden.

Em

Die Einheit em entspricht der im Browser eingestellten Standardschriftgröße (16 px). Vergrößert oder verkleinert der Nutzer per Schriftzoom diesen Wert, passen sich alle Angaben relativ dazu an. Dieser Umstand ist die Grundlage für elastische Layouts, deren Breiten relativ zur Schriftgröße angelegt sind.

Kleines Rechenbeispiel:
Standardschriftgröße = 16 px (1 em)
0,75 em = 12 px
Neue Standardschriftgröße = 20 px (1 em)
0,75 em = 15 px

7.3.4 Umbruchverhalten

Browser verfügen, wie bei der Blocksatzerklärung bereits beschrieben, nicht über die Fähigkeit einer automatischen Silbentrennung. Wörter werden am Zeilenende somit komplett in die neue Zeile geschoben, was selbst beim Flattersatz zu unschönen Lücken im Grauwert des Textes führen kann. Zwar existiert in der Standarddefinition die Entität ``, ein bedingter Trennstrich, dieser wird jedoch von so gut wie keinem Browser korrekt unterstützt, so dass selbst die manuelle Trennkontrolle entfällt. Aufgrund der möglichen Schriftvergrößerung sollte es aus zwei Gründen außerdem vermieden werden, Texte mit erzwungenen Umbrüchen zu bearbeiten. Zum einen wirkt sich das Resultat nur auf die Standardschriftgröße positiv, auf die restlichen Vergrößerungsstufen zumeist aber sehr destruktiv aus, zum anderen entspricht ein aus optischen Motiven erzwungener Umbruch nicht dem Prinzip der Trennung von Inhalt und Gestaltung.

Das Verhindern von Umbrüchen, zum Beispiel bei mehrteiligen Eigennamen, ist hingegen sehr leicht durch ein geschütztes Leerzeichen (` `) zu realisieren.

Textformatierung mit CSS | CSS bietet einige Möglichkeiten zur Textformatierung an. Die nachfolgende, vollständige Liste zeigt die in allen (modernen) Browsern verwendbaren Schrifteigenschaften:

- Schriftfamilie (mehrere Angaben möglich)
- Schriftgröße
- Schriftfarbe
- Schnitt (falls nicht vorhanden, elektronisch gesetzt)
- Zeilenabstand
- Zeichenabstand
- Wortabstand
- Textausrichtung (links, rechts, zentriert, Block)
- Initialie (first-letter)
- erste Zeile (first-line)
- Einrückung
- Texttransformation (Versalien, Minuskeln, Kapitälchen, Wortanfänge in Versalien)
- Dekoration (unterstrichen, überstrichen, durchgestrichen)
- Leerzeichenverhalten (Umbrüche für bestimmte Bereiche vollständig verhindern)

Die Zusammenfassung zu diesem Kapitel finden Sie auf der nächsten Seite.

7.4 Zusammenfassung

7.4.1 Grundlagen Typografie

- Gute Typografie verschafft dem Leser Orientierung und ermuntert zur Informationsaufnahme.
- Schriften werden in verschiedene Gruppen, wie Serifenlose oder Antiqua-Varianten unterteilt.
- Eine Schriftart vermittelt eine bestimmte Stimmung.
- Das Mischen von verschiedenen Schriften steigert die Kontrastwirkung.
- Blocksatz eignet sich nicht fürs Web. Sinnvoll ist stattdessen der linksbündige Flattersatz.
- Große Schriften in Versalien müssen unterschnitten werden, um das Schriftbild zu optimieren.
- Der reguläre Zeilenabstand entspricht 120 % des Schriftgrades. Im Web wird ein leicht erhöhter Wert von etwa 140 % verwendet.

7.4.2 Schrift und Webdesign

- Typografie ist nicht im vollen DTP-Funktionsumfang auf einer Website umsetzbar.
- Zu verwendende Schriftfamilien schränken sich auf die Nutzung von Standardschriften ein.
- Die Nutzung von Schriftverwandtschaften erweitert das typografische Repertoire.
- Flash und Image-Replacement-Techniken erlauben das Verwenden auch exotischerer Schriften.
- Schriftglättung fällt von System zu System unterschiedlich aus.
- Es gibt effektiv keine absolute Einheit zur konkreten Definition der Schriftgröße.
- Bedingte Umbrüche sind nicht möglich, das Verhindern von automatisch gesetzten jedoch schon.

8 Ausarbeiten des Screendesigns

Nachdem nun die wichtigsten theoretischen Vorkenntnisse für das Erstellen einer modernen und zukunftssicheren Website genannt wurden, ist es an der Zeit, die einzelnen Stränge zusammenzuführen und die Brücke zur Praxis zu schlagen. Anhand unseres Beispielprojekts, der Website zum Buch, durchlaufen Sie die für die Gestaltung wichtigen Planungsschritte und entwickeln in Photoshop exemplarisch das Layout der Startseite vom ersten bis zum letzten Pixel.

Grenzerfahrung

Nicht nur beim Webdesign bedarf es eines einfallsreichen Umgangs mit Beschränkungen. Interessantes betreibt die so genannte »Demoszene«, die sich unter anderem zum Ziel setzt, die Grenzen des technisch Machbaren auf diversen Systemen auszuloten. Besonders Beeindruckendes zeigte 2005 das Team Pokémé mit seiner Demo »ShiZZle« für den Pokémon Mini. Das auf den ersten Blick wirre Geblinke und Gepiepse verdeutlicht, wie viel aus einem 96 × 94 Pixel großen, monochromen Display, 2 KB RAM, 768 Byte Videospeicher und einer 8-Bit-CPU mit Kniffen und Können herauszuholen ist.
http://pokeme.shizzle.it und *http://www.youtube.com/watch?v=uwOlwRv5qV0*

Natürlich lässt sich nicht jede Website, die Sie zukünftig entwickeln, wie in diesem Kapitel gezeigt aufbauen. Um auf die individuellen Bedürfnisse Ihrer eigenen Webprojekte besser eingehen zu können, erhalten Sie einen Überblick, was gestalterisch sonst noch realisierbar ist, damit das Design in ein sauberes und standardkonformes HTML/CSS-Gerüst umgewandelt werden kann. Zur Erinnerung: Die Struktur des Inhalts bedingt die Gestaltung. Aufgrund dessen taugt zwar nicht jede Idee für ein gutes Webdesign, der kreative Umgang mit den Begebenheiten, das Überwinden der augenscheinlichen Einschränkungen und das Spiel mit den Möglichkeiten machen aber auch die Herausforderung und den Spaß mit diesem Medium aus.

Link-Tipp

Ein famoses Beispiel für das geschickte Ausnutzen der Webdynamik zeigt Charlie Gentle auf seinem Portfolio *http://www.charliegentle.co.uk*.

Wenn Sie bereits anderweitig gestaltet haben, mag diese Denkweise etwas ungewohnt erscheinen. Den Umstieg erleichtern wir

Ihnen mit Tipps und Tricks zu häufig gemachten Fehlern. Haben Sie erst einmal ein Gefühl für Webdesign entwickelt, merken Sie schnell, wie viel Freude es bereitet, starre Geflechte aufzulösen und mit der Flexibilität des Digitalen zu jonglieren. Erweitern Sie Ihr Wissen und surfen mit offenen Augen durch das Internet. Die Inspiration durch das Schaffen anderer hilft Ihnen, Ihre eigenen Fähigkeiten zu entwickeln.

8.1 Inhalte sammeln und gliedern

Beginnen wir mit dem Brainstorming zum Beispielprojekt. Aus dem ergaben sich eine Reihe von Elementen, die erst einmal »irgendwie« auf die Seite gehören. Eine Mischung aus Notwendigkeiten und Ideen führte zu folgendem Potpourri:

Logo, Sonderfunktionen (Farbwechsler, Formatierung ausschalten), Seiten-Icon, Navigation, Produkt-Teaser, Newsübersicht, Liste der aktuellsten Forenbeiträge, Ergänzungen (in Newsform), Materialliste (geschützt durch einen Login-Bereich), Weblink-Liste, Forum, Autorenporträt, Rechtliches, Seitenverzeichnis sowie ein Zusatzbereich, falls es weitere Informationen zum Inhalt gibt.

Wie bereits beschrieben, ist es wichtig, in dieses Chaos ein wenig Ordnung hineinzubringen. Einen guten Anfang macht die Sitemap.

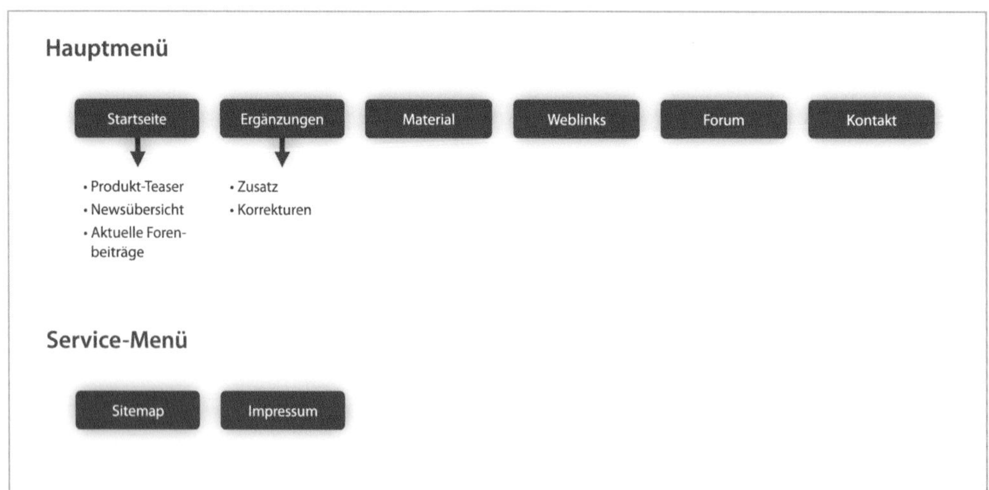

Abbildung 8.1 ▼
Haupt- und Servicepunkte wurden voneinander getrennt, um den Fokus auf die essenziellen Inhalte zu legen.

Nachdem die Inhalte eine entsprechende Untergliederung gefunden haben, bedarf es der Bestimmung und Anordnung in logische Bereiche. Ausgehend von der klassischen Erwartungshaltung des Besuchers bietet es sich zum Beispiel an, das Logo im oberen und das Service-Menü eher im Fußbereich zu platzieren. Daraus bilden sich

Header und Footer. Eine gute Ausgangslage, um die eigentlichen Seiteninformationen zu rahmen und somit einen zusammenhängenden Gesamtauftritt zu präsentieren.

Fehlendes wird nun der Wichtigkeit nach zugeordnet. Das Hauptmenü und Sonderfunktionen sollten jederzeit leicht erreichbar sein und gehören in diesem Fall, wie auch das Menü-Icon, in den Header. Der Bereich für die eventuellen seitenspezifischen Zusatzinformationen gehören hingegen zum Inhalt und das Service-Menü in den Footer.

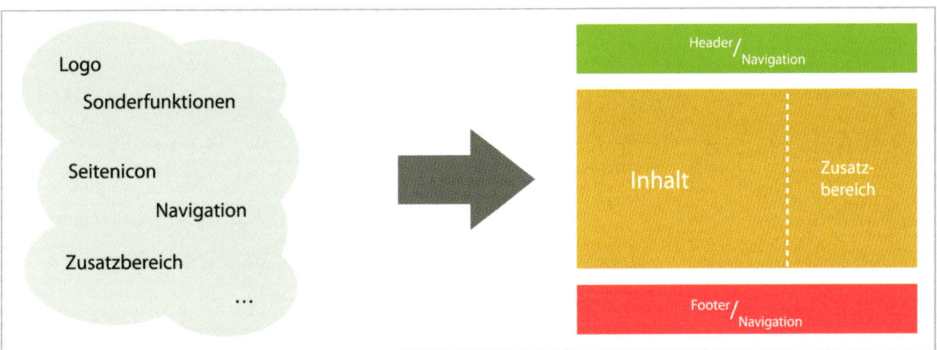

▼ **Abbildung 8.2**
Von einer Wolke aus Begriffen zur groben Festlegung des Layoutrasters in Header, Inhalt und Footer

Vielleicht kommt im Moment die Frage auf, warum gerade diese häufig zu beobachtende Struktur gewählt wurde. Zum einen ist es gerade am Anfang weitaus leichter, mit Bewährtem die Navigations- und Informationskonzepte aufzubauen und anhand des sich ergebenden Rasters zu gestalten. Zum anderen lässt sie sich sehr gut in der späteren HTML-Struktur abbilden, was das Ziel dieser Unternehmung ist.

8.2 HTML-Elemente und deren grafische Möglichkeiten

Tatsächlich unterscheidet sich die Arbeit in Photoshop erheblich von dem, was am Ende als Website umgesetzt wird. Im Grunde zeichnen Sie immer nur das Bild eines ganz bestimmten Zustands. Die eigentliche Dynamik, zum Beispiel von Textbereichen, deren Ausmaße meist in vertikaler Richtung kaum vorhersehbar sind, bleiben vorerst Ihrem Kopf vorbehalten.

Hinweis

Ebenenkompositionen schaffen der starren Darstellung etwas Abhilfe. Die Verwendung wird in Abschnitt 8.3, »Gestalten einer Website«, erklärt.

Diese starre Ausgangslage bietet zwar die Möglichkeit, erste Ideen einfach und umstandslos umzusetzen. Das Erstellte ist jedoch stets unter den Gesichtspunkten zu betrachten, die in der Vorlagendatei lediglich nur manuell simuliert werden können:

- veränderlicher Viewport des Browsers
- veränderliche Schriftgröße durch individuelle Nutzereinstellungen

- veränderlicher Seiteninhalt (Textmenge, Bildplatzierungen, Seitenwechsel)
- Maus-/Tastaturinteraktionen (Überfahren von Links, Fokussieren von Formularfeldern)

Daraus ergeben sich konkrete Fragen, wie:

- Kann der Textbereich variable Mengen bzw. Schriftgrößen fassen?
- Wie lässt sich am Aussehen des Links erkennen, dass er gerade mit dem Mauszeiger überfahren oder von der Tastatur angewählt wurde?
- Welche Kennzeichnung erhält der aktuell ausgewählte Menüpunkt der Navigation?
- Ist der Seitenhintergrund flexibel genug, um auch mit größeren Viewports als vorgesehen umzugehen oder bricht er irgendwann unsauber ab?

▲ Abbildung 8.3
Das grafisch opulent wirkende Design des Kopfbereichs auf *http://www.bluedotsdesign.com* bricht leider schon bei der ersten Schriftvergrößerungsstufe.

Gewisse Aspekte haben ihre Grenzen. So ist es ein guter Richtwert, wenn die Schrift zumindest dreimal vergrößert werden kann, ohne dass größere Brüche im Layout entstehen. Auch bestimmen Sie die ungefähre Textmenge eines Elements und müssen nicht von einem Einzeiler bis hin zu einem kompletten Absatz planen. Der unvorhersehbare Viewport des Browsers, so wild und unbestimmt dieser durch die Nutzervorlieben auch sein mag, wird häufig durch die sicherste maximale Breite von 968 Pixeln (oder geringer) kompensiert.

Eine der wichtigsten Fragen, die im Designprozess berücksichtigt werden muss, blieb bisher aber noch ungenannt: *Kann das Design mit standardkonformem HTML und CSS wiedergegeben werden?*

Auch wenn Sie später nicht selbst Hand an die Umsetzung legen, muss ein Webdesigner zwei Dinge wissen:

1. Welche Arten von HTML-Elementen gibt es?
2. Wie können diese angeordnet und mit CSS formatiert werden?

Ohne dieses Wissen bleiben alle Webdesign-Versuche in Photoshop leider ein Glücksspiel. Denn das Grafikprogramm bietet keine einstellbaren Einschränkungen oder einen Validator, der Fehler anzeigt. Das allgemeine Konzept im Auge zu behalten, obliegt somit dem Designer.

8.2.1 Liste der Elemente

Für die Gestaltung ist das Wissen um die vollständige Liste der HTML-Auszeichnungen unerheblich. Lediglich die Hauptkategorien und damit die zur Verfügung stehenden Mittel müssen bekannt sein. Um einen ersten Berührungspunkt und das Gefühl für den Aufbau einer Website zu geben, werden exemplarisch Namen der HTML-Elemente (auch **Tags**) aufgeführt und Abbildungen des Quelltextes sowie der Standardausgabe im Browser (hier Firefox 3) gezeigt.

Alle gezeigten Beispiele befinden sich auf der DVD im Ordner 08-GESTALTEN-EINER-WEBSITE/HTML-VORLAGEN.

Container | Tags: `DIV` (Division)

Das Container-Tag gehört in einem standardkonformen HTML-Layout zu den wichtigsten. Es wird für das Zusammenfassen der Inhalte in sinnvoll angelegte Blöcke genutzt, in unserem Beispiel also direkt für Header, Inhalt und Footer. Container sind verschachtelbar, können also weitere Container enthalten, in denen sich noch mehr Container befinden usw. Ziel ist es aber, kein heilloses Durcheinander (»Divitis« genannt), sondern eine direkte Abbildung der zuvor festgelegten Einteilung zu erreichen. In der HTML-Umsetzung ist es üblich, das gesamte Gerüst noch einmal mit einem weiteren Container zu »umhüllen« (Wrapper), da es sich um eine zusammenhängende Information (die Seite an sich) handelt und dies später die Formatierung vereinfacht.

08-GESTALTEN-EINER-WEBSITE/HTML-VORLAGEN/BEISPIEL-CONTAINER.HTM

▼ Abbildung 8.4

Die Container im Quelltext erhalten für eine eindeutige Zuordnung einmal zu vergebende IDs. Da Container reine Träger von Informationen sind und keine sichtbare Standardformatierung aufweisen, wurde die Ausgabe im Browser farblich an Abbildung 8.2 angepasst. Alle Bereiche liegen im Wrapper (grauer Rahmen).

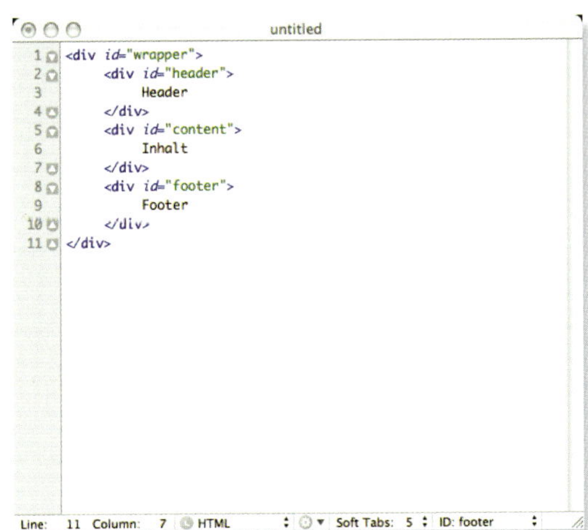

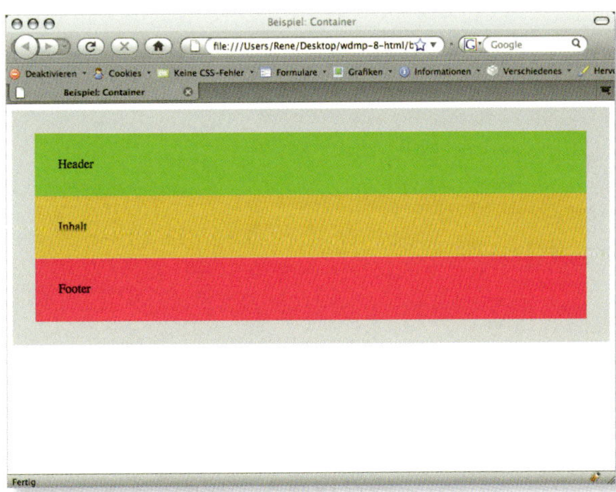

08-GESTALTEN-EINER-WEBSITE/HTML-VORLAGEN/BEISPIEL-FORMULAR.HTM

Formulare | Tags: `form`, `label`, `input`, `textarea`, `select`, `fieldset`
Formulare werden dann eingesetzt, wenn der Besucher die Möglichkeit erhalten soll, Eingabefelder auszufüllen und die Daten an den Server zu schicken. Die Verarbeitung kann auf unterschiedlichste Weise erfolgen, ob daraus eine eMail an den Website-Betreiber generiert oder eine Kommentarliste gefüllt wird, fällt in den Bereich der serverseitigen Programmiersprachen. Aus gestaltungstechnischer Sicht sind die einzelnen Interface-Elemente interessant. Zur Verfügung stehen

- einzeilige Eingabefelder (`input` vom Typ `"text"`),
- mehrzeilige Textflächen (`textarea`),
- Eingabefelder für Datei-Uploads (`input` vom Typ `"file"`),
- Checkboxen (`input` vom Typ `"checkbox"`),
- Radiobuttons, also eine Gruppe von Wahlmöglichkeiten, von denen immer nur eine ausgewählt werden kann (`input` vom Typ `"radio"`),
- Auswahllisten mit der Option, ein oder mehrere Listenpunkte auswählen zu können (`select`) und
- Buttons, um das Formular zu versenden (`input` vom Typ `"submit"`) bzw. zu leeren (`input` vom Typ `"reset"`).

Abgesehen von dem Submit- und Reset-Button werden alle Eingabeelemente extern beschriftet (`label`). Die Beschriftung selbst sollte also (barrierereduzierend) nicht direkt in den Textfeldern stehen, sondern eigenständig daneben oder darüber.

Fieldsets ermöglichen das Gruppieren von größeren Formularen, um eine inhaltliche und visuelle Abgrenzung zu schaffen.

Alle Eingabefelder können mit dem Attribut »nur lesen« (`readonly`) versehen werden, um dem Besucher partiell das Eintragen von neuen Daten zu verwehren.

Abbildung 8.5 ▼
Eine Übersicht aller Bestandteile eines Formulars, entsprechend gruppiert.

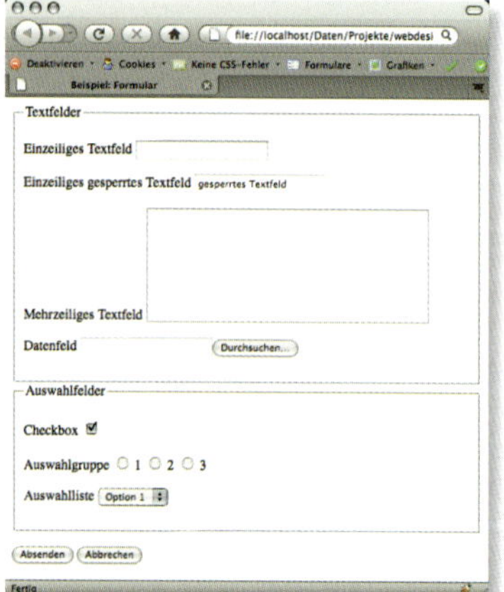

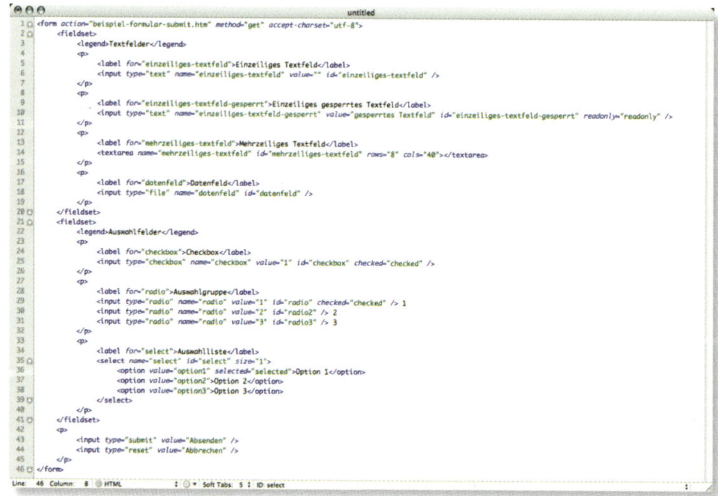

```
<form action="beispiel-formular-submit.htm" method="get" accept-charset="utf-8">
     <fieldset>
          <legend>Textfelder</legend>
          <p>
               <label for="einzeiliges-textfeld">Einzeiliges Textfeld</label>
               <input type="text" name="einzeiliges-textfeld" value="" id="einzeiliges-textfeld" />
          </p>
          <p>
               <label for="einzeiliges-textfeld-gesperrt">Einzeiliges gesperrtes Textfeld</label>
               <input type="text" name="einzeiliges-textfeld-gesperrt" value="gesperrtes Textfeld" id="einzeiliges-textfeld-gesperrt" readonly="readonly" />
          </p>
          <p>
               <label for="mehrzeiliges-textfeld">Mehrzeiliges Textfeld</label>
               <textarea name="mehrzeiliges-textfeld" id="mehrzeiliges-textfeld" rows="8" cols="40"></textarea>
          </p>
          <p>
               <label for="datenfeld">Datenfeld</label>
               <input type="file" name="datenfeld" id="datenfeld" />
          </p>
     </fieldset>
     <fieldset>
          <legend>Auswahlfelder</legend>
          <p>
               <label for="checkbox">Checkbox</label>
               <input type="checkbox" name="checkbox" value="1" id="checkbox" checked="checked" />
          </p>
          <p>
               <label for="radio">Auswahlgruppe</label>
               <input type="radio" name="radio" value="1" id="radio" checked="checked" /> 1
               <input type="radio" name="radio" value="2" id="radio2" /> 2
               <input type="radio" name="radio" value="3" id="radio3" /> 3
          </p>
          <p>
               <label for="select">Auswahlliste</label>
               <select name="select" id="select" size="1">
                    <option value="option1" selected="selected">Option 1</option>
                    <option value="option2">Option 2</option>
                    <option value="option3">Option 3</option>
               </select>
          </p>
     </fieldset>
     <p>
          <input type="submit" value="Absenden" />
          <input type="reset" value="Abbrechen" />
     </p>
</form>
```

Insbesondere Felder für Datei-Uploads sind aufgrund sicherheitsrelevanter Aspekte nur sehr beschränkt formatierbar. Manche Browser lassen auch das Anpassen anderer Elemente, wie Buttons oder Auswahllisten, nicht zu. Die Darstellung ist in diesem Fall abhängig vom Browser und Betriebssystem.

Tabellen | Tags: `table`, `tr` (table row), `th` (table head), `td` (table data), `caption`

Die Darstellung tabellarischer Daten, wie Messwerte, Spielergebnisse oder Fahrpläne, erfolgt über das Tabellen-Element. Früher gern missbraucht, um das Grundlayout einer Seite zu generieren, sollte es auch heute nicht für Layoutzwecke genutzt werden, beispielsweise um mehrspaltigen Text zu formatieren. In der HTML-Umsetzung ist das zwar verlockend leicht, semantisch aber völlig falsch.

08-GESTALTEN-EINER-WEBSITE/HTML-VORLAGEN/BEISPIEL-TABELLE.HTM

Zur Verfügung stehen alle Elemente, die eine Tabelle benötigt: Spalten (`tr`), Reihen und Zellen (`td`). Bei Bedarf können auch Zellen über Spalten und Zeilen hinweg miteinander verbunden werden. Tabellenkopf und -fuß (`th`, `thead`, `tfoot`) sorgen für eine ausreichende Differenzierung zwischen Überschrift und den zugeordneten Daten und eine optionale Beschriftung (`caption`) für eine zusammenfassende Beschreibung.

▼ **Abbildung 8.6**
Eine einfache Tabelle mit Beschriftung und einer über zwei Spalten hinweg verbundenen Zelle.

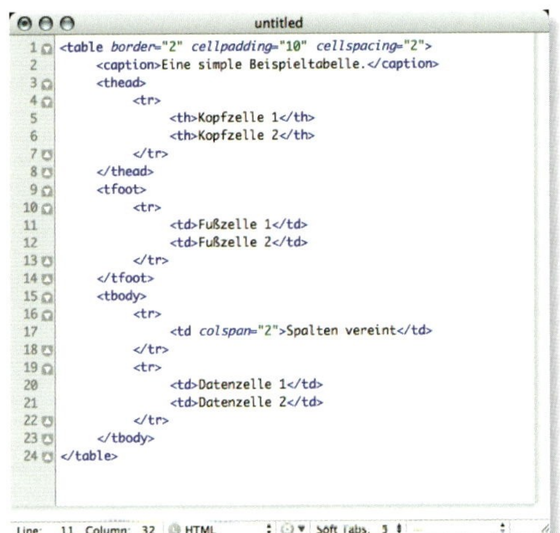

```
<table border="2" cellpadding="10" cellspacing="2">
    <caption>Eine simple Beispieltabelle.</caption>
    <thead>
        <tr>
            <th>Kopfzelle 1</th>
            <th>Kopfzelle 2</th>
        </tr>
    </thead>
    <tfoot>
        <tr>
            <td>Fußzelle 1</td>
            <td>Fußzelle 2</td>
        </tr>
    </tfoot>
    <tbody>
        <tr>
            <td colspan="2">Spalten vereint</td>
        </tr>
        <tr>
            <td>Datenzelle 1</td>
            <td>Datenzelle 2</td>
        </tr>
    </tbody>
</table>
```

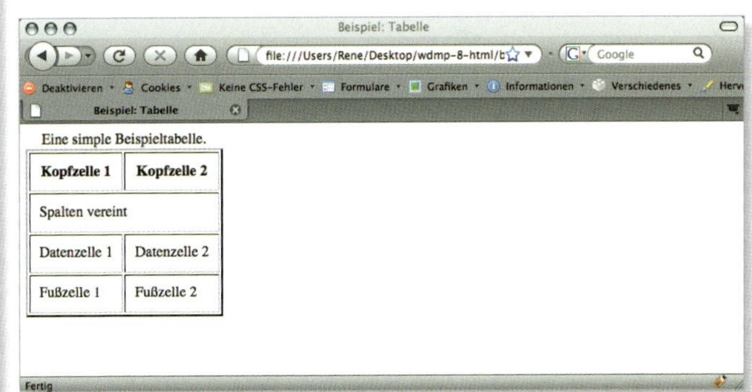

Texte, Überschriften, Textauszeichnungen, Links | Tags: `p` (paragraph), `h1-6` (headline 1-6), `cite`, `blockquote`, `em` (emphatic), `strong`

08-GESTALTEN-EINER-WEBSITE/HTML-VORLAGEN/BEISPIEL-TEXTE.HTM

Die Möglichkeiten, Text mittels HTML strukturell zu formatieren, sind vielfältig. Einfache Absätze (`p`), Überschriften der Ordnung 1, 2, 3, 4, 5 und 6 (in absteigender Reihenfolge nach Wichtigkeit sortiert: `h1` bis `h6`), Zitate (`cite`, `blockquote`), leichte Betonungen (`em`), starke Auszeichnungen (`strong`), Abkürzungen (`abbr`) und noch einige mehr geben viel Spielraum zur typografischen Justierung und semantischen Auszeichnung von Informationen.

Umbrüche

Ein harter Umbruch (in Word mit [↵] gesetzt) schließt den aktuellen Absatz und beginnt einen neuen. Ein weicher Umbruch hingegen beendet lediglich eine Zeile (in Word mit [⇧]+[↵] gesetzt) und setzt den Cursor in eine neue.

Natürlich dürfen Links an dieser Stelle nicht fehlen. Sie können auf Anker innerhalb des Dokuments, die eigene Website oder auch auf externe Quellen verweisen.

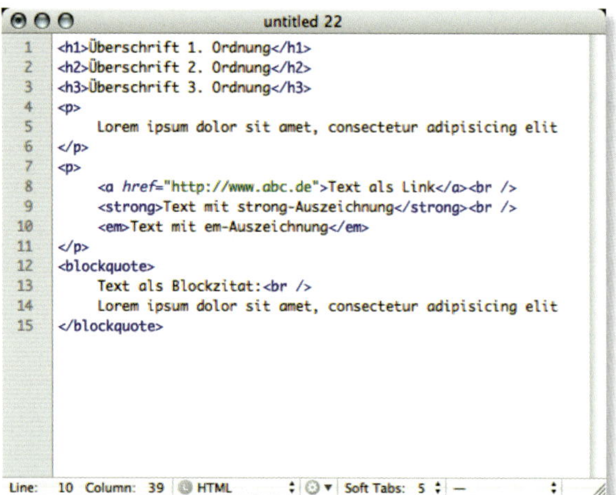

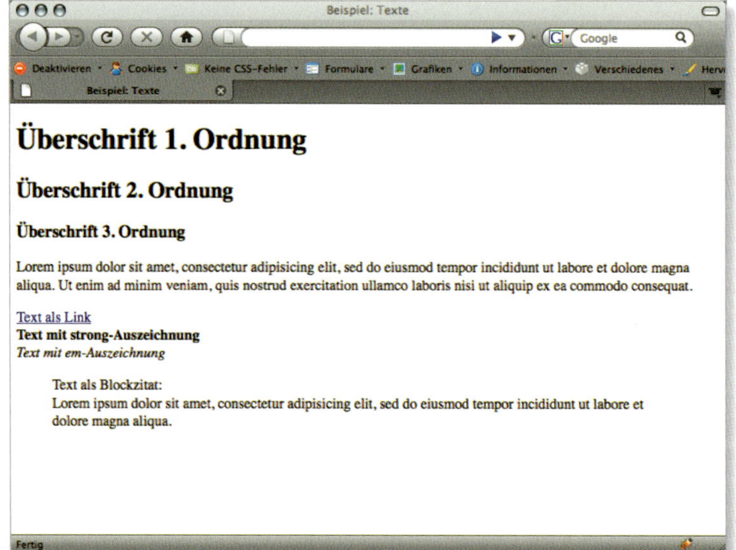

Abbildung 8.7 ▸
Das Tag `<br />` im Quelltext steht für »Break« und entspricht einem weichen Zeilenumbruch, Text in einem eigenen Absatz hingegen einem harten Umbruch. An den Textformatierungen zeigen sich die Formatvorgaben des Browsers deutlich.

08-GESTALTEN-EINER-WEBSITE/HTML-VORLAGEN/BEISPIEL-MEDIEN.HTM

Medien | Tags: `img` (image), `object`
Neben Text werden auf Websites hauptsächlich Bilder und Flash als alternative Medien eingebunden. Die meisten im Internet frei zur Verfügung stehenden Videoplayer basieren auf einer Flash-Hülle, die Bedienelemente bereitstellt und Videos nachlädt. YouTube, Vimeo und vergleichbare Dienste setzen ebenfalls auf Flash als Bewegtbildträger.

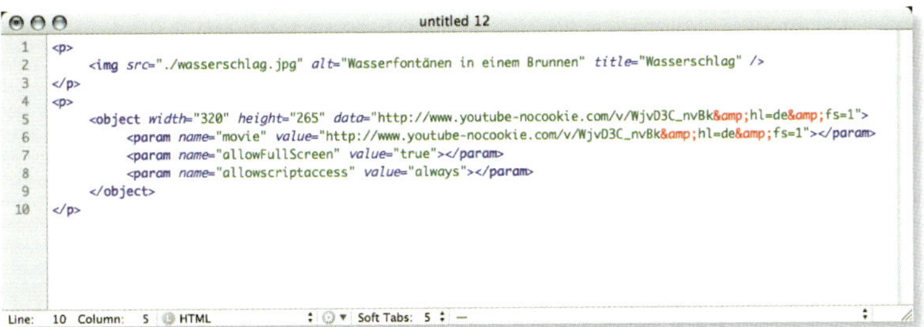

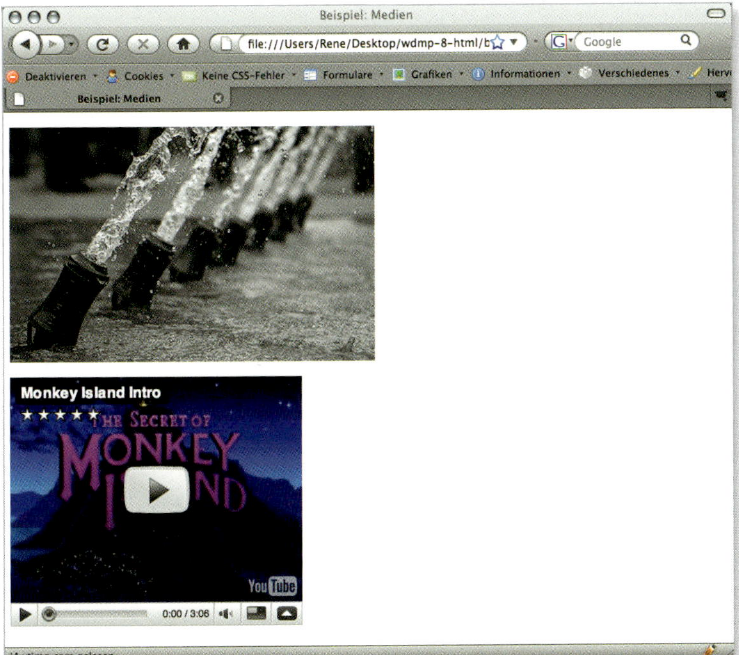

◂ **Abbildung 8.8**
Jeweils mit einem Absatz voneinander separiert wurden in diesem Beispiel ein Bild und ein externes Flash-Video von YouTube.

8.2.2 Formatierung

Zur Formatierung der Elemente stehen ein paar einfache Mittel zur Verfügung, die in ihrer Kombination und dem Zusammenspiel der einzelnen Komponenten mannigfaltige Möglichkeiten bieten.

Der anschaulichste Weg, sich die Gestaltungsoptionen einer Website vorzustellen, ist, sie in einzelne **Vierecke** zu zerlegen. Diese können getrennt **untereinander**, **nebeneinander**, aber auch geschichtet **übereinander** liegen. Ein wenig wie ein Puzzle, bei dem sich die Teile aus weiteren Teilen zusammensetzen. Dabei steht jedes für einen konkreten Abschnitt des Inhalts (z. B. die nun wohlbekannten Header, Inhalt, Footer). Das zusammengesetzte Puzzle ergibt dann die Struktur des Dokuments. Uns stehen also nur die Puzzlestückchen zur Verfügung, die der Inhalt vorgibt. Bemühen wir diese Metapher weiter, ist das eigentliche Webdesign das Foto auf den Teilen. Es ist demnach nicht vollkommen abhängig vom Inhalt, da auch über mehrere Teile hinweg gestaltet werden kann. Position und Anordnung geben aber ein gewisses Grundraster vor. Und tatsächlich generiert jedes HTML-Element eine viereckige Box. Andere geometrische Formen lassen sich nicht erzeugen.

Geht man von einer gleichbleibenden Größe der Vierecke aus, ließe sich wirklich ein Foto-Puzzle daraus basteln.

08-GESTALTEN-EINER-WEBSITE/HTML-VORLAGEN/BEISPIEL-PUZZLE.HTM

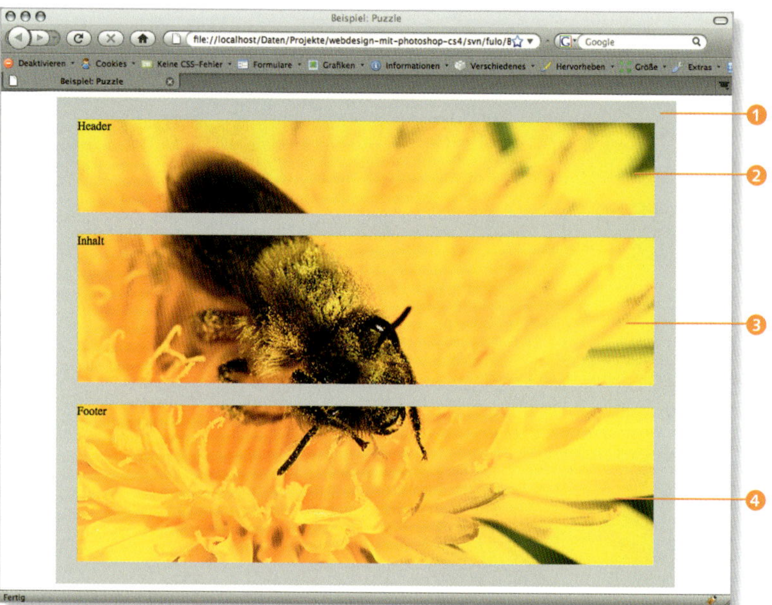

Abbildung 8.9 ▶
Header 2, Inhalt 3 und Footer 4 wurden mit jeweils einem Teil eines Fotos hinterlegt. Der Abstand zwischen ihnen dient nur zur Verdeutlichung der voneinander getrennten HTML-Bereiche. Der Wrapper-Container 1 rahmt wie gewohnt das Geschehen ein.

Dies funktioniert aber nur, solange der Inhalt nicht größer als das Hintergrundbild ist.

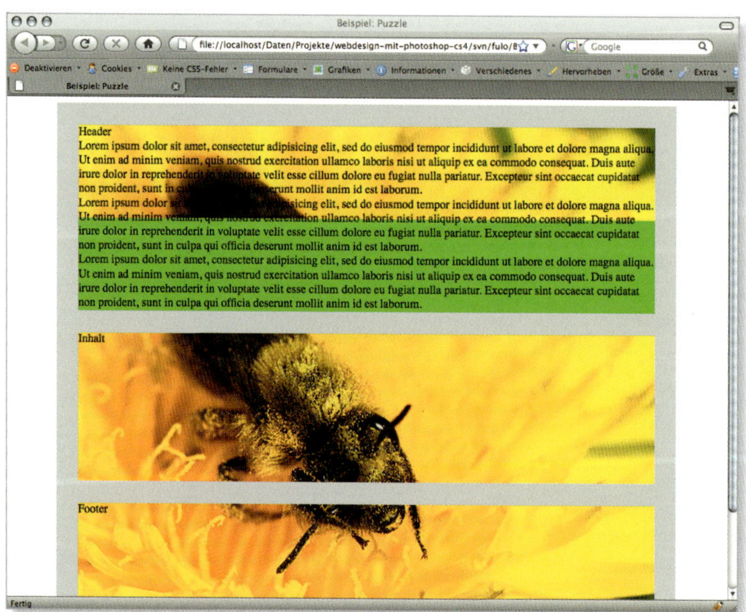

Abbildung 8.10 ▶
Der Text im Header-Teil benötigt mehr Platz. Da das Hintergrundbild nur eine bestimmte Höhe besitzt, wird stattdessen eine festgelegte Hintergrundfarbe für den Rest der Box angezeigt.

Dies bedeutet jedoch nicht, dass Websites nur aus rechteckigen Formen bestehen dürfen. Die Vereinfachung dient lediglich dem leichten Einstieg in die Voraussetzungen des Webdesigns. Sind erst einmal die Grundlagen verinnerlicht, wird es Ihnen immer leichter fallen, augenscheinlich vorgegebene Muster zu durchbrechen. Im Weiteren werden Sie deshalb lernen, welche Möglichkeiten zur Formatierung der Boxen gegeben sind. Sie unterteilen sich in **Größe**, **Abstände**, **Rahmen**, **Hintergrund** und **Position**.

Box-Modell | Die Ausmaße werden bestimmt von Breite (`width`), Höhe (`height`), Außenabstand (`margin`), Rahmen (`border`) und Innenabstand, dem Box-Modell, das bei der späteren HTML-Umsetzung noch eine entscheidende Rolle spielen wird. Wie in Abbildung 8.11 gezeigt, sollte das Layout mit variablen Höhen umgehen können.

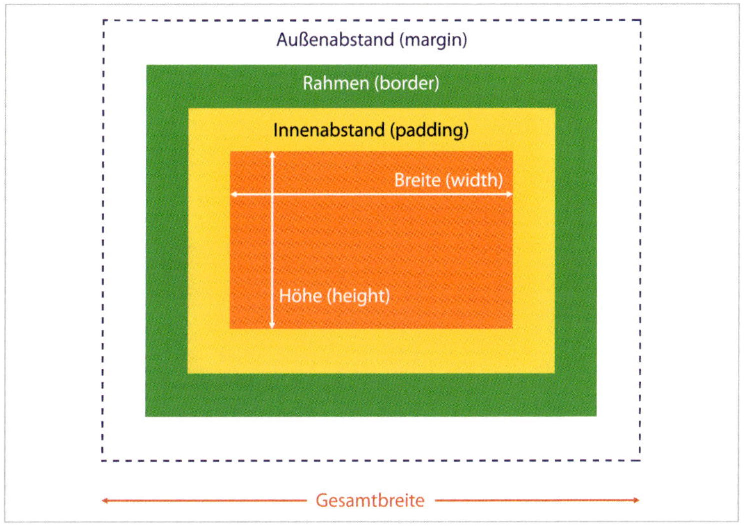

◂ **Abbildung 8.11**
Illustration des Box-Modells

Es werden zwei Arten von HTML-Tags unterschieden: **Block- und Inline-Elemente**. Blockelemente erzeugen einen vorangestellten und nachfolgenden Zeilenumbruch. Die bisher vorgestellten Container gehören beispielsweise dazu. Inline-Elemente hingegen dienen zumeist der Auszeichnung von Text. Ihnen kann weder Höhe, Breite noch ein Außenabstand zugewiesen werden. Ihre Ausmaße bestimmt der jeweilige Inhalt. Beispiele hierfür wären Textbetonungen (`em`, `strong`) oder Markierungen von Abkürzungen (`abbr`). Grundsätzlich dürfen Blockelemente weitere Blockelemente oder Inline-Elemente fassen, Inline-Elemente aber keine Blockelemente.

Die Verschachtelung von Elementen kann theoretisch bis in eine beliebige Tiefe erfolgen, sollte aber nur so weit genutzt werden, wie es der Inhalt vorgibt. Neben semantischen Gründen hat ein Übermaß an Trägercontainern außerdem Konsequenzen für die freie Positionierung der Elemente (einmal zusammengefasste Inhalte lassen sich nicht mehr trennen), was für das Layout dann zum Tragen kommt, wenn ein optisch anderweitig angeordnetes Design entwickelt oder die Ausgabe für ein anderes Medium angepasst werden soll.

08-GESTALTEN-EINER-WEBSITE/HTML-VORLAGEN/BEISPIEL-HINTERGRUND.HTM

Hintergrund | Für den Hintergrund lässt sich eine Farbe angeben, welche die Breite und Höhe der Box einschließlich der Innenabstände füllt. Dazu ist es möglich, genau ein Hintergrundbild zu definieren. Dieses kann in x- und/oder y-Achse wiederholt oder nur einmalig in der Box dargestellt werden.

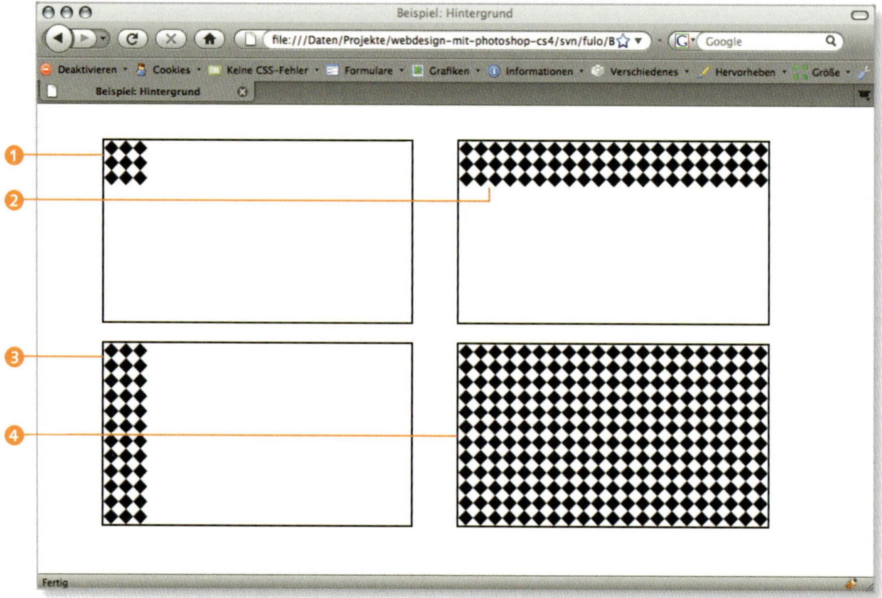

▲ **Abbildung 8.12**
Hintergrundgrafik ohne Wiederholung ❶, mit waagerechter Wiederholung ❷, mit senkrechter Wiederholung ❸ und in beiden Richtungen gleichzeitig ❹

Fixe Hintergrundgrafiken

Nette Effekte lassen sich außerdem mit fixen Hintergrundgrafiken erstellen. Eine ausführliche Beschreibung mit Beispielen findet sich auf *http://www.webmasterpro.de/coding/article/css-bildeffekte-mit-background-attachment-fixed.html*.

Von der linken oberen Boxecke ausgehend, ist es außerdem ohne Wiederholung auf der x- und y-Achse, mit waagerechter Wiederholung auf der y-Achse, mit senkrechter Wiederholung auf der x-Achse und Wiederholung in beide Richtungen positionierbar. Ein Rapport breitet sich dabei immer über die gesamte Breite bzw. Höhe aus. Mit der momentanen Formatierungstechnik ist es leider noch nicht möglich, diesen erst an einer bestimmten Position beginnen zu lassen. Positionswerte können neben festen Zahlenangaben in Pixel, Prozent, em usw. auch relative Angaben sein, wie `top`, `center` und `bottom`. Gerade bei flexiblen Containerdimensionen lassen sich damit trotzdem noch interessante grafische Effekte erstellen.

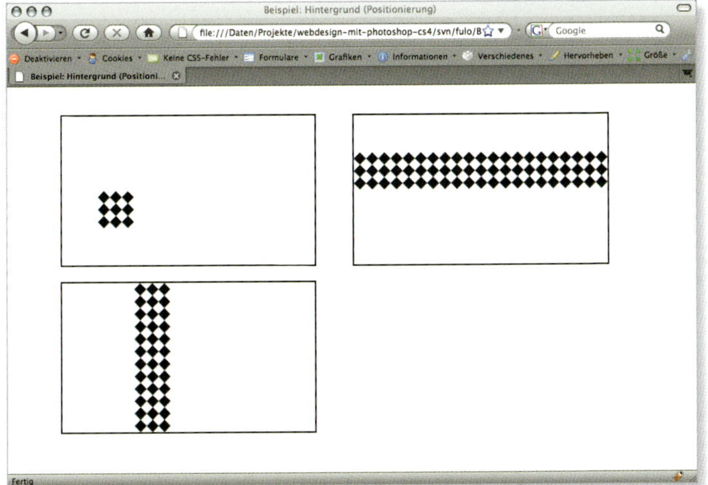

◂ **Abbildung 8.13**
Positionierungsmöglichkeiten von Hintergrundgrafiken. Einzelbilder (links oben) lassen sich frei positionieren. Rapporte breiten sich über den gesamten Inhaltsbereich aus.

Umrandung | Die veränderbaren Eigenschaften des Rahmens sind Dicke, Farbe und Stil. Es gibt diverse Rahmentypen: durchgängig (`solid`), gepunktet (`dotted`), gestrichelt (`dashed`), doppelt (`double`) und mehrere 3D-Effekte. Zu beachten ist, dass die Darstellung des Rahmens von Browser und Betriebssystem abhängig ist und sich somit geringfügig unterscheiden kann.

08-GESTALTEN-EINER-WEBSITE/HTML-VORLAGEN/BEISPIEL-RAHMEN.HTM

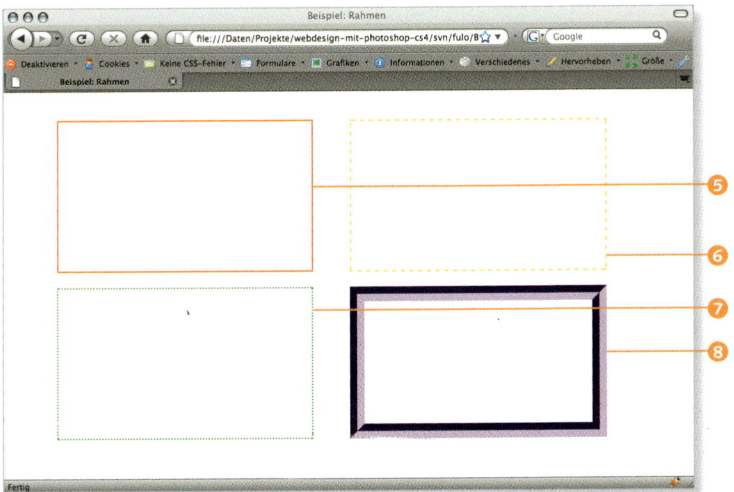

◂ **Abbildung 8.14**
Rahmentypen im Vergleich: durchgezogen 5, gestrichelt 6, gepunktet 7 und mit einem 3D-Effekt 8

Positionierung | Bisher wurde lediglich die Formatierung der Box isoliert vom Gesamtgefüge erläutert. Durch die Positionierung wird Einfluss auf das Verhalten im Zusammenspiel mit weiteren Elementen genommen. Standardmäßig erfolgt die Darstellung aller im Dokument enthaltenen Blockelemente untereinander. Dies ist auch dann der Fall, wenn die Boxbreite nicht den gesamten verfügbaren Platz einnimmt. Zwei Möglichkeiten stehen bereit, dies zu ändern. Zum

08-GESTALTEN-EINER-WEBSITE/HTML-VORLAGEN/BEISPIEL-POSITIONIERUNG.HTM

einen über die **Art der Positionierung** (`position`), zum anderen mittels Veränderung des **Seitenflusses** (`float`).

Positionsarten können sein: `static`, `absolute`, `relative` und `fixed`. Die Positionsart `static` entspricht dem beschriebenen Standardverhalten, ein Element gliedert sich direkt nach seinem Vorgänger ein. Beim Positionsformat `absolute` richtet es sich hingegen standardmäßig an der linken oberen Ecke des nächsten umschließenden Elements aus bzw. – sofern es keine Elternbox gibt – direkt an der oberen linken Ecke des Browsers (dem Root-Element).

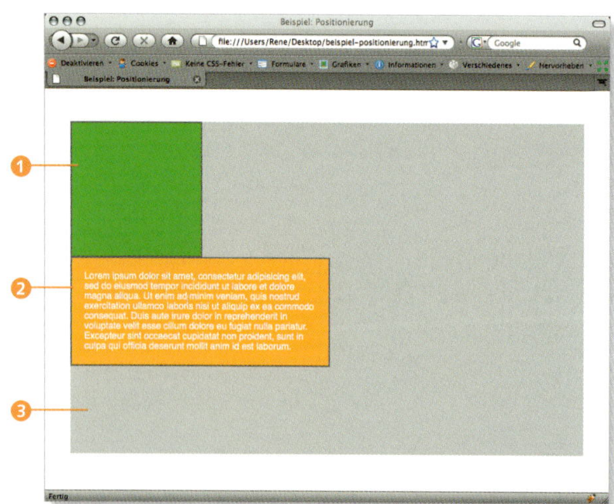

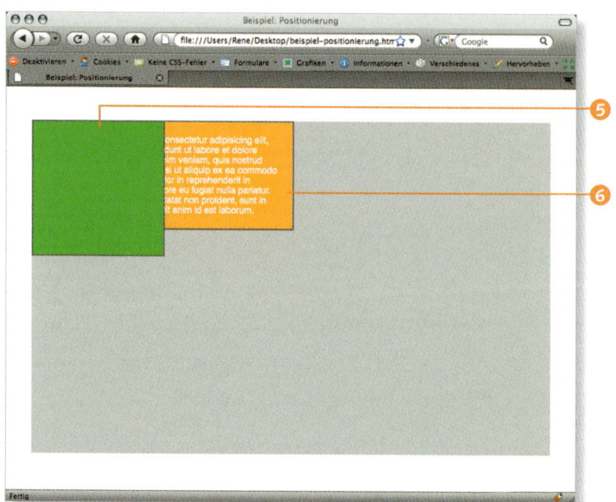

▲ **Abbildung 8.15**
Links zu sehen ist die Ausgangslage, in einer umschließenden Elternbox ❸ befinden sich zwei weitere Container ❶ und ❷. Obwohl die Breite des grauen Bereichs groß genug ist, stehen sie dennoch untereinander (Positionszustand `static`).
In der rechten Abbildung wurde die grüne Box ❺ absolut positioniert. Sie hat keinen Einfluss mehr auf nachfolgende Objekte, so rutscht die Textbox ❻ an den linken oberen Rand des Elterncontainers und wird, da die grüne Box nun über dem eigentlichen Seitenfluss steht, teilweise verdeckt.

08-GESTALTEN-EINER-WEBSITE/HTML-VORLAGEN/BEISPIEL-POSITIONIERUNG-2.HTM und BEISPIEL-POSITIONIERUNG-RELATIV.HTM

Absolut positionierte Elemente können sich außerdem unabhängig von ihrer Position in der HTML-Struktur direkt am Dokument ausrichten, hierfür stehen die Angaben `top`, `right`, `bottom` und `left` zur Verfügung. Initialwerte sind nicht, wie vielleicht augenscheinlich anzunehmen ist, die Ecken des Viewports, sondern die der gesamten Seite.

Die Eigenschaft `relative` verhält sich ähnlich der absoluten, mit dem Unterschied, dass sich die Positionsangaben immer auf das Elternelement beziehen (und nicht auf das Dokument) und der für die Box reservierte Platz trotz Verschiebung bestehen bleibt.

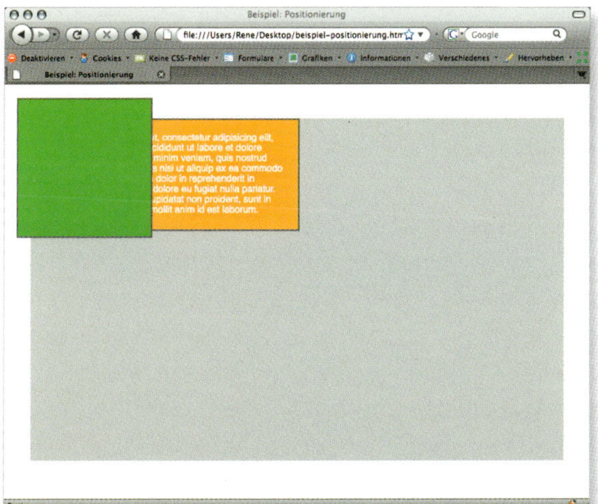

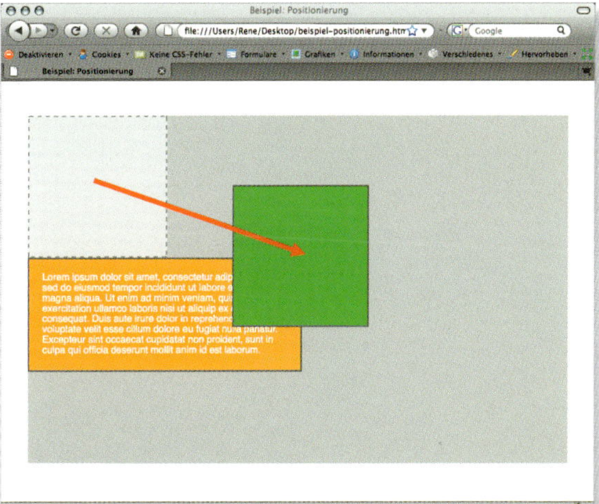

▲ Abbildung 8.16
Links: Die grüne Box wurde mit `top` und `left` am Dokument ausgerichtet und positioniert sich damit unabhängig vom Elternelement. Rechts: `top` und `left` beziehen sich bei einem relativ positionierten Element auf den umschließenden Container. Der Abstand der darunterliegenden Inhalte bleibt unbeeinflusst.

Fixe Positionierungen erhalten ebenfalls die Werte `top`, `right`, `bottom` und `left`. Diese beziehen sich aber nicht auf das Dokument, sondern auf den Viewport des Browsers. Auf diese Weise lassen sich immerwährend sichtbare Ebenen über den eigentlichen Inhalt legen. Bei der Verwendung dieser Technik ist zu beachten, dass der Internet Explorer 6 die Eigenschaft `fixed` nicht korrekt umsetzt und Workarounds bzw. alternative Darstellungen notwendig sind.

08-GESTALTEN-EINER-WEBSITE/HTML-VORLAGEN/BEISPIEL-FIX.HTM

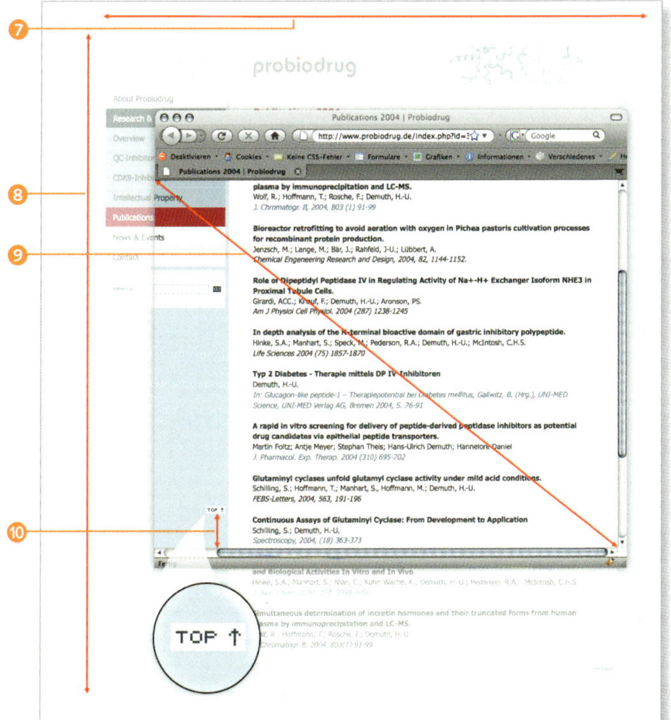

◀ Abbildung 8.17
Ein Vergleich von Seitengröße 7 & 8 und Viewport 9. Während sich absolute Positionierungen immer auf das gesamte Dokument beziehen, nutzt die fixe Position den sichtbaren Bereich als Ausgangspunkt der Ausrichtung.
Die hier gezeigte Website *http://www.probiodrug.de* nutzt den fixen Effekt, um eine Sprungmarke 10 zum Dokumentenanfang an der stets gleichen Position im Anzeigefenster (gleichbleibender Abstand zum unteren Rand) anzubieten.

08-GESTALTEN-EINER-WEBSITE/HTML-VORLAGEN/BEISPIEL-FLOAT.HTM und BEISPIEL-FLOAT-2.HTM

Für den Aufbau des Grundrasters wird häufiger die zweite Ausrichtungsmöglichkeit mittels Seitenflusskontrolle verwendet. **Floats** entheben sich ähnlich der absoluten Positionierungen aus dem normalen Seitenfluss, richten sich immer am Elternelement aus, können dieses aber nicht verlassen. Mögliche Eigenschaften sind links- (`float: left`) bzw. rechtsfließend (`float: right`). Der größte Unterschied besteht darin, dass sie mitfließende Elemente beeinflussen und sich an ihnen ausrichten. Auf diese Weise lassen sich leicht zwei- oder mehrspaltige Layouts erstellen. Aber Vorsicht: Ein oft aufkommender Wunsch ist, dass die entstandenen Spalten sich tabellenzellenähnlich in der Höhe beeinflussen. Jeder Container ist jedoch nur so hoch, wie es entweder sein Inhalt vorgibt oder per Formatierung definiert wurde. Um dieses gestalterische Defizit zumindest optisch auszugleichen, existieren einige geschickte Lösungen, die jedoch mit mehr oder minder schweren Einschränkungen daherkommen. Mehr dazu in Kapitel 10, »Umsetzung«.

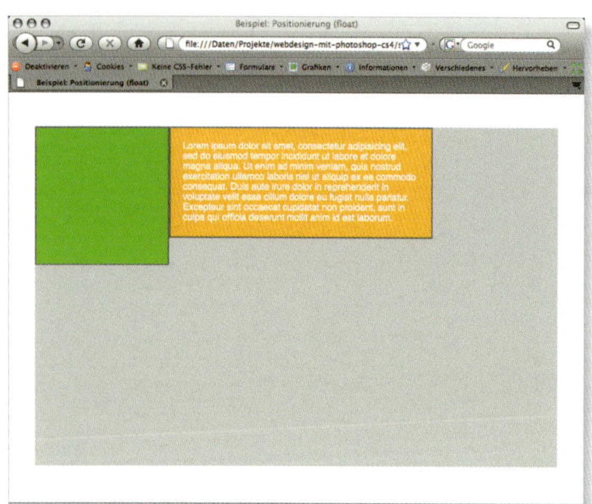

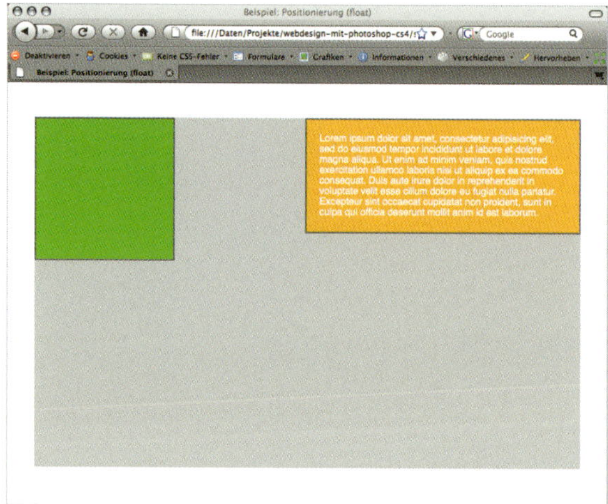

▲ **Abbildung 8.18**
Links: Beide Container sind mit einem linksfließenden Float formatiert. Da es die Breite des Elternelements zulässt, werden sie nebeneinander dargestellt. Rechts: Der rechte Container wurde rechtsfließend ausgerichtet, seine Position orientiert sich demnach immer am rechten Rand des Elternelements.

Zentrierte Layouts | Häufig besteht der Wunsch nach einem zentrierten Layout für die Website. Diese Art der Positionierung basiert darauf, dass einem Blockelement eine feste Breite gegeben wird. Werden die linken und rechten Seitenabstände mit der Angabe automatisch (`auto`) versehen, errechnet der Browser jeweils die Hälfte des möglichen Abstands zum Elternelement, was eine mittige Anordnung zur Folge hat.

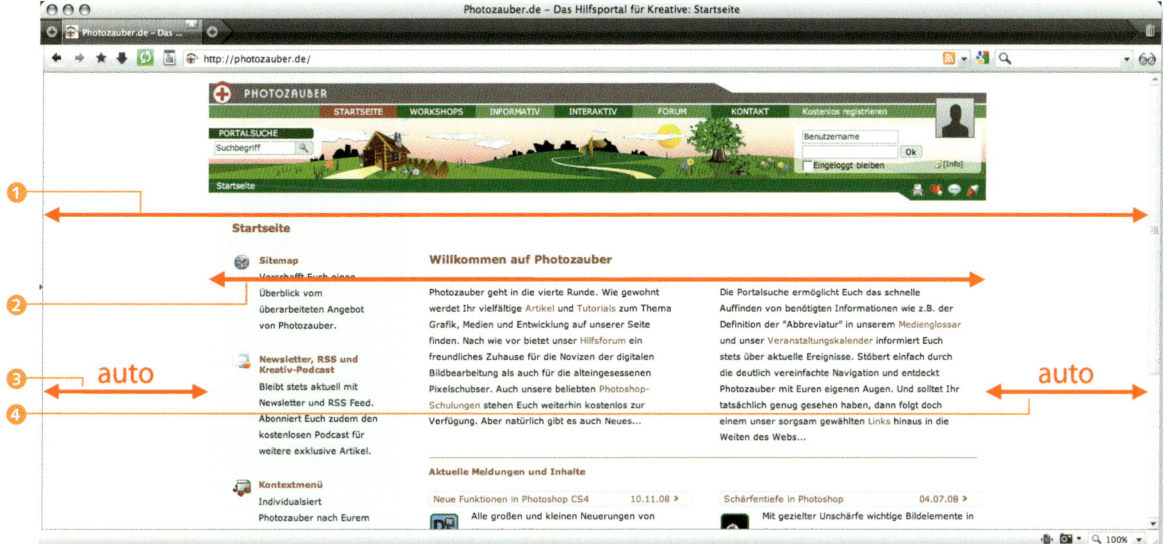

▲ **Abbildung 8.19**
Beide Abstandswerte, rechts ❹ wie links ❸, sind identisch und errechnen sich aus: Viewport-Breite (Elternbreite) ❶ minus Containerbreite ❷ durch zwei.

Diese Methode funktioniert jedoch nur mit einzelnen Containern. Eine zentrierte Ausrichtung von zum Beispiel mehreren nebeneinanderstehenden Menüpunkten (gefloatete Blockelemente) ist leider nicht möglich und kann nicht automatisiert erreicht werden. Ebenso verhält es sich in der vertikalen Richtung.

Flexible Layouts | Maßangaben lassen sich nicht nur in festen Werten wie Pixel oder Punkt angeben, sondern auch relativ zu einer bestimmten Bezugsgröße. So ist es möglich, flexible Websites zu erstellen, wenn Breiten in Prozent (Viewport-bezogen) oder em (basierend auf der vom Nutzer eingestellten Grundschriftgröße) verzeichnet werden. Wie bereits bekannt, entstehen daraus liquide und elastische Layouts. Der Einsatz beider Varianten ist grundsätzlich in Erwägung zu ziehen, sofern die eigene Zielgruppe stark davon profitiert. Die Handhabung gestaltet sich aber potenziell problematisch, vor allem dann, wenn für Websites eine (übermäßig) hohe Erwartung an grafische Konsistenz angesetzt wird.

Die höheren Anforderungen lassen sich kompensieren, plant man von Anfang an die unbekannten Größen ein. Die nachträgliche Anpassung eines bestehenden fixen Layouts scheitert häufig an nicht wiederholbaren Bereichen respektive der Verwendung von nicht rapportierbaren Grafiken. Nicht zwangsläufig muss auf optischen Anspruch oder Varianz verzichtet werden. Durch geschicktes Nutzen der technischen Möglichkeiten lassen sich interessante Ergebnisse erzielen.

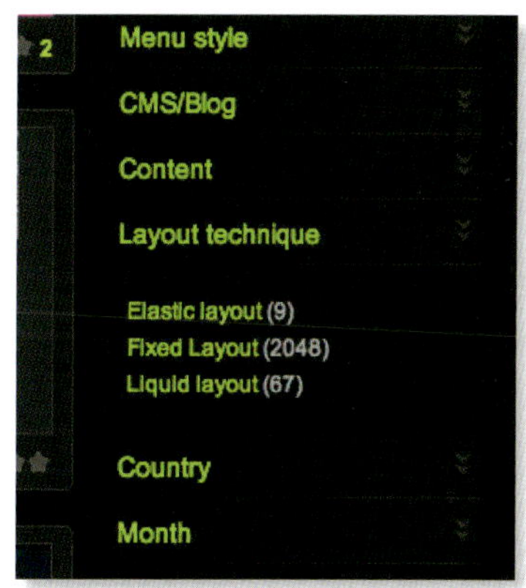

▲ **Abbildung 8.20**
Die quantitative Verteilung der Layoutarten auf *http://www.cssglance.com* zeigt eine leichte Tendenz.

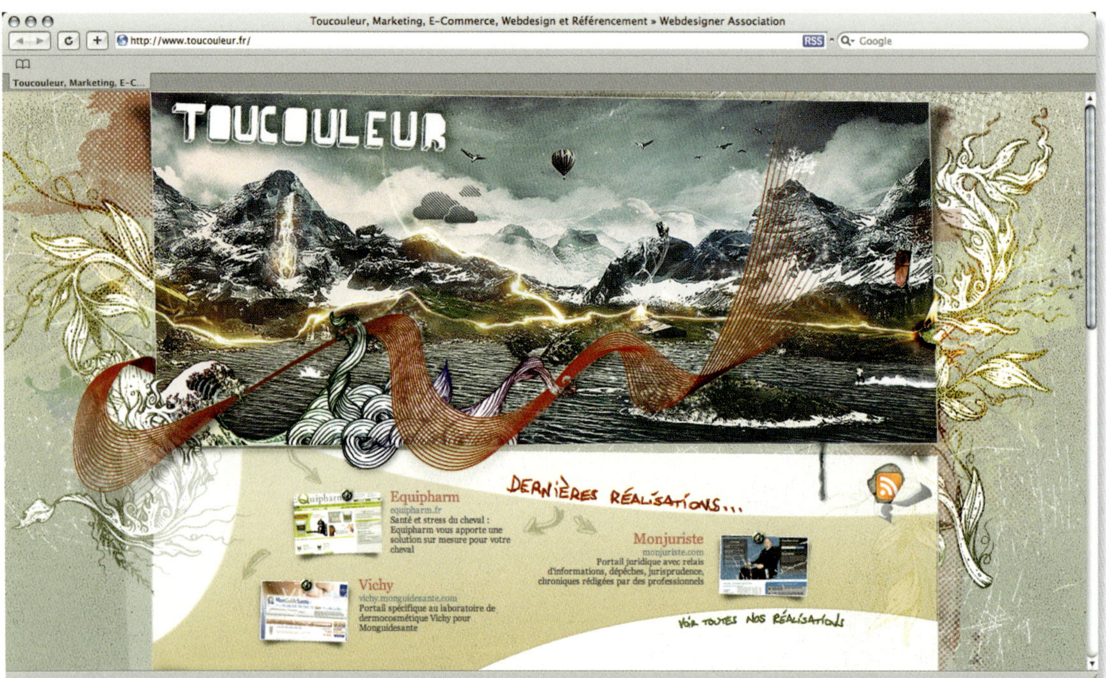

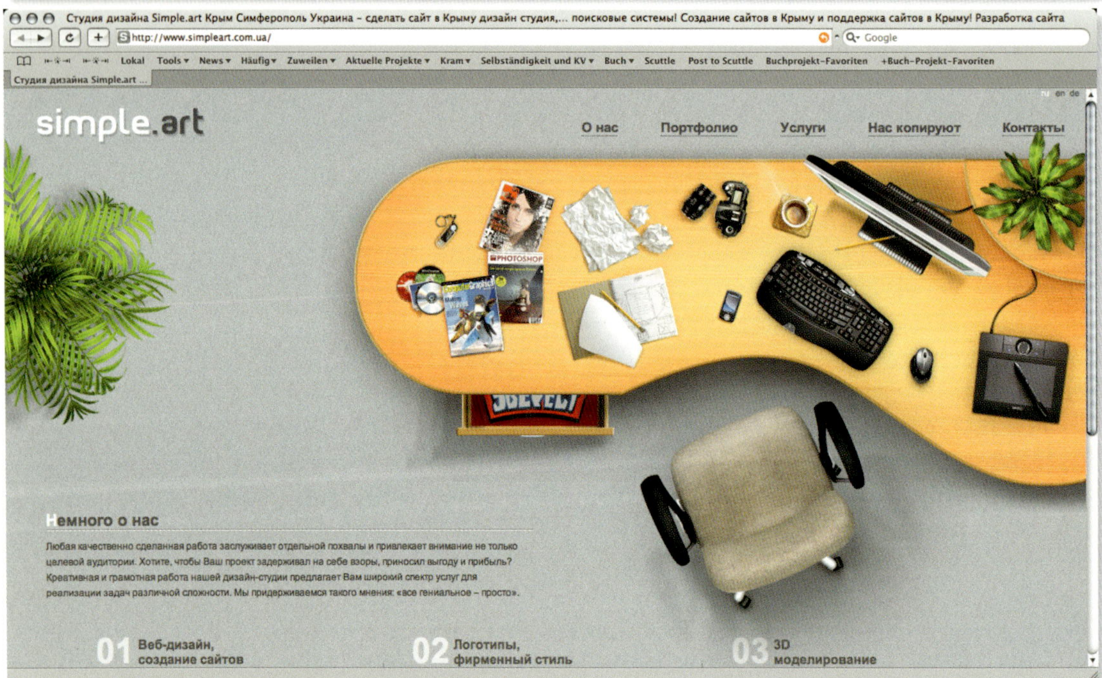

▲ Abbildung 8.21
Oben: Komplexe, vor allem aber breitenabhängige Layoutgrafiken (hier von *http://www.toucouleur.fr*) sollten bei gewünschter Flexibilität vermieden werden. Unten: Kreativ eingesetzte Technikkenntnisse ermöglichen Webdesigns, wie auf *http://www.simpleart.com.ua* zu sehen.

8.3 Gestalten einer Website

Das Ziel der folgenden Workshops soll sein, die Startseite des bereits vorbereiteten Beispielprojekts komplett durchzugestalten und für die Übergabe an den Programmierer sauber aufzubereiten. Ob das am Ende Sie selbst sind oder eine andere Person, soll dabei keine Rolle spielen.

Dabei werden Sie unter anderem lernen, wie Sie einzelne Elemente flexibel anlegen, ähnliche Inhalte zeitsparend vervielfältigen und den zwangsläufig entstehenden Ebenendschungel gekonnt organisieren.

Die hier genannte Vorgehensweise ist nur eine Möglichkeit, wie ein Screendesign strukturiert angegangen werden kann. Bestimmt entwickeln Sie im Laufe der Zeit eigene, auf Sie abgestimmte Arbeitspraktiken.

Bevor wir uns dem Aufbau des Beispielprojekts in Photoshop widmen, schauen wir uns zum besseren Verständnis des Webdesigns vorher noch das Boxschema am Endergebnis an und analysieren kniffligere Details.

HINWEIS

Wenn Sie das Grundkonzept der Websitegestaltung verstanden haben und mit offenen Augen durch das Internet surfen, werden Sie feststellen, wie viele Möglichkeiten es gibt, die hier im Buch vorgestellten Grundkenntnisse zu erweitern und bewusst zu brechen. Kaum ein anderes Medium entwickelt sich derart rasch.

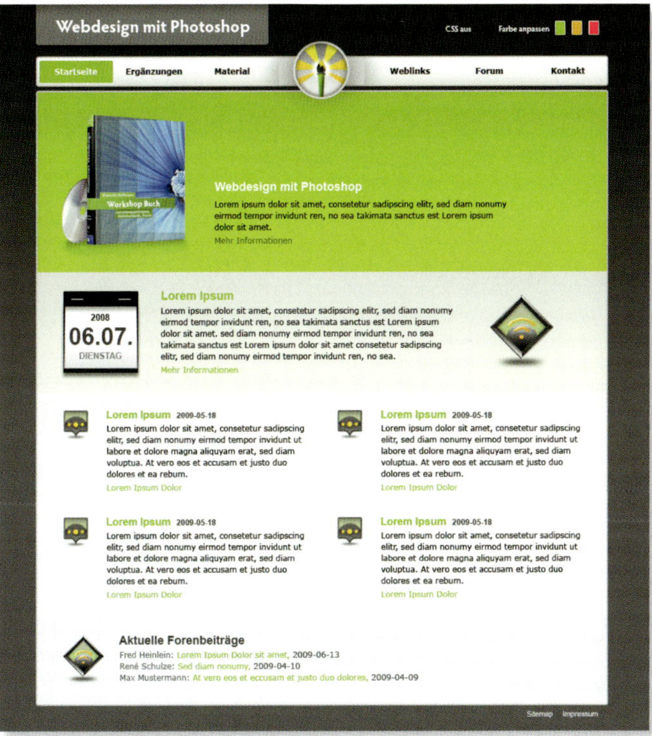

◂ **Abbildung 8.22**
Das finale Layout der Startseite

Von den möglichen 968 Pixeln eines fixen Layouts nimmt die eigentliche Seitenbreite des Beispielprojekts nur 880 Pixel ein. Der Wert kann beliebig reduziert werden, um dem eigenen Design sinnvolle Dimensionen zu geben. Die bekannte Einteilung der Seite in die Hauptbereiche Header/Navigation, Inhalt und Footer wird grafisch nicht durchbrochen, mit Ausnahme des Icons in der Navigationsleiste, welches das Gesamtbild durch das Verlassen des Grundrasters etwas auflockern soll.

Header und Navigation | Der Header unterteilt sich jeweils in die Hauptboxen Logo ❶ und Sonderfunktionen ❷. Die zwei Sonderfunktionen werden getrennt voneinander in zwei Unterboxen behandelt. Der Navigationscontainer rahmt die einzelnen Listenpunkte ein. Zu sehen ist, dass das Seiten-Icon nicht direkt in die Navigation gehört, beim Punkt »Material« ❸ aber daran gedacht wurde, dafür (durch einen größeren Abstand zum Nachfolger) Platz zu schaffen. Später wird das Icon per absolut positioniertem Container so auf die Leiste gesetzt, dass es grafisch zugehörig erscheint. Das Hinzufügen des notwendigen Containers wird mit dem Setzen einer Sprungmarke gerechtfertigt. (Zur Erinnerung: Wir dürfen dem »Puzzle« nicht einfach so Teile hinzufügen.) So soll der Klick auf das Symbol später gleichzeitig ein Scrollen zum Inhalt bewirken. Der Sinn dieser Funktion wird in Kapitel 10, »Umsetzung«, näher behandelt.

Abbildung 8.23 ▼
Header und Navigation des Beispielprojekts

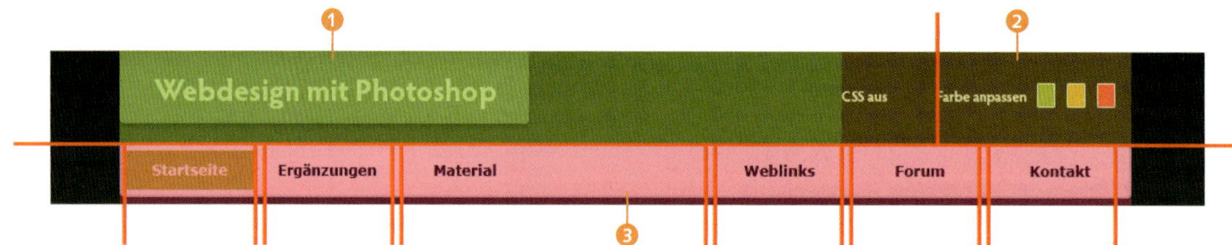

Beim Menü ist zu beachten, dass sich die später verwendeten Listenpunkte nicht einfach zentrieren lassen. Um diesen optischen Effekt dennoch zu erreichen, war es notwendig, ihnen eine feste Breite und einen festen Abstand vorzugeben. Hält man sich vor Augen, dass die enthaltene Schrift vom Besucher dynamisch veränderbar ist, befindet man sich schnell in einem Dilemma. Tests mit höheren Schriftgrößen zeigten aber, dass eine Vergrößerung von 3 Stufen dennoch ohne Problem abgefangen werden kann.

▲ Abbildung 8.24
Moderne Browser besitzen die Fähigkeit, das Grafikformat PNG mit Transparenzen (Alphamaske) darstellen zu können. Zusammen mit der Hintergrundfähigkeit der HTML-Elemente lässt sich so die Illusion einer frei definierbaren Form erzeugen. Die viereckige Box bleibt bestehen, durch die Transparenz der Grafik wird sie aber verschleiert.

Zu sehen sind außerdem jeweils **vier abgerundete Ecken** (siehe Abbildung 8.25). Normalerweise waren diese mit reinem HTML und CSS bis vor kurzem relativ schwierig umsetzbar. Viele Browser unterstützen aber bereits den CSS3-Befehl `border-radius`, der es erlaubt, für jede Ecke eines Containers einen Eckradius festzulegen, und so nativ abgerundete HTML-Elemente ermöglicht. Der weit verbreitete Internet Explorer sowie Opera gehören leider noch nicht dazu.

Alternative Lösungsansätze können unterschiedlich ausfallen. Der für die Seite zum Buch gewählte Weg setzt zukunftsorientiert auf die CSS-Formatierung, da das Layout derart konzipiert wurde, dass es auch in eckiger Form grafisch funktioniert und keine pixelgenaue Umsetzung benötigt. Andere Methoden können beispielsweise sein, eine fixe Hintergrundgrafik über die gesamte Breite und Höhe des Elternelements (in diesem Fall der Menübox) festzulegen, die dann aber eben nicht mehr flexibel auf Breiten- oder Höhenveränderungen des Inhalts reagieren kann.

Auch der Einsatz von JavaScript für die noch unwilligen Browser wäre in Erwägung zu ziehen, was im Endeffekt aber ebenfalls nicht jeden Besucher ansprechen würde. Um genau dies zu gewährleisten, bedarf es eines geschickten Spiels mit den zur Verfügung stehenden Hintergrundgrafiken. Vorrangig sind zwei Methoden für den hier aufgezeigten Fall denkbar:

Methode 1 | Das Menü wird horizontal dreigeteilt: Der erste Menüpunkt ④ erhält ein linksbündig ausgerichtetes, die Menübox ⑤ ein sich wiederholendes und der letzte Menüpunkt ⑥ ein rechtsbündig ausgerichtetes Hintergrundbild. Der Vorteil bei dieser Methode ist, dass die Navigation in der Breite mitwachsen kann, jedoch in der Höhe von den Grafiken abhängig ist.

HINWEIS

Die Seite *http://www.smileycat.com/miaow/archives/000044.php* listet gängige Umsetzungsmöglichkeiten für abgerundete Ecken.

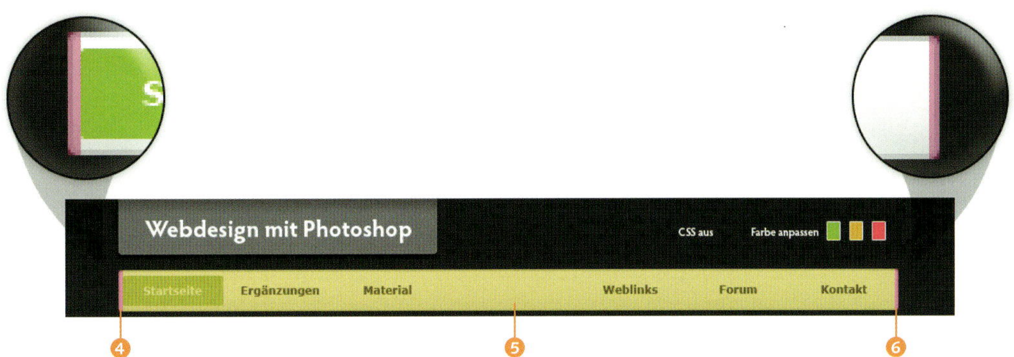

▲ **Abbildung 8.25**
Horizontal dreigeteiltes Menü

Methode 2 | Vertikal dreigeteilter Hintergrund: Bei der zweiten Methode wird auch der Header-Container ⑦ genutzt, was hier allerdings nur funktioniert, weil dieser keine eigene Hintergrundgrafik benötigt. Die optische obere Kante der Navigation muss untenbündig eingefügt werden. Die einzelnen Menüpunkte ⑧ übernehmen den Verlaufsteil und die Navigationsbox ⑨ die untere Kante. Der Vorteil ist eine mögliche vertikale Anpassung an den Inhalt, allerdings mit Abhängigkeit bezüglich der nun fixen Breite.

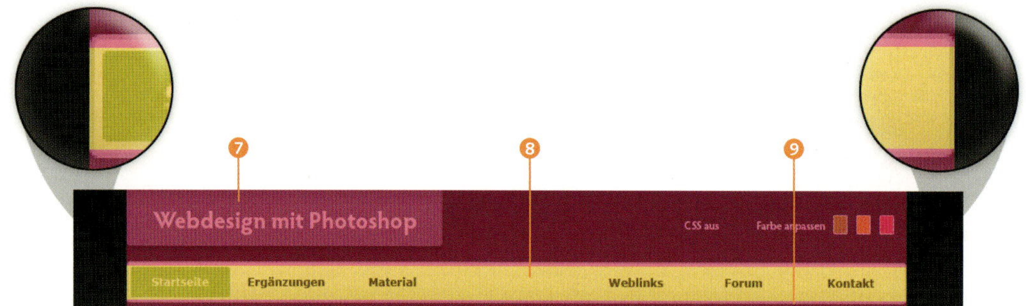

▲ **Abbildung 8.26**
Vertikal dreigeteilter Hintergrund

Es gibt noch weitere Varianten, um die vorhandenen Boxen und Hintergrundgrafiken miteinander zu verbinden. Hier ist stets ein wenig kombinatorisches Denken gefragt. Schachtelmethoden können aber relativ zu den benötigten Freiheiten recht komplex ausfallen. Ob man sie benötigt oder einfach nur um der Herausforderung willen einsetzt, ist von Situation zu Situation neu zu entscheiden.

Auch der nachfolgende, abgerundete Inhaltsbereich wurde mit der CSS-Methode realisiert.

Produkt-Teaser | Die Box des Produkt-Teasers ist mit einem am Boden ausgerichteten Verlauf und einer Hintergrundfarbe angelegt, die dem ersten Farbwert des Verlaufs entspricht. Auf diese Weise bleibt der Bereich auch für größere Inhalte flexibel. Da es sich bei der Produktgrafik ⑩ nicht um ein Layoutbild handelt, wird sie als separater Container neben dem Teasertext ⑪ gesetzt.

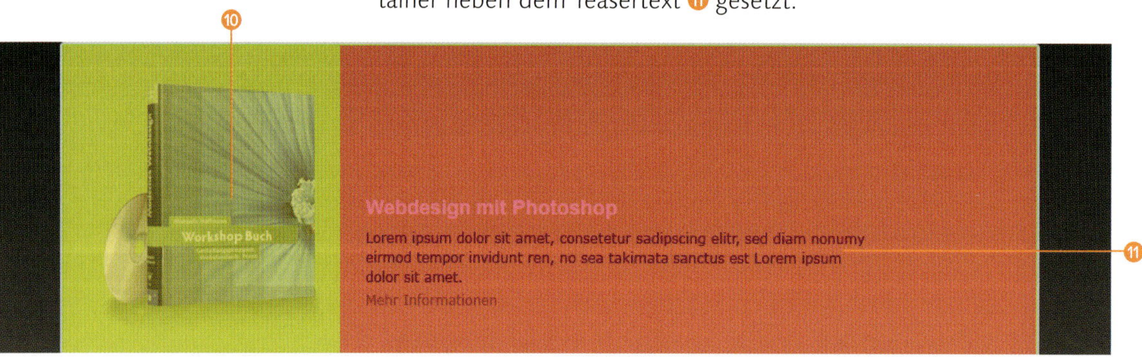

▲ **Abbildung 8.27**
Der Produkt-Teaser

Newsbereich | Der Kalender ⑫, der neueste Beitrag ⑬ und die vier weiteren Newsteaser ⑭ besitzen jeweils eine nicht wiederholbare Hintergrundgrafik, entsprechend nach den jeweiligen Bedürfnissen ausgerichtet.

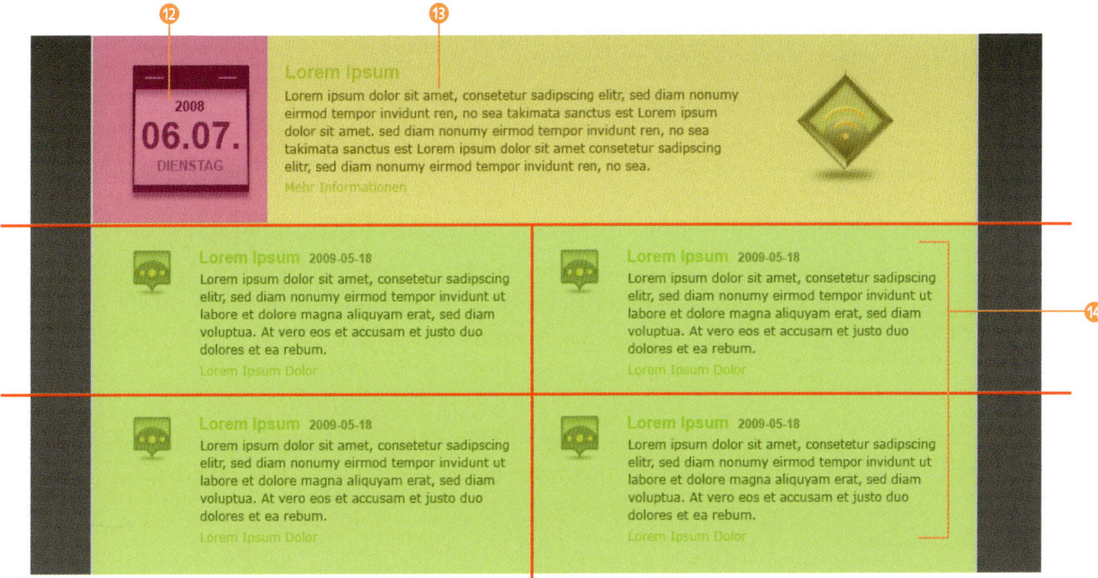

▲ **Abbildung 8.28**
Der Newsbereich

Aktuelle Forenbeiträge und Footer | Die Forenbeiträge ⑮ und der Footer ⑯ werden wie nun gewohnt voneinander getrennt behandelt, Ersterer wieder mit Hintergrundgrafik. Die abschließende, abgerundete Kante gehört zum Inhaltsbereich. Eine andere Umsetzungstechnik vorausgesetzt, könnte der Footer auch äquivalent zu der zweiten Methode des Navigationsaufbaus genutzt werden.

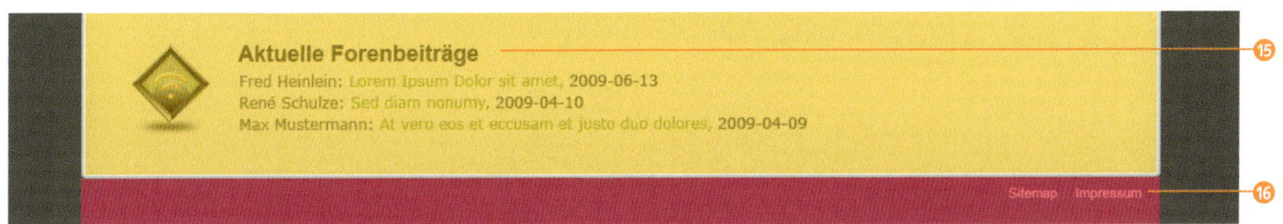

▲ **Abbildung 8.29**
Forenbeiträge und Footer

8.3.1 Allgemeines zum Workshop-Projekt

Betrachten Sie während der Arbeit häufig das fertige Design, um sich ein Bild davon zu machen, was genau erreicht werden soll. Sie finden es auf der Begleit-DVD im Ordner 00-BEISPIELPROJEKT/BEISPIELPROJEKT-VORLAGE.PNG.

Um Probleme mit der in diesem Kapitel häufig auftauchenden pixelgenauen Positionierung von Elementen zu vermeiden, setzen Sie, falls nötig, den Nullpunkt der Lineale zurück.

8.3.2 Navigation

Beginnen wir mit einem der wichtigsten Elemente einer Website: Der Navigation. Anhand dieses zentralen Steuerelements erlauben Sie dem Besucher, sich durch Ihre Website zu bewegen und die vorhandenen

Horizontal vs. vertikal

Vertikale Menüs lassen sich generell unproblematisch erweitern, da der Platz in der Höhe nicht beschränkt ist. Planen Sie eine horizontale Navigation, achten Sie darauf, dass noch genug Luft ist, die Listenpunkte zu einem späteren Zeitpunkt gegebenenfalls dichter zusammenzurücken, um weitere Inhalte einzufügen.

Inhalte zu entdecken. Halten Sie bei der Gestaltung stets den Aspekt der Erweiterbarkeit im Hinterkopf. Oftmals fügen sich im Laufe der Zeit weitere Inhalte ein, die womöglich auch über einen neuen Listenpunkt im Hauptmenü erreichbar sein sollen. Haben Sie bei der Gestaltung diesen Umstand nicht bedacht, kann es einen enormen Aufwand bedeuten, die gesamte Website sowohl grafisch als auch technisch abzuändern.

Die Navigation sollte klar getrennt vom restlichen Inhalt stehen, was jedoch nicht bedeuten muss, dass sie das prominenteste Element ist. Belassen Sie die Position zudem immer an der gleichen Stelle, sonst irritieren Sie den Besucher und schicken ihn immer wieder zu einer erzwungenen Suchaktion, an der er schnell die Freude verlieren wird.

Workshop: Navigationshintergrund erstellen

Beginnen Sie nun damit, die Hinterlegung für die Navigation zu erstellen.

1 Grundform anlegen

00-BEISPIELPROJEKT/FARBEN-DEFINIEREN/STARTSEITE03.PSD

Aktivieren Sie in der Ebenen-Palette den Ordner NAVIGATION. Wählen Sie das Abgerundete-Rechteck-Werkzeug aus der Gruppe der Formobjekte, und stellen Sie im Steuerungsbedienfeld den Typ auf FORMEBENE ❶ und den RADIUS ❷ auf den Wert 4 px. Achten Sie darauf, dass in den Optionen des Formobjekts der Eintrag AN PIXELN AUSRICHTEN ❸ markiert ist.

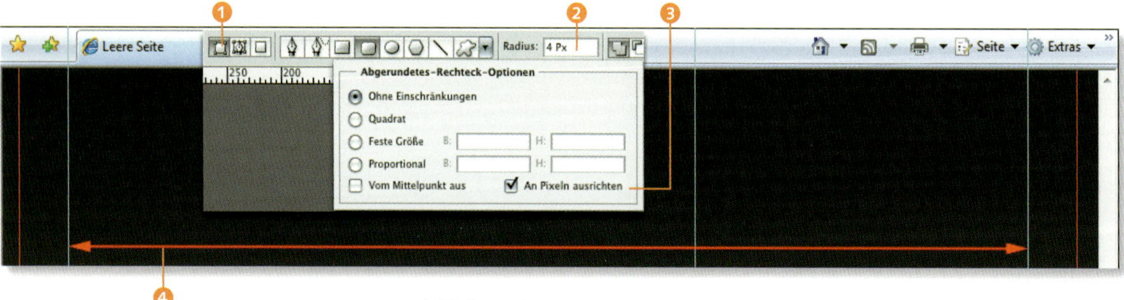

▲ **Abbildung 8.30**
Optionen im Steuerungsbedienfeld

Ziehen Sie dann von der linken zur rechten Hilfslinie ❹ ein Rechteck mit einer Höhe von 45 Pixeln auf. Die eingestellte Vordergrundfarbe spielt dabei keine Rolle. Verwenden Sie die Info-Palette zum Ablesen der aktuellen Größe. Das erstellte Rechteck sollte am Ende die Maße 880 Pixel auf 45 Pixel besitzen.

Benennen Sie die erstellte Formebene mit »Navigationshintergrund«.

An Pixeln ausrichten

Formobjekte basieren auf Pfaden und ignorieren somit das Pixelraster. Wenn Sie stark einzoomen und ein Objekt bewegen, sehen Sie, dass Sie dessen Rand auch mitten in einen Pixel bewegen können. Bei der Farbfüllung hingegen erfolgt die »korrekte« Darstellung, die über die Ränder hinausgeht, da »halbe« Pixel eine technische Unmöglichkeit sind. Verwenden Sie bei der Arbeit mit Formobjekten also stets die Option AN PIXELN AUSRICHTEN, um dieses Problem zu vermeiden.

◂ **Abbildung 8.31**
Die Kontur des Formobjekts liegt mitten in einem Pixel, die Füllung hingegen breitet sich über die Kontur hinweg aus.

2 Ebenenstile zuweisen

Klicken Sie mit der rechten Maustaste auf die Miniatur der Formebene in der Ebenen-Palette, wählen den Eintrag FÜLLOPTIONEN... und dort in der linken Leiste den Unterpunkt KONTUR, ganz am Ende der Liste. Wichtig: Klicken Sie zum Wechseln zwischen den Listenpunkten immer auf den Begriff selbst. Die Checkbox aktiviert bzw. deaktiviert die jeweilige Fülloption lediglich, ohne deren Eigenschaften anzuzeigen.

Spielen Sie erst ein wenig mit den Optionen, um ein Gespür für deren Auswirkungen zu bekommen, und stellen Sie danach die in der Abbildung gezeigten Werte ein. Um die Farbe zu definieren, klicken Sie auf das kleine Farbfeld ⑤ und tragen im Farbwähler den Hex-Wert »#c4c4c4« ein.

Vorteil Fülloptionen

Kontur und Verlauf lassen sich auch ohne Fülloptionen mit etwas weniger Zeitaufwand erstellen. Allerdings bieten Fülloptionen den großen Vorteil, dass sie jederzeit in der Ebenen-Palette aufgerufen und verlustfrei angepasst werden können.

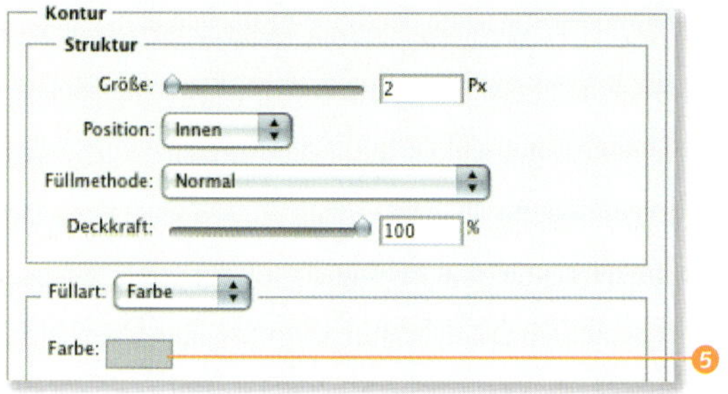

◂ **Abbildung 8.32**
Eigenschaften für die Kontur definieren

Wechseln Sie zum Listenpunkt VERLAUFSÜBERLAGERUNG. Mit einem Klick auf die Miniatur ⑥ öffnen Sie den Verlaufsdialog (Abbildung 8.33 rechts zeigt nur den relevanten Ausschnitt). Per Doppelklick auf das kleine Farbkästchen ⑦ legen Sie die erste Farbe für den Verlauf fest. Wählen Sie dazu mit der Pipette die Farbe Beigegrau aus der Farbfelder-Palette und bestätigen den Farbwähler mit OK. Legen Sie auf die gleiche Art die Farbe Weiß für das zweite Farbfeld ⑨ fest.

Ziehen Sie den Mischregler ⑧ auf die Position 35 % ⑩ bzw. geben diesen Wert direkt in das entsprechende Feld ein. Damit regeln Sie, an welchem Punkt des Verlaufs beide Farben gleichmäßig gemischt werden. Je weiter der Regler von einer Farbe entfernt ist, desto mehr wird von dieser Farbe im Verlauf dargestellt.

Verlassen Sie den Dialog Verläufe bearbeiten mit OK, gleichen Sie die Optionen der Verlaufsüberlagerung mit Abbildung 8.33 links ab und bestätigen ebenfalls mit OK.

Abbildung 8.33 ▼
Eigenschaften für den Verlauf definieren

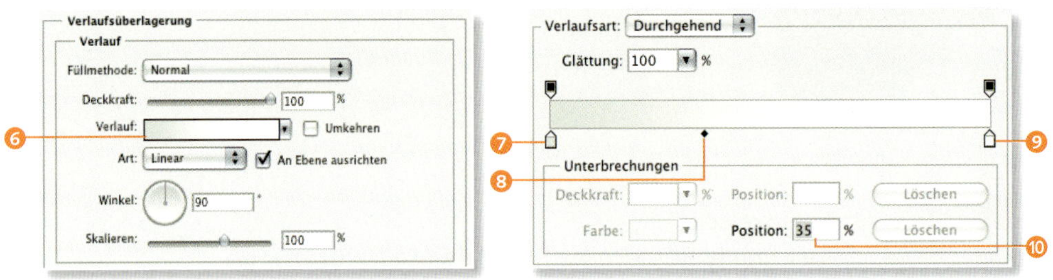

Der Hintergrund für die Navigation ist fertig. Nun müssen die Navigationselemente eingefügt werden.

Abbildung 8.34 ►
Die fertige Hintergrundleiste

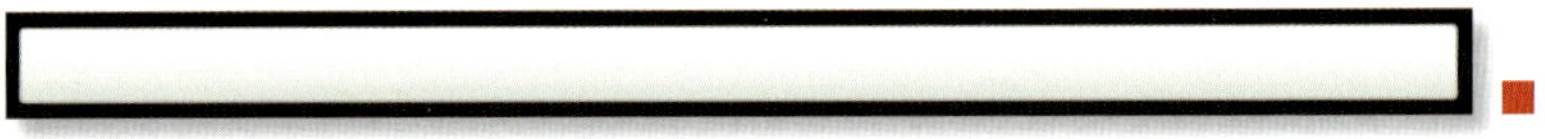

Workshop: Navigationselemente einfügen

1 Menü-Icon platzieren

Platzieren Sie die Datei »icon.png« aus dem Ordner 00-beispielprojekt/navigation über Datei • Platzieren. Photoshop zeigt die Datei in einem Transformationsrahmen an. Damit bietet es Ihnen die Möglichkeit, platzierte Objekte direkt in die gewünschte Größe zu ziehen. Belassen Sie das Icon einfach in der Originalgröße, indem Sie mit ↵ bestätigen.

Positionieren Sie das Icon so über der Hintergrundleiste, dass das graue Balkenelement am Icon exakt zwischen die obere und untere Kontur des Hintergrunds passt.

Markieren Sie beide Ebenen in der Ebenen-Palette, indem Sie erst die eine, dann die andere mit gedrückter Strg/⌘-Taste anklicken ⑫. Wechseln Sie zum Verschieben-Werkzeug und klicken im Steuerungsbedienfeld auf den Eintrag An horizontaler Mittelachse ausrichten ⑪.

Smart-Objekte

Photoshop erzeugt aus platzierten Objekten automatisch Smart-Objekte. Nähere Informationen finden Sie in Kapitel 2, »Bildbearbeitung mit Photoshop CS4«.

TIPP

Durch schwache Schattenwürfe, hier links und rechts des Icons, schaffen Sie dezente Trennungen zwischen verschiedenen Bereichen, wie in diesem Fall der Leitgrafik und der Menüpunkte.

▲ **Abbildung 8.35**
Icon und Leiste werden horizontal exakt mittig ausgerichtet.

Positionieren Sie über BEARBEITEN • FREI TRANSFORMIEREN die Navigationsleiste. Tragen Sie dazu die in der Abbildung gezeigten Werte ein.

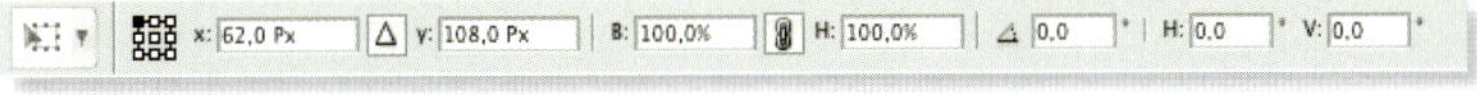

◀ **Abbildung 8.36**
Navigationsleiste positionieren

2 Menüeintrag erstellen

Wählen Sie das Text-Werkzeug [T] und stellen als Schriftart »Verdana« 13, als Auszeichnung BOLD 14, als Schriftgröße »12 px« 15 und als Ausrichtung ZENTRIERT 17 ein. Als Glättungsmethode verwenden Sie SCHARF 16 und als Farbe 18 SCHWARZ.

◀ **Abbildung 8.37**
Schrift formatieren

Klicken Sie einmal irgendwo in die Arbeitsfläche, um einen Punkttext zu definieren, und geben Sie den Begriff »Startseite« ein. Benennen Sie die Ebene in »Startseite Normal« um, indem Sie doppelt auf die Ebenenbezeichnung klicken.

Legen Sie als Vordergrundfarbe das Maigrün aus der Farbfelder-Palette fest, und erstellen Sie mit dem Abgerundetes-Rechteck-Werkzeug ein Rechteck mit fixer Größe. Dazu aktivieren Sie in den Formobjekt-Optionen den entsprechenden Eintrag 20 und geben die Werte »113 px« für die Höhe und »33 px« für die Breite ein. Achten Sie darauf, dass weiterhin der Typ »Formebene« aktiv ist. Als RADIUS 19 geben Sie diesmal den Wert »2« ein.

TIPP
Die in den Formobjekt-Optionen aktivierbare Möglichkeit, Objekte VOM MITTELPUNKT AUS zu erstellen, können Sie generell auch ohne diese Option erreichen, indem Sie beim Aufziehen von Objekten (auch Auswahlformen) die [Alt]-Taste gedrückt halten.

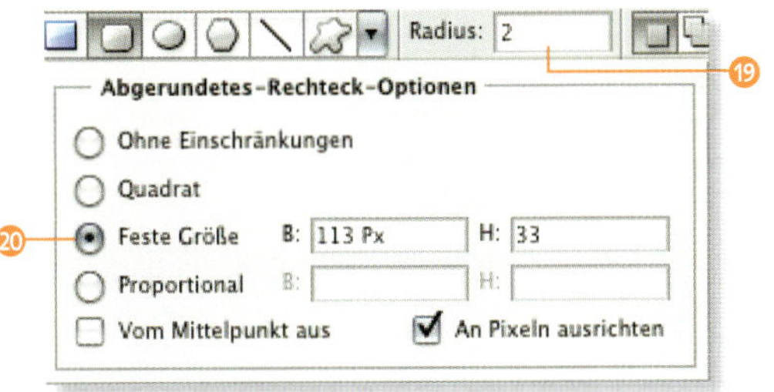

◀ **Abbildung 8.38**
Formobjekt mit festen Abmessungen erstellen

Mit einem Mausklick im Bereich der Navigationsleiste erstellt Photoshop automatisch ein Rechteck in der angegebenen Größe und Vordergrundfarbe. Benennen Sie die Ebene mit »Aktiv-Hinterlegung« und schieben sie in der Ebenen-Palette unter die Textebene Startseite Normal.

Markieren Sie sowohl die Text- als auch die gerade erstellte Formebene und wechseln zu einem beliebigen Formwerkzeug. Im Steuerungsbedienfeld klicken Sie nacheinander einmal bei aktivem Verschieben-Werkzeug auf das Icon An vertikaler Mittelachse ausrichten und An horizontaler Mittelachse ausrichten.

TIPP

Wenn Sie Elemente nahe einer Ecke platzieren, achten Sie darauf, nicht zu beiden begrenzenden Kanten den gleichen Abstand zu verwenden. Ein merklicher Unterschied steigert die Dynamik.

Objekte ausrichten und verteilen

Über die Ausrichten-Funktion von Photoshop lassen sich zwei oder mehrere Elemente per Mausklick aufeinander abstimmen. Dabei unterteilt Photoshop in zwei Gruppen: Ausrichten und Verteilen.
Die Gruppe Ausrichten setzt alle markierten Objekte auf eine gemeinsame horizontale bzw. vertikale Achse. Welche das ist, lässt sich gut an den Icons und deren Beschreibung erkennen.

▲ **Abbildung 8.39**
Option Linke Kanten ausrichten

Die Gruppe Verteilen stellt zwischen mehreren Objekten exakt gleiche Abstände her. Auf diese Weise lassen sich beispielsweise die Menüpunkte einer Navigation schnell auf gleiche Distanz bringen.

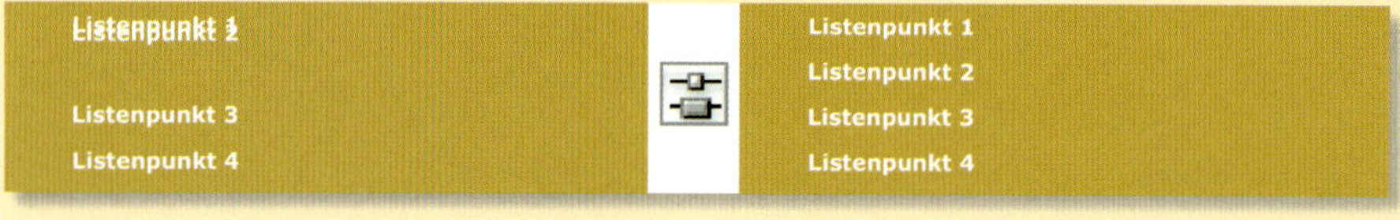

▲ **Abbildung 8.40**
Option Um vertikale Mittelachse verteilen

Duplizieren Sie die Textebene einmal, indem Sie diese markieren und auf das Symbol Neue Ebene erstellen ziehen. Färben Sie den Text weiß ein und benennen die Ebene mit »Startseite Aktiv«.

Duplizieren Sie die Textebene erneut, diesmal indem Sie die Tasten Strg/⌘+J drücken, benennen sie mit »Startseite Hover« und färben sie mit dem Wert »#8cb20f« ein.

Bringen Sie die drei Textebenen sowie die Ebene Aktiv-Hinterlegung in die abgebildete Reihenfolge ①, markieren alle genannten Ebenen und wählen aus den Optionen der Ebenen-Palette Neue Gruppe aus Ebenen... Geben Sie der Gruppe den Namen »Startseite« ③, und blenden Sie die Textebenen Startseite Normal und Startseite Hover aus ②.

Ebeneninhalte duplizieren

Mit der Tastenkombination Strg/⌘+J können Sie entweder den Inhalt einer Auswahl oder die gesamte markierte Ebene auf eine neue Ebene duplizieren. Halten Sie dabei zudem die ⇧-Taste gedrückt, wird der Inhalt aus der Quellebene ausgeschnitten statt kopiert.

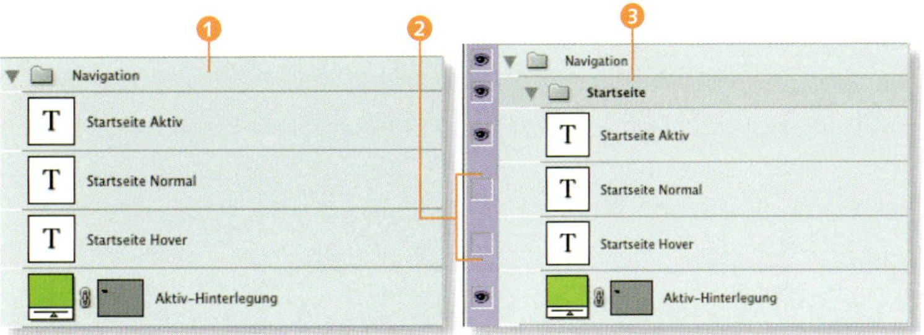

◂ **Abbildung 8.41**
Ebenen sortieren und gruppieren

Markieren Sie die Ebenengruppe STARTSEITE und wählen BEARBEITEN • FREI TRANSFORMIEREN. Im Steuerungsbedienfeld setzen Sie den Referenzpunkt auf das linke obere Eck 4 und tragen als x-Wert »67 px« und als y-Wert »175 px« ein.

Das Startseite-Navigationselement wird nun von Photoshop linksbündig auf dem Hintergrundbalken positioniert.

Sie finden die Workshop-Datei mit dem aktuellen Stand unter 00-BEISPIELPROJEKT/NAVIGATION/STARTSEITE04.PSD.

Referenzpunkte

Anhand der Referenzpunkte können Sie bestimmen, welche Stelle eines Elements zur Positionierung innerhalb des Dokument-Koordinatensystems verwendet wird. Sie haben die Wahl zwischen den vier Eckpunkten, einer beliebigen Seite oder der Mitte.

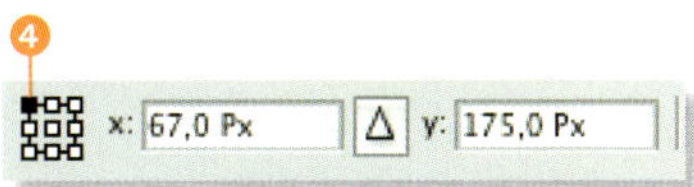

▴ **Abbildung 8.42**
Position pixelgenau bestimmen

3 Menüpunkte vervielfältigen

Das Erstellen der anderen Menüpunkte geht nun fast im Handumdrehen.

Markieren Sie die Ebenengruppe STARTSEITE in der Ebenen-Palette und verschieben die Grafik auf der Arbeitsfläche mit gedrückter [Alt]- und [⇧]-Taste so weit nach rechts, dass die alte und neue Navigationsbox Kante an Kante liegen 5. (Durch das Drücken der [Alt]-Taste veranlassen Sie Photoshop, eine Kopie der aktuellen Ebene(n) zu erstellen.)

Verwenden Sie nun die Pfeiltasten auf der Tastatur, um die entstandene Kopie weitere 8 Pixel nach rechts zu bewegen 6. Jedes Drücken der Taste bewirkt dabei eine Verschiebung um 1 px. Halten Sie dabei die [⇧]-Taste gedrückt, erfolgt die Bewegung in 10-px-Schritten.

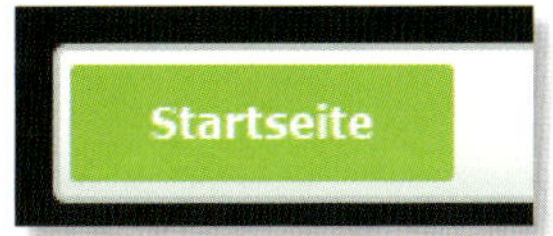

▴ **Abbildung 8.43**
Das fertige Navigationselement »Startseite«

00-BEISPIELPROJEKT/NAVIGATION/STARTSEITE04.PSD

▴ **Abbildung 8.44**
Ausrichten des nächsten Navigationspunkts

Wie Sie feststellen werden, haben wir nun eine Eins-zu-eins-Kopie des zuvor erstellten Punkts, inklusive aller dazugehörigen Ebenen. Diese wurden jedoch allesamt mit dem Begriff »Kopie« erweitert und drücken nicht aus, für was sie eigentlich stehen sollen.

Ändern Sie im ersten Schritt den Inhalt der drei kopierten Textebenen in »Ergänzungen«, indem Sie jeweils auf das Textsymbol in der Ebenen-Palette doppelklicken und den neuen Begriff eingeben.

TIPP

Schließen Sie die Texteingabe mit der Eingabetaste am Ziffernblock Ihrer Tastatur ab. Das erspart Ihnen den ständigen Wechsel zur Maus. Auf einem Laptop ohne Ziffernblock können Sie alternativ [Strg]/[⌘]+[↵] drücken.

Benennen Sie danach auch die Ebenenbezeichnungen um. Aus »Startseite Aktiv Kopie« wird »Ergänzungen Aktiv«, aus »Startseite Normal Kopie« wird »Ergänzungen Normal« usw. Der Ebenengruppe geben Sie ebenfalls die Bezeichnung »Ergänzungen«.

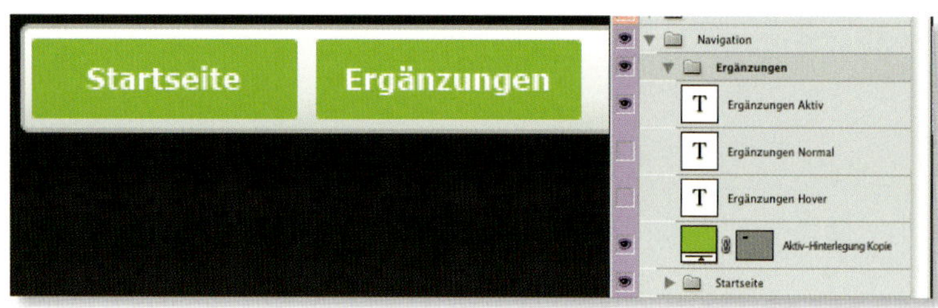

Abbildung 8.45 ▶
Der fertig eingerichtete zweite Navigationspunkt

HINWEIS

Die vielen festen Koordinaten in diesem Workshop dienen nur zur Wahrung der Übereinstimmung zwischen Ihrer Arbeitsdatei und dem hier beschriebenen Projekt. Arbeiten Sie beim Entwerfen eigener Websites ruhig freier, indem Sie Positionen mit der Maus ausprobieren. Um Bündigkeiten mit anderen Objekten zu erreichen, ziehen Sie sich Hilfslinien und orientieren sich am Raster.

Verfahren Sie für die folgenden Navigationspunkte identisch: Material, Weblinks, Forum und Kontakt. Ersetzen Sie dabei, wie in den letzten Schritten geschehen, Textinhalt und Ebenenbezeichnung durch die genannten Begriffe.

Beachten Sie, dass die Punkte Weblinks, Forum und Kontakt rechts neben dem zentralen Icon platziert werden. Platzieren Sie den Kontaktbutton an die Position x = 937 px und y = 175 px. Verwenden Sie dazu erneut den Befehl FREI TRANSFORMIEREN, diesmal jedoch mit dem rechten oberen Eck als Referenzpunkt.

▲ **Abbildung 8.46**
Übersicht aller Navigationspunkte mit Abstandsvermaßung

Abschließend für diesen Schritt markieren Sie den Ebenenordner NAVIGATION und legen den y-Wert für die obere Kante (beliebiger Referenzpunkt an der oberen Kante) auf –108 Pixel fest.

▲ **Abbildung 8.47**
Übersicht der Ebenenhierarchie

4 Ebenen organisieren

Bringen Sie die Ebenengruppen in die Reihenfolge, die die nebenstehende Abbildung zeigt. Versuchen Sie die Leserichtung der Website auf die Ebenen-Palette zu übertragen, das erleichtert Ihnen bei der Arbeit das Auffinden der benötigten Einträge.

Die grafische Navigation betrachten Sie von links nach rechts, also Startseite, Ergänzungen etc. Verwenden Sie von oben nach unten dieselbe Reihenfolge auch in der Ebenen-Palette.

Blenden Sie abschließend in allen Navigations-Ebenengruppen außer der Startseite sämtliche Inhalte bis auf die Textebenen mit der Bezeichnung NORMAL aus, um deren aktuell passiven Zustand zu simulieren.

▲ **Abbildung 8.48**
Die fertige Navigationsleiste ■

Sie finden die Workshop-Datei mit dem aktuellen Stand unter 00-BEISPIELPROJEKT/NAVIGATION/STARTSEITE05.PSD.

Workshop: Header vervollständigen

In diesem Schritt werden Sie die Website um das Logo und die Farbwahl ergänzen, die dem Besucher ermöglicht, auf eine andere Farbgebung umzuschalten.

00-BEISPIELPROJEKT/NAVIGATION/STARTSEITE05.PSD und 00-BEISPIELPROJEKT/HEADER/HEADER.PSD

Öffnen Sie die Dateien »startseite05.psd« und »header.psd«, und ordnen Sie die Dokumente im Modus ❶ ÜBEREINANDER an.

Klicken Sie in der Datei »startseite05.psd« auf die Ebenengruppe HEADER, um diese zu aktivieren.

Markieren Sie die beiden Ebenengruppen TITEL und ANPASSUNGEN ❷ im Dokument »header.psd«, und ziehen Sie diese mit gehaltener [⇧]-Taste in die Workshop-Datei.

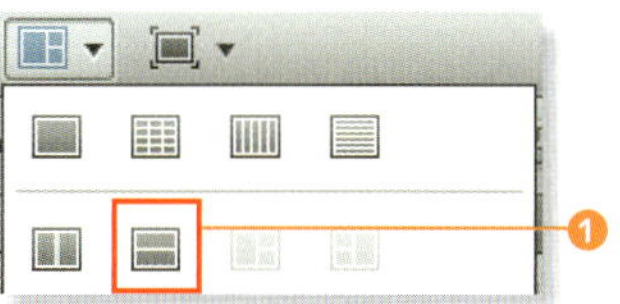

▲ **Abbildung 8.49**
Dokumente übereinander anordnen

Durch das gleichzeitige Halten der [⇧]-Taste werden die Elemente im neuen Dokument an exakt gleicher Position eingefügt. Das funktioniert allerdings nur, wenn beide Dokumente die exakt gleiche Größe haben.

Auf diese Weise lassen sich identische Bereiche einer Website ohne großen Aufwand in andere Vorlagedateien kopieren. Das ist besonders dann sinnvoll, wenn Sie für jede mögliche Seite (Startseite, Kontakt, Inhalt ...) ein eigenes Photoshop-Dokument verwenden.

▼ **Abbildung 8.50**
Positionsgenaues Kopieren von Inhalten mit gedrückter [⇧]-Taste

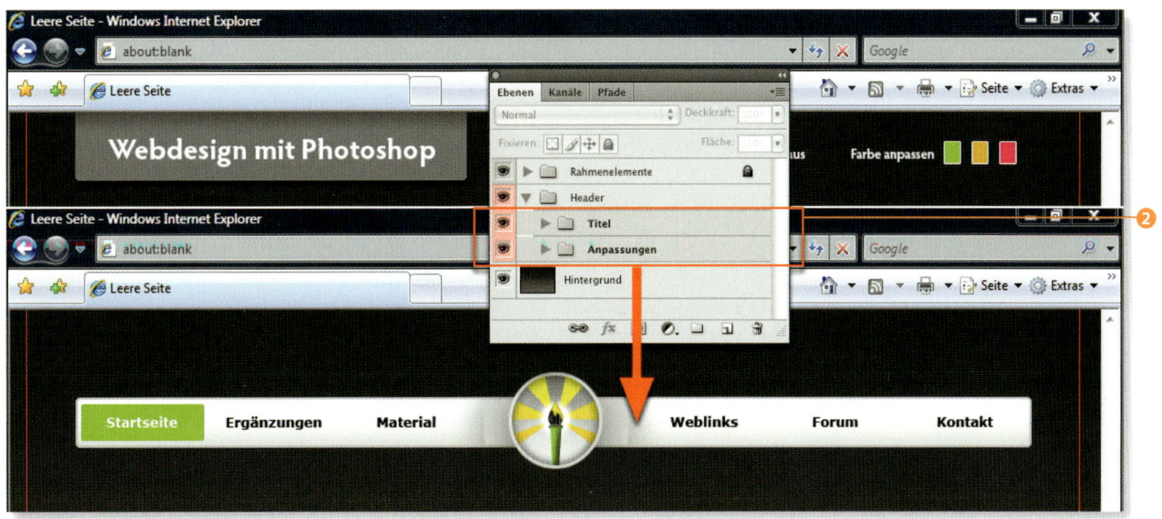

HINWEIS

Die drei Textblöcke der kopierten Header-Elemente sind gerasterte Texte. Damit verlieren sie ihre Editierbarkeit, können jedoch auch bei nicht installierter Schriftart (hier Hypathia Sans pro) korrekt dargestellt werden.
Achten Sie generell, wenn Sie im Team arbeiten, darauf, dass alle Beteiligten die gleichen Schriftarten installiert haben, oder rastern Sie notfalls Textelemente, die später als Grafiken verwendet werden sollen, über EBENE • RASTERN • TEXT.

00-BEISPIELPROJEKT/HEADER/STARTSEITE-06.PSD

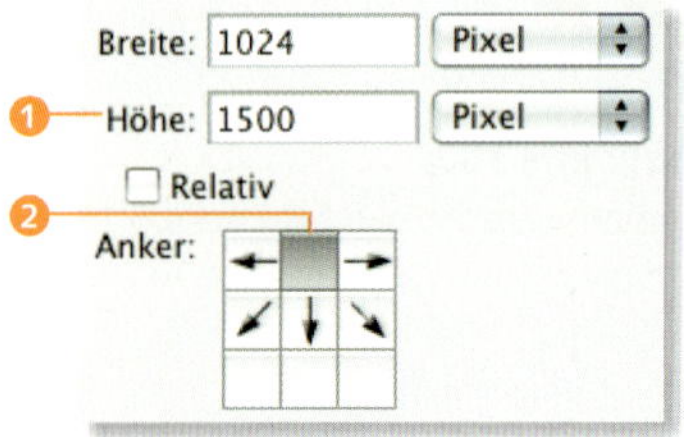

▲ **Abbildung 8.51**
Arbeitsfläche erweitern

Damit ist der Kopfbereich samt Navigation bereits fertig gestellt. Das Ergebnis finden Sie auch auf der Begleit-DVD unter 00-BEISPIELPROJEKT/HEADER/STARTSEITE-06.PSD. ■

8.3.3 Inhaltsbereich

Der Inhaltsbereich unseres Beispielprojekts gliedert sich in drei Bereiche: die Teaserbox, in der das Buch vorgestellt wird, einen Bereich, in dem neue Artikel auf der Seite angezeigt werden, um den Besucher schnell zu informieren, und eine Auflistung der aktuellen Beiträge im Forum.

Workshop: Inhaltsbereich vorbereiten

1 Arbeitsfläche erweitern

Im ersten Schritt erweitern Sie die Arbeitsfläche ein gutes Stück nach unten, um Platz für die verschiedenen Bereiche zu schaffen. Ausgangsdatei für diesen Schritt ist die Datei »startseite06.psd«.

Im Dialog BILD ARBEITSFLÄCHE (Strg/⌘+Alt+C) legen Sie das obere mittlere Feld als Referenzpunkt fest ② und tragen als HÖHE einen Wert von 1500 Pixeln ein ①.

2 Browserfenster erweitern

Als Nächstes muss noch das Browserfenster erweitert werden. Dank der neuen Funktion SKALIEREN (INHALT BEWAHREN) klappt das verblüffend einfach. Entsperren Sie den Ebenenordner RAHMENELEMENTE, indem Sie ihn markieren und auf das kleine Schlosssymbol in der Ebenen-Palette klicken. Wechseln Sie zur Ebene BROWSERFENSTER und wählen BEARBEITEN • SKALIEREN (INHALT BEWAHREN).

Ziehen Sie die Unterkante des Transformationsrahmens bis zum unteren Rand des Dokuments, und bestätigen Sie mit ↵. Photoshop skaliert ausschließlich die Scrollbar an der Seite, ohne die Darstellung in Adressfeld und Fußleiste zu entstellen. Einfacher geht es wirklich nicht mehr (siehe Abbildung 8.52).

Die Markierung für den Viewport wurde nicht erweitert. Wechseln Sie bei aktivierter Ebene VIEWPORT in den Modus FREI TRANSFORMIEREN, und ziehen Sie die roten Linien bis an die Unterkante des Dokuments.

Um den fehlenden Hintergrund zu ergänzen, wählen Sie aus der Farbfelder-Palette den Eintrag ANTHRAZIT HELL, ziehen mit dem Auswahlrechteck ⬚ einen Rahmen um den leeren Bereich auf und füllen die Auswahl auf der Ebene HINTERGRUND mit dem Grauton. Am schnellsten geht das mit der Tastenkombination Alt+←.

Sperren Sie abschließend die Ebenengruppe RAHMENELEMENTE.

Das Ergebnis finden Sie auch auf der Begleit-DVD unter 00-BEISPIELPROJEKT/INHALT/STARTSEITE-07.PSD.

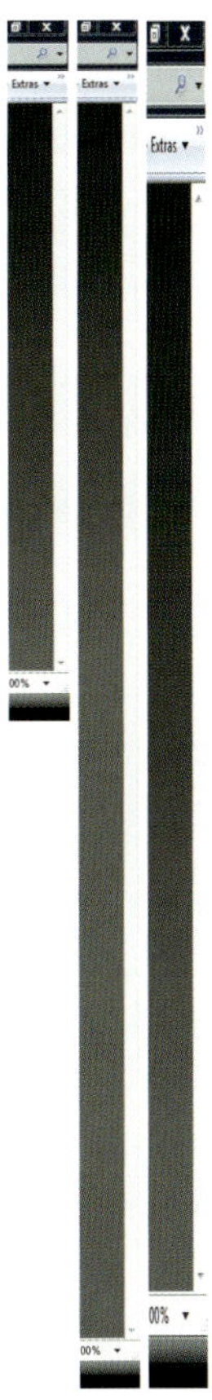

▲ **Abbildung 8.52**
Von links nach rechts: Originalhöhe, Skalieren (Inhalt bewahren), Skalieren (normal)

◄ **Abbildung 8.53**
Das erweiterte Dokument

Workshop: Die Teaserbox entsteht

00-BEISPIELPROJEKT/INHALT/STARTSEITE-07.PSD

1 Hintergrund Inhalt

Erstellen Sie eine neue horizontale Hilfslinie an der Position y = 220 px. Ziehen Sie dazu einfach eine Hilfslinie aus dem Lineal an die entsprechende Position, die Sie in der Info-Palette ablesen können.

Markieren Sie die Ebenengruppe CONTENT, und ziehen Sie ein Formobjekt ABGERUNDETES RECHTECK mit einem Radius von 4 px und der Farbe HELLGRAU (HINTERGRUND INHALT) auf, ausgehend vom Schnittpunkt der gerade erstellten Hilfslinie und der linken Inhaltsbegrenzung bis zur rechten Seitenbegrenzung, kurz oberhalb des Viewport-Endes. Die genaue Höhe legen Sie später noch fest.

HINWEIS

Womöglich ist aus einem vorangegangenen Schritt des Workshops noch der fixe Wert für das Rechteck eingetragen. Heben Sie diese Einschränkungen in den Optionen des Formobjekts auf.

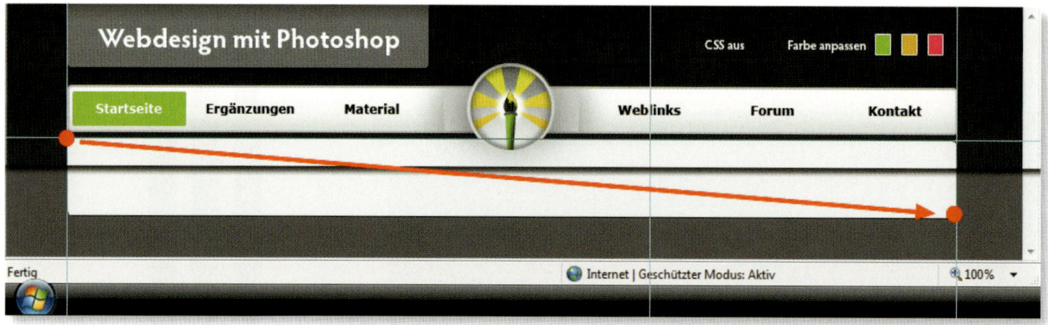

▲ **Abbildung 8.54**
Hintergrund erstellen (Mittelteil ausgeschnitten)

▲ **Abbildung 8.55**
Fülloptionen per Drag & Drop verschieben

Benennen Sie die Ebene mit »Hintergrund Inhalt«. Um die hellgraue Kontur zuzuweisen, könnten Sie wie bereits bei der Navigationsleiste die Fülloptionen bemühen. Da es sich jedoch um die exakt gleichen Einstellungen handelt, ist es leichter, die vorhandenen Einstellungen einfach zu kopieren.

Klappen Sie die Ebenengruppe NAVIGATION auf, und ziehen Sie den Eintrag KONTUR ❶ unterhalb der Miniatur der Ebene NAVIGATIONSHINTERGRUND mit gedrückter [Alt]-Taste auf die Ebene HINTERGRUND INHALT. Damit kopieren Sie die Fülloptionen auf diese Ebene.

Speichern von Ebenenstilen

Wenn Sie einem Formobjekt bzw. einer Formebene Fülloptionen zuweisen, speichert Photoshop diese Einstellung als Stil und wendet sie beim nächsten Formobjekt automatisch an. Lassen Sie sich davon nicht irritieren. Über die Option ART ❷ im Steuerungsbedienfeld der Formobjekte können Sie entweder vor dem Aufziehen eines neuen Objekts den STANDARDSTIL (LEER) ❸ wählen oder aber die ungewollten Fülloptionen einfach aus der Ebenen-Palette löschen.
Mehr zum Thema Stile finden Sie in Kapitel 12, »Automatisierung«.

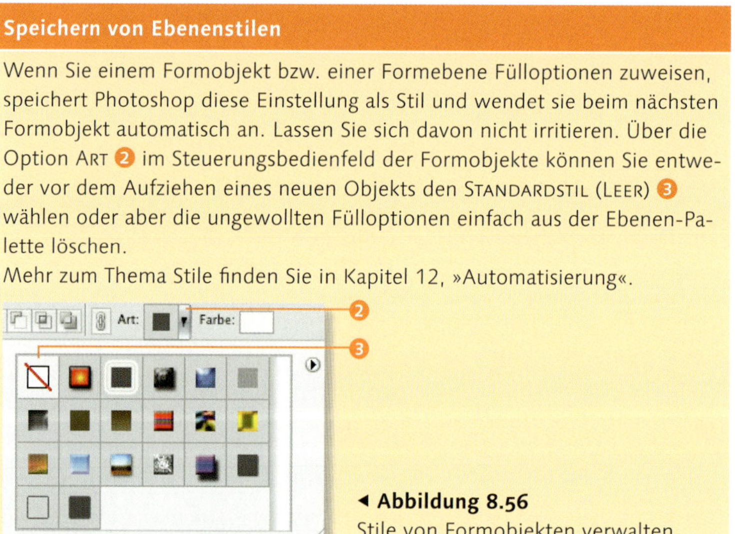

◂ **Abbildung 8.56**
Stile von Formobjekten verwalten

2 Hinterlegung Teaserbox

Ziehen Sie eine weitere Hilfslinie an die Position y = 490 px. Erstellen Sie zwischen den beiden horizontalen Hilfslinien ein Rechteck als Formobjekt (ohne abgerundete Ecken), das ein gutes Stück über die seitlichen Ränder des grauen Hintergrunds hinaussteht. Weisen Sie ihm die Fülloption Verlaufsüberlagerung zu. Verwenden Sie für das linke Farbfeld die Farbe Maigrün und für das rechte Feld das Apfelgrün. Den Mischpunkt stellen Sie auf Position 30 %.

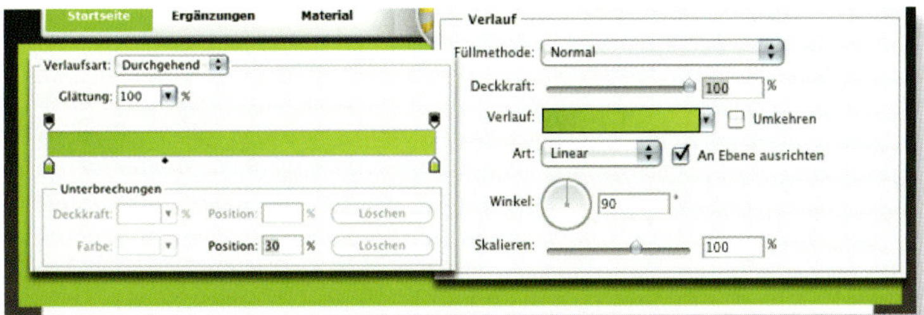

◂ **Abbildung 8.57**
Optionen für die Verlaufsüberlagerung

Benennen Sie die Ebene mit »Hinterlegung Teaserbox«, und schieben Sie diese, falls nötig, in der Ebenen-Palette direkt über die Ebene Hintergrund Inhalt. Klicken Sie nun mit der gedrückten [Alt]-Taste zwischen beide Ebeneneinträge (in der Abbildung rot markiert), um eine Schnittmaske zu bilden.

Schnittmasken erstellen

Erstellt man eine Schnittmaske, ist immer die unten liegende Ebene ausschlaggebend für die Form. Stellen Sie sich das wie eine Plätzchenform (unten) vor, auf die eine Teigplatte (von oben) gedrückt wird. Außenliegendes wird weggenommen, der Inhalt der Form bleibt. (Und ja, eigentlich sticht man beim Backen mit der Plätzchenform von oben in den Teig. ;-))

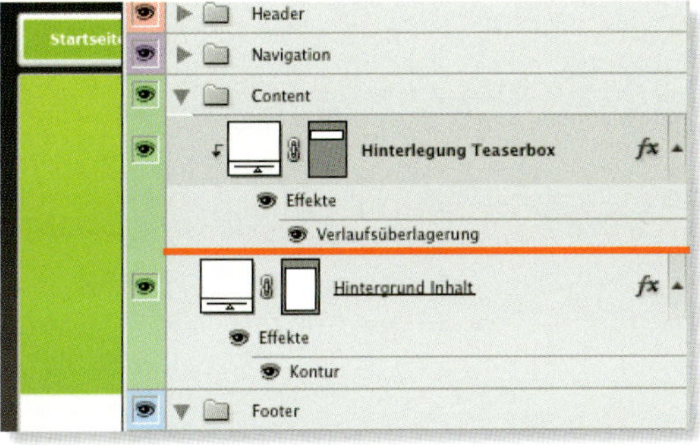

◂ **Abbildung 8.58**
Der graue Hintergrund dient als Schnittmaske für das grüne Rechteck.

3 Inhalte platzieren

Erstellen Sie über der Ebene Hinterlegung Teaserbox eine neue Gruppe mit der Bezeichnung »Teaserbox«. Platzieren Sie die Datei »buch.png« in Originalgröße aus dem Ordner 00-beispielprojekt/inhalt/buch.png in die erstellte Gruppe und positionieren diese bei x = 100 px und y = 255 px (Referenzpunkt links oben).

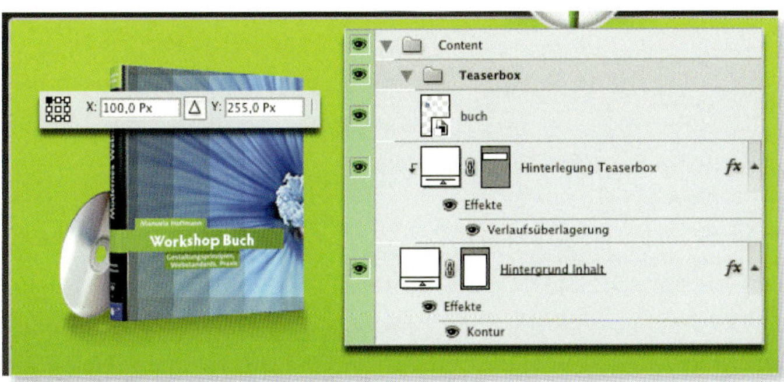

◂ **Abbildung 8.59**
Platzieren der Buchabbildung

4 Textbox erstellen

Aktivieren Sie das Text-Werkzeug [T], und ziehen Sie mit gedrückter Maustaste eine Textbox auf. Orientieren Sie sich bezüglich der Größe an der nachstehenden Abbildung.

Schreiben Sie in die erste Zeile »Webdesign mit Photoshop«. Mit der Eingabetaste schalten Sie manuell in die nächste Zeile und tippen einen beliebigen Text ein, der die nächsten drei Zeilen ausfüllen sollte.

In eine neue, erneut manuell erzwungene Zeile schreiben Sie »Mehr Informationen«.

Lorem Ipsum

Wenn Sie schnell größere Mengen an Text benötigen, können Sie den Blindtext von der Website *http://www.loremipsum.de* verwenden. Dieser bietet ein realistisches Schriftbild, lenkt jedoch aufgrund seines »unverständlichen« Inhalts nicht ab.

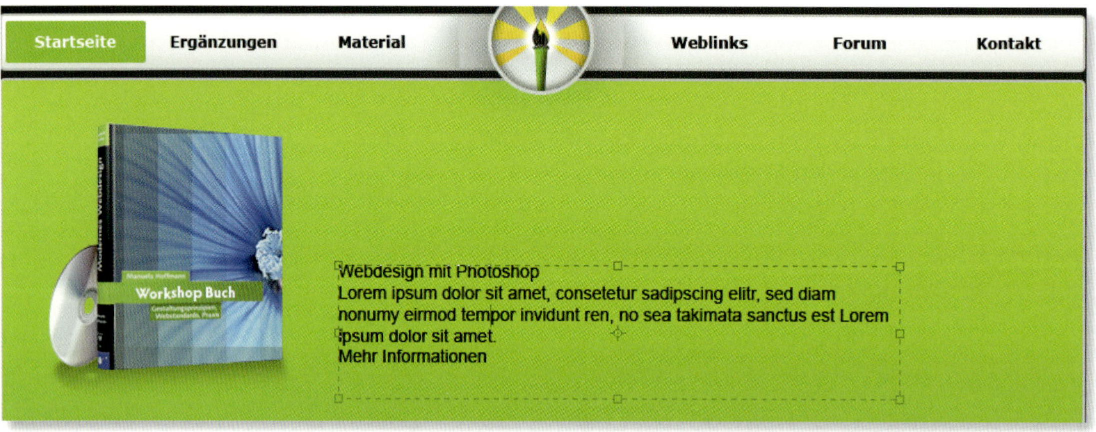

▲ **Abbildung 8.60**
Rohaufbau der Textbox

Formatieren Sie den Text nun mit den folgenden Vorgaben:

- **Überschrift:** Arial Bold, Größe 18 px, Farbe Weiß, linksbündig, ABSTAND NACH ABSATZ ① 8 px

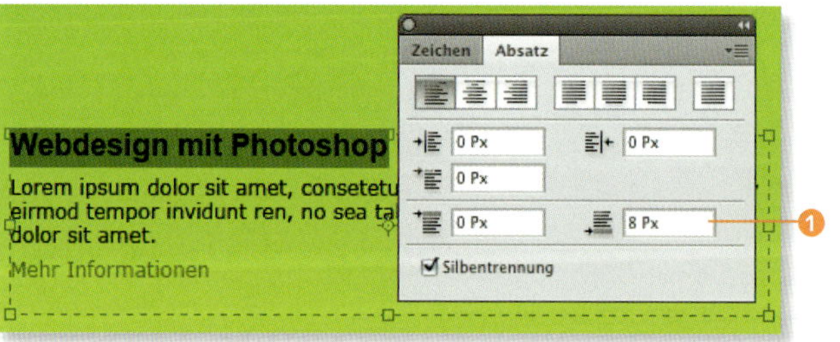

Abbildung 8.61 ▶
Abstände nach Absatz in der Absatz-Palette festlegen

- **Blindtext:** Verdana Regular, Größe 12 px, Farbe Schwarz, linksbündig, Zeilenabstand 17 px, ABSTAND NACH ABSATZ 5 px
- **Mehr Informationen:** Verdana Regular, Größe 12 px, Farbe Olivgrün, linksbündig

Positionieren Sie die Textbox nun an die Stelle x = 338 px und y = 355 px (Referenzpunkt links oben) und schieben die Textebene unter die Ebene BUCH.

5 Hintergrund anpassen

Im Nachhinein betrachtet wurde der Verlaufshintergrund unglücklich gewählt. Besser wäre es, hinter der weißen Überschrift das dunklere Grün und hinter dem Link am Ende das hellere Ende des Verlaufs liegen zu haben.

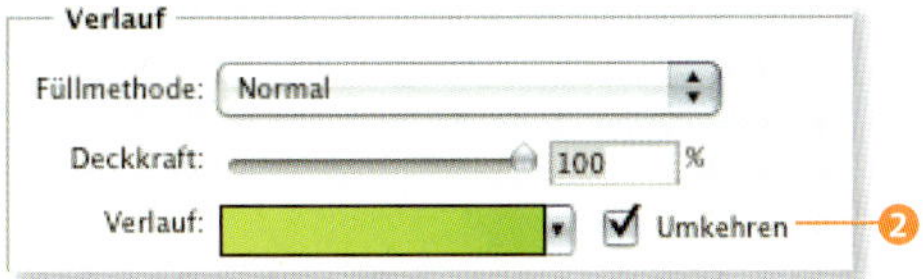

◂ **Abbildung 8.62**
Verlauf umkehren

Klicken Sie doppelt auf den Effekt VERLAUFSÜBERLAGERUNG der Ebene HINTERLEGUNG TEASERBOX, und aktivieren Sie die Checkbox UMKEHREN ❷. Der Verlauf wird nun einfach gespiegelt, in unserem Fall werden also dunkle und helle Bereiche ausgetauscht.

▴ **Abbildung 8.63**
Die fertige Teaserbox ■

Das Ergebnis finden Sie auch auf der Begleit-DVD unter 00-BEISPIELPROJEKT/INHALT/STARTSEITE-08.PSD.

Workshop: News-Bereich erstellen

00-BEISPIELPROJEKT/INHALT/STARTSEITE-09.PSD

1 Ebenen umstrukturieren

Nehmen Sie zuerst eine leichte Umstrukturierung der Ebenenhierarchie vor. Fassen Sie die Ebenen HINTERLEGUNG TEASER und HINTERGRUND INHALT in einer Gruppe mit der Bezeichnung »Hinterlegungen« zusammen.

Die neue Struktur sollte danach so aussehen, wie in Abbildung 8.64 auf der nächsten Seite gezeigt. Der Vorteil der Umstrukturierung liegt nun in der getrennt zu handhabenden Editierbarkeit der Hintergründe der verschiedenen Inhaltsbereiche. Somit lassen sich auch für die Hinterlegungen der News- und Forenbereiche einfache Schnittmasken mit dem Haupthintergrund bilden.

HINWEIS

Schrecken Sie nicht davor zurück, die Ebenenstruktur während der Arbeit notfalls auch radikal zu ändern. Selten lässt sich der perfekte Aufbau bereits im Vorfeld festlegen. Im Vordergrund sollte stets ein für Sie logischer und funktional praktischer Aufbau stehen.

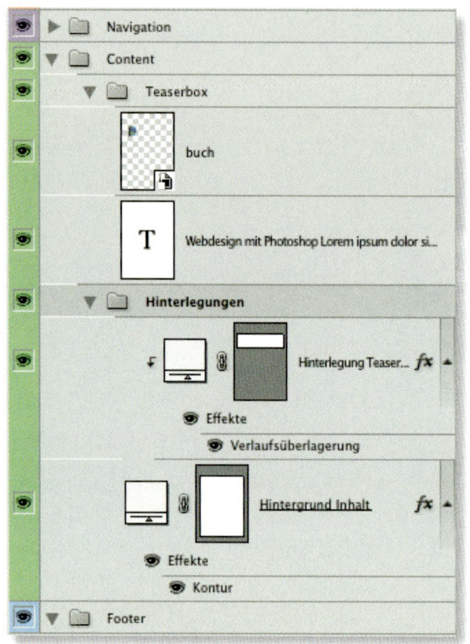

Abbildung 8.64 ▶
Neue Ebenenstruktur

▲ Abbildung 8.65
Positionieren der Form an der Unterkante der Teaserbox

2 Hintergrund Primärartikel

Erstellen Sie äquivalent zur Hinterlegung der Teaserbox auch für den Primärartikel ein Formobjekt mit der Fülloption VERLAUFSÜBERLAGERUNG über der Ebene HINTERLEGUNG TEASERBOX.

Ziehen Sie die Form großzügig über die Breite des Inhaltsbereichs hinaus auf. Die Höhe der Form soll 180 Pixel betragen. Achten Sie zudem darauf, dass die Oberkante des Rechtecks genau an die Unterkante der grünen Teaserbox angrenzt. Mit dem Verschieben-Werkzeug können Sie die Position der Form jederzeit anpassen.

Weisen Sie der Ebene die Fülloption VERLAUFSÜBERLAGERUNG zu. Als linkes Farbfeld ❷ verwenden Sie die Farbe BEIGEGRAU HELL, als rechtes Feld BEIGEGRAU ❸.

Benennen Sie die Ebene mit »Hinterlegung Primärartikel« ❹, und erstellen Sie eine Schnittmaske mit der Ebene HINTERLEGUNG TEASERBOX. Zur Erinnerung: Alt-Klick zwischen beide Ebenen in der Ebenen-Palette ❺ (in der Abbildung rot markiert). Die Breite der Box wird damit auf die des Hauptinhalts beschränkt ❶.

Abbildung 8.66 ▼
Fülloptionen anwenden und Schnittmaske erstellen

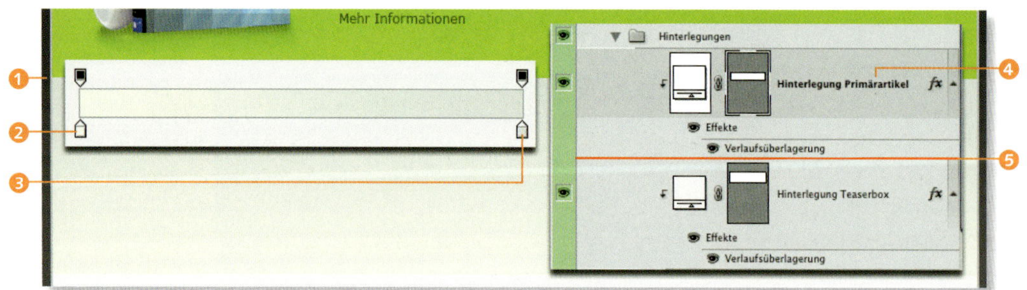

3 Inhalte Primärartikel

Erstellen Sie in der Ebenengruppe CONTENT einen neuen Unterordner (Gruppe) mit der Bezeichnung »Primärartikel« und lassen diesen markiert.

Platzieren Sie die Datei »kalenderblatt.png« aus dem DVD-Ordner 00-BEISPIELPROJEKT/INHALT in 100 % Größe an Position x = 100 px und y = 520 px (Referenzpunkt links oben).

Die Textbox für den Primärartikel ist nahezu identisch mit der zuvor erstellten im Teaser-Bereich. Klicken Sie bei aktivem Verschieben-Werkzeug mit gehaltener [Strg]/[⌘]-Taste auf diesen Block, um ihn zu aktivieren (der Eintrag wird in der Ebenen-Palette markiert), und ziehen Sie anschließend mit gedrückter [Alt]-Taste grob neben das Kalenderblatt. Das Halten der [Alt]-Taste produziert eine Kopie der Textbox.

Ändern Sie die Textfarbe für Überschrift und Link in MAIGRÜN und verlängern den Blindtext auf eine Länge von fünf Zeilen. Den ABSTAND NACH ABSATZ der Überschrift reduzieren Sie um die Hälfte auf 4 px. Zudem benennen Sie die Überschrift in »Lorem Ipsum« um.

Positionieren Sie den Block an der Stelle x = 255 px, y = 518 px (Referenzpunkt links oben).

Platzieren Sie abschließend die Datei »icon-01.png« an die Stelle x = 760 px, y = 526 px.

HINWEIS

Sollte statt der Ebene die gesamte Gruppe gewählt werden, in der die Textbox liegt, überprüfen Sie, ob im Steuerungsbedienfeld des Verschieben-Werkzeugs die Option AUTOMATISCH AUSWÄHLEN • EBENE eingestellt ist.

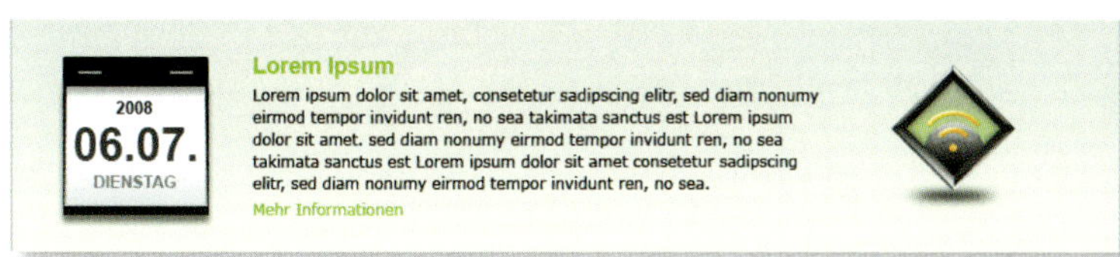

▲ **Abbildung 8.67**
Fertige Darstellung des Primärartikels

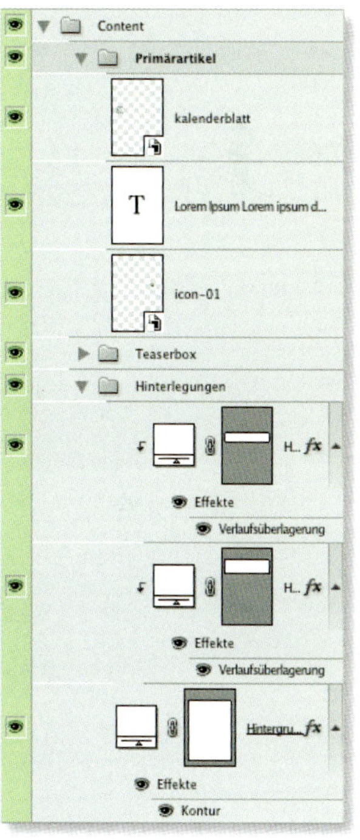

▲ **Abbildung 8.68**
Organisation der Ebenen

Die Ebenen liegen in der Palette nun noch verstreut durcheinander. Bringen Sie entsprechend Abbildung 8.68 etwas Ordnung in die Workshop-Datei.

Das Ergebnis finden Sie auch auf der Begleit-DVD unter 00-BEISPIELPROJEKT/INHALT/STARTSEITE-09.PSD.

00-BEISPIELPROJEKT/INHALT/STARTSEITE-09.PSD

4 News-Blöcke einrichten

Erstellen Sie in der Ebenengruppe CONTENT eine neue Gruppe mit der Bezeichnung »Newsblöcke«. Öffnen Sie die Datei »newsblock.psd« aus dem Verzeichnis 00-BEISPIELPROJEKT/INHALT der Buch-DVD.

Ändern Sie die Fensterdarstellung in NUR SCHWEBENDE FENSTER 7 (Abbildung 6.70), und ziehen Sie die Ebenengruppe NEWSBLOCK aus der gleichnamigen Datei in das Workshop-Dokument.

Dokumentübergreifend duplizieren

Über den Befehl EBENE • GRUPPE DUPLIZIEREN... in den Optionen der Ebenen-Palette lassen sich Inhalte dokumentübergreifend duplizieren. Im Eingabefeld ALS lässt sich bei Bedarf ein Name für die Ebene/Gruppe vergeben. Unter DOKUMENT kann ein bereits geöffnetes Dokument als Ziel gewählt werden, in das der zu duplizierende Inhalt kopiert wird.

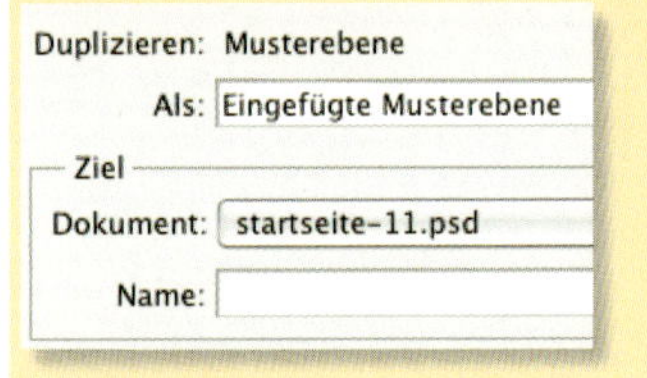

▲ **Abbildung 8.69**
Dokumentübergreifend duplizieren

▲ **Abbildung 8.70**
Darstellungsmodus ändern

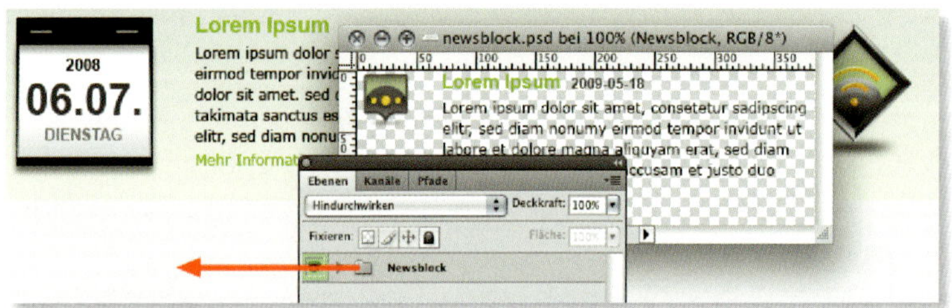

▲ **Abbildung 8.71**
Ebenengruppe zwischen Dokumenten verschieben

Ändern Sie die Fensterdarstellung auf ALLE ZUSAMMENLEGEN 6, und wechseln Sie, wenn nötig, zur Projektdatei.

Verschieben Sie die Gruppe nun an die Position x = 104 px und y = 698 px (Referenzpunkt links oben), und benennen Sie sie in »Newsblock Links Oben« um.

Duplizieren Sie die Gruppe dreimal, indem Sie diese auf das Symbol NEUE EBENE ERSTELLEN ziehen, und platzieren Sie die Kopien an den folgenden Positionen (Referenzpunkte jeweils links oben):

- x = 527 px, y = 698 px
- x = 104 px, y = 858 px
- x = 527 px, y = 858 px

Benennen Sie die einzelnen Gruppen entsprechend ihrer Position mit »Newsblock Rechts Oben«, »Newsblock Links Unten« und »Newsblock Rechts Unten«.

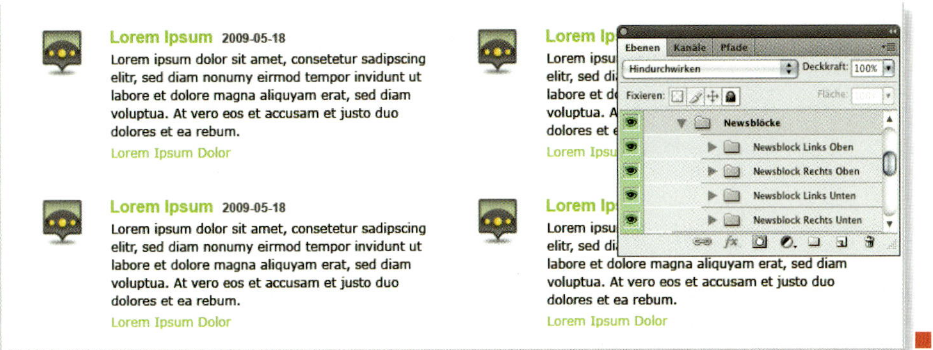

▲ **Abbildung 8.72**
Die vier Newsblöcke

Das Ergebnis finden Sie auch auf der Begleit-DVD unter 00-BEISPIELPROJEKT/INHALT/STARTSEITE-10.PSD.

Workshop: Forenbeiträge anlegen

1 Hinterlegung

00-BEISPIELPROJEKT/INHALT/STARTSEITE-10.PSD

Öffnen Sie die Datei »startseite-10.psd«.

Markieren Sie die Ebene HINTERLEGUNG PRIMÄRARTIKEL, und erstellen Sie ein neues Rechteck als Formobjekt. Vor dem Aufziehen legen Sie die Farbe LICHTGRAU als Vordergrundfarbe fest.

Ziehen Sie auch hier wieder großzügig über die eigentliche Breite des Inhalts. Die Oberkante richten Sie 30 px unterhalb der letzten Textzeile der Newsblöcke aus, der untere Rand spielt keine Rolle. Auch hier dürfen Sie gerne großzügig sein.

Benennen Sie die Ebene mit »Hinterlegung Forenbeiträge«, und erstellen Sie erneut eine Schnittmaske mit der darunter liegenden Ebene.

Erstellen Sie einen neuen Unterordner innerhalb der Gruppe CONTENT mit der Bezeichnung »Forenbeiträge«.

▲ **Abbildung 8.73**
Hinterlegung an den News-Boxen ausrichten

2 Icon anpassen

Ziehen Sie das Icon aus der Ansicht des Primärartikels mit gedrückter [Alt]-Taste links unten auf den gerade erstellten Hintergrund. Wählen Sie BEARBEITEN • FREI TRANSFORMIEREN (oder kurz [Strg]/[⌘]+[T]), tragen im Steuerungsbedienfeld eine Breite und Höhe von 65 % und die Positionswerte x = 103 px und y = 1034 px ein und bestätigen mit der Eingabetaste.

Nennen Sie die Ebene »icon-Forenbeiträge« und ziehen sie in den Ordner FORENBEITRÄGE.

Öffnen Sie die Datei »aktuelle-forenbeitraege.psd« von der Buch-DVD. Markieren Sie beide Ebenen, und verschieben Sie diese in das Workshop-Dokument in die Ebenengruppe FORENBEITRÄGE.

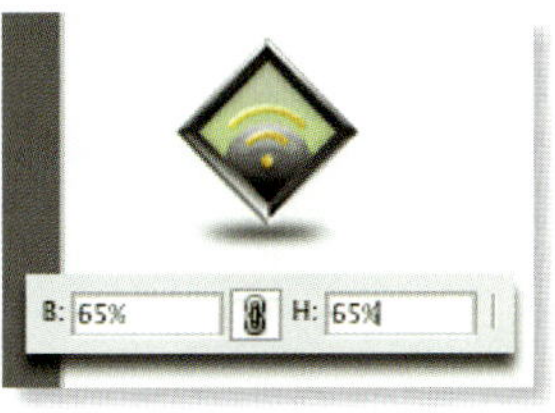

▲ **Abbildung 8.74**
Icon skalieren

Platzieren Sie die Ebenen (weiterhin beide markiert) nun an der Position x = 190 px und y = 1035 px.

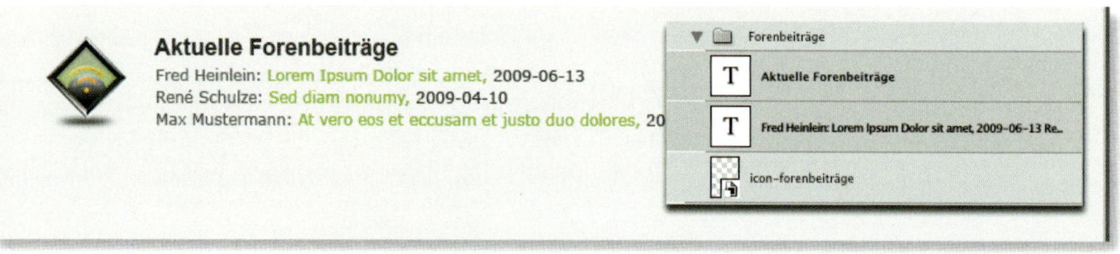

▲ **Abbildung 8.75**
Inhaltsblock für aktuelle Forenbeiträge

▲ **Abbildung 8.76**
Hintergrundfläche verkleinern

3 Hintergrund skalieren

Wählen Sie die Ebene HINTERGRUND INHALT, und verkleinern Sie diese über das freie Transformieren vom unteren Rand ausgehend nach oben bis zu einer Höhe von 920 Pixeln (siehe Info-Palette).

Das Ergebnis finden Sie auch auf der Begleit-DVD unter 00-BEISPIELPROJEKT/INHALT/STARTSEITE-11.PSD. ■

8.3.4 Footer

Um das Screendesign aus gestalterischer Sicht abzuschließen, ergänzen Sie nun noch den Footer und passen den Browserrahmen an.

Workshop: Abschließende Ergänzungen

00-BEISPIELPROJEKT/INHALT/STARTSEITE-11.PSD

1 Servicemenü ergänzen

Öffnen Sie die Datei »startseite-11.psd«.

Wählen Sie in der Ebenen-Palette die Gruppe FOOTER.

Erstellen Sie mit dem Text-Werkzeug einen einfachen Punkttext, indem Sie mit dem Textcursor an eine beliebige Stelle der Arbeitsfläche klicken, ohne einen Textrahmen aufzuziehen.

Tippen Sie die Begriffe »Sitemap« und »Impressum« ein, getrennt durch fünf Leerzeichen. Verwenden Sie die Schriftart ARIAL REGULAR in 11 Pixel Größe und der Farbe LICHTGRAU.

Positionieren Sie den Text abschließend an der Position x = 817 px und y = 1148 px.

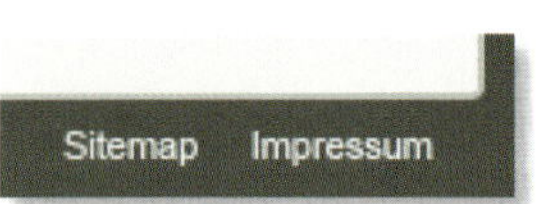

▲ **Abbildung 8.77**
Das Servicemenü

2 Browserrahmen anpassen

Entsperren Sie die Ebenengruppe RAHMENELEMENTE, und verkleinern Sie den Browserrahmen über die Funktion BEARBEITEN • SKALIEREN (INHALT BEWAHREN) so weit, dass unter dem Servicemenü noch etwa 20 Pixel Platz sind.

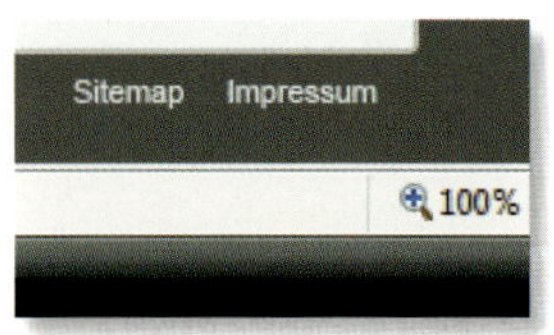

▲ **Abbildung 8.78**
Höhe des Browsers skalieren

Wählen Sie das Freistellungswerkzeug [Symbol], ziehen Sie vom linken oberen Dokument-Eck bis zum rechten unteren Browser-Eck einen Rahmen auf, und bestätigen Sie mit der Eingabetaste, um alle Inhalte außerhalb des Rahmens zu entfernen.

▼ Abbildung 8.79
Das fertige Screendesign

Das Ergebnis finden Sie auch auf der Begleit-DVD unter 00-BEISPIEL-PROJEKT/FOOTER/STARTSEITE-12.PSD.

8.3.5 Ebenenkompositionen

Wie bereits zu Beginn diese Kapitels aufgezeigt, gilt es insbesondere beim Erstellen von Screendesigns, viele verschiedene Zustände darzustellen: Buttons in normalem und aktivem Zustand, verschiedene Unterseiten, die innerhalb eines Dokuments abgebildet werden sollen, etc. Je nach Ansicht wechseln die Sichtbarkeit und der Inhalt vieler verschiedener Ebenen. Ein schnelles Wechseln zwischen den verschiedenen Darstellungen ist in Photoshop auf herkömmlichem Weg nicht möglich.

An dieser Stelle kommen Ebenenkompositionen ins Spiel. Diese oft verkannte Möglichkeit stellt ein immens wichtiges Werkzeug in Photoshop dar.

Eine Ebenenkomposition kann sich verschiedene »Eigenschaften« eines Dokuments merken und jederzeit mit einem Mausklick wiedergeben:

- Sichtbarkeit einzelner Ebenen
- Deckkraft von Ebenen
- Ebenenstile

Kompositionen erstellen | Die Funktionsweise ist einfach. Einmalig werden die oben genannten Eigenschaften wie gewünscht manuell eingerichtet: für die aktuelle Ansicht unbenötigte Ebenen ausgeblendet, die Deckkraft vergrößert oder verringert (z. B. verschiedene Stadien, um ein sich ausblendendes Element zu simulieren) oder Ebenenstile konfiguriert.

Steht die erste Konfiguration, klickt man in der Ebenenkompositionen-Palette (Fenster • Ebenenkomp.) auf das Symbol Neue Ebenenkomp. erstellen.

Im folgenden Dialog wird ein Name vergeben, der die Komposition verständlich beschreibt. Durch das Setzen der Häkchen bei den verschiedenen Eigenschaften weisen Sie Photoshop an, welche Merkmale mit der Komposition gesichert werden sollen.

Mit dem Kommentar können Sie dem Titel der Komposition ergänzend weitere Informationen hinzufügen.

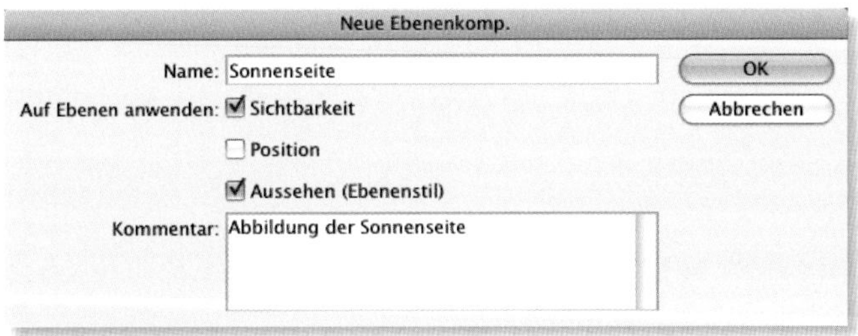

▲ **Abbildung 8.80**
Erstellen neuer Kompositionen

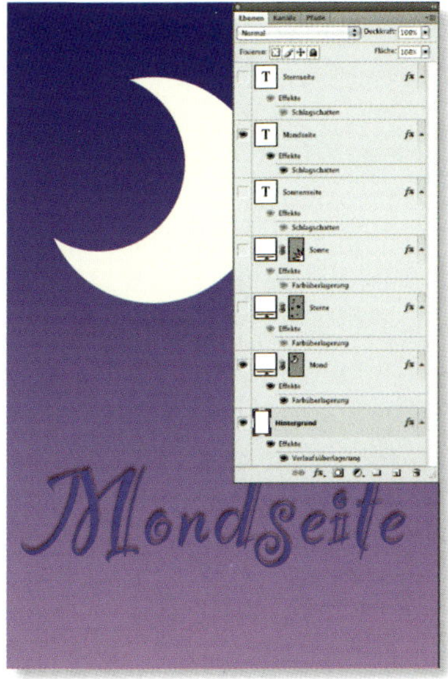

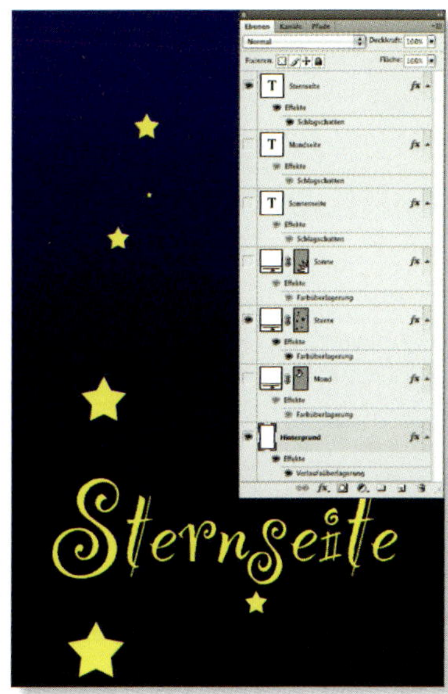

▲ **Abbildung 8.81**
Verschiedene Ebenenkonstellationen als Basis für die Ebenenkompositionen

Die gezeigten verschiedenen Darstellungen können mit einem Mausklick auf die jeweilige Ebenenkomposition direkt aufgerufen werden. Anhand der abgebildeten Ebenen-Paletten lässt sich erkennen, dass sowohl Schrift als auch die Symbole auf dem Hintergrund jeweils eine eigene Ebene besitzen. Entsprechend der jeweiligen Komposition werden sie einfach nur ein- oder ausgeblendet.

Der Verlaufshintergrund existiert jedoch nur einmal als Ebene. Das unterschiedliche Aussehen wird über den zugewiesenen Ebeneneffekt geregelt, der als Wert einer Ebenenkomposition gespeichert werden kann.

▲ **Abbildung 8.82**
Die drei zugehörigen Kompositionen

Kompositionen verwalten | Um zwischen den verschiedenen Kompositionen zu wechseln, klicken Sie in das Feld vor der Bezeichnung ❶. Ein Klick auf die Bezeichnung ❷ selbst aktiviert zwar diese Komposition, wendet sie jedoch nicht an. Das ist dann sinnvoll, wenn Sie Änderungen vorgenommen haben und eine bestehende Komposition mit den neuen Werten überschreiben möchten. Aktivieren Sie die Kombination mit einem Klick auf den Text und anschließend auf das Symbol Ebenenkom. aktualisieren ❹. Die bisherigen Daten werden mit der aktuellen Ansicht überschrieben.

Mit den Pfeilen ❸ schalten Sie zwischen den verschiedenen Varianten durch, alternativ können Sie auch auf die Felder links der Bezeichnung klicken.

Die Symbole zum Erstellen ❺ und Löschen ❻ von Kompositionen sind selbsterklärend.

Ebenenkompositionen exportieren

Sie können Photoshop anweisen, alle Ebenenkompositionen automatisch in separaten Ebenen abzuspeichern. So erhalten Sie im Handumdrehen eine schöne Übersicht der verschiedenen Zustände, die Sie zum Beispiel einem Kunden bequem vorlegen können, der nicht im Besitz von Photoshop und dem Wissen um Kompositionen ist. Wählen Sie dazu Datei • Skripten • Ebenenkomp. in Datei.

00-BEISPIELPROJEKT/FOOTER/STARTSEITE-12.PSD

Workshop: Navigationszustände in Ebenenkompositionen speichern

Wenden Sie Ihr erworbenes Wissen zu den Ebenenkompositionen nun noch auf die Workshop-Datei an. Da es sich nur um eine mögliche Seite handelt (Startseite), ist die Funktion der Ebenenkomposition im Grunde übertrieben, aber der Vollständigkeit halber soll sie dennoch Verwendung finden.

Öffnen Sie die Datei »Startseite-12.psd«.

Klappen Sie den Ebenenordner NAVIGATION • STARTSEITE auf. Der aktuelle Zustand zeigt den Aktiv-Zustand der Startseite. Erstellen Sie entsprechend eine Ebenenkomposition, indem Sie auf das Symbol NEUE EBENENKOMP. in der Palette klicken und als Bezeichnung »Startseite-Aktiv« eingeben. Setzen Sie nur einen Haken bei der Eigenschaft SICHTBARKEIT.

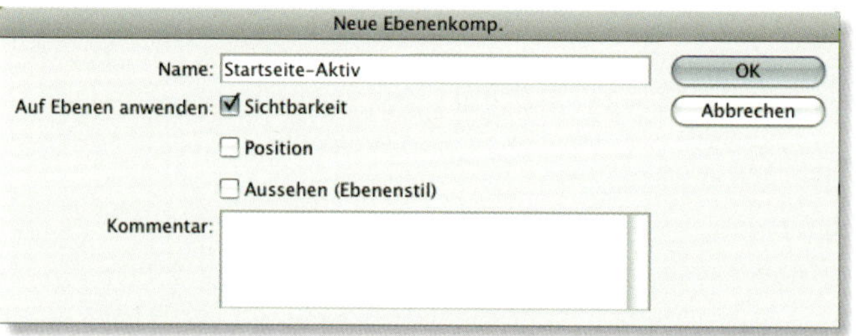

Abbildung 8.83 ▸
Ebenenkomposition erstellen

Blenden Sie die Textebene STARTSEITE AKTIV und AKTIV-HINTERLEGUNG aus, dafür die Ebene STARTSEITE NORMAL ein.

Erstellen Sie eine weitere Ebenenkomposition mit dem Namen »Startseite-Normal«.

Als Letztes blenden Sie die Ebene STARTSEITE-NORMAL aus und die Ebene STARTSEITE-HOVER ein. Erstellen Sie auch hierfür eine Ebenenkomposition mit der Bezeichnung »Startseite-Hover«.

Nun können Sie mit einem Mausklick die verschiedenen Zustände durchschalten.

Das Ergebnis finden Sie auch auf der Begleit-DVD unter 00-BEISPIELPROJEKT/GESAMT/STARTSEITE-13.PSD.

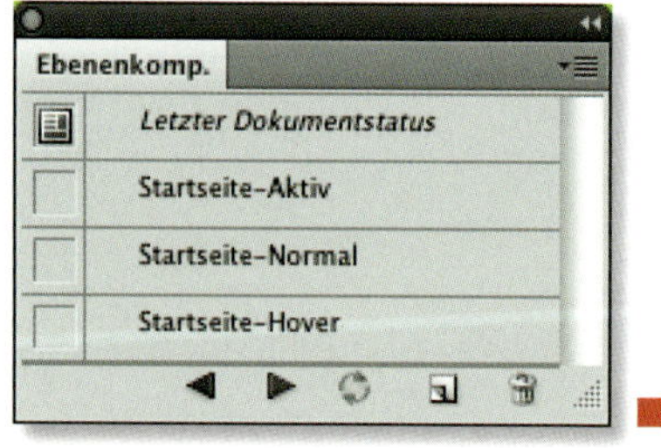

Abbildung 8.84 ▸
Die fertigen Ebenenkompositionen für das Beispielprojekt

8.4 Zusammenfassung

8.4.1 Inhalte sammeln und gliedern

- Vor dem Gestaltungsprozess werden Sitemap und die Grobstruktur entwickelt.
- Klassische Seitengliederungen erleichtern dem Besucher die Orientierung, verringern aber gegebenenfalls die Qualität individueller Problemlösungen.

8.4.2 HTML-Elemente und deren grafische Möglichkeiten

- Photoshop bildet immer nur bestimmte Zustände eines Webdesigns ab.
- Die Gestaltung muss gegen die Umsetzungsmöglichkeiten verifiziert und, sofern notwendig, den Bedingungen angepasst werden.
- Webdesign ist mit Bedacht auf Flexibilität zu erstellen, die sich im Rahmen zu erwartender Anpassungsfähigkeiten bewegt.

8.4.3 Liste der Elemente

- Hauptkategorien von HTML-Elementen: Container, Listen, Formulare, Tabellen, Text/Textauszeichnung und Medien.
- Elemente sind schachtelbar.
- Jedes HTML-Element wird vom Browser vorformatiert. Gewisse Darstellungen, vor allem bei Formularfeldern, lassen sich nicht oder nur beschränkt anpassen.

8.4.4 Formatierung

- HTML-Elemente sind Vierecke (Boxen), die unter-, neben- oder übereinandergelegt werden können.
- Die Boxen lassen sich mittels Größe, Abständen, Rahmen, Hintergrund und Position formatieren.
- Die finale Breite (oder auch Höhe) wird bestimmt durch Elementbreite plus Innenabstand plus Rahmen plus Außenabstand.
- Es wird zwischen Block- und Inline-Elementen unterschieden.
- Jede Box kann nur ein Hintergrundbild aufnehmen, das in x- und y-Richtung wiederholbar und positionierbar ist.
- Rahmentypen sind: durchgezogen, gestrichelt, gepunktet oder mit 3D-Effekt.
- Boxpositionierung erfolgt entweder durch die Varianten `static`, `absolute`, `relative` und `fixed` oder per Seitenflusskontrolle (`float`).
- Flexible Layouts sind wünschenswert, ermöglichen aufgrund der wiederholbaren Bereiche aber mehr Aufmerksamkeit bei der Planung der Grafiken.

8.4.5 Beispielprojekt

- Websites werden von groß nach klein aufgeteilt. Beginnen Sie mit Rahmen und Hintergrundelementen, und arbeiten Sie sich zu Inhalten, Schrift etc. vor.
- Das Duplizieren von Elementen beschleunigt die Arbeit drastisch.
- Passen Sie die Ebenenstruktur innerhalb der logischen Bereiche den Anforderungen des einzelnen Projekts an. Es gibt keine Standardlösung.
- Die Funktion AUSRICHTEN ermöglicht es, mehrere Elemente schnell und zuverlässig auf einer Höhe auszurichten bzw. gleichmäßig zu verteilen.
- Ebenenkompositionen erlauben das schnelle Wechseln zwischen verschiedenen Ansichten.

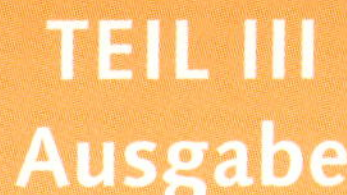

TEIL III
Ausgabe

KAPITEL 9

9 Layoutübergabe

Nachdem die Gestaltung der Website abgeschlossen ist, müssen sowohl das große Photoshop-Dokument als auch die Bilder, die später auf der Seite zu sehen sind, webgerecht aufgearbeitet werden. Dazu gehört zum einen das Zerlegen des Layouts in kleine Bereiche, die später per HTML und CSS sinnvoll verarbeitet werden können, zum anderen das gekonnte Aufbereiten von Bildern in Hinblick auf Qualität und kurze Ladezeiten.

Dieses Kapitel zeigt Ihnen sowohl die dafür optimale Vorgehensweise als auch Möglichkeiten für das Zusammenspiel mit Dreamweaver und Fireworks, um Arbeitsprozesse zu erleichtern.

9.1 Slicen des Layouts

Eine Möglichkeit, die Einzelgrafiken für eine Website zu erstellen, führt über die Photoshop-Funktion des Slices. Damit unterteilen Sie das Bild in viele kleine Bilder, die in einem Rutsch exportiert werden können. Eine Möglichkeit, das Layout in Einzelgrafiken zu zerlegen, führt über das Erstellen von Slices. Damit unterteilen Sie das Bild sozusagen in viele kleine Bilder, die in einem Rutsch exportiert werden können.

9.1.1 Nutzen und Nachteile von Slices

Nachteile | Das Slicen eines kompletten Screendesigns für die Ausgabe in HTML funktioniert in der Praxis nicht sonderlich gut. Beim Slicen entsteht eine Vielzahl von Einzelbildern, die beim Laden der Website separat ausgelesen werden müssen. Ein Browser kann jedoch in der Regel nur 8 bis 12 Requests (Anfragen) auf einmal starten, wodurch sich die Ladezeit gegenüber einem großen Bild erhöht.

HINWEIS
Alle im folgenden Abschnitt genannten Slice-Typen und Export-Dialoge werden im Anschluss ausführlich behandelt.

Ein weiteres großes Manko bezüglich der Produktivität ergibt sich während des Exports von Slices aus dem Dialog Für Web und Geräte speichern... Innerhalb dieses Dialogs lassen sich keine Ebenen ein- oder ausblenden. Um also transparente Objekte auch wirklich transparent zu speichern, müssen erst alle ungewollten Ebenen in Photoshop ausgeblendet werden; dann müssen Sie das Slice im Speichern-Dialog gezielt abspeichern, den Dialog wieder verlassen, Ebenen wieder einblenden, zurück in den Dialog wechseln etc. So kompliziert sich diese Beschreibung anhört, so umständlich ist es auch in der Praxis.

Stattdessen ist es effektiver, wenn Sie die gewünschten Bildelemente gezielt im Dokument anwählen, freistellen und abspeichern. Ein effektives Vorgehen dazu lernen Sie in Kapitel 10, »Umsetzung«.

Abbildung 9.1 ▼
Die Icons aus diesem Design sollen ohne Hintergrund gespeichert werden. Das Ausblenden des Verlaufs muss dazu manuell vor dem Export geschehen, anschließend muss er für weitere Exporte wieder eingeblendet werden. Somit geht der Sinn der eigentlich nützlichen automatisierten Ausgabe verloren.

Nutzen | Trotz dieser Mankos kann das Slice-Werkzeug auch nützlich sein. Bei der Ausgabe von Bildelementen ohne Transparenz macht der Slice-Export keine schlechte Figur. Gerade während des Gestaltungsprozesses, beim Ausprobieren verschiedener Größen der Inhaltsbilder, bietet sich ein ebenenbasiertes Slice für diese Elemente an. Mit einem Rutsch lassen sie sich dann als Platzhalterbilder für den ersten HTML-Prototyp verwenden.

Die Möglichkeit, ein automatisches Slice-Raster erstellen zu lassen, liefert Ihnen eine sehr schnelle und effektive Methode, wiederholte und gleich große Bildelemente zu speichern. Das bietet sich besonders für Kalender an, wie sie zum Beispiel gerade zur Adventszeit als Web-Weihnachtskalender auf vielen Seiten zu finden sind.

Optische Hilfe

Benutzer- und ebenenbasierte Slices werden in Photoshop als durchgängige Linien angezeigt, automatische Slices gepunktet.

Grundsätzlich unterscheidet man zwischen benutzerdefinierten Slices, deren Größe und Eigenschaften vom Benutzer erstellt werden müssen, und Auto-Slices. Letztere werden automatisch von Photoshop angelegt und lassen sich nicht manuell verändern.

9.1.2 Benutzer-Slices

Das Slice-Werkzeug befindet sich gemeinsam mit dem Freistellungswerkzeug in einem Fach der Werkzeugleiste (Kürzel [C]).

Ziehen Sie mit dem aktivierten Werkzeug einfach einen Rahmen über den Bereich, den Sie später als separaten Bildblock ausgeben möchten. Die umgebende Dokumentfläche teilt Photoshop selbstständig in grau markierte Auto-Slices.

Hohe Zoomstufe

Zoomen Sie beim manuellen Slicen ausreichend ins Bild hinein, um sicherzustellen, dass Sie nicht versehentlich einen Pixel der Grafik abspeichern. In Photoshop fällt es nicht auf, in der späteren Umsetzung hingegen kann ein Pixel sofort ins Auge fallen.

Alternativ können Sie im Steuerungsbedienfeld äquivalent zu den Optionen des Auswahlrechtecks eine feste Größe bzw. ein bestimmtes Seitenverhältnis für das aufzuziehende Slice festlegen ❶.

Die Funktion SLICES ENTLANG DER HILFSLINIEN ② erstellt, wie es der Name verrät, automatisch Benutzer-Slices entlang der Hilfslinien.

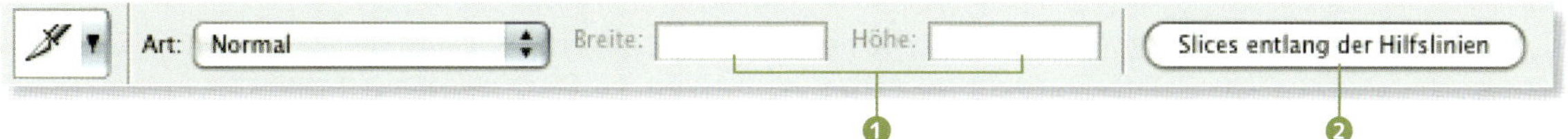

▼ **Abbildung 9.2**
Optionen des Slice-Werkzeugs

9.1.3 Ebenenbasierte Slices

Um ein ebenenbasiertes Slice zu erstellen, aktivieren Sie eine Ebene und wählen EBENE • NEUES EBENENBASIERTES SLICE. Photoshop erstellt automatisch ein Slice um den aktuellen Ebeneninhalt und fügt, wie auch beim Benutzer-Slice, weitere Auto-Slices hinzu, um das restliche Dokument zu füllen. Beim Verändern des Inhalts einer Ebene mit ebenenbasiertem Slice passen sich alle Slices automatisch dieser Veränderung an.

Slices und Ebenengruppen

Slices lassen sich leider nicht auf Ebenengruppen anwenden. Haben Sie zum Beispiel ein Icon erstellt, das aus mehreren Ebenen besteht, machen Sie von diesen eine Kopie und reduzieren sie auf eine Ebene. Erstellen Sie nun ein ebenenbasiertes Slice und blenden diese zusammengelegte Ebene aus.

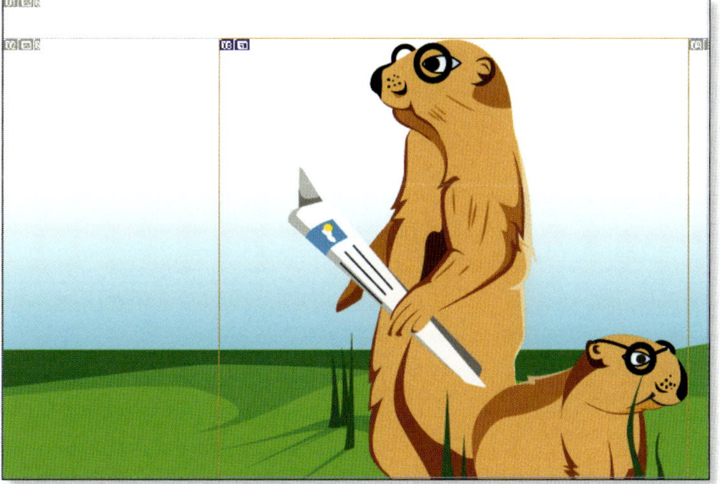

◄ **Abbildung 9.3**
Ebenenbasierte Slices passen sich automatisch dem Ebeneninhalt an.

Ebenenbasierte Slices lassen sich, ebenso wie Auto-Slices, nicht manuell anpassen. Möchten Sie Einfluss auf Größe und Position nehmen, müssen Sie eine Umwandlung in Benutzer-Slices vornehmen (siehe Abschnitt 9.1.4, »Slices bearbeiten«).

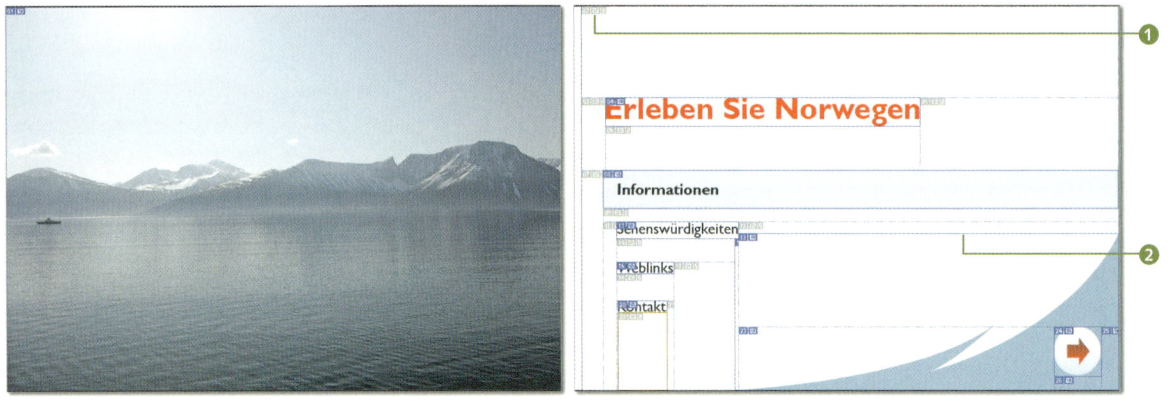

▲ **Abbildung 9.4**
Sowohl benutzer- als auch ebenenbasierte Slices werden in Photoshop blau eingerahmt dargestellt ❷, Auto-Slices hingegen in Grau ❶.

9.1.4 Slices bearbeiten

Um vorhandene Slices zu bearbeiten, wählen Sie das Slice-Auswahlwerkzeug. Mit einem Klick auf ein vorhandenes Slice aktivieren Sie dieses. Weitere Slices fügen Sie mit gehaltener ⇧-Taste hinzu.

▲ **Abbildung 9.5**
Optionen zur Bearbeitung von Slices

HINWEIS

In der Praxis ergibt sich aus der Funktion der Zeichenordnung beispielsweise der Vorteil, dass Grafiken, die auch als Link fungieren, nicht aufgeteilt werden, wenn sie an oberster Position stehen. Andernfalls müsste der Link auf jedes Bildsegment gesetzt werden, was aus Usability-Sicht nachteilig wäre.

Zeichenordnung von Slices ❸ | Beim Überlappen von Benutzer-Slices steht immer das zuletzt erstellte Slice an oberster Stelle. Darunter liegende Slices und damit die zugehörigen Bildmotive werden in Unter-Slices aufgeteilt. Durch das Ändern der Zeichenordnung können Sie beeinflussen, welches der Slices zerschnitten wird. Wenn sich mehrere Slices überschneiden, wird anhand der Zeichenordnung entschieden, wie sie aufgeteilt werden. Das oberste Slice bleibt stets in Originalgröße erhalten. Die darunterliegenden werden entlang der Kanten der darüberliegenden zerschnitten.

Die ersten beiden Symbole bewirken die Platzierung des Slices an oberster Stelle bzw. die schrittweise Erhöhung in der Hierarchie, die beiden Icons rechts analog dazu die Erniedrigung.

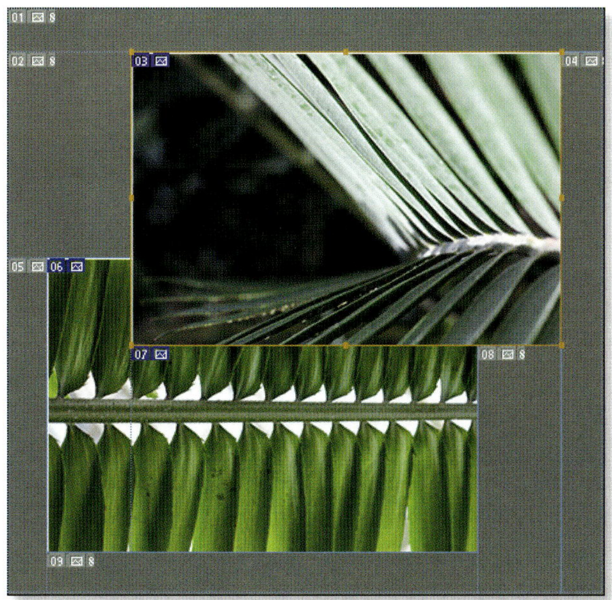

◂ **Abbildung 9.6**
Hier steht Slice 03 an oberster Stelle und wird als vollständige Grafik dargestellt.

◂ **Abbildung 9.7**
Beim Verschieben an die untere Position wird Slice 03 zerlegt, während das darunterliegende Bild mit Slice 06 nun unzerteilt angelegt wird.

Umwandeln ❹ | Ein Klick auf diesen Button wandelt Auto-Slices in editierbare Benutzer-Slices um.

Unterteilen ❺ | Mit dieser Funktion können Sie Photoshop anweisen, ein ausgewähltes Slice in einem bestimmten Raster zu unterteilen. Geben Sie die gewünschte Anzahl der horizontalen bzw. vertikalen Unterteilungen oder die Breite bzw. Höhe an, welche die Slices haben sollen.

HINWEIS

Jedes Photoshop-Dokument besitzt automatisch ein Slice, das die gesamte Arbeitsfläche umschließt.

Ein Beispiel für die Anwendung von Slices finden Sie auf der Buch-DVD im Ordner GOODIES/HTML-SNIPPETS/KALENDER.

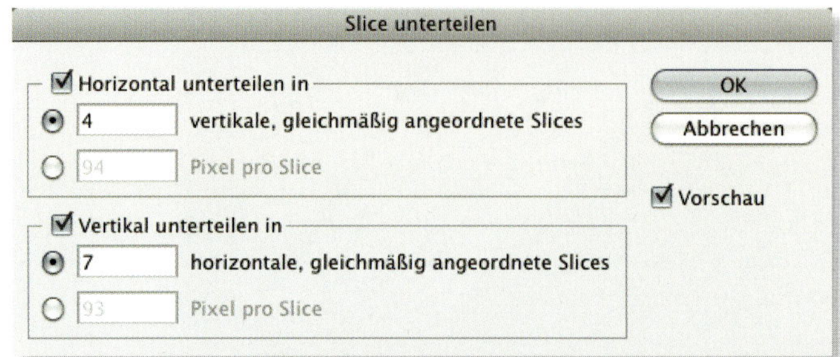

Abbildung 9.8 ▸
Unterteilen eines Slices in gleichmäßige Segmente – hier exemplarische Einstellung für die nachstehende Kalendergrafik

▴ **Abbildung 9.9**
Die Kalendergrafik wird über die Funktion UNTERTEILEN im Handumdrehen in 28 Einzelgrafiken zerlegt, die später als einzelne Buttons angesprochen werden können.

Ausrichten und Verteilen von Slices ❶ **|** Diese Funktion handhaben Sie genauso wie das Ausrichten von Objekten bei aktiviertem Verschieben-Werkzeug.

Auto-Slices ausblenden ❷ **|** Zur besseren Übersicht können Sie die von Photoshop erstellten Auto-Slices ein- oder auch ausblenden.

Abbildung 9.10 ▸
Weitere Slice-Optionen

Optionen für aktuelles Slice einstellen ❸ **|** Ermöglicht, die Ausgabeeinstellungen für ein oder mehrere aktivierte Slices zu konfigurieren. Ausführliche Informationen finden Sie im Folgeabschnitt.

Standardoptionen | Neben den Optionen aus dem Steuerungsbedienfeld stehen Ihnen weitere Standardoptionen bei der Bearbeitung von Slices zur Verfügung:

- **Slices duplizieren**: Slices können über die normalen Kopieren- und Einfügen-Befehle, auch dokumentübergreifend, kopiert werden. Verschieben mit gedrückter `Alt`-Taste dupliziert ein Slice.
- **Slices kombinieren**: Haben Sie mehrere Slices gewählt, können Sie diese durch den Befehl SLICES KOMBINIEREN aus dem Kontextmenü (Rechtsklick) zu einem Slice zusammenfassen.

- **Slices löschen**: Markierte Slices können mit der [←]-Taste gelöscht werden. Zum Löschen aller Slices verwenden Sie den Menübefehl ANSICHT • SLICES LÖSCHEN.
- **Slices fixieren**: Um Slices vor ungewollten Änderungen zu schützen, sperren Sie diese über ANSICHT • SLICES FIXIEREN.

HINWEIS

Verwenden Sie aussagekräftige Bezeichnungen und achten dabei darauf, eine für das Internet korrekte Nomenklatur zu verwenden. Tragen Sie hier nichts ein, werden Dokumentname und Slice-Nummer verwendet (dokument_01, dokument_02 etc.).

9.1.5 Slice-Informationen konfigurieren

Sie können den einzelnen Slices bestimmte Informationen zuordnen, die in der (HTML-)Ausgabe verwertet werden. Um den Optionsdialog zu öffnen, klicken Sie mit dem Slice-Auswahlwerkzeug doppelt auf ein Slice oder klicken auf das Symbol OPTIONEN FÜR AKTUELLES SLICE EINSTELLEN ❸. Wählen Sie zuerst, ob Ihr Slice ein BILD sein soll oder KEIN BILD ❹.

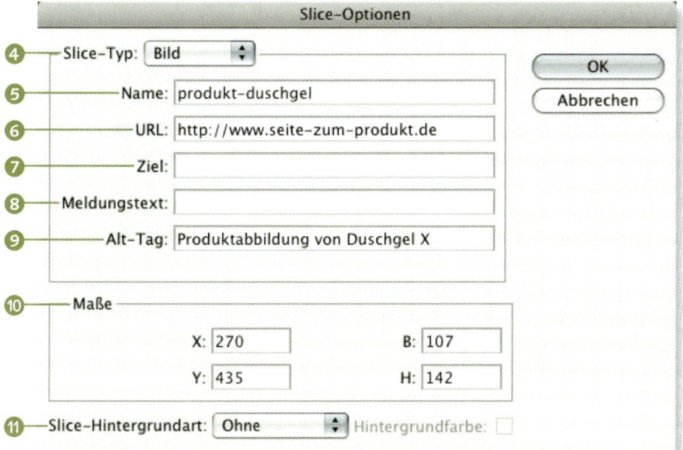

▲ **Abbildung 9.11**
Einstellmöglichkeiten für die Slice-Ausgabe, Typ BILD

Bild-Slices | Für Bilder haben Sie die Möglichkeit, einen individuellen Namen anzugeben ❺. Das entspricht dem Dateinamen in der Ausgabe.

Möchten Sie das Bild mit einem Link versehen, tragen Sie die Adresse in das Feld URL ❻ ein. Als ZIEL ❼ können Sie die gängigen HTML-Befehle verwenden (siehe Tippkasten »Zielfensterbasis«). Gebräuchlich ist allerdings nur noch der Wert `_self`, der den verlinkten Inhalt im selben Fenster anzeigt. Hiermit wird dem Umstand Rechnung getragen, dass der Benutzer selber bestimmen können soll, ob ein neues Fenster bzw. Tab geöffnet werden soll oder nicht.

Der MELDUNGSTEXT ❽ wird in der Statusleiste des Browsers angezeigt. Haben Sie eine URL eingetragen, wird automatisch dieser Eintrag verwendet. Besonders wichtig ist der ALT-TAG ❾. Geben Sie hier eine knappe, aber aussagekräftige Beschreibung des Bildes an. Diese

Zielfensterbasis

Um zu regeln, wie verlinkte Seiten angezeigt werden, gibt es vier Befehle, von denen heutzutage fast ausschließlich `_blank` zum Einsatz kommt:

- **_blank:** Öffnet eine neue Seite.
- **_self:** Anzeige im selben Fenster.
- **_parent:** Anzeige im übergeordneten Frame.
- **_top:** Anzeige im gesamten Browserfenster. Eventuell vorhandene Frames werden »überschrieben«.

Der früher häufig verwendete Befehl `_blank` wird (auch für externe Links) nicht empfohlen. Dem Besucher soll die Wahl selbst überlassen bleiben, ob ein neues Fenster bzw. Tab geöffnet werden soll oder nicht.

Die Befehle `_parent` und `_top` spielen im modernen Webdesign aufgrund kaum mehr verwendeter Frames keine beachtenswerte Rolle mehr.

Weitere Informationen finden Sie unter *http://de.selfhtml.org/html/verweise/definieren.htm#zielfenster.*

wird angezeigt, wenn Bilder im Browser nicht angezeigt werden können oder sollen.

Über die MASSE ⑩ können Sie Größe und Position eines Slices exakt angeben. Diese Option steht Ihnen nur bei Benutzer-Slices zur Verfügung.

Die SLICE-HINTERGRUNDART ⑪ bestimmt, mit welcher Farbe transparente Bildbereiche bzw. Kein-Bild-Slices im Browser hinterlegt werden sollen.

Kein-Bild-Slices | Die Alternative besteht darin, ein Slice als leeres Tabellenfeld auszugeben. Anstatt eines Bildes wird im Browser nur eine definierte Hintergrundfarbe und optional Text angezeigt.

9.2 Dateiformate im Web

In kaum einer anderen Umgebung spielt das korrekte Wissen um die Stärken und Schwächen der einzelnen Dateiformate eine so tragende Rolle wie im Internet. Dreh- und Angelpunkt ist zu jeder Zeit die richtige Mischung aus Qualität und Dateigröße der Bildinhalte. Letztere ist ausschlaggebend dafür, wie schnell eine Website in ihrer Gesamtheit dargestellt werden kann, und entscheidet somit auch darüber, ob ein Besucher Ihrer Seite die gewünschte Aufmerksamkeit schenkt oder ihr direkt wieder den Rücken kehrt.

Auch wenn heutzutage DSL auf dem Vormarsch ist, gibt es dennoch genug Computer, die mit ISDN-Geschwindigkeit oder sogar mit analogen Modems arbeiten, die Sie nicht unberücksichtigt lassen sollten.

Derzeit sind drei Bildformate zu nennen, die im Internet zum Einsatz kommen: **JPEG**, **PNG** und **GIF**. Jedes dieser Formate besitzt besondere Eigenschaften, die es für bestimmte Zwecke prädestiniert.

9.2.1 JPEG

JPEG im Detail

Ausführliche Informationen zum JPEG-Format finden Sie unter *http://www.tutorial.artems.de/help/dateiformate/jpeg.htm*.

Das JPEG-Format (Joint Photographics Experts Group) bietet die Möglichkeit, Bilder unter Qualitätsverlust um ein Vielfaches zu verkleinern. Bei drastischer Komprimierung kann eine Pixelierung auftreten. In dem Motiv treten unschöne Pixelartefakte auf, die den Bildinhalt zerstören.

Das JPEG-Format bietet sich besonders bei Fotos bzw. Bildern mit vielen Farben (JPEG kann 16,7 Millionen Farben darstellen), weichen Übergängen oder unscharfen Motiven an. Hier kommt der Komprimierungsalgorithmus von JPEG voll zum Einsatz. Bei jedem Speichern (Kompression) im JPEG-Format verliert das Motiv erneut an Qualität, auch bei höchster Qualitätsangabe (z. B. 100 % in Photoshop). Somit eignet sich dieses Format nicht zum Archivieren, sondern vorrangig als Ausgabeformat in letzter Instanz.

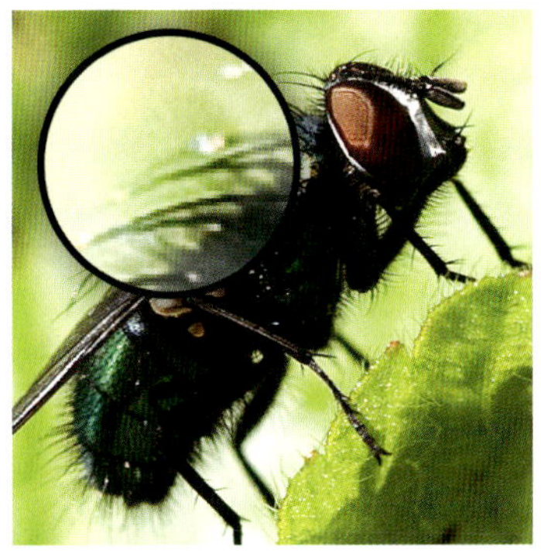

▲ **Abbildung 9.12**
JPEG mit 100 % Qualität (388 KB)

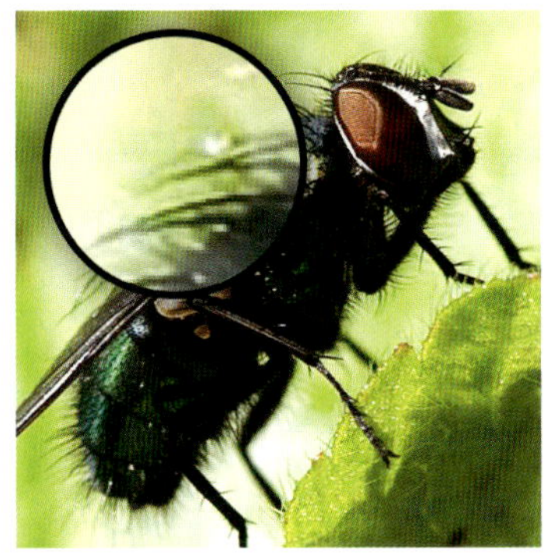

▲ **Abbildung 9.13**
JPEG mit 40 % Qualität (53 KB)

▲ **Abbildung 9.14**
JPEG mit 0 % Qualität (20 KB)

9.2.2 PNG

Dieses bereits 1995 entwickelte Format wurde eigens für den Einsatz im Web konzipiert. Man unterscheidet hier zwischen dem PNG-8, das in Farb- und Transparenzdarstellung dem GIF gleichgestellt ist, und dem PNG-24, das einen eigenen 8-Bit-Kanal mit 256 Transparenzabstufungen verwendet. Dieser erhöhte Transparenzumfang wird jedoch mit deutlich größeren Dateien quittiert.

HINWEIS

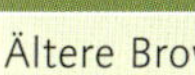

Ältere Browser (z. B. der Internet Explorer 6) unterstützen den Transparenzkanal des PNG-24 nicht, weswegen beim Gestalten auf Alternativdarstellungen geachtet werden sollte.

▲ **Abbildung 9.15**
Vorlage aus Photoshop. Die Silhouette mit schwachem Verlauf unten soll auf einen Verlaufshintergrund (Miniatur rechts unten) gesetzt werden.

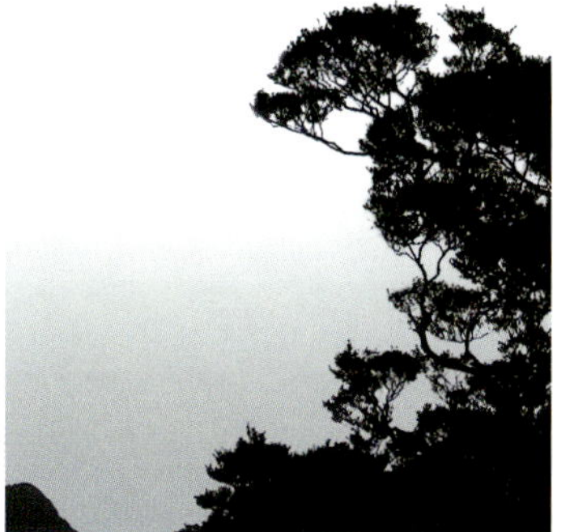

▲ **Abbildung 9.16**
Grafik als PNG-24 auf die Farbfläche platziert. Es wird ein sauberer Transparenzverlauf dargestellt.

▲ **Abbildung 9.17**
Grafik als PNG-8 auf die Farbfläche platziert. Der Verlauf und auch die Ränder der Baumsilhouette werden aufgrund der eingeschränkten Transparenzinformation sehr pixelig dargestellt.

9.2.3 GIF

Das GIF-Format ist auf 256 Farben beschränkt, kann jedoch im Gegensatz zum JPEG transparente Bereiche enthalten. Diese Transparenz beschränkt sich auf 100 % oder 0 % Deckkraft. Mittelwerte gibt es keine. Das GIF-Format bietet sich demnach für (große) flächige Grafiken mit scharfen Kanten und wenigen Farben an und liefert unter diesen Voraussetzungen eine sehr gute Komprimierung. Abgesehen von der geringen Farbtiefe arbeitet es verlustfrei.

Ein weiterer Vorteil liegt darin, dass in GIF-Bildern Animationen gespeichert werden können. Ein Praxisbeispiel hierzu finden Sie im Workshop-Teil dieses Buches.

▲ **Abbildung 9.18**
GIF-Grafik ohne Transparenz

▲ **Abbildung 9.19**
GIF-Grafik mit Transparenz

▲ **Abbildung 9.20**
Fotorealistische Motive werden im GIF-Format stark körnig dargestellt. Farbübergänge werden durch Streuung der 256 verfügbaren Farben simuliert.

9.2.4 Größenunterschiede

Die folgenden Gegenüberstellungen zeigen Ihnen, wie die verschiedenen Dateiformate ihre Stärken ausspielen.

SVG

Seit längerer Zeit versucht sich das so genannte SVG-Format (Scalable Vector Graphics) zu etablieren. Es basiert auf Vektoren und erlaubt somit verlustfreie Skalierung bei geringer Dateigröße. Bis heute hat es allerdings aufgrund mangelnder Unterstützung durch die Browser keine Verbreitung gefunden.

▲ **Abbildung 9.21**
GIF: 4,7 KB
JPEG: 45,5 KB
PNG-8: 1,75 KB
PNG-24: 5,2 KB

▲ **Abbildung 9.22**
GIF: 209 KB
JPEG: 80 KB
PNG-8: 186 KB
PNG-24: 674 KB

Es ist klar zu erkennen, dass das GIF- und das PNG-Format bei flächigen Grafiken die mit Abstand bessere Kompression erzielen, bei fotorealistischen Motiven hingegen qualitativ oder größentechnisch nicht überzeugen. JPEG ist der Allrounder für Fotos, das PNG-Format ist mit der Fähigkeit, verschiedene Transparenzen darzustellen, oftmals die erste Wahl für Interface-Objekte. Aufgrund der geringeren Kompression steht es in der Fotodarstellung dem JPEG jedoch nach.

Device Central

Seit Photoshop CS3 ist es möglich, Grafiken für den Einsatz auf mobilen Endgeräten zu testen. Die dazu angebotene Umgebung nennt sich Device Central. In diesem Buch werden wir dieses Thema jedoch bewusst ausklammern und uns auf »normale« Websites konzentrieren.

9.3 Für Web und Geräte speichern

Mit dem Wissen um die Stärken und Schwächen der einzelnen Dateiformate fällt es Ihnen nun leichter, im Dialog FÜR WEB UND GERÄTE SPEICHERN, dem zentralen Element für die Ausgabe von Bildern und Grafiken fürs Web, die passenden Einstellungen zu tätigen.

9.3.1 Der Export-Dialog in der Übersicht

Über DATEI • FÜR WEB UND GERÄTE SPEICHERN öffnen Sie ein sehr umfangreiches Export-Modul. Für eine erste Orientierung lassen sich insgesamt sechs Bereiche definieren, die jeweils eine bestimmte Aufgabe erfüllen:

▼ Abbildung 9.23
Einteilung des Dialogs FÜR WEB UND GERÄTE SPEICHERN in verschiedene Gruppen

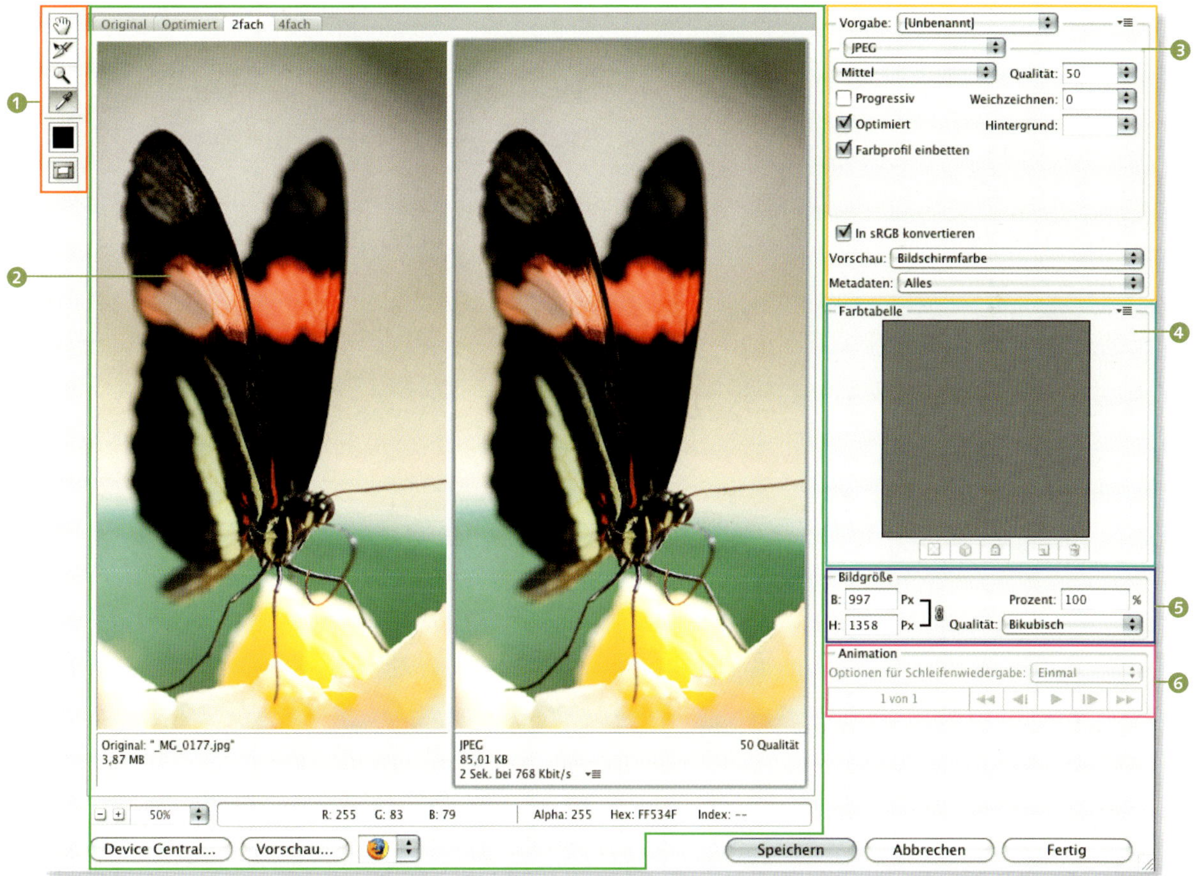

❶ **Werkzeugleiste:** Mit den Werkzeugen dieser Leiste wählen Sie einzelne Slices aus, passen den sichtbaren Bereich der Vorschaubilder an und definieren Farben und Transparenzen für die verschiedenen Dateiformate.

❷ **Vorschau-Bereich:** In diesem Bereich findet die visuelle Kontrolle der Bilder statt. Neben dem Originalmotiv lassen sich bis zu drei weitere Varianten anzeigen, die jeweils eigene Einstellungen bezüglich Dateiformat und Qualität zugewiesen bekommen können. Auf diese Weise können Sie sofort erkennen, welche Einstellungen die geeignetsten sind.
Die Legende unter dem Bild liefert Ihnen Details zu Dateigröße und voraussichtlicher Ladezeit bei unterschiedlicher Internetverbindung.

❸ **Dateiformate:** Hier lässt sich das gewünschte Dateiformat (JPEG, PNG, GIF und WBMP) mitsamt zugehöriger Einstellungen wie Qualität und Farbdarstellung auswählen.

❹ **Farbtabelle:** GIF- und PNG-8-Dateien arbeiten mit festen Farbtabellen, die bis zu 256 Farben aufweisen können. Ist eines dieser beiden Formate ausgewählt, lassen sich in dieser Tabelle Farben herauslöschen, hinzufügen oder bearbeiten.

❺ **Bildgröße:** Die Ausgabegröße des Bildes lässt sich hier nochmals anpassen. Es empfiehlt sich aber, solche Anpassungen direkt in Photoshop zu erledigen, um notfalls Anpassungen wie das Nachschärfen vornehmen zu können.

❻ **Animation:** Die verschiedenen Zustände animierter GIF-Bilder lassen sich hier durchschalten, und das Abspielverhalten lässt sich verwalten.

9.3.2 Arbeiten mit dem Web-Export

Sie finden die hier verwendeten Motive auch auf der Buch-DVD im Ordner WORKSHOPS/09-LAYOUTUEBERGABE.

Das grundsätzliche Vorgehen bei der Optimierung von Bildern besteht im ersten Schritt in der Entscheidung für das geeignete Dateiformat. Im Anschluss passen Sie die formatspezifischen Einstellmöglichkeiten an, während Sie parallel im Vorschaubereich die Auswirkungen kontrollieren.

Sie können eine der vorhandenen Vorgaben wählen ❼. Photoshop stellt die verschiedenen Regler und Optionen automatisch auf die voreingestellten Werte. Alternativ und in der Praxis häufiger eingesetzt führt der Weg über die manuelle Wahl des Dateiformats ❽ und eventuell einer Qualitätsvorgabe über das Dropdown-Menü neben QUALITÄT ❾.

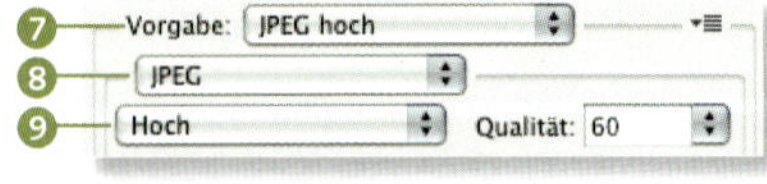

▲ **Abbildung 9.24**
Wählen des Dateiformats

Je nachdem, welches Dateiformat nun gewählt ist, bietet Photoshop weitere Möglichkeiten zur Optimierung. Die Auswirkungen auf die Dateigröße können Sie jederzeit direkt unter dem Vorschaubild einsehen.

Sie können im Vorschaubereich wie auch in der Hauptanwendung mit dem Hand-Werkzeug den Bildausschnitt verschieben. Halten Sie die Leertaste gedrückt, und wechseln Sie temporär zum Hand-Werkzeug. Auch die Lupenfunktion funktioniert über das gewohnte Tastaturkürzel [Strg]/[⌘]+[+] bzw. [Strg]/[⌘]+[-].

Haben Sie bestimmte Einstellungen vorgenommen, können Sie diese dauerhaft speichern, indem Sie aus dem Vorgabe-Menü ⑩ den Eintrag Einstellungen speichern wählen. In Zukunft finden Sie diese Vorgabe in dem nebenstehenden Dropdown-Menü. Möchten Sie die Einstellungen nur temporär sichern, halten Sie die [Alt]-Taste gedrückt. Der Button Fertig rechts unten im Menü ändert sich zu Merken. Klicken Sie darauf, bleiben die getätigten Einstellungen beim nächsten Öffnen des Dialogs erhalten.

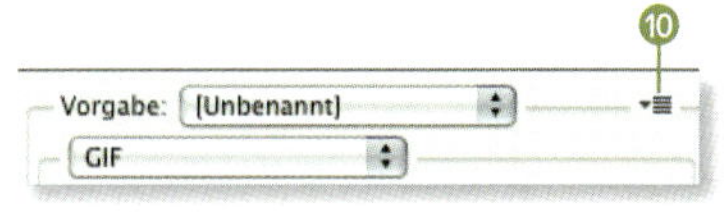

▲ **Abbildung 9.25**
Vorgabe-Menü

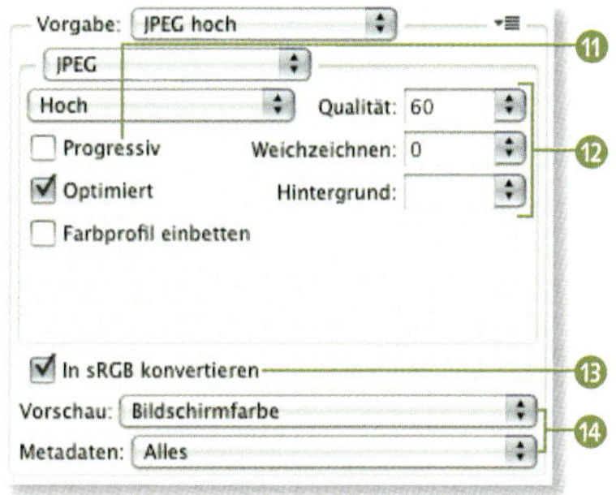

▲ **Abbildung 9.26**
Optionen für JPEG-Bilder

JPEG-Dateien | Im Gegensatz zu den anderen Formaten ist das JPEG-Format verlustbehaftet. Entsprechend finden Sie im rechten Bereich der Formatverwaltung ⑫ den Regler Qualität. Die Werte reichen von 0 (schlechteste Qualität, hohe Komprimierung) bis hin zu 100 (höchste Qualität, geringe Komprimierung).

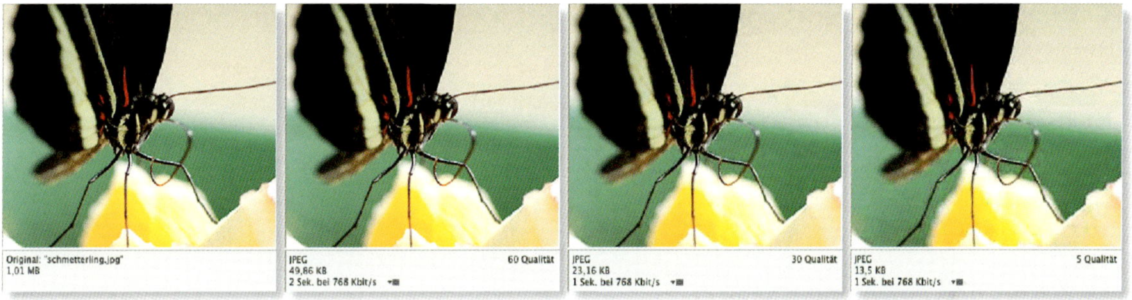

▲ **Abbildung 9.27**
Motiv in verschiedenen Kompressionsstufen

Der Komprimierungsalgorithmus von JPEG-Bildern funktioniert umso effektiver, je unschärfer das Motiv ist. Erhöhen Sie den Wert für Weichzeichnen optional um von Adobe empfohlene 0,1 bis 0,5, um den Filter Gaussscher Weichzeichner anzuwenden und die Dateigröße damit zu verringern.

Die Farbe, die Sie bei dem Eintrag Hintergrund angeben, ersetzt eventuell vorhandene Transparenzen im Motiv, die das JPEG nicht darstellen kann.

Die Option Progressiv ⑪ können Sie vernachlässigen. Sie sorgt dafür, dass ein Bild nach und nach aufgebaut wird, ist aber heutzutage ein absolutes »No Go«. Optimiert kitzelt noch ein paar KB mehr aus dem Motiv heraus, diese Option können Sie also immer aktiviert halten. Sollte Ihr Bild nicht im sRGB-Farbraum angelegt sein, können Sie es über die entsprechende Checkbox aktivieren ⑬.

TIPP

Wenn Sie auf der Suche nach der optimalen Kompressionsstufe für ein Motiv sind, beginnen Sie nicht von oben herunter zu komprimieren, sondern von unten herauf. Beginnen Sie also bei einem sehr niedrigen Qualitätswert, und steigern Sie sich schrittweise nach oben. Andernfalls überlisten Sie sich selbst mit dem stets »besseren« Motiv im Hinterkopf.

Gamma-Werte

Unter Windows wird mit einem Gamma-Wert von 2,2 gearbeitet. Somit wird insgesamt alles dunkler dargestellt als unter OS X mit einem Gamma-Wert von 1,8. Prüfen Sie Ihre Grafiken unter beiden Bedingungen ausreichend auf Kontrastwirkung.

Über das Menü VORSCHAU ⓮ können Sie die Bildschirmhelligkeit verschiedener Systeme testen. Um Metadaten, wie Fotograf, verwendete Kamera etc., mit einem Bild zu speichern, wählen Sie den für Sie passenden Eintrag aus dem Menü METADATEN ⓮.

GIF- bzw. PNG-8-Dateien | Die Optionen für diese beiden Dateiformate sind bis auf einen Punkt identisch. Zuerst geben Sie die gewünschte Farbanzahl ❻ an. Je mehr Farben, desto größer die Datei.

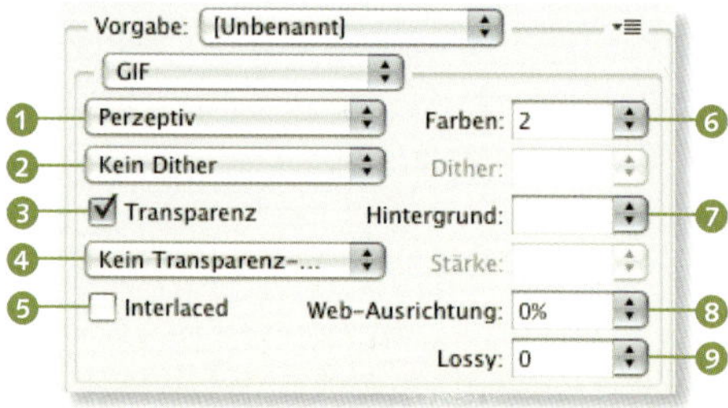

Abbildung 9.28 ▸
Optionen für GIF- und PNG-8-Bilder

▲ Abbildung 9.29
Von links: Original, GIF (4 Farben), GIF Transparent (8 Farben), PNG-8 Transparent (8 Farben)

Über das Menü ❶ können Sie eine Farbtabelle wählen, die jedoch nur irrelevante Auswirkungen auf die 256 darstellbaren Farben und die Dateigröße hat.

Um eine Mehrzahl an Farben zu simulieren, können Sie den Diffusion-Dither ❷ verwenden, dessen Stärke Sie über das danebenstehende Menü regeln können. Je höher der Wert, desto mehr wird vorhandene Farbe »aufgesprenkelt«, wodurch sich ein rudimentärer Verlaufseffekt ergibt.

Der wohl interessanteste Aspekt ist die Fähigkeit, TRANSPARENZ ❸ darzustellen. Einerseits können bereits als transparent definierte Bereiche gespeichert werden, andererseits können Sie auch im Dialog selbst eine bestimmte Farbe als Transparenzwert deklarieren. Wählen Sie dazu die gewünschte Farbe in der Farbfelder-Palette, oder suchen Sie mit der Pipette die gewünschte Farbe in der Vorschau und klicken auf das Symbol ZUORDNUNG AUSGEWÄHLTER FARBEN ZU TRANSPARENT ❿.

▲ Abbildung 9.30
Die Farbpalette einer GIF- bzw. PNG-8-Datei

Um die Übergänge von Motiv zu transparentem Grund weniger hart zu machen, können Sie äquivalent zum oben erwähnten Dither auch die Transparenz »aufsprenkeln« ④.

Die Funktion INTERLACED ⑤ entspricht dem progressiven Laden von JPEGs und kann ebenso getrost ignoriert werden.

Um weitere Dateigröße einzusparen, können Sie das Motiv bewusst »zerstören«. Der Wert LOSSY ⑨ fügt gesteuert Datenverluste ein. Die hier eingesparten Bytes sollten für Sie jedoch kein Grund sein, zu dieser Funktion zu greifen. Ähnlich unnötig ist die Option WEB-AUSRICHTUNG ⑧, die regelt, wie großzügig Photoshop mit der Anpassung der Farben in der Farbtabelle umgehen darf, um sie websicher zu gestalten.

HINWEIS

An der Farbtabelle lassen sich zahlreiche Einstellungen tätigen, was das Hinzufügen, Löschen, Sperren und Absichern von Farben betrifft. All diese Feinjustierungen spielen heutzutage jedoch keine bedeutende Rolle mehr, weshalb wir an dieser Stelle auf eine genaue Erklärung verzichten möchten.

Stufige Kanten

GIF/PNG-8-Dateien unterstützen nur einen Transparentwert: 100%. Geschwungene Formen werden, wenn vor transparentem Hintergrund stehend, mit unschönen verpixelten Kanten dargestellt. Sie können dem ein wenig entgegentreten, indem Sie für den HINTERGRUND ⑦ eine Farbe wählen, die dem Hintergrund auf der Website dort entspricht, wo Sie die Grafik später platzieren möchten. Photoshop verrechnet dann die Randpixel der Grafik mit der Hintergrundfarbe und versucht somit weichere Übergänge zu schaffen. In der Praxis ist das nur noch selten sinnvoll. Bessere Ergebnisse erzielen Sie mit dem PNG-24-Format.

▲ **Abbildung 9.31**
Von links: Original, mit Transparenz auf Hintergrund, mit Transparenz und Hintergrundfarbe auf Hintergrund

PNG-24 | Dieses Format bietet vergleichsweise wenige Optionen. Sie können die Transparenz im Bild erhalten, wodurch die Datei deutlich an Größe gewinnt. Dafür sind Sie deutlich flexibler im Gestalten Ihrer Layouts.

TIPP

Aktivieren Sie testweise die Checkbox TRANSPARENZ ⑪, auch wenn Ihr Bild eigentlich keine aufweist. In manchen Fällen wird die Bildgröße sogar kleiner anstatt wie eigentlich zu erwarten größer.

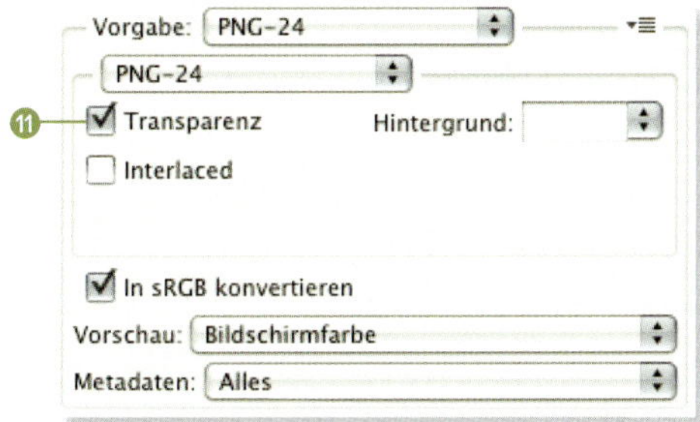

◂ **Abbildung 9.32**
Optionen für PNG-24-Bilder

▲ **Abbildung 9.33**
Von links: Originalmotiv, PNG-24 ohne Transparenz, PNG-24 mit Transparenz, JPEG im Vergleich zum PNG-24 ohne Transparenz

Wie Sie an den Bildvergleichen erkennen, lohnt es sich nicht, Bilder ohne Transparenz im PNG-24-Format zu sichern. Selbst ein JPEG mit geringer Kompression ist noch deutlich kleiner, bei kaum bemerkbaren Qualitätsunterschieden.

Die anderen Optionen entsprechen denen, die unter JPEG-Dateien beschrieben wurden.

Auf Dateigröße optimieren

Anstatt über die verschiedenen Parameter auf eine bestimmte Größe hinzuarbeiten, können Sie das Pferd auch andersherum aufsatteln. Wählen Sie im Vorgabe-Menü den Punkt Auf Dateigrösse optimieren. Im erscheinenden Fenster können Sie angeben, wie groß Ihr Bild maximal sein darf. Photoshop passt die benötigten Parameter automatisch an. Auf Wunsch sucht Photoshop auch selbstständig das geeignete Bildformat aus. Mehr Kontrolle haben Sie aber dennoch über den manuellen Weg.

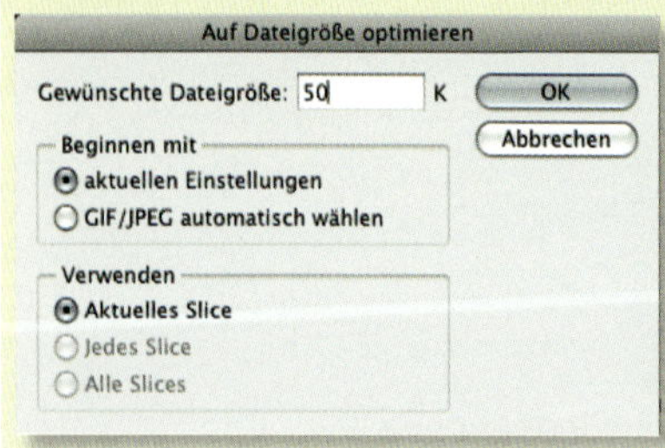

◂ **Abbildung 9.34**
Dateigröße automatisch optimieren lassen

9.4 Übergabe der Photoshop-Daten

Nachdem das Design in Photoshop erstellt wurde, erfolgt zumeist die direkte Weiterverarbeitung im (HTML-)Editor. In manchen Fällen führt ein weiterer Zwischenschritt über Fireworks, sei es zum Erstellen von Clickdummys oder weil der Programmierer das Gesamtdesign lieber in dieser Umgebung zerlegt.

Dieses Kapitel zeigt Ihnen die wichtigsten Aspekte im Umgang mit Fireworks und Dreamweaver bzw. erläutert, was bei der Benennung der Dateien zu beachten ist, wenn Sie die HTML-Seite manuell aufbauen.

9.4.1 Fireworks

Die Zusammenarbeit zwischen Photoshop und Fireworks wurde zur aktuellen Version deutlich verbessert, dennoch gibt es einige Fallstricke und Fehlerquellen, die Ihren Entwurf optisch »versauen« können. Die folgende Übersicht zeigt Ihnen eine Zusammenfassung nützlicher Informationen zur Übergabe von Photoshop-Dateien an Fireworks.

Ebenenobjekte | Alle Inhalte einer Ebene werden als ein gemeinsames Objekt auf jeweils separater Fireworks-Ebene abgelegt.

Masken | Ebenenmasken werden problemlos übernommen. Vektormasken werden in Ebenenmasken umgewandelt, das Aussehen bleibt jedoch erhalten. Ebenen, die sowohl Ebenen- als auch Vektormasken aufweisen, werden fehlinterpretiert. Hier empfiehlt es sich, die Vektormaske zuvor in Photoshop als Ebenenmaske zu verrechnen.

Masken, die einer Ebenengruppe zugeordnet sind, gehen verloren. Ziehen Sie alternativ in Photoshop die Maske der Gruppe mit gehaltener Alt-Taste auf die Einzelebenen innerhalb der Gruppe.

Schnittmasken | Schnittmasken werden von Fireworks nicht unterstützt. Erstellen Sie in Photoshop stattdessen eine Ebenenmaske, basierend auf der Schnittmenge beider Ebenen. Klicken Sie dazu mit der Strg/⌘-Taste zuerst auf die Miniatur der einen, dann mit gedrückter Strg/⌘+⇧+Alt-Taste auf die zweite Ebene. Erstellen Sie auf Basis dieser Auswahl eine Maske für die obere der beiden Ebenen.

Alpha-Kanäle | Fireworks unterstützt lediglich den ersten Alphakanal, der in einer Photoshop-Datei angelegt ist. Dieser kann zur Definition transparenter Bereiche im Fireworks-Dokument verwendet werden.

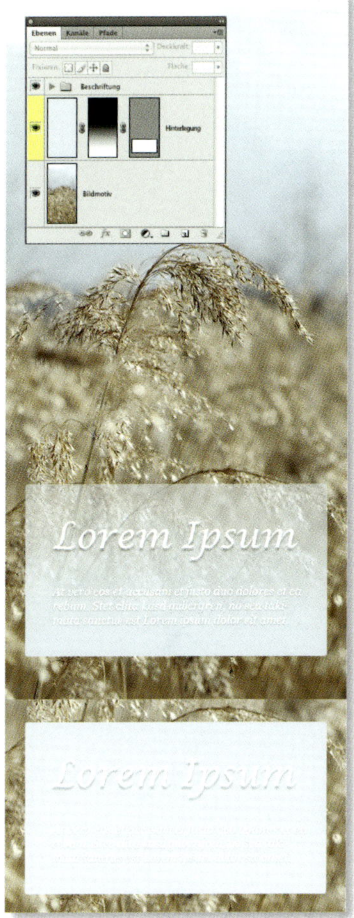

▲ **Abbildung 9.35**
Mögliche Fehlauswirkung beim Export von Ebenen mit Ebenen- und Vektormaske

Live-Filter

Im Vergleich zu normalen Effekten passen sich Live-Filter in Fireworks automatisch veränderten Ebeneninhalten an.

Fülloptionen | Einer Ebene zugewiesene Effekte werden beibehalten. Alternativ können sie beim Import auch in entsprechende Live-Filter umgewandelt werden, was jedoch leichte optische Differenzen verursachen kann.

Füll- und Einstellungsebenen | Diese Korrekturebenen gehen beim Import in Fireworks verloren. Wenden Sie die Befehle in Photoshop als normale Korrektur an. Achtung: Dabei verändern Sie die Bildinformationen dauerhaft!

Füllmethoden | Die Füllmethoden der Ebenen werden, sofern vorhanden, in äquivalente Mischmodi von Fireworks konvertiert.

Textboxen | Textinhalte, die in Photoshop am unteren Rand von der Textbox beschnitten werden, zeigt Fireworks vollständig an. Löschen Sie zuvor in Photoshop unnötigen Text komplett heraus.

Abbildung 9.36 ▼
In Photoshop wird der Textfluss vom Textrahmen beschränkt. In Fireworks wird diese Beschränkung aufgehoben.

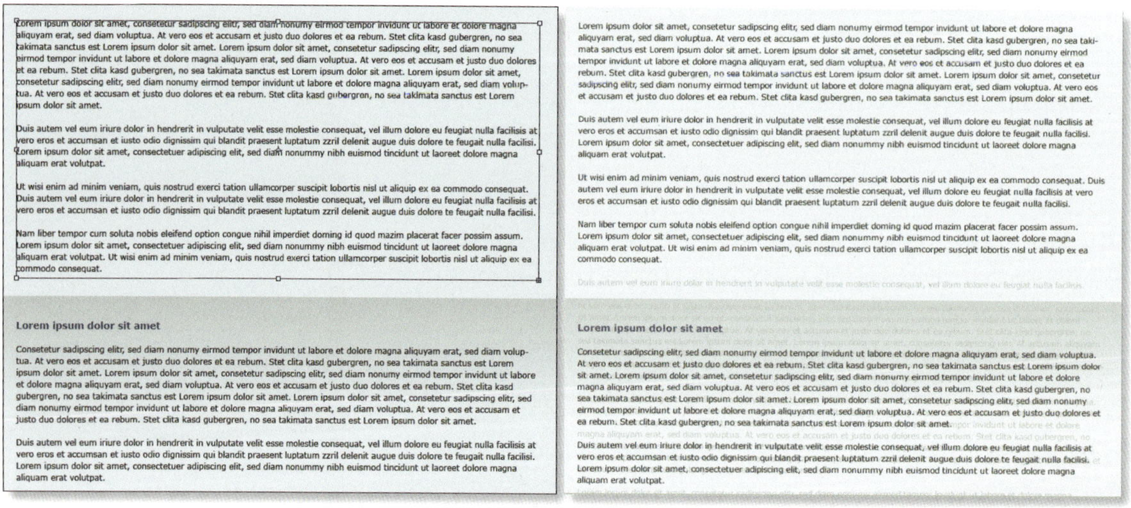

Slices | Seit Version CS4 werden Slices problemlos unter Beibehaltung spezifischer Eigenschaften wie Name oder URL übernommen.

9.4.2 Dreamweaver

Die direkte Zusammenarbeit von Photoshop und Dreamweaver beschränkt sich bisweilen noch auf zwei Haupt-Workflows:

- das Platzieren von PSD-Dateien beziehungsweise das Kopieren/Einfügen von aus PSD-Dateien entnommenen Auswahlen (seit CS3) und
- die Integration von Smart-Objekten (seit CS4).

Kopieren/Einfügen | PSD-Dateien lassen sich direkt in Dreamweaver importieren und auf der Arbeitsfläche positionieren. Der sich daraufhin öffnende Bildvorschau-Dialog ermöglicht Optimierungseinstellungen ähnlich dem FÜR WEB UND GERÄTE SPEICHERN-Fenster aus Photoshop. Es kann zwischen den Dateitypen PNG, JPEG und GIF gewählt werden, inklusive der bereits bekannten Optionen. Die Originaldatei bleibt indes unbeeinflusst.

Ebenfalls lassen sich Auswahlen, die aus Photoshop in die Zwischenablage kopiert wurden (ob Slice, einzelne Ebene oder auf eine Ebene reduziert), ohne Probleme direkt in die Arbeitsfläche von Dreamweaver einfügen. Auch hier sorgt der Bildvorschau-Dialog für die Umwandlung in eine gewünschte webspezifische Grafik. Diese direkte Methode erhält, sofern die PSD-Datei, aus der der Bildausschnitt stammt, vorher abgespeichert wurde, stets die Daten und Bearbeitbarkeit des Originals ohne die eventuellen Kompressionsverluste der Weboptimierung.

In diesem Fall sind die Bildvorschau-Einstellungen reversibel und verlustfrei rückgängig zu machen. Beim erneuten Einfügen einer Photoshop-Auswahl über ein bestehendes Bild werden die jeweiligen Optimierungseinstellungen auf das neue Bild angewandt.

▲ **Abbildung 9.37**
Photoshop-Integration in Dreamweaver

Smart-Objekte | Sie sind, wie aus Photoshop bekannt, Referenzen auf eine Originaldatei, die von den in Dreamweaver vorgenommenen Anpassungen unbeeinflusst bleibt. Ein Icon direkt auf dem Bild symbolisiert den Synchronisierungszustand zwischen der generierten Vorschau und dem Original. Sollten Änderungen an diesem vorgenommen worden sein, genügt das Aktualisieren an einer Stelle, um alle auf diese Referenzdatei verweisenden Grafiken auf den neuesten Stand zu bringen. Ebenfalls sehr nützlich: Bereits platzierte weboptimierte Dateien aus Smart-Objekten werden beim weiteren Einsatz als solche erkannt, mit der Quelldatei verknüpft und damit als Smart-Objekt eingefügt. Zuvor angelegte Optimierungseinstellungen bleiben auch bei einer Aktualisierung des Originals erhalten und werden einfach neu angewandt.

Dreamweaver speichert in den so genannten »Design Notes« Namen und Pfad der Referenzdateien ab. Außerhalb der Website abgelegte Dateien werden als absoluter, auf den jeweiligen Rechner bezogener Dateipfad angegeben. In Zusammenarbeit mit Teammitgliedern können sich daraus Probleme ergeben. Daher sollten Originale besser direkt in der Ordnerstruktur des Projekts zur Verfügung stehen.

▲ **Abbildung 9.38**
Synchronisierter ❶ und unsynchronisierter ❷ Zustand

9.4.3 Dateibenennungen

Das Benennen von Dateien in einem Projekt sollte nicht spontan und willkürlich geschehen, sondern von vornherein konkreten Konventionen folgen. Ein einmal erstelltes Konzept, das konsequent eingehalten wird, hilft nicht nur bei der allgemeinen Orientierung im Team, sondern erleichtert auch das Wiederauffinden von Dateien sogar über Jahre hinweg. Arbeiten Sie vorrangig mit anderen zusammen, einigen Sie sich auf eine einheitliche Nomenklatur und eine verbindliche Ordnerstruktur, die für alle verständlich ist. Die Zeit, die Sie durch das Wegfallen von Umbenennungen oder Suchen sparen, rechtfertigt den kurzfristig höheren Aufwand bei weitem.

Namen der auf einer Website verwendeten Dateien sind zudem »URL-konform« zu schreiben, damit sie beim (weltweiten) Aufruf durch den Browser fehlerfrei interpretiert werden können. Dazu gehört, dass nur ein begrenzter Zeichensatz zur Verfügung steht, die 95 druckbaren Zeichen des **A**merican **S**tandard **C**ode for **I**nformation **I**nterchange (**ASCII**), mit dem Leerzeichen beginnend:

```
 !"#$%&'()*+,-./0123456789:;<=>?@ABCDEFGHIJKLMNOPQRSTUVWXY
Z[\]^_`abcdefghijklmnopqrstuvwxyz{|}~
```

Von diesen sind einige reserviert, da ihnen eine spezifische Bedeutung in der Pfadangabe von Quellen zukommt. Zu ihnen gehören:

```
! # $ % & ' ( ) * + , / : ; = ? @ [ ]
```

Übrig bleibt demnach die Verwendung der Buchstaben, Ziffern und folgender Zeichen:

`- _ . ~` (Bindestrich, Unterstrich, Punkt, Tilde)

Auch wenn Projektdateien, wie die PSDs, nicht direkt auf der Website zum Einsatz kommen, empfiehlt es sich dennoch, die gesetzten Regeln konsequenterweise auch hier anzuwenden. Etwaige Inkonsistenzen lassen sich auf diese Weise vermeiden. Zu beachten sind außerdem die folgenden Punkte:

Kleinschreibung | Die meisten Server im World Wide Web unterscheiden (im Gegensatz zu eMail-Adressen) zwischen Groß- und Kleinschreibung. Das Aufrufen von *http://www.name-der-website.de/***bild.jpg** wird mit einem »Nicht gefunden« quittiert, sollte die Datei **Bild.jpg** heißen. Es hat sich der Einfachheit halber eingebürgert, daher konsequent auf Großbuchstaben zu verzichten.

Leerzeichen | Dateinamen und Pfade werden grundsätzlich zusammenhängend geschrieben, ohne Trennung durch ein Leerzeichen. Auch wenn sich der Unterstrich als adäquater Ersatz anbietet, sollte dennoch der Bindestrich zum Einsatz kommen. Der Grund liegt in der eindeutigeren Interpretation als Trennzeichen. Hauptverantwortlich für diesen Umstand ist der aktuelle Suchmaschinenmarktführer Google, der **salat_gurke.jpg** als zusammenhängendes Wort (Salatgurke) liest und nur **salat-gurke.jpg** als zwei voneinander getrennte Begriffe versteht (Salat und Gurke). Aus Sicht der Suchmaschinenoptimierung ein nicht zu vernachlässigender Aspekt.

Umlaute/Sonderzeichen | Das Darstellen der deutschen Umlaute **ä**, **ö**, **ü** und des **ß** wird mit **ae**, **oe**, **ue** und **ss** realisiert. Akzente, Cedillen und andere diakritische Zeichen (Markierungen für Betonungen) werden einfach weggelassen. **É**, **ç**, **â** wandeln sich somit simpel in die Zeichenrümpfe **e**, **c**, **a**. Sollte keine äquivalente Darstellung möglich sein, sind Sonderzeichen entweder auszuschreiben (∞ als »unendlich«) oder ganz zu entfernen.

Versionierungsangaben | Müssen mehrere Versionen derselben Datei unterschieden werden, sollte dies mit einer konkreten, fortlaufenden Versionsnummer oder alternativ mit dem aktuellen Datum geschehen. Das gern genutzte Komparationsverfahren **logo_neu.psd**, **logo_neuer.psd** oder **logo_neuneu.psd** verrät den tatsächlichen Fortschritt auf den ersten Blick nur schwer. Besser wäre in diesem Fall **logo-version-1.psd** oder **logo-2009-03-23.psd**. Das Anfügen der Ziffern bietet Vorteile bei der Darstellung im Dateisystem. Die entsprechenden Versionsblöcke sortieren sich auf diese Weise zusammenhängend:

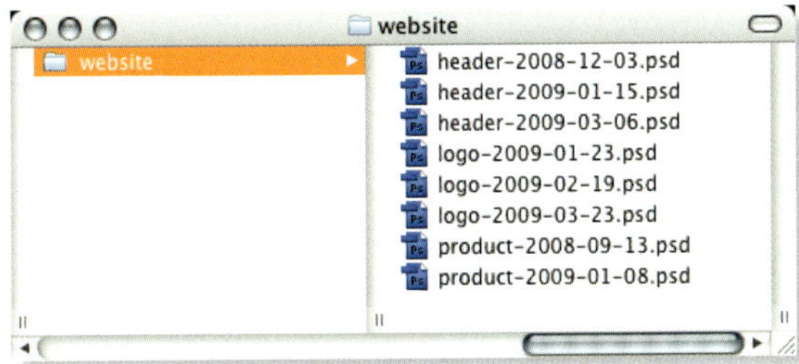

◂ **Abbildung 9.39**
Beispiel für eine übersichtliche Dateibenennung bei der Verwendung mehrerer Versionen

Inhaltliche Bezeichnung | Kryptische, nicht gebräuchliche Abkürzungen, die nur im Moment der Verwendung sinnvoll erscheinen, oder anderweitige Anhänge sollten vermieden werden. Im Optimalfall spiegelt der Dateiname den betreffenden Inhalt wider. Ein **_hpp2937.jpg** ist in einer beschreibenden, kontextbezogenen Sprache wie **katze-im-sack.jpg** für Mensch und Maschine besser auszuwerten.

Individuell entscheiden | Finden Sie für den konkreten Anwendungsfall ein eigenes System. Gerade bezüglich der Versionierung und inhaltlichen Bezeichnung sind pauschale Tipps nicht immer anwendbar.

9.5 Zusammenfassung

In diesem Kapitel haben Sie gelernt, wie Sie Ihr Screendesign für die Weiterverwendung optimal aufbereiten und welche Aspekte dabei zu beachten sind. Hier die Kerninhalte nochmals zusammengefasst.

9.5.1 Slicen

- Screendesigns werden in kleine Einzelteile zerlegt und anschließend per HTML zusammengesetzt.
- Slices gliedern sich in benutzerdefinierte Slices, die manuell konfiguriert werden können und Auto-Slices.
- Slices lassen sich beim Export separat bezüglich Dateiformat und dessen Eigenschaften konfigurieren.
- Die Ausgabe von Slices mit HTML-Code aus Photoshop ist nicht empfehlenswert, da unter anderem keine semantische Strukturierung entsteht.

9.5.2 Dateiformate im Web

- Die wichtigsten Dateiformate im Web sind JPEG, GIF und PNG.
- JPEG bietet sich für fotorealistische Grafiken an, GIF für flächige Grafiken. PNG24 unterstützt mehrstufige Transparenz (Alphamaske).
- Das Optimieren von Grafiken für das Web erfolgt über den Dialog Für Web und Geräte speichern.

9.5.3 Übergabe der Photoshop-Daten

- Schnittmasken und Alphakanäle aus Photoshop werden in Fireworks nur unzureichend übernommen.
- Dreamweaver verarbeitet Smart-Objekte aus Photoshop und zeigt deren Synchronisierungsstatus an.
- Achten Sie auf eine webkonforme Dateibenennung. Die meisten Sonderzeichen sind tabu.

10 Umsetzung

Der beste Weg, sich in die Thematik Webdesign tiefergreifend einzufühlen, ist, sich selbst mit der konkreten, manuellen Umsetzung in HTML und CSS zu beschäftigen. Auf diese Weise erhalten Sie recht schnell einen Einblick, welche Elemente als Grafik und was besser mit CSS formatiert ausgegeben werden sollte. Tests in unterschiedlichen Browsern mit variablen Schriftgrößen zeigen, wo und wie Ihr Design im gesetzten Rahmen (die Anzeige für den Bildschirm) flexibel reagieren muss. Mit diesen Erkenntnissen erreichen Sie mit den in Photoshop erstellten Vorlagen von vornherein Ergebnisse, die sich umstandslos mit den definierten Standards wohlgeformt wiedergeben lassen.

Aufgrund des recht großen Umfangs ist es in diesem Buch nicht möglich, das Thema Umsetzung erschöpfend zu erklären. Das vermittelte Grundlagenwissen genügt jedoch, um die Basis Ihrer eigenen Projekte erstellen zu können, und erleichtert Ihnen das weitere Vorankommen durch Recherche bei speziellen Problemstellungen. Neben weiterer Lektüre in Buchform bietet das Internet einen reichhaltigen Pool an Informationen. Die Webentwicklergemeinde ist in Foren und Blogs sehr engagiert und hilft sich gegenseitig mit dem Bereitstellen von Problemlösungen aus. In Kapitel 15, »Ausblicke«, erhalten Sie Hinweise, wie Sie Ihren Weg zum professionellen Webdesigner fortsetzen können.

Prinzipiell kann HTML und CSS mit jedem beliebigen Editor erstellt werden, der das Abspeichern von nicht formatiertem Text erlaubt. Diese Aussage mag auf den ersten Blick eventuell verwirren, da bisher stetig das Formatieren einer Website beschrieben wurde. Dies bezieht sich aber nur auf die letztendliche Ausgabe im Browser, der eigentliche Quelltext besteht aus reinem unformatiertem Text. Ein bekanntes Beispiel für einen solchen Editor ist das unter Windows kostenlos mitgelieferte Programm Notepad. Um die Arbeit mit den zu verwendenden Syntaxen zu erleichtern, empfiehlt es sich aber, auf Software zurückzugreifen, die zumindest das so genannte Syntax-Highlighting unterstützt. Dabei handelt es sich um die farbliche Hervorhebung einzelner Bereiche im Quelltext, was die Lesbarkeit

Begriffserklärung

Syntax bezeichnet in diesem Fall die zusammengefassten, formalen Regeln der jeweiligen Sprache.

deutlich erhöht und die Fehlersuche einfacher gestaltet. Einige Beispielabbildungen hierfür finden Sie vor allem in Abschnitt 8.2.1, »Liste der Elemente«. Für den Anfang ist es ausreichend, eine der vielen kostenlosen Möglichkeiten in Anspruch zu nehmen. Etwas überdimensioniert, aber ebenfalls brauchbar, ist die Code-Ansicht von Dreamweaver, der Ihnen eventuell im Bundle der Creative Suite zur Verfügung steht. Ansonsten wählen Sie einen für Sie passenden aus der nachfolgenden Liste:

Im Verzeichnis SOFTWARE/ENTWICKLUNG finden Sie Demoversionen einiger wichtiger Editoren.

- **Windows:**
  - E-Texteditor (kostenpflichtig, *http://www.e-texteditor.com*)
  - Notepad2 (kostenlos, *http://www.flos-freeware.ch/notepad2.html*)
  - Notepad++ (kostenlos, *http://notepad-plus.sourceforge.net*)
- **Mac OS X:**
  - TextMate (kostenpflichtig, *http://macromates.com*)
  - BBEdit (kostenpflichtig, *http://www.barebones.com/products/bbedit/*)
  - TextWrangler (kostenlos, *http://www.barebones.com/products/textwrangler/*)
- Weitere Editoren auch für andere Betriebssysteme finden sich unter:
  - *http://de.wikipedia.org/wiki/Liste_von_Texteditoren* und
  - *http://www.smashingmagazine.com/2008/05/07/35-useful-source-code-editors-reviewed/*.

Neben dem Editor benötigen Sie außerdem die Vorlagendateien auf der Buch-DVD. Halten Sie dazu noch einen Browser mit standardkonformer Darstellung als Referenzansicht bereit. Firefox in der aktuellsten Version empfiehlt sich hierfür.

Die hier gezeigte Vorgehensweise beim Aufbau richtet sich entsprechend nach den jeweiligen Schichten einer Website. Nachdem die Ordnerstruktur festgelegt wurde, folgt das Erstellen der Dokumentenstruktur, dann die Formatierung und zu guter Letzt das Einbinden von interaktiven Funktionen mittels JavaScript.

Validierung

Um Ihre Arbeiten gegen bestehende Standards zu kontrollieren, benötigen Sie die Hilfe eines Validators. Auf der Seite *http://validator.w3.org* stehen die Möglichkeiten zur Verfügung,

1. ein bereits im Web verfügbares Dokument zu prüfen,
2. eine HTML-Datei hochzuladen und validieren zu lassen und
3. eine direkte Eingabe von Quellcode auf Fehler zu testen.

Ist Ihnen das Aufsuchen der Website und die ständige Eingabe der Daten zu mühselig, nutzen Sie zum Beispiel die Funktionen der Firefox-Extension »Web Developer«, beschrieben in Abschnitt 15.2.2.

10.1 Ordnerstruktur

Kopieren Sie sich den auf der DVD enthaltenen Ordner HTML-VORLAGE im Verzeichnis 10-UMSETZUNG auf Ihren Rechner, im Idealfall und der Ordnung halber gleich in einen für dieses Projekt erstellten Ordner, und öffnen diesen. Er enthält eine generische Vorlagenstruktur mit den ersten benötigten Dateien:

10-UMSETZUNG/HTML-VORLAGE

- **layout:** Da sich die Bilder einer Website in inhaltliche und layoutdienliche unterteilen, sollten diese auch getrennt voneinander gespeichert werden. Der Ordner LAYOUT fasst demnach alle Bilddateien, die lediglich das Layout formatieren.
- **media:** Dem eigentlichen Inhalt zuzuordnende Bilder und alle anderen Mediendaten, wie Flash und Videos, finden hier ihren Platz. Bei Bedarf können weitere Unterordner erstellt werden, welche die Dateien nach Typ, Zeit oder Seitenstruktur sortieren.
- **script:** Alle für eine später implementierte Interaktivität per JavaScript benötigten Daten werden an dieser Stelle untergebracht.
- **style:** Verwendete CSS-Dateien kommen in diesen Ordner. Bereits enthalten sind »style.css« (die Standarddatei für die Formatierung der Website am Bildschirm), »ie7style.css« und »ie6style.css«. Die letzten beiden beziehen sich, wie zu vermuten ist, auf gesonderte Formatierungen für den Internet Explorer 7 und Internet Explorer 6. Die Erfahrung zeigt, dass fast jedes Projekt eine extra Behandlung dieser beiden Browser erfordert, so dass die Stylesheets standardmäßig durchaus in eine Vorlage gehören (bis dieser Marktanteil der IE-Versionen zukünftig derart gesunken ist, dass ihnen keine Beachtung mehr geschenkt werden muss).
- **index.htm:** Diese Datei wird die Struktur aller benötigten Angaben des Beispielprojekts enthalten. Alternativ könnte als Endung auch ».html« gewählt werden. Standardmäßig sind die meisten Server so eingestellt, dass sie beim Aufruf eines Ordners per Browser entweder die Datei »index.htm« oder »index.html« anzeigen, sofern diese vorhanden ist. Dies gilt auch für den Root-Ordner, so dass anstatt *http://www.name-der-seite.de/index.htm* die einfache Eingabe der **T**op **L**evel **D**omain (**TLD**) *http://www.name-der-seite.de* zum gleichen Ziel führt.

Die aufgezeigte Struktur ist lediglich als Vorschlag zu verstehen und spiegelt in keinster Weise Voraussetzungen für den funktionalen Aufbau einer Website wider. Sollten Sie gute Gründe oder abweichende Sortierungsvorlieben haben, fühlen Sie sich frei, Projekte nach eigenen Vorstellungen zu strukturieren. Nachfolgende Pfadangaben beziehen sich jedoch auf die DVD-Vorlage, so dass Sie diese bei einem abweichenden Aufbau entsprechend anpassen müssen.

10.2 Aufbau der Dokumentenstruktur

Öffnen Sie nun die Datei »index.htm« in einem Texteditor. Sie ist der Einfachheit halber bereits mit dem grundlegenden Aufbau eines HTML-Dokuments gefüllt. Ebenfalls enthalten sind die häufig und auch im Beispielprojekt genutzte Unterteilung in Header, Menü, Inhalt, Footer, die Seitenüberschrift und ein so genannter Skip-Link, dessen Funktion später genauer beschrieben wird.

Listing 10.1 ▶
Das Grundgerüst der Vorlagendatei »index.htm«

```
<!DOCTYPE html PUBLIC "-//W3C//DTD XHTML 1.0 Strict//EN"
   "http://www.w3.org/TR/xhtml1/DTD/xhtml1-strict.dtd">

<html xmlns="http://www.w3.org/1999/xhtml" xml:lang="de"
lang="de">
<head>
   <meta http-equiv="Content-Type" content="text/html;
   charset=utf-8" />

   <title>Titel der Seite</title>

      <meta name="keywords" content="Stichworte" />
      <meta name="copyright" content="Urheberrecht" />
      <meta name="author" content="Autor" />
      <meta name="description" content="Beschreibung" />
      <meta name="language" content="de-de" />

   <link rel="stylesheet" type="text/css"
   media="screen,projection" href="./style/style.css"
   charset="utf-8" />
   <!--[if IE 7]>
      <link rel="stylesheet" type="text/css"
      media="screen,projection"
      href="./style/ie7style.css" charset="utf-8" />
   <![endif]-->
   <!--[if IE 6]>
      <link rel="stylesheet" type="text/css"
      media="screen,projection"
      href="./style/ie6style.css" charset="utf-8" />
   <![endif]-->
</head>
<body>
```

```
    <div id="wrapper">
       <div id="header">
          <a href="#content" class="skip">Zum
          Seiteninhalt springen</a>
          <h1>
               <a href="#">Titel der Seite</a>
          </h1>
       </div>
       <div id="menu">

       </div>
       <div id="content">

       </div>
       <div id="footer">

       </div>
    </div>
</body>
</html>
```

Diesen Block nehmen wir nun Stück für Stück auseinander und ergänzen ihn mit weiteren Angaben. Rufen Sie sich zunächst noch einmal den Aufbau einer HTML-Auszeichnung aus Kapitel 5, »Raster«, in Erinnerung.

▼ **Abbildung 10.1**
Aufbau einer HTML-Auszeichnung

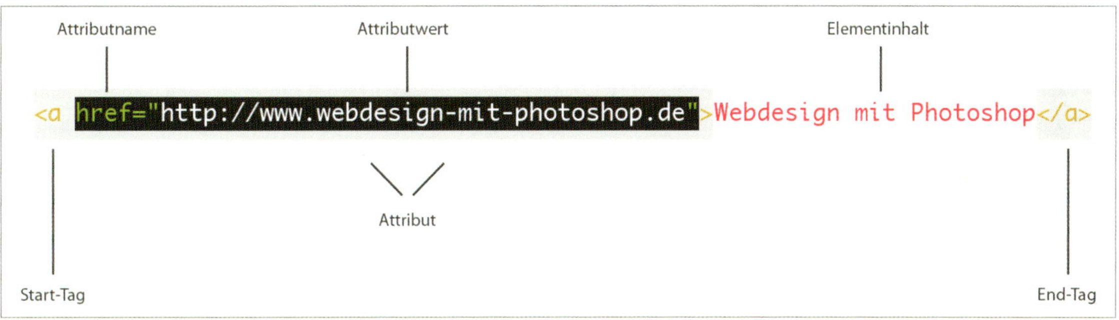

Das HTML-Element besteht aus einem **Start- und End-Tag**, die den Inhalt umschließen. Tags beginnen stets mit einer **öffnenden spitzen Klammer** (<), gefolgt vom **Tag-Namen**, eventuellen **Attributen**, die stets mit einem vorangehenden Leerzeichen versehen werden, und enden mit einer **schließenden spitzen Klammer** (>). Dem End-Tag wird dazu noch ein Schrägstrich vor der öffnenden Klammer vorangestellt (</). Handelt es sich hingegen um ein nicht umschließendes Tag, wie die im Grundgerüst gezeigten Meta-Angaben, folgt der Schrägstrich erst am Tag-Ende (z.B. beim manuellen Umbruch: `<br />`). Auf

HTML-Referenz

Eine Übersicht über alle erlaubten, benutzbaren und vorausgesetzten Attribute von HTML-Elementen finden Sie unter *http://de.selfhtml.org/html/referenz/attribute.htm.*

diese Weise lassen sich Bereiche einer Website oder auch nur des Textes explizit eingrenzen und auszeichnen.

Attribute können HTML-Elementen weitere Eigenschaften verleihen. Sie enthalten zumeist weitere Eigenschaften und unterteilen sich in so genannte Universalattribute wie IDs (`id`), Klassen (`class`), Titel (`title`), Textrichtung (`dir`), Sprache (`lang`) und Formatangaben (`style`), die in jedem HTML-Element (so auch den alleinstehenden) erlaubt sind, und elementspezifische Attribute, wie alternativer Text (`alt`), der nur in bestimmten Elementen wie Bild-Tags verwendet werden darf.

Achten Sie darauf, dass die Tag-/Attribut-Namen stets in Kleinschreibung notiert werden und Attributwerte keine Umbrüche enthalten sollten. Des Weiteren sind Attributwerte immer mit einfachen oder doppelten Anführungsstrichen umrahmt.

10.2.1 Doctypes und das HTML-Element

XML

Mehr zu XML finden Sie unter *http://de.wikipedia.org/wiki/Extensible_Markup_Language*.

Wie in Abschnitt 5.1.2, »Standards«, bereits aufgezeigt, existieren verschiedene Formatrichtlinien, um Hypertext zu beschreiben. Da sich Auswertungsverhalten und Fehlertoleranz des Browsers je nach HTML-Version unterscheiden, ist es daher wichtig, vorher festzulegen, nach welchen Vorgaben der Quelltext zu interpretieren ist. Die Angabe des **Doctypes** steht somit dem HTML-Code voran. Zum einen wird zwischen traditionellem HTML und e**x**tensible, also (X)HTML, zum anderen zwischen verschiedenen Modi unterschieden. In unserem Beispiel verwenden wir **(X)HTML 1.0** in der Variante **Strict** und müssen am Anfang des Dokuments folgende Anweisung notieren:

Listing 10.2 ▸
Mit dem Doctype legen Sie fest, nach welchem Standard der Browser den Quelltext interpretieren soll.

```
<!DOCTYPE html PUBLIC "-//W3C//DTD XHTML 1.0 Strict//EN"
   "http://www.w3.org/TR/xhtml1/DTD/xhtml1-strict.dtd">
```

(X)HTML ist syntaktisch kompatibel mit weiteren XML-basierten Sprachen und erlaubt damit ein einfacheres und vereinheitlichtes Auslesen mittels einer Programmiersprache sowie eine Verschachtelung der Formate untereinander (Anweisungen der Bildbeschreibungssprache SVG können beispielsweise direkt im Quelltext platziert werden). Zwar sind die formalen Unterschiede zu HTML nur im Detail zu finden, eine Gewöhnung an die strengeren Richtlinien der (X)HTML-Syntax erlaubt es Ihnen aber, von vornherein fehlerfreie Dokumente zu erstellen und jederzeit zu HTML zurückzuspringen.

HINWEIS

Grundsätzlich sollten Sie dem Nutzer die Entscheidung überlassen, ob dieser einen Link in einem neuen Fenster/Tab geöffnet haben möchte oder nicht.

Zwar bietet die Variante Transitional, im Gegensatz zu Strict, eine sanftere Fehlerbeurteilung und erlaubt die Verwendung des target-Attributs, mit dessen Hilfe Sie Links in neuen Fenstern öffnen lassen können, jedoch wurde sie nur als Übergangslösung für Umsteiger geschaffen und empfiehlt sich nicht zum Erlernen der Syntaxregeln.

Weitere Doctype-Angaben können sein:

- **HTML 4.01 Strict**

```
<!DOCTYPE html PUBLIC "-//W3C//DTD HTML 4.01//EN"
   "http://www.w3.org/TR/html4/strict.dtd">
```

- **HTML 4.01 Transitional**

```
<!DOCTYPE html PUBLIC "-//W3C//DTD HTML 4.01
   Transitional//EN"
   "http://www.w3.org/TR/html4/loose.dtd">
```

- **HTML 4.01 Frameset**

```
<!DOCTYPE HTML PUBLIC "-//W3C//DTD HTML 4.01
   Frameset//EN"
   "http://www.w3.org/TR/html4/frameset.dtd">
```

- **XHTML 1.0 Strict**

```
<!DOCTYPE html PUBLIC "-//W3C//DTD XHTML 1.0
   Strict//EN"
   "http://www.w3.org/TR/xhtml1/DTD/xhtml1-
   strict.dtd">
```

- **XHTML 1.0 Frameset**

```
<!DOCTYPE html PUBLIC "-//W3C//DTD XHTML 1.0
   Frameset//EN"
   "http://www.w3.org/TR/xhtml1/DTD/xhtml1-
   frameset.dtd">
```

- **XHTML 1.1**

```
<!DOCTYPE html PUBLIC "-//W3C//DTD XHTML 1.1//EN"
   "http://www.w3.org/TR/xhtml11/DTD/xhtml11.dtd">
```

Der Vollständigkeit halber

Normalerweise beginnen (X)HTML-Dokumente mit einer XML-Deklaration wie `<?xml version="1.0" encoding="UTF-8"?>` die unter anderem die zu verwendende Zeichenkodierung enthält. Da diese aber nicht notwendig ist und Probleme beim Internet Explorer verursacht, wird auf die Verwendung in diesem Beispiel und in den Vorlagen verzichtet.

Nach dem erfolgreichen Zuweisen des Doctypes wird das HTML-Element definiert. In (X)HTML ist dazu folgende Angabe nötig:

```
<html xmlns="http://www.w3.org/1999/xhtml" xml:lang="de"
lang="de"></html>
```

◀ **Listing 10.3**
Im HTML-Element legen Sie den zu verwendenden Namensraum und die Dokumentsprache fest.

Zum einen wird der XML-Namensraum angegeben (**xmlns** = **XML** **N**ame**s**pace) und dem Browser damit gesagt, wie das Dokument zu lesen ist. Auch wenn der Wert wie eine aufzurufende Adresse aussieht (die tatsächlich nachträglich vom W3C eingerichtet wurde), stellt sie nur einen beliebigen, vor allem aber eindeutigen Namen dar. Die Anweisungen **xml:lang** und **lang** legen browserübergreifend die verwendete Dokumentensprache fest.

Weiterführendes

Sollten Sie sich für die genauen Unterschiede zwischen HTML und (X)HTML interessieren, schauen Sie auf *http://de.selfhtml.org/html/xhtml/unterschiede.htm* vorbei. Die Zusammensetzung der Doctype-Deklarationen ist unter *http://de.selfhtml.org/html/allgemein/grundgeruest.htm* ausführlich beschrieben. Zu jedem Doctype finden Sie auf der DVD im Ordner 10-UMSETZUNG/HTML-DOCTYPES weitere Vorlagen.

10.2.2 Head

Zwischen dem HTML-Element folgt als Nächstes die Angabe des Head (Kopf):

```
<head></head>
```

Dieser enthält alle zusätzlichen Informationen zum Dokumenteninhalt, in dem Beispiel sind dies:

Für Typografie-Interessierte

Das Versal-Eszett hat es am 4. April 2008 in den Unicode Version 5.1 geschafft und belegt seitdem den Platz U+1E9E. Hintergründe finden Sie auf *http://www.typografie.info/typowiki/index.php?title=Versal-Eszett.*

Angaben zur Zeichenkodierung | Zeichenkodierung ist ein wichtiges Thema beim Austausch textbasierter Daten. Sie legt fest, welcher Zeichensatz zum Einsatz kommt. Dabei handelt es sich um einen vorher definierten Standard, der eine bestimmte Anzahl an Zeichen und deren Kodierungsart im Text enthält. Nicht jeder Zeichensatz umfasst alle Zeichen, so besteht ASCII beispielsweise nur aus 128. Auch können sich einzelne Kodierungen überschneiden. Bei falscher Angabe der Zeichenkodierung entsteht daraus eine unerwartete Ausgabe.

```
<meta http-equiv="Content-Type" content="text/html;
charset=utf-8" />
```

Das oben beschriebene Meta-Tag sorgt dafür, dass in diesem Fall **UTF-8** (**U**nicode **T**ransformation **F**ormat) zum Einsatz kommt. Unicode umfasst in seiner aktuellen Variante über 100000 verschiedene Zeichen und deckt damit nicht nur die meisten Sonderzeichen wie die deutschen Umlaute ab, sondern auch beispielsweise den gesamten Satz japanischer Schriftzeichen. Es empfiehlt sich also, im Sinne der internationalen Verfügbarkeit einer Website auf diese Zeichenkodierung zurückzugreifen. Zu beachten ist, dass die Dokumente im Editor mit UTF-8 gespeichert werden, da es ansonsten zu den erwähnten Fehldarstellungen kommt.

Titel der Seite | Der im `title`-Tag angegebene Text erscheint im Browser direkt in der Titelleiste und im jeweiligen Tab. Notieren Sie stets den Titel der aktuellen Seite an vorderster Stelle und Anhängsel wie den Namen der Website oder eventuelle Elternseiten danach, um auch bei mehreren gleichzeitig geöffneten Tabs dem Besucher eine optimale Übersicht zu gewährleisten.

```
<title>Titel der Seite</title>
```

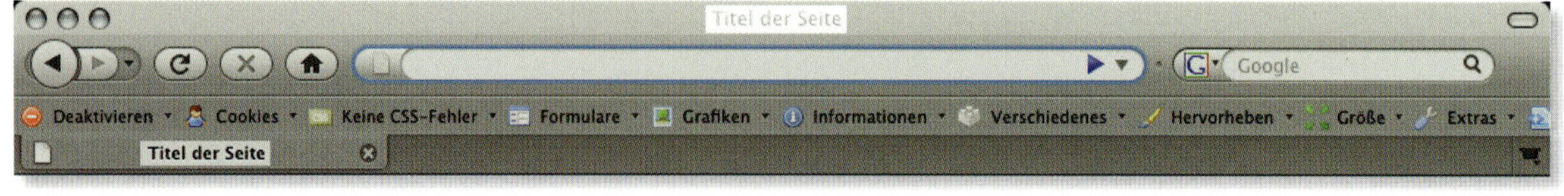

Abbildung 10.2 ▼
Der Text im `title`-Tag wird in der Titelleiste des Browsers und im jeweiligen Tab ausgegeben.

Metadaten | Eine Website kann so genannte Metadaten enthalten, die weitere Informationen zum Inhalt der Seite liefern. Tragen Sie im `content`-Attribut des jeweiligen `meta`-Tags die entsprechenden Informationen ein. Stichworte werden mit einem Komma voneinander getrennt und sollten nicht zu reichhaltig ausfallen. Die zu vermutende und früher tatsächlich gegebene Relevanz bei der Suchmaschinenoptimierung ist heutzutage vernachlässigbar. Die Inhalte in der `description`-Angabe werden allerdings in Suchmaschinen gern als beschreibender Text zusammen mit dem Link ausgegeben, so dass Sie an dieser Stelle einen ersten kurzen Überblick der zu erwartenden Inhalte zeigen können.

Vorlage

Wollen Sie die CSS- und JavaScript-Anweisungen im Head-Element angeben, finden Sie auf der DVD im Ordner 10-UMSETZUNG/HTML-CSS-JS-HEAD ein entsprechendes Beispiel.

```
<meta name="keywords" content="Stichworte" />
<meta name="copyright" content="Urheberrecht" />
<meta name="author" content="Autor" />
<meta name="description" content="Beschreibung" />
<meta name="language" content="de-de" />
```

Verweise auf Stylesheets | Mit dieser Anweisung stellen Sie die Verbindung zwischen der Struktur des Dokuments und den Formatierungsanweisungen her (die bekanntlich voneinander getrennt werden).

```
<link rel="stylesheet" type="text/css"
media="screen,projection" href="./style/style.css"
charset="utf-8" />
```

◂ **Listing 10.4**
Die Schnittstelle zwischen HTML- und CSS-Datei: das `link`-Element

Die Attribute `rel`, `type` und `charset` können im Regelfall wie hier gezeigt belassen werden. Die für Sie wichtigen Eigenschaften sind die Pfadangabe (`href`) und das Medium, auf das sich das Stylesheet bezieht (`media`).

Der Pfad wird relativ zum Aufenthaltsort der aufrufenden Datei (»index.htm«) angelegt. Das vorangestellte `./` bedeutet lediglich »der aktuelle Ordner«. Eine absolute Angabe ist ebenfalls möglich, z.B. `href= "http://www.webdesign-mit-photoshop.de/style/style.css "`.

@import

Neben der hier genannten Methode zur Einbindung der CSS-Dateien mittels `link`-Tag gibt es außerdem noch die Möglichkeit über die Anweisung `@import`. Schauen Sie sich hierzu einmal die »index.htm« im Ordner 10-UMSETZUNG/HTML-IMPORT auf der DVD an.

Wird die Eigenschaft `media` nicht gesetzt, gelten die Stilangaben für alle Medien (`all`). Im Beispiel werden Bildschirme (`screen`) und Beamer (`projection`) angesprochen. Stylesheets für weitere Medien lassen sich einfach hinzufügen, indem unter den bestehenden beispielsweise eines für die Druckansicht definiert wird:

```
<link rel="stylesheet" type="text/css" media="print"
href="./style/print.css" charset="utf-8" />
```

◂ **Listing 10.5**
Weitere Stylesheets einbinden

Die bereits erwähnten CSS-Dateien für den Internet Explorer 6 und 7 sind mittels so genannter »Conditional Comments« eingebunden:

Listing 10.6 ▶
Es können individuelle Stylesheets für unterschiedliche Versionen des Internet Explorers eingebunden werden.

```
<!--[if IE 7]>
    <link rel="stylesheet" type="text/css"
    media="screen,projection" href="./style/
    ie7style.css" charset="utf-8" />
<![endif]-->
<!--[if IE 6]>
    <link rel="stylesheet" type="text/css"
    media="screen,projection" href="./style/
    ie6style.css" charset="utf-8" />
<![endif]-->
```

Von Microsoft eingeführt, wird das HTML-Kommentarformat genutzt, um bestimmte Inhalte für alle anderen Browser auszublenden und nur für die in der `if`-Anweisung definierten Internet-Explorer-Versionen sichtbar zu machen. Auf diese Weise lassen sich die unschönen Fehler und eigenwilligen Interpretationen der MS-Software relativ leicht ausgleichen. Mehr dazu auf *http://www.quirksmode.org/css/condcom.html*.

Zusätzlich können Verweise auf JavaScript-Dateien erfolgen oder sogar direkt an dieser Stelle notiert werden. Für Stylesheet-Angaben gilt das Gleiche. Da es aber in fast allen Fällen sinnvoller ist, diese Angaben auszulagern (um sie nicht noch einmal in anderen Dokumenten eintragen zu müssen, was die Redundanz verringert), verzichten wir an dieser Stelle darauf.

10.2.3 Entitäten, Kommentare und Quelltextformatierung

Die Erläuterungen zum Kopfbereich sind abgeschlossen. Bevor es an den essenziellen Teil der Dokumentenstruktur geht, erhalten Sie vorher noch ein paar Hinweise, die bei der Erstellung von HTML-Dokumenten zu beachten oder nützlich sind.

Entitäten | Die Zeichen < > & " (spitze Klammer auf, spitze Klammer zu, kaufmännisches Und, doppeltes Anführungszeichen) sind reserviert und dürfen im Quelltext nicht unmaskiert, also nicht ohne gesonderte Kennzeichnung genutzt werden. Um sie dennoch wiederzugeben, kommen so genannte Entitäten zum Einsatz. Sie beginnen mit einem kaufmännischen »Und« (&) und enden mit einem Semikolon. Für die genannten Zeichen sind dies:

```
< = &lt;
> = &gt;
& = &amp;
" = &quot;
```

Ohne Maskierung ist das Dokument nicht valide, und es kann zu Fehldarstellungen in Browsern kommen.
Mit Hilfe der Entitäten lassen sich aber auch andere Sonderzeichen darstellen. Dies ist vor allem dann nützlich, wenn UTF-8 als Kodierungsoption nicht zur Verfügung steht. Auf *http://de.selfhtml.org/html/referenz/zeichen.htm* finden Sie eine Liste weiterer Entitäten.

Kommentare | Gerade bei komplexeren Quelltexten und in der Arbeit im Team lohnt sich das Setzen von Kommentaren. Sie beginnen mit `<!--` und enden mit der Zeichenfolge `-->`, ob ein- oder mehrzeilig eingesetzt, spielt keine Rolle. Ein Beispiel im Kontext wäre:

```
<!-- Seit Jahrhunderten immer der gleiche Blindtext ...
-->
<p>Lorem ipsum dolor sit amet ...</p>
```

◂ **Listing 10.7**
Kommentare im HTML-Code

Der Text »Seit Jahrhunderten immer der gleiche Blindtext« wird vom Browser nicht ausgegeben und ist nur im Quelltext selbst sichtbar.

Quelltextformatierung | Die Anordnung des Quelltextes ist Geschmackssache, dennoch empfiehlt es sich, ein einheitliches Schema zu nutzen, um die Lesbarkeit über Projekte und Jahre hinweg gleichbleibend hoch zu halten. Im Folgenden wird für jede Verschachtelungsebene ein weiterer Tab gesetzt. Wie groß der Abstand ausfällt, hängt beim Betrachten der Beispieldateien auf der DVD von den Einstellungen Ihres Editors ab. Jedes Blockelement sollte auf eine neue Zeile gesetzt werden. Enthält es mehrere Zeilen Inhalt, ist auch dieser zur besseren optischen Trennung auf eine eigene Zeile und um eine Tab-Länge eingerückt zu platzieren.

10.2.4 Vom Layout zur Struktur

Die Definition des eigentlichen Inhalts erfolgt in einer (X)HTML-Datei stets im `body`-Element, das direkt nach dem schließenden `head`-Tag folgt:

```
<body></body>
```

Weisen Sie als erste, aufwärmende Fingerübung in der Vorlagendatei dem öffnenden `body`-Tag das Attribut `id` mit dem Wert `startseite` zu. Das Ergebnis sollte wie folgt aussehen:

```
<body id="startseite">
```

Bei der späteren Formatierung wird dieser Indikator benötigt, um seitenspezifische Angaben zu realisieren. In unserem konkreten Fall wird es das Icon im Menü sein.

HINWEIS
Die Benennung durch das ID-Attribut hilft bei der Orientierung im Quelltext und ist für die Formatierung notwendig. IDs dürfen dabei nur einmal in einem Dokument auftreten und niemals mit einer Zahl beginnen.

Es hat sich eingebürgert, alle Inhalte einer Seite in einen umschließenden Container zu packen, nämlich den im body-Element platzierten Wrapper:

```
<div id="wrapper"></div>
```

00-BEISPIELPROJEKT/GESAMT/STARTSEITE-13.PSD

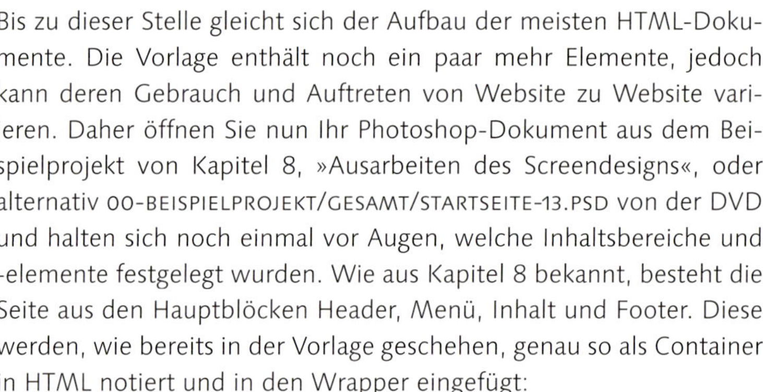

Bis zu dieser Stelle gleicht sich der Aufbau der meisten HTML-Dokumente. Die Vorlage enthält noch ein paar mehr Elemente, jedoch kann deren Gebrauch und Auftreten von Website zu Website variieren. Daher öffnen Sie nun Ihr Photoshop-Dokument aus dem Beispielprojekt von Kapitel 8, »Ausarbeiten des Screendesigns«, oder alternativ 00-BEISPIELPROJEKT/GESAMT/STARTSEITE-13.PSD von der DVD und halten sich noch einmal vor Augen, welche Inhaltsbereiche und -elemente festgelegt wurden. Wie aus Kapitel 8 bekannt, besteht die Seite aus den Hauptblöcken Header, Menü, Inhalt und Footer. Diese werden, wie bereits in der Vorlage geschehen, genau so als Container in HTML notiert und in den Wrapper eingefügt:

Listing 10.8 ▸
Die Hauptblöcke der HTML-Datei werden definiert.

```
<div id="header">

</div>
<div id="menu">

</div>
<div id="content">

</div>
<div id="footer">

</div>
```

Verzagen Sie nicht, wenn Sie bei eigenen Projekten nicht sofort erkennen, was in die HTML-Struktur gehört. Es handelt sich hierbei um einen Prozess der Erfahrung und des Lernens. Scheuen Sie sich nicht, Fehler zu machen. Sie sind ein wichtiger Bestandteil der Erkenntnisse, die später zu nachhaltigem Wissen beitragen. Halten Sie sich vor allem daran, wie hier gezeigt, Ihre Dokumente **von groß nach klein** zu planen und aufzubauen. Achten Sie auch stetig darauf, **keine schließenden Tags zu vergessen** und **Elemente richtig zu verschachteln**. Gerade in den Anfängen ist dies ein häufig auftretender Fehler. Umgehen Sie ihn, indem Sie immer erst ein Element vollständig, mit Start- und End-Tag, ausschreiben und erst danach dessen Inhalt angehen.

Das grobe Gerüst der Seite ist nun abgeschlossen. Im Folgenden widmen wir uns der Befüllung der einzelnen Bereiche. Alle Fortschritte finden Sie auf der DVD im Ordner 10-UMSETZUNG/HTML-ARBEITSSCHRITTE. Vergleichen Sie am Ende der Abschnitte Ihre Ergebnisse mit den Vorlagen, um eventuelle Fehler korrigieren zu können.

Die wichtigsten Zwischenschritte finden Sie im Ordner 10-UMSETZUNG/HTML-ARBEITSSCHRITTE.

Der Header | In der Vorlage bereits eingetragen sind ein Skip-Link und die Seitenüberschrift:

```
<a href="#content" class="skip">Zum Seiteninhalt
springen</a>
<h1>
    <a href="#">Titel der Seite</a>
</h1>
```

◂ **Listing 10.9**
Die Vorlage sieht einen Skip-Link und Titel für die HTML-Datei vor.

Was ist ein Skip-Link? Im Grunde nichts anderes als eine **Sprungmarke** zum Inhaltsbereich. Sie wird angelegt, um die Nutzung der Seite mit einem Screenreader zu vereinfachen. Der Besucher erhält mit dem Link die Möglichkeit, sofort zum eigentlichen Inhalt zu springen, ohne sich pro Aufruf die immer gleichen, vorangestellten Informationen vorlesen lassen zu müssen. Gerade bei größeren Menüs eine bedeutende Erleichterung.

Raute

Die Raute im `href`-Attribut der Links dient in diesem Beispiel als Platzhalter für die Verweise, die Sie in einem realen Projekt einsetzen würden.

Die Sprungmarke wird realisiert, indem im `href`-Attribut (**h**ypertext **ref**erence) des **a**-Tags (**a**nchor) durch die Raute auf das Element mit der ID `content` verwiesen wird. Ein Browser würde bei einem Klick ebenfalls zur entsprechenden Stelle scrollen. Die Klasse `skip` hilft später, das Element einfacher formatieren zu können.

Die Überschrift erster Ordnung (`h1`) wird im Dokument zumeist nur ein einziges Mal vergeben und in diesem Fall für das Fassen des Seitentitels genutzt. Da sie außerdem das Logo »Webdesign mit Photoshop« darstellen soll und es einer üblichen Gewohnheit entspricht, dass ein Klick auf das Seitenlogo zur Startseite führt, umschließt ein Link den Titel. Die Angabe im `href`-Attribut muss natürlich vor der Veröffentlichung der Seite noch mit der finalen URL angepasst werden (beispielsweise mit *http://www.webdesign-mit-photoshop.de*).

Ersetzen Sie »Titel der Seite« mit »Startseite | Webdesign mit Photoshop«.

Schauen Sie nun wieder in die Photoshop-Vorlage. Im Header außerdem enthalten ist die **Optionspalette**, jeweils mit der Möglichkeit, CSS zu deaktivieren und die Farbe zu wechseln. Tragen Sie **nach** der Überschrift einen Container für die Optionen ein:

```
<div class="options"></div>
```

▴ **Abbildung 10.3**
Die finale Optionspalette

Da die Palette theoretisch an mehreren Stellen der Seite auftauchen könnte und es sich nicht mehr um die Hauptstruktur handelt, wird dieses Mal statt einer ID eine Klasse mit dem Namen `options` vergeben. »CSS aus« stellen Sie ähnlich dar. Fügen Sie dieses **in** den `options`-Container ein:

Listing 10.10 ▸
Teil 1 der Optionspalette: der CSS-Schalter

```
<div class="css"><a href="#">CSS aus</a></div>
```

Der Farbwechsel setzt sich zum einen aus Text (»Farbe anpassen«) und zum anderen aus einer Auflistung (die Farbblöcke) zusammen. Beides wird wieder mit einem Container (mit der Klasse `style-chooser`) umschlossen und **nach** dem eben eingefügten platziert. Schreiben Sie:

Listing 10.11 ▸
Teil 2 der Optionspalette: der Farbwähler

```
<div class="style-chooser">
    <p>Farbe wählen</p>
    <ul>
        <li class="style-1"><a href="#"
        title="Zu Farbstil 1 wechseln">Stil 1</a></li>
        <li class="style-2"><a href="#"
        title="Zu Farbstil 2 wechseln">Stil 2</a></li>
        <li class="style-3"><a href="#"
        title="Zu Farbstil 3 wechseln">Stil 3</a></li>
    </ul>
</div>
```

Der Text ist in einem Absatz (**p** = **p**aragraph) und die einzelnen Listenelemente (**li** = **l**ist-**i**tem) in eine ungeordnete Liste (**ul** = **u**nordered **l**ist) gesetzt. Die Klassenangaben im `li`-Tag dienen wieder zur detaillierteren Differenzierung. Die Angabe im `title`-Attribut helfen dem Nutzer, die Aktion hinter dem Link besser zu verstehen. Der Inhalt wird beim Überfahren mit der Maus als kleine Box neben dem Mauszeiger dargestellt. Probieren Sie es selbst aus, indem Sie sich den bisherigen Stand im Browser anschauen.

Abbildung 10.4 ▾
Sollte der Aufbau Ihres Dokuments von dem Screenshot abweichen, vergleichen Sie Ihre »index.htm« mit 10-UMSETZUNG/HTML-ARBEITSSCHRITTE/HTML-SCHRITT-1-HEADER/INDEX.HTM.

Das Menü | Ein erneuter Blick in die Photoshop-Datei zeigt das Menü als nächstes einzufügendes Inhaltselement.

▼ **Abbildung 10.5**
Das fertig ausgestaltete Menü

Da es sich hier wieder um eine Auflistung handelt und diese, sofern es keine entsprechenden Gegenargumente gibt, idealerweise als Liste abgebildet werden sollte, wandeln Sie den `div`-Container mit der ID `menu` in eine ungeordnete Liste, so dass Sie folgendes Ergebnis erhalten:

```
<ul id="menu"></ul>
```

Tragen Sie **zwischen Start- und End-Tag** die einzelnen Listenpunkte samt Links mit Interimsadresse ein:

```
<li class="startseite chosen"><a href="#">Startseite
  </a></li>
<li class="ergaenzungen"><a href="#">Ergänzungen</a>
  </li>
<li class="material"><a href="#">Material</a></li>
<li class="weblinks"><a href="#">Weblinks</a></li>
<li class="forum"><a href="#">Forum</a></li>
<li class="kontakt"><a href="#">Kontakt</a></li>
```

◀ **Listing 10.12**
Die Listenpunkte für das Menü werden angelegt und mit individuellen Klassen versehen.

Klassennamen

Generell basieren alle Klassennamen im Beispielprojekt der Internationalisierung halber auf englischen Begriffen. Eine Ausnahme bilden die als Eigennamen gewerteten Menüeinträge, wie in Listing 10.12 zu sehen.

Die Klassenvergabe erfolgt wie gehabt aus dem Grund, bei der späteren Formatierung die Elemente einfacher ansprechen zu können. Im `class`-Attribut des ersten Listenpunktes zeigt sich die Besonderheit, dass **mehrere Klassen mit einem Leerzeichen separiert** vergeben werden können. Sinnvoll ist es in diesem Fall, um einen Marker für den gerade gewählten Menüpunkt (`chosen`) zu setzen.

Auch wenn das Icon optisch dem Menü zugehörig erscheint, so würde es an dieser Stelle strukturell keinen Platz finden können, da es lediglich ein Layout-Element ist (Stichwort: Trennung von Inhalt und Gestaltung). Um es trotzdem darzustellen, nutzen wir später den Skip-Link samt absoluter Positionierung.

Eine Kontrolle im Browser und ein Vergleich mit der Referenzdatei auf der DVD (10-UMSETZUNG/HTML-ARBEITSSCHRITTE/HTML-SCHRITT-2-MENUE/INDEX.HTM) beendet diesen Arbeitsschritt.

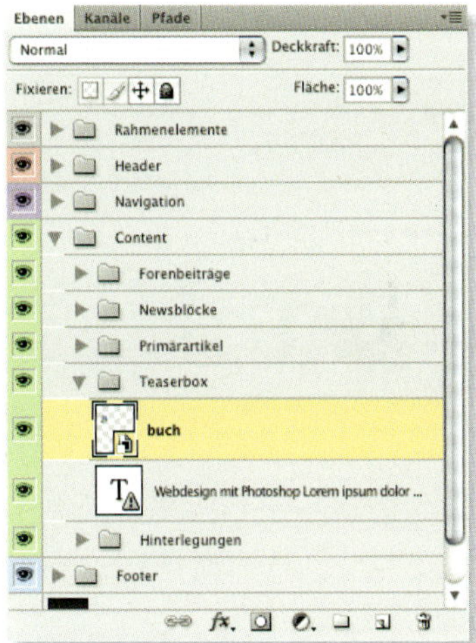

▲ **Abbildung 10.6**
Die markierte Ebene BUCH in der Ebenen-Palette

Der Inhalt | Erstellen Sie zunächst die Datei »webdesign-mit-photoshop.png«. Wählen Sie dazu in Photoshop die Ebene BUCH (CONTENT • TEASERBOX) in der Ebenen-Palette aus und markieren das gesamte Dokument mit [Strg]/[⌘]+[A]. Drücken Sie [Strg]/[⌘]+[C], um den

Alternativ nutzen Sie die Datei auf der DVD im Ordner 10-UMSETZUNG/HTML-ARBEITSSCHRITTE/BILDDATEN/WEBDESIGN-MIT-PHOTOSHOP.PNG.

Transparente Pixel auswählen

Zwar könnte die Auswahl auch mittels [Strg]/[⌘]+Klick aufgezogen werden, jedoch wählt Photoshop auf diese Weise Pixel mit einer Transparenz nicht vollständig aus. Teile des Schattens würden somit verloren gehen.

Inhalt der Ebene in den Zwischenspeicher zu legen. Öffnen Sie ein neues Dokument mit [Strg]/[⌘]+[N], stellen Sie im folgenden Dialogfeld den HINTERGRUNDINHALT auf TRANSPARENT und bestätigen das Dialogfeld mit OK. In der neuen Datei fügen Sie die Informationen aus der Zwischenablage mit [Strg]/[⌘]+[V] ein und speichern per FÜR WEB UND GERÄTE SPEICHERN... ein PNG-24 mit transparentem Hintergrund und dem Namen »webdesign-mit-photoshop.png« in den Ordner MEDIA Ihres Projekts ab.

Es erfolgt ein Sprung im Quelltext direkt in den `content`-Container hinein. Schreiben Sie **darin** die folgenden Inhalte, beginnend mit einer Box für den Produkt-Teaser:

```
<div class="product-teaser"></div>
```

Um das Bild und den Text zu platzieren, stehen verschiedene Möglichkeiten zur Wahl. Da es sich um semantisch zusammengehörige Elemente handelt und der Text eine Beschreibung zum Bild darstellt, wählen wir den Weg über eine Definitionsliste, die sich nach dem Schema

```
<dl>
    <dt>Ausdruck</dt>
    <dd>Definition des Ausdrucks</dd>
</dl>
```

aufbaut. Umrahmt vom `dl`-Element (**d**efinition **l**ist), enthält das `dt`-Tag (**d**efinition **t**erm) den Definitionsausdruck und `dd` (**d**efinition **d**escription) die dazugehörige Beschreibung. Fügen Sie Ihrem Dokument **im** `.product-teaser`-Container den folgenden Code ein:

Listing 10.13 ▸
Die Definitionsliste für das Bild und den danebenstehenden Text

```
<dl>
    <dt>
        <img src="./media/webdesign-mit-photoshop.png"
        alt="Abbildung des Buchcovers 'Webdesign mit
        Photoshop'" title="Webdesign mit Photoshop" />
    </dt>
    <dd>
        <h2>Webdesign mit Photoshop</h2>
        <p>
            Lorem ipsum dolor sit amet …
        </p>
        <p>
            <a href="#">Lorem ipsum dolor</a>
        </p>
    </dd>
</dl>
```

Das Bild-Tag `img` (**im**a**g**e) enthält Attribute zur Angabe der Quelle (`src` = **s**ou**r**c**e**) und des alternativen Textes (`alt` = **al**ternate **t**ext). Beide sind Pflichtangaben und dürfen nicht weggelassen werden. Beschreiben Sie im `alt`-Bereich, was auf dem Bild zu sehen ist, um auch Nutzer von Screenreadern die Möglichkeit zu geben, diesen visuellen Inhalt zu erfassen. Sollte das Bild nicht geladen werden können oder die Darstellung durch Nutzereinstellungen unterdrückt sein, wird stattdessen der alternative Text angezeigt. Die Angabe des `title`-Attributs ist optional und zeigt auch hier einen Tooltip beim Überfahren des Bildes mit der Maus.

Die Kopfzeile wird als Überschrift zweiter Ordnung (**H2** = **H**eadline **2**) angelegt, da sie nach dem Seitentitel (`h1`) die nächstwichtige Untergliederung einleitet. Text und Link folgen jeweils in einem separaten Absatz.

Der Inhalt des nächsten Abschnitts, die Vorschau des aktuellsten Artikels, unterteilt sich in Kalenderdaten und News-Vorschau. Beides wird in einen Container mit der Klasse `topnews` gepackt. Fügen Sie diesen **nach** dem Produkt-Teaser ein:

```
<div class="topnews"></div>
```

▼ Abbildung 10.7
Finale Formatierung des Topnews-Bereichs

Den Kalender bilden Sie **darin** mit dem nachstehenden Code ab:

```
<div class="date">
     <span class="year">2009</span>
     <span class="day-month">07.01</span>
     <span class="day-full">Mittwoch</span>
</div>
```

◄ Listing 10.14
Im Container `topnews` findet zunächst der Kalender Platz.

Die jeweiligen Informationsabschnitte werden mit `span`-Tags separiert. **Danach** schließt sich die Struktur des Newsbereichs an:

```
<div class="newscontent">
     <h3><a href="#">Lorem Ipsum</a></h3>
     <p>
          Lorem ipsum dolor sit amet, consetetur
          sadipscing elitr ...
     </p>
```

◄ Listing 10.15
Außerdem enthält der Container `topnews` auch die zum Kalenderdatum gehörenden Infos.

```
    <p>
        <a href="#">Lorem Ipsum Dolor</a>
    </p>
</div>
```

Die Überschrift wird nach dem Schema der absteigenden Wichtigkeit in dritter Ordnung (h3) gesetzt. Der Rest verhält sich wie gewohnt und unterteilt sich in Absätze.

Ähnlich verhält es sich auch mit der Liste der nachfolgenden Newsblöcke. Der Unterschied besteht lediglich darin, dass anstatt eines Containers als Elternelement eine ungeordnete Liste genutzt wird, um die einzelnen Blöcke in einen inhaltlichen Zusammenhang zu bringen. Erweitern Sie Ihren Quelltext erst einmal mit dem folgenden Container, den Sie **nach** .topnews einfügen:

Listing 10.16 ▸
Eine ungeordnete Liste für die weiteren News

```
<ul class="news"></ul>
```

Abbildung 10.8 ▸
Vier weitere News werden unter der aktuellsten dargestellt.

Füllen Sie dann die ungeordnete Liste viermal mit Listenelementen:

Listing 10.17 ▸
In dem news-Container finden die Listenelemente Platz.

```
<li>
    <h3><a href="#">Lorem Ipsum</a> <span
    class="date">2009-05-19</span></h3>
    <p>
        Lorem ipsum dolor sit amet, consetetur
        sadipscing elitr ...
    </p>
    <p>
        <a href="#">Lorem Ipsum Dolor</a>
    </p>
</li>
```

Es wäre zu überlegen, ob nicht besser eine Überschrift vierter Ordnung angebracht wäre. Da sich die einzelnen Newsblöcke jedoch weder in ihrer Gewichtung unterscheiden noch der Eindruck entstehen soll, die Liste sei dem topnews-Bereich untergeordnet, erhalten sie ebenfalls eine h3.

Für den Abschluss des Inhaltsbereichs fehlt noch ein weiterer Block, der die Forenvorschau trägt. Benennen Sie ihn mit der Klasse `forumpreview` und befüllen diesen entsprechend:

```
<div class="forumpreview">
    <h3>Aktuelle Forenbeiträge</h3>
    <ul>
        <li>Fred Heinlein: <a href="#">Lorem Ipsum
        Dolor sit amet</a>, 2009-06-13</li>
        <li>René Schulze: <a href="#">Sed diam
        nonumy</a>, 2009-04-10</li>
        <li>Karl Dai: <a href="#">Justo duo dolores
        </a>, 2009-07-12</li>
        <li>Max Mustermann: <a href="#">At vero eos et
        eccusam et justo duo dolores</a>, 2009-04-09
        </li>
    </ul>
</div>
```

◂ **Listing 10.18**
Das letzte Element des Inhaltsbereichs ist die Forenvorschau.

Dem Listencharakter der einzelnen Beiträge wird mit der entsprechenden HTML-Auszeichnung Genüge getan.

▴ **Abbildung 10.9**
Alle interaktiven Bereiche der Seite sind mit der Startseite verbunden, so auch das Forum.

Die Icons wie das Kalenderblatt sind ebenfalls lediglich Layoutgrafiken und gehören nicht in die Struktur respektive den Inhalt. Werfen Sie wieder einen Kontrollblick in die Vorlagendatei auf der DVD (10-UMSETZUNG/HTML-ARBEITSSCHRITTE/HTML-SCHRITT-3-INHALT/INDEX.HTM), um diesen Abschnitt abschließen zu können.

Der Footer | Nur noch ein kleiner Schritt fehlt, und Sie haben die HTML-Struktur abgeschlossen. Fügen Sie Ihrem Dokument das fehlende Menü im Footer hinzu:

```
<ul id="footer-menu">
    <li><a href="#">Sitemap</a></li>
    <li><a href="#">Impressum</a></li>
</ul>
```

◂ **Listing 10.19**
HTML-Code für den Footer unserer Seite

Da das `footer-menu` nur einmal auf der Seite auftaucht, ist die Benennung per ID die bessere Wahl. Jetzt sollte Ihr Dokument der Datei auf der DVD – 10-UMSETZUNG/HTML-ARBEITSSCHRITTE/HTML-SCHRITT-4-FOOTER/INDEX.HTM – gleichen, und Sie haben eine standardkonforme und wohlgeformte HTML-Datei erstellt.

Werfen Sie einen Blick in Ihren Browser, und stellen Sie diese Ansicht der Photoshop-Datei gegenüber. Sie sehen, dass Sie den eigentlichen Inhalt aus der Vorlage extrahiert haben. Dieses Dokument kann nun durch das Fehlen jeglicher Layoutelemente, also die Trennung von Inhalt und Gestaltung, flexibel an verschiedenste Ausgabebedingungen angepasst werden.

10.3 Formatierung per Stylesheet

Wir bewegen uns im Schichtenmodell nun einen Schritt weiter und gelangen zur Formatierung. Es gilt die zuvor entworfene HTML-Struktur an die grafische Vorlage anzupassen. Cascading Style Sheets sind hierfür das Werkzeug der Wahl. Aufgrund ihrer Menge können nicht alle Stilangaben im Buch abgehandelt werden. Eine allgemeine Einführung und das gemeinsame Erarbeiten der wichtigsten Formatangaben für das Beispielprojekt gibt Ihnen jedoch einen ersten Einblick. Die vollständigen und mit Kommentaren versehenen Stylesheets liegen zur ausführlicheren Einarbeitung auf der DVD bereit.

10.3.1 Formaler Aufbau

Wie bereits in Kapitel 5, »Raster«, gesehen, ist die Struktur von CSS ungleich einfacher aufgebaut als HTML:

Listing 10.20 ▸
Aufbau einer CSS-Anweisung

```
a {
   color: #9dbe00;
   font-weight: bold;
}
```

Ein **Selektor**, in diesem Fall `a` (also alle Links im Dokument), weist an, auf welches Element sich die im Formatblock beschriebenen Eigenschaften (hier Farbe und Textdicke) beziehen sollen. Ein Block wird mit einer öffnenden geschweiften Klammer begonnen und mit einer schließenden geschweiften Klammer beendet. Dem **Formatnamen** folgt der **Formatwert**, getrennt von einem Doppelpunkt und abgeschlossen durch ein Semikolon. Vergessen Sie Letzteres beim Schreiben von Formatzeilen nicht, ansonsten werden die nachfolgenden Anweisungen vom Browser nicht korrekt ausgewertet.

Kommentare | Sie starten mit der Zeichenfolge /* und enden entsprechend mit */. Ob ein- oder mehrzeilig angewandt, spielt keine Rolle. Nutzen Sie Kommentare, um Ihre CSS-Dateien in sinnvolle Bereiche zu gliedern (siehe Beispieldatei auf der DVD: 10-UMSETZUNG/HTML-ARBEITSSCHRITTE/HTML-SCHRITT-4-FOOTER/STYLE/STYLE.CSS). Im Gegensatz zum obigen Beispiel würde der Fettschnitt im nachstehenden Code nicht mehr auf die Links angewandt werden:

```
a {
   color: #9dbe00;
   /*font-weight: bold;*/
}
```

◀ **Listing 10.21**
Auch in Cascading Style Sheets können Kommentare verwendet werden.

Quelltextformatierung | Die Lesbarkeit, in langen Textdokumenten ein wertvolles Gut, erhöhen Sie, indem Sie den Selektor stets mit einem Leerzeichen von der führenden geschweiften Klammer trennen, die Formatierungsanweisungen wie `color: #9dbe00;` und `font-weight: bold;` im Block nicht hintereinander auf eine, sondern auf jeweils eine Zeile stellen und um eine Tab-Länge einrücken.

Kleinschreibung/Sonderzeichen | Achten Sie darauf, alle Bezeichner möglichst in Kleinschreibung zu benennen und anzusprechen. Andernfalls kommt es leicht zu Situationen, in denen die Fehlersuche müßig wird. Das Verwenden von Sonderzeichen in Selektorennamen beschränkt sich auf Buchstaben (exklusive Umlaute, Eszett etc.), Ziffern, Bindestrich und Unterstrich.

Kurzform | Einige Formate bieten die Möglichkeit zur Kurzschreibung an. Anstatt beispielsweise bei einzelnen Richtungsangaben des Außenabstands

```
margin-top: 10px;
margin-right: 20px;
margin-bottom: 10px;
margin-left: 20px;
```

zu schreiben, können Sie die Werte auch in eine Viererreihe zusammenfassen:

```
margin: 10px 20px 10px 20px;
```

Beginnend mit dem `top`-Wert werden die weiteren Daten im Uhrzeigersinn (also `top`, `right`, `bottom`, `left`) niedergeschrieben. Weiter kürzen lässt sich die Anweisung auch, wenn wie in dem obigen Fall die vertikalen und horizontalen Abstände zusammenfallen:

```
margin: 10px 20px;
```

Der erste Wert definiert top und bottom, der zweite left und right. Die kürzeste Variante kann dann zum Einsatz kommen, wenn alle Werte gleich groß sind:

```
margin: 10px;
```

Dieses Verfahren funktioniert ebenfalls für padding und border. Auch lässt sich

```
background-color: #525353; /* Hintergrundfarbe */
background-image: url('./../layout/background.gif');
   /* Hintergrundbild */
background-repeat: repeat-y;
   /* Wiederholung des Hintergrundbildes */
background-attachment: scroll;
   /* Hintergrundbild fixieren/mitscrollen lassen */
background-position: left top;
  /* Position des Hintergrundbildes */
```

in Kurzschreibform wiedergeben:

```
background: #525353 url('./../layout/background.gif')
repeat-y scroll left top;
```

Angaben zur Schriftformatierung reduzieren sich von

```
font-style: italic; /* kursiver Schnitt */
font-variant: normal; /* Kapitälchen */
font-weight: bold;  /* fetter Schnitt */
font-size: 1em; /* Schriftgröße */
line-height: 1.4em; /* Zeilenhöhe */
font-family: "Helvetica Neue", Helvetica, Arial,
Sans-Serif; /* Schriftfamilie */
```

auf folgenden Einzeiler:

```
font: italic normal bold 1em/1.4em Arial, "Helvetiva
Neue", Helvetica, Arial, Sans-Serif;
```

Einheiten | Numerische Werte in Formateigenschaften können stets die Einheiten Prozent (%), m-Breite (em), x-Höhe (ex), Pixel (px), Punkt (pt), Pica (pc), Inch (in), Millimeter (mm) und Zentimeter (cm) annehmen. Die Einheit wird ohne Leerzeichen hinter dem Wert und Nachkommastellen mit einem Punkt notiert (Beispiel 968px oder 1.4em).

Farbwerte lassen sich in Hexadezimal-, RGB- und Farbwort-Form schreiben. Im hexadezimalen Schema #ffcc33 stellt der erste Zweierblock den Rotwert, der zweite den Grünwert und der dritte den Blauwert dar. Eine verkürzte Schreibweise kann angewandt werden, sollte in allen drei Blöcken das Zweierwertepaar gleich sein: #fc3.

Die Werte in der RGB-Schreibweise `rgb(255,204,51)` setzen sich ebenfalls aus Rot, Grün und Blau zusammen. Neben einer absoluten Angabe sind auch Prozentwerte möglich: `rgb(10%,32%,2%)`.

17 Farbnamen stehen alternativ zu den numerischen Angaben zur Verfügung: `Aqua`, `Black`, `Blue`, `Fuchsia`, `Gray`, `Green`, `Lime`, `Maroon`, `Navy`, `Olive`, `Orange`, `Purple`, `Red`, `Silver`, `Teal`, `White` und `Yellow`.

Werte weiterer CSS-Eigenschaften hängen vom spezifischen Zusammenhang ab. So sind zum Beispiel für `float` drei Angaben möglich: `left`, `right` und `none`. Für `position` wären es beispielsweise: `absolute`, `relative`, `static`, `fixed` und `none`.

Einen Überblick über weitere Formatierungsmöglichkeiten und deren Werte finden Sie auf *http://de.selfhtml.org/navigation/css.htm*.

HINWEIS

Auf der Seite *http://www.css4you.de/refcolorword.html* sehen Sie die Farbnamen in Aktion.

10.3.2 Selektoren

Das Bindeglied zwischen Formatangaben und der HTML-Struktur ist der Selektor. Die Möglichkeiten, Elemente explizit anzusprechen, sind mannigfaltig und beschränken sich nicht auf die bisher gezeigte Typ-Nennung. Zum einen existieren weitere Selektorarten, zum anderen können diese verkettet werden.

Universal-Selektor | Er wird mit einem Sternchen (*) dargestellt und bezieht sich auf alle HTML-Elemente.

```
* {
   margin: 0;
   padding: 0;
   border: 0 none;
}
```

◂ **Listing 10.22**
Angaben zur Formatierung im Universal-Selektor werden auf alle HTML-Elemente angewandt.

Typ-Selektor | Durch Angabe des Typ-Namens werden alle entsprechenden HTML-Elemente angesprochen.

```
p {
   line-height: 1.4em;
   margin-botom: 1.6em;
}
```

◂ **Listing 10.23**
Definieren Sie generische Angaben für ein bestimmtes HTML-Element mit dem Typ-Selektor.

class-Selektor | Es können Stilangaben mit den im Dokument vergebenen Klassennamen verknüpft werden. Ein Punkt führt den Klassennamen an.

```
.topnews {
   padding: 30px 0 21px 24px;
}
```

◂ **Listing 10.24**
Spezifizieren Sie vom Standardaussehen abweichende Elemente mit Klassen.

ID-Selektor | Eine Raute wird dem Namen vorangestellt.

Listing 10.25 ▶
IDs für die Formatierung des Grundgerüsts und spezieller Elemente

```
#content {
   background: #f2f2f2;
}
```

Begriffserklärung

Pseudoformate decken HTML-Bestandteile ab, die sich nicht mit HTML-Elementen ausdrücken lassen, z. B. den Zustand »Maus über Element«. Auch geben sie weitere Möglichkeiten, HTML-Inhalte ohne zusätzlichen Code anzusprechen, z. B. durch: `:first-line` (»erste Zeile eines Elements«).

Pseudoformate | Sie werden mit einem Doppelpunkt hinter einem Selektor geschrieben.

Allgemeine Pseudoformate sind:

- `:hover` – Zustand, während der Mauszeiger über ein Element bewegt wird
- `:focus` – Fokussierung eines Links oder Formulareingabefeldes
- `:first-child` – das erste Kind eines Elements
- `:first-line` – die erste Zeile eines Absatzes
- `:first-letter` – das erste Zeichen eines Elements
- `:before` – fügt Inhalt, der nicht im Quelltext verzeichnet wurde, vor einem Element ein und formatiert diesen
- `:after` – Gleiches wie `:before`, nur nach einem Element

Linkspezifische wären:

- `:link` – nicht besuchter Hyperlink
- `:visited` – besuchter Hyperlink
- `:active` – aktiver Hyperlink

Leider interpretiert vor allem der Internet Explorer in Version 6 und 7 noch nicht alle Pseudoformate. Unter *http://css4you.de/wscss/css03.html* finden Sie neben einer ausführlichen Beschreibung weiterer Selektoren auch die entsprechende Browserunterstützung.

Mehrfachnennung | Mit einem Komma separiert lassen sich einem Formatblock mehrere Selektoren zuweisen.

Listing 10.26 ▶
Nutzen Sie die Möglichkeit, Selektoren zusammenzufassen, um unnötige Wiederholungen in den Stylesheets einzugrenzen.

```
a:hover,
a:focus {
   color: #778f02;
}
```

Pfade | Mehrere Selektoren können Sie zu Pfaden kombinieren, indem sie mit Leerzeichen voneinander getrennt nacheinander notiert werden. Somit lässt sich die HTML-Struktur differenzierter formatieren.

Listing 10.27 ▶
Die korrekte Pfadfindung ist ein essenzieller Bestandteil der Formatierung mit CSS.

```
#menu li.chosen a { /* angesprochen werden alle Links
(a) im Listenelement mit der Klasse "chosen" (li.chosen)
und der ID "menu" (#menu) */
   color: #fff;
}
```

Pfadelemente, die durch ein Leerzeichen getrennt sind, weisen stets auf ein Kindelement.

10.3.3 Vererbung und Kaskade

Vererbung | Bestimmte Formateigenschaften von HTML-Elementen vererben sich auf Kindelemente. Dadurch ist es nicht nötig, für jede Ebene in der HTML-Hierarchie die gleichen Formatierungen zu notieren, was Mehrfachdeklarationen reduziert. Vor allem die Eigenschaften für Schriftformate und -ausrichtungen gehören dazu. Zu beachten ist dies vor allem bei der Nutzung relativer Schriftgrößen. Besitzt ein Elternelement die Eigenschaft `font-size: 75%;`, vererbt sich dieser Wert auf die Kindelemente. Deren 75 % beziehen sich auf die errechneten 75 % des umschließenden Elements und sind demnach kleiner. Um eine gleiche Größe der Schriften zu erreichen, müssen die Kinder somit eine Schriftgröße von 100 % erhalten.

Werte, bei denen die Weitergabe an die Kindelemente keinen bis wenig Sinn macht, sind von der Vererbung ausgeschlossen. Ein Beispiel hierfür ist die Eigenschaft `border`. Die Seite *http://www.css4you.de* listet für alle Formatmöglichkeiten ihr Vererbungsverhalten auf.

Kaskade | Auf ein HTML-Element können mehrere Formatregeln parallel wirken, sei es durch Vererbung oder das mehrfache Ansprechen per CSS. Um zu bestimmen, welche Eigenschaft letztendlich angewendet werden soll, nutzt CSS Kaskadierungsregeln. In denen wird jeder Formateigenschaft eine Gewichtung zugeordnet, abhängig vom Ursprungsort. Als allgemeine Faustregeln lassen sich nennen:

1. Bei Mehrfachnennungen überschreibt die letzte Definition den vorherigen Wert der Eigenschaft:

   ```
   p {
      color: #fff; /*Schriftfarbe weiß */
   }
   p {
      color: #000; /*Schriftfarbe schwarz */
   }
   ```

   Der Absatz würde in Schwarz ausgegeben werden.
2. ID schlägt Klasse, Klasse schlägt Typ. Zu erklären ist dies damit, dass die Nennung einer einzigartigen ID höher zu gewichten ist als eine Klassenbezeichnung, die auf mehrere Elemente wirken kann. Die Relevanz verringert sich noch weiter bei der generischen Typ-Nennung. Nehmen Sie als Beispiel einen Absatz mit ID und Klassenname:

```
<p id="einzigartig" class="multipel">
     Lorem ipsum dolor sit amet …
</p>
```

Wenn folgendes CSS notiert wird

```
#einzigartig {
   color: #05c706; /* Schriftfarbe grün */
}
.multipel {
   color: #fff; /* Schriftfarbe weiß */
}
p {
   color: #ff6201; /* Schriftfarbe orange */
}
```

»gewinnt« der Block mit dem Selektor `#einzigartig`, obwohl die nachfolgenden Angaben sich ebenfalls auf die Schriftfarbe des Absatzes beziehen. Die Bezeichnungsregel erhält demnach eine höhere Bedeutung als die Folgeregel.

HINWEIS

Die Spezifität lässt sich auch errechnen: *http://yatil.de/Artikel/die-kaskade*

3. Je spezifischer eine Angabe im Selektor vorgenommen wurde, desto höher fällt die Gewichtung aus. Stellen Sie sich als Beispiel den Absatz im Container `#content` vor:

```
#content {
   color: #fff; /*Schriftfarbe weiß */
}

#content p {
   color: #000; /*Schriftfarbe schwarz */
}
```

Die letzte Eigenschaft wurde für den Absatz konkreter definiert, so dass der Browser die Schrift in Schwarz rendert. Mit anderen Worten, `#content p` besitzt gegenüber `#content` im Bezug auf den Absatz eine höhere Spezifität.

10.3.4 Projektumsetzung

Für den Schritt der CSS-Formatierung benötigen Sie nun drei geöffnete Dateien:

1. die Photoshop-Vorlage (00-BEISPIELPROJEKT/GESAMT/STARTSEITE-13.PSD),
2. die Datei »index.htm« (im Editor und Browser geöffnet) und vor allem
3. die Datei »style.css« (im Ordner MEDIA).

Die Datei »style.css« ist bereits in die Bereiche »Haupt«, »Schrift«, »Teil«, »Detail« und »CSS-Hacks« unterteilt. Formatblöcke sortieren sich auf diese Weise hierarchisch nach ihrer Wichtigkeit. Schriftformatierungen erfahren eine gesonderte Stellung, um sie von den strukturellen Angaben zu trennen und den Überblick zu erhöhen bzw. leichter auf bestimmte Formateigenschaften zugreifen zu können. Unter »CSS-Hacks« wird das Ausnutzen von Interpretationsfehlern und Methoden bestimmter Browserversionen verstanden, um Schwächen in der Darstellung auszugleichen. Aufgrund der Problematik, dass Hacks häufig nicht standardkonform sind und mit einer neueren Browserversion Probleme bereiten können, hält man sie separat. Ein leichtes Austauschen oder Entfernen ist somit gewährleistet.

Die hier genannte Anordnung ist allerdings nur eine Methode, die Formatblöcke aufzuteilen. Fühlen Sie sich frei, eigene Sortierungsmethoden zu finden, die Sie in Ihrer Arbeitsweise unterstützen.

Grobe Formatierung | Beginnen Sie mit der Formatierung, indem Sie den auskommentierten Teil im Universal-Selektor durch Entfernen von `/*` und `*/` und die darin enthaltenen Anweisungen freigeben. Das Zurücksetzen der Eigenschaften `margin`, `padding` und `border` dient zur Vereinheitlichung der zwischen den Browsern differierenden Standardstilvorgaben. Weisen Sie danach dem `body`-Block folgende Eigenschaften zu:

```
background: #525353 url('./../layout/background.gif')
repeat-x fixed;
```

Den `#wrapper` definieren Sie wie folgt:

```
width: 880px;
margin: 0 auto;
```

10-UMSETZUNG/HTML-ARBEITSSCHRITTE/BILDDATEN/BACKGROUND.GIF

Damit erhält der Hintergrund die Farbe `#525353` und ein horizontal wiederholtes Hintergrundbild »background.gif«, das durch die Eigenschaft `fixed` vom Scrollen unbeeinflusst bleibt. Der Wrapper wird auf die in Kapitel 8, »Ausarbeiten des Screendesigns«, genutzte Breite von 880 px festgelegt und mittels `margin: 0 auto;` zentriert. Durch die Zuweisung der Breite und des Wertes `auto` auf der linken und rechten Seite berechnet der Browser, wie bereits gezeigt, jeweils die Hälfte des möglichen Abstandes zum Viewport.

Gehen Sie nun in die Photoshop-Vorlage und ziehen mit dem Auswahlrechteck-Werkzeug eine 660 px hohe und 1 px breite Auswahl so neben der Seite auf, dass Sie den Hintergrundverlauf komplett erfasst haben.

Kopieren Sie die Auswahl, auf eine Ebene reduziert, mit der Tastenkombination ⇧+Strg/⌘+C, öffnen ein neues Dokument

Bildoptimierung

Um effektiv größenoptimierte Bilddateien zu erstellen, genügt nicht nur die korrekte Formatwahl. Gerade bei Layoutgrafiken gibt es relativ viel Spielraum, um die Speicherintensität zu verringern. Es ist beispielsweise nicht notwendig, die Grafik des Hintergrundverlaufs breiter als 1 px anzulegen, da sie per CSS-Anweisung eh in horizontaler Richtung wiederholt wird.

Strg/⌘+N, tragen bei der BREITE in der Dialogbox gegebenenfalls »1 px« ein, sofern Sie doch mehr markiert haben als gewollt, und bestätigen mit OK. Dann fügen Sie die Auswahl mit Strg/⌘+V ein und speichern das Dokument als »background.gif« über FÜR WEB UND GERÄTE SPEICHERN... in den Ordner LAYOUT. Aktualisieren Sie nun Ihren Browser und betrachten den Fortschritt.

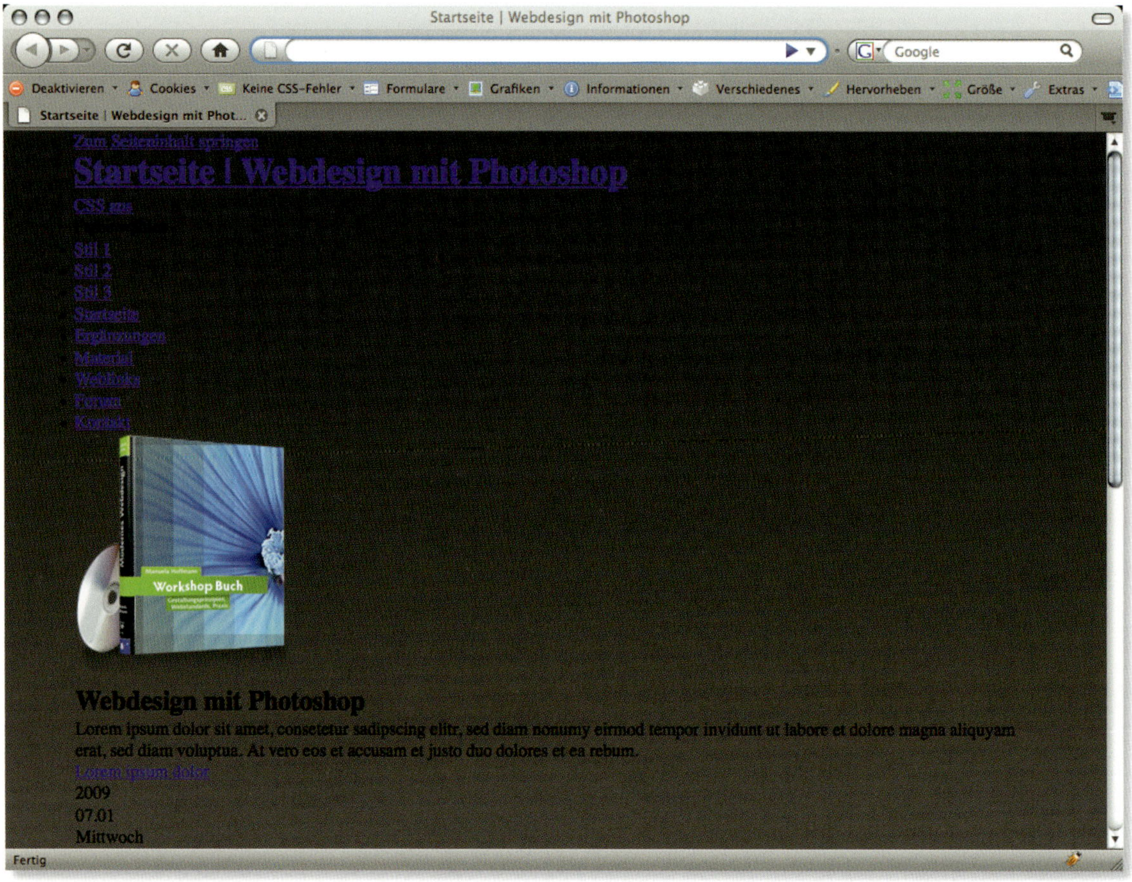

▲ **Abbildung 10.10**
Ihr erster Formatierungsschritt sollte diesem Screenshot ähneln. Hintergrundfarbe und -bild sowie die Zentrierung des Layouts wurden vollzogen. Scrollen Sie nach unten, um den Effekt des feststehenden Hintergrundbildes zu sehen.

▲ **Abbildung 10.11**
Mögliche Position der Markierung

Kümmern Sie sich als Nächstes um die Einrahmung der Hauptbereiche. Da im Container `#header` weder Hintergrund noch Rand genutzt wird, bleibt dieser außen vor, und wir springen zum Menü.

Schneiden Sie in der Photoshop-Datei den Hintergrundverlauf für das Menü aus. Zoomen Sie dazu in das Dokument hinein, so dass Sie pixelgenau markieren können (das Einblenden des Pixelrasters kann hier ebenfalls hilfreich sein). Suchen Sie sich eine Stelle in der

Navigation, die nur den Hintergrundverlauf enthält (blenden Sie gegebenenfalls einfach einen Menüpunkt aus), und ziehen Sie eine 1 Pixel große Auswahl zwischen dem oberen und unteren Rand auf, ohne die Pixel des Rahmens mitzumarkieren. Sollten Sie sich nicht sicher sein, starten Sie von der Position x: 187 px, y: 171 px und ziehen die Auswahl bis x: 187 px, y: 211 px.

10-UMSETZUNG/HTML-ARBEITSSCHRITTE/BILDDATEN/MENU-BACKGROUND.GIF

Kopieren Sie die Informationen wieder auf eine Ebene reduziert mit der Tastenkombination [⇧]+[Strg]/[⌘]+[C] in den Zwischenspeicher und speichern ein für das Web optimiertes GIF mit dem Namen »menu-background.gif« in den Ordner LAYOUT ab. Achten Sie darauf, dass der erste Pixel den Farbwert #ffffff besitzt.

CSS3

Die Eigenschaft `border-radius` gehört zu den neuen Optionen der Cascading Style Sheets in der Version 3. Einen weiteren Ausblick auf zukünftige Möglichkeiten finden Sie unter *http://www.webkrauts.de/2006/12/10/css3-alles-wird-gut/*.

Tragen Sie nun in der Datei »style.css« **nach** dem `#wrapper`-Block folgende Formatierung ein:

```
#menu {
   background: #fff url('./../layout/menu-
   background.gif') repeat-x scroll left bottom;
   border: 2px solid #c5c5c5;
   border-radius: 5px;
   /* proprietär */
   -khtml-border-radius: 5px; /* Safari, Konqueror */
   -moz-border-radius: 5px; /* Firefox */
   /* proprietär */
   margin: 12px 0 0 4px;
   list-style-type: none;
}
```

◂ **Listing 10.28**
Grundformatierung des `menu`-Containers

Die Hintergrundfarbe ist wie in der Photoshop-Vorlage mit Weiß (`#fff`) angegeben, der Verlauf, den Sie erstellt haben, wird auf der x-Achse wiederholt und am unteren Rand ausgerichtet. So bleibt die Höhe des Menüs flexibel, da der Farbwert des ersten Pixels der Grafik in die Hintergrundfarbe übergeht. Wie in den Vorüberlegungen zu Kapitel 8, »Ausarbeiten des Screendesigns«, angedacht, wird für das Abrunden der Box keine Grafik, sondern eine CSS-Anweisung genutzt: `border-radius`, mit einem Rundungswert von 5 px. Leider erfährt diese Eigenschaft noch keine ausreichende Unterstützung, so dass Sie sich in der Zwischenzeit mit proprietären Anweisungen behelfen müssen, die nur für bestimmte Browser bzw. deren zugrunde liegenden Renderengines wirken. Die Markierung durch die Kommentare `/* proprietär */` hilft, diese Stellen vom standardkonformen Code zu trennen. Alternativ können Sie diese auch in die »CSS-Hacks«-Sektion auslagern. Mit `margin: 12px 0 0 4px;` erhält das Menü 12 px Abstand zum Header und eine Einrückung nach links um 4 px. Letzteres ist nötig, um später die linke Kante des Menüs mit der des Logos auf eine optische Linie zu bringen, da das Logo auf der linken Seite

HINWEIS

Mehr Informationen zu der `border-radius`-Problematik gib es auf *http://www.webmasterpro.de/coding/article/css-referenz-border-radius.html*.

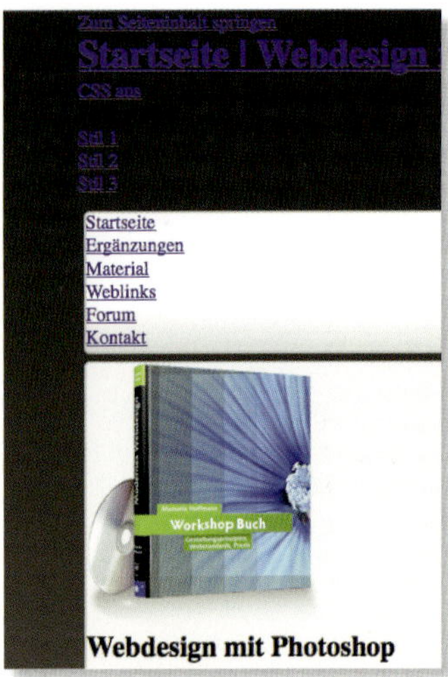

▲ **Abbildung 10.12**
Zwischenstand

Farben und Abstände messen

Farben messen Sie am besten bei geöffnetem Farbwähler. Schieben Sie die Dialogbox so zurecht, dass Sie auf den gewünschten Bereich klicken können. Die Werte im Hex-Feld kopieren Sie dann in die Stylesheet-Datei. Achten Sie darauf, dass der Aufnahmebereich auf 1 px steht.
Messen Sie Abstände entweder mit dem Markierungswerkzeug [M] oder dem Linealwerkzeug [I]. Werte zu Breite und Höhe entnehmen Sie dem Info-Feld [F8].

▲ **Abbildung 10.13**
Das vollständige Markieren von diffusen Schatten ist manchmal ein schwieriges Unterfangen.

noch einen 4 px breiten Schatten besitzt (zoomen Sie hierzu ruhig einmal in das Photoshop-Dokument hinein und schauen sich die betreffende Stelle genauer an). Die Eigenschaft `list-style-type: none;` schaltet die Darstellung der Listenpunkte aus, die im Menü nicht benötigt werden.

Schließen Sie die ersten Formatierungsschritte ab, indem Sie `#content` die nun bekannten Eigenschaften nach den Vorgaben der Vorlage zuweisen:

```
background: #f2f2f2;
border: 2px solid #c5c5c5;
border-radius: 5px;
/* proprietär */
-khtml-border-radius: 5px; /* Safari, Konqueror */
-moz-border-radius: 5px; /* Firefox */
/* proprietär */
margin: 6px 0 0 4px;
```

Geben Sie außerdem `#footer` einen inneren, unteren Abstand:

```
padding-bottom: 30px;
```

Hierdurch »klebt« das Service-Menü im Footer nicht am unteren Browser-Rand.

Vergleichen Sie Ihre Stylesheet-Datei mit der DVD-Vorlage 10-UMSETZUNG/HTML-ARBEITSSCHRITTE/HTML-SCHRITT-5-CSS-HAUPT/STYLE/STYLE.CSS, und aktualisieren Sie die Ansicht in Ihrem Browser.

Header-, Navigation- und Icon-Formatierung | Schneiden Sie das Logo auf die gleiche Weise aus, wie Sie schon bei den Verläufen verfahren sind. Achten Sie darauf, den Schatten komplett zu markieren (Startposition der Markierung: x: 58 px, y: 91 px, Endposition: x: 426 px, y: 158 px) und speichern wie gehabt eine weboptimierte Version im LAYOUT-Ordner mit dem Namen »logo.gif«.

Träger des Logos soll die Überschrift erster Ordnung sein. Weisen Sie dieser, im Abschnitt »Teil« der CSS-Datei, die Dimensionen der Grafik zu. Um das Element explizit anzusprechen, rufen Sie sich noch einmal in Erinnerung (oder schauen alternativ in Ihre »index.htm«), wo genau die Überschrift in der Struktur zu finden ist:

Listing 10.29 ▸
CSS-Angaben für die Überschrift

```
#header h1 {
   width: 369px;
   height: 68px;
   float: left;
}
```

Da die h1 nur einmal im Dokument vorkommt, käme der Selektor auch ohne #header aus. Die Zuordnung beim Lesen des Quelltextes fällt auf diese Weise jedoch leichter.

Des Weiteren sorgt das float: left; dafür, dass das Blockelement aus dem Dokumentenfluss genommen wird und das Positionieren von Elementen nebeneinander erlaubt. Da das Logo als Link zur Startseite fungiert, fügen Sie unter dem Block #header h1 einen weiteren Block ein:

```
#header h1 a {
   width: 369px;
   height: 68px;
   text-indent: -5000px;
   background: transparent url('./../layout/logo.gif')
   no-repeat;
   display: block;
   overflow: hidden;
}
```

◂ **Listing 10.30**
Nicht die h1, sondern das Anker-Tag erhält das Hintergrundbild.

Der Link, eigentlich ein Inline-Element, erhält durch display: block; die Möglichkeit, eine explizit angegebene Breite und Höhe anzunehmen. Die Texteinrückung text-indent: -5000px; bewirkt, dass die erste Zeile um einen sehr großen negativen Wert eingerückt, also aus dem Element hinausgeschoben wird. overflow: hidden; sorgt dafür, dass die zugewiesenen Dimensionen vom Element nicht überschritten werden können, und schneidet jeden darüber hinauswachsenden Inhalt ab. In diesem Fall sorgt es dafür, dass die Fokusmarkierung nicht nach links hinausläuft.

HINWEIS

Die hier angewandte Technik nennt sich »Phark-Methode« und gehört zu den Image-Replacement-Techniken:
http://meiert.com/de/publications/articles/20050513/#toc-phark

Blenden Sie vorübergehend den Skip-Link aus, um ein besseres Bild vom aktuellen Fortschritt zu erlangen. Platzieren Sie dazu die folgende Anweisung in den Abschnitt »Detail«:

HINWEIS

Kontrollieren Sie die Fortschritte auch zwischendurch im Browser.

```
.skip {
   display: none;
}
```

Abbildung 10.14 ▾
Ohne overflow: hidden ①; mit der Eigenschaft ②

Wechseln Sie nun wieder zu Photoshop, schneiden die folgenden Grafiken aus und speichern sie entsprechend benannt im Ordner LAYOUT ab.

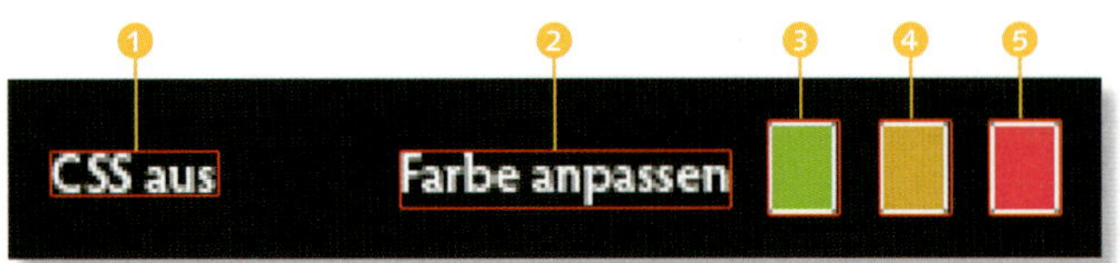

▲ **Abbildung 10.15**
Schneiden Sie entlang der roten Linien, und benennen Sie die Grafiken: »css-aus.gif« ❶, »farbe-anpassen.gif« ❷, »style-1.gif« ❸, »style-2.gif« ❹ und »style-3.gif« ❺. Auf der DVD finden Sie die Bilder unter 10-UMSETZUNG/HTML-ARBEITSSCHRITTE/BILDDATEN.

Das nächste zu formatierende Element ist der `.options`-Container, der neben dem Logo platziert werden soll:

Listing 10.31 ►
CSS-Anweisungen für den Logo-Container

```
#header .options {
   width: 511px;
   margin-top: 15px;
   float: right;
}
```

Clearfix

Eine genaue Erklärung finden Sie auf:
http://www.positioniseverything.net/easyclearing.html

Die Breite von 511 px errechnet sich aus der maximalen Seitenbreite von 880 px minus der 369 px des Logo-Containers. Außerdem erhält er 15 px Abstand nach oben (später die Entfernung zwischen den bunten Kästchen und dem oberen Seitenrand). `float: right;` nimmt das Element, wie das Logo, aus dem Seitenfluss. Schauen Sie nun in den Browser, sehen Sie, dass die Navigation nach oben gerutscht ist und sich hinter dem Logo und Optionsmenü befindet.

▲ **Abbildung 10.16**
Die Navigation ist hinter Logo und Optionsmenü gerutscht.

Dieser Effekt tritt auf, da sich im Container `#header` keine Daten mehr befinden, die dem Seitenfluss angehören, und dadurch die Höhe den Wert 0 annimmt, was wiederum den restlichen Seiteninhalt nach oben rutschen lässt. Bildlich kann man sich das Floating-Verhalten als eine über der eigentlichen Seite liegende Ebene vorstellen. Um dem Header aber die errechnete Höhe aus dem Inhalt geben zu können, müssen die floatenden Elemente mit einem `clear: both;` abgeschlossen werden. Für das Clearing gibt es diverse Methoden, die einfachste, browserübergreifend wirkungsvollste nennt sich »clearfix«. Schreiben Sie dazu im »CSS-Hacks«-Bereich:

HINWEIS

Mehr Informationen zum Thema `float` und `clear` erhalten Sie unter:
http://www.css-technik.de/css-examples/219_9/

Listing 10.32 ►
Mit dieser Methode lassen sich gefloatete Bereiche sehr einfach »clearen«.

```
.clearfix:after,
#header:after {
   content: ".";
```

```
   display: block;
   height: 0;
   clear: both;
   visibility: hidden;
}
```

Aktualisieren Sie die Ansicht in Ihrem Browser, und Sie sehen, dass #header nun die Höhe seines floatenden Inhalts annimmt.

Abbildung 10.17 ▼
Die Darstellung wurde durch das Clearing den Erwartungen angepasst.

Ein Blick in den Quelltext zeigt, dass nun die beiden Container .css und .style-chooser gefloatet werden müssen. Platzieren Sie die Anweisungen unter dem #header .options-Block:

```
#header .options .css {
   width: 340px;
   float: left;
}

#header .options .style-chooser {
   width: 164px;
   float: right;
}
```

◀ Listing 10.33
Diese CSS-Anweisungen sind nötig, um die beiden Container nebeneinander zu platzieren.

Es ist zwar in diesem Fall nicht unbedingt notwendig, aber der Form halber beenden Sie das Floating, indem Sie den Selektor des Clearfix-Blocks um .options:after (vergessen Sie die Kommasetzung nicht) erweitern.

Im Folgenden platzieren Sie die Texte und ersetzen diese mit den ausgeschnittenen Bildern. Fügen Sie dies dem Abschnitt »Detail« hinzu:

```
#header .options .css a,
#header .options .style-chooser p {
   margin-top: 7px;
}
#header .options .css a {
   width: 39px;
   height: 12px;
   text-indent: -5000px;
   background: transparent url('./../layout/
   css-aus.gif') no-repeat;
```

◀ Listing 10.34
Nach dem Einfügen dieser Anweisungen sind die Texte »CSS aus« und »Farbe anpassen« mit Bildern ersetzt.

```
    margin-left: 270px;
    display: block;
    overflow: hidden;

}
#header .options .style-chooser p {
    width: 77px;
    height: 12px;
    text-indent: -5000px;
    background: transparent url('./../layout/
    farbe-anpassen.gif') no-repeat;
    display: block;
    float: left;
    overflow: hidden;
}
```

Da der obere Abstand von »CSS aus« und »Farbe wählen« stets gleich groß sein sollte, wurde dieser in einen zusätzlichen Stilblock ausgelagert. Um den Absatz im `.style-chooser`-Container neben die Liste setzen zu können, wurde vorsorglich gefloatet.

Im nächsten Abschnitt kümmern Sie sich um die Listenformatierung. Fügen Sie Folgendes Schritt für Schritt ein, während Sie die Entwicklung im Browser beobachten:

Listing 10.35 ▶
Mit diesen Angaben finalisieren Sie die Darstellung des Optionsmenüs.

```
#header .options .style-chooser ul {
    width: 78px;
    margin-left: 9px;
    float: left;
    list-style-type: none;
}
#header .options .style-chooser ul li {
    width: 16px;
    margin-right: 10px;
    float: left;
}
#header .options .style-chooser li a {
    width: 16px;
    height: 21px;
    text-indent: -5000px;
    background-repeat: no-repeat;
    display: block;
    overflow: hidden;
}
#header .options .style-chooser li.style-1 a {
    background-image: url('./../layout/style-1.gif');
```

```
}
#header .options .style-chooser li.style-2 a {
   background-image: url('./../layout/style-2.gif');
}
#header .options .style-chooser li.style-3 a {
   background-image: url('./../layout/style-3.gif');
}
```

Wie Sie sehen, wurde für die Formatierung der Farbbuttons zunächst ein Deklarationsbereich eingefügt, der Stilangaben enthält, die alle Links betreffen, und danach erst Gebrauch von den spezifischen Klassen `.style-1`, `.style-2` und `.style-3` gemacht, um individuelle Hintergrundbilder festzulegen.

Bevor wir uns den Navigationspunkten widmen, fügen Sie dem Abschnitt »Schrift« allgemein gültige Angaben zur Textformatierung ein:

```
body {
   color: #212121;
   font-size: 100.1%;
   font-family: Verdana, Tahoma, Sans-Serif;
}
```

◂ **Listing 10.36**
Grundlegende Formatierungen der Schrift einer Website erfolgen im `body`-Selektor.

Die hauptsächlich genutzte Schriftfarbe (`color`) legen Sie stets im `body` fest. Die Standardschriftgröße in gängigen Browsern beträgt 16 px. Die Angabe `font-size: 100%;` bedeutet demnach, dass Sie die Standardgröße der Schrift auf 16 px festlegen. Der Nachkommawert `.1` dient lediglich dazu, Darstellungsfehler im Internet Explorer bei relativen Schriftgrößenangaben zu unterbinden. Weiterhin sollten nun die allgemeinen Linkformatierungen folgen:

```
a {
   color: #9dbe00;
   text-decoration: none;
}

a:hover,
a:focus {
   color: #778f02;
}
```

◂ **Listing 10.37**
Anweisung zur Formatierung der Links

Farben

Die Hover-/Fokus-Farben im Beispiel wurden durch entsprechendes Variieren der Ausgangsfarbe gewählt. Möchten Sie eigene Farben festlegen, nehmen Sie im Farbwähler-Dialog von Photoshop die Grundfarbe auf und schieben den Farbmarker umher, bis Sie den für Sie passenden Ton gefunden haben. Achten Sie auf eine genügend große Änderung.

Zumeist werden Links vom Browser mit einem Unterstrich vorformatiert dargestellt. Im Falle des Beispielprojekts ist diese Art der Auszeichnung nicht gewünscht. Die Angabe `text-decoration: none;` unterdrückt alle Dekorationselemente. Zudem wurde ein Farbwechsel beim Überfahren mit der Maus (`:hover`) bzw. für den fokussierten Zustand (`:focus`) angegeben. Letzteres deckt den Fall ab, dass Nutzer sich mittels Tastatureingaben durch die Seite bewegen, da für sie der Einsatz einer Maus aufgrund körperlicher oder technischer Ursachen nicht in Frage kommt. Die typografische Formatierung des Menüs schließen Sie mit diesen Angaben:

Listing 10.38 ▶
So muss der Text im Navigationsmenü formatiert werden, um der Vorlage zu entsprechen.

```
#menu li a {
   color: #000;
   font-size: .75em;
   font-weight: bold;
}
#menu li a:hover,
#menu li a:focus {
   color: #9dbe00;
}
#menu li.chosen a {
   color: #fff;
}
```

Die Schriftgröße wurde von den in der Photoshop-Vorlage angelegten 12 px in 0,75 em umgerechnet (1 em = 16 px, 12 px / 16 px = 0,75 em bzw. 1 px = 0,0625 em, 0,0625 em * 12 px = 0,75 em). Der aktuelle ausgewählte Menüpunkt, deklariert durch die Klasse `chosen`, erhält eine abweichende Darstellung. Um die Menüpunkte nebeneinander darzustellen, muss ihnen eine Breite gegeben und wieder gefloatet sowie gecleart werden; schreiben Sie diese Angaben in den Abschnitt »Teil«

```
#menu li {
   width: 114px;
   float: left;
}
```

und erweitern die Clearfix-Liste um den Punkt `#menu:after` (ansonsten würde auch hier das Element `#menu` nicht auf die Ausmaße der Kindelemente reagieren). Tragen Sie danach die nötigen Formatierungen ein, um die Linkformatierung des Menüs zu finalisieren:

Listing 10.39 ▶
Auch die einzelnen Menüpunkte sind Links, die Sie mit den bereits gezeigten Möglichkeiten formatieren.

```
#menu li a {
   text-align: center;
   border-radius: 3px;
   /* proprietär */
   -khtml-border-radius: 3px; /* Safari, Konqueror */
   -moz-border-radius: 3px; /* Firefox */
   /* proprietär */
   margin: 4px 3px;
   padding: 8px 0 9px 0;
```

```
   display: block;
}
#menu li.chosen a {
   background: #9dbe00;
}
#menu li.chosen a:hover,
#menu li.chosen a:focus {
   background: #778f02;
}
```

Die Links nehmen durch die Angabe `display: block;` die volle verfügbare Breite des Elternelements (`li`) ein, also 114 px, und vergrößern damit die klickbare Fläche. Der obere und untere Innenabstand (`padding`) gleicht die Höhe der in der Vorlage vorgegebenen Größe an. `text-align: center;` zentriert die Schrift innerhalb der angegebenen Breite. Zudem wurde das Hover- und Fokus-Verhalten der Hintergrundfarbe des aktuell gewählten Menüpunktes ergänzt.

Zu guter Letzt schließen Sie die Formatierung des Kopf- und Navigationsbereichs mit dem Seiten-Icon ab. Wechseln Sie in Photoshop und markieren die Ebene ICON (in NAVIGATION). Erstellen Sie eine Auswahl mit der Tastenkombination [Strg]/[⌘]+[A] um den sanften Schattenverlauf vollständig einzurahmen. Kopieren Sie dieses Mal mit [Strg]/[⌘]+[C] die Daten in die Zwischenablage, speichern und öffnen ein neues Dokument mit [Strg]/[⌘]+[N]. Stellen Sie sicher, dass der HINTERGRUNDINHALT auf TRANSPARENT steht, fügen die Bilddaten mit [Strg]/[⌘]+[V] ein und speichern die Grafik weboptimiert unter dem Namen »icon-startseite.png« im Ordner LAYOUT ab.

10-UMSETZUNG/HTML-ARBEITSSCHRITTE/BILDDATEN/ICON-STARTSEITE.PNG

Schaffen Sie nun Platz in der Navigation, indem Sie im Bereich »Detail« dem Menüpunkt `.material` mehr Abstand nach rechts geben:

```
#menu li.material {
   margin-right: 187px;
}
```

Nun ersetzen Sie `display: none;` in `.skip` mit

```
width: 210px;
height: 129px;
background-color: transparent;
background-repeat: no-repeat;
text-indent: -5000px;
margin: 58px 0 0 340px;
display: block;
position: absolute;
overflow: hidden;
```

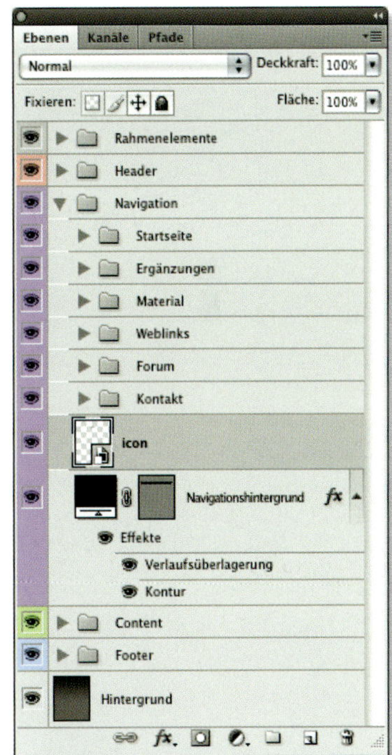

▲ **Abbildung 10.18**
Die markierte Ebene ICON in der Ebenen-Palette

und lassen dem Deklarationsblock Nachstehendes folgen:

```
#startseite .skip {
   background-image: url('./../layout/icon-
   startseite.png');
}
```

Es wird das gleiche Prinzip der Trennung von Grundangaben und individuellen Informationen angewandt, wie auch schon bei den Buttons des Farbwählers geschehen. Weitere Seiten und Icons können so recht einfach hinzugefügt werden. Der Skip-Link kann durch die absolute Positionierung frei auf der Seite verteilt werden, die strukturelle Position spielt hier keine Rolle.

▲ **Abbildung 10.19**
Langsam, aber sicher wächst die Seite der Vorlage entgegen.

Eine Gegenkontrolle kann mit der auf der DVD enthaltenen Datei 10-UMSETZUNG/HTML-ARBEITSSCHRITTE/HTML-SCHRITT-6-CSS-HEADER-ICON/STYLE/STYLE.CSS erfolgen.

Produkt-Teaser | Mit dem Vorwissen und Vorgehen ist der Produkt-Teaser relativ leicht anzupassen. Nehmen Sie sich erst einmal die Schriftformatierung vor, beginnend mit dem Link. Platzieren Sie die folgenden Anweisungen im Bereich »Schrift« unter dem `a:hover`-Block:

Listing 10.40 ▸
Vergessen Sie bei der Formatierung des `hover`-Zustands nicht das Pseudoformat `focus`.

```
#content .product-teaser a {
   color: #5c6f02;
}
#content .product-teaser a:hover,
#content .product-teaser a:focus {
   color: #2e3702;
}
```

Nehmen Sie sich nun der Überschrift zweiter Ordnung an und fügen weiterhin im Bereich »Schrift« Nachstehendes hinzu:

```
#content .product-teaser h2 {
   color: #fff;
   font-family: Helvetica, Arial, Sans-Serif;
   font-size: 1.125em;
   font-weight: bold;
   margin-bottom: .2em;
}
```

◂ **Listing 10.41**
Formatierung der Überschrift des »Produkt-Teasers«

Die Formatierung der Absätze beendet den Typografie-Teil:

```
#content p {
   font-size: .75em;
   line-height: 1.4em;
   margin-bottom: 1.2em;
}
#content .product-teaser p {
   margin-bottom: .5em;
}
```

◂ **Listing 10.42**
Formatierung der Absätze des »Produkt-Teasers«

Der große untere Abstand der Absätze wurde für den `.product-teaser`-Bereich verkleinert.

Markieren Sie sich in Photoshop nun vollständig den grünen Verlauf mit einer 1 px breiten Auswahl, und speichern Sie wie bereits beschrieben die weboptimierte Datei mit dem Namen »product-teaser-green.gif« im Ordner LAYOUT ab.

10-UMSETZUNG/HTML-ARBEITSSCHRITTE/BILDDATEN/PRODUCT-TEASER-GREEN.GIF

Fügen Sie »clearfix« den Selektor `.product-teaser:after` hinzu und hängen Folgendes dem Bereich »Teil« an:

```
.product-teaser {
   background: #9cbe00 url('./../layout/product-
   teaser-green.gif') repeat-x scroll left bottom;
   padding: 43px 0 10px 37px;
}
.product-teaser dt {
   width: 195px;
   margin: 0 35px 0 0;
   float: left;
}
.product-teaser dd {
   width: 468px;
   margin: 90px 0 0 0;
   float: left;
}
```

◂ **Listing 10.43**
Formatierung der Definitionsliste

10-UMSETZUNG/HTML-ARBEITSSCHRITTE/HTML-SCHRITT-7-PRODUKT-TEASER/STYLE/STYLE.CSS

Mit diesem Handschlag haben Sie den Produkt-Teaser abgeschlossen. Die Ausführungen im Buch enden hier, da die weiteren Formatierungen den exemplarisch gezeigten gleichen. Arbeiten Sie das

Template mit den auf der DVD im Ordner 10-UMSETZUNG/HTML-ARBEITSSCHRITTE/WEITERE-ARBEITSSCHRITTE enthaltenen Stylesheets Schritt für Schritt bis zum Ende durch. In den Stylesheets finden Sie jeweils die nötigen CSS-Anweisungen, um wie bisher geschehen den Ablauf im Detail nachvollziehen zu können. Fühlen Sie sich ermutigt, mit den Anweisungen zu experimentieren und damit das Lernerlebnis zu intensivieren.

Die finale Version der Seite können Sie im Ordner 10-UMSETZUNG/HTML-FINAL betrachten. Unter anderem wurden dort neben den notwendigen Anpassungen an den Internet Explorer 7 und 6 auch die JavaScript-Funktionen des Optionsmenüs sowie ein smoothes Scrollverhalten des Skip-Links eingefügt.

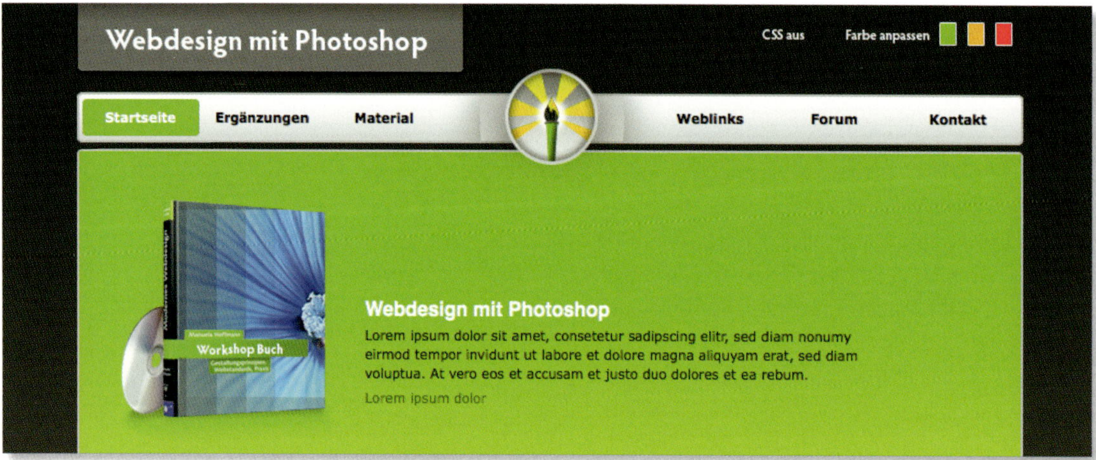

▲ **Abbildung 10.20**
Vom Logo bis zum Produkt-Teaser entspricht die HTML-Vorlage nun dem, was Sie zuvor in Photoshop gestaltet haben.

10.4 Implementierung dynamischer Elemente mittels JavaScript

10-UMSETZUNG/HTML-JQUERY

JavaScript wird idealerweise ähnlich den Stylesheets in eine externe Datei ausgelagert. Legen Sie dazu im Ordner SCRIPT eine Datei mit dem Namen »script.js« an und fügen im `head` Ihrer Seite die Zeile

```
<script type="text/javascript" src="./script/script.js"
charset="utf-8"></script>
```

ein. Ein einfaches »Hello World«-Beispiel zeigt Ihnen, dass alles korrekt funktioniert. Öffnen Sie die »script.js« und schreiben:

```
alert('Hello World');
```

Fortan begrüßt Sie bei jedem Aufruf eine Dialogbox mit dem Text »Hello World«. Der Einstieg in JavaScript ist ähnlich reichhaltig mit wissenswerten Notwendigkeiten belegt wie auch HTML oder CSS. Dennoch können Sie relativ schnell von dem Mehrwert profitieren, ohne zu stark in die Materie eindringen zu müssen. Möglich wird dies durch JavaScript-Bibliotheken, die nicht nur einen reichhaltigen Pool an häufig benötigten Funktionen liefern, sondern stellenweise auch das Schreiben von Code vereinfachen. Bemerkenswert und für Einsteiger sehr zu empfehlen ist an dieser Stelle die Bibliothek »jQuery« (die auch im finalen Beispielprojekt genutzt wurde, um die gezeigten Funktionen zu realisieren). Laden Sie sich von *http://www.jquery.com* die aktuellste »jquery.js« herunter, kopieren diese in Ihren Ordner SCRIPT und binden sie wie oben beschrieben in die Seite ein. Ersetzen Sie das »Hello World"-Beispiel in der »script.js« mit

Einsteiger-Tutorial

Wer sich in jQuery einarbeiten möchte, findet unter folgender Adresse ein Tutorial, das den Einstieg erleichtert: *http://www.steintafel.ch/blog/2006-10/jquery-fuer-anfaenger-von-einem-anfaenger*

```
$(document).ready(function() { // Wenn DOM geladen, dann
...
   $('#header h1').click(function(){ // Wenn Klick auf
   h1 in #header
      $('.product-teaser').slideToggle(); // .product-
      teaser togglen
      return false; // Linkverhalten unterdrücken
   });
});
```

und aktualisieren den Browser. Klicken Sie nun auf das Logo der Seite und lassen sich überraschen.

10.5 Weiterverwendung

Das hier beschriebene Projekt ist vorrangig ein Template, also lediglich eine Vorlage, welche die Grundlage zur Weiterverwendung bietet. Neben der Möglichkeit, mehrere statische HTML-Seiten anzulegen und die Navigation entsprechend pro Seite anzupassen, haben Sie außerdem noch die Option, einen WYSIWYG-Editor wie Dreamweaver zur Verwaltung der Unterseiten zu nutzen. Auch können Sie auf ein Content-Management-System zurückgreifen. Nachfolgend erhalten Sie zu drei kostenlosen, ausgewählten Open-Source-Systemen weitere Informationen:

WYSIWYG

Die Abkürzung steht für »**W**hat **y**ou **s**ee **i**s **w**hat **y**ou **g**et« und bedeutet, dass durch optische Kennzeichnung in einem Editor versucht wird, eine Vorstellung von der finalen Ausgabe zu schaffen.

WordPress | Eigentlich ist WordPress ein System, um Online-Tagebücher zu realisieren, bietet aber viele Optionen, die es auch für das Verwalten von fixen Inhalten prädestiniert. Der Einstieg in den Aufbau eines Templates ist relativ einfach und das Backend auch für wenig

HINWEIS

Als »Backend« wird der Einstellungs- und Redaktionsbereich eines CMS bezeichnet. Die Ausgabe der Seite, also das, was der Besucher zu Gesicht bekommt, nennt sich »Frontend«.

technikaffine gut verständlich. WordPress ist für kleine bis mittlere Websites zu empfehlen.

- *http://wordpress.org*
- *http://wordpress-deutschland.org*

Typo3 | Ein sehr mächtiges und funktionsreiches CMS, das aber im Gegensatz zu Wordpress einen enormen Einarbeitungsaufwand voraussetzt. Das Erstellen von Templates bedingt das Lernen der systemeigenen Konfigurationssprache TypoScript. Das Backend ist für Redakteure weniger intuitiv aufgebaut als beispielsweise das von Wordpress. Ab mittleren bis großen Projekten lohnt sich jedoch das Einarbeiten.

- *http://www.typo3.org*
- *http://www.typo3.net*

ModX | Das noch relativ junge CMS stellt einen Mittelweg zwischen der Funktionsmächtigkeit von Typo3, dem leichten Einstieg und der einfachen Backend-Bedienung von WordPress dar. Zwar lassen sich Templates relativ einfach erstellen, jedoch ist die Dokumentation bisweilen noch recht mangelhaft, so dass Sie bei Fragen auf die Hilfe der Community angewiesen sind.

- *http://modxcms.com*
- *http://www.modxcms.de*

10.6 Zusammenfassung

Die nachfolgende Zusammenfassung enthält die in diesem Kapitel genannten Tipps und Hilfestellungen. Nutzen Sie diese als Checkliste für eigene Projekte, um sich Arbeit durch effektivere Fehlersuche/-vermeidung zu ersparen.

10.6.1 Arbeitsumgebung einrichten

- Setzen Sie zum Erstellen von HTML- und CSS-Dateien (sowie bei weiteren Sprachen) einen Texteditor ein, der zumindest Syntax-Highlighting unterstützt. Die Fehlersuche fällt auf diese Weise weitaus einfacher aus, und die Übersicht erhöht sich um ein Vielfaches.
- Halten Sie einen standardkonformen Browser (z.B. Firefox) bereit, um Ihre Fortschritte kontrollieren zu können.
- Nutzen Sie die in Kapitel 15, »Ausblicke«, genannten Tools wie Firebug und Web Developer, um eigene Fehler schneller zu entdecken. Der Einsatz eines Validators stellt sicher, dass der geschriebene Quelltext den Standards entspricht.
- Legen Sie eine Ordnerstruktur an, welche die Dateien nach Ihrem Verwendungszweck trennt.

10.6.2 HTML-Dokument aufbauen

- Beginnen Sie eine HTML-Datei mit der Anweisung des gewünschten Doctypes.
- Geben Sie die Zeichenkodierung an. Verwenden Sie standardmäßig UTF-8 und vergewissern Sie sich, dass Ihre Dateien vom Editor ebenfalls mit diesem Zeichensatz abgespeichert wurden.
- Bauen Sie die grundlegende HTML-Struktur zuerst auf (html, head, body).
- Vergewissern Sie sich, dass die Stylesheets korrekt mit dem HTML-Dokument verknüpft sind.
- Extrahieren Sie die logische/inhaltliche Struktur aus der Gestaltungsvorlage und arbeiten dabei von grob nach fein.
- Rücken Sie (Block-) Kindelemente immer um eine Tab-Länge ein, um auch bei stark verschachtelten Dokumenten eine hohe Übersichtlichkeit zu gewährleisten.
- Vergeben Sie ID- und Klassennamen so reduziert wie möglich (Kleinschreibung beachten und keine Sonderzeichen nutzen), und fügen Sie nicht mehr HTML-Tags ein, als Inhalte und logische Bereiche existieren. Benötigen Sie beispielsweise einen weiteren Container, sorgen Sie für entsprechenden Inhalt.
- Verschachteln und schließen Sie HTML-Tags korrekt.
- Die reservierten Zeichen `< > & "` müssen maskiert werden.

- Schreiben Sie stets valide Dokumente.
- Setzen Sie bei (sehr) langen Dokumenten Sprungmarken zu relevanten Abschnitten.

10.6.3 Stylesheet erstellen

- Finden Sie die korrekte Selektorangabe und beachten dabei Spezifität sowie Vererbung.
- Wo es möglich und sinnvoll ist, nutzen Sie Kurzformen der Stilangaben.
- Layoutgrafiken werden als Hintergrundgrafiken angelegt.
- Der Einsatz von Image-Replacement-Methoden erhöht die Wiederverwendbarkeit des Dokuments.
- Nach einem `float` sollte »gecleart« werden, um ungewollte Darstellungsfehler zu vermeiden.
- Das Aussehen der angelegten Stylesheets wird in einem standardkonformen Browser kontrolliert, spezifische Anpassungen (beispielsweise für den Internet Explorer) werden mittels CSS-Hacks nachträglich und separat hinzugefügt.

11 Veröffentlichung einer Website

Nachdem Sie Ihre Website erstellt haben, gilt es, sie im Internet **verfügbar** und **auffindbar** zu machen. Webhoster übernehmen dabei die Aufgabe, Umgebung und Speicherplatz bereitzustellen (Hosting), so dass es nicht nötig ist, selbst einen eigenen, dauerhaft im Internet angeschlossenen, Rechner zu betreiben. Für diesen Bereich kommen speziell darauf zugeschnittene Rechnertypen, so genannte Webserver, zum Einsatz. Sie sind darauf optimiert, viele parallele Operationen bestmöglich abarbeiten zu können, da jeder Zugriff auf eine Website Rechenressourcen einnimmt. Mögen diese bei einer statischen Seite noch recht überschaubar sein, wird die Auslastung spätestens bei der Verwendung eines komplexeren CMS wie Typo3, eigenen aufwendigen Skripten oder sehr vielen Besuchern zu einem Problem. Daher ist es wichtig, von vornherein die richtige Hosting-Wahl zu treffen, um einen effektiven Kosten-Nutzen-Faktor zu erhalten.

ISP

Diese häufig verwendete Abkürzung steht für **I**nternet **S**ervice **P**rovider, also Internetdienstleister, und fasst alle Anbieter zusammen, die Dienste für die Nutzung oder den Betrieb des Internets bereitstellen. Darunter fallen neben Zugangs-Providern auch Webhoster.

11.1 Die richtige Serverumgebung

Zuerst sollten Sie sich bewusst machen, welche Anforderungen Ihre eigene Website an die Umgebung stellt und welche Ressourcen und Leistungen in Zukunft in Anspruch genommen werden könnten. Bei der Wahl des Hosting-Angebots stehen vorrangig drei Angebotstypen zur Wahl:

Shared Hosting | Eine vom Anbieter festgelegte Anzahl von Kunden teilt sich die Ressourcen eines Servers. Kapazitäten werden nicht pro Account, sondern je nach Bedarf verwaltet. So kann es passieren, dass eine Website auf der gleichen Maschine durch eine hohe Anfrage- oder Skriptlast alle anderen Auftritte verlangsamt. Je weniger Kunden vom Webhoster maximal pro Server zugesichert werden, desto höher fallen die Kosten pro Endabnehmer aus. Der Umfang der auf dem Server installierten Software variiert und steigt je nach Professiona-

Webtipp

Ein Übersicht verschiedenster Webhoster finden Sie nach unterschiedlichen Aspekten sortierbar unter *http://www.webhostlist.de*.

lisierung im Preis. Im Allgemeinen sind Angebote in diesem Bereich jedoch relativ günstig.

Dedicated Server | Dabei handelt es sich um das genaue Gegenteil des Shared Hostings. Der Webhoster stellt in seinem Rechenzentrum einen vorkonfigurierten Server zur Verfügung, den der Kunde allein beanspruchen kann. Eine Wartung erfolgt meist nur bei hardwaretechnischen Belangen, um Software und Sicherheit muss sich der Kunde selbst kümmern. Das ermöglicht eine weitreichende Kontrolle über die Funktionen des Geräts und erlaubt das Installieren jeglicher Applikationen. Jedoch empfiehlt sich dies nur für erfahrene Administratoren, da Webserver unter anderem steten Angriffen aus dem Internet unterworfen sind und bei Bedienfehlern bzw. zerstörtem Betriebssystem keine (kostenlose) Unterstützung zur Verfügung steht.

Managed Server | Sie bilden den Mittelweg zwischen Shared Hosting und einem Dedicated Server. Der Webhoster administriert den bereitgestellten Rechner. Durch die zusätzliche Dienstleistung entstehen höhere Kosten (gern im dreistelligen Bereich pro Monat). Um dies zu kompensieren, gibt es seit einiger Zeit das Angebot so genannter vServer. Hierbei werden auf einem Hardware-Server mehrere Software-Server installiert. Dem Kunden stehen feste Ressourcen zur Verfügung, so dass die Teilung zwar eine geringere, aber nicht schwankende Rechenkapazität mit sich bringt.

XAMPP und MAMP

Sie können sich zu Testzwecken relativ einfach selbst eine Serverumgebung auf Ihrem eigenen Rechner einrichten. Für Windows steht XAMPP zur Verfügung (*http://www.apachefriends.org/de/xampp.html*), und für Mac OS X ist MAMP eine Empfehlung (*http://www.mamp.info*).

Technische Hintergründe | Am häufigsten kommt im Webhosting-Bereich eine so genannte **LAMP**-Umgebung zum Einsatz. Die Abkürzung steht für **L**inux (Betriebssystem), **A**pache (Serversoftware), **M**ySQL (Datenbank) und **P**HP (Skriptsprache). Ein Grund für die weite Verbreitung ist unter anderem die Quelloffenheit (Open Source) aller Komponenten und die kostenlose Verfügbarkeit. Für Webhoster fallen somit keine Lizenzkosten an (die letztendlich an den Kunden weitergegeben werden müssten). Nichtsdestotrotz steht diese Lösung den kostenintensiveren in Sachen Professionalität in nichts nach.

Bei sehr günstigen Shared-Hosting-Paketen werden PHP und MySQL häufig weggelassen. Sollten Sie ein solches Angebot annehmen, achten Sie darauf, dass Sie später problemlos den Tarif und damit die Leistungen des Webhosters ändern können. Ein Wechsel zu einem neuen Anbieter ist oft mit höherem Aufwand verbunden.

XAMPP und MAMP finden Sie auch auf der Buch-DVD im Ordner SOFTWARE/ENTWICKLUNG.

PHP und eine MySQL-Datenbank sind beispielsweise bei den in Abschnitt 10.5, »Weiterverwendung«, vorgestellten Content-Management-Systemen oder anderen dynamischen Skripten wie Gästebüchern und Foren Voraussetzung. Klären Sie bei Bedarf vorher mit dem Webhoster ab, ob der Einsatz von PHP eventuell mit Restriktionen versehen ist (Stichwort: »safe_mode«) und ob die maximale Skriptlaufzeit, die maximale Upload- und Skriptspeichergrenze (die Menge an Speicher, die ein Skript während der Ausführung (Laufzeit) belegen darf) den Anforderungen des von Ihnen verwendeten Systems entspricht. Auch sollten webserverspezifische Einstellungen (bezogen auf Apache) über die so genannte ».htaccess«-Datei (**htaccess** = **h**yper**t**ext **access**, Konfigurationsdatei für Webserver) möglich sein, um beispielsweise »sprechende URLs« wie *http://www.webdesign-mit-photoshop.de/kontakt/* oder einen Verzeichnisschutz einfach realisieren zu können.

Sprechende URLs

Mehr Informationen finden Sie unter *http://de.wikipedia.org/wiki/Clean_URLs*.

Weitere wichtige Faktoren | Die allgemeinen bei der Wahl des richtigen Hosting-Pakets zu beachtenden Kriterien sind Speicherplatz, die Menge der benötigten Rechnerressourcen (RAM und CPU), Traffic und Service.

Festplattenkapazität stellt heutzutage kein größeres Problem mehr dar, da sie auch bei günstigen Angeboten im Gigabyte-Bereich liegt und selbst 100 MB für eine Website (je nach Inhalt) für die erste Zeit genügt.

Wie viel **Rechenleistung** und **RAM** (Arbeitsspeicher) Sie benötigen, hängt vor allem von der Komplexität der genutzten serverseitigen Skripte und der Anzahl der zu erwartenden Besucher ab: 500 bis 1 000 Zugriffe am Tag (inklusive Webcrawler, die mit der Zeit einen erheblichen Anteil gewinnen können) bewältigen Sie noch ohne Probleme mit einem Shared-Hosting-Paket. Ist aber mit zeitweilig großen Besucherzahlen zu rechnen, sollte die Website von vornherein auf einer kräftigeren Maschine lagern.

Rechenbeispiel

Angenommene Werte: 500 Zugriffe am Tag, 300 KB pro Seitenaufruf:
Monatlicher Traffic: 500 * 30 d * 300 KB = 4.500.000 KB ≈ 4,5 GB (entspricht dem Datentransferaufkommen einer kleinen Website)

Unter **Traffic** versteht man die Datenübertragung zwischen dem Server und dem Rechner des Besuchers (Client). Die aufgerufenen Komponenten einer Seite (HTML-, CSS-, JavaScript-Dateien, Bilder, Videos etc.) bestimmen die Datenmenge pro Besuch. Ein Durchschnitt pro Seitenaufruf lässt sich aufgrund des (mehr oder minder) intelligenten Caching-Verhaltens der Browser (das Zwischenspeichern von bereits heruntergeladenen Daten einer Website) nur relativ schwer ermitteln. Die Menge summiert sich auch bei kleineren Websites monatlich jedoch schnell im Gigabyte-Bereich. Wichtig in diesem Zusammenhang ist zu wissen, dass die Übertragung nicht unentgeltlich vonstatten geht und zu den laufenden Kosten einer Website zählt. Die für die Netzinfrastruktur verantwortlichen Betreiber verlangen für Wartung und Instandhaltung ihrer Leitungen eine Nutzungsgebühr, die der Webhoster paketweise erstehen kann. Übersteigt das tatsächliche Datenaufkommen die vorausgekaufte Menge, fallen weitere Gebühren an. Aus diesem Grund können Webhoster stets

Extrembeispiel YouTube

Die Kosten für den Traffic der Seite *http://www.youtube.com* belaufen sich laut Credit-Suisse im Jahre 2009 auf 360,4 Mio. Dollar bei gleichzeitigen (Werbe-)Einnahmen von 240,9 Mio. Dollar.

nur eine bestimmte Menge Inklusiv-Traffic pro Kunde veranschlagen. Die marktschreierischen »Unlimited«-Angebote beziehen sich auf die Hoffnung des Anbieters, dass der Großteil ihrer Kunden nie eine durchschnittliche Menge an Traffic verbrauchen wird. Es empfiehlt sich daher, eher auf Angebote mit festen Inklusiv-Beträgen zurückzugreifen, um spontanen Kündigungen des Hosting-Vertrags bei hoher Seitenfrequentierung aus dem Weg zu gehen.

Auch darf die **Service-Leistung** des Webhosters nicht zu kurz ausfallen. 24/7-eMail-Support und eine kompetente Hotline sind im professionellen Bereich wichtig, um zügig anstehende Probleme bewältigen zu können und die eventuellen Ausfallzeiten so gering wie möglich zu halten.

Domain-Ummeldung

Das Transferieren einer Domain von einem zum anderen Inhaber bzw. Webhoster wird über einen **K**onnektivitäts**k**oordinations-, kurz **KK**-Antrag bzw. chProv-Antrag (»**ch**ange **prov**ider«) realisiert, den der alte und neue Besitzer schriftlich unterzeichnen müssen.

Weitere Leistungen | Domain-Anmeldung und -Ummeldung, Bereitstellung von eMail-Accounts, FTP/WebDav-Zugänge, periodische Datensicherung und Aktualisierung der auf dem Server eingesetzten Software (nicht Ihre Skripte) gehören zu dem zu erwartenden Leistungsportfolio eines Webhosters.

11.2 Datenupload per FTP

Demoversionen von Transmit und CuteFTP finden Sie auf der Buch-DVD im Ordner SOFTWARE/ENTWICKLUNG.

Um die lokalen Daten der Website auf den Online-Speicherplatz des Webhosters kopieren zu können, benötigen Sie ein FTP-Programm. Zwar besitzen der Explorer (Windows) und der Finder (Mac) die Fähigkeit, sich mit FTP-Verzeichnissen zu verbinden, jedoch bieten spezialisierte Programme mehr Einstellungsmöglichkeiten und umgehen betriebssystembedingte Probleme (zum Beispiel das Ausblenden von .-Dateien im Finder unter OS X).

Windows

- FileZilla (kostenlos, *http://filezilla-project.org*)
- SmartFTP (kostenlos, *http://www.smartftp.com*)
- CuteFTP (kostenpflichtig, *http://www.globalscape.com/products/ftp_clients.aspx*)

Mac OS X

- Cyberduck (kostenlos, *http://cyberduck.ch*)
- Transmit (kostenpflichtig, *http://www.panic.com/transmit/*)
- Flow (kostenpflichtig, *http://extendmac.com/flow/*)

Login-Daten | Um sich mit einem FTP-Verzeichnis zu verbinden, muss zuvor der Zugang konfiguriert werden. Als Beispiel dient folgend das Account-Fenster von Cyberduck, die grundlegenden

Einstellungsmöglichkeiten gleichen sich aber über alle Programme hinweg.

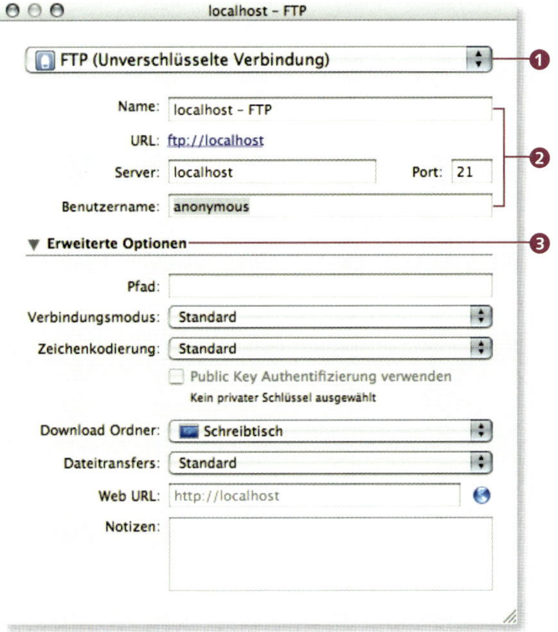

◂ **Abbildung 11.1**
Ein FTP-Account-Verwaltungsfenster am Beispiel von Cyberduck für Mac OS X

Legen Sie fest, um welche **Verbindungsart** ❶ es sich handelt. Zur Auswahl stehen eine unverschlüsselte FTP-Verbindung, das heißt, Zugangsdaten werden in Klartext durch das Internet geschickt und könnten durch Dritte relativ leicht abgefangen werden, und zwei verschlüsselte Verbindungsvarianten: SFTP (Secure FTP) bzw. FTP-TLS/SSL (**TLS** = **T**ransport **L**ayer **S**ecurity, **SSL** = **S**ecure **S**ockets **L**ayer), auch FTPS abgekürzt. Welches Protokoll Ihr Webhoster unterstützt, sollten Sie vorher in Erfahrung bringen. Gern wird auf das Anbieten verschlüsselter Verbindungen verzichtet, da der Prozess der Ver- und Entschlüsselung mehr Rechenleistung und somit für den Webhoster wertvolle Kapazitäten in Anspruch nimmt. Für die Sicherheit der eigenen Daten ist von einer reinen FTP-Verbindung aber abzuraten.

FTP

Die Abkürzung steht für **F**ile **T**ransfer **P**rotocol. Es wurde 1985 in der RFC 959 als Protokoll zur Übertragung von Dateien zwischen Client und Server standardisiert.

Tragen Sie als Nächstes die **Verbindungsdaten** ❷ ein. Ein obligatorischer, frei wählbarer Verbindungsname, der nur zur Übersicht in Ihrer FTP-Anwendung dient, die Adresse zum Server (z. B. *sftp://webdesign-mit-photoshop.de*), der Port, der Benutzername und das Passwort gehören dazu. Die Daten erhalten Sie direkt vom Webhoster. Sollte Ihr FTP-Programm das Protokoll-Präfix und den Port nicht automatisch eintragen, so wären diese:

- FTP: »ftp://«, Port 21
- SFTP: »sftp://«, Port 22
- FTPS: »ftps://«, Port 21

In den weiteren **Optionen** ❸ lässt sich zumeist ein optionaler Pfad, den das FTP-Programm nach Öffnen der Verbindung automatisch aufruft, ein Verbindungsmodus, der standardmäßig auf »Passiv« gestellt werden sollte, um Verbindungsprobleme zu vermeiden, und die Zeichenkodierung angeben. Sofern möglich, stellen Sie hier UTF-8 ein, halten sich aber dennoch an die in Abschnitt 9.4.3 beschriebene Dateibenennung.

Pfade | Die Pfadangaben im FTP-Protokoll erlauben prinzipiell das Nutzen von Zeichen, wie es unter Betriebssystembedingungen möglich ist. Leerzeichen, Umlaute etc. stellen kein Problem dar. Da Sie aber die per FTP erstellten Pfade auch im HTTP-Protokoll (also beim Aufrufen der Seite im Browser) nutzen, sind diese dennoch URL-konform niederzuschreiben. Auch müssen FTP-Pfade nicht mit HTTP-Angaben übereinstimmen. Im FTP-Programm könnten Sie den Pfad *html/layout/logo.gif* sehen, durch die Eingabe der zu vermutenden URL im Browser *http://www.webdesign-mit-photoshop.de/***html***/layout/logo.gif* aber ins Leere laufen. Der Grund findet sich in den Root-Ordner-Einstellungen des Servers. In denen kann für HTTP-Zugriffe »html« als Startordner festgelegt sein, der dann im Pfad nicht mehr auftaucht. Die korrekte URL lautet demnach *http://www.webdesign-mit-photoshop.de/layout/logo.gif*. Welche Einstellungen bei Ihnen gültig sind, erfahren Sie direkt beim Webhoster.

Dateirechte

Vergeben Sie möglichst nie die Rechte 777, die es der Gruppe »Sonstige« ermöglichen, Ihre Dateien zu editieren.
Eine ausführliche Dokumentation zu Unix-Dateirechten finden Sie unter *http://de.wikipedia.org/wiki/Unix-Dateirechte.*

Rechte | Da die meisten Webserver unter Linux laufen, das auf Unix basiert, gelten für Dateirechte die gleichen Attributmöglichkeiten wie unter Unix selbst. Ausführbare Dateien sind mit dem Dateirecht 755, alle anderen mit 664 zu versehen. Damit werden die Möglichkeiten für »Eigentümer«, »Gruppe« und »Sonstige« definiert. Zur Auswahl stehen der lesende, schreibende und ausführende Zugriff. Die meisten FTP-Programme erleichtern das Definieren der Dateirechte durch ein einfaches Setzen der Optionen mittels Häkchen.

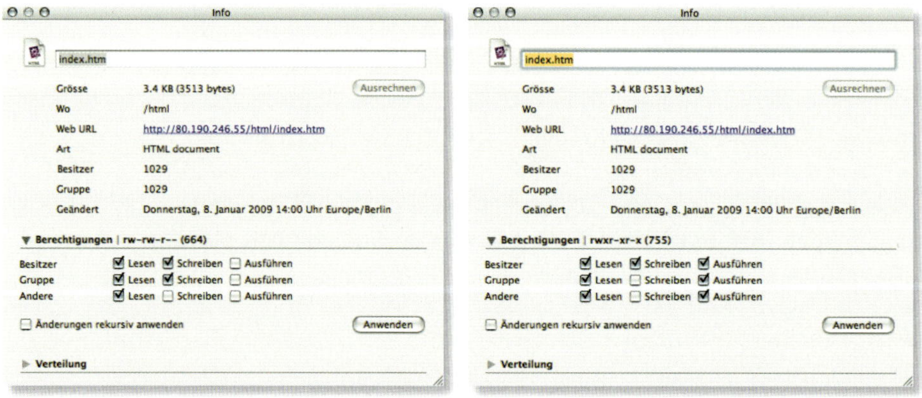

Abbildung 11.2 ▼
Die grafische Oberfläche der FTP-Programme erleichtert das Setzen der Rechte enorm.

Upload | Achten Sie beim Hochladen der Daten Ihrer Website lediglich darauf, dass Sie diese in den HTTP-Root-Ordner Ihres Servers legen, damit beim Aufruf der Domain die »index.htm/html/php« angezeigt werden kann.

Passwortschutz von Verzeichnissen | Sollte der Webhoster kein eigenes Backend anbieten, um Verzeichnisse zu schützen, können Sie sich selbst relativ einfach behelfen. Legen Sie dazu im zu schützenden Ordner Ihres Servers zwei Dateien jeweils mit dem Namen ».htaccess« und ».htpasswd« (mit führendem Punkt) an, indem Sie eine leere Textdatei erstellen und diese entsprechend umbenennen. Öffnen Sie nun die Website *http://www.htaccesseditor.com/gr.shtml*, klicken dort auf STANDARD AUTHENTIFIZIERUNG, geben den gewünschten Benutzernamen und das Passwort ein, kopieren den Inhalt des Feldes ».htpasswd« in die entsprechende Datei, geben den absoluten Pfad (den Sie vom Webhoster erfahren) der Passwort-Datei an und fügen den generierten Text in Ihre ».htaccess« ein.

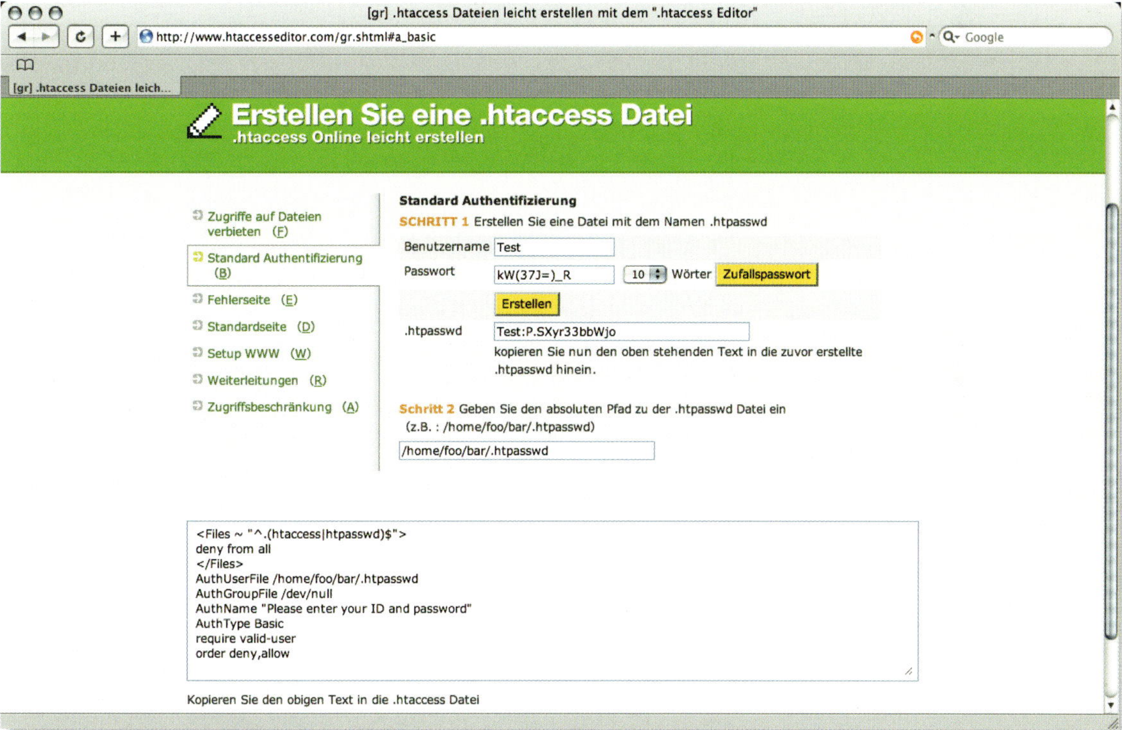

▲ **Abbildung 11.3**
Tragen Sie in die Felder Ihre spezifischen Daten ein.

11.3 Werbung und Auffindbarkeit

Ist Ihre Website im Internet aufrufbar, können Sie sich nun um besucherfördernde Maßnahmen kümmern. Helfen Sie Ihren potenziellen Besuchern erst einmal, die Seite überhaupt zu finden, und melden Sie diese bei verschiedenen Suchmaschinen an. Ein guter Anfang sind die großen Drei:

- Google: *http://www.google.de/addurl/?hl=de&continue=/addurl*
- MSN: *http://search.msn.de/docs/submit.aspx*
- Yahoo: *http://siteexplorer.search.yahoo.com/de/free/request*

Suchmaschinenoptimierung

Search Engine Optimization (SEO) ist durch die wachsende Popularität des Internets und dessen stetig voranschreitende Integration in die Gesellschaft zu einem wichtigen Betätigungsfeld gewachsen. Einen ersten Einstieg in diese Thematik erhalten Sie unter *http://www.abakus-internet-marketing.de.*

Erwarten Sie an dieser Stelle keine Geschwindigkeitswunder. In der Regel aktualisieren Suchmaschinen nur einmal im Monat ihren kompletten Index. Ohne Anhaltspunkt haben es neue Seiten im Allgemeinen schwerer, da sich ein Suchmaschinenbetreiber zum einen bemüht, Spammer aus den Indexen zu entfernen, und zum anderen die Wichtigkeit einer Seite nach ihrer Popularität im Netz beurteilt. Vereinfacht kann man sagen: Die Häufigkeit von Verlinkungen zur eigenen Website ausgehend von Seiten, die selbst oft im Internet verlinkt sind, wird als Indikator für die Wichtigkeit herangezogen. Ebenso erfolgt die Indexierung in der Regel schneller, wenn ein Webcrawler einem gesetzten Link von einer anderen auf Ihre Seite folgt. Sorgen Sie also bei Bekannten und Partnern für Links auf Ihre Website, bzw. versuchen Sie, Inhalte anzubieten, die Außenstehende für verlinkenswert halten, und profitieren gleichzeitig von dem Multiplikatoreffekt, dass damit noch mehr Besucher auf Ihre Seite aufmerksam gemacht werden. Ein Link auf die eigene Seite wird »Backlink« oder Rückverweis genannt.

Webkataloge | Manuell zusammengetragene Indexe nennen sich in der Regel Webkataloge. Bevor die ersten Suchmaschinen effektiv genug wurden, waren sie Hauptinformationsquelle für Surfer. Heute sind sie eher von untergeordneter Wichtigkeit. Viele lassen sich mit eigenen Einträgen erweitern, so dass sich die Wirkung des Backlinks auf Suchmaschinen in Grenzen hält. Andere werden moderiert und belassen die Entscheidung über die Setzung eines Links dem zuständigen Redakteur. Ob effektiv für Suchmaschinen oder nicht, sie geben Benutzern der Kataloge einen Anhaltspunkt, auf Ihre Seite zu klicken, wenn diese dort einmal verzeichnet wurde. Unter *http://www.ranking-check.de/tools/rc.webkataloge.php* finden Sie eine Übersicht samt Einschätzung über Möglichkeit und Nutzen der Eintragung.

Social Bookmarks | Services zu sozialen Bookmarks sind mittlerweile der beliebtere Weg der Linksortierung. Eigentlich als Online-Liste für die eigenen Favoriten gedacht, spricht nichts gegen das Eintragen der eigenen Website. Aus der Masse stechen Sie mit Ihrem Auftritt allerdings erst heraus, wenn dieser dort auch von anderen als Favorit abgespeichert wird, so dass es sich im Endeffekt wieder um das Schaffen von interessanten Inhalten dreht. Eine Liste entsprechender Services finden Sie (nicht ganz ohne Witz) im Webkatalog *http://www.dmoz.org/World/Deutsch/Computer/Internet/WWW/Web-Anwendungen/Bookmarkverwaltung/Social_Bookmarks/*.

Andere Medien | Je nach Thematik und finanzieller Möglichkeit lohnt sich das Setzen von Werbung in anderen Medien, wie (lokalen) Zeitungen, Zeitschriften, Radio, (kleineren) Kinos oder auch (regionalen) Sendern. Flyer, Banner und Werbung auf Autos sind weitere Ideen, um die gewünschte Öffentlichkeit zu schaffen.

Die Zusammenfassung zu diesem Kapitel finden Sie auf der nächsten Seite.

11.4 Zusammenfassung

- Jede Website besitzt eigene Anforderungen an eine richtige Serverumgebung. Dumping-Angebote können sich im laufenden Betrieb rächen. Das Preis-Leistungs-Verhältnis sollte dennoch Beachtung finden.
- Kriterien wie Speicherplatz, verfügbare Rechnerressourcen, Traffic und Service sind gleichberechtigt zu werten. Unrealistische »Unlimit«-Angebote führen im Ernstfall eher zu einer vorzeitigen Kündigung als Verträge mit fest definierten Rahmenbedingungen.
- Das Hochladen der Dateien erfolgt über einen FTP-Client.
- Je nach Serverkonfiguration muss der Upload-Pfad nicht mit der URL übereinstimmen.
- Rechte für Dateien sollten stets so gering wie möglich vergeben werden.
- Nicht-öffentliche Ordner lassen sich mit einem Verzeichnisschutz versehen, sofern der Server die .htaccess-Datei berücksichtigt.
- Websites können unter anderem in Suchmaschinen, Webkatalogen sowie Social Services der Öffentlichkeit zugänglich gemacht werden.

12 Automatisierung

In diesem Kapitel möchten wir Ihnen zeigen, wie sich Abläufe automatisieren lassen. Insbesondere im Webdesign wiederholen sich grafische Auszeichnungen, wie zum Beispiel bestimmte Rahmen- und Hintergrundfarben für Textboxen immer wieder. Auch das Verarbeiten vieler großer Bilder zu kleinen weboptimierten Versionen können Sie bei Bedarf getrost Photoshop überlassen. Lassen Sie sich von den Möglichkeiten überraschen.

12.1 Stile

Den Einstieg in die Automatismen beginnen wir mit den Stilen. Wenn Sie bereits etwas mit Office-Anwendungen wie Word oder auch anderer Grafiksoftware gearbeitet haben, kennen Sie das Vorgehen vielleicht bereits. Für Überschriften, Fließtext, Bildunterschriften etc. werden einmalig Schriftart, Größe und Farbe festgelegt und können dann im Folgenden mit einem einzigen Mausklick allesamt auf einen Schlag zugewiesen werden.

Identisch funktioniert das in Photoshop mit zugewiesenen Fülloptionen. Sie legen an einer Ebene exemplarisch die gewünschten Optionen, wie Schlagschatten, Kontur etc. fest und speichern die Einstellungen in der Stile-Palette, die Sie über FENSTER • STILE öffnen.

Stile, Fülloptionen und Effekte

Photoshop ist in der Benennung dieser Begriffe sehr inkonsistent. Sie weisen einer Ebene über das Menü der Ebenen-Palette FÜLLOPTIONEN zu. Diese werden in der Auflistung unterhalb der Ebenenminiatur jedoch als EFFEKTE angezeigt. Das Speichern dieser Fülloptionen/Effekte geschieht dann wiederum als so genannter STIL. Lassen Sie sich nicht verwirren. Alle drei Begriffe stehen für eine gemeinsame Sache.

◄ **Abbildung 12.1**
Die Standardstile von Photoshop

12-AUTOMATISIERUNG/STILE.PSD

Workshop: Definieren einer Stil-Serie

Für ein Formular einer Website soll ein einfacher Stil in verschiedenen Farbvarianten erstellt werden: Texteingabefelder erhalten eine farbige Kontur und eine dezente Hintergrundfarbe. Jeder Themenrubrik des Formulars soll eine eigene Farbe zugeordnet werden.

1 Stil definieren

Markieren Sie in der Workshop-Datei die Ebene FELD NAME im obersten Ebenenset und öffnen im Palettenmenü die Fülloptionen.

Abbildung 12.2 ▼
Die Ausgangsdatei

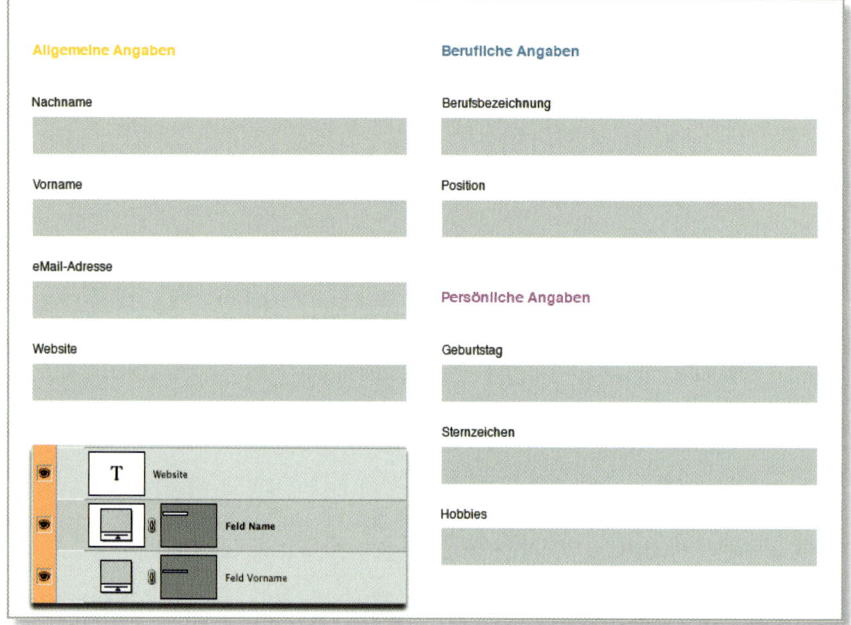

Aktivieren Sie hier die FARBÜBERLAGERUNG mit dem Farbwert #f9f8ec ❶ und die KONTUR entsprechend der nachstehenden Abbildung mit dem Farbwert #e1c403 ❷.

Abbildung 12.3 ▼
Die Fülloptionen für das Formularfeld

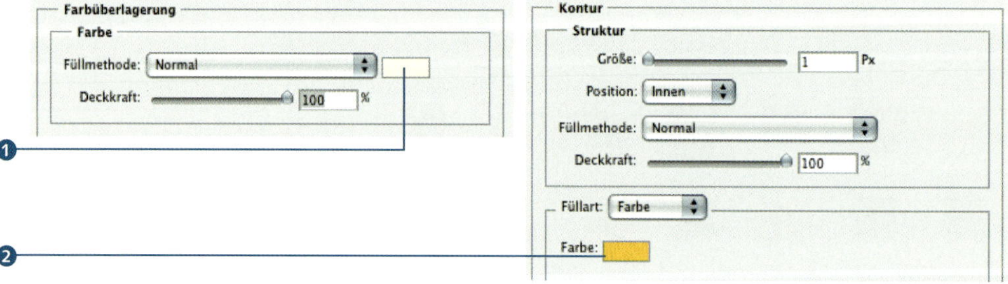

Klicken Sie in der Stile-Palette auf das Icon NEUEN STIL ERSTELLEN und geben als Bezeichnung »Formularfeld Orange« ein.

◂ **Abbildung 12.4**
Erstellen eines neuen Stils

2 Stile duplizieren

Leider lassen sich Stile nicht direkt duplizieren und anpassen. Sie müssen also für jeden Stil einmalig, wie im letzten Schritt geschehen, eine Vorlage in der Ebenen-Palette erstellen. Durch die Möglichkeit, Ebenenstile innerhalb der Ebenen-Palette zu kopieren, geht das aber recht zügig.

Ziehen Sie die Effekte der Ebene Feld Name mit gehaltener `Alt`-Taste auf die Ebene Feld Berufsbezeichnung. Ändern Sie nun die Farbigkeit der Fülloption Kontur in den Wert #7191b4 und den der Farbüberlagerung auf #f5f9fd. Erstellen Sie für die angepasste Farbigkeit einen neuen Stil mit der Bezeichnung »Formularfeld Blau«.

Verfahren Sie nach dem gleichen Schema mit der dritten Farbvariante. Ziehen Sie die Effekte erneut mit gehaltener `Alt`-Taste auf die Ebene Feld Sternzeichen und ändern die Farben in #c063ce für die Kontur und #faff5b für die Farbüberlagerung. Den neuen Stil nennen Sie »Formularfeld Lila«.

TIPP

Wenn Sie die Checkbox Optionen für Ebenenfüllung einschliessen aktivieren, wird neben den Fülloptionen auch die Deckkraft der Ebene bzw. nur der Fläche, also aller Ebeneninhalte exklusive der Fülloptionen, mitgespeichert.

▴ **Abbildung 12.5**
Die drei verschiedenen Farbvarianten als Stile abgelegt

3 Stile zuweisen

Markieren Sie nun alle Feld-Ebenen im Ordner Allgemeine Angaben und klicken in der Stile-Palette auf den Eintrag Formularfeld Orange. Verfahren Sie ebenso für die beruflichen Angaben unter Verwendung des Stils Formularfeld Blau und Formularfeld Lila für die persönlichen Angaben.

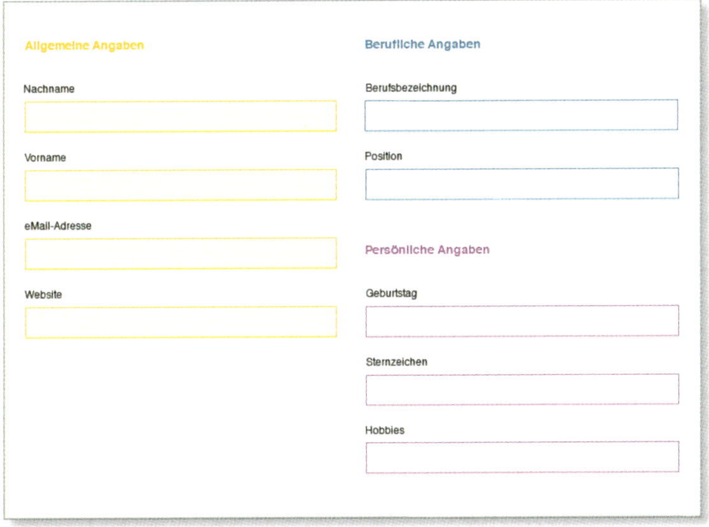

◂ **Abbildung 12.6**
Allen Formularelementen wurde mit den Stilen im Handumdrehen das gewünschte Aussehen zugewiesen. Insbesondere bei Grafiken unterschiedlicher Form und Größe ist dieses Vorgehen zeitsparend, da sie nicht einfach dupliziert werden können.

> **HINWEIS**
>
> Sie können einen Stil auch zuweisen, indem Sie ihn aus der Stile-Palette einfach auf ein Element auf der Arbeitsfläche ziehen.

> **Stile kombinieren**
>
> Normalerweise wird ein vorhandener Stil komplett ersetzt, wenn Sie einen anderen in der Stile-Palette wählen. Klicken Sie hingegen mit gehaltener ⇧-Taste auf einen anderen Eintrag, so werden dessen Eigenschaften den Bestehenden angefügt.

Die fertige Workshop-Datei finden Sie auf der Buch-DVD im Verzeichnis 12-AUTOMATISIERUNG/STILE-FERTIG.PSD. ■

12.2 Aktionen

Häufig wiederholte Abfolgen von Befehlen lassen sich in Photoshop als Aktionen abspeichern. Diese lassen sich dann mit einem Mausklick bequem ausführen.

Über FENSTER • AKTIONEN blenden Sie die Aktionen-Palette ein, in der werkseitig bereits einige Inhalte abgelegt sind, die sich in vier Elementtypen gliedern lassen:

❶ **Aktionssets**
Vergleichbar mit einer Ebenengruppe. In einem Set, oder auch Satz genannt, werden verschiedene, in der Regel thematisch oder logisch zusammenhängende Aktionen abgelegt.

❷ **Aktionen**
Auf der ersten Unterebene eines Sets liegen die eigentlichen Aktionen.

❸ **Befehle**
Befehle werden einer Aktion zugeordnet und bestimmen letztendlich, was Photoshop tun soll (z. B. Ebene erstellen, Auswahl laden, Objekt einfärben).

❹ **Werte**
Die Werte beziehen sich immer auf einen Befehl und beschreiben dessen exakte Eigenschaften, wie z. B. Größe und Position eines Formobjekts.

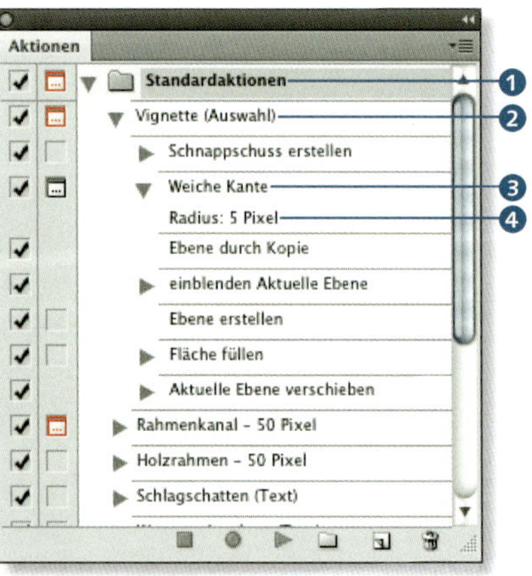

Abbildung 12.7 ▶
Übersicht der Aktionen-Palette

12.2.1 Aktionen erstellen

Wie Aktionen erstellt und verwaltet werden, lernen Sie am besten anhand eines kleinen Workshops.

Workshop: Wasserzeichen erstellen

Häufig werden Fotos, die im Internet präsentiert werden, mit optischen Wasserzeichen versehen, die Copyright-Hinweise enthalten. Auch wenn in Deutschland diese Auszeichnung nicht nötig ist, da für Fotos ohnehin ein starkes Urheberrecht gilt, fühlen sich viele Fotografen damit wohler.

12-AUTOMATISIERUNG/SCHIMPANSE.TIF

1 Aktion vorbereiten

Öffnen Sie die Workshop-Datei und die Aktionen-Palette. Erstellen Sie über das kleine Ordnersymbol am unteren Rand der Palette ein neues Aktionsset mit der Bezeichnung »Wasserzeichen«.

Klicken Sie anschließend auf die Schaltfläche NEUE AKTION ERSTELLEN, direkt rechts neben der für das neue Set. Benennen Sie die Aktion mit »Emblem 01« und nehmen die abgebildeten Einstellungen vor. Das Zuweisen einer Funktionstaste ermöglicht Ihnen später das Ausführen mit dieser Tastenkombination. Auch das kann bei regelmäßiger Anwendung Zeit sparen.

Bestätigen Sie mit AUFZEICHNEN.

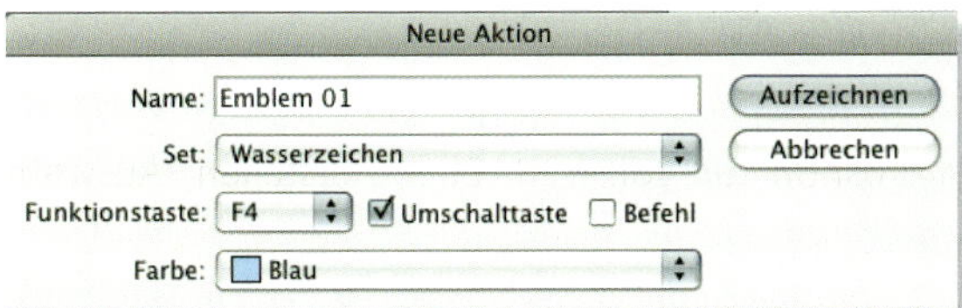

▲ **Abbildung 12.8**
Optionen für die neue Aktion

Digitale Wasserzeichen

Neben der Markierung von Fotos mit aufgestempelten Logos oder Copyright-Vermerken lassen sich auch digitale Wasserzeichen setzen. In Photoshop funktioniert das mit dem so genannten Digimarc, einem kostenpflichtigen Drittanbieter-Service. Die Wasserzeichen sind für den Betrachter nicht sichtbar, lassen sich jedoch mit der passenden Software, wie auch Photoshop, auslesen. Der Vorteil: Digitale Wasserzeichen lassen sich nicht wegretuschieren. Weitere Informationen dazu finden Sie unter *https://www.digimarc.com/solutions/dwm.asp*.

Ab nun müssen Sie vorsichtig sein. Photoshop zeichnet unweigerlich jede Aktion auf, die Sie erledigen. Sie erkennen das am roten Aufnahmesymbol im Fuß der Aktionen-Palette. Zwar lassen sich Aktionen später wieder herauslöschen, aber wenn Sie konzentriert arbeiten, lässt sich dieser Mehraufwand gut vermeiden.

Keine Aktion ohne Set

Aktionen müssen immer innerhalb eines Sets erstellt werden. Gewöhnen Sie sich auch hier an, sauber strukturiert zu arbeiten und Aktionen logisch in gut benannten Sets zusammenzufassen.

2 Aktion aufzeichnen

Öffnen Sie die Voreinstellungen MASSEINHEITEN & LINEALE, und stellen Sie die Maßeinheit der Lineale auf Prozent. Sollte das bereits der Fall sein, brechen Sie die Aktion per Klick auf die Stopp-Taste in der Symbolleiste der Aktionen-Palette ab, ändern die Linealanzeige auf einen beliebigen anderen Wert und nehmen die Aktion erneut auf.

Wählen Sie DATEI • PLATZIEREN und wählen die Datei »wasserzeichen.png« aus dem Workshop-Ordner. Ignorieren Sie die eventuell stark versetzt angezeigte Position des Wasserzeichens.

Erstellen Sie mit AUSWAHL • ALLES AUSWÄHLEN (Strg/⌘+A) eine Auswahl um das gesamte Dokument. Wählen Sie das Verschieben-

HINWEIS

Durch das Einstellen der Lineale auf Prozentwerte stellen Sie sicher, dass sich Positionsänderungen immer relativ zur Bildgröße auswirken. Somit vermeiden Sie, dass das Wasserzeichen bei zu kleinen Bildern angeschnitten wird bzw. bei großen Bildern zu sehr am Rand klebt.

Werkzeug und richten die Wasserzeichen-Ebene über das Steuerungsbedienfeld bündig an der rechten und unteren Kante aus. Heben Sie die Auswahl über Auswahl • Auswahl aufheben auf, und stoppen Sie die Aktion.

Wechseln Sie nun in den Modus Frei transformieren und verschieben das Wasserzeichen mit den Cursor-Tasten um 20 Pixel nach oben und links. Sichern Sie das Dokument über Datei • Speichern unter... Stoppen Sie danach die Aktion.

»Speichern« und »Speichern unter«

Verwenden Sie zum Sichern von Dateien in Aktionen den Befehl Speichern unter... Damit erleichtern Sie sich eventuelle Arbeiten mit der Stapelverarbeitung (siehe Abschnitt 12.3, »Stapelverarbeitung und Droplets«).

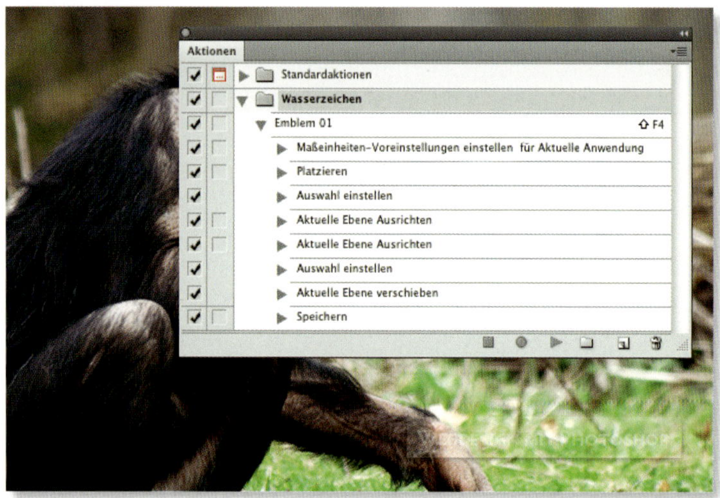

Abbildung 12.9 ▶
Bild mit Wasserzeichen und Übersicht der Aktionsliste

3 Aktion testen

Deaktivieren Sie vor dem Ausführen der Aktion die Option Bild beim Einfügen/Platzieren skalieren. Somit funktioniert die Aktion auflösungsunabhängig.

Öffnen Sie ein beliebiges Bild von Ihrer Festplatte, markieren in der Aktionen-Palette die Aktion Emblem 01 und drücken auf den Play-Button in der Fußleiste. Alternativ können Sie auch das festgelegte Tastaturkürzel ⇧+F4 verwenden.

Die fertige Aktion (»Wasserzeichen.atn«) finden Sie im Workshop-Ordner der Buch-DVD. Sie können sie über das Optionsmenü der Aktionen-Palette laden. ■

12.2.2 Aktionen verwalten

Befehle löschen | Um einen oder mehrere Befehle zu löschen, markieren Sie diese (Mehrfach-Auswahl mit Strg/⌘ bzw. ⇧-Taste) und ziehen sie auf das Mülleimersymbol der Aktionen-Palette.

Befehle hinzufügen | Um weitere Befehle in eine bestehende Aktion einzufügen, markieren Sie den Befehl, nach dem weitere Ereignisse geschehen sollen, und starten Sie die Aufzeichnung mit der Aufnahme-Schaltfläche.

Befehle deaktivieren | Um einzelne Befehle (temporär) von der Ausführung auszuschließen, deaktivieren Sie das kleine Häkchen in der vordersten Spalte.

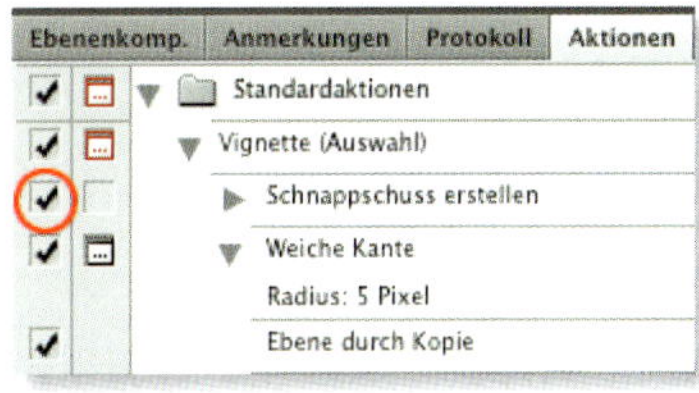

▲ **Abbildung 12.10**
Ausschluss von Befehlen beim Abspielen

Modale Bedienfelder | Wenn Sie während einer Aktion Menübefehle wie z. B. Farbton/Sättigung aufzeichnen, verwendet Photoshop exakt die dort verwendeten Werte. Möchten Sie die Parameter während dem Ausführen der Aktion beeinflussen können, aktivieren Sie die Option MODALES BEDIENFELD durch einen Klick in das leere Feld links neben dem entsprechenden Befehl. Alternativ können Sie auch bereits während der Aufzeichnung Menübefehle einfügen, indem Sie aus den Optionen der Aktionen-Palette den Eintrag MENÜBEFEHL EINFÜGEN... wählen. Der Menübefehl, den Sie anschließend wählen, wird automatisch als modales Element angelegt.

▲ **Abbildung 12.11**
Modale Bedienfelder ermöglichen die Einflussnahme während die Aktion läuft.

Unterbrechungen einfügen | Nach oder auch während der Aufzeichnung können Sie Unterbrechungen einfügen. Diesen lassen sich Kommentare zufügen. Auf diese Weise können Sie Bemerkungen zu anstehenden Schritten machen, was insbesondere dann interessant ist, wenn die Aktion auch anderen Personen zur Verfügung gestellt wird.

Modale Bedienfelder in Aktion

Laden Sie die Aktion »Demo.atn« aus dem Verzeichnis 12-AUTOMATISIERUNG der Buch-DVD über das Optionsmenü der Aktionen-Palette und führen sie auf dem Bild »Schimpanse.tif« aus, um eine Demonstration modaler Steuerelemente und Unterbrechungen zu erhalten.

Aktionen laden, speichern und ersetzen | Diese Möglichkeiten funktionieren äquivalent zu denen der Farbfelder- oder auch Pinselspitzen-Palette und sollten selbsterklärend sein. Das Speichern funktioniert ausschließlich bei aktivierten Aktionssets, nicht mit einzelnen Aktionen.

Abspieloptionen | Über das Optionsmenü der Aktionen-Palette haben Sie zudem die Möglichkeit, das Abspielverhalten zu steuern. Standardmäßig ist die Option BESCHLEUNIGT aktiviert. Photoshop rechnet hier schnellstmöglich alle Schritte in die Datei, was meistens auch die sinnvollste Variante ist, denn es geht ja darum, Zeit zu sparen.

SCHRITTWEISE bzw. ANHALTEN FÜR X SEKUNDEN führt zu einer schrittweisen Verarbeitung. Insbesondere die letzte Option ist interessant, wenn Sie fremde Aktionen analysieren möchten. Darin bietet sich eine tolle Möglichkeit, Funktionen und Effekte in Photoshop zu lernen.

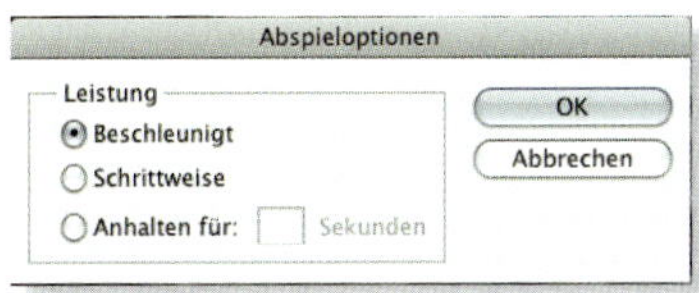

▲ **Abbildung 12.12**
Abspieloptionen für Photoshop-Aktionen

12.2.3 Tipps zum Erstellen von Aktionen

Kaum eine andere Funktion von Photoshop ist so fehleranfällig wie die Aktionen, wenn Sie bestehende Dokumente beeinflussen möchten. Selbst kleine Abweichungen in einer Datei, wie eine andere Ebenenbezeichnung, können zum Zwangsabbruch einer Aktion führen. Hier einige Tipps, mit denen Sie einige Stolpersteine umgehen können.

Versuchen Sie generell, ein Dokument erst einmal so weit wie möglich auf einen einheitlichen Nenner zu bringen, bevor Sie mit den eigentlichen Aktionsbefehlen beginnen. Jede Dokumenteigenschaft, die Sie nicht vorhersehen können, ist eine potenzielle Fehlerquelle.

Warnung

Bevor Sie großzügig mit dem Reduzieren von Ebenen und dem Ändern der Farbmodi arbeiten, prüfen Sie, ob diese eventuell zwingend erhalten bleiben müssen, z. B. zwecks einer flexiblen Weiterverarbeitung. Erstellen Sie auf jeden Fall zuvor eine Sicherungskopie. Diese beiden Tipps beziehen sich vorrangig auf Aktionen, die viele Bilder in einem Rutsch für eine Ausgabe im Web aufbereiten sollen, wo Ebenen und unterschiedliche Farbmodi keine Rolle spielen.

Hintergrundebene | Reduzieren Sie das Dokument auf eine Hintergrundebene. Somit stellen Sie sicher, das die Aktion auch in Dateien funktioniert, die ursprünglich keine Hintergrundebene aufweisen. Um sicherzugehen, dass der Befehl auch in Dateien verfügbar ist, die bereits eine Hintergrundebene enthalten, erstellen Sie in der Aktion zuerst eine neue leere Ebene, bevor Sie die Reduktion vornehmen.

Farbmodus und Farbtiefe | Im CMYK-Modus bzw. bei einer Farbtiefe über 8 Bit stehen Ihnen die Funktionen von Photoshop nur eingeschränkt zur Verfügung. In der Regel erfolgt die Bearbeitung im RGB-Modus bei 8 Bit.

Prozentual arbeiten | Wenn Sie Elemente, wie zum Beispiel Wasserzeichen, in einem Dokument platzieren, sollten Sie zuvor die Maßeinheit der Lineale auf Prozent stellen. Arbeiten Sie dagegen mit festen Pixelwerten, kann das zu drastischen Fehlpositionierungen führen.

Auflösung | Wenn Sie Inhalte aus anderen Dateien platzieren, prüfen Sie, ob eine Größenanpassung dieser Datei durch verschiedene Auflösungen erwünscht ist. Andernfalls deaktivieren Sie die Option BILD BEIM EINFÜGEN/PLATZIEREN SKALIEREN in den allgemeinen Voreinstellungen.

Malwerkzeuge | Pinselspitzenbasierte Werkzeuge können nicht als Aktion aufgezeichnet werden.

Speichern unter | Wenn Sie in einer Aktion den Befehl SPEICHERN UNTER... verwenden, geben Sie keinen neuen Dateinamen an. Photoshop würde exakt diese Bezeichnung für jede Datei verwenden, der Sie die Aktion zuweisen.

Aktionsprotokoll | Wenn Sie den Palettenbefehl AKTIONEN SPEICHERN mit gehaltener [Strg]/[⌘]+[Alt]-Taste aufrufen, speichert Photoshop anstelle der Aktionsdatei (.atn) eine Textdatei, aus der Sie alle Parameter ablesen können.

Aktionsressourcen

Im Netz finden sich unzählige Seiten, die Photoshop-Aktionen kostenlos zum Download anbieten. Hier eine knappe Übersicht einiger besonders interessanter Seiten.

- **Adobe Exchange:** Riesiger Ressourcenpool vom Hersteller selbst. *http://www.adobe.com/de/exchange/*
- **Designm.ag:** Über 60 freie Aktionen zum Aufwerten von Fotografien. *http://designm.ag/resources/photoshop-actions-touchups/*
- **Smashing Magazine:** Schöne Auflistung verschiedenster Aktionen unterschiedlicher Photoshopper. *http://www.smashingmagazine.com/2008/10/20/the-ultimate-collection-of-useful-photoshop-actions/*
- **Visual-Blast:** Über 124 ansprechende Aktionen zum Aufwerten des Designs. *http://www.visual-blast.com/photoshop/124-free-photoshop-actions/*

12.3 Stapelverarbeitung und Droplets

Besonders interessant werden Aktionen, wenn sie sich automatisch auf eine Vielzahl an Bildern anwenden lassen, ohne jedes davon einzeln öffnen zu müssen. Genau diesen Zweck erfüllen Stapelverarbeitung und Droplets.

Über DATEI • AUTOMATISIEREN • STAPELVERARBEITUNG öffnen Sie den zugehörigen Dialog. Wie Sie feststellen werden, steht er in direkter Verbindung mit den zuvor besprochenen Aktionen.

Im oberen Bereich ABSPIELEN wählen Sie das Aktionsset und die Aktion, die Sie im Stapel verarbeiten lassen möchten ❶. Als QUELLE ❷ können Sie einstellen, welche Bilder mit der Aktion verarbeitet werden sollen. Gebräuchlich ist es, einen Ordner zu wählen, in dem die Bilder gesammelt liegen. Haben Sie diese Option aktiviert, bietet sich zudem die Möglichkeit, Unterordner mit einzuschließen ❸.

Als ZIEL ❹ können Sie entweder die Quelldaten direkt überschreiben oder aber, wie es gebräuchlicher ist, die angepassten Daten in einem anderen Ordner absichern. In diesem Fall sollten Sie die Option »SPEICHERN UNTER« IN AKTION ÜBERSCHREIBEN ❺ aktivieren, damit Photoshop die während der Aktion aufgezeichnete Pfadangabe ignoriert und den im Stapelverarbeitungs-Dialog definierten Zielordner verwendet.

Im Feld DATEIBENENNUNG ❻ können Sie angeben, wie die verschiedenen Dateien benannt werden. Sie sehen über dem ersten Eingabefeld stets eine Beispielbezeichnung.

Mit der Schaltfläche OK starten Sie die Stapelverarbeitung.

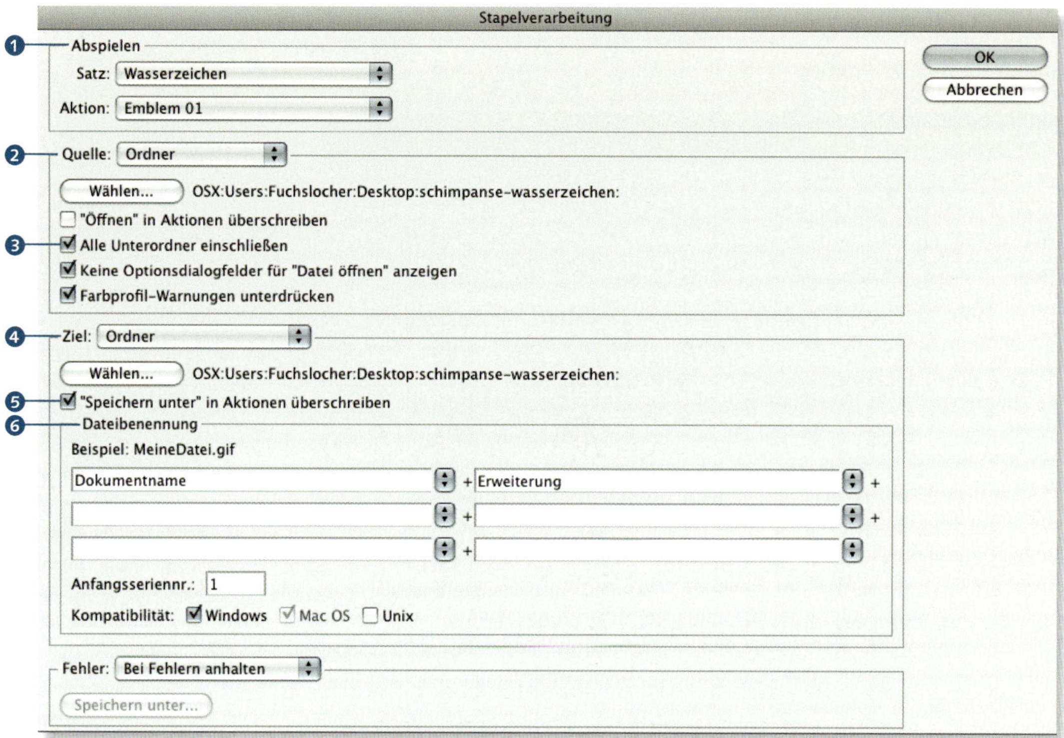

▲ **Abbildung 12.13**
Die Einstellungen zur Stapelverarbeitung im Überblick

Wasserzeichen im Stapel verarbeiten | Erstellen Sie sich einen neuen Ordner auf Ihrer Festplatte und öffnen den Stapelverarbeitungs-Dialog. Nehmen Sie die in der obenstehenden Abbildung gezeigten Einstellungen vor. Als Quelle wählen Sie den Ordner 12-AUTOMATISIERUNG/STAPELVERARBEITUNG auf der Buch-DVD und als Ziel den zuvor erstellten neuen Ordner auf Ihrer Festplatte. Nach dem Bestätigen mit OK bekommen alle Bilder ein Wasserzeichen ins rechte untere Eck gesetzt.

Droplets

Droplets funktionieren wie die Stapelverarbeitung, mit einem Unterschied: Ein Droplet liegt als Datei zum Beispiel auf dem Schreibtisch. Anstatt in Photoshop die Quelldateien zu wählen, werden sie einfach auf die Droplet-Datei gezogen. Photoshop öffnet sich automatisch und beginnt mit der Stapelverarbeitung.

Plattformübergreifende Droplets: Wenn Sie ein auf dem Mac erstelltes Droplet unter Windows verwenden möchten, müssen Sie manuell die Dateiendung ».exe« anfügen. Andersherum müssen Sie ein Windows-Droplet unter OS X einmalig auf das Photoshop-Symbol ziehen, um die Zugehörigkeit festzulegen.

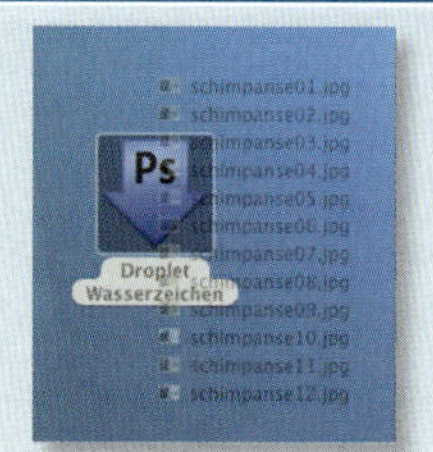

▲ **Abbildung 12.14**
Droplets funktionieren per Drag & Drop.

12.4 Skripten

Die Scripting-Funktion von Photoshop erlaubt es Ihnen mit den nötigen Kenntnissen, komplexe Abläufe zu programmieren, die weit über die Funktionalität von Aktionen hinausgehen. In diesem Buch wollen wir uns jedoch auf wenige, vorgefertigte Funktionen beschränken. Sie finden die drei folgenden Funktionen unter DATEI • SKRIPTEN.

HINWEIS

Detaillierte Informationen zum Skripten mit Photoshop finden Sie im Scripting-Handbuch, das im Unterordner SKRIPT-DOKUMENTE des Installationsverzeichnisses von Photoshop liegt.
Für erste praktische Erfahrungen mit dem Skripten schauen Sie sich einmal den zweiteiligen Workshop auf Photozauber.de an: *http://www.photozauber.de/workshops/tutorials/photoshop/photoshop-knowhow/skripten-mit-photoshop/*.

Bildprozessor | Der Bildprozessor ist ein mächtiges Tool, mit dem Sie eine Art erweiterte Stapelverarbeitung speziell für die Größenanpassung von Bildern erhalten. Wie gewohnt geben Sie Quell- und Zielordner für die Daten an. Daneben wählen Sie, in welchen Dateiformaten die Motive gesichert werden sollen, dabei ist auch eine Mehrfachauswahl möglich. Wenn Sie die Option AN FORMAT ANPASSEN wählen, können Sie Maximalwerte für Breite und Höhe angeben. Photoshop sucht automatisch die längere Kante, beschneidet auf die Maximalgröße und passt die andere Seite proportional an. Diese Funktion ist hervorragend geeignet, um Bilder auf eine einheitliche Größe für die Ausgabe im Web zu bringen.

Abgerundet wird der Bildprozessor durch die Möglichkeit, eine Aktion mit einzuarbeiten. So könnten Sie beispielsweise in einem ersten Lauf Ihre Bilder als Miniaturen in Bunt abspeichern und im zweiten Lauf mit einer Schwarz-Weiß-Aktion kombiniert als inaktiven Roll-over-Zustand definieren.

Ebenenkomp. in Dateien exportieren | Wie es der Name sagt, erstellt Photoshop aus jeder Komposition eine einzelne Datei. Das ist gerade zu Präsentationszwecken sehr nützlich.

Ebenen in Dateien exportieren | Äquivalent zu den Ebenenkompositionen, nur eben mit jeder einzelnen Ebene.

12.5 Variablen

Eine interessante Möglichkeit, Bilddaten mit gleichem formalem Aufbau, aber unterschiedlichen Text- und Bildinhalten auszugeben, führt über die Variablen. Anhand einer Hauptdatei werden die verschiedenen Ebeneninhalte als variabel definiert und können später direkt in Photoshop oder aber, und das ist der eigentlich sinnvollere Weg, über externe Textdateien mit unterschiedlichen Inhalten gefüttert werden. Das ist zum Beispiel nützlich, wenn Sie einen Webshop besitzen, der auf der Startseite einer Kategorie ein zufällig wechselndes Produkt mit Preis, Abbildung und kurzer Beschreibung darstellen soll. Sie müssen so nicht für jede Abbildung alle Ebenen durchklicken, um Text- und Bildinhalte zu ändern, sondern überlassen Photoshop diesen Job.

Workshop: Eine einfache Variablen-Datei erstellen

1 Variablen definieren

12-AUTOMATISIERUNG/VARIABLEN/VARIABLE.PSD

Öffnen Sie die Workshop-Datei »variable.psd«, und gehen Sie über BILD • VARIABLEN • DEFINIEREN in das Variablen-Dialogfenster.

Im obersten Dropdown-Menü ❶ haben Sie die Möglichkeit, jede Ebene einzeln anzuwählen und eine Variable dafür zu erstellen. Je nachdem, ob es sich um eine Text- oder Bildebene handelt, ergeben sich unterschiedliche weitere Einstellungsmöglichkeiten.

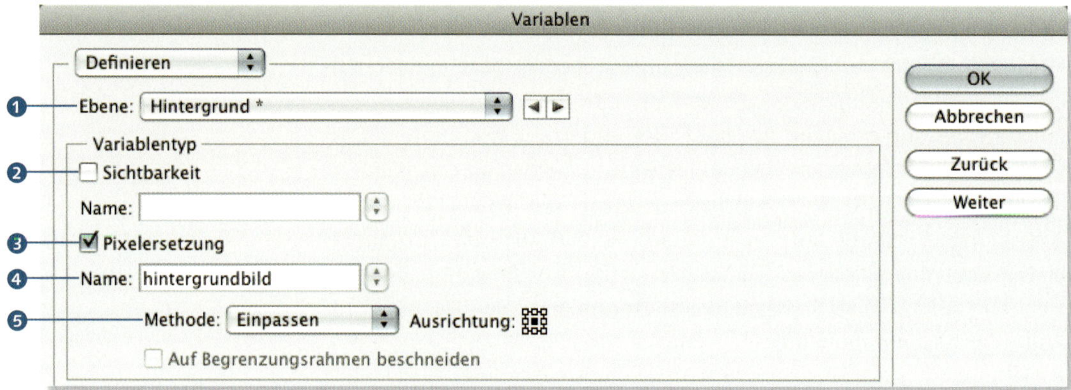

▲ **Abbildung 12.15**
Die Variablen-Optionen für Bilddaten

Wenn Sie SICHTBARKEIT ❷ aktivieren, können Sie später beim Erstellen der Datensätze für die Variablen bestimmen, ob diese Ebene sichtbar sein soll oder nicht.

PIXELERSETZUNG ❸ bedeutet, dass der Inhalt der Ebene durch eine andere Bilddatei ersetzt wird. Um welche Datei es sich handelt, geben Sie später im Datensatz an. Über die METHODE ❺ bestimmen Sie, wie Bilder eingepasst werden, wenn die Quelldatei ein anderes Format als das Zielformat aufweist.

Sobald Sie einen VARIABLENTYP aktiviert haben, müssen Sie ihm einen Namen (z.B. ❹) geben. Verwenden Sie hier knappe präzise Begriffe ohne Umlaute, am besten ausschließlich in Kleinschreibung.

Verwenden Sie für den Workshop die in der Abbildung gezeigten Werte und Bezeichnungen und wechseln dann zu der Ebene BESCHREIBUNG FARBE.

Statt der Pixelersetzung haben Sie bei Textebenen die Option TEXTERSETZUNG ❻. Aktivieren Sie diese Variable, können Sie automatisiert andere Textinhalte einfügen. Benennen Sie diese Variable mit »beschreibung«.

▲ **Abbildung 12.16**
Variablen-Optionen für die Textersetzung

Wechseln Sie zu der Ebene COLORS WITH STYLE, aktivieren die Variable SICHTBARKEIT und geben ihr den Namen »colors«.

Sie finden die Workshop-Datei »variable2.psd« mit dem aktuellen Stand im Verzeichnis 12-AUTOMATISIERUNG/VARIABLEN der Buch-DVD.

2 Datensätze erstellen

Zum Erstellen von Datensätzen gibt es zwei Optionen. Zum einen können Sie direkt in Photoshop erstellt, zum anderen aus externen Dateien importiert werden.

3 Variante 1: Photoshop

Öffnen Sie im obersten Dropdown-Menü den Eintrag DATENSÄTZE. Erstellen Sie zuerst einen neuen Datensatz über das kleine Disketten-Icon ⑫ und vergeben dann im Eingabefeld DATENSATZ ⑦ einen klar bezeichnenden Namen für die in diesem Satz dargestellten Inhalte.

Im Bereich VARIABLEN können Sie über das Menü NAME ⑧ die zuvor definierten Variablen auswählen und je nach Typ die Eigenschaften anpassen. Alternativ können Sie auch einen Eintrag in der Liste ⑩ anklicken. Benennen Sie den ersten Datensatz mit »Flieder« und stellen den Wert für die Variable COLORS auf SICHTBAR ⑨.

▼ **Abbildung 12.17**
Verwalten von Datensätzen

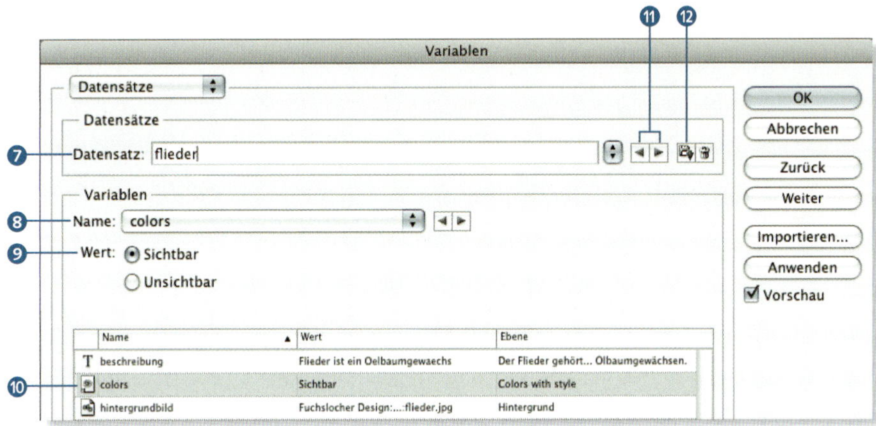

Wechseln Sie nun zur Variable HINTERGRUNDBILD ⑬ und aktivieren den Wert DATEI AUSWÄHLEN ⑭. Wählen Sie als Quelle die Datei »flieder.jpg« im Workshop-Ordner.

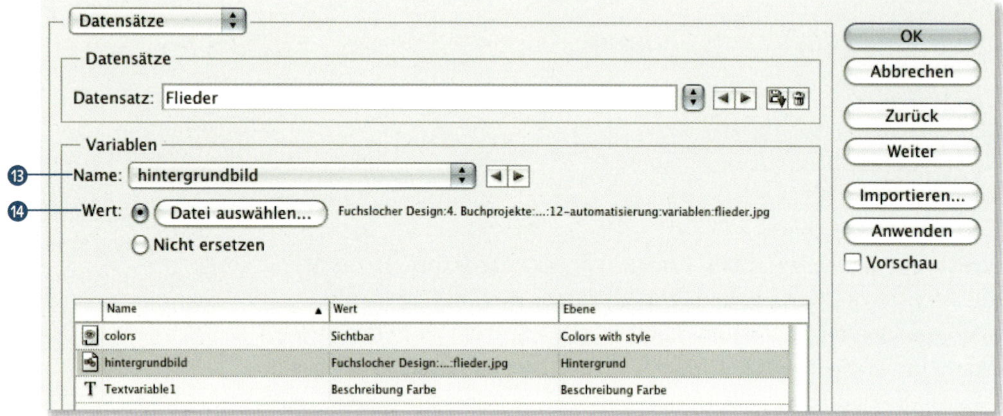

▲ **Abbildung 12.18**
Bildelemente per Variable austauschen

Wenn Sie die Checkbox VORSCHAU aktivieren, sehen Sie bereits, was sich getan hat.

Als Letztes aktivieren Sie die Variable BESCHREIBUNG und geben als WERT den Satz »Der Flieder gehört zu den Ölbaumgewächsen« ein.

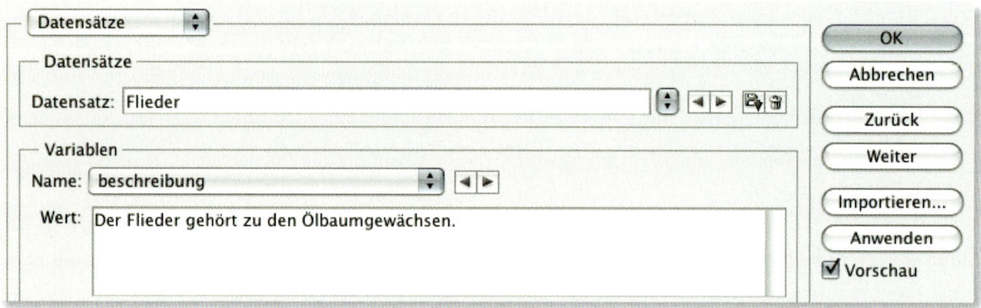

Abbildung 12.19 ▲
Definieren der letzten Variablen

Wenn Sie nun auf die Schaltfläche ANWENDEN klicken, weist Photoshop den aktuellen Datensatz dem Dokument zu.

Abbildung 12.20 ►
Der erste fertige Datensatz

4 Weitere Datensätze erstellen

Um in Photoshop selbst weitere Datensätze zu erstellen, klicken Sie erneut auf das Diskettensymbol, um eine Kopie des aktuellen Satzes zu erstellen. Beginnen Sie nun wieder mit derselben Prozedur: Geben Sie dem Datensatz einen passenden Namen, und legen Sie die Sichtbarkeit, Bezeichnung und Quelldatei für die einzelnen Variablen fest.

Über die beiden Doppelpfeile (⓫ in Abbildung 12.17) bzw. das Dropdown-Menü der Datensätze können Sie zwischen den verschiedenen Varianten wechseln.

5 Variante 2: Externe Daten

Deutlich schneller geht die Verarbeitung von Variablen, wenn Sie mit externen Dateien arbeiten. Erstellen Sie in einem Texteditor eine einfache Textdatei. In der ersten Zeile notieren Sie, mit Komma getrennt, die vorhandenen Variablen. In diesem Fall also »beschreibung, colors, hintergrundbild«. Die Folgezeilen beinhalten die Werte für die verschiedenen Variablen, ebenfalls mit Komma getrennt. Der erste Wert steht für die erste Variable, der zweite für die zweite Variable etc.

Für Textvariablen können Sie dazu normale Textbeschreibungen eintippen. Sichtbarkeitsvariablen können den Wert »true« für sichtbar bzw. »false« für unsichtbar haben. Um die Quelldatei für eine Bildvariable zu definieren, geben Sie deren Pfad auf Ihrer Festplatte an (z. B. c:\Eigene Dateien\dateiname.jpg). Liegt die Datei mit den zu importierenden Werten im gleichen Verzeichnis wie die Bilder, genügt die Angabe des Dateinamens (z. B. dateiname.jpg).

Tabellenkalkulation

Sie können Ihre Datensätze auch in Programmen wie Excel oder Numbers erstellen. Tragen Sie dazu in der ersten Zeile die Namen der Variablen ein und darunter deren Werte. Der Export muss als CSV-Datei erfolgen. Schlagen Sie dazu bitte im Handbuch Ihrer Software nach.

6 Datensätze importieren

Klicken Sie im Datensätze-Dialog auf die Schaltfläche Importieren und wählen die Datei »variablen.txt« aus dem Workshop-Ordner. Aktivieren Sie zudem die Option Vorhandene Datensätze ersetzen. Nach dem Import können Sie nun zwischen fünf verschiedenen Datensätzen umherschalten.

Sie finden die fertige »variable3.psd« mit dem aktuellen Stand im Verzeichnis 12-Automatisierung/Variablen der Buch-DVD.

7 Datensätze exportieren

Um letztendlich die Bilddaten zu erhalten, wählen Sie abschließend Datei • Exportieren • Datensätze als Dateien und geben noch den gewünschten Ausgabeordner und die Dateibezeichnung an.

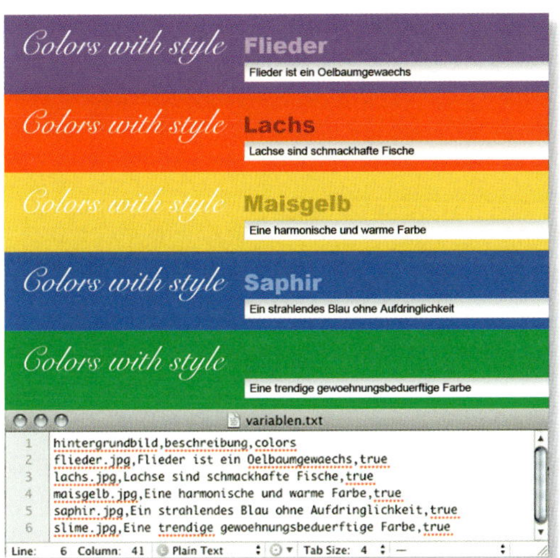

◀ **Abbildung 12.21**
Die exportierten Datensätze als Einzeldateien und die verwendeten Variablen-Informationen

12.6 Zusammenfassung

12.6.1 Stile

- In der Stile-Palette können die Einstellungen einer oder mehrerer Fülloptionen festgehalten und mit einem Mausklick erneut zugewiesen werden.
- Um mehrere Stile auf eine Ebene anzuwenden, halten Sie beim Zuweisen des Stils die [⇧]-Taste gedrückt.

12.6.2 Aktionen und Stapelverarbeitung

- Aktionen erlauben es, Funktionsabfolgen aufzuzeichnen und danach automatisiert wiederzugeben.
- Menübefehle werden immer mit den in der Aktion verwendeten Werten auf ein Bild angewendet. Sollen die Werte individuell anpassbar sein, verwenden Sie modale Bedienfelder oder verwenden den Befehl MENÜBEFEHL EINFÜGEN.
- Vergeben Sie beim Speichern keinen neuen Dateinamen. Sonst wird bei der Verarbeitung der Aktion als Stapel jedes Bild so benannt.
- Die Stapelverarbeitung erlaubt das automatisierte Anwenden einer Aktion auf große Datenmengen.
- Die Stapelverarbeitung speichert keine Bilder. Sie führt Aktionen nur eins zu eins aus. Liegt in der Aktion selbst kein Speichern-Befehl vor, ist die Ausführung nutzlos, sofern die Bilder im Anschluss direkt geschlossen werden.

12.6.3 Skripten und Variablen

- Das Skripten erlaubt automatisierte Vorgänge, die weit über die Funktionalität von Aktionen hinausgehen.
- Variablen ermöglichen die automatisierte Anpassung von Ebeneninhalten in Dateien mit gleichem formalem Aufbau.

TEIL IV
Praxisworkshops

13 Interface und Animation

Die Workshops in diesem Kapitel sollen Ihnen sowohl Praxiswissen vermitteln als auch kreative Anstöße geben, wie Sie interaktive Elemente wie Banner, Navigationen und Buttons gestalten können. Insbesondere bei interaktiven Elementen sollten Sie bei der Gestaltung darauf achten, dass sie auch als »klickbar« wahrgenommen werden.

13.1 Animation

Photoshop bietet seit der Version CS3 neben der herkömmlichen Frame-Animation die Möglichkeit, mit einer Zeitleiste zu arbeiten, wie sie auch in den Programmen Premiere oder After Effects verwendet wird. Diese Option ist jedoch einerseits nur in der Extended-Version verfügbar und zudem eher für die Verarbeitung von importierten Videos gedacht, weswegen wir uns an dieser Stelle auf die einfacheren Frame-Animationen beschränken werden.

Grundlegendes zur Animation in Photoshop | Eine Animation entsteht durch die Aneinanderreihung von Bildern, in denen bestimmte Bereiche von Bild zu Bild Position und/oder Aussehen ändern. Jeder Zustand wird in einem so genannten Frame gespeichert. Die zeitlich dichte Abfolge der einzelnen Frames ergibt einen für das Auge flüssig wirkenden Ablauf, obwohl es sich im Grunde genommen nur um viele einzelne Standbilder handelt.

Zum Erstellen und Bearbeiten von Animationen in Photoshop verwenden Sie die Animation-Palette, die Sie über FENSTER • ANIMATION einblenden können. Die Bildleiste ❶ zeigt alle vorhandenen Frames mit den darin enthaltenen Inhalten. Über die Steuerelemente am unteren Rand der Palette können Sie neue Frames erstellen, durch die einzelnen Frames navigieren bzw. automatisierte Übergänge erstellen ❷. Zudem lässt sich die Dauer jedes Frames einstellen ❸.

Frameraten

Für Cartoons oder Animationen im Web verwendete Frameraten, also die Anzahl an Bildern pro Sekunde, liegen bei 10 bis 15 fps (frames per second). Die normale Framerate in Spielfilmen beträgt 24 fps.

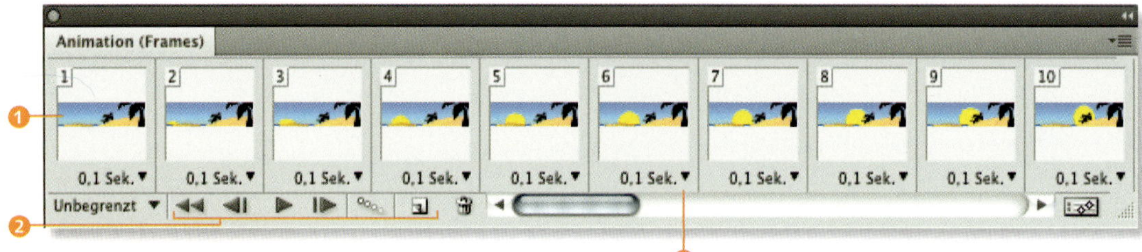

▲ **Abbildung 13.1**
Übersicht der Animation-Palette

Banner-Formate

Für Banner existieren feste Standardgrößen. Die Workshop-Datei entspricht in ihren Proportionen einem halben Banner (234 × 60 Pixel). Zur besseren Übersicht beim Arbeiten sind die tatsächlichen Abmessungen der Datei jedoch größer. Eine Übersicht gängiger Standardbanner finden Sie auf der Buch-DVD im Ordner 13-INTERAKTIVITAET/BANNER.PDF.

Workshop: Animiertes Banner

Der vermutlich häufigste Einsatzzweck von Animation in Photoshop ist das Erstellen von animierten Gif-Bannern. Andere, komplexere Animationen werden heutzutage mit dafür besser ausgelegter Software, wie z. B. Adobe Flash vorgenommen.

Machen Sie sich, bevor Sie loslegen, erst einmal ein Bild von der fertigen Animation. Sie finden sie im Ordner 13-INTERAKTIVITAET/ANIMATION/ANIMATION.GIF.

13-INTERAKTIVITAET/ANIMATION/ANIMATION01.PSD

1 Sonne animieren

Öffnen Sie die Workshop-Datei »animation01.psd«, und blenden Sie die Hilfslinien und die Animation-Palette ein. Diese enthält derzeit nur einen Frame. Erstellen Sie durch dreimaliges Klicken auf das Symbol DUPLIZIERT AUSGEWÄHLTE FRAMES ④ drei neue Frames.

Abbildung 13.2 ▶
Duplizieren vorhandener Frames

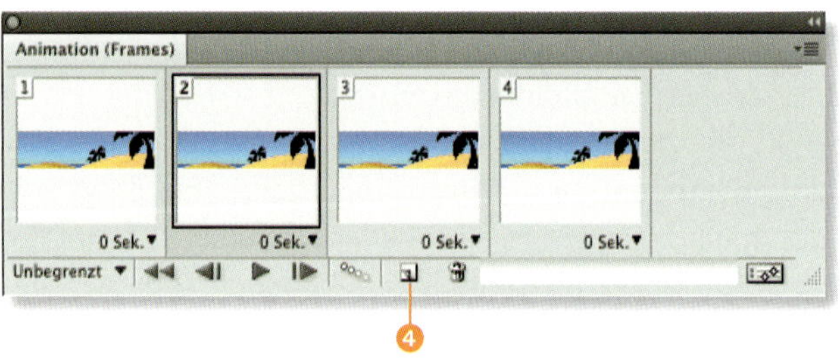

Keyframes

Sie müssen bei einer Animation nicht jeden Zustand manuell zurechtschieben. Es genügt, markante Positionen bzw. Eigenschaften festzulegen. Die Zwischenschritte können Sie von Photoshop als so genanntes Tweening automatisch berechnen lassen.

Markieren Sie Frame Nummer 2 und verschieben die Sonne so, dass ihr linker Rand an die erste Hilfslinie stößt. Positionieren Sie danach die Sonne (Ebene SONNE) in Frame Nummer 3 linksbündig an die zweite Hilfslinie und in Frame 4 an die fünfte Hilfslinie. Orientieren Sie sich in der vertikalen Ausrichtung dabei an Abbildung 13.3.

Abbildung 13.3 ▶
Positionierung der Sonne in den Keyframes

Markieren Sie die Frames 1 und 2, indem Sie nacheinander mit gehaltener [Strg]/[⌘]-Taste darauf klicken, und fügen dann über die Schaltfläche Fügt Animationsframes ein (Tweening) ❺ drei weitere Zwischenbilder ein. Die Optionen dazu entnehmen Sie der folgenden Abbildung.

Tweenings

Der Begriff leitet sich von dem englischen »in between« ab und beschreibt das Hinzufügen weiterer Einzelbilder zwischen zwei Schlüsselbildern, um eine flüssige Animation zu erzeugen.
In Photoshop haben Sie neben den hier vorgestellten Bewegungstweenings, also den Positionsänderungen, auch die Möglichkeit, Zwischenschritte für Anpassungen an Deckkraft oder Ebenenstilen berechnen zu lassen.

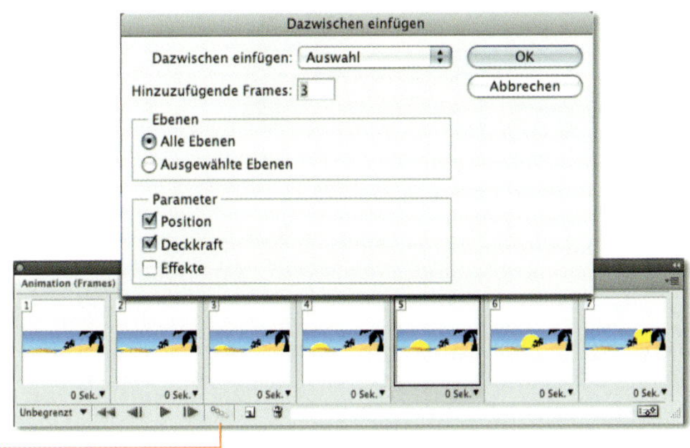

◀ **Abbildung 13.4**
Optionen für das Tweening

Verfahren Sie auf die gleiche Weise erst zwischen Frame 5 und 6 und den daraus entstehenden Frames 9 und 10. Probieren Sie die Animation aus, indem Sie einmal die Leertaste drücken. An der Geschwindigkeit feilen wir später noch.

2 Pfeil animieren

Markieren Sie Frame 13, und erstellen Sie einen neuen Frame. Ziehen Sie die Ebene Pfeil mit gedrückter [⇧]-Taste nach rechts, bis etwa 10 Pixel rechts der vierten Hilfslinie. Markieren Sie dann die beiden letzten Frames und erstellen wie zuvor bei der Sonne ein Tweening, diesmal aber mit 8 Bildern.

Erstellen Sie einen neuen Frame und schieben den Pfeil nach links, bis die Spitze die vierte Hilfslinie berührt. Erstellen Sie dann zwischen den beiden letzten Frames ein Tweening mit einem Zusatzbild.

▼ **Abbildung 13.5**
Die Animation zum Einblenden des Pfeils

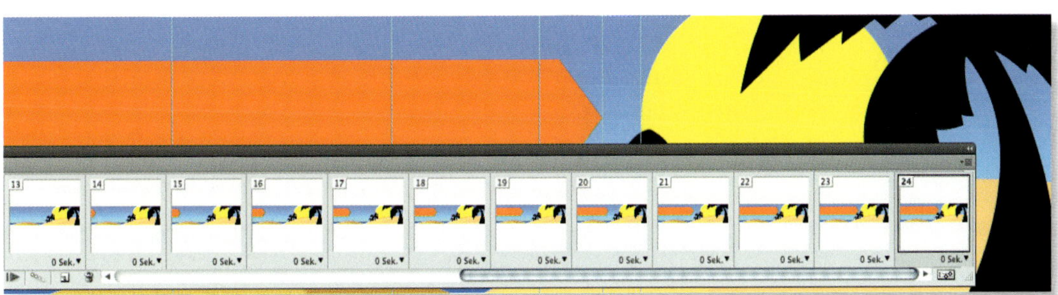

Den aktuellen Stand finden Sie in der Datei »animation02.psd« im Verzeichnis zu diesem Kapitel auf der DVD.

Erstellen Sie einen neuen Frame und blenden die Textebene 1 WOCHE MALLORCA ein. In einem weiteren Frame machen Sie zudem die Ebene IM 4-STERNE HOTEL… sichtbar. In einem dritten Frame blenden Sie als letzte Information noch den Preis von 119 € ein.

Abbildung 13.6 ►
Alle Informationen sind nun sichtbar.

3 Pfeilwackeln

Um den Besucher noch stärker auf den Knüllerpreis für diese Reise hinzuweisen, lassen wir den Pfeil nun noch ein wenig wackeln.

Erstellen Sie einen neuen Frame und verschieben den Pfeil darin um 10 Pixel nach rechts. Fügen Sie zwischen den letzten beiden Frames ein weiteres Bild per Tweening ein. In einem weiteren Frame schieben Sie den Pfeil wieder 10 Pixel zurück nach links und fügen erneut ein weiteres Zwischenbild ein. Den aktuellen Stand finden Sie in der Datei »animation03.psd« im Verzeichnis zu diesem Kapitel auf der DVD.

Markieren Sie die letzten vier Frames (28 bis 31) und klicken zweimal auf das Icon zum Duplizieren von Frames. Damit wiederholen Sie das kleine Wackeln des Pfeils.

HINWEIS

Zum Verschieben des Pfeils um 10 Pixel empfiehlt es sich, mit gedrückter [⇧]-Taste den rechten bzw. linken Pfeilcursor auf der Tastatur zu drücken.

4 Timing anpassen

Die grundlegende Animation ist so weit fertig, doch sie läuft immer noch viel zu schnell ab.

Wählen Sie aus dem Palettenmenü den Eintrag ALLE FRAMES AUSWÄHLEN und stellen die Dauer aller Frames auf 0,1 Sek. Dazu genügt es, bei einem beliebigen Pfeil auf den kleinen schwarzen Pfeil unterhalb der Miniatur zu klicken und den neuen Wert einzustellen. Photoshop übernimmt diese Änderung automatisch für alle gewählten Frames.

Nehmen Sie für einige der Frames abschließend noch die folgenden Timing-Anpassungen vor:

- **13**: 0,5 Sek.
- **14 bis 23**: 0 Sek.
- **24 bis 26**: 0,5 Sek.
- **39**: 2 Sek.

Abbildung 13.7 ▼
Einstellen des Timings für die einzelnen Frames

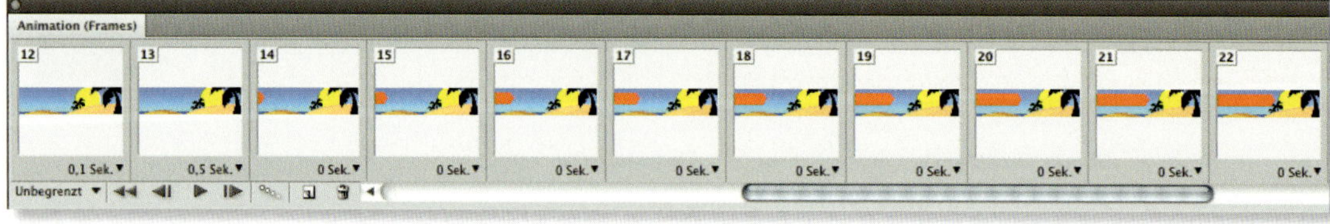

Über den Dialog FÜR WEB UND GERÄTE SPEICHERN können Sie die Animation nun ausgeben. Achten Sie darauf, das Gif-Format zu wählen, alle anderen Formate unterstützen keine Animationen.

Die fertige Workshop-Datei finden Sie im Workshop-Verzeichnis der DVD mit der Bezeichnung »animation04.psd«. ■

13.2 Navigation

Versuchen Sie, beim Gestalten der Navigation immer auf gute Erweiterbarkeit zu achten. Lassen sich weitere Menüpunkte ergänzen? Funktioniert das, ohne das gesamte Design umzuschmeißen? Auf welche Art und Weise lässt sich eine zweite Navigationsebene einblenden? Auch wenn vorerst nur eine Hauptnavigation vorgesehen ist, sollten Sie bei der Gestaltung immer weiter planen – man weiß nie, wie sich eine Seite entwickelt.

Workshop: 3D-Navigation

Mit relativ einfachen Mitteln lässt sich mit einer eigentlich zweidimensionalen Grafik eine 3D-Optik simulieren.

13-INTERAKTIVITAET/NAVIGATION/3DNAVI-01.PSD

Öffnen Sie die Workshop-Datei »3Dnavi-01.pdf« von der Buch-DVD, und importieren Sie die Farbfeldvorlage »farbfelder_navi3d.aco« über FARBFELDER LADEN aus dem Palettenmenü der Farbfelder-Palette.

1 Hintergrundgrafik erstellen

Erstellen Sie mit dem Zeichenstift-Werkzeug die Grundform des Menüs, indem Sie entlang der Schnittpunkte der Hilfslinien klicken, wie in Abbildung 13.8 gezeigt. Ober- und unterhalb des Dokuments können Sie großzügig in der grauen Arbeitsoberfläche arbeiten. Stellen Sie sicher, dass die Form seitlich mindestens bis zur Hälfte der Bildfläche reicht. Laden Sie anschließend eine Auswahl des Pfades und füllen die Fläche auf der Ebene 3D-BLOCK mit der Farbe GRUNDFARBE.

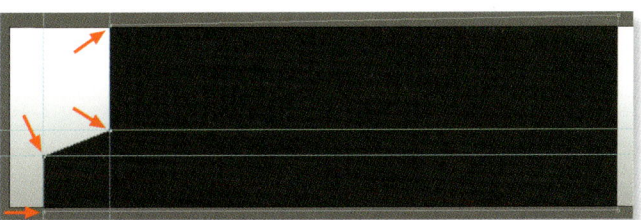

◄ **Abbildung 13.8**
Die halbe Grundform der Hintergrundgrafik

Duplizieren Sie die Ebene 3D-BLOCK mit Strg/⌘+J und spiegeln die Kopie über BEARBEITEN • TRANSFORMIEREN • HORIZONTAL SPIEGELN.

Schieben Sie die Kopie bis an die rechte Hilfslinie, markieren dann die Originalebene und das Original und führen sie mit der Tastenkombination [Strg]/[⌘]+[E] auf einer Ebene zusammen.

Abbildung 13.9 ▶
Die gespiegelte Grundform

Erstellen Sie eine neue Ebene mit der Bezeichnung »Verlauf Unten« und ziehen über die gesamte Breite ein Auswahlrechteck von der unteren Hilfslinie bis zur Dokumentunterkante auf. Weisen Sie der Auswahl von oben nach unten einen Verlauf von der Farbe VERLAUF UNTEN ZU TRANSPARENT zu. Bilden Sie mit der darunterliegenden Ebene 3D-BLOCK eine Schnittmaske, um die Ausdehnung des Verlaufs einzuschränken.

Für den Schatten im oberen Bereich verfahren Sie genauso. Auf einer neuen Ebene mit der Bezeichnung VERLAUF OBEN ziehen Sie ein Auswahlrechteck von der oberen Hilfslinie bis zur Dokumentoberkante auf und erstellen darin von unten nach oben einen Verlauf von der Farbe VERLAUF OBEN zu TRANSPARENT. Bilden Sie auch mit dieser Ebene eine Schnittmaske mit der darunterliegenden.

Abbildung 13.10 ▶
Die fertig schattierte Grundform mit einem klar erkennbaren Treppenstufen-Effekt

Den aktuellen Stand finden Sie in der Datei »3Dnavi-02.psd« im Workshop-Verzeichnis der DVD.

HINWEIS

Das Trennen der einzelnen Begriffe mit Leerzeichen ist nicht die sauberste Variante, vereinfacht jedoch an dieser Stelle das Prozedere und lässt somit mehr Platz für weitere Workshops. Gewöhnen Sie sich an, jeden Navigationspunkt als einzelne Textebene zu erstellen. Somit sind Sie vollkommen flexibel bei der Findung der optimalen Positionierung.

2 Hauptnavigation

Wählen Sie das Text-Werkzeug [T] mit der Schriftart ARIAL BOLD, einer Schriftgröße von 30 Pixeln und der Farbe NAVI INAKTIV. Erstellen Sie einen Punkttext mit den Begriffen »start«, »material«, »weblinks«, »forum« und »kontakt« und trennen jeden der Begriffe mit vier Leerzeichen. Erstellen Sie eine Auswahl um die obere graue Fläche und verwenden bei aktivierter Textebene den Befehl AN HORIZONTALER MITTELACHSE AUSRICHTEN aus dem Steuerungsbedienfeld des Verschieben-Werkzeugs. Positionieren Sie den Text zudem 7 Pixel oberhalb der oberen Hilfslinie.

Abbildung 13.11 ▶
Text mittig ausrichten. Die Auswahl funktioniert dabei als Referenz.

Färben Sie den Begriff MATERIAL in der Farbe NAVI AKTIV. Erstellen Sie unter der Textebene eine neue Ebene mit der Bezeichnung »Weiße Hinterlegung«. Ziehen Sie ein Auswahlrechteck von der Dokumentoberkante bis zur oberen Hilfslinie auf, das 10 Pixel links des Begriffs MATERIAL beginnt und 10 Pixel rechts davon endet. Füllen Sie die Auswahl von oben nach unten mit einem Verlauf von Weiß zu Transparenz und reduzieren die Ebenendeckkraft auf 75%.

Pixelraster

Zum pixelgenauen Arbeiten sollten Sie bei aktiviertem Pixelraster (ANSICHT • EINBLENDEN • PIXELRASTER) und starkem Zoom arbeiten.

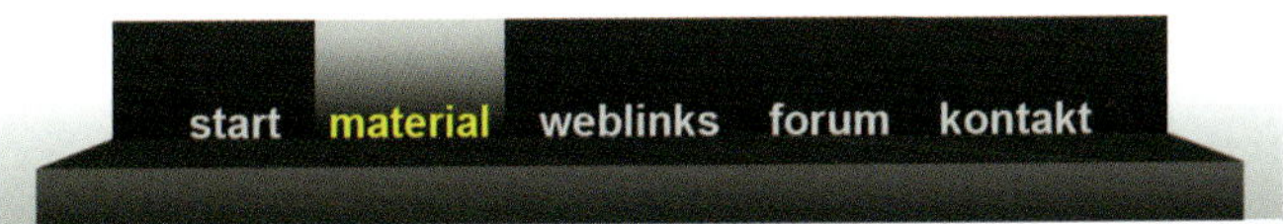

◄ **Abbildung 13.12**
Ein weißer Verlauf im Hintergrund hebt das aktive Element hervor.

Duplizieren Sie die Ebene, nennen sie »Schattierung Hinterlegung« und positionieren diese unter der Ebene mit dem weißen Verlauf. Reduzieren Sie die Helligkeit für die Schattenebene im Dialog FARBTON/SÄTTIGUNG (Strg/⌘+U) auf den Minimalwert von –100 und zeichnen den Schatten weich, indem Sie den FILTER • WEICHZEICHNUNGSFILTER • GAUSSSCHER WEICHZEICHNER mit einem Wert von 2 Pixeln anwenden.

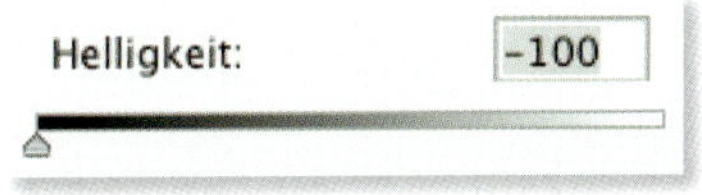

▲ **Abbildung 13.13**
Über FARBTON/SÄTTIGUNG reduzieren Sie die Helligkeit.

◄ **Abbildung 13.14**
Die Hinterlegung des aktiven Navigationspunktes

Als Letztes verleihen Sie der Schrift noch einen Schattenwurf, wodurch ein Schweben über der Treppenstufe erkennbar wird.

Legen Sie unter der Textebene eine Ebene mit der Bezeichnung »Schattenwurf Schrift« an. Erstellen Sie darauf unter jedem Navigationspunkt einen 2 Pixel hohen schwarzen Balken, dessen Breite dem jeweils zugehörigen Begriff entspricht. Achten Sie darauf, dass alle Balken auf einer Höhe erstellt sind. Verwenden Sie am besten die obere Hilfslinie als Orientierung.

▲ **Abbildung 13.15**
Die schwarzen Balken simulieren den Schattenwurf der Schrift.

Wenden Sie den WEICHZEICHNUNGSFILTER • GAUSSSCHER WEICHZEICHNER aus dem Menü FILTER mit einer STÄRKE von 2 Pixeln auf die Balken an und schieben diese etwa in die Mitte der Treppenstufe. Reduzieren Sie abschließend die Deckkraft der Schattenebene auf 50%.

Letzter Filter

Im Filter-Menü zeigt Photoshop immer den zuletzt verwendeten Filter an. Sofern Sie seit der letzten Anwendung des Weichzeichners im letzten Schritt keine anderen Filter verwendet haben, können Sie den Weichzeichner direkt über diesen Eintrag oder noch schneller mit Strg/⌘+F anwenden.

▲ **Abbildung 13.16**
Das fertige Hauptmenü

Den aktuellen Stand finden Sie in der Datei »3Dnavi-03.psd« im Workshop-Verzeichnis der DVD.

3 Sekundärnavigation

Schreiben Sie die Begriffe »workshops«, »zusatzinhalte« und »index« in der Schriftart ARIAL BOLD, in 20 Pixel Größe und der Farbe NAVI INAKTIV in den unteren Balken. Lassen Sie zwischen den einzelnen Buchstaben jeweils 5 Leerzeichen Abstand, und positionieren Sie die Zeile linksbündig mit dem Begriff MATERIAL der Hauptnavigation.

Laden Sie die Formbibliothek PFEILE aus dem Optionsmenü des Eigene-Form-Werkzeugs. Ziehen Sie die Form PFEIL 2 als Formobjekt mit der Farbe NAVI AKTIV in der Höhe eines Kleinbuchstabens der Sekundärnavigation auf.

Positionieren Sie den Pfeil vier Pixel links des Navigationspunktes ZUSATZINHALTE und färben auch diesen in der Farbe NAVI AKTIV ein.

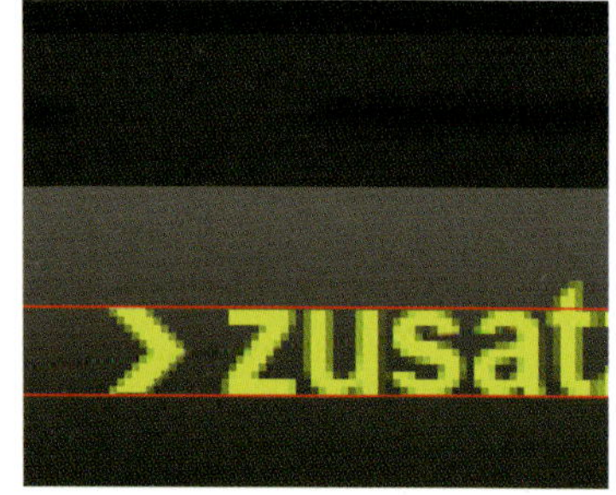

▲ **Abbildung 13.17**
Formobjekt auf die Höhe der Subnavigation anpassen

▲ **Abbildung 13.18**
Die fertige Workshop-Datei mit der Bezeichnung »navi3D-04.psd« finden Sie im Workshop-Verzeichnis der DVD. ■

Workshop: Dropdown-Navigation

Diese zweite Navigationsvariante bietet den Vorteil, platzsparend zu sein. Die zweite Menüebene wird nur temporär beim Überfahren des Hauptpunktes aufgeklappt und bleibt ansonsten unsichtbar. Das Prinzip entspricht der Navigation auf *http://www.photozauber.de*. Das geht allerdings ein wenig auf Kosten der Orientierung.

1 Den Hintergrund gestalten

13-INTERAKTIVITAET/NAVIGATION/BURG01.PSD, FARBFELDER_BURG.ACO

Öffnen Sie die Workshop-Datei »burg01.psd«, und laden Sie die zugehörige Farbfelder-Palette »farbfelder_burg.aco«.

Ziehen Sie auf der Ebene HINTERLEGUNG ein quadratisches Auswahlrechteck mit einer Kantenlänge von 105 Pixeln auf, und füllen Sie mit der Farbe WEINROT. Wandeln Sie im Anschluss die Ebene in ein Smart-Objekt um. Klicken Sie dazu mit der rechten Maustaste auf die Ebenenbezeichnung in der Ebenen-Palette (nicht die Miniatur!) und wählen In Smart-Objekt konvertieren.

Wenden Sie anschließend den Filter • Rauschfilter • Rauschen hinzufügen mit einem Wert von 1,5 %, Gaussscher Normalverteilung und aktivierter Option Monochromatisch an.

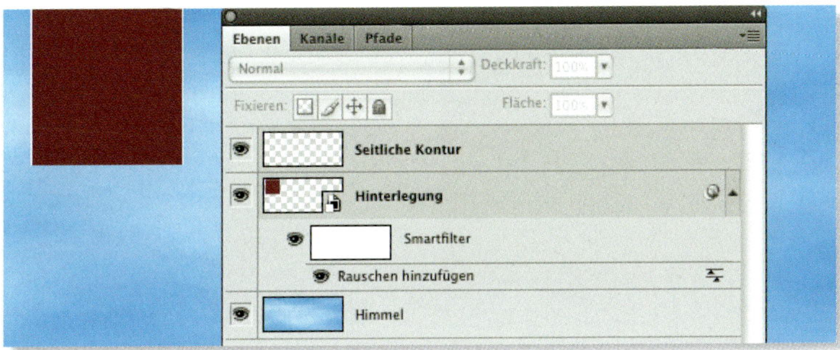

◂ **Abbildung 13.19**
Das Rauschen nimmt der einfarbigen Fläche die sterile Monotonie.

2 Die Navigationsreiter erstellen

Erstellen Sie eine neue Ebene mit der Bezeichnung »Seitliche Kontur«, und legen Sie an der rechten und linken Innenkante des Quadrats eine 1 Pixel starke, weiße Linie an.

Definieren Sie zwei neue Ebenen zwischen den Ebenen Seitliche Kontur und Hinterlegung mit den Bezeichnungen »Licht« und »Schatten«. Wenden Sie auf der Ebene Schatten einen radialen Verlauf von Schwarz zu Transparent an, dessen Mittelpunkt rechts unterhalb der Hinterlegung beginnt und ein gutes Stück in diese hineinläuft. Auf der Lichtebene verfahren Sie genauso, mit einem Verlauf von Weiß zu Transparent, ausgehend von links über der Hinterlegung.

Smartfilter

Seit Version CS4 lassen sich nun nahezu alle Filter auch auf Smart-Objekte anwenden. Diese Smartfilter haben den großen Vorteil, dass ihre Parameter sich auch im Nachhinein jederzeit anpassen oder auch löschen lassen, so wie Sie es auch von den Fülloptionen kennen. In der Ebenen-Palette erscheint direkt an der Ebene die Bezeichnung des Filters mit einem kleinen Schieberegler-Symbol. Per Doppelklick darauf können Sie die Filtereinstellungen anpassen bzw. ihn zum Löschen einfach auf das Mülleimersymbol ziehen.
Der Haken an der Sache: Wenn Sie den eigentlichen Ebeneninhalt verändern möchten, müssen Sie das Smart-Objekt erst rastern, womit auch der Filter endgültig mit der Ebene verrechnet wird.

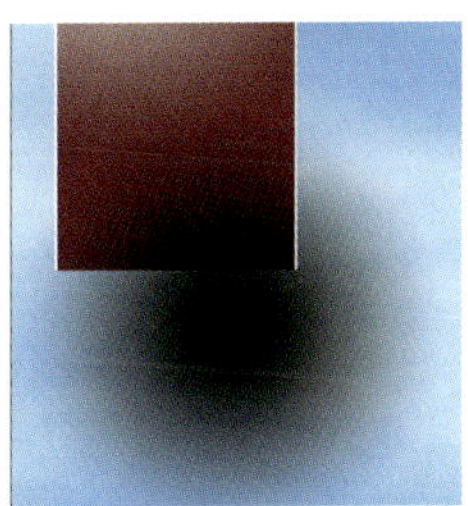

◂ **Abbildung 13.20**
Radiale Verläufe in die Hinterlegung führen

Legen Sie für beide Verlaufsebenen eine Schnittmaske mit der Ebene Hinterlegung an und reduzieren die Deckkraft für die Ebene Schatten auf 60 %.

Laden Sie nun eine Auswahl der Ebene Hinterlegung. Erstellen Sie eine neue Ebene und ziehen darauf am linken Rand des Quadrats einen linearen Verlauf von Schwarz zu Transparent auf ❶. Duplizieren Sie diese Ebene, spiegeln sie horizontal und schieben sie an den

Abbildung 13.21 ▼
Das Quadrat bekommt einen seitlichen Schatten, um eine schwache Abrundung zu simulieren.

rechten Rand des Quadrats ❷. Führen Sie danach die beiden Verlaufsebenen mit Strg/⌘+E zusammen, und reduzieren Sie die Deckkraft auf 30%. Benennen Sie die Ebene mit »Schatten Seite«.

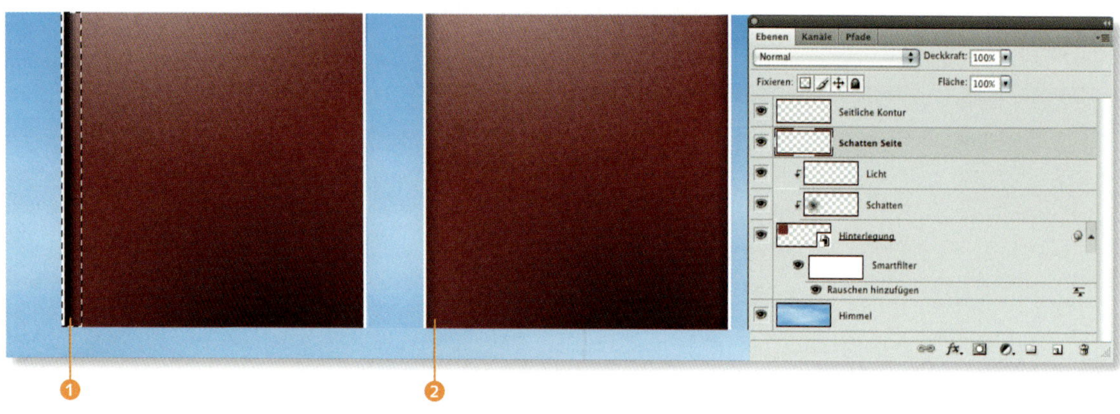

Abbildung 13.22 ▶
Schattenwurf der gesamten Fläche

Unbunte Schatten

Wenn Sie unbunte Schatten setzen möchten, arbeiten Sie immer mit Schwarz. Über das nachträgliche Regeln der Deckkraft können Sie die Intensität sehr gut regeln, schränken sich aber nicht bereits im Vorfeld durch einen zu hellen Grauwert ein.

Laden Sie den Ebeneninhalt der Ebene HINTERLEGUNG als Auswahl und füllen diese auf einer neuen Ebene mit der Bezeichnung »Schattenwurf Quadrat« mit Schwarz. Wenden Sie darauf den GAUSSSCHEN WEICHZEICHNER mit einer STÄRKE von 2 Pixeln an und positionieren die Ebene unter der Hinterlegung.

Den aktuellen Stand finden Sie in der Datei »burg-02.psd« im Workshop-Verzeichnis der DVD.

3 Die Navigationsreiter beschriften

Schreiben Sie den Begriff »START« in der Schriftart ARIAL NARROW, in 19 Pixel Größe und der Ausrichtung ZENTRIERT. Die Farbe spielt keine Rolle, da Sie später eine Verlaufsüberlagerung anwenden werden. Richten Sie den Begriff mittig an der Hinterlegung aus, mit 15 Pixel Abstand zum unteren Rand ❸.

Suchen Sie das Eigene-Form-Objekt BOURBONISCHE LILIE aus der Standard-Form-Bibliothek ❹ und ziehen mit gehaltener ⇧-Taste eine Lilie mit einer Breite von ca. 35 Pixeln auf. Positionieren Sie diese ebenfalls zentriert zur Hinterlegung ein Stück oberhalb des Begriffs START ❺.

Text zentrieren

Verwenden Sie bei mittig ausgerichteten Navigationspunkten immer die Absatzausrichtung ZENTRIERT. So bleibt das Textelement auch bei längeren bzw. kürzeren Begriffen an der korrekten Position und verschiebt sich nicht zur Seite.

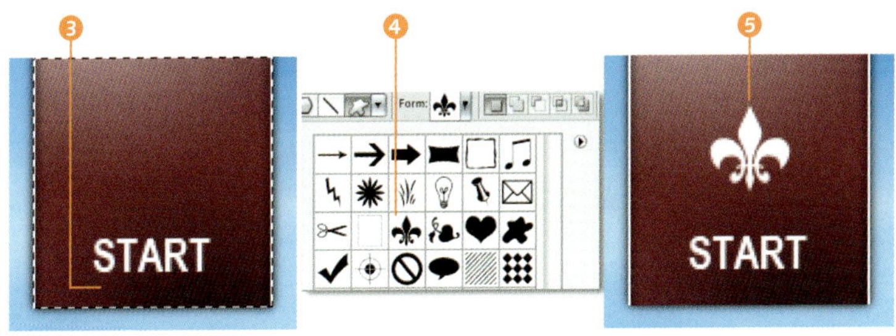

◂ **Abbildung 13.23**
Der Reiter wird beschriftet und mit einem Icon versehen.

Laden Sie aus dem Verzeichnis 13-INTERAKTIVITAET/NAVIGATION die Stil-Bibliothek »stil_burgnavigation.asl« und weisen den Stil PRÄGUNG NAVIGATION sowohl der Lilie als auch dem Text zu.

Fassen Sie nun alle Ebenen, ausgenommen den Himmel in einer neuen Gruppe mit der Bezeichnung »Start« zusammen. Duplizieren Sie die Gruppe viermal, und positionieren Sie die Kopien mit jeweils 6 Pixel Abstand zur vorherigen. Ändern Sie zudem die Begriffe auf den Reitern in START, DIE BURG, EVENTS, ANFAHRT und KONTAKT. Passen Sie abschließend noch die Bezeichnung der Ebenengruppen entsprechend Abbildung 13.24 an.

TIPP

Markieren Sie zum Duplizieren die gesamte Gruppe in der Ebenen-Palette und verschieben den Reiter bei aktiviertem Verschieben-Werkzeug mit gedrückter [⇧]- und [Alt]-Taste.

▴ **Abbildung 13.24**
Die Reiter werden dupliziert.

4 Subnavigation

Erstellen Sie über der Ebene HIMMEL eine neue Gruppe mit der Bezeichnung »Subnavigation« und ziehen anschließend aus der Gruppe DIE BURG die Ebenen HINTERLEGUNG und SEITLICHE KONTUR mit gedrückter [Alt]-Taste in diese neue Gruppe.

Positionieren Sie die beiden kopierten Elemente direkt an der Unterkante der bordeauxfarbenen Hinterlegung des Reiters darüber.

Löschen Sie den Smart-Filter der Ebene HINTERLEGUNG im Ordner SUBNAVIGATION, und weisen Sie ihr die Fülloption FARBÜBERLAGERUNG mit der Farbe Weiß zu. Reduzieren Sie danach die Deckkraft der Ebene auf 75%.

Abbildung 13.25 ►
Die Hinterlegung der Subnavigation

▲ **Abbildung 13.26**
Der aktive Navigationspunkt in der Subnavigation wird farbig hinterlegt.

Für die Beschriftung der Subnavigation schreiben Sie die Begriffe »Historisch«, »Grundriss« und »Heute« in der Schriftart ARIAL NORMAL, in 13 Pixel Größe, mit 30 Pixel Zeilenabstand und der FARBE #383838. Die Ausrichtung des Textes ist ZENTRIERT. Richten Sie die Schrift mittig zur weißen Hinterlegung aus.

Für die Hinterlegung des aktiven Unterpunktes erstellen Sie eine neue Ebene unterhalb der Textebene und ziehen darauf einen Balken über die Breite der weißen Box in der Farbe LILA. Bezüglich Höhe und Positionierung orientieren Sie sich bitte an Abbildung 13.26. Ändern Sie danach noch die Schriftfarbe für »Heute« in Weiß.

Färben Sie zum Abschluss die Ebene HINTERLEGUNG im Ordner DIE BURG ein. Markieren Sie dazu diese Ebene und wählen EBENE • NEUE EINSTELLUNGSEBENE • FARBTON/SÄTTIGUNG Stellen Sie den Farbtonwert auf –60.

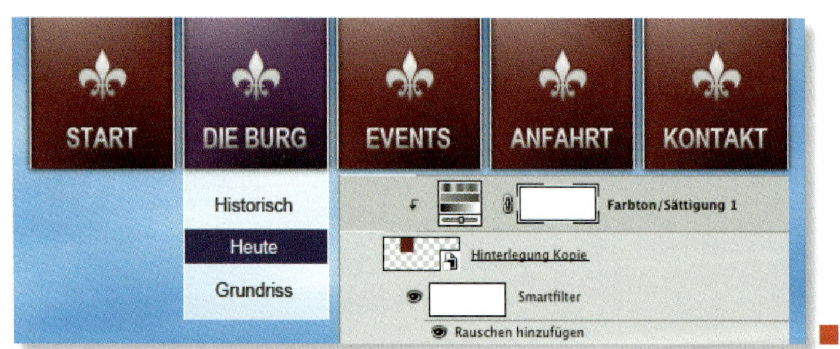

Abbildung 13.27 ►
Die fertige Navigation »burg03.psd« finden Sie im Workshop-Verzeichnis dieses Kapitels.

13.3 Buttons

Buttons sind eines der Standardelemente für Interaktivität. Im Gegensatz zu Textlinks sind sie auffälliger und können eine sonst nüchterne Seite auflockern. Dabei müssen Buttons nicht zwingend knallbunt und laut sein. Auch eine dezente und reduzierte Optik kann bereits das Auge lenken, ohne eine Seite zu verspielt zu machen.

Versuchen Sie die Farbigkeit der verwendeten Buttons an die von Textlinks auf Ihrer Seite anzugleichen. Somit geben Sie dem Besucher eine einheitliche Farbigkeit für alle interaktiven Elemente und erleichtern ihm so die Orientierung.

Workshop: Glasbutton

1 Buttonform festlegen

Erstellen Sie ein neues leeres Dokument mit einer Breite von 150 Pixeln und einer Höhe von 50 Pixeln, Hintergrund Weiß. Füllen Sie den Hintergrund direkt nach dem Erstellen mit Schwarz.

Ziehen Sie mit dem Abgerundetes-Rechteck-Werkzeug eine Form mit abgerundeten Ecken (4 Pixel) auf. Lassen Sie dabei zu den Dokumenträndern noch ein wenig Abstand. Weisen Sie der Ebene über das Palettenmenü und FÜLLOPTIONEN eine VERLAUFSÜBERLAGERUNG von einer hellen zu einer dunklen Farbe zu (z. B. #e1ed29 zu #64740e).

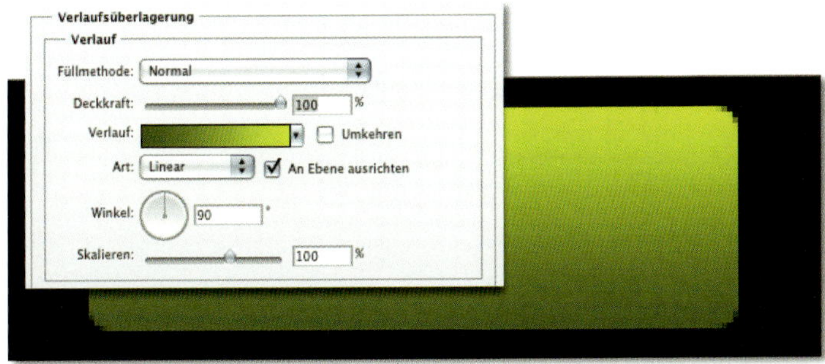

◂ **Abbildung 13.28**
Grundform des Buttons mit Verlaufsüberlagerung

2 Lichtreflex zeichnen

Erstellen Sie nun mit dem Zeichenstift-Werkzeug eine Form, die der nachstehenden Abbildung entspricht, und erstellen Sie daraus eine Auswahl.

◂ **Abbildung 13.29**
Mit dem Pfad erstellen Sie die Form für den Lichtreflex.

Füllen Sie die Auswahl auf einer neuen Ebene mit einem linearen Verlauf von Weiß zu Transparent. Beginnen Sie mit dem Verlauf an der oberen Kante des Buttons und beenden ihn ein Stück unterhalb der Auswahl ❶. Auf diese Weise entsteht eine Kante, die einen harten

Lichtreflex widerspiegelt. Reduzieren Sie die Deckkraft der Ebene mit dem Verlauf auf 50% ②, und ziehen Sie die Vektormaske der Ebene mit der Button-Grundform mit gehaltener `Alt`-Taste auf die Ebene mit dem Verlauf, um diesen in seiner Ausdehnung zu begrenzen.

Abbildung 13.30 ▼
Der Lichtreflex verleiht die moderne und leicht gläserne Optik.

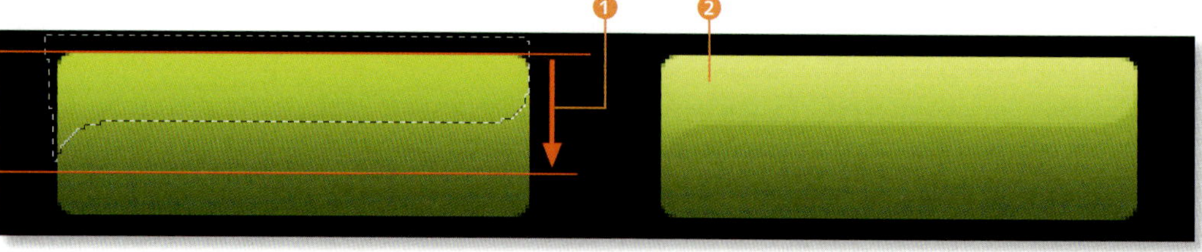

3 Alternativer Reflex

Anstatt mit dem Zeichenstift-Werkzeug zu arbeiten, können Sie auch vereinfacht eine breit gestreckte Auswahlellipse als Lichtreflex verwenden, die Sie einfach mit dem Ellipse-Werkzeug erstellen. Verfahren Sie mit dem Verlauf und dem Maskieren äquivalent zu der oben beschriebenen Variante.

Abbildung 13.31 ▼
Vereinfachter Lichtreflex mit der Auswahlellipse

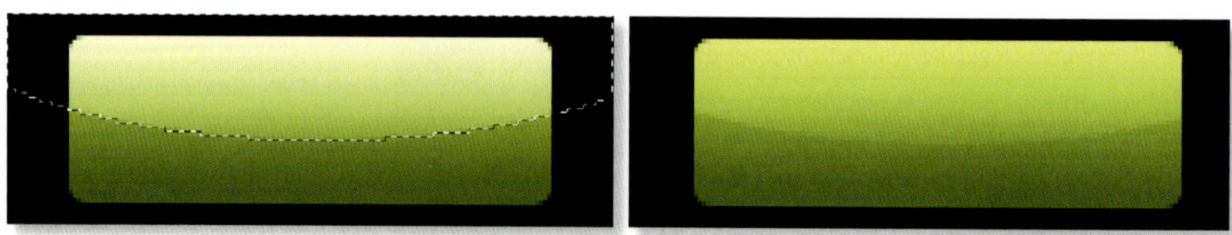

Generell lohnt es sich, je nach Button ein wenig mit möglichen Lichtreflex-Formen zu experimentieren. Diese können ganz unterschiedliche und spannende Betrachtungswinkel zu Tage fördern:

▲ Abbildung 13.32
Verschieden geformte Lichtreflexe können einen Kreis flächig, wie eine nach vorne gekippte Scheibe oder auch eine Kugel wirken lassen.

Die Datei mit dem fertigen Button finden Sie auf der Buch-DVD im Verzeichnis 13-INTERAKTIVITAET/BUTTONS/LICHTREFLEX.PSD. ■

Workshop: Rollover-Button

Genau genommen ist es falsch, zu sagen, man erstellt einen Rollover-Button in Photoshop, denn man tut eigentlich nichts anderes, als zwei oder drei statische Grafiken zu erstellen. Eine für das grundlegende Aussehen, eine weitere für den Zustand, wenn der Besucher mit der Maus darüberfährt, und optional eine dritte, die angezeigt wird, wenn der Besucher auf den Button klickt. Die Interaktivität, also das »Rollovern«, wird erst bei der Umsetzung in HTML definiert.

1 Normalzustand

Öffnen Sie die Workshop-Datei »streifenbutton01.psd« und erstellen ein abgerundetes Rechteck als Formebene. Lassen Sie dabei zu den Rändern noch ein wenig Platz. Benennen Sie die Ebene mit »Schaltfläche«. Weisen Sie dieser Ebene die abgebildeten FÜLLOPTIONEN zu.

13-INTERAKTIVITAET/BUTTONS/STREIFENBUTTON01.PSD

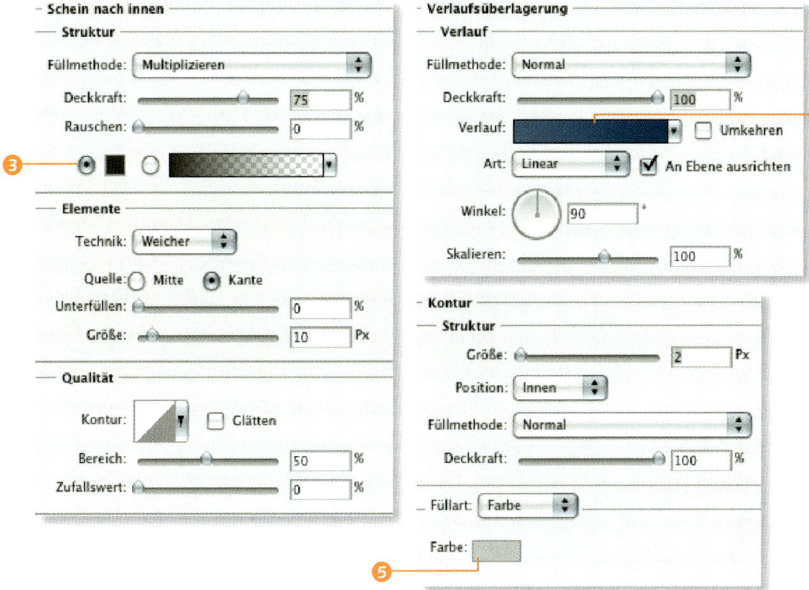

▲ **Abbildung 13.33**
3 Farbwert #343434, 4 VERLAUF von #536e8c zu #1e426a,
5 FARBE #cbcbcb

▲ **Abbildung 13.34**
Grundform ohne (oben) und mit (unten) zugewiesenen Fülloptionen

2 Muster erstellen

Öffnen Sie die Datei »diagonale-streifen.png« aus dem Verzeichnis zu diesem Kapitel und legen die Grafik über BEARBEITEN • MUSTER FESTLEGEN... als Musterdefinition fest. Wechseln Sie wieder zurück zur Workshop-Datei.

Erstellen Sie eine neue Ebene mit der Bezeichnung »Streifen« und füllen sie über BEARBEITEN • FLÄCHE FÜLLEN und VERWENDEN • MUSTER mit dem gerade festgelegten Streifenmuster.

Scanlines

Eine Sammlung interessanter Streifen-/Interferenz-Muster (auch Scanlines genannt) finden Sie auf Adobe Exchange mit der Bezeichnung Murat's Scanlines: *http://www.adobe.com/cfusion/exchange/index.cfm?event=extensionDetail&loc=en_us&extid=1041081.*

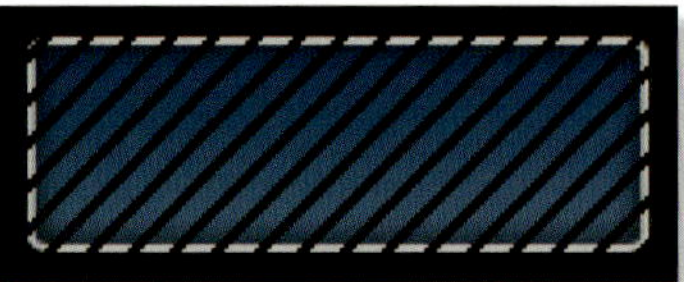

▲ **Abbildung 13.35**
Das Muster wird als diagonale Streifen über die Bildfläche gekachelt.

HINWEIS

Es lassen sich leider keine Schnittmasken mit Formebenen erstellen. Hier wird stattdessen der gesamte Ebeneninhalt ausgeblendet. Über die Auswahl der Form und ihre Reduzierung um die Breite der Kontur (2 Pixel) wird in diesem Fall die Ausdehnung der Streifen beschränkt.

Setzen Sie den Ebenenmodus der Streifenebene auf Weiches Licht und reduzieren die Deckkraft auf 10%. Durch diesen Ebenenmodus kommt es je nach Hintergrundhelligkeit des Verlaufs zu einer Abschwächung der Streifen.

Laden Sie eine Auswahl der Formebene, verkleinern diese über Auswahl • Auswahl verändern • Verkleinern um 2 Pixel und erstellen darauf basierend eine Ebenenmaske für die Streifenebene.

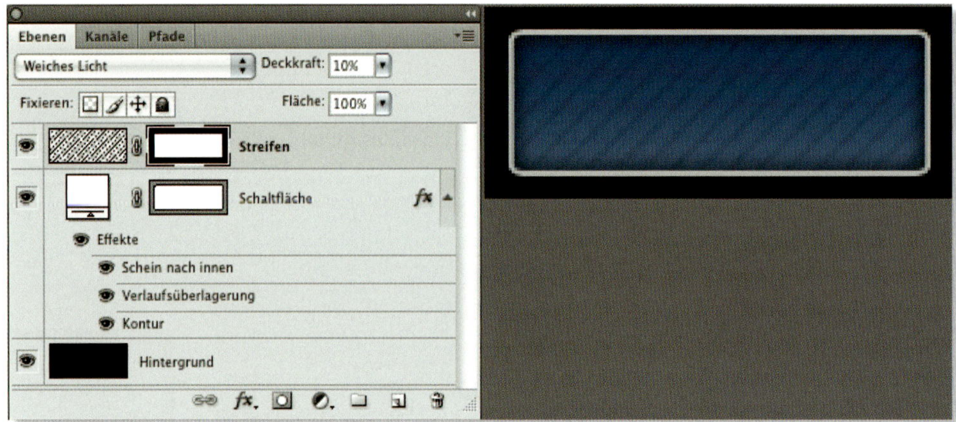

▲ **Abbildung 13.36**
Die maskierten Streifen runden die Grundform des Buttons ab.

3 Rollover-Status

Duplizieren Sie die Ebene Schaltfläche, und passen Sie die Fülloption Verlaufsüberlagerung an. Ändern Sie die dunkle Farbe in den Wert #738da9.

Abbildung 13.37 ▶
Aufhellen der Verlaufsüberlagerung

Schreiben Sie den Begriff »Absenden« in Arial Regular, 19 Pixel Größe und in Weiß auf den Button. Geben Sie der Textebene als Fülloption einen Schlagschatten mit einem Winkel von 90°.

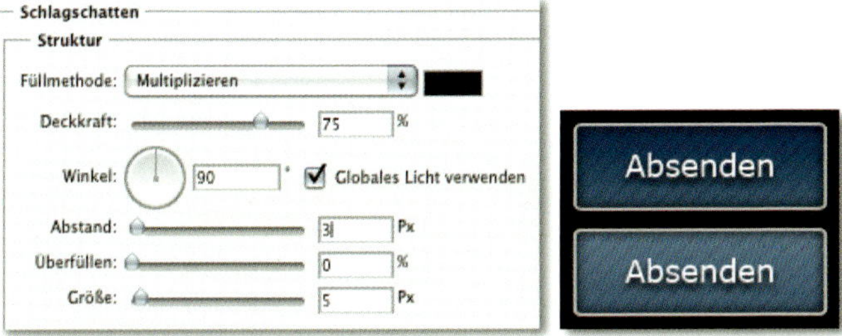

◂ **Abbildung 13.38**
Der fertige Button im normalen und Mouse-over-Zustand

Das Ergebnis finden Sie im Workshop-Verzeichnis (»streifenbutton02.psd«). ■

Verschiedene Rollover-Status

In welcher Form Sie einen Rollover-Status darstellen, ist hauptsächlich Ihrer Kreativität überlassen. Gebräuchlich sind:

- Farbänderung des Buttons
- Farbänderung und/oder Fettung des Textes
- Dezente Größenänderung

Im Falle einer Vergrößerung des Buttons gestalten Sie den Normalzustand am besten mit einem transparenten Rahmen, in den der erweiterte Inhalt eingebaut wird. Auf diese Weise arbeiten Sie konsequent mit einer Größe, was die technische Umsetzung erleichtert und potenzielle Fehlerquellen vermeidet.

◂ **Abbildung 13.39**
Simulieren Sie unterschiedliche Buttongrößen mit Transparenz.

Workshop: Ein skalierbarer Button

Der Nachteil der bislang vorgestellten Buttons besteht darin, dass sie sich aufgrund ihrer grafischen Hintergründe nicht flexibel skalieren lassen. Bei längeren Textinhalten bzw. vergrößerter Schrift sind zusätzlich gestaltete Varianten notwendig. Viel flexibler klappt es mit der folgenden Variante:

Sie legen für den linken und den rechten Rand eine beliebig gestaltete Grafik an. Das Mittelstück wird dann entweder einfarbig oder als gekachelte Hintergrundgrafik entsprechend der Länge und Größe des Inhalts skaliert. Bei der Gestaltung ist lediglich zu beachten, dass ein sauberer Übergang von Randgrafik zu Mittelteil gegeben ist.

13-INTERAKTIVITAET/BUTTONS/
SKALIERBARER-BUTTON/
SKALIERBARER-BUTTON.PSD

▴ **Abbildung 13.40**
Der fertige Button besteht rechts und links jeweils aus einer Grafik. Das Mittelstück wird einfarbig per HTML ausgegeben.

1 Grafik aufbereiten

Öffnen Sie die Workshop-Datei »skalierbarer-button.psd« von der Buch-DVD.

HINWEIS

Mit der Taste [F12] können Sie jederzeit zum letzten gesicherten Dokumentstand zurückkehren.

Blenden Sie die Hilfslinien ein und beschneiden den Button vom linken Rand bis zur ersten Hilfslinie. Speichern Sie dieses Segment als GIF mit dem Namen »button-links« ab. Drücken Sie die Taste [F12] (DATEI • ZURÜCK ZUR LETZTEN VERSION), um den unbeschnittenen Button wiederherzustellen. Stellen Sie nun auf die gleiche Weise den rechten Rand frei und speichern ihn mit der Bezeichnung »button-rechts«.

▲ **Abbildung 13.41**
Der Button wird in die beiden Randsegmente ❶ und ❸ zerlegt. Das Mittelstück ❷ wird direkt in HTML als Hintergrundfarbe ausgegeben.

Sie finden die beiden Einzelgrafiken auch im Workshop-Verzeichnis der Buch-DVD.

2 HTML-Struktur

Legen Sie für eine Umsetzung des Buttons in HTML/CSS ein neues Projekt an, wie in Kapitel 10, »Umsetzung«, beschrieben (Ordnerstruktur, HTML-Grundgerüst etc.). Nutzen Sie hierzu die Vorlage auf der DVD im Ordner 13-INTERAKTIVITAET/BUTTONS/SKALIERBARER-BUTTON/SKALIERBARER-BUTTON-HTML-VORLAGE.

Erstellen Sie zunächst die HTML-Struktur. Es gibt mehrere Wege, wie ein solcher Button, ausgehend vom Verwendungszweck, semantisch korrekt im Quelltext dargestellt werden kann. Allen gemein ist, dass zwei Elemente benötigt werden, in diesem Workshop eines für die Streifen auf linken Seite und eines für die auf der rechten. Lassen Sie sich auch hier nicht dazu verleiten, die Struktur mit unnötigen Tags zu erweitern. Das folgend gezeigte Beispiel geht von der Verwendung als Menü-Button aus. Wie aus Kapitel 10, »Umsetzung«, bekannt, setzen sich die einzelnen Menüpunkte aus Listen- und Link-Element zusammen. Als Vorlage dient das ebenfalls aus diesem Kapitel bekannte Menü. Notieren Sie dieses direkt in den Tag `<body>`:

```
<ul id="menu">
     <li><a href="#">Startseite</a></li>
     <li><a href="#">Ergänzungen</a></li>
     <li><a href="#">Material</a></li>
     <li><a href="#">Weblinks</a></li>
     <li><a href="#">Forum</a></li>
     <li><a href="#">Kontakt</a></li>
</ul>
```

3 CSS-Formatierung

Auch die Formatierung kann vielfältig angelegt werden. In dieser Variante schalten Sie als ersten Schritt die Aufzählungspunkte der ungeordneten Liste aus und weisen dem Menü eine Breite zu. Verwenden Sie die Schriftgrößen-relative Einheit em. Schreiben Sie nachvolgendes in die Datei »style.css« im Ordner STYLE:

```
#menu {
    width: 12.5em;
    list-style-type: none;
}
```

Der Listenpunkt (li) erhält nun als essenzielle Formatierung das Gelb (#f4de00) als Hintergrundfarbe und die sich auf der y-Achse wiederholende Datei »button-links.gif« als Hintergrundgrafik. Die (Ausgangs-)Höhe und der Abstand zwischen den Buttons werden auch hier in em angegeben:

```
#menu li {
    height: 2.625em;
    background: #f4de00 url('./../layout/button-links.
    gif') repeat-y;
    margin: 0 0 .125em 0;
}
```

Weisen Sie das Link-Element (a) an, sich als Block-Element zu verhalten, so dass es die volle Breite des Elternelements annimmt. Sie maximieren damit zum einen die klickbare Fläche, was dem Nutzer das Treffen des Menüpunktes erleichtert und es Ihnen zum anderen erlaubt, eine Höhe festzulegen, die benötigt wird, um die Grafik »button-rechts.gif« vollständig im Hintergrund darzustellen. Um nicht die Hintergrundgrafik des Listen-Elements zu überdecken, geben Sie als Hintergrundfarbe transparent an und richten die Grafik rechtsbündig aus:

```
#menu li a {
    height: 2.625em;
    background: transparent url('./../layout/button-
    rechts.gif') repeat-y scroll right top;
    display: block;
}
```

Erweitern Sie Ihr Stylesheet im letzten Schritt noch um die fehlende Schriftformatierung:

```
body {
    color: #212121;
```

```
        font-size: 100.1%;
        font-family: Verdana, Tahoma, Sans-Serif;
}
#menu li a {
        color: #000;
        font-size: 1em;
        font-weight: bold;
        text-align: center;
        text-decoration: none;
        line-height: 2.5em;
}
#menu li a:hover,
#menu li a:focus {
        color: #847b1f;
}
```

Mit diesen Anweisungen haben Sie Menü-Buttons erstellt, welche flexibel auf Schriftvergrößerungen des Nutzers reagieren. Durch geschicktes Erstellen der beiden Hintergrundgrafiken sind diese in der Höhe rapportierbar, so dass ein nahtloser Übergang entsteht.

Auf der DVD finden Sie im Ordner 13-INTERAKTIVITAET/BUTTONS/SKALIERBARER-BUTTON/SKALIERBARER-BUTTON-HTML-FINAL das fertige Beispiel.

Abbildung 13.42 ▼
Links sehen Sie die Buttons ohne, rechts mit sechsfacher Schriftvergrößerung. Die Hintergrundgrafiken werden nahtlos wiederholt, das gesamte Layout bleibt intakt.

Ein weiteres Anwendungsbeispiel wäre ein liquider Button, dessen Breite sich prozentual an die Umgebung anpassen kann. Denkbar ist auch, dass Breite und Höhe von Button zu Button unterschiedlich angelegt werden, ohne die grundlegende Formatierung und Layoutgrafiken ändern zu müssen. ■

13.4 Zoomify

Eine interessante Möglichkeit, sehr große Bilder auf Webseiten darzustellen, bietet das in Photoshop integrierte Programm Zoomify. Ausgehend von einem sehr großen Bild wird eine Variante erstellt, die in einer websitegerechten Größe angezeigt wird. Ähnlich wie zum Beispiel bei Google Maps kann der Besucher dann bis zur Originalgröße in das Bild hineinzoomen und sich Details betrachten.

Das Prinzip von Zoomify besteht darin, die große Bilddatei in viele kleine JPEG-Segmente zu zerlegen, die in einer kleinen Flash-Applikation dann als nahtloses Gesamtmotiv betrachtet werden können. Eine Stärke dieser Technik ist, dass selbst sehr große Bilder ohne große Ladezeiten dargestellt werden können.

Diese Art der Bilddarstellung ist zum Beispiel bei Detailpräsentationen von Produkten interessant, bei denen man selbst kleinste Details erkennen muss.

Workshop: Ein Bild mit Zoomify exportieren

1 Bild exportieren

Öffnen Sie die Workshop-Datei »bluete.jpg« von der Buch-DVD. Mit den Maßen 2000 auf 1300 Pixel ist diese Abbildung definitiv zu groß für eine sinnvolle Darstellung auf einer Website.

13-INTERAKTIVITAET/ZOOMIFY/BLUETE.JPG

Rufen Sie über DATEI • EXPORTIEREN • ZOOMIFY den Export-Dialog auf. Die Einstellungen sind weitestgehend selbsterklärend. Sie können eine von verschiedenen VORLAGEN ❶ wählen, die den Hintergrund um das eigentliche Bild bestimmt. Der AUSGABEORT ❷ bestimmt, wo die einzelnen HTML- und Bilddaten abgespeichert werden. Sinnvoll ist es, diese bereits in die Arbeitsumgebung der Website zu speichern, sofern vorhanden.

Der HAUPTNAME ❸ bestimmt das Präfix des Bilderordners bei der Ausgabe. Achten Sie hier auf eine webkonforme Bezeichnung. Vermeiden Sie Umlaute und Leerzeichen.

Zoomify zerlegt das große Bild in viele einzelne kleine Bildteile. Über die BILDANORDNUNGSOPTIONEN ❹ bestimmen Sie die Quali-

Zoomify-Versionen

Es gibt verschiedene Produktversionen von Zoomify. In Photoshop selbst steht Ihnen nur eine recht abgespeckte Version zur Verfügung. Wenn Sie diese Art der Bilddarstellung gerne mögen, lohnt sich ein Blick auf die anderen Varianten auf der Seite des Herstellers: *http://www.zoomify.com/*.

tät der Bilder (äquivalent zum regulären JPEG-Export). Die Option Tabelle optimieren lassen Sie einfach aktiviert.

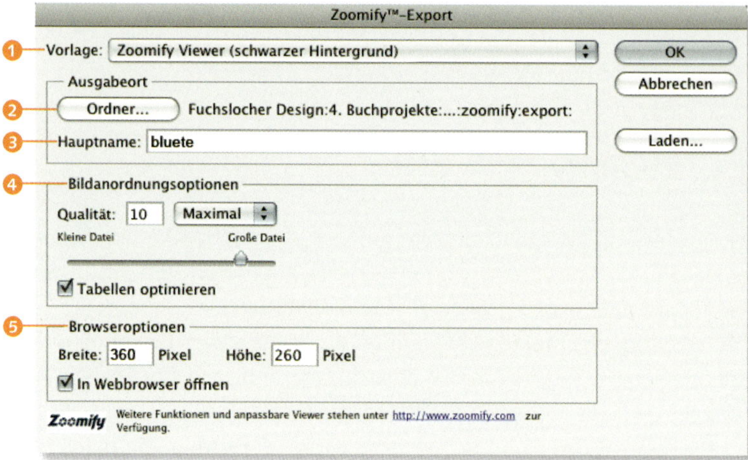

Abbildung 13.43 ▸
Die Einstellungsmöglichkeiten des Zoomify-Exports

Unter Browseroptionen ❺ tragen Sie ein, wie groß das interaktive Zoomify-Bild angezeigt werden soll. Verwenden Sie hier keine zu kleinen Werte, sonst verliert der Besucher bei starkem Zoom den Überblick, wo er sich gerade befindet. Die Option In Webbrowser öffnen zeigt Ihnen das Ergebnis direkt nach dem Export im Standardbrowser an.

Nehmen Sie die in der Abbildung gezeigten Einstellungen vor (als Ausgabeort verwenden Sie einen beliebigen, neu erstellten Ordner auf Ihrer Festplatte) und bestätigen mit OK.

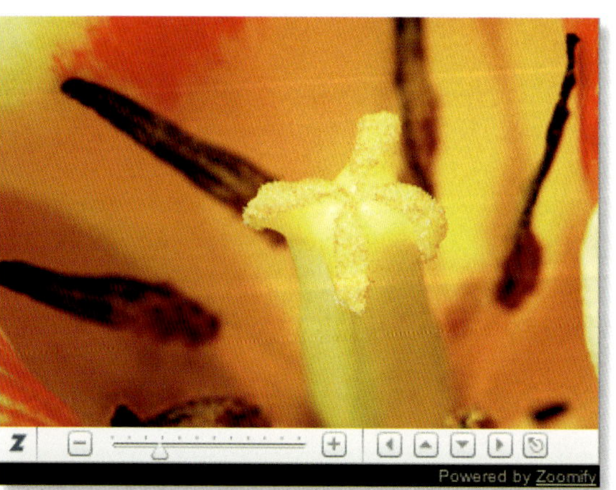

Abbildung 13.44 ▸
Die exportierte Zoomify-Datei im Browser

2 Quelltext verarbeiten

In den seltensten Fällen werden Sie das Bild exakt in der Umgebung verwenden, in der es ausgegeben wurde, sondern den Einsatz im Rahmendesign Ihrer Seite bevorzugen.

Öffnen Sie dazu die von Zoomify produzierte html-Datei, die Sie direkt im Export-Ordner finden, im Browser Ihrer Wahl. Lassen Sie sich den Quelltext der Seite anzeigen, indem Sie zum Beispiel im Firefox ANSICHT • SEITENQUELLTEXT ANZEIGEN wählen.

Kopieren Sie dann den in der Abbildung markierten Bereich an die gewünschte Stelle im Quelltext Ihrer eigenen Website.

```
<HTML>
<BODY BGCOLOR=#000000>
<DIV ALIGN="CENTER">

<TABLE BGCOLOR=#999999 CELLPADDING=1 CELLSPACING=0 BORDER=0 WIDTH="360"
ALIGN="CENTER">
  <TR>
    <TD>
      <TABLE BGCOLOR=#000000 CELLPADDING=0 CELLSPACING=0 BORDER=0 WIDTH=100%>
        <TR>
          <TD>
              <OBJECT CLASSID="clsid:D27CDB6E-AE6D-11cf-96B8-444553540000"
CODEBASE="http://download.macromedia.com/pub/shockwave/cabs/flash/
swflash.cab#version=9,0,0,0" WIDTH="360" HEIGHT="260" ID="theMovie">
                        <PARAM NAME="FlashVars"
VALUE="zoomifyImagePath=bluete_img&zoomifyNavigatorVisible=false">
                        <PARAM NAME="BGCOLOR" VALUE="#000000">
                        <PARAM NAME="MENU" VALUE="FALSE">
                <PARAM NAME="SRC" VALUE="bluete_img/zoomifyViewer.swf">
                        <EMBED
FlashVars="zoomifyImagePath=bluete_img&zoomifyNavigatorVisible=false"
SRC="bluete_img/zoomifyViewer.swf" BGCOLOR="#000000" MENU="false"
PLUGINSPAGE="http://www.macromedia.com/shockwave/download/index.cgi?
P1_Prod_Version=ShockwaveFlash"  WIDTH="360" HEIGHT="260" NAME="theMovie"></
EMBED>
                     </OBJECT></TD>
        </TR>
      </TABLE>
    </TD>
  </TR>
</TABLE>

<TABLE BGCOLOR=#000000 CELLPADDING=1 CELLSPACING=0 BORDER=0 WIDTH="360"
ALIGN="CENTER">
  <TR>
    <TD align="Right">
      <Font size="1" face="arial" color="#999999">Powered by <a href="http://
www.zoomify.com/" target="_blank"><Font color="#999999">Zoomify</Font></a></
Font>
    </TD>
</TABLE>

</DIV>
</BODY>
</HTML>
```

◂ **Abbildung 13.45**
Die für das Bildmodul relevante Stelle des (nicht validen) Quelltextes. Einige Angaben wie Farbwerte oder Dateinamen variieren je nach individuellen Exporteinstellungen.

14 Bild & Symbolik

In diesem Kapitel präsentieren wir Ihnen verschiedene Workshops, die Ihnen helfen, Ihrer Website einen optischen Feinschliff zu verpassen. Betrachten Sie die hier gemachten Vorschläge als Anregungen, die Sie zum eigenen Experimentieren anregen sollen.

14.1 Miniaturbilder

Die ersten beiden Workshops zeigen Ihnen, wie Sie am besten mit kleinteiligen Grafiken umgehen. Zum einen lernen Sie, künstlerisch kreative Icons von Grund auf in Photoshop zu erstellen, und zum anderen erfahren Sie, wie Sie Bilder am besten auf kleinste Größen reduzieren, ohne zu sehr an Detailgenauigkeit und Schärfe zu verlieren.

14.1.1 Icons

Icons können helfen, Inhalte besser in thematische Bereiche zu gliedern. Sie sollen klar und einfach aufgebaut sein und Ihre Aussage direkt transportieren. Vermeiden Sie es, Bildergeschichten zu entwerfen, die der Betrachter erst enträtseln muss. Konzentrieren Sie sich auf ein Hauptmotiv, das gegebenenfalls durch ein weiteres sekundäres Element ergänzt werden kann. Der mögliche Detailgrad ist mitunter sehr eingeschränkt, wobei es faszinierend ist, zu sehen, was selbst aus wenigen Pixeln noch herauszukitzeln ist.

HINWEIS

Die genannten Beschränkungen beziehen sich auf Icons, die als Leitsysteme dienen sollen. Es gibt natürlich auch den rein künstlerischen Ansatz, der kein weiteres Ziel verfolgen soll, als »gut auszusehen«.

◂ **Abbildung 14.1**
Exemplarische künstlerische Icons (verwendet mit der Erlaubnis von »The Iconfactory«, © 2009)

Beginnen Sie auf jeden Fall erst einmal mit der Ideenfindung auf Papier. Notieren Sie sich all die Begriffe, die Sie mit dem darzustellenden Thema in Verbindung bringen, und beginnen anschließend mit einfachen Skizzen und Darstellungsmöglichkeiten.

Workshop: Ein Icon erstellen

1 Grundformen erstellen

14-BILD-SYMBOLIK/ICONS/PIXELICON/ICON-SCRIBBLE.JPG

Öffnen Sie die Datei »icon-scribble.jpg« von der Buch-DVD.

Laden Sie aus dem Menü des Eigene-Form-Werkzeugs ② die Symbole-Palette, und wählen Sie die Form SCHILD3 (wenn Sie mit der Maus über eines der Symbole gehen, wird die Bezeichnung eingeblendet). Sie können die bestehende Palette einfach ersetzen. Stellen Sie den Modus zudem auf PFADE ①, um nur eine Kontur, nicht aber ein gefülltes Formobjekt zu zeichnen.

Abbildung 14.2 ▶
Symbol-Bibliothek laden

Ziehen Sie das Schild erst einmal in beliebiger Größe auf. Wechseln Sie mit [Strg]/[⌘]+[T] in den Frei-transformieren-Modus und drehen das Schild um 180°. Positionieren Sie es über dem inneren, gelben Schild der Skizze und zerren die Seitenverhältnisse über die Eckanfasser zurecht.

Abbildung 14.3 ▶
Das Objekt wird mit einfachen Grundformen nachgezeichnet.

Arbeitspfade

Ein in Photoshop erstellter Pfad wird immer erst als Arbeitspfad angelegt. Wenn Sie weitere Pfade hinzufügen, werden bestehende überschrieben. Sichern Sie einen Arbeitspfad also immer mit einem Doppelklick als normalen Pfad.

Erstellen Sie ein Duplikat des Pfades, indem Sie ihn anwählen, mit [Strg]/[⌘]+[C] und [Strg]/[⌘]+[V] kopieren und an gleicher Position wieder einfügen. Vergrößern Sie diese Kopie auf 115 % ihrer Größe und verschieben sie um 5 Pixel nach oben. Wiederholen Sie diese Schritte mit der eben erstellten Kopie, um ein drittes Dreieck zu erhalten.

Erstellen Sie mit dem Abgerundetes-Rechteck-Werkzeug (Eckenradius 40 Pixel) den oberen Teil des Ausrufezeichens und mit dem Ellipse-Werkzeug den darunterliegenden Punkt.

Wählen Sie alle Pfadelemente aus, indem Sie mit dem Pfadauswahl-Werkzeug einen Rahmen darüber ziehen, und klicken im Steuerungsbedienfeld auf die Schaltfläche für eine horizontal zentrierte Ausrichtung.

Öffnen Sie die Datei »pflaster.psd«, markieren Sie auch hier alle Pfadelemente und kopieren sie über BEARBEITEN • KOPIEREN und BEARBEITEN • EINFÜGEN in die Datei mit dem Icon. Richten Sie die eingefügten Pflaster-Pfadelemente so an dem inneren Dreieck aus, dass die Laschen des Pflasters sowohl unten als auch rechts sauber abschließen.

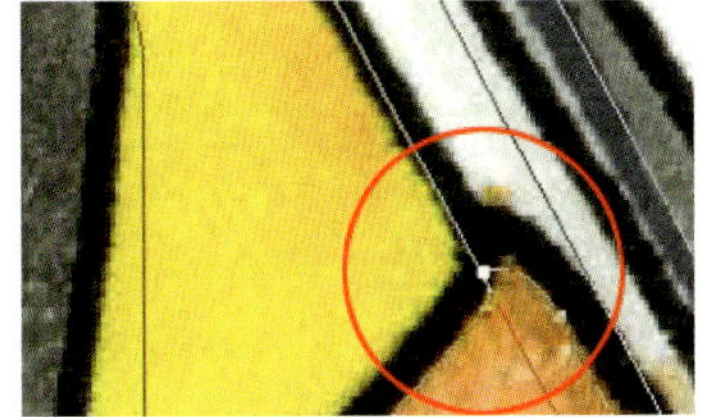

▲ Abbildung 14.4
Ausrichten der eingefügten Pfadelemente am Dreieck

▲ Abbildung 14.5
Alle Pfadelemente gesammelt und skaliert auf die Ausgabegröße

Markieren Sie ein letztes Mal alle Pfadelemente, und kopieren Sie diese in ein neues quadratisches Dokument mit der Kantenlänge 128 Pixel. Skalieren Sie alle Pfade so weit, dass sie die gesamte Breite des Dokuments ausfüllen.

Die Arbeitsdatei mit dem aktuellen Stand finden Sie auf der Buch-DVD im Verzeichnis 14-BILD-SYMBOLIK/ICONS/PIXELICON/PIXELICON-02.PSD.

2 Pfade sortieren

In den folgenden Schritten werden Sie die einzelnen Pfadelemente trennen und damit eine Grundlage für die später verwendeten Ebenenmasken schaffen.

Erstellen Sie mehrere neue Pfade, indem Sie in der Pfade-Palette mit gedrückter Alt-Taste auf das Symbol NEUEN PFAD ERSTELLEN klicken. Geben Sie diesen folgende Bezeichnungen:

- Dreieck Innen
- Rahmen
- Ausrufezeichen
- Pflaster Punkte
- Pflaster Mitte
- Pflaster Unten
- Pflaster Oben

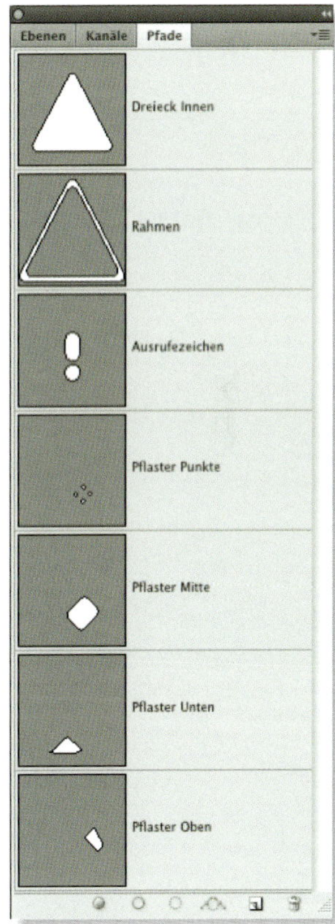

▲ Abbildung 14.6
Pfadstruktur nach dem Sortieren

Markieren Sie nun nacheinander die entsprechenden Pfadelemente im Arbeitspfad (⇧-Klick für Mehrfachauswahl, wie zum Beispiel bei dem äußeren und inneren Pfad für den Rahmen), schneiden Sie sie mit Strg/⌘+X aus, aktivieren den zugehörigen Pfad und fügen sie dort wieder ein.

HINWEIS

Beim Kopieren und Einfügen von Pfaden innerhalb eines Dokuments werden die Kopien immer an der Ursprungsposition eingefügt.

Nachdem Sie alle Pfade entsprechend getrennt haben, wählen Sie die Rahmenpfade aus und kombinieren ❷ diese mit der Option ÜBERLAPPENDE FORMBEREICHE AUSSCHLIESSEN ❶.

▲ **Abbildung 14.7**
Pfadformen miteinander kombinieren

Die Arbeitsdatei mit dem aktuellen Stand finden Sie auf der Buch-DVD im Verzeichnis 14-BILD-SYMBOLIK/ICONS/PIXELICON/PIXELICON-03.PSD.

3 Ebenen und Masken erstellen

Im letzten vorbereitenden Schritt erstellen Sie zu jedem Pfadobjekt eine eigene Ebene mit Ebenenmaske. Durch die Maskierung können Sie bei der folgenden Kolorierung freier arbeiten und tun sich insbesondere in den Randbereichen deutlich leichter mit dezentem Farbauftrag.

Erstellen Sie zu jedem Pfad eine gleichnamige Ebene. Danach gehen Sie für jede Ebene nach diesem Schema vor:

Abbildung 14.8 ▶
Aus jedem Pfad wird eine Ebene mit Ebenenmaske erstellt.

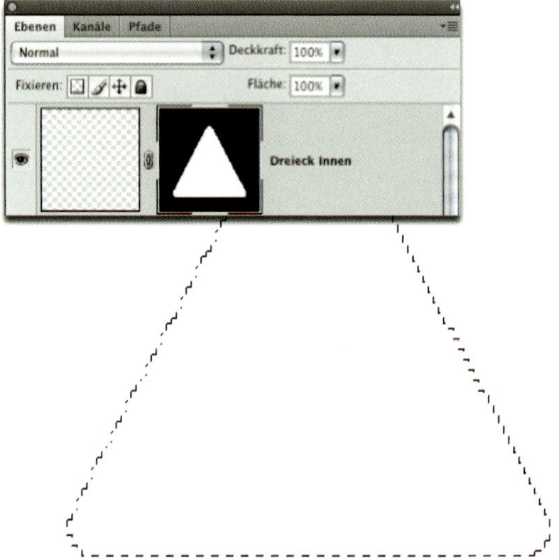

Klicken Sie mit gedrückter [Strg]/[⌘]-Taste auf eine Pfadminiatur, um eine Auswahl des Pfades zu laden, wechseln zur gleichnamigen Ebene und erstellen eine Ebenenmaske. Die vorhandene Auswahl wird automatisch als sichtbarer Bereich der Ebenenmaske markiert.

Füllen Sie abschließend jede Ebene flächig mit einer Farbe, die der mittleren Grundfarbigkeit des jeweiligen Elements entspricht. In diesem Beispiel also etwa Gelb für das Dreieck innen, Grau für den Rahmen, Beige für das Pflaster etc. Somit bekommen Sie schon einmal einen groben Überblick über das Gesamtmotiv. Dieser Grundfarbe werden Sie später durch hellere und dunklere Farbtöne Licht- und Schatten-Elemente hinzufügen.

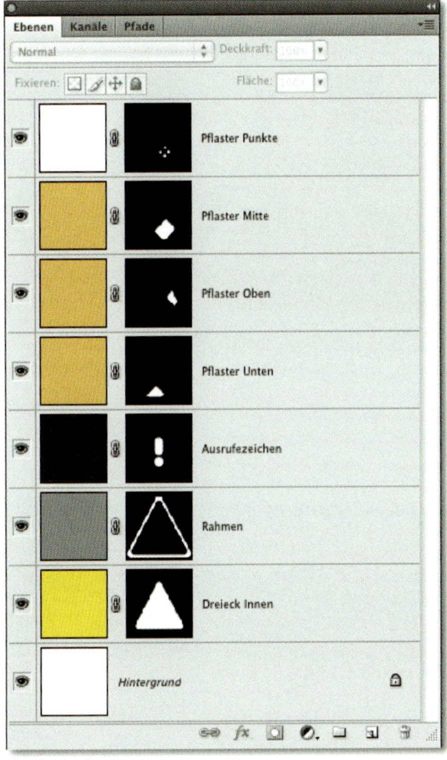

▲ **Abbildung 14.9**
Nach dem Zuweisen der Grundfarben lässt sich das spätere Icon bereits viel besser erahnen.

Bringen Sie die Ebenenreihenfolge abschließend noch in die Reihenfolge, die in Abbildung 14.9 gezeigt ist, und vergessen Sie nicht, regelmäßig abzuspeichern.

Die Arbeitsdatei mit dem aktuellen Stand finden Sie auf der Buch-DVD im Verzeichnis 14-BILD-SYMBOLIK/ICONS/PIXELICON/PIXELICON-04.PSD.

4 Ansicht einrichten

Zur besseren Kontrolle während der Arbeit am Icon erstellen Sie zunächst über Fenster • Anordnen • Neues Fenster für ... eine neue Ansicht. Lassen Sie sich zudem alle Fenster als schwebende Fenster anzeigen. Den entsprechenden Eintrag finden Sie ebenfalls im Menü Fenster • Anordnen.

Belassen Sie eine Ansicht bei 100%, um jederzeit das Aussehen in der Originalgröße kontrollieren zu können. Die andere Ansicht zoomen Sie sich auf etwa 400%, um bequem und präzise daran arbeiten zu können.

Abbildung 14.10 ▸
Mehrere Ansichten erleichtern sowohl die Kontrolle als auch die Arbeit am Icon.

Kolorieren

Arbeiten Sie beim Kolorieren von Icons immer mit einer sehr geringen Pinseldeckkraft. Aufgrund der in der Regel recht kleinen Dimensionen wirken sich Farben sehr stark aus. Eine Pinseldeckkraft von ca. 10% hat sich als praktikabel erwiesen. Malen Sie für einen stärkeren Farbauftrag einfach mehrmals über eine Stelle.

5 Dreieck kolorieren

Dieser Schritt ist definitiv der attraktivste beim Erstellen von Icons. Mit jedem Pinselstrich gewinnt das Icon an Charakter und Plastizität.

Wählen Sie die Ebene Dreieck Innen, und nehmen Sie mit der Pipette den gelben Farbton auf. Öffnen Sie dann den Farbwähler und suchen sich einen dunkleren Gelbton, der gerne ins Orange übergehen darf.

Aktivieren Sie das Pinsel-Werkzeug mit einer weichen Pinselspitze, einem Radius von etwa 35 Pixeln und einer Deckkraft von 10%. Setzen Sie den Pinsel nun an einer Ecke außerhalb des Dreiecks an, und ziehen Sie entlang einer der Kanten. Durch die weiche Pinselspitze wird dennoch Farbe innerhalb des Dreiecks aufgetragen, allerdings sehr sanft. Somit haben Sie eine sehr präzise Kontrolle. Erstellen Sie auf diese Weise einen Schatten an allen Kanten.

▲ Abbildung 14.11
Durch die dunkle Tönung erhält das Icon räumliche Tiefe.

Wählen Sie einen noch dunkleren Gelb-Orange-Ton, und verstärken Sie die Kanten noch ein wenig. Verwenden Sie eine etwas kleinere, aber dennoch weiche Pinselspitze. Setzen Sie rechts unter dem Pflaster ebenfalls einen dunklen Streifen, um hier einen Schatten zu simulieren.

Erstellen Sie über der Ebene Dreieck Innen eine neue Ebene mit der Bezeichnung »Lichtreflex Dreieck«. Ziehen Sie darauf mit der Auswahlellipse ein Oval über die Hälfte des Dreiecks auf und füllen es mit einem Verlauf von Weiß zu Transparent. Ziehen Sie dazu mit dem Verlaufswerkzeug von der Spitze bis zum Boden des Dreiecks. Reduzieren Sie die Ebenendeckkraft auf 85% und bilden eine Schnittmaske mit der darunter liegenden Ebene.

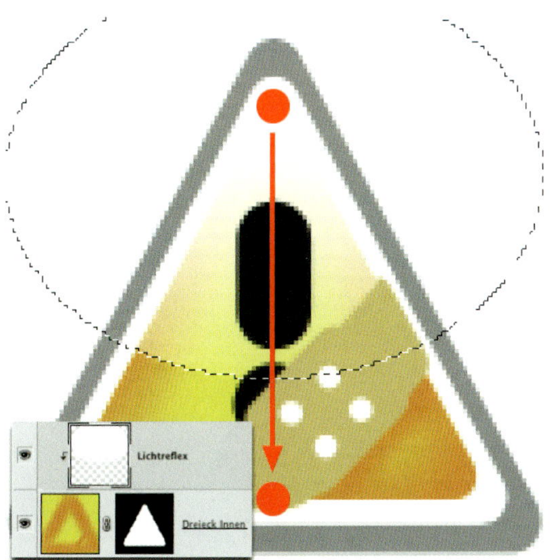

◂ **Abbildung 14.12**
Das Dreieck erhält einen Lichtreflex.

6 Pflaster kolorieren

Gehen Sie bei dem Pflaster genauso vor wie mit dem Dreieck. Wählen Sie, ausgehend von dem Beige, einen dunkleren Farbton und schattieren das Pflaster an den Kanten, wo es sich um das Dreieck wickelt, und beiderseits neben dem Pflaster-Mittelteil.

Für das Mittelteil setzen Sie mit einer kleinen Pinselspitze, die etwas größer sein soll als die weißen Pflasterpunkte, kleine Schattenränder unterhalb der Pflasterpunkte. Wählen Sie dann einen helleren Farbton und ziehen von oben nach unten einen Verlauf von der hellen Farbe ins Transparente über das Pflaster.

Auf der Ebene PFLASTER PUNKTE setzen Sie am oberen Rand mit einem hellen Grau kleine Schatten in die weißen Punkte.

TIPP

Wenn Sie sich mit dem Schattieren und Aufhellen zu sehr verkünstelt haben, füllen Sie die Ebene einfach erneut mit der Grundfarbe und beginnen von vorne. Das geht meist schneller als das Ausmerzen von Fehlern.

Kontraste

Arbeiten Sie mit starken Kontrasten, wenn Sie innerhalb eines Icons verschiedene Elemente haben. Je kleiner ein Icon, desto stärker sollten Sie die Farb- und Helligkeitsunterschiede anlegen. Eine regelmäßige Kontrolle der 100%-Ansicht ist nützlich, und auch das testweise Verkleinern eines Icons auf Minimalgröße, sofern es in der Größe variabel sein soll, ist unabdingbar.

◂ **Abbildung 14.13**
Links: Das Klebeband des Pflasters erhält eine Schattierung. Rechts: Der zusätzliche Lichteinfall und die partielle Abdunklung der weißen Punkte sorgen für mehr Struktur.

7 Ausrufezeichen kolorieren

Für das Ausrufezeichen arbeiten wir mit Fülloptionen. Verwenden Sie die in der Abbildung gezeigten Angaben. Die VERLAUFSÜBERLAGERUNG kommt mit den Standardwerten aus.

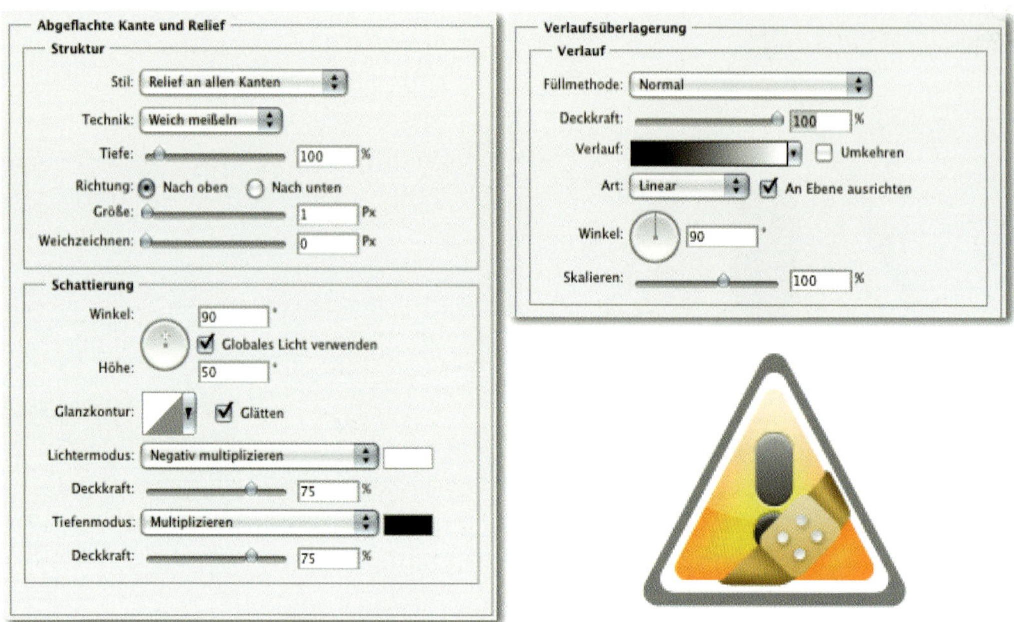

Abbildung 14.14 ▲
Fülloptionen für das Ausrufezeichen

8 Rahmen kolorieren

Wählen Sie aus der Verläufe-Übersicht den Verlauf CHROM ❶ aus und ziehen diesen schräg über die Ebene RAHMEN.

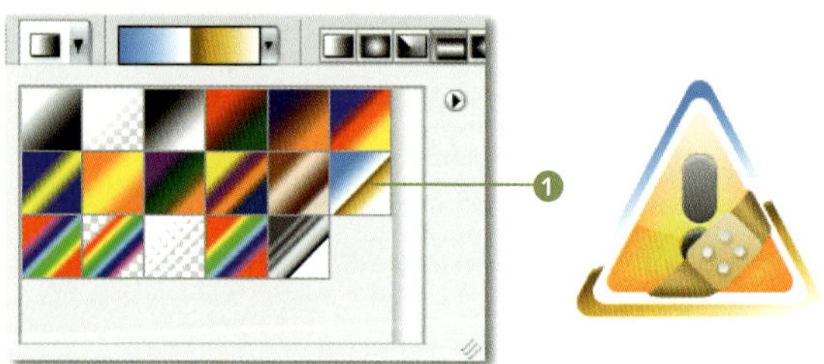

Abbildung 14.15 ▶
Eine metallische Struktur wird mit einem der Standardverläufe erstellt.

Um den Rahmen farbneutraler zu halten, entsättigen Sie ihn als Letztes mit der Tastenkombination [Strg]/[⌘]+[⇧]+[U].

Abbildung 14.16 ▶
Das fertige Icon

Die Arbeitsdatei mit dem fertigen Icon finden Sie auf der Buch-DVD im Verzeichnis 14-BILD-SYMBOLIK/ICONS/PIXELICON/PIXELICON-05.PSD. ■

Icon Builder

Wenn Sie viel mit Icons arbeiten, lohnt sich eine nähere Betrachtung des Plug-ins **Icon Builder** von *iconfactory.com*. Dieses mächtige Plug-in erlaubt es Ihnen, in Photoshop erstellte Grafiken direkt unter Einbeziehung sämtlicher Transparenzen als Icons zu exportieren. Dabei können Sie nicht nur einen Zustand festlegen, sondern definieren auch direkt das Aussehen für verschiedene Ausgabesituationen. Das können sowohl verschiedene Größen als auch verschiedene Farbtiefen sein. Je nach Umgebung und Anforderung kann das Betriebssystem dann das Icon auslesen und die richtige Version darstellen. Zudem bekommen Sie vielfältige Möglichkeiten, das Icon in einer Vorschau zu testen und sich einen Fehlerreport ausgeben zu lassen, unter welchen Systemen und Gegebenheiten das Icon nicht funktioniert. Der Haken an der Sache: Es ist kostenpflichtig.

▲ **Abbildung 14.17**
Icons mit dem Icon Builder exportieren

Eine Demoversion des IconBuilders finden Sie auf der Buch-DVD im Ordner SOFTWARE/GRAFIK.

14.1.2 Favicons

Eine spezielle Art an Icons, die gerne für Websites verwendet werden, sind die so genannten Favicons. Das sind die winzigen Miniaturen, die unter anderem in der Adressleiste des Browsers links neben dem Pfad der Website angezeigt werden. Zudem stehen diese Grafiken auch innerhalb der Bookmarks/Lesezeichen bzw. unter Windows, wenn die Adresse als Link auf dem Desktop gespeichert wird. Das trägt deutlich zur leichteren Auffindbarkeit bei.

Favicon-Galerie

Eine Übersicht hübscher Favicons, die auch zur Inspiration dienen können, finden Sie hier: *http://www.smashingmagazine.com/2007/01/31/inspire-yourself-50-remarkable-favicons/.*

◄ **Abbildung 14.18**
Das Apple-Favicon in der Adressleiste ❷ und den Lesezeichen ❸

HINWEIS

Jede weitere Variante, die Sie in dem Favicon aufnehmen, bedeutet auch eine Erhöhung der Dateigröße. Zwar ist diese bei solch kleinen Pixelmaßen erst einmal zu vernachlässigen, sollte aber dennoch im Auge behalten werden, wenn Sie mehrere Größenversionen des Favicons in einer ico-Datei speichern.

Größe von Favicons | Wenn Sie es einfach halten möchten, genügt es, ein Favicon in einer Größe von 16 auf 16 Pixel zu erstellen. In dieser Größe werden sie im Browser und auch standardmäßig im Windows Explorer angezeigt. Dennoch lohnt es sich, bei der Gestaltung die Größen 32 × 32 Pixel und 48 × 48 Pixel zu beachten, um auch bei vergrößerter Darstellung der Icons wie der oben genannten Abbildung auf dem Desktop eine ansprechende Qualität zu erhalten. Dabei lassen sich verschiedene Größen des Icons in einer einzigen Datei sichern. Der Browser bzw. das Betriebssystem verwenden automatisch die richtige Größe. Dazu im Anschluss mehr.

ICO-Format | Um die größtmögliche Verwertbarkeit des Icons zu garantieren, muss es im Windows-Icon-Format (.ico) abgespeichert werden. Innerhalb einer .ico-Datei, die sich als Daten-Container betrachten lässt, können sich wiederum mehrere Einzelversionen der Grafik befinden, also wie zuvor bereits angesprochen etwa verschieden große Varianten.

Leider ist unter den zahlreichen Dateiformaten, die Photoshop unterstützt, das .ico-Format nicht dabei. Um dem Abhilfe zu schaffen, sollten Sie sich die im nebenstehenden Tipp-Kasten genannten Erweiterungen kostenlos herunterladen. Kostenpflichtig, dafür aber auch bequemer funktioniert es über das Plug-in Icon Builder von *www.iconfactory.com*.

Ein einfaches Umbenennen der Dateiendung eines anderen Formats, wie z. B. .png zu .ico, funktioniert nicht.

.ico-Formate-Erweiterung

Die Firma telegraphics bietet kostenlos eine Erweiterung für Photoshop an, die Ihnen erlaubt, das ico-Format in dem regulären Speichern-Dialog anzuwählen. Zusammen mit dem icobundle-Utility, das Ihnen ermöglicht, mehrere ico-Dateien in einer Sammeldatei zu bündeln, stehen Ihnen damit zwei mächtige Werkzeuge zur Verfügung.
http://www.telegraphics.com.au/sw/
Neben der hier beschriebenen Funktionalität als Favicon können Sie ico-Dateien auch als Ordner- oder Dateisymbole unter Windows oder OS X verwenden. Die heruntergeladene Erweiterung legen Sie im Ordner Plug-ins/File Formats des Photoshop-Installationsverzeichnisses ab.

Favicon in die Website einbinden | Damit Ihre Grafik vom Browser gefunden und als Favicon interpretiert werden kann, müssen Sie die Datei auf Ihren Webspace laden und die folgende Zeile an beliebiger Stelle zwischen `<head>` und `</head>` im Quelltext Ihrer Seite notieren:

```
<link rel="shortcut icon" type="image/x-icon"
href="ihrbilderordner/favicon.ico" />
```

Sie müssen lediglich den Dateipfad im genannten Beispiel Ihrer eigenen Umgebung anpassen.

Sollte das Icon im Browser nicht dargestellt werden, leeren Sie den Cache, damit die Daten für die Seite komplett neu geladen werden.

Workshop: Ein Favicon in Photoshop erstellen

1 Grafik erstellen

Legen Sie eine neue quadratische Datei mit einer Kantenlänge von 48 Pixeln und weißem Hintergrund an. Füllen Sie die Hintergrundebene mit der Farbe #97ed00. Schreiben Sie in der Schriftart Arial den Buchstaben »W« in der Größe 110 PIXEL und der Farbe Weiß und platzieren ihn etwa so, wie in Abbildung 14.19 gezeigt.

Erstellen Sie anschließend mit dem Freistellungswerkzeug einen Rahmen um das gesamte Dokument, und drücken Sie die Eingabetaste. Damit löschen Sie die Buchstabenbereiche außerhalb der sichtbaren Fläche.

▲ **Abbildung 14.19**
Durch das Verschieben des übergroßen Buchstabens entsteht eine abstrakte Form.

2 Icon-Dateien speichern

Sichern Sie die Datei über DATEI • SPEICHERN UNTER als .ico (Windows). Dafür müssen Sie die in dem Tipp-Kasten auf Seite 382 genannte ICO-Erweiterung installiert haben. Legen Sie dazu die Datei »ICOFormat.plugin« in dem Photoshop-Unterverzeichnis PLUG-INS/FILE FORMATS ab und starten Photoshop neu.

Wählen Sie im Speichern-Dialog die Option STANDARD ICO.

Reduzieren Sie danach die Bildgröße auf 32 Pixel Kantenlänge, und speichern Sie die Datei unter anderem Namen erneut ab. Verfahren Sie genauso mit einer Größe von 16 Pixeln.

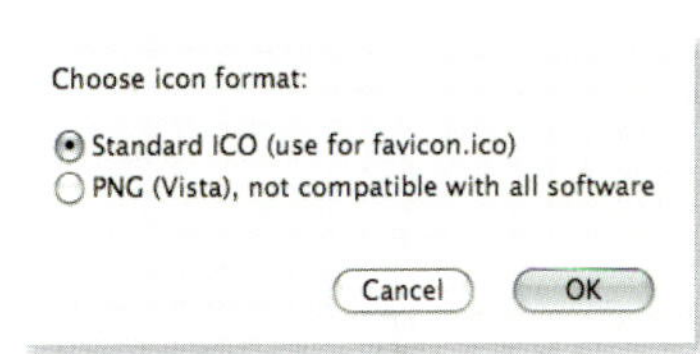

▲ **Abbildung 14.20**
Datei als Standard-Icon speichern

◄ **Abbildung 14.21**
Das Icon in verschiedenen Ausgabegrößen

3 ICO-Container erstellen

Führen Sie nun die drei einzelnen Dateien zusammen, indem Sie das ebenfalls oben genannte ICOBUNDLE-UTILITY von Telegraphics verwenden. Unter OS X ziehen Sie dazu die einzelnen Dateien einfach auf das Programm-Symbol im Dock. Die daraus entstehende Datei können Sie nun auf Ihrer Website einbinden.

◄ **Abbildung 14.22**
Die Grafik wurde als Favicon in die Website eingebunden.

Sie können zum Testen die Datei »index.html« aus dem DVD-Verzeichnis 14-BILD-SYMBOLIK/ICONS/FAVICON aufrufen. ■

14.1.3 Bildminiaturen (Thumbnails)

Anstatt Icons manuell zu zeichnen, werden auf Websites häufig Miniaturabbildungen von Fotos verwendet. Dies kann auch in diesem Fall zur Strukturierung und Auflockerung geschehen, oder aber als Produktminiaturen in Shopsystemen.

Beim Verkleinern von Bildmaterial werden die Motive zunehmend unschärfer, da aufgrund der wegfallenden Pixel die Möglichkeit fehlt, Details darzustellen. Die folgenden Schritte zeigen Ihnen, wie Sie Bilder optimal verkleinern.

Workshop: Methoden zur Bildverkleinerung

1 Skalierungsmethoden

14-BILD-SYMBOLIK/ICONS/THUMBNAIL/ERDMAENNCHEN.JPG

Erstellen Sie ein neues Photoshop-Dokument mit einer Höhe von 170 Pixeln und einer Breite von 495 Pixeln und einem weißen Hintergrund.

Öffnen Sie die Datei »erdmaennchen.jpg« und gehen in den Bildgröße-Dialog. Tragen Sie für die HÖHE ❶ 170 Pixel ein, achten darauf, dass die Bildinhalte neu berechnet werden ❷, und stellen den Interpolationsmodus auf BIKUBISCH (OPTIMAL FÜR GLATTE VERLÄUFE) ❸.

▲ **Abbildung 14.23**
Das zu verkleinernde Erdmännchen

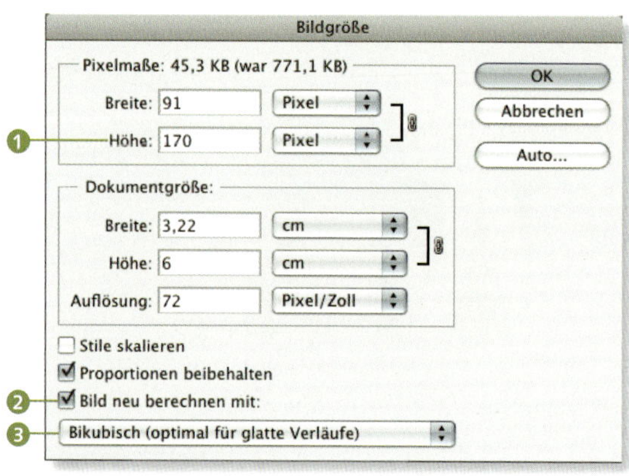

▲ **Abbildung 14.24**
Bild unter Neuberechnung verkleinern

Bestätigen Sie mit OK und kopieren das verkleinerte Ergebnis in die zuvor erstellte leere Datei.

Kehren Sie zurück zum Erdmännchen, machen den Schritt der Verkleinerung rückgängig und wiederholen die Prozedur erneut, diesmal jedoch mit der Interpolationsmethode BIKUBISCH GLATTER (OPTIMAL ZUR VERGRÖSSERUNG). Kopieren Sie auch dieses Ergebnis in die andere Datei. Wiederholen Sie das Verkleinern und Kopieren ein drittes Mal mit der letzten Interpolationsmethode BIKUBISCH SCHÄRFER (OPTIMAL ZUR REDUKTION).

HINWEIS

Vergleichen Sie die Motive direkt am Monitor. Die gedruckten Abbildungen können die Unterschiede nicht klar abbilden. Sie finden die Übersicht auch auf der Buch-DVD im Verzeichnis 14-BILD-SYMBOLIK/ICONS/THUMBNAIL/FOTO-UEBERSICHT.TIF.

2 Ergebnisse vergleichen

Wenn Sie nun die drei Ergebnisse vergleichen, fällt, wie zu erwarten, die Reduktion mit der Option BIKUBISCH SCHÄRFER insgesamt am schärfsten aus, am runden Rücken entstehen jedoch bereits Treppeneffekte, und es wirkt zackig. Die anderen beiden Interpolationsmethoden wirken insgesamt deutlich verschwommener und unschärfer.

Wechseln Sie erneut zur Erdmännchendatei und verkleinern, ausgehend von der Originalgröße, nochmals unter Verwendung der Interpolation BIKUBISCH SCHÄRFER. Reduzieren Sie diesmal die Höhe jedoch nur auf 175 Pixel, bestätigen mit OK, rufen dann erneut den Bildgröße-Dialog auf und verkleinern in einem zweiten Schritt auf die endgültigen 170 Pixel.

Wenn Sie diese Variante mit der vorangegangenen Ein-Schritt-Variante vergleichen, ist sie im Vergleich etwas unschärfer, aber dennoch besser durchzeichnet als die anderen beiden Interpolationsmethoden, und vor allem wird der Rücken nicht mehr gestuft dargestellt. Das liegt daran, dass Sie durch ein Vielfaches des Wertes 2 geteilt haben. Mit diesen Werten kann Photoshop bei Größenanpassungen besonders gut umgehen.

3 Nachschärfen

Öffnen Sie wieder die Datei mit dem Erdmännchen, belassen es diesmal aber im verkleinerten Zustand. Konvertieren Sie das Motiv über EBENE • SMART-OBJEKTE • IN SMART-OBJEKT KONVERTIEREN. Wählen Sie dann den Filter SCHARFZEICHNEN aus dem Menü FILTER • SCHARFZEICHNUNGSFILTER.

Das Ergebnis ist insgesamt zu stark ausgefallen. Obwohl der Scharfzeichnungsfilter beim Anwenden keine Optionen zur Feinregelung zulässt, können Sie die Intensität nachträglich steuern. Klicken Sie in der Ebenen-Palette doppelt auf das kleine Schieberegler-Symbol ❹ am Eintrag des Smart-Filters, um einen neuen Filterdialog zu öffnen. Reduzieren Sie hier die DECKKRAFT ❺ auf etwa 35 %.

HINWEIS

Nähere Informationen zu Filtern bzw. Smartfiltern finden Sie in Abschnitt 14.3, »Bildeffekte«.

◄ Abbildung 14.25
Auch Filter ohne Einstellungsmöglichkeiten können nachträglich angepasst werden.

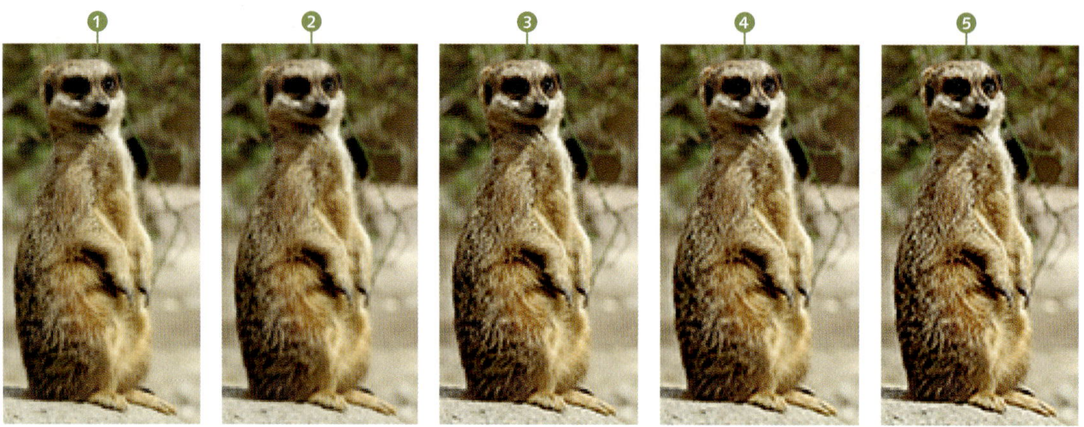

▲ **Abbildung 14.26**
❶ Bikubisch, ❷ Bikubisch glatter, ❸ Bikubisch schärfer (einstufig), ❹ Bikubisch schärfer (mehrstufig), ❺ Nachgeschärft und Verblasst

Verblassen

Sie können auch normale Filter und Bildanpassungen stufenlos regulieren, indem Sie sofort nach dem Anwenden BEARBEITEN • VERBLASSEN... wählen. Sobald Sie eine Taste oder die Maus gedrückt haben, wird dieser Eintrag inaktiv und lässt sich auch über das Protokoll nicht wiederherstellen.

Im direkten Vergleich schneidet diese letzte Variante am besten ab. Gewöhnen Sie sich beim starken Verkleinern von Grafiken also diese vier Grundschritte an:

1. Bild im Modus BIKUBISCH SCHÄRFER durch ein Vielfaches von 2 teilen und dabei so weit wie möglich an das Endformat annähern
2. Auf die endgültige Größe reduzieren
3. Motiv scharfzeichnen
4. Effekt des Scharfzeichnens verblassen

14.2 Hintergründe

14.2.1 Rapporte erstellen

Rapporte, auch Kacheln oder Endlosmuster genannt, bieten Ihnen die Möglichkeit, Bildelemente über große Bereiche des Bildschirms zu legen. Damit keine Nahtstellen zu sehen sind, bedarf es einiger Vorarbeit.

Workshop: Einen Rapport erstellen

14-BILD-SYMBOLIK/HINTERGRUENDE/RAPPORTE.TIF

1 Textur verschieben

Öffnen Sie die Datei »rapporte.tif« von der DVD.

Wählen Sie FILTER • SONSTIGE FILTER • VERSCHIEBUNGSEFFEKT und tragen die Werte ein, die Sie in der folgenden Abbildung sehen. Generell verwenden Sie hier sowohl für den horizontalen als auch den vertikalen Verschiebungswert die Hälfte der Dokumentgröße. Photoshop verschiebt das Motiv nun so, dass die **äußeren** Kanten bei einer Wiederholung exakt ineinander übergehen.

◀ **Abbildung 14.27**
Die Textur wird um die Hälfte ihrer Kantenlänge verschoben.

2 Nahtstellen säubern

In der Mitte der Grafik ist nun ein Kreuz zu sehen, entlang dem die Kanten hart aufeinandertreffen. Wählen Sie das Kopierstempel-Werkzeug, um aus den sauberen Sandbereichen über die Nahtkanten zu stempeln. Verwenden Sie dazu einen Pinselspitzen-Durchmesser von 100 Pixeln und eine Kantenstärke von ca. 90%.

Klicken Sie nun mit gehaltener Alt-Taste in eine der vier »sauberen« Sandflächen, um diese als Quellinformation für den Stempel festzulegen. Anschließend stempeln Sie mit einfachen Mausklicks (Wichtig: Klicks, nicht Ziehen!) über die Nahtstellen. Wechseln Sie dabei öfter den Quellbereich (Alt-Klick), um mehr Variation in die Textur zu bringen. Das lässt sie natürlicher erscheinen.

Pinselspitzen anpassen

Variieren Sie je nach Motiv mit unterschiedlich harten Pinselspitzen. Bei scharfkantigen Strukturen, wie hier dem Sand, entstehen bei Verwendung einer weichen Pinselspitze schnell unscharfe Bereiche, die die Optik stören.

HINWEIS

Besonders auffällige Stellen, die aus einer sonst überwiegend homogenen Umgebung hervorstechen, wie hier die Schnecke, sollten Sie wegstempeln. Damit vermeiden Sie künstlich wirkende Auffälligkeiten im späteren Rapport.

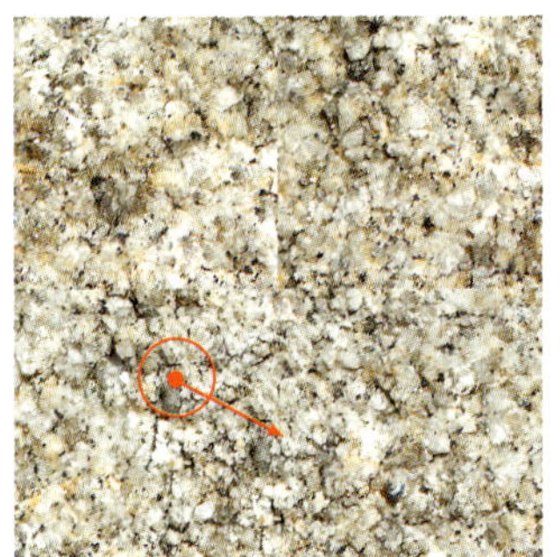

▲ **Abbildung 14.28**
Mit dem Kopierstempel werden die Nahtstellen retuschiert.

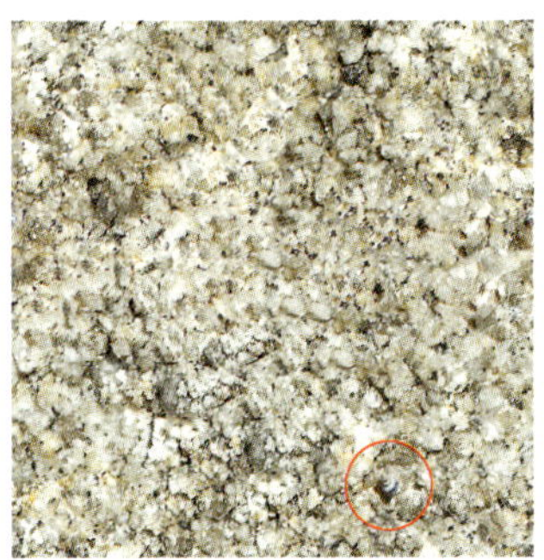

▲ **Abbildung 14.29**
Auffällige Elemente werden ebenfalls entfernt.

3 Muster definieren

Wählen Sie Bearbeiten • Muster festlegen, um die gesamte Arbeitsfläche als neues Muster zu definieren. Erstellen Sie im Anschluss eine neue Datei mit den Abmessungen 5000 Pixel auf 5000 Pixel. Verwenden Sie den Befehl Bearbeiten • Fläche füllen und Verwenden: Muster, und wählen Sie dann unter Eigenes Muster die zuvor erstellte Sandstruktur und weisen diese dem gesamten Dokument als Hinterlegung zu.

Abbildung 14.30 ▼
Das Muster wird zur Kontrolle einer großen Fläche zugewiesen.

4 Fehlerprüfung

Sofern Sie in dem großen Dokument Fehler an den Nahtstellen entdecken, wechseln Sie zu Ihrer Textur-Datei, korrigieren die entsprechenden Stellen und sichern das Muster erneut ab. Wiederholen Sie diesen Vorgang, bis alles passt. Speichern Sie die Datei als fertigen Rapport ab. Im Browser kann diese Grafik nun problemlos gekachelt werden. ■

14.2.2 Flächenfüllende Bilder

Für Websites mit fester Breite lassen sich auch großflächige Bilder leicht verwenden. Sobald sich diese jedoch flexibel verschiedenen Höhen oder Breiten anpassen sollen, bedarf es ein wenig der Vorbereitung.

Workshop: Hintergrundbilder flexibel einbinden

1 Variante A – Weicher Farbübergang

14-BILD-SYMBOLIK/HINTERGRUENDE/BILDFLAECHE-VERLAUF.TIF

Öffnen Sie die Workshop-Datei »bildflaeche-verlauf.tif« von der Buch-DVD.

Lassen Sie ein Motiv zu einer Kante in einer flächige Farbe auslaufen, die Sie als regulären Hintergrundfarbwert angeben können. Das funktioniert vorrangig bei Bildern, die zu einer Seite hin einen ruhigen Bildaufbau aufweisen, ohne viele Details und möglichst in einer Grundfarbigkeit.

▲ **Abbildung 14.31**
Das Weizenfeld bei Abenddämmerung soll am unteren Seitenrand als Begrenzung dienen.

Klicken Sie mit der Pipette in den hellblauen Himmel links oben im Bild, um diese Farbe als Vordergrundfarbe festzulegen. Ziehen Sie anschließend einen Verlauf von der Vordergrundfarbe ins Transparente auf, beginnend an der oberen Bildkante. Die roten Linien in Abbildung 14.32 dienen als Orientierung.

HINWEIS

Achten Sie darauf, dass der Verlauf nicht oberhalb der Bildkante beginnt, um später einen Sprung im Bildübergang zu vermeiden. Beginnen Sie zur Sicherheit wenige Pixel unterhalb des Bildrandes.

▲ **Abbildung 14.32**
Erstellen eines weichen Übergangs zum späteren Seitenhintergrund

Wandeln Sie die Hintergrundebene per Doppelklick in eine normale Ebene um, und tauschen Sie Vorder- und Hintergrundfarbe mit [X].

Wählen Sie das Freistellungswerkzeug und ziehen einen Rahmen um das gesamte Bild. Ziehen Sie im Anschluss den oberen, mittleren Anfasser um etwa die Hälfte der bisherigen Höhe in die graue Arbeitsfläche hinein, und bestätigen Sie mit [↵]. Auf diese Weise lässt sich die Arbeitsfläche schnell erweitern. Die neu entstandene Fläche wird automatisch transparent, bzw. mit der Hintergrundfarbe gefüllt, wenn nur eine Hintergrundebene vorliegt.

Abbildung 14.33 ▸
Mit dem Freistellungswerkzeug lässt sich die Arbeitsfläche erweitern.

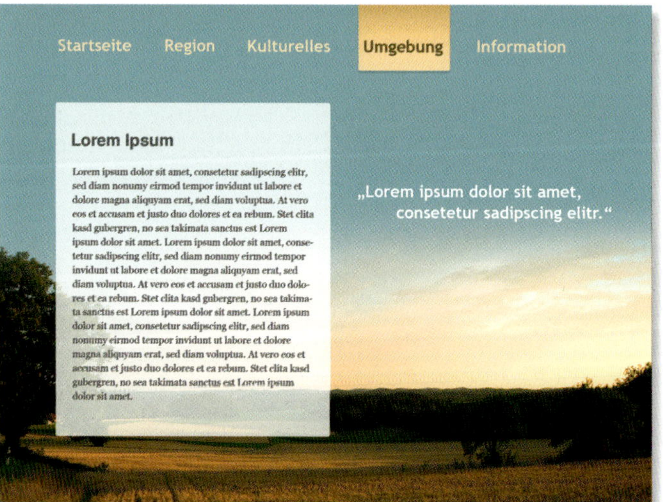

Abbildung 14.34 ▸
Die erweiterte Fläche in einer beispielhaften Umgebung

2 Variante B – zweilagige Grafiken

Die zweite Möglichkeit, Bildmaterial dynamisch anzupassen, besteht darin, eine Auftrennung in Vorder- und Hintergrundmotiv vorzunehmen. Dabei stellt die Hintergrundgrafik »nur« eine kachelbare Struktur dar, die das Hauptmotiv optisch ergänzt und in Kombination als eine Einheit betrachtet wird. Effektiv handelt es sich aber um zwei getrennte Bilder, die im Browser übereinandergelegt dargestellt werden.

▲ **Abbildung 14.35**
Die Website *http://www.banjax.com* in schmaler und breiter Ansicht. Die zentrale Grafik bleibt unverändert, der Hintergrund wird als Rapport weitergeführt.

Zur praktischen Umsetzung ist wenig zu sagen. Erstellen Sie das Hintergrundelement entsprechend der Anleitung aus dem Workshop »Einen Rapport erstellen«.

Wenn Sie mit linearen Verläufen arbeiten, reicht es, wenn Sie einen 1 Pixel breiten bzw. hohen Streifen erstellen (je nach Ausrichtung des Verlaufs). Im Browser wird die Grafik dann über die gesamte vorgegebene Fläche verteilt.

HINWEIS

Gekachelte Hintergrundgrafiken lassen sich in der Richtung ihrer Ausdehnung nicht steuern. Sie laufen immer über die gesamte Breite eines DIV-Containers.

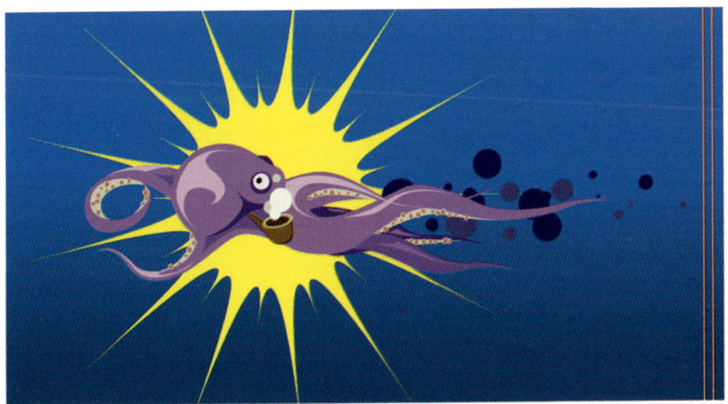

◀ **Abbildung 14.36**
Für die HTML-Umsetzung genügt hier ein Verlaufsstreifen mit einer Breite von einem Pixel. Der Rest wird direkt vom Browser errechnet. In der Abbildung ist der benötigte Streifen von den roten Linien eingegrenzt. Die Breite wurde hier aus drucktechnischen Gründen vergrößert dargestellt. Im Original ist der Streifen nur einen Pixel breit.

14.3 Bildeffekte

14.3.1 Grunge-Look

14-BILD-SYMBOLIK/BILDEFFEKTE/GRUNGE/GRUNGE.TIF

Charakteristisch für den Grunge-Look ist die raue, schmutzige, ungeordnete, chaotisch und zerschlissen wirkende Optik. Unter Verwendung der zahlreichen Grunge-Brushes, Pinselspitzen für Photoshop, die im Netz zu finden sind, mit der Gradationskurve und den Ebenenmodi lässt sich dieser Effekt im Handumdrehen erstellen.

HINWEIS

Einen interessanten Artikel zum Thema Grunge im modernen Webdesign finden Sie hier: *http://www.smashingmagazine.com/2008/01/29/grunge-style-in-modern-web-design/*

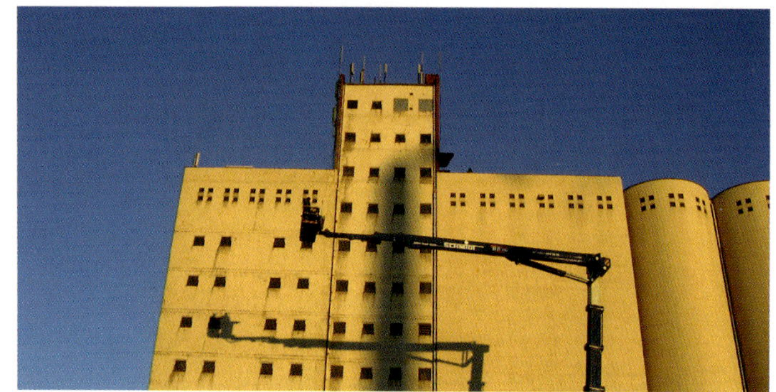

Abbildung 14.37 ▸
Das zu »verwüstende« Ausgangsmotiv

Workshop: Bilder im Grunge-Stil

1 Farben und Kontrast

Öffnen Sie die Workshop-Datei »grunge.tif«.

Legen Sie als Vordergrundfarbe die Farbe RGB 180/135/70 fest und öffnen den Dialog FARBTON/SÄTTIGUNG aus dem Menü BILD • KORREKTUREN (Strg/⌘+U). Markieren Sie die Checkbox FÄRBEN ❶. Photoshop passt die Farbigkeit automatisch der eingestellten Vordergrundfarbe an. Bestätigen Sie mit OK.

Grunge-Brushes

Im Internet finden Sie unzählige Grunge-Brushes zum Download, wenn Sie Google bemühen. Eine besonders umfangreiche und schöne Sammlung, die auch in dem Workshop verwendet wird, finden Sie unter *http://keren-r.deviantart.com/art/Grunge-Brushes-3-19930365*.

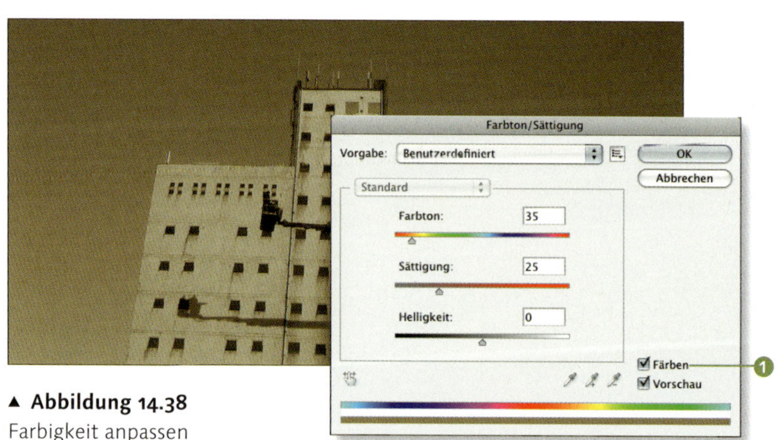

▴ **Abbildung 14.38**
Farbigkeit anpassen

Öffnen Sie über BILD • KORREKTUREN • GRADATIONSKURVEN den Dialog zum Anpassen der Gradation. Experimentieren Sie mit der dargestellten Kurve, indem Sie an mehreren Stellen auf sie klicken und sie nach oben bzw. unten verschieben. Je stärker Sie von der ursprünglichen geraden Linie abweichen, desto wilder und kaputter wird das Motiv aussehen. Orientieren Sie sich gerne an Abbildung 14.39 und bestätigen mit OK.

▼ Abbildung 14.39
Das Anpassen der Gradation verändert die Helligkeit verschiedener Bildbereiche drastisch.

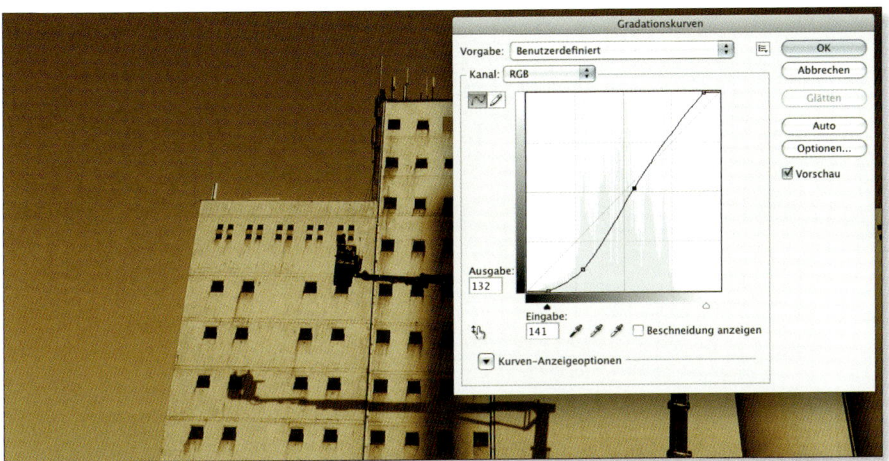

2 Schmutz und Rauschen hinzufügen

Verpassen Sie dem Bild ein starkes körniges Rauschen, indem Sie FILTER • RAUSCHFILTER • RAUSCHEN HINZUFÜGEN mit einem Wert von 8 Pixeln verwenden. Je nach Größe eigener Motive müssen Sie hier mit dem Wert variieren.

▼ Abbildung 14.40
Simulieren von Filmkorn über den RAUSCHEN HINZUFÜGEN-Filter

Laden Sie sich die Sammlung GRUNGEBRUSHES3 BY KEREN-R von der Künstlerplattform deviantART herunter (siehe Tippkasten »Grunge-

Brushes«). Wählen Sie aus dem Optionsmenü der Pinsel-Palette den Eintrag PINSEL ERSETZEN..., und wählen Sie die heruntergeladene Ressourcendatei.

Erstellen Sie eine neue Ebene mit der Bezeichnung »Grunge-Elemente« und malen darauf mit schwarzer Farbe und unter Verwendung der verschiedenen, gerade geladenen Pinselspitzen. Probieren Sie dabei ein wenig herum, toben Sie sich aus.

Abbildung 14.41 ▼
Schmutzelemente werden aufgepinselt.

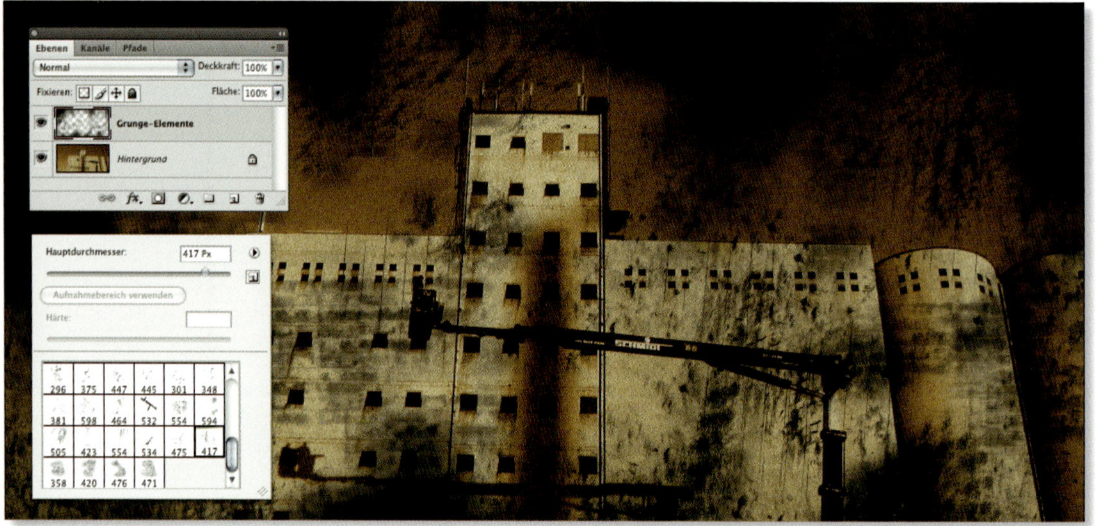

Stellen Sie zuletzt den Ebenenmodus in der Ebene GRUNGE-ELEMENTE auf INEINANDERKOPIEREN 1, um durch die damit entstehende unterschiedliche Tönung der Grunge-Elemente noch mehr Dynamik in das Motiv zu bekommen.

Abbildung 14.42 ▼
Der veränderte Ebenenmodus verleiht den letzten Feinschliff.

14.3.2 Stanzeffekt

Eine interessante, weil auch noch nicht zum Ermüden verwendete Möglichkeit, Texte, aber auch andere Elemente in Szene zu setzen, besteht darin, diese mit einem Stanzeffekt zu versehen.

TIPP

Verwenden Sie Grunge-Elemente nicht ausschließlich auf bestehenden Bildern. Basteln Sie beispielsweise nur einen schmalen Grunge-Streifen auf transparentem Hintergrund, der sich in der Höhe kacheln lässt. Als PNG gesichert, haben Sie somit schnell eine spannende Einrahmung des Inhaltsbereichs Ihrer Website erzielt.

Workshop: Bildelemente stanzen

1 Relief erzeugen

Öffnen Sie die Workshop-Datei »stanze01.psd« und erstellen eine leere Ebenenmaske für die Ebene GLASFLÄCHE. Laden Sie anschließend den Ebeneninhalt der Ebene BESCHRIFTUNG als Auswahl, indem Sie mit gedrückter [Strg]/[⌘]-Taste darauf klicken, und füllen Sie die entstandene Auswahl auf der Ebenenmaske mit Schwarz. Blenden Sie dann die Ebene BESCHRIFTUNG aus.

Öffnen Sie die FÜLLOPTIONEN für die Ebene GLASFLÄCHE und aktivieren die Option ABGEFLACHTE KANTE UND RELIEF. Nehmen Sie die Einstellungen vor, die in Abbildung 14.44 gezeigt sind, und reduzieren Sie danach die Deckkraft der Ebenenfläche.

14-BILD-SYMBOLIK/EFFEKTE/STANZE01.PSD

▲ **Abbildung 14.43**
Die Glasfläche wird im ersten Schritt maskiert.

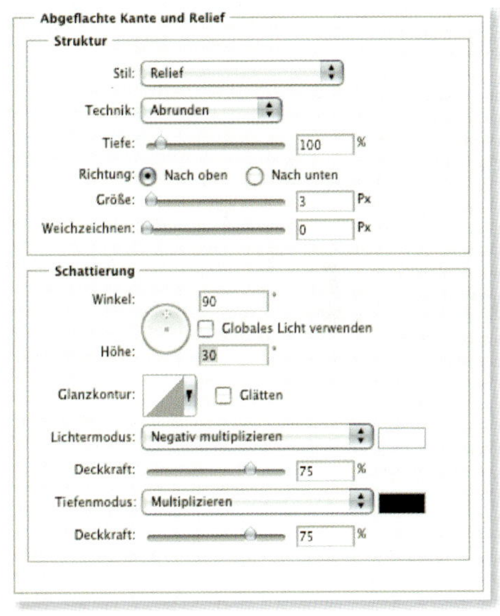

▲ **Abbildung 14.44**
Parameter für die Fülloption ABGEFLACHTE KANTE UND RELIEF

2 Schatten erstellen

Erstellen Sie über der Ebene GLASFLÄCHE eine neue Ebene mit der Bezeichnung »Schattenwurf«.

> **HINWEIS**
>
> Alternativ zur Variante, den Inhalt bestehender Ebenen wie beschrieben als Stanzform zu laden, können Sie bei eigenen Projekten natürlich auch direkt auf der Ebenenmaske arbeiten, wenn es sich anbietet.

Verwenden Sie im Anschluss den Befehl AUSWAHL • AUSWAHL VERÄNDERN • RAND mit einem Wert von 2 Pixeln und füllen die daraus resultierende Auswahl mit der Farbe #a96315. Sollten Sie die anfangs erstellte Auswahl zwischenzeitlich deaktiviert haben, laden Sie diese erneut.

Abbildung 14.45 ▸
Die Form erhält einen vorerst harten Schatten.

> **Auswahl erneut laden**
>
> Wählen Sie AUSWAHL • ERNEUT AUSWÄHLEN, um die zuletzt getätigte Auswahl erneut zu aktivieren. Insbesondere wenn Sie eine erstellte Auswahl versehentlich aufgehoben haben, ist dieser Befehl sehr nützlich.

Heben Sie die Auswahl auf, und zeichnen Sie den Schatten weich, indem Sie den FILTER • WEICHZEICHNUNGSFILTER • GAUSSSCHER WEICHZEICHNER mit einem Wert von 1 Pixel anwenden. Ziehen Sie anschließend die Ebenenmaske der Ebene GLASFLÄCHE mit gedrückter [Alt]-Taste auf die Ebene SCHATTENWURF und invertieren die Maske mit [Strg]/[⌘]+[I].

Reduzieren Sie abschließend die DECKKRAFT der Ebene SCHATTENWURF auf 30%.

Abbildung 14.46 ▸
Die fertig gestanzte Grafik finden Sie auch auf der Buch-DVD im Ordner 14-BILD-SYMBOLIK/BILDEFFEKTE/STANZE/STANZE02.PSD.

14.3.3 Text-Banderole

Eine nette Möglichkeit, Bilder oder Grafiken mit kurzen Kommentaren zu versehen, bietet sich mit einfachen Text-Banderolen.

Workshop: Banderole als Zierelement

1 Grundform erstellen

Öffnen Sie die Workshop-Datei »norwegen.tif«, und vergrößern Sie die Arbeitsfläche über BILD • ARBEITSFLÄCHE auf 150 % Größe in beide Richtungen.

14-BILD-SYMBOLIK/BILDEFFEKTE/BANDEROLE/NORWEGEN.TIF

Erstellen Sie mit dem Rechteck-Werkzeug eine weiße Formebene, die sich ein Stück weit über die seitlichen Bildkanten erstreckt. Benennen Sie diese Ebene mit »Banner«.

▼ **Abbildung 14.47**
Das Textband als Vektorform

Duplizieren Sie die Formebene, und rastern Sie diese über EBENE • RASTERN • FORM. Benennen Sie die Ebene mit »Banner Schatten« und reduzieren über den Dialog BILD • KORREKTUREN • FARBTON/SÄTTIGUNG die HELLIGKEIT auf –100.

Wenden Sie den Weichzeichnungsfilter GAUSSSCHER WEICHZEICHNER mit einem Wert von 4 Pixeln an, und reduzieren Sie anschließend die DECKKRAFT der Ebene in der Ebenen-Palette auf 60 %.

Positionieren Sie die Schattenebene nun unter der Ebene BANNER und verschieben den Schatten im Bild ein Stück nach unten, so dass er unter dem weißen Banner hervorschaut.

Arbeitsfläche erweitern

Zum schnellen Erweitern der Arbeitsfläche können Sie auch mit dem Freistellungswerkzeug einen Rahmen um das gesamte Dokument ziehen und dann über die Anfasser größer ziehen. Bestätigen Sie die Transformation, wird die Arbeitsfläche entsprechend erweitert.

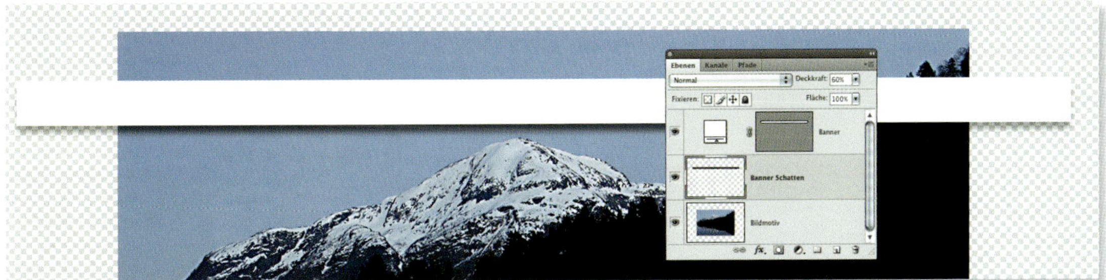

▲ **Abbildung 14.48**
So sollte der Schatten für die Banderole am Ende dieses Schritts aussehen.

2 Beschriftung

Erstellen Sie an oberster Position der Ebenen-Palette eine neue Ebenengruppe mit dem Titel »Beschriftung«.

Schreiben Sie einen beliebigen kurzen Kommentar auf die Banderole. Lassen Sie dabei am oberen und unteren Rand ein wenig Luft. In diesem Beispiel wurde die Schriftart Impact mit einem Farbwert von #717171 verwendet. Das Herz ist ein Standardelement aus der allgemeinen Eigene-Form-Werkzeug-Bibliothek. Legen Sie alle Ebenen, die Elemente zur Beschriftung der Banderole enthalten, in der Gruppe BESCHRIFTUNG ab.

Abbildung 14.49 ▸
Die Banderole wird beschriftet.

TIPP

Durch das Aufheben der Verknüpfung von Ebene zu Maske können Sie den Inhalt frei positionieren, ohne den sichtbaren Ausschnitt zu ändern.

3 Positionieren

Fassen Sie nun alle Ebenen außer der Ebene BILDMOTIV in eine neue Ebenengruppe mit der Bezeichnung »Banderole« zusammen. Erstellen Sie für diese Gruppe eine Maske, indem Sie eine Auswahl des Ebeneninhalts der Ebene BILDMOTIV laden und dann bei markierter Ebenengruppe auf das Symbol MASKE HINZUFÜGEN klicken. Heben Sie dann die Verknüpfung zwischen Ordner und Maske auf, indem Sie auf das kleine Kettensymbol ❶ zwischen den beiden Miniaturen klicken.

Abbildung 14.50 ▴
Die Ebenen werden gruppiert und mit einer vom Inhalt getrennten Maske versehen.

Verschieben Sie nun die gesamte Gruppe in die rechte obere Bildecke. Über den Modus BEARBEITEN • FREI TRANSFORMIEREN drehen Sie die Banderole so, dass sie Ihren Vorstellungen entsprechend sitzt.

Achten Sie beim Transformieren darauf, dass die Ebenengruppe und nicht deren Maske markiert ist.

◂ **Abbildung 14.51**
Die Banderole wird in der Bildecke positioniert.

4 Schattierung

Erstellen Sie über der Ebenengruppe Beschriftung eine weitere Gruppe mit der Bezeichnung »Schattierung Banderole«. Ziehen Sie die Vektormaske der Ebene Banner mit gehaltener [Alt]-Taste auf diese neue Gruppe, um deren Inhalte auf die Form der Banderole zu beschränken.

Erstellen Sie in der Gruppe eine neue Ebene mit der Bezeichnung »Schatten«, und ziehen Sie jeweils von der rechten und der oberen Bildkante einen schwachen Verlauf von einem dunkleren Grau ins Transparente.

Verlaufsstärke steuern

Wenn Sie mit dem Verlauf außerhalb des Bildbereichs beginnen, können Sie bereits steuern, wie intensiv der Verlauf im Bild wird. Ist er zu stark, starten Sie noch weiter außerhalb und ziehen ihn weniger weit ins Motiv hinein, bzw. andersherum.

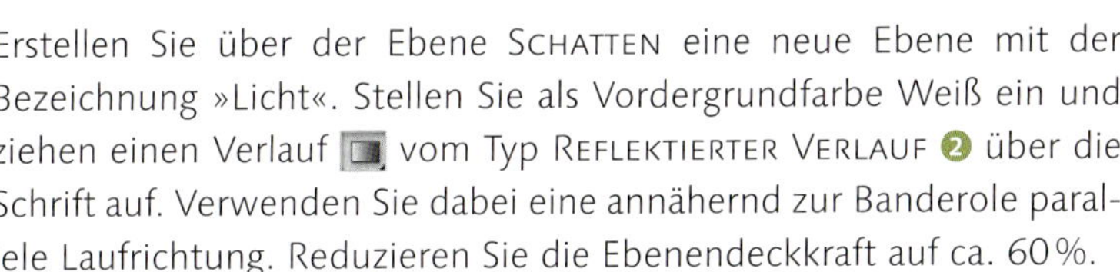

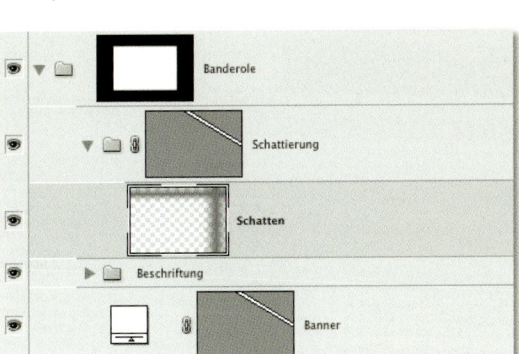

▴ **Abbildung 14.52**
An den Rändern werden Verläufe aufgezogen, um eine leichte Wölbung zu simulieren.

Erstellen Sie über der Ebene Schatten eine neue Ebene mit der Bezeichnung »Licht«. Stellen Sie als Vordergrundfarbe Weiß ein und ziehen einen Verlauf vom Typ Reflektierter Verlauf ② über die Schrift auf. Verwenden Sie dabei eine annähernd zur Banderole parallele Laufrichtung. Reduzieren Sie die Ebenendeckkraft auf ca. 60 %.

Abbildung 14.53 ▸
Ein Lichtreflex verstärkt die plastische Wirkung.

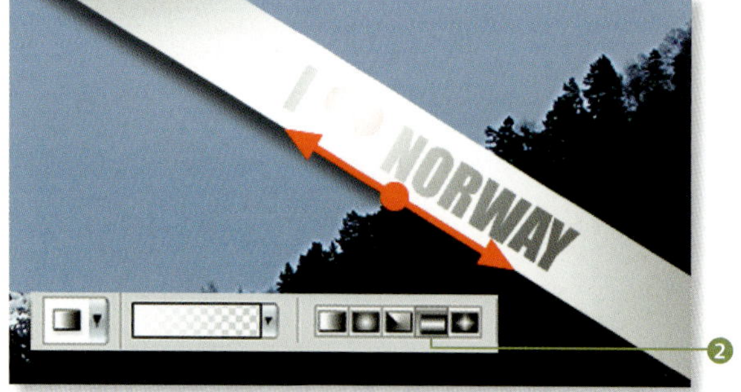

5 Banderole wölben

Optional können Sie die Banderole wölben, um die plastische Wirkung nochmals zu verstärken. Markieren Sie dazu die Ebene BANNER und drücken [Strg]/[⌘]+[T].

Aktivieren Sie im Steuerungsbedienfeld die Option VERKRÜMMEN ❸ und schieben im erscheinenden Gitter vorsichtig von links unterhalb des Banners zum rechten oberen Bildeck hin.

Verkrümmen

Die Option VERKRÜMMEN ist ein sehr mächtiges, wenn auch gut verstecktes Werkzeug in Photoshop. Formen lassen sich damit sehr flexibel an andere Elemente anpassen. Das bietet sich besonders bei perspektivischen Arbeiten an: ein Schatten, der über eine Rundung fällt, ein Etikett, das auf eine Flasche geklebt werden soll, etc. Bei aktivierter Option VERKRÜMMEN finden Sie links im Steuerungsbedienfeld zudem einige Vorgaben zur perspektivischen Verzerrung.

Abbildung 14.54 ▸
Perspektivisches Verzerren der Banderole

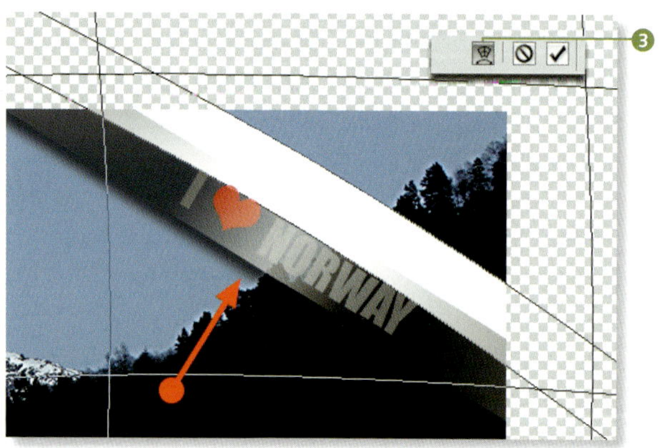

Durch die Verkrümmung stimmt die Positionierung von Maske und Ebeneninhalt der Schattierung nicht mehr. Um das zu korrigieren, ziehen Sie einfach erneut die Vektormaske der Ebene BANNER mit gehaltener [Alt]-Taste auf die Gruppe SCHATTIERUNG BANDEROLE, um diese zu ersetzen.

Wenn Sie es ganz genau nehmen, müssen Sie auch die Beschriftung noch verkrümmen. Das funktioniert jedoch nicht mit Textebenen. Aus diesem Grund müssen Sie die Textebene zuvor rastern. Markieren Sie dazu einfach die Ebenengruppe BESCHRIFTUNG und drücken [Strg]/[⌘]+[E]. Erstellen Sie zuvor aber auf jeden Fall ein Duplikat der Gruppe, um jederzeit auf die Original-Textebene(n) zurückgreifen zu können.

Das Verkrümmen selber funktioniert genauso, wie zuvor für die Banderole beschrieben.

▲ **Abbildung 14.55**
Die fertige Banderole

Die fertige Workshop-Datei finden Sie auf der Buch-DVD im Ordner 14-BILD-SYMBOLIK/BILDEFFEKTE/BANDEROLE/BANDEROLE-FERTIG.PSD. ■

14.3.4 Schwarz-Bunt-Effekt

Ein ebenfalls sehr beliebter Effekt, der seinen großen Aufschwung mit dem Film Noir Sin City bekam, ist das partielle Darstellen von Farbe in einem Schwarzweißbild.

Schwarzweiß

Wenn Sie ein farbiges Bild in Graustufen umwandeln möchten, verwenden Sie nicht die normale Modusänderung über BILD • MODUS • GRAUSTUFEN. Über den Schwarzweiß-Befehl lassen sich die Kontraste viel besser herausarbeiten. Wenn Sie das kleine Zeigersymbol oben links in der Korrekturen-Palette aktivieren, können Sie mit der Maus an die gewünschte Bildstelle klicken und durch Rechts- oder Linksbewegungen die Helligkeit dort intuitiv steuern. Einfacher geht es wirklich nicht mehr.

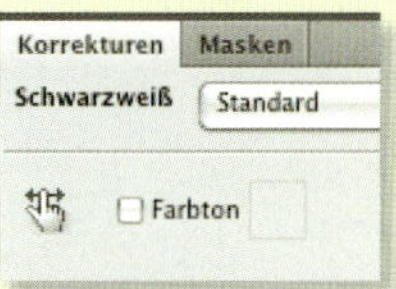

▲ **Abbildung 14.56**
Bei aktiviertem »Finger« lassen sich die Kontraste direkt im Bild per Mausziehen anpassen.

Workshop: Partielle Farbanpassung

1 Farbbild entsättigen

Öffnen Sie die Workshop-Datei »schwarzbunt.psd«.

Erstellen Sie über EBENE • NEUE EINSTELLUNGSEBENE • SCHWARZWEISS eine Einstellungsebene, mit der Sie die Farbigkeit des Bildes in Graustufen umwandeln. Öffnen Sie bei markierter Einstellungsebene die Korrekturen-Palette, und tragen Sie die in der Abbildung dargestellten Werte ein.

14-BILD-SYMBOLIK/BILDEFFEKTE/SCHWARZBUNT/SCHWARZBUNT.PSD

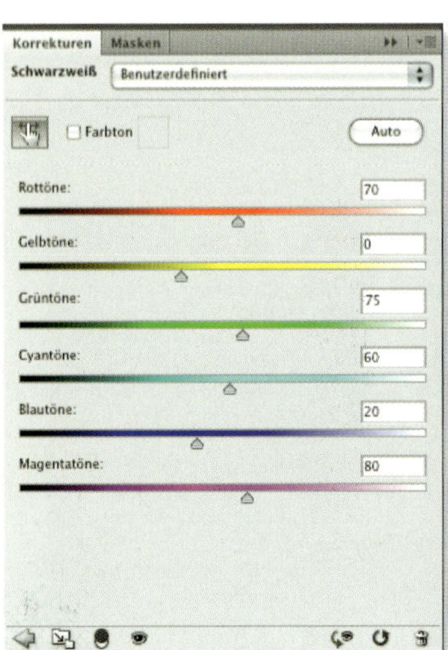

◄◄ **Abbildung 14.57**
Die Schwarzweiß-Einstellungen ...

◄ **Abbildung 14.58**
... und die Auswirkungen auf das Bild

2 Farbe retuschieren

Um die Farbe nun in Teilbereichen des Bildes wiederherzustellen, genügt es im Grunde, mit dem Pinsel und schwarzer Farbe auf die Ebenenmaske der Einstellungsebene zu malen. Verwenden Sie stattdessen Grautöne, scheint die Farbe der darunterliegenden Ebene mehr oder weniger hindurch.

In diesem Fall sollen alle Blätter bunt erscheinen. Da es zu aufwändig wäre, jedes einzelne davon separat anzumalen, empfiehlt sich der Weg über die Farbauswahl.

Markieren Sie die Bildebene und wählen den Befehl AUSWAHL • FARBBEREICH..., klicken auf eines der grünen Blätter und stellen den Toleranzwert auf etwa 175. (Je nachdem, welchen Grünton Sie erwischen, kommen Sie auch mit anderen Werten aus. Achten Sie einfach darauf, dass in der Vorschau nur die Blätter markiert werden.) Färben Sie die daraufhin entstehende Auswahl auf der Ebenenmaske der Einstellungsebene schwarz ein, und heben Sie die Auswahl auf.

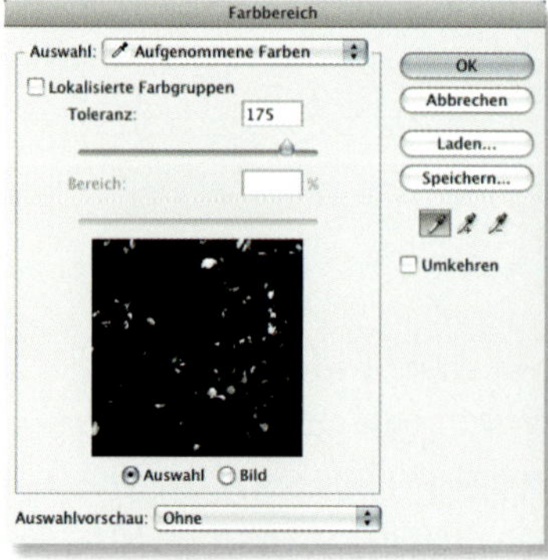

Abbildung 14.59 ▸
Die Einstellungen des Dialogs FARBBEREICH

Abbildung 14.60 ▸▸
Die grünen Blätter scheinen nun besonders kräftig neben dem Schwarzweiß der Äste und Blüten.

Maske korrigieren

Wenn Sie sich vermalt haben, können Sie das ursprüngliche Schwarzweiß wiederherstellen, indem Sie mit Weiß auf die Maske malen.

Um einen weiteren farbigen Akzent zu setzen, werden nun noch einige Blüten zurückgefärbt. Verwenden Sie dazu, wie vorangehend bereits angesprochen, einen schwarzen Pinsel mit weicher Spitze und malen auf der Ebenenmaske über die Blüten, die Sie gerne farbig sehen möchten.

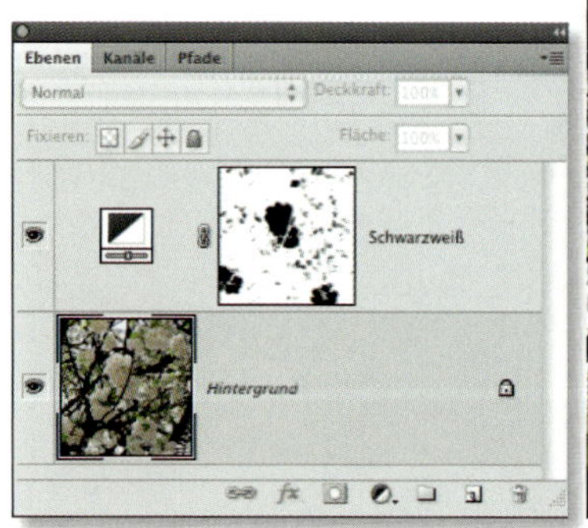

Abbildung 14.61 ▸
Die Ebenen-Palette. Man erkennt schön die kräftig gefleckte Ebenenmaske und deren Auswirkung auf das Motiv.

Abbildung 14.62 ▸▸
Das fertige Motiv

14.3.5 Neoneffekt aus Bildern

Eine Möglichkeit, aus fotorealistischen Grafiken abstrakte Varianten zu basteln, bietet der »Neonreklamen-Effekt«, der eine Optik ähnlich leuchtend bunter Fassadenbeleuchtung erzeugt.

Workshop: Neon-Outlines

1 Grundmotiv aufbereiten

Öffnen Sie die Workshop-Datei von der Buch-DVD.

14-BILD-SYMBOLIK/BILDEFFEKTE/NEONEFFEKT/NEONEFFEKT.JPG

Duplizieren Sie die Hintergrundebene und nennen sie »Filterebene«. Wandeln Sie die Filterebene über BILD • KORREKTUREN • SCHWARZWEISS in ein Graustufenbild um. Übernehmen Sie dabei die Einstellungen aus der folgenden Abbildung.

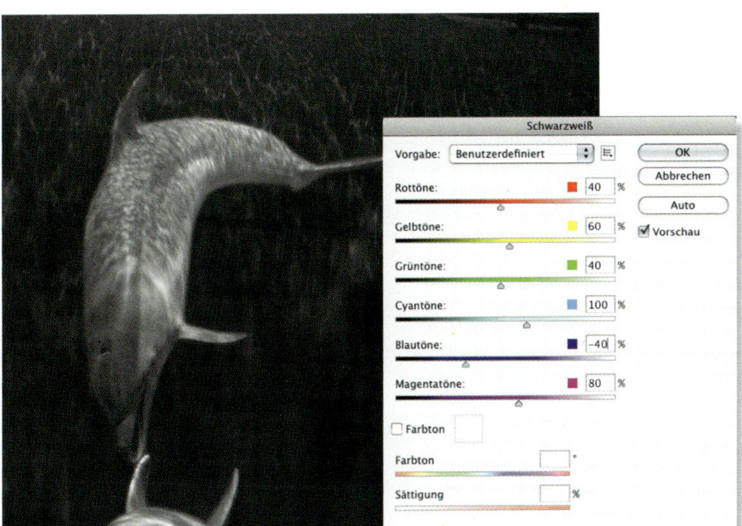

◀ **Abbildung 14.63**
Durch die unterschiedliche Betonung von Blau- und Cyantönen entsteht ein starker und wichtiger Kontrast zwischen Motiv und Hintergrund.

HINWEIS

Wenn Sie diesen Workshop an einem eigenen Bild nachbauen, achten Sie darauf, dass beim Anwenden des Schwellenwert-Befehls das Hauptmotiv in seiner Grundform noch erkennbar bleibt.

2 Filtern

Reduzieren Sie das Graustufenbild in eine reine Schwarzweißabbildung ohne jegliche Zwischenstufen. Wählen Sie dazu BILD • KORREKTUREN • SCHWELLENWERT mit einem Wert von 75.

Wandeln Sie die Ebene über EBENE • SMART-OBJEKTE • IN SMART-OBJEKT KONVERTIEREN in ein Smart-Objekt. Wenden Sie anschließend den Weichzeichnungsfilter GAUSSSCHER WEICHZEICHNER mit einem Wert von 2,5 auf die Filterebene an. Die Konturen sollten deutlich verschwommen, aber dennoch als solche zu erkennen sein.

Wenden Sie den FILTER • STILISIERUNGSFILTER • SOLARISATION auf die Ebene an und stellen den Ebenenmodus auf STRAHLENDES LICHT. Um den Leuchteffekt zu verstärken, duplizieren Sie die Ebene FILTEREBENE und geben ihr den Ebenenstil LINEAR ABWEDELN.

▲ **Abbildung 14.64**
Das Motiv nach dem Anwenden des Weichzeichners

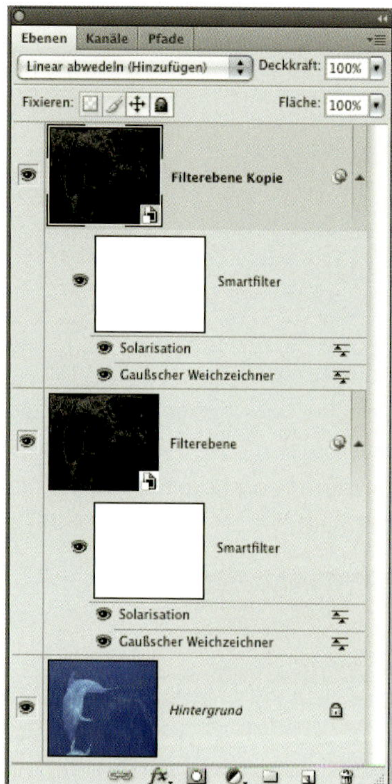

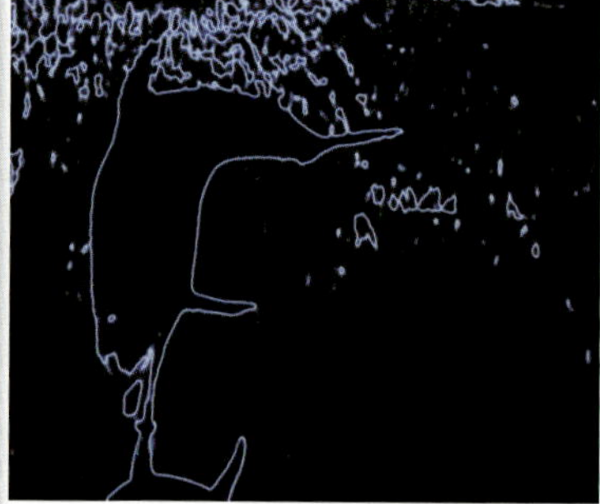

Abbildung 14.65 ▸
Das Motiv nach dem Anwenden der verschiedenen Filter und Ebenenmodi

3 Leuchteffekt verfeinern

Markieren Sie alle Ebenen und führen sie mit der Tastenkombination [Strg]/[⌘]+[E] zu einer Ebene zusammen. Duplizieren Sie diese Ebene und stellen den Ebenenmodus auf NEGATIV MULTIPLIZIEREN.

Konvertieren Sie die Ebene wieder in ein Smart-Objekt und wenden den Weichzeichnungsfilter RADIALER WEICHZEICHNER mit den Werten aus Abbildung 14.66 darauf an.

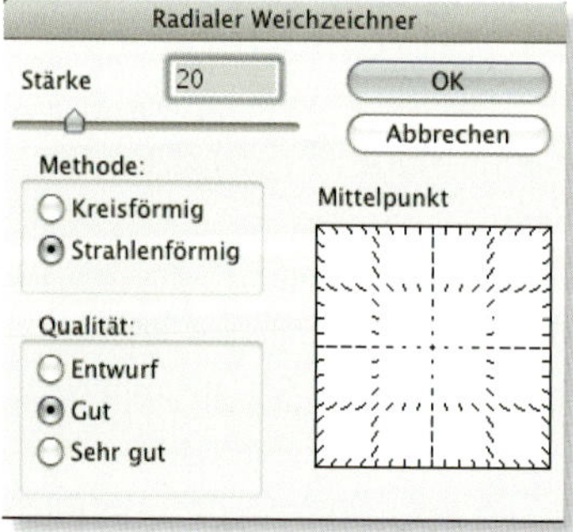

Abbildung 14.66 ▸
Einrichten des radialen Weichzeichners

Um den Leuchteffekt weiter zu verstärken, duplizieren Sie die obere Ebene einfach so oft wie gewünscht. Durch das Regeln der Ebenendeckkraft erhalten Sie zudem eine weitere, sehr präzise Kontrolle über die Intensität des Leuchtens.

Fall Sie die kleinen Fragmente stören, erstellen Sie an oberster Stelle in der Ebenen-Palette eine neue Ebene und malen mit einer weichen Pinselspitze in schwarzer Farbe über die entsprechenden Bereiche.

▼ Abbildung 14.67
Das fertige Bild mit zugehöriger Ebenen-Palette

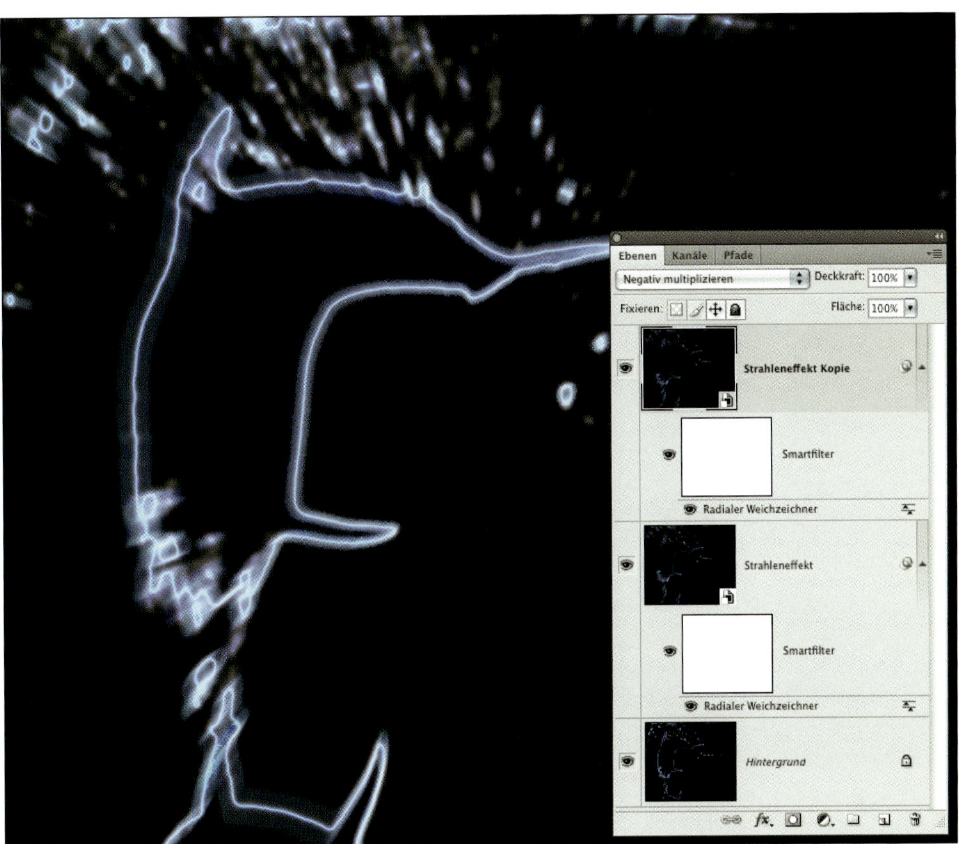

TEIL V
Anhang

15 Ausblicke

15.1 Rechtliche Hinweise

Die folgenden Hinweise stellen keine explizite Rechtsberatung dar, sondern sollen vielmehr auf zu beachtende Themen hinweisen und einen Überblick verschaffen.

15.1.1 Impressumspflicht

Mit den zum 21. Dezember 2001 festgelegten EU-Richtlinien zum elektronischen Geschäftsverkehr wurden unter anderem die Pflichtangaben im Impressum einer Website überarbeitet. Da bei Nichtbeachtung Bußgelder in Höhe von bis zu 50.000 € anfallen können, möchten wir Sie an dieser Stelle auf die wichtigsten Punkte hinweisen.

Impressum – Wer haftet | Um den Webdesigner vorab zu beruhigen: Verantwortlich für ein korrektes Impressum ist letztendlich der Seitenbetreiber. Sie können also als Gestalter und Entwickler nicht für fehlerhafte oder nicht vorhandene Angaben belangt werden. Dennoch kann der Kunde von Ihnen erwarten, dass Sie sich grundlegend mit der Thematik auskennen und ihn wenigstens auf die Impressumspflicht hinweisen.

Tele- und Mediendienste | Im Internet befinden sich unzählige verschiedene Angebote an Website-Konzepten: Webshops, Foren, Nachrichtenportale, Onlinebanking-Angebote, Firmenpräsentationen etc. Von Seiten des Rechts lassen sich alle Webangebote jedoch in zwei Kategorien einteilen: die Teledienste und die Mediendienste.

Mediendienste sprechen dabei explizit ein Massenpublikum an, wie es zum Beispiel bei Nachrichtenportalen wie FOCUS oder Spiegel Online der Fall ist. Teledienste hingegen sind zwar auch der Masse zugänglich, aber vorrangig an Einzelpersonen adressiert, so zum Beispiel Webshops oder Onlinebanking-Angebote.

Die Impressumspflicht besteht für beide Rechtsformen gleichermaßen, jedoch mit Einschränkungen für die Telemedien: Private Websites sind hier von der Impressumspflicht ausgenommen.

Geschäftlich oder privat | Sobald ein kommerzieller Aspekt auf der Seite vorhanden ist, müssen Sie ein Impressum mit den im Folgeabschnitt genannten Angaben verwenden. Dabei fallen nicht nur offensichtlich gewerbliche Angebote, wie zum Beispiel Webshops in diese Kategorie. Es reicht bereits aus, gewerbliche Interessen zu verfolgen, wie es bei jeder Unternehmenspräsentation der Fall ist, da diese in der Regel immer darauf abzielen, das Unternehmen durch positive Darstellung öffentlich zu vermarkten und damit potenzielle Kunden auf sich aufmerksam zu machen.

Angaben im Impressum

- **Name und Anschrift:** Sowohl der Name als auch die vollständige postalische geschäftliche Adresse müssen genannt werden. Handelt es sich bei dem Betreiber der Seite um eine juristische Person, wird der Firmenname einschließlich der Rechtsform als Name genannt und mit Angaben zu den Geschäftsführern oder Vorständen ergänzt.
- **Kontaktaufnahme:** Für eine direkte Kontaktaufnahme müssen mindestens Telefonnummer und eMail-Adresse angegeben werden.
- **Beruflicher Befähigungsnachweis:** Ist für einen ausgeübten und auf der Website angebotenen Beruf ein Befähigungsnachweis nötig, muss dieser ebenfalls angegeben werden. Das betrifft unter anderem Berufe wie Ärzte, Apotheker, Rechtsanwälte etc.
- **Registerangaben:** Ist der Anbieter in ein Register (z. B. Vereinsregister, Genossenschaftsregister) eingetragen, ist dieses zu nennen.
- **Aufsichtsbehörde:** Untersteht ein Tele- bzw. Mediendienst einer behördlichen Aufsicht, wie zum Beispiel Spielhallen, Fahrschulen oder Gaststätten, ist die zuständige Behörde zu nennen. Damit soll gewährleistet werden, dass der Besucher sich über einen Anbieter erkundigen bzw. bei Regelverstößen Beschwerden vorbringen kann.
- **Umsatzsteuer-Identifikationsnummer:** Sofern beim Finanzamt eine USt-ID eingefordert wurde, ist auch diese im Impressum anzugeben.

Weiterführende Informationen

Weiterführende Informationen zur Impressumspflicht finden Sie auf den folgenden Seiten:

- *http://haerting.de/de/3_lawraw/faqs/faq_webimpressum.php*
- *http://www.telemedien-und-recht.de/*
- *http://www.e-juristen.de/Impressum-Webseiten.htm*

Erreichbarkeit des Impressums | Vom Gesetzgeber wurde festgelegt, dass das Impressum jederzeit über maximal zwei Klicks erreichbar sein muss. Verstecken Sie es also nicht im letzten Eck Ihrer Website.

Auch wenn es bezüglich der Benennung keine exakten Vorgaben gibt, ist es gebräuchlich, das Impressum in einem Bereich wie »Kontakt« , »Über uns« oder auch direkt »Impressum« anzugeben.

15.1.2 Bildrechte

Im Internet gezeigte Bilder und Grafiken laufen stets große Gefahr, einfach kopiert zu werden. Oftmals herrscht die Meinung vor, was öffentlich im Netz bereitgestellt wird, sei Allgemeingut. Das ist aber natürlich nicht der Fall. Das Urheberrecht von Bildern bleibt stets beim Künstler.

Um Bilder legal nutzen zu dürfen (und das nicht nur im Web), gibt es grundsätzlich zwei Möglichkeiten:

- Sie erstellen das Bild selbst.
- Sie haben eine ausreichende schriftliche Freigabe zur Verwendung des Bildes erhalten. Dies kann über den Künstler selbst oder über so genannte Stock-Anbieter geschehen.

Stock-Anbieter

Es gibt zahlreiche Anbieter lizenzpflichtiger Bilddatenbanken im Internet. Die bekanntesten sind dabei zum Beispiel Corbis und Getty Images. In umfangreichen Online-Galerien können Bilder thematisch durchsucht und gekauft werden. Je nach Größe und Verwendungszweck variieren die generell hohen Preise gewaltig. Dafür erhält man in der Regel professionelle Aufnahmen mit einem hohen künstlerischen Wert.
Daneben gibt es preiswerte Anbieter, die dennoch gute Bildqualität liefern. Der »Nachteil« besteht hier meist in den deutlich kleineren Datenbanken. Eines der bekanntesten Beispiele hierfür ist *http://istockphoto.com*.
Mit deutlichen Abstrichen an der Bildqualität können Sie auch auf komplett kostenlose Anbieter wie Stockexchange (*http://www.sxc.hu*) zurückgreifen.

Das Ändern von Bildern, indem Sie einige Elemente wegstempeln, es färben oder mit diversen Photoshop-Filtern versehen, ändert nichts am Urheberrecht und legitimiert nicht die ungefragte Übernahme.

Im Falle eines Bilderklaus können für den Täter doppelte Kosten entstehen. Zum einen durch die ungefragte Übernahme der Bilder und zum anderen, wenn dazu keine Quellenangabe zu dem Urheber erfolgt.

Die Schadensberechnung für die ungefragte Verwendung ergibt sich auf Grundlage der Lizenzanalogie. Diese betrachtet den Verletzer im Nachhinein fiktiv als Lizenznehmer, der die regulären Gebühren des Künstlers bezahlen muss. Damit diese Gebühren nicht beliebig gewählt werden können, orientieren sie sich an den Bildhonoraren der MFM (Mittelstandsgemeinschaft Foto-Marketing).

MFM

Weitere Informationen zur Arbeit der MFM finden Sie unter *http://www.bvpa.org/MFM.php*.

Fehlt zudem die Angabe des Urhebers, wird die zuvor ermittelte Summe nochmals verdoppelt, da davon ausgegangen wird, dass durch

die Nicht-Nennung mögliche Folgeaufträge ausbleiben können, die wiederum finanzielle Einbußen bedeuten.
Weiterführende Informationen zum Thema Fotorecht finden Sie auf den folgenden Seiten:

- *http://www.freelens.com/recht*
- *http://www.law-blog.de/category/fotorecht/*
- *http://www.sbf.ch/fotografie-urheberrecht*

15.1.3 Kartenmaterial

Informationen im Web

Ausführlichere Informationen zum Thema »Kartenmaterial auf Websites« finden Sie hier: *http://blog.aysberg.de/lageplaene-im-internet-fuenf-tipps-wie-sie-abmahnungen-vermeiden/*.

Auf vielen Internetseiten wird im Bereich Kontakt/Anfahrt gerne mit Kartenmaterial gearbeitet, um dem Besucher die Lage des Unternehmens zu verdeutlichen. Ähnlich wie bei Bildern müssen Sie jedoch auch hier sehr vorsichtig vorgehen. Das bloße Kopieren von Kartenmaterial schreit förmlich nach einer Abmahnung, die empfindlich hohe Bußgelder nach sich ziehen kann.

Zu den am häufigsten begangenen »Fehlern« zählt das Erstellen von Screenshots des Kartenmaterials anderer Anbietern wie Map24 oder Google Maps. Auch die vermeintlichen Versuche, ein eigenes Werk aus solchen Vorlagen zu machen, indem das Material kurzerhand eingefärbt wird, ändern nichts am Urheberrecht des eigentlichen Anbieters.

Wenn Sie auf der sicheren Seite sein möchten, erstellen Sie die Karten von Grund auf neu. Das ist, zugegeben, eine Menge Arbeit, aber Sie haben somit einerseits die Möglichkeit, das Aussehen exakt Ihrer Website anzupassen, und vermeiden jegliche rechtlichen Probleme.

Alternativ bietet zum Beispiel Google Maps die Möglichkeit, interaktive Kartenausschnitte auf der Website einzubinden. Unter *http://maps.google.com* können Sie die Ansicht nach Ihren Bedürfnissen anpassen und den zugehörigen Quelltext kopieren.

15.1.4 Shopsysteme

AGB

Ein häufig begangener Fehler ist die Benennung der Allgemeinen Geschäftsbedingungen als AGBs oder AGB's. Die Apostrophierung ist grundsätzlich falsch und das Setzen der AGB in den Plural ist redundant, da sich das Wort schon im Plural befindet.

Wenn Sie auf Ihrer Website einen Shop betreiben, gilt es eine Menge weiterer rechtlicher Aspekte zu beachten, die wir hier nicht vollständig aufführen können. Unter anderem müssen Sie berücksichtigen, dass Sie mit personen- bzw. nicht personenbezogenen Daten mit der nötigen Sorgfalt umgehen.

Wird beispielsweise ein Kunde pseudonymisiert, also sein richtiger Name durch einen Kunstnamen ersetzt, darf von diesem aus kein Rückschluss zum eigentlichen Namen mehr erfolgen können. Somit ist bereits die Vorratsspeicherung von IP-Adressen, die eindeutige Rückschlüsse auf den Besucher zulassen, eine Straftat.

Ebenso muss der Käufer auf die AGB hingewiesen werden. Achten Sie auch hier auf korrekte Klauseln. Einige Formulierungen, die man

heutzutage in verschiedenen Shops findet, sind entweder rechtlich nicht legitim oder sogar abmahnbar.
Sehr umfangreiche Informationen rund um das Thema Webshops finden Sie unter *http://www.shopbetreiber-blog.de*.

15.2 Nützliche Werkzeuge

Es gibt eine Unzahl kleiner Anwendungen und Browser-Plug-ins, die Ihre Produktivität steigern können. Einige besonders nützliche möchten wir Ihnen gerne kurz vorstellen.

15.2.1 Firebug

Eines der nützlichsten Werkzeuge im Bereich Webentwicklung dürfte das Firefox-Plug-in Firebug sein. Auf einfache Weise können Sie damit jedes HTML-Element einzeln analysieren, dessen Position in der Dokumentenstruktur anzeigen lassen und die jeweilig wirkenden CSS-Eigenschaften betrachten. Bei der Erstellung der Stylesheets ist auf einen Blick zu erkennen, ob die gesetzte Formeigenschaft wie gewünscht wirkt oder vielleicht ungewollt von einem anderen Formatblock überschrieben wird.

▼ Abbildung 15.1
Für die Entwicklung äußerst hilfreich: Firebug. Sie können das Plug-in über *http://getfirebug.com* beziehen.

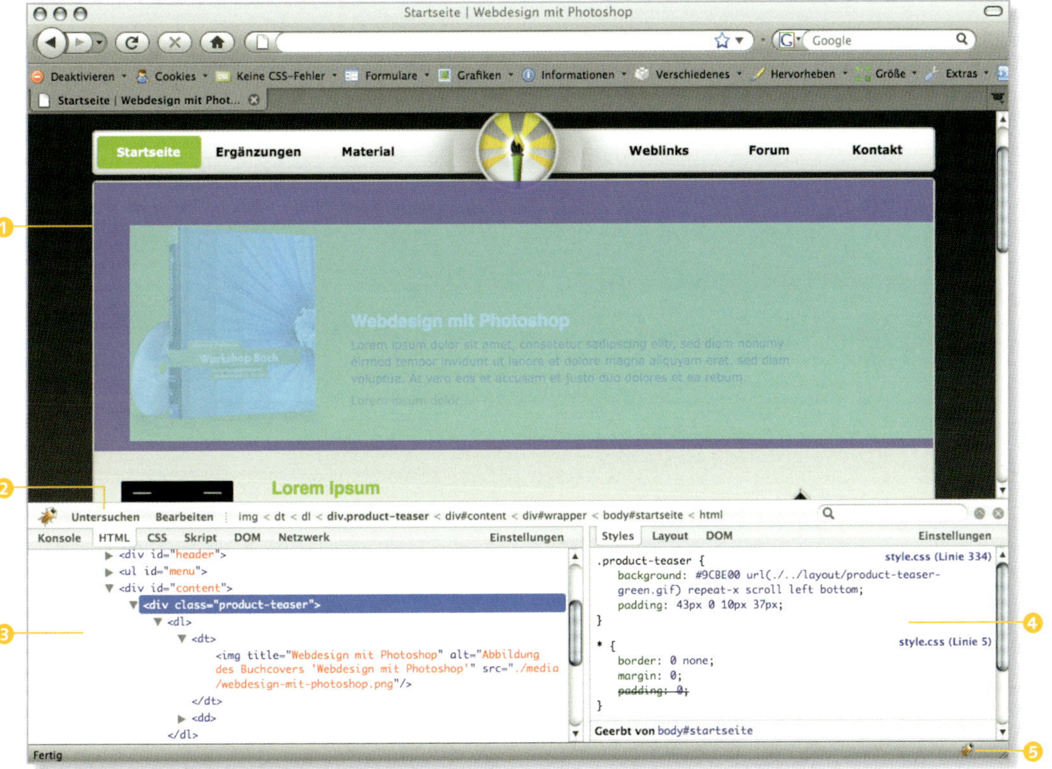

Äquivalente

Mittlerweile bringen einige Browser von Haus aus Analyse-Werkzeuge mit, deren Funktionsweise Firebug ähnelt. Schauen Sie nach »Webinformationen« (Safari), »Developer Console« (Opera) und »Entwicklertools« (Internet Explorer 8).

Nach der Installation und Aktivierung des Plug-ins starten Sie Firebug, indem Sie auf das Käfer-Icon ❺ rechts unten in der Statusleiste klicken. Ein zweigeteiltes Optionsfenster erscheint. Auf der linken Seite wird die HTML-Struktur wiedergegeben ❸, die sich entsprechend ausklappen lässt. Rechts ❹ finden sich die dazugehörigen CSS-Eigenschaften, absteigend nach ihrer Spezifität für das gewählte Element angeordnet. Wird ein HTML-Element markiert, legt sich in der Browseransicht ❶ eine Schattierung darüber, die neben der eigentlichen Höhe und Breite auch Innen-, Außenabstände und Rahmen darstellt. Sie müssen sich jedoch nicht durch die Baumstruktur klicken. Nach der Aktivierung der Schaltfläche Untersuchen ❷ können Sie mit der Maus über das Dokument fahren und ein beliebiges Element markieren. Neben dieser Hauptfunktion bietet es noch zahllose weitere Hilfestellungen, wie beispielsweise das Aufschlüsseln der Ladezeiten einzelner Komponenten, das Anzeigen errechneter Werte relativer Angaben in CSS, eine JavaScript-Konsole, die Möglichkeit, temporäre Änderungen am HTML und CSS vorzunehmen, etc.

15.2.2 Web Developer

Das Firefox-Plug-in »Web Developer«, das sich als Werkzeugleiste im Browser integriert, stellt eine hervorragende Ergänzung zu den analytischen Fähigkeiten von Firebug dar. Es lassen sich umstandslos diverse Zustände simulieren, denen sich eine Website gegenübersieht. So können Bilder, JavaScript und Stylesheets deaktiviert, die Fenstergröße auf eine bestimmte Auflösung gebracht oder die Stylesheets nach jeweiligen Medientypen (z. B. Druck) umgestellt werden. Außerdem bietet Web Developer die einfache Möglichkeit, das HTML und CSS der Seite validieren zu lassen, zuzüglich einer Fülle an hilfreichen Menüeinträgen, die für die Entwicklung einer Website nützlich sind.

Abbildung 15.2 ▼
Die Web Developer Toolbar erhalten Sie auf *http://chrispederick.com/work/web-developer/*.

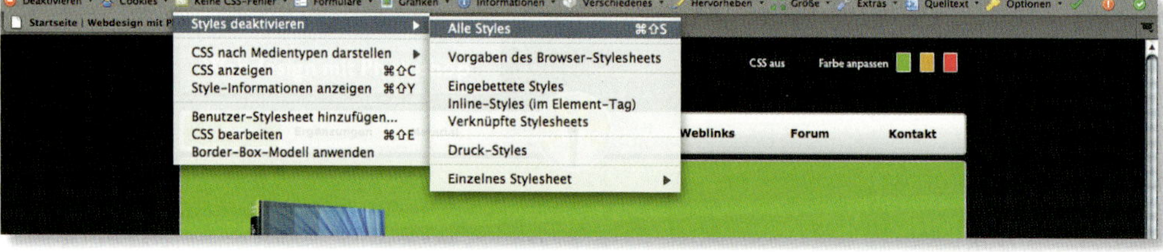

15.2.3 ColorSchemer Studio (Windows/OS X)

Sie finden eine Demoversion von ColorSchemer Studio auch auf der Buch-DVD im Ordner Software/Grafik.

Auch wenn mit Adobe Kuler und dessen Einbindung in Photoshop bereits ein mächtiges Werkzeug zum Entwerfen von Farbkombinationen und Kontrasten existiert, ist das ColorSchemer Studio einen Blick wert.

Über ein intuitives und angenehm großflächig zu bedienendes Interface können Sie schnell ansprechende Farbklänge erstellen.

Dabei stehen Ihnen verschiedenste manuelle und automatisierte Varianten zur Verfügung. So lassen sich neben Farbklängen auf Basis eines Grundtons auch spannende Kombinationen aus Bildern errechnen, die Sie einfach per Drag & Drop in das Programm ziehen. Für den ganz Unentschlossenen kann das Programm auf Mausklick auch Zufallswerte herbeizaubern.

Der Clou aller so erstellten Farbtabellen: Sie lassen sich in vielen verschiedenen Formaten absichern, darunter auch als Farbpalette für Photoshop, die Sie dort bequem öffnen und für Ihre Projekte verwenden können.

Neben dem nicht ganz günstigen Studio (derzeit 49 US$) können Sie online auf den ColorSchemer ColorPix zurückgreifen, der Ihnen jedoch nur die Farbwerte unterhalb des Cursors anzeigt und keine weitere Bearbeitung erlaubt.

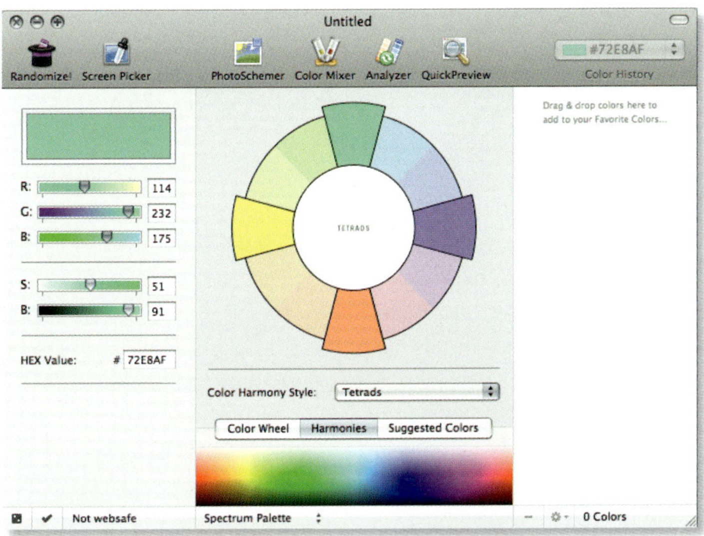

◂ Abbildung 15.3
Ausgehend von einer Grundfarbe können automatisch Farbklänge erstellt werden. Beim Anpassen einer der erzeugten Farben ändert sich die Farbigkeit der zugehörigen Noten dynamisch mit.

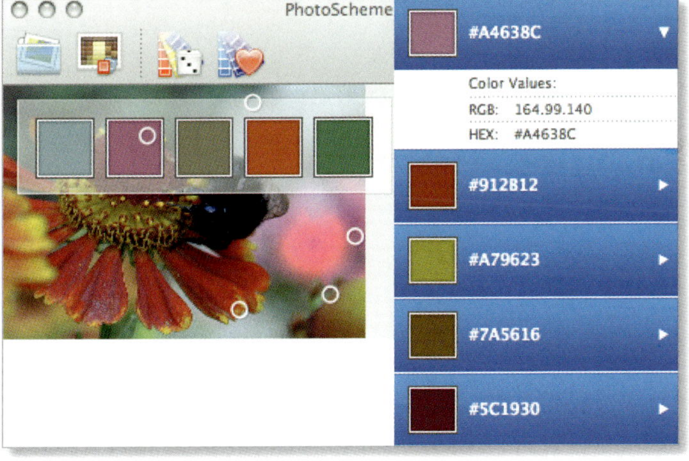

◂ Abbildung 15.4
Bilder lassen sich direkt in das Studio ziehen. Das Programm schlägt selbstständig Farbkombinationen vor, die manuell nachgebessert und anschließend als Farbwerte in die Anwendung übertragen werden können.

15.2.4 xScope (OS X)

Eine Demoversion von xScope finden Sie auf der Buch-DVD im Ordner SOFTWARE/GRAFIK/MAC. Wir haben ebenfalls eine Demoversion des Programms IconBuilder der gleichen Firma beigelegt, das für Windows und Mac erhältlich ist.

Dieses speziell auf die Bedürfnisse von Webdesignern ausgerichtete kleine Programm von Iconfactory bietet sechs Werkzeuge zur Steigerung der Produktivität.

Neben Bildschirmlineal, Lupe mit Farbanzeige und Hilfslinien ist insbesondere das Dimensions-Tool interessant, das automatisch die Breite von Bildern, Spalten, Zeilenabständen etc. anzeigt, wenn man den Cursor über den entsprechenden Bildschirmbereich hält. Eine komplette Übersicht aller Funktionen und Demonstrationsvideos finden Sie unter *http://www.iconfactory.com/xscope*.

▲ **Abbildung 15.5**
Von links nach rechts: Bildschirmlupe mit Farbübersicht, Bildschirmlineale und Dimensions-Tool

Leider existiert dieses Tool nur für Mac OS X. Windows-Nutzer können sich mit den Firefox-Plug-ins Colorzilla und Measure-It behelfen. Ein sehr interessantes Konzept bietet auch die Minianwendung »Design« von Allan Jardine. In einer kleinen Werkzeugbox innerhalb eines beliebigen Browserfensters werden Ihnen ebenfalls mehrere Werkzeuge zum Auswerten von Farbe und Abständen von Bildschirminhalten geboten. Der Nachteil dieser Windows-Varianten: Sie funktionieren ausschließlich innerhalb des Browsers.

Abbildung 15.6 ▶
Das kleine Applet »Design« von Allan Jardine

15.3 Weblinks

Die nachstehend genannten Websites sollen Ihnen erste Anlaufstellen bieten, um das in diesem Buch erlernte Wissen nachhaltig zu vertiefen. Es handelt sich bei dieser Auflistung nur um einige, nach unserer Ansicht besonders interessante Seiten.

Eine Zusammenstellung aller in diesem Buch genannten Links finden Sie als Zugabe auf der Buch-DVD im Ordner LINKSAMMLUNG bzw. in ständiger Aktualisierung auf der Website zum Buch unter *http://www.webdesign-mit-photoshop.de*.

15.3.1 Gestaltung

Photozauber | Photozauber ist ein privat betriebenes Projekt der Autoren. Hier finden Sie zahlreiche Workshops und Fachartikel rund um das Thema digitale Bildbearbeitung mit dem Schwerpunkt Photoshop, die insbesondere Einsteigern und Fortgeschrittenen kompetente Hilfe versprechen.

- *http://www.photozauber.de*

psdtuts | Wenn es etwas ausgefallener sein darf, bieten Ihnen die umfangreichen Tutorials von *psdtuts.com* einen großen Fundus faszinierender Effekte, die mit Photoshop erstellt werden können. Ein solides Grundwissen sollten Sie jedoch bereits besitzen.

- *http://www.psdtuts.com*

Adobe Exchange | Auf den Seiten von Adobe finden Sie eine nahezu unerschöpfliche Quelle an Ressourcen für alle Adobe-Anwendungen, darunter auch Photoshop – Pinselspitzen, Aktionen, Stile etc. Sie können gezielt nach Schlagworten sortiert suchen oder einfach nur stöbern.

- *http://www.adobe.com/cfusion/exchange/*

Vandelaydesign | Im Blog der Agentur Vandelaydesign finden Sie eine umfangreiche Auflistung an Web 2.0-Ressourcen: Badges, Buttons, Icons, Hintergründe Tools und Gimmicks.

- *http://vandelaydesign.com/blog/design/web-20-design/*

Sitepoint | Diese Seite beschäftigt sich sowohl mit der Entwicklung als auch der Gestaltung von Websites. In der Kategorie Design und Layout finden Sie überwiegend Fachartikel zu Themen wie Usability, Design-Grundlagen, Workflows und Software.

- *http://www.sitepoint.com/cat/design-and-layout*

15.3.2 Entwicklung

Yet Another Multicolumn Layout | Yet Another Multicolumn Layout oder kurz YAML ist ein CSS-Framework, mit dem sich schnell und einfach standardkonforme HTML/CSS-Layouts erstellen lassen. Neben der umfangreichen Dokumentation wird mit dem YAML-

Builder ein Werkzeug angeboten, dass es nach dem WYSIWYG-Prinzip erlaubt, Layouts zu generieren.

- *http://www.yaml.de*

For Web Designers | Eine umfassende Liste verschiedenster Ressourcen, angefangen bei Fotos über Schrift bis hin zu CSS-Tutorials, die für den angehenden und etablierten Webdesigner von Interesse sein könnten, sammelt »For Web Designers« in einem übersichtlichen Layout.

- *http://www.forwebdesigners.com*

Browsershots | Die Kontrolle einer Website in verschiedenen Umgebungen kann häufig nur in einem begrenzten Rahmen stattfinden. Nicht jedes Betriebssystem und nicht jeder Browser steht zur Verfügung. Um dennoch wenigstens einen Kontrollblick auf die eigenen Arbeiten zu erhalten, bietet Browsershots die Möglichkeit, Screenshots einer Website unter verschiedensten Bedingungen zu schießen.

- *http://www.browsershots.org*

Quirksmode | Die Praxis der Webentwicklung ist geprägt von diversen Einschränkungen gängiger Browser. Welche Standards für welche Software zum Einsatz kommen können, listet Quirksmode in ausführlichen und übersichtlichen Kompatibilitätstabellen samt Beschreibung und Beispielen.

- *http://www.quirksmode.org*

Einfach für alle | Die Initiative der Aktion Mensch, ebenfalls Ausrichter des BIENE-Awards, bietet Medienschaffenden Informationen rund um das Thema barrierearmes Webdesign. Viele Fachartikel erklären, wie medienbedingte Barrieren gesenkt oder vermieden werden können.

- *http://www.einfach-fuer-alle.de*

15.3.3 Blogs und Inspiration

Pixelgangster | Der deutsche Blog Pixelgangster liefert täglich neue und interessante Informationen zum Thema Webdesign und Internet. Eine der empfehlenswertesten Anlaufstellen im deutschen Raum für Informationen rund um das Thema Webdesign.

- *http://www.pixelgangster.de*

Smashing Magazine | Das englischsprachige Smashing Magazine schafft es immer wieder, Artikel mit sehr umfangreichem Bildmaterial zu den verschiedensten Designthemen zu veröffentlichen, die neben dem Informationsgehalt insbesondere durch ihren inspirierenden Charakter überzeugen.

- *http://www.smashingmagazine.com*

A List Apart | Diese Seite beschäftigt sich mit der Gestaltung und Entwicklung von Websites. Besonders zu betonen sind hierbei die Artikel mit großem Tiefgang und die daraus resultierenden spannenden Diskussionen der Leser.

- *http://www.alistapart.com*

CSSelite | Unter den vielen Showcases im Netz, die besonders anspruchsvolle CSS-Layouts präsentieren, ist CSSelite derzeit eine der schönsten, um sich inspirieren zu lassen.

- *http://www.csselite.com*

16 Die DVD zum Buch

Auf der beiliegenden DVD finden Sie eine Vielzahl an Inhalten, die Ihnen die Arbeit mit diesem Buch erleichtern und das eigenständige Experimentieren am Thema Webdesign unterstützen wird. Sollten Sie Ihre DVD verlegt haben, können Sie alle Workshop-Daten und Goodies auch von der Website zum Buch unter *http://www.webdesign-mit-photoshop.de* herunterladen. Hier eine kurze Zusammenfassung, was Sie erwartet.

Hinweis | Alle Bilddaten auf dieser DVD unterliegen dem Urheberrecht und dürfen ausschließlich für Übungszwecke verwendet werden. Die im Verzeichnis GOODIES bereitgestellten Ressourcen können Sie für private Projekte frei verwenden. Keine der bereitgestellten Grafik- und Bildressourcen dürfen kommerziell verwendet oder weitergegeben werden.

16.1 Software

Neben einer 30-Tage-Vollversion von Photoshop CS4 finden Sie weitere nützliche Tools, die mitunter bereits in Kapitel 15, »Ausblicke«, vorgestellt wurden.

Alle Demoversionen bis auf XAMPP und MAMP unterliegen einer zeitlichen oder funktionalen Einschränkung, die sich durch den Erwerb aufheben lässt. Nutzen Sie die Möglichkeit, die Anwendungen ausgiebig zu testen.

16.1.1 Grafik

- **Adobe Photoshop CS4** (Win und OS X): Anwendung für digitale Bildbearbeitung und Webdesign
  Info: *http://www.adobe.com/de/products/photoshop/photoshop/*
- **Adobe Fireworks CS4** (Win und OS X): Anwendung für Webdesign Prototyping
  Info: *http://www.adobe.com/de/products/fireworks/*

- **Color Schemer Studio** (Win und OS X): Erstellen und Verwalten von Farbharmonien und Kontrasten
  Info: *http://www.colorschemer.com/studio_info.php*
- **xScope** (OS X): On-Screen-Tools zum Ausmessen von Bildschirminhalten
  Info: *http://iconfactory.com/software/xscope*
- **Iconbuilder** (Win und OS X): Mächtiger Photoshop-Export-Filter zum Generieren von Icons
  Info: *http://iconfactory.com/software/iconbuilder*

16.1.2 Entwicklung

- **TextMate** (OS X): Leistungsstarker Texteditor
  Info: *http://macromates.com/*
- **e-Texteditor** (Win): Äquivalent zu Textmate
  Info: *http://www.e-texteditor.com/*
- **Transmit** (OS X): FTP-Programm zum Veröffentlichen von Daten im Internet
  Info: *http://www.panic.com/transmit/*
- **CuteFTP** (Win): FTP-Programm zum Veröffentlichen von Daten im Internet
  Info: *http://www.globalscape.com/products/ftp_clients.aspx*
- **MAMP** (OS X): Lokale Serverumgebung für Macintosh-Rechner
  Info: *http://www.mamp.info/de/mamp/index.html*
- **XAMPP** (Win): Lokale Serverumgebung für Windows-Rechner
  Info: *http://www.apachefriends.org/de/xampp.html*

16.2 Goodies

In diesem Verzeichnis finden Sie nützliche Ressourcen zur Steigerung der Produktivität, zum Analysieren und um sich inspirieren zu lassen.

- **Aktionen**: Automatisiertes Einrichten einer Webumgebung in Photoshop, Web 2.0-Elemente und Thumbnail-Erstellung für die private Nutzung.
- **Buttons**: Verschiedene grafische Buttons zur Inspiration und für die private Nutzung
- **Diverse**: Rastervorlage zum Ausdrucken, die zum Erstellen von Scribbles verwendet werden kann. Das Format ist für Webseiten einer Auflösung von 1024 × 768 ausgelegt.
- **Navigation**: Verschiedene horizontale und vertikale Navigationsstrukturen zur Inspiration und für die private Nutzung
- **Web 2.0**: Eine Sammlung verschiedener typischer Web 2.0-Elemente zur Inspiration und für die private Nutzung

- **Farbharmonien**: Nach Kategorien sortierte harmonische Photoshop-Farbbibliotheken für die Verwendung in eigenen Projekten
- **HTML-Snippets**: Kurze praxisorientierte Code-Beispiele zur Analyse und Verwendung in eigenen Projekten

16.3 Linksammlung

Hier finden Sie alle im Buch genannten Links in einem interaktiven Dokument gesammelt. Öffnen Sie mit einem Doppelklick die Datei »index.htm« und wählen eines der Buchkapitel aus. Daraufhin sehen Sie eine Auflistung aller verfügbaren Links aus dem jeweiligen Kapitel. Somit sparen Sie sich das müßige Abtippen langer URLs.

16.4 Workshops

In diesem Verzeichnis finden Sie sämtliche Workshop- und Ressourcendateien, die Sie zur Arbeit mit dem Buch benötigen.

16.5 Video-Lektionen

In diesem Ordner finden Sie als Ergänzung zum Buch relevante Lehrfilme. So haben Sie die Möglichkeit, dieses intuitive Lernmedium kennenzulernen und gleichzeitig Ihr Wissen um Photoshop CS4 zu vertiefen. Sie schauen einem Trainer bei der Arbeit zu und verstehen, wie man die erklärten Funktionen anwendet.

Um das Video-Training zu starten, klicken Sie als Windows-Benutzer die Datei »Start.exe« auf der obersten Ebene doppelt an (als Mac-Anwender die Datei »Start.app«). Alle anderen Dateien können Sie ignorieren.

Die Video-Lektionen wurde dem Video-Training von Pavel Kaplun »Adobe Photoshop CS4 für Fortgeschrittene« (ISBN 978-3-8362-1267-0) entnommen. Sie finden folgende Filme:

Kapitel 1: Ebenen-Basiswissen

1.1 Mit Ebenenmasken arbeiten (05:53 min)
1.2 Ebenenfüllmethoden (12:44 min)
1.3 Ebenenstile (09:39 min)

Kapitel 2: Freistellen für Fortgeschrittene

2.1 Eine komplexe Lasso-Auswahl erstellen (06:25 min)

2.2 Pfad-Auswahl erstellen (12:01 min)
2.3 Auswahl in Pfad umwandeln (11:01 min)

Kapitel 3: Vektoren und Pfade
3.1 Formebenen (05:49 min)
3.2 Eigene Formen erstellen (04:57 min)
3.3 Texte erstellen und bearbeiten (08:36 min)

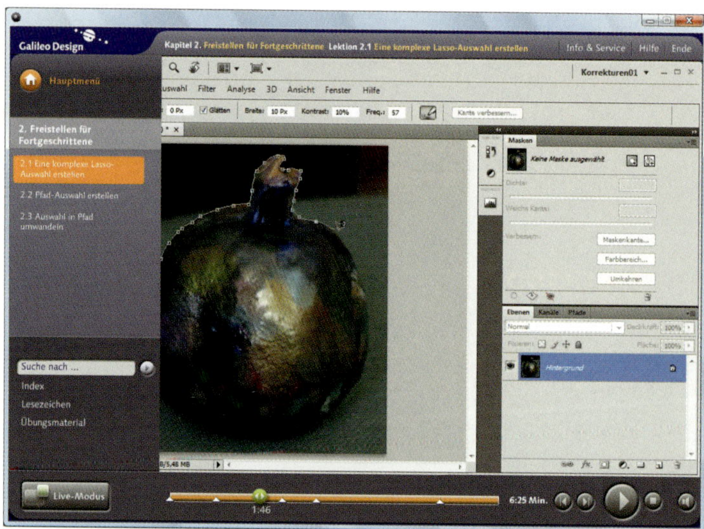

Abbildung 16.1 ►
Die Benutzeroberfläche des Video-Trainings

Index

G

H

I

J

K

L

M

N

O

P

Q

R

S

T

U

V

W

X

Y

Z

Der Name Galileo Press geht auf den italienischen Mathematiker und Philosophen Galileo Galilei (1564–1642) zurück. Er gilt als Gründungsfigur der neuzeitlichen Wissenschaft und wurde berühmt als Verfechter des modernen, heliozentrischen Weltbilds. Legendär ist sein Ausspruch *Eppur se muove* (Und sie bewegt sich doch). Das Emblem von Galileo Press ist der Jupiter, umkreist von den vier Galileischen Monden. Galilei entdeckte die nach ihm benannten Monde 1610.

Lektorat Katharina Geißler
Fachgutachten Manuela Hoffmann, Berlin
Korrektorat Petra Bromand, Düsseldorf
Herstellung Lissy Hamann
Einbandgestaltung Klasse 3b
Satz SatzPro, Krefeld
Druck Himmer AG, Augsburg

Dieses Buch wurde gesetzt aus der Linotype Syntax (9 pt/13 pt) in Adobe InDesign CS3.
Gedruckt wurde es auf mattgestrichenem Bilderdruckpapier (115 g/m^2).

Gerne stehen wir Ihnen mit Rat und Tat zur Seite:
katharina.geissler@galileo-press.de
bei Fragen und Anmerkungen zum Inhalt des Buches

service@galileo-press.de
für versandkostenfreie Bestellungen und Reklamationen

julia.bruch@galileo-press.de
für Rezensions- und Schulungsexemplare

Bibliografische Information der Deutschen Bibliothek
Die Deutsche Bibliothek verzeichnet diese Publikation in der Deutschen Nationalbibliografie; detaillierte bibliografische Daten sind im Internet über *http://dnb.ddb.de* abrufbar.

ISBN 978-3-8362-1242-7

1. Auflage 2009